역주 대동수경

역주 대동수경 大東水經

다산 정약용 著

강서영 · 김승필 外 譯

여강출판사

譯註 大東水經

역주 대동수경

초 판 발행 1992년 9월 30일
개정판 발행 2001년 4월 10일
저자 정약용
번 역 강서영 김승필 리윤수
리종필 서영철 조규형
편 찬 북한·과학원 고전연구소 고전연구실

발행인 이 재 연
발행처 여강출판사
주 소 서울시 마포구 신수동 340-1(3층)
전 화 02) 3274 - 0037~8
전 송 02) 3274 - 0039

등 록 제10 - 1978호 (2000. 6. 3)
ISBN 89 - 7448 - 179 - 0 (93980)

값 30,000원

해 제

　『대동수경(大東水經)』은 다산(茶山) 정약용(丁若鏞; 1762~1836년)의 저서로서 그가 53세 되던 1814년 겨울에 강진 유배지에서 집필한 것이다.

　『대동수경』은 그보다 3년 앞서 집필된 『아방강역고(我邦疆域考)』와 함께 우리 나라 역사 및 지리 연구에 바쳐진, 정다산의 쌍벽을 이루는 저작이다. 물론 이 외에도 「신라론」, 「고구려론」, 「백제론」, 「요동론」, 「폐사군론(廢四郡論)」, 「동호론(東胡論)」 등 개별적 논문들은 많이 있으며 그의 이 외의 저작들에서도 이에 언급한 부분이 적지 않다.

　『대동수경』과 『아방강역고』는 그 저작 목적이 서로 달랐으며 따라서 그 내용이나 형식에 각각 특징이 있다. 『아방강역고』에서 정다산은 조선고(朝鮮考), 사군총고(四郡總考), 낙랑고(樂浪考), 현토고(玄菟考), 임둔고(臨屯考), 진번고(眞蕃考), 삼한총고(三韓總考), 마한고(馬韓考), 진한고(辰韓考), 변진고(弁辰考), 옥저고(沃沮考), 예맥고(濊貊考), 말갈고(靺鞨考), 발해고(渤海考), 졸본고(卒本考), 국내고(國內考), 환도고(丸都考), 위례고(慰禮考), 한성고(漢城考), 패수변(浿水辨), 백산보(白山譜) 등의 제목 하에 우리 나라 역사 지리에서 관건이 되는 문제들을 논술하였다. 즉 『아방강역고』는 우리 나라 역사, 그 중에서도 특히 문헌이 불비한 우리 나라 고대사 해명에 목적을 둔 저작인 것이다. 이에 대해서는 저자 자신이 형에게 보낸 편지 가운데서 명백히 말하고 있다. 즉 거기에서 그는, 김부식의 『삼국사기』를 개작해야 되겠는데 늙은 몸에 신병을 겹친 지금에야 이 생각이 떠올랐기 때문에 착수할 수 없다고 탄식하면서, 그러나 『아방강역고』 10권뿐일지라도 우리 나라에서 적은 문건으로 칠 수는 없다고 자부하였다.

이와는 달리 『대동수경』에서는 녹수(淥水-압록강)【이에 합류되는 독로수(禿魯水), 염난수(鹽難水), 동수(潼水), 애하수(靉河水), 고진수(古津水), 창수(漲水) 등이 첨부되었다】, 만수(滿水-두만강), 살수(薩水-청천강)【이에 합류되는 정수(淀水)가 첨부되었다】, 패수(浿水-대동강)【이에 합류되는 강선수(降仙水), 능수(瀧水)가 첨부되었다】, 저수(瀦水-예성강), 대수(帶水-임진강) 등 북부 조선의 6대 강을 따로 따로 서술하였는데 매개 강의 발원지로부터 입해처(入海處)에 이르기까지와, 또 그 강의 원류와 지류들 및 그것에 합류되는 다른 강들에 대하여 흐름을 따라 내려가면서 그 명칭과 그것이 경유하는 지역【도성(都城), 진보(鎭堡), 부(府), 군(郡), 현(縣) 등】들의 연혁, 그 곳에서 벌어졌던 역사적 사건, 고적, 전설, 기타 그 지역과 관련된 일체의 것을 서술하였으며 동시에 역사 지리적 고증을 하였다. 즉 『대동수경』은 역사 지리 연구와 함께 자연 지리, 구체적으로는 수문 지리 연구에 바쳐진 저작이며 일종의 지리지(地理志)인 것이다. 『대동수경』은 그가 실지 집필에 착수하기 수십 년 전부터 벌써 구체적으로 계획되고 있었다. 그가 28세 때 정조(正祖)의 물음에 대답하여 올린 「지리책(地理策)」을 통하여 이를 알 수 있다. 여기서 그는 지리학이 나라의 사회 경제 생활에서 차지하는 불가결의 필요성을 강조하면서 우리 나라 지리서들이 가지는 결함과 그것을 극복할 대책에 대하여 다음과 같이 말하였다.

"…우리 나라 선비들은 고증에 익숙하지 못하여 이론들이 대부분 소략하고 불명백합니다. 온 천하는 고사하고 나라 안에 대해서도 막연하여 판단을 내리지 못하고 있습니다. 김부식의 「지리지」는 정확한 근거가 있는 것들을 모두 '미상(未詳)'이라 하였고, 정인지의 『고려사』「지리지」에는 잘못된 것이 불가승수이며, 『여지승람』에는 연혁에 대한 사실을 싣지 않았고, 『문헌비고』에서는 조리 있는 논의들을 많이 빠뜨렸습니다. 이렇게 매양 편찬 사업이 있을 때마다 편벽된 견해를 섞어 넣었고 슬그머니 마음대로 취사 선택을 하였습니다. 이 때문에 지금까지 세상에 이름을 떨칠 만한 지리서라고는 한 책도 없습니다. (53자 중략) 지금 마땅히 별도로 지시를 내리어 해박한 학문으로 여러 사람들의 존경을 받는 자가 편찬 사업을 총재하게 하고 따로 몇 사람을 선발하여 그를 보조하게 하며 『명일통지(明一統志)』의 의례(義例)를 모방하고 소실(疎失)을 바로잡아 한 책을 편찬할 것입니다. 강역(彊域)의 구분을 세밀하게 표시하고 고금의 연혁을 자세히 기록하며, 산에 대해서는 그 줄기를 기록하고 강에 대해서는 원류와 지류를 구분하며, 고사(古事)에 대해서는 일체 전쟁에서의 공격 방어의 사적을 아주 상세히 기록하되 효자 열녀와 같은 인물에 대해서는 그가 뛰어나게 순수하고 정직해서 온 세상에 다 알려진 사람이 아니면 생략하고, 시편에 대하여서는 백에서 하나쯤 둠으로써 규례를 엄격히 하여 편찬할 것입니다. 그리고 다시 박학한 선비를 선발하여 상흠(桑欽)의 『수경(水經)』과 역도원(酈道元)의 『수경주(水經注)』를 모방하여 『동국수경(東國水經)』 한 책을 편찬하게 할 것입니다. 이렇게 한 후, 이 두 책을 모두 인쇄하여 비부(秘府)에 올려 보내서 명산에 보관하고 8도에 반포한다면 강역이 본래 작은 만큼 남김없이 채집하여 천 년의 고루를 깡그리 씻어 버리고 일대의 새 저작을 기재하게 될 것이니, 또한 전하께서 문화를 발전시키는 데 한 도움이 될 것입

니다. 진실로 이렇게 한다면 우리 나라의 산천, 풍속, 관방(關防), 물산의
특이한 점과 역대 임금들의 업적 및 제도의 위대한 면모를 일목 요연하
게 알게 될 것이니 어찌 진실로 아름다운 일이 아니겠습니까…"

여기에서 볼 수 있는 바와 같이 지리, 역사, 인물, 문물 제도를 종합하
는 전고 미문의 대작을 계획하였던 것인데, 이는 실현하지 못하고 원대
한 구상의 일부로서『동국수경』을 편찬하려던 계획만을 25년 후에 몸소
실행한 것이다.

『대동수경』을 집필하면서 정다산은 우리 나라와 중국의 사서(史書),
지리서(地理書) 및 기타 저작 백여 종을 참고 인용하였다. 그 중 대표적
인 우리 나라 서적들을 열거하면 다음과 같다.

『삼국사기(三國史記)』, 『삼국유사(三國遺事)』, 『삼국사략(三國史略)』,
『고려사(高麗史)』,『동국통감(東國通鑑)』,『여지승람(輿地勝覽)』,『국조보
감(國朝寶鑑)』,『동사강목(東史綱目)』,『석담일기(石潭日記)』,『동국지지
(東國地志)』,『징비록(懲毖錄)』,『고사촬요(攷事撮要)』,『여지고(輿地考)』
(유형원(柳馨遠)의 저서인데 지금 전하지 않는다),『동문휘고(同文彙考)』,
『통문관지(通文館志)』,『미수기언(眉叟記言)』,『동국총목(東國總目)』,『관
방도설(關防圖說)』,『문헌비고(文獻備考)』,『성호사설(星湖僿說)』,『만기
요람(萬機要覽)』,『사군지(四郡志)』,『택리지(擇里志)』,『항해일록(航海日
錄)』 등.

이 외에 장령(掌令) 정항령(鄭恒齡)의 지도(현존한다)와 공재(恭齋) 윤
두서(尹斗緒)의 지도(현존하지 않는다)를 비롯한 일련의 지도들이 이용
되었으며 자신이 답사한 곳도 적지 않다.

정다산은 문헌들을 대조하고 비판적으로 검토함으로써 기록들의 진
위와 착오, 지역－지명의 변이(變移)를 정확히 고증하였으며, 이 외에도

고고학적 연구와 언어학적 연구 등 다양한 연구방법을 이용하였다.

또한 그는 양성지(梁誠之), 이이(李珥), 이수광(李睟光), 한백겸(韓百謙), 홍만종(洪萬宗), 유계(兪棨), 남구만(南九萬), 황경원(黃景源), 이중환(李重煥), 안정복(安鼎福), 이민환(李民奐) 등 학자들의 연구 성과에 깊이 주의하였다.

그의 실사구시적인 연구방법과 함께 박학과 천재성, 그리고 무엇보다 먼저 조국의 역사와 지리를 해명하려는 열렬한 지향과 끊임없는 노력─바로 이것이 이와 같은 성과를 달성하게 하였다.

『대동수경』은 물론 지리와 역사 연구에 바쳐진 저작이지만 여기에는 고고학, 민속학, 서지학, 금석학, 고어(古語), 이두(吏讀), 신화, 전설 등 광범한 영역에 걸친 연구를 위한 귀중한 자료들이 담겨져 있다.

그런데 다음과 같은 의문이 제기된다. 왜 『대동수경』에는 북부 조선의 강들만 취급되었는가? 이에 대하여 두 가지 대답이 가능하다. 첫째 대답은 북부 조선의 지리에 대한 문헌이 남부 조선에 비하여 풍부할 뿐만 아니라, 또 실지 북부 조선이야말로 역대에 걸쳐 강역(彊域)의 변천이 매우 복잡하였던 곳이며, 역사 지리학의 입장에서 볼 때 해결을 요하는 문제들이 허다히 제기되고 있었기 때문에 정다산이 북부 조선에 한하여 수경을 저술하였다고 볼 수 있는 근거가 있다는 것이다. 둘째 대답은, 위의 해석으로는 문헌들도 비교적 구비되어 있고 역사적으로도 중요한 열수(洌水─한강) 등의 강을 왜 누락시켰겠는가 하는 것을 완전히 설명할 수 없을 뿐만 아니라, 이 저작이 역사 지리 연구만을 목적으로 한 것이 아니고 「지리책(地理策)」에서 볼 수 있는 바와 같이 중국의 『수경』과 대등한 우리 나라 『수경』을 저작하려는 것이었던 만큼, 응당 미완성 저작으로 보아야 한다는 것이다. 지금 이 두 가지 중에서 어느 것이 옳다고 확정적으로 단정할 수는 없다.

『대동수경』에는 정다산의 고제(高弟) 이청(李晴)【'晴'자는 자전들에 없는 글자로서 이름자로 만든 것이다】의 견해가 첨부되어 있다. 이청은 '晴案'이라는 어투(語套) 아래 자기 선생의 문장에 주(注)를 내거나 혹은 자기 견해를 말하였으며, 또 '先生云'이라 쓰고 정다산의 다른 저작들에 있는 문장들을 필요한 곳에 삽입하였다. 이청은 확실히 『대동수경』을 양적으로만 아니라 질적으로도 확충하였다.

이청에 대하여 지금 자세한 것은 알 수 없으나 『대동수경』을 통하여서와, 또 『악서고존(樂書孤存)』을 쓸 때 정다산이 부르는 것을 이청이 받아썼다고 하는 『악서고존』 서문의 기록 등으로 보아 그의 학문적 수준을 추측할 수 있으며, 그 외에도 정다산이 형에게 보낸 편지 가운데 청에 대한 방증 자료가 되는 다음과 같은 기록이 있다.

"읍(邑)에 있을 때에 아전의 아들로서 나에게 와서 배우는 아이들이 네댓 있었는데 다 몇 년 지나서 학업을 폐하였습니다. 그런데 한 아이만은 외모가 단정하고 마음이 결백하며 글씨로 말하면 상재(上才)이고 문장으로 말하면 중재(中才)나 되었는데 꿇어앉아서 성리학(性理學)을 공부했습니다. 이 아이가 머리를 수그리고 힘써 배우면 청이와 서로 어슷비슷하게 될 것입니다……."

라고 하면서 지금은 가난하고 천한 집 아이들은 공부를 잘하지만 부유한 귀족의 자제들은 이미 학문을 할 수 없게 되었다는 것을 실례와 비유를 들어 자세히 이야기하고 있다. 즉 이청은 신분적으로 천한 강진 고을 아전의 아들로서 정다산에게서 배우면서 뛰어난 재능으로 하여 특별한 사랑을 받았고 후에는 선생을 도와 많은 일을 한 충직한 제자였다. 『대동수경』의 많은 부분을 정다산의 지도하에 청이 썼을 수도 있다. 실지 『대동수경』은 어느 것이 정다산의 글이고 어느 것이 청의 글인지 명확히 구분할 수 없게 되어 있다.

『대동수경』은 이처럼 귀중한 저작이었음에도 불구하고 그의 다른 많은 저서들과 함께 출판을 보지 못한 채 원고로 후손에게 전해오다가(필사본들은 일찍부터 널리 애독되었다), 집필 후 120여 년이 지난 1935~39년에 와서야 비로소 『여유당전서(與猶堂全書)』에 망라되어 간행되었다(일설에 의하면 『대동수경』이 구한말에 『아방강역고』와 함께 단행본으로 간행되었다고 하는데, 『아방강역고』가 간행된 것은 틀림없으나 『대동수경』이 간행되었다는 것은 의심스럽다).

정다산이 61세 때 자찬(自撰)한 묘지(墓誌) 중에 열거된 저서 총목에는 '대동수경 2권'이라 하였고, 그 후 15년 동안 전체 저서를 재정리하고 최후로 작성한 『열수전서총목(洌水全書總目)』(현 가장본(家藏本)에 붙어 있는 목록임)에는 '수경 4책 10권'이라 하였으며, 신조선사에서 간행한 『여유당전서』에서는 2책 4권(제6집 5권~8권)으로 되어 있다. 2권에서부터 10권으로 된 것은 편찬 방법의 차이와 함께 원고의 증가도 보여주는 것이겠지만 『여유당전서』에서 4권으로 축소한 것은 원고의 감소가 아니라 순전히 편찬 방법의 차이에서 온 것일 것이다.

정다산 자신이 이 책을 『대동수경』이라고 명명하였음에도 불구하고 일제 어용 학자들은 의식적으로 『조선수경』이라고 이름을 고쳤다(『조선도서해제』, 『고선책보(古鮮冊譜)』 기타를 보라). 겸하여 지적하거니와 1955년에 간행된 『조선서지학개관』에서도 『조선수경』이라 하였는데 이는 매우 무책임한 태도이다. '대동'이란 말이 좋아서가 아니라 저자 자신이 지어 놓은 이름을 고칠 근거도 없고 필요도 없는 것이다.

※   ※   ※

정다산 탄생 200주년을 맞으면서 『대동수경』을 내게 되는 것은 의의

깊은 일이다. 『대동수경』을 전문가들의 연구를 위한 참고 서적으로만
여기지 않고 번역 출판하여 일반인의 독서용으로 제공하게 되는 것은
이 책이 가지고 있는 내용과 관련된다. 첫째로, 이 책은 그 내용이 풍부
하여 우리 나라의 역사와 지리에 대한 독자 대중의 일반적 이해를 심화
시켜 줄 것이다. 둘째로, 이 책에는 장구한 역사적 기간을 통하여 끊임
없이 진행된 외래 침략자를 반대하는 투쟁과 국토를 완정하며 국방을
강화하기 위한 투쟁에 대한 실기가 담겨져 있으며, 또 정다산은 이 책에
서 과거를 알아내기 위한 '학문적' 연구만을 일삼은 것이 아니라 국방
을 강화하고 생산을 발전시키기 위하여 지리적 조건을 어떻게 이용할
것인가에 대해서도 이야기하고 있는 바, 이 모든 것은 우리에게 중요한
자양이 될 것이다.

1962년 12월
과학원 고전연구소 고전연구실

범 례

1. 이 《국역 대동수경》은 1937년 신조선사(新朝鮮社)에서 출판한『여유당전서(與猶堂全書)』제6집 제5권으로부터 8권까지의 부분을 대본으로 하였다.
2. 대문 아래의 서술 문장에서 하나의 서술이 끝나고 다른 서술을 계속할 때에 그것을 구별하기 위하여 사용한 "○" 표시를 생략하고 별행으로 하여 번역하였으며, 원문에서 별행으로 되어 있는 것은 위에 한 행을 띄워 주었다.
3. 번역 용어에 있어서 고유명사는 ( ) 안에 한자를 넣어 본음 그대로 번역하되 해당 권 혹은 대문에 한하여 한번 기입하는 것을 원칙으로 하였으며, 원문의 한자 본음과 다르게 번역하였을 경우에는 〔 〕안에 한자를 넣었다.
4. 주석에 있어서 원문의 주석은 【 】에 넣었으며, 역자의 주석은 끝에 '역자주'라고 적었다.

〔편집자 주(注)〕 이 책은 1962년 조선 과학원 고전연구소 고전연구실에서 번역 발행한 것을 한국의 일반 표현방식에 준하여 윤문 교열한 것으로서, 2000년 9월 조선 사회과학원 민족고전연구소와의 판권설정계약에 따라 펴낸 것입니다.

목 차

대동수경 제1

녹수(淥水) (1)

【장백산(長白山), 발원(發源), 북청(北靑), 삼수(三水), 후주(厚洲)】

장백산은 신주(神州)【우예(虞芮), 자성(慈城)의 북쪽 강 건너편의 땅 이름】의 동북에 있다

이 산은 여덟 가지 이름이 있으니 불함(不咸), 개마(蓋馬), 도태(徒太), 태백(太白), 장백(長白), 백산(白山), 백두(白頭), 가이민상견(歌爾民商堅)이다. 이는 옛날부터 방언으로 번역하는 것이 달랐던 까닭이다.

『산해경(山海經)』에 이르기를 "태고 적에 산이 있어 이름을 불함이라 하였는데 거기에 숙신씨(肅愼氏)의 나라가 있었다"고 하였다【네 날개를 가진 개미가 있었으며 짐승의 머리와 뱀의 몸을 가진 벌레가 있어서 이름을 금충(琴虫)이라고 하였으며, 사람이 있어서 이름을 대인(大人)이라고 하며, 대인국(大人國)이 있는데 왕의 성은 이(釐)씨이며 기장〔黍〕을 먹고산다. 푸르고 큰 뱀이 있는데 대가리는 누렇고 사슴〔鹿〕을 먹고산다】.

『진서(晉書)』「동이전(東夷傳)」에 이르기를 "숙신씨는 일명 읍루(挹婁)라고 하는데 불함산(不咸山)의 북쪽에 있다"고 하였다.

『후한서(後漢書)』「동이전(東夷傳)」에 이르기를 "동옥저(東沃沮)는 고

구려의 개마대산(蓋馬大山)의 동쪽에 있는데 동은 큰 바다에 임하고 북은 읍루와 더불어 연접하였다"고 하였다【『위지(魏志)』에도 동일함】.

청(晴)이 고찰하여 보건대 고려의 병마검할(兵馬鈐轄) 임언(林彦)의 『구성기(九城記)』에 이르기를 "여진(女眞)은 본래 고구려의 부족인데 개마산(蓋馬山) 동쪽에 모여 살았다"고 하였으며, 또 이르기를 "동은 큰 바다에 이르고 서북은 개마산에 끼었으며 남은 장주(長州), 정주(定州)에 연접하였다"고 하였다【『고려사』에 기록되었음】. 반계(磻溪) 유형원(柳馨遠)의 『여지고(輿地考)』에 이르기를 "지금의 함경, 평안 양도 사이에 수백 리 뻗은 산맥이 곧 개마산이다"라고 하였는데, 이에 의하면 개마산이 백산인 것이 명백하며 또 백산의 큰 간맥이라고도 통칭할 수 있다. 이것은 『후한서』 주(注)에서 개마대산(蓋馬大山)이라고 칭하여 평양성(平壤城) 서쪽에 있다고 하였는데 『명통지(明統志)』에도 이와 동일하게 기록되었다. 『여지승람(輿地勝覽)』에 이르기를 "고구려가 융성할 때에는 요하(遼河)에까지 세력이 뻗쳐서 이 산이 그 경내에 있다고 하였는데, 다 사실이 아니다【혹은 개마(蓋馬)의 개(蓋)를 합(盍)으로 발음하였다고 하였는데 이것은 대개 우리 나라의 방언이기 때문일 것이다】."

『위서(魏書)』 「물길전(勿吉傳)」에 이르기를 "나라에 도태산(徒太山)이 있는데 위나라에서는 태백이라고 불렀으며 범, 곰, 이리 등의 짐승이 있으나 사람을 해치지 않는다. 사람이 이 산에 올라가서는 오줌을 누어 더럽히지 못하기 때문에 이 산을 지나가는 사람들은 물건으로 오줌을 싸 가지고 간다"고 하였다.

『북사(北史)』 「물길전(勿吉傳)」에 이르기를 "나라에 도태산이 있으니 중국말로는 태황(太皇)이란 뜻인데 세속에서 심히 경의를 표한다"고 하였다.

『신당서(新唐書)』 「흑수말갈전(黑水靺鞨傳)」에 이르기를 "속말(粟末)

북쪽이 가장 남쪽에 거주하여 태백산에까지 이른다. 태백산은 또 도태산이라고 하는데 고려와 더불어 연접하며 속말의 동쪽을 백산부(白山部)라고 부른다”고 하였다【또 「발해전(渤海傳)」에 이르기를 “걸걸중상(乞乞仲象)이 동쪽으로 달려 요수(遼水)를 지나서 태백산의 동북 지방을 차지하였다. 또 발해의 세속에서는 귀한 것을 태백산의 토사자(菟-새삼)와 남해의 곤포(昆布)라고 한다”고 하였다】.

『괄지지(括地志)』에 이르기를 “말갈국(靺鞨國)은 옛 숙신인데 그 남쪽에 백산이 있으며 새와 짐승, 풀과 나무들이 다 희다”라고 하였다.

『요지(遼志)』【원나라의 섭륭례(葉隆禮)의 저작】에 이르기를 “장백산은 냉산(冷山)의 동남 천여 리 되는 곳에 있다. 여기는 흰옷 입은 관음보살(觀音菩薩)이 있는 곳으로서 그 산 안에는 새와 짐승이 다 희며 사람들이 감히 들어가지 못하니, 이는 그 산을 더럽게 하면 뱀과 독사의 침해를 받을까 두려워하기 때문이다”라고 하였다.

『금사(金史)』「고려전(高麗傳)」에 이르기를 “흑수말갈이 옛 숙신의 땅에 살며 여기에 백산이라는 산이 있으니 이 산은 장백산으로서 금나라가 일어난 곳이다”라고 하였으며, 또 『금사』「예지(禮志)」에 이르기를 “대정(大定) 12년에 장백산 신을 봉하여 흥국령응왕(興國靈應王)을 삼았다(2행 번역 생략)”고 하였다.

『삼재도회(三才圖會)』에 이르기를 “여진은 장백산 밑 압록강 상류에 있으니 옛날 숙신의 땅이다”라고 하였다.

『성경통지(盛京通志)』에 이르기를 “장백산은 즉 가이민상견아린(歌爾民商堅阿鄰)【가이민은 길다, 상견은 희다, 아린은 산의 뜻】인데 산 위에 나무가 생장하지 못하고 풀에는 흰 꽃이 많다. 남쪽 산록이 길고 크게 뻗쳐서 두 간맥으로 갈라졌는데, 첫째 서남쪽으로 뻗은 것은 동쪽으로 압록강 경계가 되고 서쪽으로 통가강(通加江) 경계가 되어 산록이 끝나는 곳에서 두 강이 모이며, 둘째는 산을 돌아서 북쪽으로 수백 리에 뻗쳤다"고 하였다.

『화한삼재도회(和漢三才圖會)』에 이르기를 "조선의 북쪽 말단(靺鞨)의 남쪽 지경에 큰 산이 있어 이름을 백두산이라 하는데 자연생 인삼(人蔘)이 가장 유명하며 그 잎과 꽃이 보통 인삼과 유사하나 실상은 다르다"라고 하였다.

『승람』에 이르기를 "백두산은 곧 장백산이다"라고 하였다. 내가『막북행정록(漠北行程錄)』을 고찰하여 보건대 동주(同州)로부터 40여 일 만에 숙주(肅州)에 이르면 동쪽으로 큰 산을 바라볼 수 있는데 금나라 사람들이 이것을 신라산(新羅山)이라 하였으며, 그 산중에서는 "인삼과 백부자(白附子)가 산출하며, 고려와 지경을 연접하였다"고 하였다. 여기서 말한 신라산이란 것은 역시 장백산을 이름이다.

또 고찰하여 보건대『명일통지(明一統志)』에 이르기를 "중루(重樓)와 금선(金線)이 장백산에서 출현한다"고 하였다.

우리 한양(漢陽)과의 상거가 2,140리이다

이 산이 우리 함경도(咸鏡道)의 북쪽에 반거(盤據)하고 있으며 8도의 모든 산이 다 이 산에서 일어났으니 이 산은 곧 우리 나라 산악의 조종이다.『성경통지』에 이르기를 "장백산이 봉천부 영길주(永吉州)의 동남 1,300여 리에 있고, 또 영고탑 장군(寧古塔將軍)의 관할 지역은 남으로 장백산 1,300여 리 되는 조선 지계에 이른다"고 하였으며,『대청일통지(大淸一統志)』에는 "장백산은 길림 오랄성(烏喇城)의 동남에 있다"고 하였으며,『통지(通志)』에는 "선창(船廠—영고탑)의 동남 1,300여 리에 있

다"고 하였다. 그러나 고찰하여 보면 이 산은 실상 영길주의 동남 600리
에 있다. 『승람』에는 백두산이 회령부(會寧府)의 서쪽 7~8일 걸리는 거
리에 있다고 하였으며, 『문헌비고』에는 갑산부(甲山府)로부터 북쪽으로
백두산에 이르기까지 330리요, 무산부(茂山府)로부터 서쪽으로 백두산
까지 300리라고 하였다【무산으로부터 한양까지는 1,840리】. 이제 이 산으
로부터 계산하여 보면 동북으로 영고탑과의 상거는 800여 리가 되어야
하며 서로 흥경변문(興京邊門)과의 상거는 900여 리가 되어야 한다.

그 높이가 200리인데 조선의 곤륜산(崑崙山)이다

『대명일통지』에 이르기를 "장백산은 옛 회령부의 남쪽 60리에 있는
데【금나라의 회령부를 가리킴】 횡으로 1,000리에 뻗었고 높이가 200리이
다"라고 하였다【『오학편(吾學編)』에서도 이르기를 장백산은 횡으로 1,000리에
뻗었고 높이가 200리라 했다】.

『승람』에 이르기를 "대략 3층으로 되었는데 높이가 200리이다"라고
하였다.

선생이 말하기를 "『회남자(淮南子)』에 '곤륜의 높이는 1만 1,000리
114보 2척 6촌이다'라고 하였으며, 상흠(桑欽)이 지은 『수경(水經)』에는
'곤륜산의 높이가 1,000리이다'라고 하였는데, 이것은 다 천지 고하의
정도를 모르는 사람들이다. 지구는 정원형인데 산과 물이 서로 교착하
여 조금 들어가고 나오는 데가 있다. 산의 높이가 십여 리만 되면 그 상
봉에는 공기가 희박하고 한랭하여 봄과 여름에도 눈이 있게 된다. 산의
높이가 30리 되는 것도 세상에 없는 것인데 어찌 높이가 1만 리나 될
수 있겠는가? 장백산의 높이도 평지에서부터 수십 리 솟았음에 불과하

다. 그러나 특히 갑산으로부터 북쪽에는 높은 산과 영이 중중첩첩 둘러
있어서 수일을 노숙한 후에야 비로소 그 산정에 이르게 되므로 사람들
이 과장하여 높이가 200리라고 말하게 된 것이다. 서방의 곤륜산도 이
와 같은 것으로서 그 크고 굉장한 형세가 장백산을 능가하지 못할 것이
다. 그러므로 나는 장백산을 조선 곤륜이라고 한다"고 하였다.

선생이 또 말하기를 "곤륜 산맥의 동쪽 줄기는 동쪽으로 중국에 들어
가고 서쪽 줄기는 서쪽으로 성숙해(星宿海)의 남쪽으로 나아가 드디어
황해의 근원에 둘러 있고, 또 동쪽과 북쪽으로 뻗어서 사막의 남쪽과 황
하의 북쪽을 따라 서남쪽으로부터 동북쪽을 돌아서 장성(長城)의 북쪽
으로 나와 몽고의 막남제부(漠南諸部)로 되었으며, 동북쪽으로 호곤퇴
(虎坤堆)에 이르러【오랄(烏喇)의 서쪽 300리에 있다】 비로소 오랄의 지경으
로 들어가고 여기서 돌아서서 남쪽으로 길림봉(吉林峰)이 되었다【북경으
로부터 오랄로 가는 큰 영임】. 또 동남쪽으로 액흑봉(額黑峰)이 되었다【오
랄의 서남쪽에 있음】.

또 동남으로 고로눌와집(庫魯訥窩集)【방언으로 큰 산에 수림이 많은 데
를 와집이라 함】, 남으로 가이민주돈(歌爾民朱敦)이 되었으며【방언으로 가
이민은 길다는 뜻이고, 주돈은 영이라는 뜻이다】, 또 남으로 납록와집(納綠
窩集)이 되었고【지금 홍경(興京) 동북 300리에 있다】, 또 동남으로 장백산이
되었으니 이것이 대간맥이다. 이 대간맥의 동쪽은 옛 말갈칠부(靺鞨七
部)이며【지금의 영고탑의 땅】, 이 대간맥의 서쪽은 옛 부여(夫餘), 선비(鮮
卑), 구려(句麗)의 땅이다【지금의 성경, 홍경 등지】"라고 하였다.

「태산용맥론(泰山龍脈論)」에 이르기를 "고금에 구주산맥(九州山脈)을
평론함에 있어서 다만 화산(華山)은 범(虎-서쪽)이 되고 태산(泰山)은
용(龍-동쪽)이 되었다고 말하였을 뿐이고 지리가(地理家)들도 태산이

동방에서 일어나서 좌우의 날개를 펼쳐 장벽으로 되었다고만 할 뿐이어
서 다 태산의 용맥이 어디에서 출발되었는지를 근본적으로 밝히지 못하
였다. 짐(황제의 자칭)이 자세히 형세를 고찰하고 깊이 지맥〔地絡〕을 연
구하기 위하여 사람을 보내어 해상으로 항행하여 측량케 한 결과, 태산
의 용맥이 실지로 장백산에서 출발한 줄을 알았다. 장백산이 오랄의 남
쪽에로 연달아 뻗어 가는 중에 그 산의 주위에 수많은 수원이 흘러 내
려서 송화(松花), 압록(鴨淥), 토문(土門) 등의 3대 강의 근원을 이루었다.
그 남록(南麓)은 두 간맥으로 나뉘어졌는데 서남으로 향한 한 줄기는 동
으로 압록강에 이르고 서로 통가강에 이르렀으니, 대체 고려의 모든 산
들이 그것의 지맥(支脈)이다. 또 다른 한 줄기는 서로부터 북으로 납록
와집에 이르러 다시 두 지맥으로 나뉘어졌는데 북쪽 지맥은 성경(盛京)
에 이르러 천주륭업산(天柱隆業山)이 되었고, 또 꺾어져 서쪽에서 의무
려산(醫巫閭山)이 되었으며, 서쪽 지맥은 홍경문(興京門)으로 들어가서
개운산(開運山)이 되었고, 구불구불 남으로 뻗어 가면서 높으락낮으락
하며 만(巒)과 영(嶺)이 중첩하고 금주(金州), 여순(旅順) 어귀의 철산(鐵
山)에 이르렀다. 중추 산맥이 깊이 들어가기도 하고 높이 솟아나기도 하
였는데 해중에 있는 황성(皇城) 선기(鼉磯)의 여러 섬들도 다 그 산줄기
이다. 또 연접하여 산동(山東) 등주(登州)의 복산(福山), 단애산(丹厓山)이
되었다. 해중에서 용맥이 육지로 솟아올라 서남으로 800여 리에 뻗어
가다가 뭉쳐서 태산이 되었는데 그 웅장함이 5악(五岳)의 우두머리가
되었다"고 하였다. 이 말은 옛 사람들이 논급하지 못한 것이며 형세로
나 이론으로나 확연히 증거가 있는 말이다. 지금의 풍수가(風水家)들이
과협(過峽)이니 계수(界水)이니 하는 말을 하는데 발해(渤海)는 태산의
큰 과협이다.

　『황청개국방략주(皇淸開國方略注)』에 이르기를 "장백산은 땅의 영기

(靈氣)가 모인 산으로서 남록의 한 간맥이 두 지맥으로 분기되었는데, 서쪽 지맥은 홍경문으로 들어가서 개운산이 되고 남으로 여순구에 이르러서는 그 중추 간맥이 바다 가운데서 숨었다 나타났다 하다가 육지로 800리를 가서는 뭉쳐서 태산이 되었다"고 하였다.

『대람(岱覽)』에 이르기를【청나라 당중면(唐仲冕)의 저서】대산(岱山)의 산맥은 형가(形家)가 말하기를 곤륜으로부터 와서 중추 간맥이 집결된 것이라고 하였는데 강희(康熙) 때에 관리를 보내어 해상으로 항해하면서 측량하게 한 결과, 그 동방의 조종 산인 장백산을 발견하였다"고 하였다.

청이 상고하여 보면 임천 오씨(臨川吳氏)는 "천하의 산맥이 다 곤륜에서 기원하였다"고 하였으며, 「채목당발미론(蔡牧堂發微論)」에 또 "모든 산이 다 곤륜을 조종으로 삼는다"고 했으며, 「우공(禹貢)」 이광지주(李光地注)에 이르기를 "대산은 산악의 조종인데 영주(營州)로부터 바다를 건너왔다"고 하였으며, 구준(丘濬)의 「산동통지총론(山東通志總論)」에는 "대산의 산맥은 요하의 왼쪽 여순의 어귀로부터 바다를 건너 봉래현(蓬萊縣) 지경에로 들어왔다"고 하였는데, 이것이 다 전하여 온 새로운 논술이다.

녹수(淥水)

이것은 즉 압록강인데 이 수경(水經)에서 특히 이름을 녹수라고 정하였다.

상고하여 보면 고금에 강(江)과 하(河)의 이름을 달리 불렀는데 물이 곤륜산에서 발원한 것을 하(河)라고 하였으며 민산(泯山)에서 발원한 것을 강(江)이라고 하였다. 여러 고경(古經)을 고찰하여 보건대 서로 명칭을 혼동하지 않았다. 즉『시경』에 이르기를 "하수(河水)가 양양하다" 하였고, 또 이르기를 "강(江)이 길다"고 하였으며,『우공(禹貢)』에 이르기를 "9하(九河)가 이미 다스려졌다"고 하였고, 또 이르기를 "3강(三江)이 이미 들어갔다"고 하였으니 이를 증명할 수 있다.『초사구가(楚詞九歌)』에 하백편(河伯篇)이 있는데 그 가사에 이르기를 "여자와 더불어 9하(九河)에서 놀았다"고 하였으며,「임운명(林雲銘)」에 이르기를 "하(河)가 초나라 경내에 있지 않으니 남의 나라의 하(河)에 감히 제사 지낼 수 없다"고 하였다. 이것은 한 개 예상을 말한 것이다. 굴원(屈原)의 때에도 벌써 하(河)와 강(江)이 혼동되지 않았던 것을 알 수 있다. 한(漢), 진(晉) 이후에는 북방의 물을 통칭하여 하(河)라고 하였고 남방의 물을 강(江)이라고 하였다. 그러므로『진서(晉書)』「여복지(輿服志)」에 분수(汾水)를 분하(汾河)라고 하였으며,『당서(唐書)』「명황기(明皇紀)」에 변수(汴水)를 변하(汴河)라고 하였으며,『송사(宋史)』「하거지(河渠志)」에는 장수(漳水)를 장하(漳河)라 하였으며,「포조석범명(鮑照石帆銘)」에는 회수(淮水)를 회하(淮河)라고 하였으며,『대명일통지(大明一統志)』에는 서안부(西安府)에 위하(渭河)·칠하(漆河)가 있고, 평양부(平陽府)에 심하(沁河)·회하(澮河)가 있고, 제남부(濟南府)의 누하(漯河)·문하(汶河)와 대동부(大同府)의 상건하(桑乾河)·구이하(嘔夷河) 등이 다 북방에 있다고 하였다. 주자(朱子)의「관저전(關雎傳)」에서 "하(河)라고 명칭한 것은 북방에서 흐르는 물의 통칭이다"라고 한 것이 곧 이것을 말함이다.『황여고(皇輿考)』에는 "명주(明州)에 반룡강(盤龍江)이 있다"고 하였으며,『원화군국지(元和郡國志)』에는 "촉주(蜀州)에 심강(潯江)이 있다"고 하였으며,『산해경(山海經)』에는 면수(沔水)를 면강(沔江)이라고 하였으며, 한유(韓愈)의 시(詩)에 상수(湘水)를 가리켜 상강(湘江)이라 하였고,『명통지(明統

志』에는 "항주(杭州)에 절강(浙江)이 있고 소주(蘇州)에 백학강(白鶴江)
이 있으며 이로부터 송강(松江), 동강(桐江), 가릉강(嘉陵江), 심양강(潯陽
江)에 이르기까지 다 남방에 있다"고 하였다. 공영달(孔穎達)의 우공소
(禹貢疏)에 이르기를 "강(江)이란 남쪽의 물은 그 크고 적음에 관계없이
다 강이라고 통칭한다"고 하였으니 곧 이 뜻이다. 그러므로 진정지(陳霆
之)가 말하기를 "장강과 회수(淮水)가 남북의 큰 한계로 된다. 회수로부
터 이북은 북쪽 줄기가 되며 모든 물이 다 대하(大河-황하)로 모여드는
데 강으로 명칭한 것이 없으며 회수로부터 이남은 남쪽 줄기가 되어 모
든 물이 다 대강(大江-양자강)으로 모여드는데 하(河)로 명칭한 것이
없으니 이것이 남북의 한계이다"라고 하였다【「양산묵담(兩山墨談)」에 있
음】. 비록 그러하나 『오대사(五代史)』「남당세가(南唐世家)」에는 초주(楚
州)에 노작하(老鵲河)가 있다고 하였으며, 『구당서(舊唐書)』「지리지(地
理志)」에는 "울림(鬱林)에 장가하(牂牁河)가 있다" 하였으며, 『명통지』에
는 "양주(楊州)에 사자하(獅子河)·봉황하(鳳凰河)가 있고, 상주(常州)에
강두하(綱頭河)·혜명하(惠明河)가 있으며, 응천부(應天府)의 제하(滁河)
와 소주부(蘇州府)의 운하(運河) 등이 다 남방에 있다"고 하였으니, 이
남방의 물도 또한 다 하(河)로 통칭되었다. 그런데 오직 강(江)이란 명칭
이 북방에 통용되지 못한다는 것은 여러 저서를 열람하여 상고할지라도
절대 근거가 없다. 그리고 당나라 때에 장안에서 개주(隑州)를 굴착하여
곡강(曲江)이라 하였는데 이 이름은 북방에 있다. 그러나 곡강의 명칭은
그것의 곡절(曲折)이 가릉강(嘉陵江)과 같다 하여, 여기에 의거하여 곡강
이라고 명칭하였다고 하였으나 사실은 그렇지 않다. 이것이 중국에서
일컫는 바 강(江), 하(河)의 구별이다. 강, 하의 명칭을 외국에서는 남북
을 분별하지 않고 혼동하여 사용한다. 『남사(南史)』에 "천축국(天竺國)이
큰 강에 임하였는데 그 강의 근원이 곤륜산에서 발원하고 또 나뉘어 다

섯 강이 되었다" 하였으며, 『수경(水經)』의 주(注)에는 서역(西域)에 항하(恒河)와 희련하(熙連河)가 있다 하였으며, 『명통지』에 안남국(安南國)에 부량강(富良江)과 내소강(來蘇江)이 있으며 여진 땅에 송화강(松花江)과 금수하(金水河)가 있다 하였으며, 『성경통지』에 "길림(吉林)의 혼동강(混同江)과 역둔하(易屯河)가 있으며 영고탑(寧古塔)에 오소리강(烏蘇哩江) 호아합하(虎兒哈河) 등이 있다" 하여, 다 명칭이 착잡하여 도무지 분별할 수 없다. 우리 나라 사람은 남북을 물론하고 다 강(江)이라고 명칭하였으며 강계(江界)·강동(江東)·강서(江西)의 이름은 북방에 있고, 청하(淸河)·하동(河東)·하양(河陽)의 명칭은 남방에 있어서 다 중국의 명칭과 상반된다.

또 임진강(臨津江), 동진강(東津江), 달천강(達川江), 청천강(淸川江), 신연강(新淵江), 사호강(沙湖江) 등 명칭의 중첩이 심하다. 그러므로 지금 선생이 『수경(水經)』에서 다 그것의 옛 명칭을 떼어버리고 일정한 이름을 정하여 주었는데, 곧 압록강(鴨淥江)으로써 녹수(淥水)를 삼고 두만강(豆滿江)으로써 만수(滿水)를 삼았다. 이 지역 내의 물은 다 이 예를 적용하였다.

『한서(漢書)』「지리지(地理志)」에 "현토군(玄菟郡) 서쪽이 개마현(蓋馬縣)이다"라고 하였고, 자주(自注)에 이르기를 "마자수(馬訾水)는 서북으로 염난수(鹽難水)를 받아들여 서남으로 서안평(西安平)에 이르러 바다에 들어간다. 그런데 고을(郡) 둘을 지나며 길이가 1,100리이다"라고 하였다.

『통전(通典)』에 이르기를 "마자수는 일명 압록수(鴨淥水)라고 하는데 동북 말갈백산(靺鞨白山)에서 발원하며 모양이 오리 머리와 같다 하여 압록수라고 한다. 요동(遼東)과 500리를 상거하고 국내성(國內城) 남쪽을 지나 또 다른 물과 합하는데 이 물이 곧 염난수이다. 두 물이 합류하여 서남으로 흘러 안평성(安平城)에 이르러 바다로 들어가는데 고려(高麗)에서 이 강이 가장 크고 물결이 맑다. 지나고 건너는 데는 다 큰 배를 사용하며 그 나라에서 이것을 천연 요새로 믿는데 강 너비가 300보나 된다”고 하였다【고려조(高麗條)】.

『당서(唐書)』「지리지」에 이르기를 “마자수는 백산에서 나오며 모양이 오리 머리와 같다 하여 압록수라고 부르는데 지금 압록강이 바로 그것이다”라고 하였다. 또 『당서』「고려전」에 이르기를 “마자수는 말갈백산에서 나오며 모양이 오리 머리와 같다 하여 압록수라고 부르는데, 국내성을 지나 서쪽에서 염난수와 합치고 또 서남으로 안시(安市)에 이르러【안시는 안평이라고 해야 한다】 바다로 들어간다. 평양(平壤)은 압록강 동남쪽에 있다. 큰 배로써 사람이 건너다니며 이것을 요새로 믿는다”고 하였다.

『명일통지』에 이르기를 “압록강은 일명 마자수라 하는데 말갈 장백산에서 발원하였다”고 하였다【조선 산천조(朝鮮山川條)】.

청이 상고하여 보면 압록이라는 이름은 본래 의주(義州) 구룡연(九龍淵)에서 시작된 것이다【아래 의주조에 자세히 말하겠다】. 그러므로 여러 문헌에 압록이라고 한 것은 다 의주 하류를 두고 말한 것이다.

또 『삼재도회』를 고찰하여 보면 요양(遼陽)에서 동으로 압륙강(鴨陸江)을 넘어서 조선을 끼고 있다 하였으니 대개 육(陸)과 녹(淥)의 음이 본래 서로 통하므로 압륙이라는 것이 곧 압록인 것이며, 『고려사(高麗史)』「지리지」에는 “의주에 압록강이 있는데 마자수라고도 하며 청하(靑河)라고도 이른다”고 하였다.

『승람(勝覽)』에 이르기를 “압록강은 일명 마자수라고 하고 또 청하라고도 하며 또 용만(龍灣)이라고도 부른다”고 하였다【의주조에 다시 나온다】.

　순암(順菴) 안정복(安鼎福)이 말하기를 "고구려기(高句麗記)에 주몽(朱蒙)의 어머니 유화(柳花)의 말이 '해모수(解慕漱)가 나를 웅심산(熊心山) 아래 압록강가에 있는 집에 꾀어다가 간통했다'고 하였으며, 「응제시주(應制詩注)」에 고기(古記)를 인용하여 이르기를 '부여성(扶餘城) 북쪽에 청하가 있으며 하백(河伯)의 딸은 유화이다. 청하는 지금의 압록강이다'라고 하였으니 잘못이다. 그런데 『여지(輿地)』와 『승람』도 다 이 잘못된 것을 답습하였기 때문에 그러한 것이다. 청하는 이미 부여성 북쪽에 있다고 하였은즉, 지금 압록강과는 남북으로 전연 다르다. 『성경지(盛京志)』에 '지금 개원(開原)은 옛 부여의 경계인데 거기에 청하가 있어서 서로 흘러 요하(遼河)로 들어간다'고 하였으니 이 물이 옛 이름을 보존한 것으로 생각된다"고 하였다.

　청은 녹수가 청하가 아니라는 안순암(安順菴)의 설이 옳다고 생각한다. 지금 개원성 북쪽에 점니(占泥) 섭혁(葉赫)의 두 하(河)가 있는데, 합쳐서 고하(扣河)가 되어 남쪽으로 흐르다가 아록하(阿鹿河)와 더불어 합해 가지고 개원성 남쪽에 이르러 청하가 되어 서로 요수(遼漱)에 들어가니, 이것이 혹 옛 청하가 아닌가 생각된다.

　청은 또 생각건대 녹수는 또 패수(浿漱)라는 이름도 가지고 있으며 【자세한 것은 패수 제1조에 나온다】 또 애강(靉江)이라는 이름도 있는데 【아래 의주에 다시 나온다】 자세한 것은 아래에서 자세히 말하겠다.

　『황여고(皇輿考)』에 이르기를 "천하에 세 개의 큰 강이 있으니 황하(黃河), 장강(長江), 압록강이 곧 그것이다"라고 하였다.

　『유찬(類纂)』에 이르기를 "황하와 압록이 북쪽의 큰 용맥을 끼고 내려오다가 요해(遼海)에 와서 끝났다"고 하였고, 또 이르기를 "천하에 세 군데 큰 물이 있으니 황하, 장강, 압록이다"라고 하였다.

서선계(徐善繼)가 말하기를 "황하가 장강과 더불어 중부 산맥을 끼고 오다가 동해에서 끊기고, 황하가 압록강과 더불어 북부 산맥을 끼고 오다가 요해에서 끝났다"고 하였으니 이는 그 수원의 먼 곳을 들어 말한 것이다. 압록강에 대하여 고찰하여 보면 "근세에 조선에 사신으로 왔던 신하들이 현지에 가서 보고 돌아와서 '강이 심히 짧고 옅으니 압록강은 반드시 따로 한 줄기 물이 북쪽 산맥을 끼고 간 것이 있을 것이나 지세가 황막하여 잘 알 수가 없다'고 말하였다"고 했다【『인자수지(人子須知)』에 있음】.

『장거유서(莊渠遺書)』에 이르기를 "천하의 지맥(地脈)이 다 곤륜(崑崙)에서 시작하는데 그 중 남북의 두 줄기가 가장 크다. 그 북쪽 줄기는 유연(幽燕)에까지 닿았는데 큰 하(황하)가 여기에서 바다로 들어가면서 압록강과 더불어 만나며 그 동쪽에 하사(下沙)가 있으니 이는 산과 물이 서로 모이는 못이다"라고 하였다.

주자는 말하기를 "천하에 오직 세 개의 큰 물이 있는데 가장 큰 것으로 양자강, 황하 및 혼동강(混同江)이다. 혼동강은 그 발원지를 알 수 없다. 그러나 오랑캐의 옛 소굴【금나라 사람들의 옛 서울을 말한 것】이 바로 이 강에 임하여 있는데 동남쪽으로 비껴 흘러 바다로 들어간다. 그 하류가 요해로 되고 요동(遼東), 요서(遼西)는 이 강을 가지고 구분한다"고 하였으며【『어류(語類)』「우공설(禹貢說)」에 있다】, 또 말하기를 "여진(女眞)이 일어난 곳에 압록강이 있다"고 하였다.

지봉(芝峯) 이수광(李睟光)은 말하기를 "압록강은 백두산으로부터 수천 리를 내려오다가 세 개의 강으로 갈라져서 서남쪽에서 바다로 들어가는데 그 발원지가 매우 멀므로 대수(大水─큰 강)라고 이른다"고 하였다.

풍산(豊山) 홍만종(洪萬宗)은 말하기를 "『유찬(類纂)』에서 말한 압록은 이것이 중국 서북에서 발원하여 동북에 이른 것 같다. 또 우리 나라의 압록은 그 크기가 황하나 장강과 더불어 비교할 수 없으니 『유찬』에서 말한 압록은 우리 나라의 압록이 아닌 것으로 생각된다"고 하였다.

순암 안정복은 말하기를 "옛날 동북의 강들은 압록이라고 이름한 것이 많으며 지금 동북의 여러 강들이 다 흑룡강(黑龍江)으로 들어가서 동해로 흐르며 그 크기도 비교할 수 없으니 주희가 말한 압록은 이것을 가리킴이 아닌가 생각한다. 압록이라는 이름이 중국에서는 수(隋), 당(唐)의 전쟁시기부터 시작되었다"고 하였다.

청이 고찰하건대, 주희가 말한 혼동강은 전단으로 보면 흑룡강을 가리킨 것 같고 후단으로 보면 또 요수를 가리킨 것 같은데 정확히 말할 수가 없다. 그러나 옛 사람들 중에는 혹 혼동강을 압록이라고 하는 이도 있다. 즉 공평중(孔平仲)의 『담원(談苑)』에 이르기를 "압록수에서 우어(牛魚)가 나는데 그 부레로써 고기 모양을 만들어서 부인들이 얼굴 장식으로 사용한다"고 하였으며【『명일통지(明一統志)』에 우어가 혼동강에서 나는데 큰 것은 길이가 한 길이 넘는다고 하였다】,『자치통감음주(資治通鑑音注)』에 이르기를 "고려왕 왕건(王建)이 국경 한계를 혼동강으로 정하여 지키게 하면서 혼동강 이서는 점유하지 못하였다. 혼동강은 곧 압록수이다【후당(後唐) 명종(明宗) 왕성원년(王成元年)에 나온다】"라고 하였다. 『박물전휘(博物典彙)』에 이르기를 "건주(建州) 지방에는 구슬과 인삼이 나는데 압록강을 계선으로 하여 살며 강에서 난다"고 하였다【생각건대 이는 곧 이른바 동주(東珠)라는 것으로서 지금의 혼동강에서 나는데 그 품질이 가장 고귀하다】. 대체로 이상은 다 혼동강을 압록강이라 칭한 것들이다. 또 『삼국유사(三國遺事)』에 이르기를 "요수는 일명 압록강인데 지금은 안민강(安民江)이라고 이른다"고 하였으니, 이는 요수가 또 압록이라는 이름을 쓴 것으로서, 나는 정확히 알 수가 없다. 『유찬』에서 황하와 압록이 다 요해에 들어간 것 같이 말하였으니 그 압록은 즉 우리 압록수를 가리키는 것이다. 그러나 녹수는 양자강(楊子江)이나 황하와 더불어 대비할 수가 없다.

또 상고하여 보면 압록이라는 이름은 수, 당에서 시작되었다. 그러므로 『수서(隋書)』「우중문전(于仲文傳)」에 군사가 오골성(烏骨城)에 머물렀다가 압록수에 이르렀다 하였고, 「우문술전(于文述傳)」에는 술(述)이 구군(九軍)과 더불어 압록수에 이르러 양식이 떨어졌으므로 회군할 것을 건의하였다고 하였으며, 『당서』「지리지」에는 압록강 어귀에서부터 배를 타고 백작구(泊灼口)에 이른다고 하였고, 「고려전(高麗傳)」에는 정명진(程名振)이 압록강 위에서 유격전을 하였다【많아서 다 말하지 못하겠다】고 하였으니 이것으로써 가히 증명할 수 있다. 그런데 김부식(金富軾)의 『삼국사(三國史)』에는 이미 양한(兩漢) 때부터 벌써 압록이라는 이름이 있었으며 부여(扶餘) 갈사왕(曷思王)이 압록 골짜기에 도망갔다 하였고 구려(句麗) 을파소(乙巴素)가 압록 마을에 살았다【후한(後漢) 헌제(獻帝) 초평시(初平時)】고 하였으니, 지금 자세히 알 수 없다.

『일본서기(日本書紀)』에는 "압록강이 삼한(三韓)에 있다" 하였고, 『성리대전(性理大全)』을 보면 "황하, 장강, 압록이 천하 3대수(三大水)이다"라고 하였다.

「이칭일본전(異稱日本傳)」에는 "압록강이 곧 이른바 아리나례하(阿利那禮河)이다"라고 하였다.

청이 상고하여 보건대, 일본 신공황후(神功皇后)가 신라를 공격하매 신라왕이 뱃머리에서 화평을 청하면서 맹세하는 말이 해가 서쪽에서 뜨지 않으며 아리나례하가 거꾸로 흐르지 않는 한 춘추로 조공을 궐한다면 천지 신명이 벌을 줄 것이다【이칭전(異稱傳)에 나온다】고 기록하였으나 이는 신라(新羅) 파사니사금(婆娑尼師今) 때에 해당한다. 당시에는 국경이 압록에까지 미치지 못하였으니 압록강을 가지고 한 말이 아닐 것이며, 이른바 아리나례하라는 것은 지금의 경상도 경계에 있는 것이다.

그 서남 골짜기에서 발원하여

이 산에서 아홉 개의 큰 물이 나오는데, 그 동남 골짜기로 나오는 것이 만수(滿水) 곧 두만하(豆滿河)이고, 그 정 동쪽 골짜기에서 나오는 것을 분계하(分界河)라고 하는데 이것은 만수와 합하는 것이며【만수에 나온다】, 그 동북 골짜기에서 나오는 것이 낭목랑고하(娘木娘庫河)와 극통길하(克通吉河)인데 이 두 강은 북쪽으로 흐르다가 하나로 합하여 다시 꺾어져서 서쪽으로 흐르는 것이며, 그 정 북쪽 골짜기에서 나오는 것을 대토라고하(大土拉庫河)와 소토라고하(小土拉庫河)라고 하는데 이 두 하는(3자 결) 북쪽으로 흘러 낭목·극통(克通)의 두 하와 합하니 이것이 곧 송화강(松花江)이며, 그 서북 골짜기에서 나오는 것을 새인눌인하(賽因訥因河)라고 하는데 이 두 하는 흐르다가 하나로 합하여 다시 꺾어서 동북으로 가다가 송화강으로 들어간다. 무릇 이 여섯 하는(8자 결) 그 서남 골짜기로 나오는 것을 압록하라고 하니, 이것이 곧 녹수이다. 역도원(酈道元)이 곤륜에서 6대수가 나온다고 하였는데 지금 백산에서는 이 대수가 나오니 동방 곤륜이라고 이름한 것은 과장이 아니다.

『금지(金志)』에 이르기를 "금나라는 대대로 장백산 아래에 살았는데 그 산이 곧 압록수의 발원지이고 남으로 고려와 인접하여 있다"고 하였다. (3행 생략) "…북으로 흘러 혼동강이 되고 동으로 흘러 아야고하(阿也苦河)가 되고 남으로 흘러 압록강이 되며 삼만위(三萬衛)의 동북쪽 천여 리에 있다"고 하였다.

『홍서(鴻書)』【유중달(劉仲達)】에 이르기를 "여진국에 장백산이 있고 그 산꼭대기에 못이 있어 주위가 80리나 되는데 남으로 흐르는 것은 요동 조선국에 이르러 압록강이 되어 남으로 바다에 들어가고, 북으로 흐르는 것은 여진 혼동강이 되어 금나라 회령부를 지나서 오국두성(五國頭城)에 이르러 동북으로 바다에 들어간다"고 하였다.

『명일통지』에 이르기를 "장백산 높이가 200리이고 그 꼭대기에 못이 있어 주위가 80리나 되는데 남으로 흘러 압록강이 되고 북으로 흘러 혼동강이 되고 동으로 흘러 아야고하가 된다"고 하였다.

청이 생각건대 큰 못의 물이 반드시 세 갈래로 흘러나와서 그것이 곧 세 강을 이루었다고 말할 수는 없으며 또 그 주위가 80리라고 한 것은 확실한 말이라 할 수 없는 것이다.

『성경통지』에 이르기를 "장백산은 봉천부(奉天府) 영길주(永吉州)의 동남쪽 1,300여 리에 있고 그 꼭대기에 못이 있는데, 서남방으로 흘러서 바다로 들어가는 것은 압록강이 되고, 동남쪽으로 흘러서 바다로 들어가는 것은 토문강(土門江)이 되며, 북으로 흘러 영길주 성을 둘러 다시 동남쪽으로 나가다가 낙니강(諾尼江)을 받아 동으로 흐르며 북으로 흑룡강을 받고 남으로 오소리강(烏蘇哩江)을 받아 구부려져서 바다로 들어가는 것이 혼동강이다. 나라(청나라)에서 장백산 신령을 존경하여 춘추로 두 번 제사를 지내는데 영고탑(寧古塔) 장군 부도통(副都統)이 주재하여 성의 서남쪽 9리 밖에 있는 온덕항산(溫德恒山)에서 망제(望祭)를 지낸다. 강희(康熙) 17년에 임금의 명령을 받고 대신 각라(覺羅) 오목눌(吳木訥) 등을 보내어 산에 올라 지형을 살펴보았는데 산기슭 한 곳에 이르러 보니 밀림이 세 둘레(층대)로 우거져 앞을 가리었다. 그 가운데

둥그렇고 평평한 데가 있어 풀과 나무가 나지 않았으며 수풀에서 1리
가량 나가니 향기로운 나무가 줄지어 섰고 누른 꽃들이 어지럽게 피었
으며 산허리에는 구름이 드리우고 안개가 덮였다. 여기서 대신들이 꿇
어앉아서 칙지(勅旨)를 다 읽으니 운무가 사라지고 산 모양이 환하게 드
러나며 길이 있어서 올라갈 만하였다. 산허리에 돌계질로 된 평평한 대
지가 보이므로 올라가 산 이마를 바라보니 둥그렇게 생겼는데 눈이 허
옇게 쌓였다. 그 위에 올라가니 다섯 봉우리가 서로 맞서서 아래를 굽어
보는 것 같고 그 중 남쪽 한 봉우리가 좀 낮게 생겨 문 같이 되었다. 그
가운데 있는 못은 그윽하고도 아득하며 주위는 40여 리가 되는데 사면
에서 샘들이 쏟아져 흐르니 이것이 곧 3대 강이 발원하는 곳이다. 강희
23년에 임금의 명령으로 주방협령(駐防協領) 늑출(勒出) 등을 보내어 다
시 산세를 살펴보니 광활한 지면이 멀리 뻗어 있어서 대체로 『일통지』
에 기록된 바와 같다"고 하였다.

『대청일통지(大淸一統志)』에 이르기를 "장백산은 길림(吉林) 오랄성
(烏喇城) 동남방에 있는데 그 산줄기가 가로 천여 리에 뻗었는데 동으로
영고탑(寧古塔)에서부터 서로 봉천부까지의 여러 산들이 다 이 산에서
줄기가 시작되었으며【오목눌과 늑출이 기록한 바가 『성경통지』와 서로 같
다】, 산이 신령하여 예로부터 유명할 뿐만 아니라 황실이 여기서 발상
(發祥)하여 지금에 와서 더욱 융성한지라 나라의 만년 기초가 산과 더불
어 무궁한 것이다"라고 하였다.

방상영(方象瑛)의 「봉장백산기(封長白山記)」에 이르기를 "강희 16년에
장백산을 발상지라 하여 내대신(內大臣) 각라(覺羅) 무모(武某)에게 특명
하여 올라지눌음(兀喇抵訥陰)에 당도하였는데 동틀 무렵에 6~7마리 학
의 우는 소리가 들리나 구름과 안개가 덮여 산의 모습을 볼 수 없었다.
학이 우는 곳으로부터 사슴이 다니는 길을 얻어 그것을 따라 앞으로 나

아가니 산기슭에 이르렀다. 처음에 한 곳에 이르니 수목이 빽빽이 둘러
섰고 그 가운데 자못 평탄하고 둥그렇게 생긴 데가 보이는데 풀은 있으
나 나무가 없었다. 더 가서 풀도 수풀도 없는 데까지 다다르니 백화(白
樺)나무가 있어서 마치 사람이 심은 것 같았으며 향나무가 총총하게 나
고 노란 꽃이 찬란하였다. 여기서 여러 사람이 모여서 그 앞에서 윤음
(綸音)을 읽고 예식이 끝나니 구름과 안개가 걷히고 사방이 똑똑히 보이
므로 드디어 간신히 올라가니 경치가 좋고 평탄한데 대를 만들어 놓은
것 같은 곳이 있었다. 멀리 바라보면 산 모양이 길고 넓으며 가까이 보
면 자못 둥그렇게 되었는데 흰빛으로 보이는 것은 다 얼음과 눈이었다.
산 높이는 약 5리나 되고 다섯 봉우리가 물을 둘러섰으며 산꼭대기에
못이 있는데 둘레가 약 30~40리 가량 되고 거기에는 풀과 나무가 없으
며 푸른 물이 맑고 물결이 출렁거리는데, 못을 중심으로 하여 둘러선 여
러 봉우리들을 바라보면 흔들거려서 떨어질 것 같으므로 보는 사람들로
하여금 놀라게 하였다. 남쪽에 있는 한 봉우리는 좀 낮아서 마치 문과
같이 생겼는데 못의 물은 그리로 흐르지 않는다. 산문(山門)에는 여기저
기에 물이 있는데 왼쪽으로 흐르는 것이 송아리올라하(松阿里兀喇河)가
되고 오른쪽으로 흐르는 것이 대눌음하(大訥陰河), 소눌음하(小訥陰河)
가 된다"고 하였다【왕토신(王土禛)이 또한 기록한 바 있으나 이것과 대체로
같다】.

　청이 이상 여러 기록들을 상고하여 보건대, 산간에서 흐르는 여러 물
이 합하여 강의 근원이 된 것이고 큰 못의 물이 바로 세 강으로 된 것은
아니다.

　또 상고하여 보면, 강희 23년에 주방협령 늑초(勒楚)가 임금의 명령을
받들고 지도를 그리기 위하여 장백과 압록을 돌아다니면서 조사하였다.
『동문휘고(同文彙考)』에 의하면 이 해에 녹초가 삼도구(三道溝)에 이르

렀는데 우리 나라 사람이 강을 건너가서 관리를 살해한 사건이 발생하여 필경 벌금 3만 냥에 처한 일이 있었으니 이로써 가히 알 수 있다.

『동문휘고(同文彙考)』에 이르기를 "강희 30년에 예부(禮部)에서 우리 나라에 공문을 보내어 이르기를 '지금 『일통지』를 편찬하는데 거기에 실을 성, 못, 산, 강들에 대하여 성경 장군(盛京將軍)이 보낸 글과 영고탑 장군이 보낸 책이 서로 틀리는 것이 매우 많다. 이것은 황실의 발상지인 만큼 그 관계되는 바가 심히 크다. 그리하여 이제 산질대신(散秩大臣) 사산(査山) 등 5명으로 하여금 그 문책(文冊)을 가지고 먼저 영고탑 오랄 등 지방에 가서 자세히 조사하여 가부를 확인하게 하였다. 그러나 의주강(義州江)으로부터 토문강 지방에 이르는 남쪽 일대는 조선 땅과 연접하고 있다. 조선에는 반드시 그 지방 도로에 익숙한 사람이 있을 것이니 응당 역참에 같이 가서 준비하고 있다가 대신이 도착하는 때를 기다려서 당신 나라 사람들로 하여금 길을 안내하게 할 것이다' 하였다. 여기 대하여 우리 나라에서 회답하기를 '의주강에서 남쪽으로 만포(滿浦)에 이르는 사이의 도로는 간신히 통할 수 있으나, 만포에서부터 의주 강의 발원지인 혜산(惠山) 지경에 이르는 데는 십여 일의 노정이다. 거기에는 높고 낮은 산들이 잇닿았고 사람의 자취가 없으며 소와 말이 통하지 못하므로 예로부터 역참이 없다. 더군다나 혜산 지방은 중국과 더불어 연접하여 있는 곳인데 산세가 험준하고 도처에 산이 가로막혀서, 자고 이래 남쪽으로 토문강에 통하는 길이 없었으니【혜산에서부터 두만 강과 압록강을 직통하는 길이 없음을 이르는 말이다】 이에 지세와 교통 형편을 급보하는 바이다'라고 하였다. 그리하여 예부가 임금의 명령을 받고 말하기를 '전 주방협령 늑초도 또한 지방이 험준하다고 아뢰었으므로 대신도 꼭 조선 지방을 거쳐서 가지를 않겠다'"고 하였다.

청이 고찰하건대 그 후 강희 50년에 오랄총관(烏喇總管) 목극등(穆克登)이 위원강(渭原江) 북쪽에 와서 살인 사건을 조사하고 위원으로부터 압록강 남안을 따라 우리 나라의 길을 이용해서 장백산에 이르고자 하였다. 그런데 그 때에 조정의 의견이 우리 나라의 길이 비록 강계(江界)로부터 눈길을 뚫고 삼수(三水), 갑산(甲山) 등지에 도달할 수 있기는 하나 이 길을 내줄 수 없다 하고 드디어 엄격한 말로써 거절하였다【사역원(司譯院) 계사록(啓辭錄)에 자세히 있음】. 그랬더니 그 이듬해에 두도구(頭道溝)에서부터 배를 만들어 가지고 강을 거슬러 올라가서 백산에 이르렀다고 한다. 대체로 이것은 길을 우리 나라에서 빌어 가지고 영고탑으로 갈려고 한 것인데, 전후 두 차례나 다 우리에게 거절을 당하고 끝내 길을 열지 못했으니 우리가 생각한 바도 깊었던 것이다【아래 위원군(渭原郡)에서 다시 나온다】.

『전운시(全韻詩)』에 이르기를 "하늘이 청나라를 내어 동방에 떨쳐 일어서게 하였으니 산은 장백이요 강은 혼동이라, 산은 높고 강은 긴데 거기에 복이 모이고 영기가 깃들였다. 산 위에 못이 있는데 달문(闥門)이라 하여 이름을 날린다"고 하였으며【「개국방략연구(開國方略聯句)」에는 "백산의 다섯 봉우리〔五岳〕에 거룩한 신령이 있고 흑수(黑水), 삼강(三江)의 근원은 매우 길기도 하다. 달문담(闥門潭) 아래에서 발원하여 포고리(布庫里)의 지형을 틔워 놓았다"고 하였다】, 또 그 주에 이르기를 "장백산 높이가 200여 리이고 연면 천여 리에 뻗쳤는데, 산 위에 못이 있어 달문이라고 부르며 주위가 80리나 된다. 못이 깊고 넓어서 압록, 혼동, 애호(愛滹) 등 세 강이 여기서 흐른다"고 하였다.

오조건(吳兆騫)의 「장백산부(長白山賦)」에 이르기를【강희 때】 "장백산은 혼동강과 압록강의 발원지로서 땅이 꺼진 거기에 신지(神池)가 자리잡고 있으니, 모여드는 샘들이 여기 저기서 흘러내려 영기로운 물결이 넘실넘실 노리치다, 갑자기 바람이 불어 치면 넘쳐흐르고 문득 안개가 덮이면 가이없어 아득하다. 영기로운 이 물은 1,000경(頃) 노지의 관개수로도 되고 두 강의 발원지로도 된다"고 하였다.

장조(張潮)의 「장백산기제사(長白山記題辭)」에 이르기를 "이 장백산만은 청나라 망제(望祭)에 들어 있어서 오악(五岳－중국의 것) 밖에 특별히 서서 웅장하다. 3대 이래로 일찍 이만큼 존경받는 것이 없다. 북쪽의 혼동과 남쪽의 압록 두 강이 여기에서 발원하였고 왼쪽엔 올라(兀喇), 오른쪽엔 눌음(訥陰) 등 일만 골짜기가 모두 이 산의 혜택을 받는다"고 하였다.

청이 『금사(金史)』를 고찰하건대 온돈포라(溫敦蒲剌)가 처음에 장백산 아불행하(阿不幸河)에 살았다고 하였는데, 지금 자세히 알 수 없다.

『통문관지(通文館志)』에 이르기를 "숙종(肅宗) 38년(1711) 임진(壬辰)에 오랄총관 목극등(穆克登)이 청나라 임금의 명령을 받고 변경을 답사하는데, 처음에 흥경 부근을 거쳐 길을 떠났다. 작은 배 열 척을 만들어 가지고 두도구(頭道溝)로부터 나와 압록강에 들어와서부터는 물로도 가고 육지로도 가는데 열흘을 거슬러 올라가서야 후주(厚州)에 이르렀다. 또 나흘 만에 혜산에 이르러서는 배를 버리고 산에 올라 90여 리를 가니 길이 더욱 험준하므로, 그 부시위(副侍衛) 포소륜(布蘇倫) 등과 우리나라 접반사(接伴使) 이하 여러 사람들로 하여금 지름길로 가서 무산(茂山)에서 만나기를 약속하였다. 그리고 자기는 통관(通官) 필첩식(筆帖式) 등을 거느리고 15일분의 양식을 마련한 다음 출발하여 또 200여 리를 가니 여기는 강줄기가 없었다. 백두산 산정에 있는 못가에 이르러 돌에 글을 새겨 비를 세웠는데 거기에 쓰기를 '오랄총관 목극등이 임금의 명령을 받고 변경을 답사하면서 여기 이르러 살펴보니, 서쪽으로 압록이 되고 동쪽으로 토문이 되었다. 그러므로 분수령 위에 돌을 새겨서 기록한다. 강희 51년 5월 15일 필첩식, 소이창(蘇爾昌), 통관(通官) 이가(二哥), 조선 군관 이의복(李義復), 조태상(趙台相), 차사관(差使官) 허량(許樑), 박도상(朴道常), 통관 김응헌(金應瀗), 김경문(金慶門)'이라 하였다. 그리하여 토문강 물줄기를 따라 내려가는데, 300리를 가서 무산에 이르러서는 또 작은 배 네 척을 지어 가지고 물곬을 따라서, 혹은 강으로 혹은 육지로 하여 내려가다가 경흥(慶興) 바다 어귀에 이르렀으며, 다시 돌아 경원에 와서 강을 건너 후춘(厚春)으로 해서 갔다"고 하였다.

『군려대성(軍旅大成)』에 이르기를 "오랄총관 목극등이 시위 포소륜, 주사(主事) 악세(鄂世)와 더불어 경계를 정하기 위하여 백두산 아래에 이르렀다. 우리 나라에서 접반사 박권(朴權), 함경도 순찰사(咸鏡道巡察使) 이선보(李善溥), 역관(譯官) 김경문(金慶門) 등을 보내어 응접하게 하였더니, 목극등이 박권과 이선보의 나이 많다 하여 동행할 것을 허락지 않고, 김경문 등을 거느리고 백두산에 올라가서 산등성이를 따라 내려가다가 비로소 압록강의 근원을 찾아내었는데 샘이 산 구멍으로부터 나왔다. 또 동쪽으로 한 등성이를 넘으니 한 샘이 있어 서쪽으로 흐르고 있었다. 거기에서 따로 두 줄기로 갈라져서 나오는 것이 있는데, 한 줄기는 서쪽 샘물과 합하고 한 줄기는 동쪽으로 흘렀다. 또 동쪽으로 한 등성이를 넘으니 샘이 동쪽으로 흐르고 있었는데, 그 중간에서 갈라져서 동쪽으로 오는 샘과 합한다. 목극등이 가운데 샘 두 갈래의 사이에 앉아서 말하기를 '이것을 분수령이라 이름할 만하다'라고 하여 경계를 정하고 돌을 깎아서 비를 세웠다"고 하였다.

유하(柳下) 홍세태(洪世泰)가 말하기를 "목극등이 와서 경계를 정할 때에 삼수부 연늡(蓮芿)에 이르러 역관 김응헌, 김경문만을 데리고 산으로 올랐다. 괘궁정(掛弓亭) 아래에서부터 오시천(五時川)을 따라 올라갔는데, 오시천은 경성(鏡城) 장백산(長白山)에서 시작하여 서쪽으로 오다가 여기에 이르러 압록강과 합하는 물이었다. 이 밖의 땅들은 거칠고 사람이 살지 않았으며 북쪽으로 백덕(柏德) 70리와 검천(劍川) 25리, 곤장우(昆長隅) 15리를 지나면 큰 산이 앞을 가로막는다. 여기서 서쪽으로 강을 건너 나무를 베고 낭떠러지를 의지해서 5~6리를 가면 길이 끊어진다. 다시 산언덕을 따라가니 화피덕(樺皮德)이라고 하는 데가 있는데 백덕보다도 더 험하다. 여기서 80여 리를 가면 작은 못이 있고, 또 동쪽으로 30여 리를 가서 한덕립지당(韓德立支當)이라는 데 올라서서 수십 리를 더 가면 나무가 점차 드물어지고 산이 벗어지는데, 여기서부터는 산이 다 뼈만 있고 빛이 창백하다. 동쪽으로 한 봉우리가 하늘을 찌르는 듯이 바라보이니 이것이 곧 소백산(小白山)이다. 이어 산밑을 지나 서쪽으로 십여 리를 지나 산정에 이르기까지는 아직도 20~30리 더 가야 한다. 조금 동쪽으로 가면 고개가 있으며 이것이 곧 소백산의 지맥이다. 그 등성이에 올라 백두산을 바라보니 웅장하게 1,000리에 뻗쳐 있고 푸른 산의 이마가 마치 흰 동이를 높은 도마에 덮어놓은 것과 같다. 영 밑을 따라 몇 리 더 가니 산에 나무가 없으며 5~6리 더 가면 산이 문득 꺼져서 웅덩이가 되었는데 가로 띠를 두른 것 같고, 깊이가 한정 없으며, 넓이는 겨우 2척에 불과하다. 혹 뛰어넘기도 하고 혹 붙잡고 건너기도 하여 4~5리 가면 또 웅덩이가 있다. 나무를 베어 시렁을 만들어 가지고 이것을 의지하여 건넜다. 서쪽으로 수백 보를 지나 산정에 이르니 거기에 못이 있어서 마치 사람의 머리에 있는 숨구멍 같이 생겼다. 그 주위는 20~30리 가량 되고 깊이는 헤아릴 수 없으며, 네 벽은 깎은 듯이 섰는데 마치 붉은 진흙으로 칠한 것 같다. 그 북쪽 두어 자 터진 곳으로 흘러 넘는 물이 흑룡강(黑龍江)의 근원이 되었다【혼동강을 가리킴】.

동쪽에 돌사자가 있는데 빛이 누르고 꼬리와 갈기가 움직이는 것 같다. 그러므로 중국 사람들이 이것을 망천후(望天吼－하늘을 보고 우는 것) 라고 하였다. 다시 산등을 타고 3~4리 내려가면 비로소 압록강의 근원 을 찾게 되는데 샘이 산 구멍에서 나와서 급히 흐른다. 수십백 보를 못 가서 골짜기가 터져서 큰 구렁으로 되었는데 물이 그리 쏟아진다. 또 동 쪽으로 짧은 언덕 하나를 넘으면 서쪽으로 흐르는 샘이 있고, 30~40보 가서 다른 두 줄기가 있는데 그 한 줄기가 흘러서 서쪽 샘과 합치며 다 른 하나는 동쪽으로 가늘게 흐른다. 또 동쪽으로 한 언덕을 넘으면 동으 로 흐르는 샘이 있는데 거기서 백여 보 되는 곳에서 가운데 샘이 갈라 져 동쪽으로 흐르는 물과 합친다. 목극등이 가운데 샘이 갈라지는 사이 에 앉아서 이것은 분수령이라 할 만하다 하고, 비를 세워 경계를 정하였 다. 토문강의 물줄기는 사이사이 끊어져 땅속에 잦아들어서 경계가 분 명치 못하기 때문에 여기 비를 세우고 기록한다"고 하였다【곧 「백두산기 」이다】.

『만기요람(萬機要覽)』에 이르기를 "여지도(輿地圖)에는 분계강(分界 江)이 토문강 북쪽에 있고 강 이름을 분계강이라 하였으니 경계비는 응 당 여기 세워야 하며, 또 비문에도 동쪽은 토문이라 하였으니 역시 토문 발원지에 비를 세워야 한다. 그러므로 식견 있는 사람들이 그 때에 이를 논쟁하는 사람 하나도 없이 앉아서 수백 리의 강토를 잃은 데 대하여 탄식한다"고 하였다.

『국조보감(國朝寶鑑)』에 이르기를 "영종(英宗) 43년에 북악산(北嶽山) 에서 백두산 망제를 지낼 것을 명령하였다. 처음 나라에서 오악(五嶽)에 제사지냈는데 정평(定平) 비백산(鼻白山)으로써 북악을 삼았었다. 이때 에 와서 좌의정(左議政) 한익모(韓翼謨)가 말하기를 '백두산은 우리 나라의 조종산이요, 또한 북도는 우리 태조가 발상한 땅이니, 북악에 대한 제사는 이제 응당 백두산에 옮겨 지내야 할 것입니다'라고 한즉 임금이 좋다고 하였다. 그리하여 함경도 관찰사에게 명령하여 갑산부에서 80리 상거되는 운총보(雲寵堡) 북망덕평(北望德坪)에 자리를 선택하여 각(閣)을 짓고 망제를 지냈다"고 하였다.

청이 생각건대 청나라에서 백산에 지내는 제사는 강희 16년부터였는데 처음에 영고탑 덕항산(德恒山)에서 망제를 지냈고, 우리 나라에서는 영종(英宗) 43년부터 시작하였다【건륭(乾隆) 32년임】.

『예부칙례(禮部則例)』에 이르기를 "장백산 신과 송화강 신에 대하여 길림 오랍(五拉)에서 망제를 지낸다"고 하였다【고제조(告祭條)】.

『황조통지(皇朝通志)』에 이르기를 "강희 16년에 장백산 신을 봉하고 오악(五嶽)의 예에 비추어 봄가을에 제사지냈으며 경사스러운 행사가 있을 때에는 또 오랍 지방에서도 망제를 지냈다"고 하였다【「예략(禮略)」에 있음】.

청이 상고하여 보면 강희, 건륭의 시대에는 임금이 성경(盛京)에 순행할 때에는 매번 장백산에 망제를 지냈으니, 대개 그들의 발상지를 소중히 여겼기 때문일 것이다.

『승람』에 이르기를 "백두산 위에 못이 있어 주위가 80리나 되는데 남으로 흘러서 압록강이 되고 북으로 흘러서 송화강, 혼동강이 되며 동북으로 흘러 소하강(蘇下江), 속평강(速平江)이 되며 동으로 흘러서 두만강이 된다"고 하였다.

『비고(備考)』에는 "압록강은 백두산 큰 못에서 발원하여 땅 밑으로 숨어 흘러 남쪽으로 나와서 혜산강(惠山江)이 된다"고 하였다.

청이 상고하여 보면 송화, 혼동은 한 강이다. 그러나 소하, 속평은 지금까지 듣지 못한 강이며 백두산 북쪽 기슭에 있는 물로서는 낭목(娘木), 아척(阿脊), 앙방(昂邦)의 셋이 있다.

곧게 남으로 백여 리를 나와서는 왼쪽으로 혜산 북쪽에 있는 여러 골짜기의 물들과 합한다

『성경통지』에 이르기를 "장백산 남쪽 여러 샘이 남으로 흘러 큰 강이 되었다"고 하였으며, 『승람』에는 "큰 물이 백두산 아래 마죽동(馬竹洞)에서 나와서 혜산진(惠山鎭)을 지난다"고 하였고, 『비고』에는 "혜산강은 오른쪽으로 임련천(臨連川), 자가천(自可川), 비검천(飛劍川), 오씨천(吳氏川)을 지난다【오른쪽을 지난다는 것은 왼쪽을 지난다고 하는 것이 마땅할 것으로 생각한다】"고 하였다. 지금 백산의 큰 간맥이 남으로 뻗쳐 연지봉(臙脂峰)과 허항령(虛項嶺)이 되고 또 보다령(寶多嶺)【즉 보다회산(甫多會山)】, 사봉(沙峯)【즉 사이봉(沙伊峯)】, 완항(緩項), 어은(魚隱), 원산(圓山) 등 여러 영이 되었는데 대체로 이 큰 간맥의 서쪽에 있는 물들은 모두 서쪽으로 흘러서 녹수에 들어간다. 장령(掌令) 정항령(鄭恒齡)의 지도를 보면 임련천(臨連川)【혹 임연천(臨淵川)이라고도 한다】, 자작천(自作川)【『비고』에 자가천(自可川)이라고 한 것】, 용비천(龍飛川), 검천『비고』에는 합칭해서 비검천(飛劍川)이라고 하였다】, 오씨천【혹은 오시천(吾時川)이라고도 한다】 등이 있고 공재(恭齋) 윤두서(尹斗諸)의 지도에는 박달곶수(朴達串水), 자개수(自介水), 신대신수(申大信水)【혹은 신다신천(辛多信川)이라고도 한다】 등 여러 물이 있는데 다 백두산 대간맥 서쪽에서 나와서 녹수에 들어간다. 녹수가 지나가는 근방에는 금봉지당(金峯支當), 서출라덕(西

出羅德), 봉천대(奉天臺) 등의 이름이 있으니 이는 다 왼쪽으로 녹수와 합하는 물들이다. 녹수의 오른쪽에서 합치는 물로서 또 치부수(致付水), 구오수(九五水), 동돌천(東突川), 건천수(乾天水), 지항수(池港水) 등 여러 이름이 있으나 이는 다 우리 나라 땅의 것이 아니다.

녹수는 또 남으로 혜산보(惠山堡) 서남방을 지난다

혜산보는 혜산진 첨절제사(僉節制使)가 수비하던 곳인데, 원래 혜산 진이라고 칭한 것이나 다른 군과 현의 진(鎭)과 혼동하여 구분함이 없이 부르는 것을 피하여 혜산보라고 칭한 것이다. 이하 보(堡)라고 한 것들 은 다 이런 예이며 보라는 것은 작은 성이라는 뜻이다. 혜산보는 갑산부 북방 95리에 있는데 성의 주위가 2,320척이다.

그 한 줄기가 북청부(北靑府) 서북쪽에 있는 후치령(厚治嶺)에서 나와서 곧게 북으로 백여 리를 흐르다가, 왼쪽으로 향령(香嶺)이 북의 여러 골짜기 물들과 합한 다음에, 북으로 갑산부 서쪽을 지 나 허천(虛川)이 되며, 또 서쪽으로 구부러졌다가 북으로 꺾어져 혜산보에 이르러서 서남에서 백산의 물과 합한다

북청부는 본래 원(元)나라 때의 삼살(三撒)로서 고려 때에 안북천호소 (安北千戶所)를 여기 두었다가 후에 지금 이름으로 고쳤으며 도호부(都 護府)로 승격시켰다. 북청부의 북쪽 100리 지점에 후치령(주 생략)이 있 으니, 이것이 백산이 남으로 뻗어진 큰 줄기이다. 산에 돌구멍이 있어서 이름을 관음굴(觀音窟)이라고 하며 남원수(南源水)가 이 굴에서 나와 북

으로 흐르는데,『승람』에서 이른바 "산북파천(山北坡川)의 수원이 후치현(厚致峴)에서 나온다"는 것이 이것을 말하는 것이다【물이 북청부 북방 118리에 있다】. 남원은 또 북으로 흘러 이곡사(泥穀社)를 지나 왼쪽에서 향령(香嶺)의 물과 합한다. 향령은 후치령의 북쪽 기슭이다. 그 산에서 세 줄기 물이 나오는데 황수(黃水)가 동으로 흘러 황수원(黃水院)을 지나와서 합하며 그 빛이 누르기 때문에 그렇게 이름한 것이며,『승람』에서 이른바 황수파(黃水坡)【북청 북방 123리에 있다】라고 한 것이 곧 그 강안을 말한 것이다. 다른 한 줄기 벌성수(伐成水)는 동으로 흘러 마등령(馬騰嶺)을 지나와서 합하는 바,『승람』에서 말한 벌성포(伐成浦)라는 것이【북청 북방 138리에 있다】 이것이다. 또 다른 줄기 독수(禿水)도 동으로 흘러와서 합하는 바,『승람』에서 말한 독산천(禿山川)이라고 한 것이【북청 북방 162리에 있다】 이것이다. 정장령 지도에는 종포수(終浦水)가 동으로 흘러와서 합한다고 하였으니 이것이 곧 독수이며, 윤공재 지도에는 우음진(于音津)이라고 한 것이 있는데 이것이 남원(南源)의 시작이다.

남원은 북으로 응령(鷹嶺) 동쪽을 지나 왼쪽에서 웅이수(熊耳水)와 합하는데 웅이수는 북청 북쪽 태백산(太白山)에서 나와 동으로 흘러 소백계산(小白階山)을 지나 웅이령(熊耳嶺) 아래에 이르러서 웅이천(熊耳川)이 되었으며【갑산부 남쪽 80리에 있다】 또 응령 동쪽을 지나와서 합한다. 『승람』에 이르기를 "웅이천은 근원이 향동(香洞)에서 나와서 갑산부 남쪽 청주기(淸州歧)를 지나 오음수(汚音水)와 합하여 서쪽으로 허천(虛川)에 들어간다"고 하였는데 이는 잘못된 것이다. 웅이수는 동쪽으로 흐르는 물인데 서쪽으로 들어간다고 할 수 없다.

남원은 또 북으로 황토령(黃土嶺) 서북쪽을 지나 왼쪽으로 호린수(呼麟水)와 합하는데, 호린수는 웅이령에서 나와 동으로 호린원(呼麟院)을 지나와서 합하는 것이다.

남원은 또 북으로 허천역(虛川驛) 동쪽을 지나 허천이 되었다.『승람』
에 이르기를 "북청부의 산북천(山北川)【즉 원줄기】, 벌성천(伐成川), 황수
천(黃水川), 독산천(禿山川)이 갑산부 남쪽 청주기에서 합류하여 허천역
을 지나 허천이 되었다"고 한 것이 이것이다【역은 갑산 남쪽 4리에 있다】.

남원은 또 북으로 갑산부 서쪽을 지나는데 갑산부는 본래 허천부(虛
川府)였다. 오랜 기간 여진의 강점한 바 되었으며 병화를 여러 번 겪어
서 사람이 살지 못하였다. 고려 말기에 갑주(甲州) 만호부(萬戶府)를 두
었다가 지금 갑산부로 되었다.

남원은 또 오른쪽에서 진동수(鎭東水)와 합한다. 정장령 지도에는 물
이 길주(吉州) 북설령(北雪嶺)에서 나와 서쪽으로 흘러 두리령(頭里嶺),
참두령(斬頭嶺)의 물들과 합해 가지고 진동보(鎭東堡) 남쪽을 지나와서
합하는 것이 있으니 이것이 곧 진동수이다. 진동보의 성 주위는 1,495척
【갑산 북쪽 2리】인데 병마만호(兵馬萬戶)를 두어 지키게 하였다.『승람』
에 이르기를 "가이천(加爾川)이 진동동(鎭東洞)으로 나와서 허천에 들어
간다"고 한 것이 역시 진동수인 것이다.

남원은 또 서북으로 흐르다가 오른쪽에서 동인수(同仁水)와 합치는데
동인수는 완항령(緩項嶺)에서 나와 서쪽으로 흘러 동인보(同仁堡) 북쪽
을 지나와서 합한다. 동인보의 성 주위는 1,351척이며【갑산부 북쪽 36리
에 있다】 권관(權管)을 두어 지키게 하였다. 함경도 관찰사 남구만(南九
萬)이 장계를 올리기를 "갑산, 삼수 두 읍은 백두산 대간맥의 등성이 밖
에 위치하고 있으므로 내왕하는 길이 다만 함흥(咸興), 북청, 단천(端川)
의 세 곳에 있을 뿐인데 함흥으로부터 가는 길은 삼수군까지 9일 일정,
북청에서부터 갑산부까지는 4일 일정, 단천에서부터 갑산부까지는 5일
일정으로서 높은 영, 깊은 구렁들과 낭떠러지, 돌길들은 전국을 치고도
이렇게 험한 데는 없는 곳입니다. 또 삼수부 서쪽은 후주(厚州) 등 폐사

군(廢四郡)인데 다 빈땅이어서 강계(江界)와의 통로가 없으며, 갑산 동쪽
은 역시 백두산 남쪽 지맥들이 막혀 있어서 길주와의 통로가 없습니다.
또 이 두 읍은 기후가 육진(六鎭)보다 차고 오곡이 자라지 못하여 주민
이 희소할 뿐만 아니라 지대가 이같이 동떨어져 있으니 만일 급한 일이
있으면 미처 도와 줄 수 없으며, 평상시에도 어염(魚鹽)과 피복을 다른
고을과 서로 융통하지 못하니 실로 민망한 일입니다. 제가 듣건대 길주
서북보(西北堡)【길주 서북쪽 40리에 있다】에서부터 돈피 사냥꾼들이 왕래
하는 길이 있어 갑산부로 통할 수 있다 하므로 서북보 만호 오상제(吳
尙悌), 길주 장관 허결(許潔)로 하여금 가서 그 길을 찾게 하였습니다.
나무가 빽빽이 들어서서 인마가 빠져나갈 수 없었으므로 간신히 5일 후
에야 겨우 갑산 동인보에 나갔으며, 또 동인보에서부터 다시 오는 길을
찾아 2일 만에 서북보에 돌아왔는데 중간에 두 영이 있으나, 다 그다지
높지 않습니다. 이제 만약 나무를 베고 길을 내어 조금이라도 인마를 통
하게 한다면 가까운 데는 200여 리나 될 것이고 멀어도 300리는 되지
못할 것입니다. 또 지세가 자못 평평하여 단천 등지에서 가는 길처럼 험
악하고 위태로워서 발붙일 수 없는 그런 것과는 크게 다릅니다. 이제 갑
산 사람들로 하여금 영마루턱 서쪽까지 길을 내게 하고, 길주 사람들로
하여금 영마루턱 동쪽 길을 내게 한다면 수십 백인이 수일간에 할 역사
에 불과할 것입니다. 또 듣건대 서북보에서 30리 가서 옛 서북보(西北
堡) 폐성(廢城)이 있고【지금 보의 서쪽에 있다】 또 40리를 가서 이양춘(李
陽春)의 옛터가 있는데 다 사람들이 살 만한 땅이라 하며, 영마루 주위
에 또 감평(甘坪)이라는 땅이 있는데 조금만 개척하면 경작할 수 있다고
합니다. 그 사이에도 한 두 개소의 진(鎭)이나 보(堡)를 설치하여 수비,
검문할 장소를 만들어야 할 것입니다. 만약 그렇게 되면 길주의 사하북

(斜下北)과 덕만동(德萬洞), 그리고 단천의 숭의(崇義), 오을족(吾乙足), 쌍청(雙靑), 황토기(黃土歧)와 갑산의 진동(鎭東) 등, 보들은 다 내지로 될 것이니 폐지할 수 있을 것입니다"라고 하였다. 이제 생각건대 백산 큰 간맥이 연면히 뻗어 남으로 달리면서 보다령(寶多嶺), 완항령이 되고 또 원산(圓山)이 되었으며 서남쪽으로 끌고 가면서 황토령(黃土嶺), 천수 령(天秀嶺), 조가령(趙家嶺)이 되고 또 서쪽으로 후치 향령에 이른다. 태 백산이 수백 리에 뻗어 있는데 그 산이 다 높고 험하며 웅장하고 험준 하다. 그 큰 간맥의 서쪽에 있는 것을 갑산부라 하고 동쪽에 있는 것을 길주, 단천부, 이원현(利原縣)이라고 하며 북청부는 큰 간맥이 서쪽으로 비껴진 아래에 있다. 그러므로 큰 간맥의 서쪽에 녹수의 남쪽 수원이 있 어 곧게 북으로 흐르는데 여러 골짜기의 물들이 다 여기로 들어가며 큰 간맥의 동쪽 물들은 다 남으로 흘러 바다로 들어간다. 지형은 대략 이러 하다. 만일 그 도로들이 북청으로부터 녹수의 남쪽 줄기를 따라 갑산까 지 이른다면 250리가 되고, 북청으로부터 단천 길주까지 이른다면 백여 리가 된다. 그러나 갑산, 길주 사이로는 산등성이가 사이에 끼어서 서로 통하지 못하므로 부득불 북청으로 돌아 통하게 된다. 그러므로 남상국 (南相國)이 영마루 등성이에 길을 내려고 한 것이다. 그러나 지금까지 수행하지 못하고 있다.

남원은 또 서쪽으로 비스듬히 허린역(虛麟驛)을 지나서 다시 동북쪽 으로 구부러져 가지고 운총보(雲寵堡) 서쪽에 이르러 오른쪽에서 그 보 앞에 흐르는 물과 합한다. 운총보의 성 주위는 1,467척인데【갑산부 북쪽 70리에 있다】병마만호(兵馬萬戶)를 두어 지키게 한다. 그 물은 보다령에 서 나와 서쪽으로 흐르다가 여기 와서 합한다.

남원은 또 혜산보에 이르러 서쪽에서 백산수(白山水)와 합한다. 『비 고』에 이르기를 "허천이 북청 후치령 관음굴에서 나와서 북으로 흘러

이곡사(泥穀社)를 지나 황수(黃水)가 되어【이것은 잘못된 것이라고 생각한
다】응령(鷹嶺)에 이르며, 웅이천(熊耳川)을 지나 갑산부 서쪽을 거쳐 진
동천·동인천을 지나며, 다시 허린을 지나 운총진(雲寵鎭)에 이르며, 전
천(前川)을 지나 혜산강으로 들어간다"고 한 것이 즉 이것이다.

녹수는 또 구부러져서 북으로 돌아 흐르다가 삼수부 북쪽에 이르
며 남쪽에서 오는 세 지류들과 합한다

삼수부는 본래 갑산의 삼수보(三水堡)였는데 세종(世宗) 23년에 비로
소 만호를 두어 외적의 침입을 막고 있다가 후에 승격시켜 도호부(都護
府)로 만들었으니 이것은 백산수(白山水)【즉 녹수(綠水)】, 향령수(香嶺水)
【즉 녹수의 남쪽 줄기】, 장진수(長津水)가 다 삼수부 경계에서 합하게 되
므로 이름한 것이다【삼수부로부터 북으로 녹수까지 15리이다】. 처음 신라
(新羅) 말기에 3국의 분쟁으로 인하여 북쪽 변방이 폐허가 되었는데, 여
진(女眞)이 이 틈을 타서 압록강 안팎 지방을 점거하고 넘나들면서 폭행
과 약탈을 감행하므로 국경 주민들이 고통을 겪었다. 고려 성종(成宗)
10년에 와서 군사를 보내어 그들을 축출하여 백두산 밖에서 살게 하였
다【『고려사』에 있음】. 홍만종(洪萬宗)이 말하기를 "이 압록은 즉 삼수군
북쪽에 있는 강이고 의주의 압록이 아니다"라고 하였다【『동국총목(東國
總目)』에 있음】. 내가 생각하기에는 고려 초기에 삼수, 갑산 등지가 금
(金)나라 사람들에게 속하여 있었기 때문에 고려 성종이 군사를 보내어
내쫓았으며 그 후에 다시 금나라 사람들의 소유로 되었다가 마침내 우
리 강토로 된 것이다. 『금사(金史)』「태종본기(太宗本記)」에 의하면 "천
회(天會) 9년에 도문수(徒門水) 이서의 혼동(渾疃), 성현(星顯), 잔준(屠蠢)

등 3수 이북의 폐경지를 갈란로(曷懶路)의 여러 모극(謀克)들에게 주었다"고 하였으며, 또『금사』「고려전」에는 "강종(康宗) 원년에 석적환(石適歡)을 보내어 성현, 통문(統門)의 군사를 거느리고 가다가 을리골령(乙離骨嶺)에 이르러 군사를 더 모집하여 가지고, 활날수(活涅水)로 빨리 달려가 갈란전(曷懶甸) 지방을 진압하면서 모반한 7개 성을 수복하였으며, 2년에 강종이 사갈(斜葛)로 하여금 경계를 바로잡게 하여 이골수(離骨水)에 이르렀으나, 사갈이 능히 시비를 옳게 가리지 못하므로 강종이 사갈을 불러 돌아오게 하였다. 그리고 석적환을 보내었는데 석적환이 지휘처를 삼잔수(三潺水)에 두었다"고 하였다. 삼잔수라는 것은 지금의 삼수부(三水府)이고 혼동수, 성현수, 잔준수는 즉 백산수, 향령수, 장진수의 이칭인 것이다. 이렇게 보면 삼수 갑산 등지가 금나라 사람들에게 속하여 있었다는 것을 알 수 있다. 또『금사(金史)』「열전(列傳)」에는 "오연호리개(烏延胡里改)는 갈란로(曷懶路) 성현수(星顯水) 사람이요, 오연포활노(烏延蒲豁奴)는 속빈로(速頻路) 성현하(星顯河) 사람이다"라고 하였다. 내가 생각건대 갈라는 지금의 함흥이고, 속빈은 지금의 삼수 등지이며, 성현수는 혹 함흥에 속하고 혹 삼수에 속한다고 하는데, 지금 두 고을 사이에 장진수라는 물이 있으니 이것이 성현하(星顯河)인 것 같다.

『승람』에 이르기를 "인차천(仁遮川)은 수원이 적생동(積生洞)에서 나와서 북으로 흐르다가 혜산강에 들어간다"고 하였고, 「비고」에는 "삼수 앞 내는 수원이 삼수 백계산(白階山)에서 나와서 북으로 흘러 사천(沙川)이 되어 삼수부를 지나 동으로 인차보(仁遮堡)에 이르러 압강(鴨江)에 들어간다"고 하였으며, 정장령 지도에는 "한 줄기 물이 소백계산(小白階山)에서 나와서 북으로 흘러 사수(沙水)가 되고 다른 하나는 백령(白嶺)

동쪽에서 나와서 북으로 흘러 은동(銀洞)으로부터 나와 삼수부 동쪽에서 합하여 북으로 녹수에 들어간다"고 하였으니, 『수경』에 이른바 세 지류라는 것은 즉 이를 가리키는 것이다.

　　녹수는 또 서북으로 인차보, 나난보(羅暖堡)를 거쳐 흐르다가 북쪽에서 다른 한 물과 합한다

　인차외보(仁遮外堡)는 삼수부 북쪽 20리에 있는데 성 주위가 363척이다. 옛적에는 갑산에 속하였고 권관을 두었으며 연산군(燕山君) 8년에 삼수에 이속시키면서 만호로 승격시켰다. 나난보는 삼수부 서북쪽 50리에 있는데 성 주위가 3,360척이며 연산군 6년에 만호를 두었다.

　그 북쪽에서 합하는 물줄기들은 국경 밖에서 발원하여【즉 백산 서남 기슭】남으로 흘러 최천기동(崔天己洞)을 지나서 녹수에 들어간다. 『승람』에는 "큰 물(즉 녹수)이 백두산 아래 마죽동(馬竹洞)에서 나와서 혜산진을 지나 인차외에 이르러 최천기동 물과 합류한다"고 하였다. 내가 상고하건대 국경 밖의 지방은 위로 백산에서부터 녹수를 끼고 아래로 의주에 이르기까지의 지역인데, 지금 다 선창장군(船廠將軍)이 관할하는 곳으로서 땅이 궁벽하고 사람이 드물며 산봉우리들이 첩첩이 쌓여 있으므로 상세히 알 수 없다. 여러 지도〔輿圖〕를 상고하여 보건대 혜산에서부터 나난(羅暖)에 이르기까지의 녹수 연안 이북 국경 밖에는 차군만동(車軍萬洞), 약수동(藥水洞), 포석동(泡石洞), 백탑동(白塔洞)【전탑(磚塔)이 있다】, 호교동(虎橋洞), 박룡동(朴龍洞), 윤수동(尹水洞), 삼가동(三可洞), 노동(蘆洞), 심동(深洞), 화동(禾洞), 회산채(回山寨), 갈산(葛山), 흑산(黑山) 등 여러 지명이 있으나 자세하지는 못하다.

녹수는 또 서북에서 소농보(小農堡), 갈파보(葛坡堡) 북쪽을 지난다

소농보는 나난보의 서북쪽 20리에 있는데 성 주위가 1,300척이며 연산군 6년에 권관을 두어 삼수부에 속하게 하였다. 갈파보는『비고』에서 가파보(茄坡堡)라 칭하였는데【또 가을파지보(加乙波知堡)라고도 한다】, 소농보 서쪽 25리에 있으며 성 주위가 3,500척이다. 연산군 6년에 비로소 권관을 두었다가 후에 동첨절제사(同僉節制使)로 승격시키고 역시 삼수부에 속하게 하였다. 소농보, 갈파 사이에는 감장천(甘長遷)이라는 돌길이 있다.

창수【漲水―음을 창으로 읽고 평성으로 발음】는 서남쪽으로부터 오다가 녹수에 들어간다

『비고』에 "혜산진을 지나 왼쪽에서 허천과 합하고【즉 남원】 꺾어져 서북으로 흐르다가 인차보에 이르며 왼쪽에서 삼수천과 합하고 다시 나난, 소농, 신가파(新茄坡), 구가파(舊茄坡)의 보들을 지나 왼쪽에서 장진강(長津江)을 만난다"고 하였으니『수경』에 이른바 창수라는 것은 즉 이 장진강을 말하는 것이다.

녹수는 또 갈파구보(葛坡舊堡)의 북쪽을 지난다

갈파구보는 삼수부 서북 105리에 있는데, 성 주위가 1,570척이며 본래 첨사(僉使)가 있어 지키다가, 후에 첨사가 신보(新堡)로 옮겼으므로 강격〔降〕하여 권관을 둔 것이다.

녹수는 또 토천(兎遷) 북쪽을 지난다. 옛 방언에 물가에 있는 돌길을 일러 천(遷)이라고 불렀는데 지금은 딴 길을 말하는 것이며, 『비고』에 "토천(兎遷), 사송평(四松坪)을 지난다"는 것이 이것이다.

후주(厚州) 옛 땅에 이르러 남쪽에서 후주 앞 물과 합한다

후주의 연혁은 듣지 못하였다. 동으로 갈파구보까지는 90리이고 서로 옛 무창(茂昌)까지는 133리이다. 옛날에는 방위 시설이 없었는데 지금 비로소 보를 설치하고 첨제사를 두었으며 순조(純祖) 22년에 처음 부(府)를 설하고 도호부사(都護府使)를 두었다. 『삼수부지(三水府志)』를 상고하면 "삼수부에서 북쪽으로 200리를 가서 30리나 되는 큰 들이 있는데, 들 가운데 두 개의 큰 못이 있고 못가에 대가 있으며 그 높이가 수백 길이 된다. 서쪽에는 십팔봉(十八峰), 동쪽에는 압록강으로서 산수가 수려하고 땅이 기름지다"라고 하였으니, 이것이 후주를 가리키는 것이다. 녹수의 발원지로부터 후주에 이르기까지의 땅은 함경남도(咸鏡南道)에 속하고 후주 이하는 평안도(平安道)에 들며 후주는 폐사군(廢四郡)에 속하고 강계부(江界府)의 관할로 되었다. 땅이 황폐한 지 이미 오래이며 사는 사람이 아주 없다.

후주 앞 물이란, 즉 이른바 후주강(厚州江)인데 수원이 총전령(蔥田嶺)의 희색봉(喜塞峰)에서 나와서 북으로 흘러 오만동(五萬洞)을 지나 대소(大小) 후주 땅에 이르며 왼쪽에서 회덕령(懷德嶺) 물과 합류하여 속사

동(束沙洞), 장항덕(獐項德), 대판막(大板幕), 문주(文柱)【문주비(文柱非)라
함】, 오통(五統), 동응(冬應), 판막(板幕), 가마(加馬), 자지(煮芝), 고읍(古
邑) 등의 여러 동을 지나서 후주보(厚州堡) 앞에 와서 녹수로 들어간다.
발원지로부터 녹수로 들어가는 데까지는 200여 리가 된다. 물의 서쪽은
무창 경계가 되고 동쪽은 삼수 경계가 된다. 『비고』에 이르기를 "후주
강 수원이 총전령에서 나와서 북으로 흘러 판막동(板幕洞)을 지나며 후
주 북쪽에 이르러 압록강에 들어간다"고 하였으니 즉 이것이다. 그러나
다만 그것이 총전령에서 나왔다는 것은 소홀한 말이다.

녹수는 또 남으로 나신수(羅信水)와 합한다. 나신수는 강계부 경내에
있는 회덕령(懷德嶺)에서 나와서 북으로 흘러 측삼(側三)【즉 측삼거리(側
三巨里)이다】, 자갑(子甲)【즉 동변자갑(東邊子甲)】, 우유(牛踰), 수참(水站)
등 여러 벌을 지나 나신동에 이르러 녹수로 들어간다. 발원지에서부터
녹수에 이르는 거리는 70여 리가 된다. 후주 이하 녹수 연안 지방에는
후주하파(厚州下把)【길이 10리, 너비 5리】, 후주장항(厚州獐項)【길이 5리,
너비 5리】, 박철상곡(朴鐵上曲)【길이 10리, 너비 5리】, 박철하곡(朴鐵下曲)
【길이 7리, 빙애(氷厓)가 있다】 등의 벌들이 있는데 그 벌들은 나신수가
녹수에 들어가는 데와 인접하여 있다.

함경도 관찰사 남구만(南九萬)이 상소하기를 "삼수에서부터 압록강을
따라 70리를 내려가면 후주 옛 땅이 있는데, 어느 해에 설치하고 어느
해에 폐지하였는지 알지 못하나 그 땅은 압록강 남쪽에 있으니, 이것은
물론 우리의 땅입니다. 들이 넓고 토지가 비옥하여 삼수, 갑산처럼 산이
험하고 땅이 척박한 것과는 크게 다르며 서리가 늦게 내리고 오곡이 다
잘 익으니 살 만한 곳입니다. 우리 나라에서 버려 둔 후부터 벌써 저 사
람들의 소굴이 되고 말았습니다. 그 땅이 갈파지(葛坡知)와 접경하고 있

으나 별해(別害)와의 거리도 200리 미만이며 중간에 다만 조만(鳥蔓)이라는 영 하나가 가로막혀 있으므로 저 사람들의 살촉 울리는 소리를 아침, 저녁에 서로 듣게 됩니다. 또 당시 조정에서 이미 4군과 후주를 폐지하여 저 사람들에게 주고 장진강으로 경계를 삼았으므로 별해와 갈파지의 두 진만을 장진강 두 기슭에 두었으며, 그 나머지 묘파(廟坡), 신방(神方), 강구(江口), 어면(魚面), 감파(甘坡), 자작(自作) 등의 보들은 다 강 동쪽에 두어 저 사람들과 더불어 강을 끼고 살았습니다. 그 보들을 설치한 곳들은 다 물이 급하게 흐르고 산협이 중첩한 가운데 있으므로 길이 험하여 사람이 통행할 수 없으며, 또 경작할 만한 밭이 없으니 백성들이 살 땅이 못 됩니다. 이제 만약 다시 후주의 옛 땅에 군읍(郡邑)을 설치한다면 삼수, 갑산에 있어서는 서로 의지하고 돕게 되어 외롭지 않을 것이며, 함흥에 있어서도 그 울타리가 견고하게 되어 허수하지 않게 될 것입니다. 또 함흥으로부터 별해와 삼수의 경계까지는 거의 400여 리가 되며 삼수로부터 별해까지 또한 400여 리가 되는데, 그 사이에 사는 사람들은 산골짜기에 숨어 있으면서 마치 새나 짐승을 길들이기 어려운 것처럼 다스리기 곤란합니다. 이제 만약 다시 후주(厚州)를 두어 국경을 지키게 하되 장진강 아래위에 있는 여러 보들을 폐지하고 함흥 황초령(黃草嶺) 이서와 삼수 이송령(李松嶺) 이남의 지역을 떼다다 합하여 한 군을 만들고 읍을 별해에 설치한다면, 행정구역을 분할하고 주민을 통치하는 데 있어서 실로 적합한 방책이 될 것입니다"라고 하였다.

청이 상고하여 보면, 숙종(肅宗) 갑인(甲寅)년에 남공(南公)의 상소로 말미암아 어면보(魚面堡)를 후주에 옮겨 두고 만호 이상식(李尙植)을 첨절제사로 승급시켜 지키게 하였으며, 현종(顯宗) 을축(乙丑)년에 후주 첨사 제도를 폐지하고 도로 어면에 옮겨다가 만호를 두었으며, 정종(正宗)

병진(丙辰)년에 다시 후주를 설치하여 첨사를 두고 폐사군의 상패평(祥霸坪)을 이에 속하게 하였으며, 이건수(李健秀)를 처음에 첨사로 임명하여 지키게 하였더니 순조 22년에 부로 승격시키고 도호사를 두어 지키게 하였다.

녹수는 또 서북으로 무창(茂昌) 옛 고을 북쪽을 지나 왼쪽에서 포도수(葡萄水)와 합한다

무창 폐군(廢郡)은 본래 여연부(閭延府) 상무로보(上無路堡)이다. 세종 18년에 비로소 만호를 두었는데, 5년에 보가 여연과의 거리가 멀어서 변고가 있을 때에 미처 도울 수 없으므로 여연부의 출합(出哈), 손량(孫梁), 후주, 보산(甫山) 등지의 민호를 분할하여 무창현(茂昌縣)을 설치하였다가 후에 군으로 승격시켰다. 세조(世祖) 원년에 이르러 그 땅을 비우고 강계부에 속하게 하였는데, 여기서부터 동으로 후주에 이르기까지 133리이며 북으로 녹수까지는 2리이다. 『승람』을 상고하여 보건대 보산폐보(甫山廢堡)【무창 동쪽 83리】와 시개폐보(時介廢堡)는【무창 동쪽 22리】다 무창 동쪽에 있다. 그런데 지금 죽암(竹巖) 곁에 옛 보 하나가 있으며 보가에 큰 못이 있다.

포도수는 강계 회덕령에서 발원하여 북으로 흘러 측삼(側三), 중삼(中三), 초삼(初三) 벌을 거쳐 막종령(莫從嶺) 동쪽을 지나고 포도동(葡萄洞)에 이르러 녹수로 들어가는데 발원지에서부터 녹수로 들어가는 데까지는 60여 리이다. 녹수 연안지방에는 나신수로부터 내려오면서 대라신동(大羅新洞)【길이 5리, 너비 70여 리】, 나신상곡(羅信上曲)【길이 10리, 너비 6리】, 나신하곡(羅信下曲)【길이 10리, 너비 3리】, 소라신동(小羅信洞)【길

이 5리, 너비 10리】, 죽암상곡(竹巖上曲)【길이 10리, 너비 10리】, 죽암중곡
(竹巖中曲)】길이 10리, 너비 20리】, 죽암하곡(竹巖下曲)【길이 10리, 너비 20
리】, 삼형제동(三兄弟洞)【길이 10리, 너비 15리】, 소삼동(小三洞)【길이 10
리인데 빙애가 있다】, 대무창(大茂昌)【길이 8리, 너비 20리】, 소무창(小茂昌)
【길이 5리, 너비 3리】, 무창곡(茂昌曲)【길이 7리, 너비 4리】, 포도동【길이 5
리, 너비 70여 리】 등의 벌들이 있는데 포도수가 압록강으로 들어가는 곳
에 닿아 있다. 거기에는 또 큰 돌과 높은 바위들이 녹수에 서려 막혀 있
는데 이를 죽암(竹巖)이라고 한다【죽암곡(竹巖曲) 아래 무창 동쪽 지역에 있
다】. 강기슭에 길을 낼 수 없기 때문에 피해서 돌아다닌다.

오른쪽으로 국경 밖에서 오는 십이도구(十二道溝)를 받아들인다

십이도구는 백산 서남 기슭과 외두납자산(歪頭磖子山) 동북 기슭의
물이 합한 물이다. 정장령 지도를 상고하면 후주로부터 무창까지 내려
오면서 그 대안 지방에는 천동(泉洞), 삼동(三洞), 성동(城洞), 직동(直洞),
문암동(門巖洞), 북수동(北水洞), 대암(大巖), 소암(小巖), 대식염동(大食鹽
洞), 소식염동(小食鹽洞), 대수동(大水洞), 이형제동(二兄弟洞)이 있고 또
두 줄기의 작은 물이 있어 남으로 흘러 녹수에 들어간다. 윤공재 지도에
는 삼수동(三水洞), 고화동(古禾洞), 하나란(下那蘭), 상나란(上那蘭) 등의
지명이 있고 또 삼두구(三頭溝)가 있어 남으로 흘러 녹수로 들어가는데,
대개 이것들은 다 십이도구에서 가까운 것들이다. 그러나 지역이 국경
밖에 있으므로 다 자세히 알 수 없다. 『비고』에는 "토천(兎遷) 사송평(四
松坪)을 지나 왼쪽에서 후주강과 나신천(羅信川)을 합하며, 무창 옛 고
을에 이르러서는 왼쪽에서 포도천을 지나고 오른쪽에서 국경 밖에 있는

십이도구와 합한다"고 하였다.

녹수는 또 무창령(茂昌嶺)을 지나며

녹수는 또 남쪽으로 두지수(豆芝水)를 받아들인다. 두지수는 회덕령에서 나와 북으로 흘러 하산동(河山洞), 회양동(回陽洞)과 안도평(安道坪), 장항령을 지나서 두지동(豆芝洞)에 이르러 녹수로 들어가니 발원지로부터 녹수로 들어가는 데까지는 백여 리이다.

녹수는 또 남으로 죽수(竹水)와 합한다. 죽수는 죽전령(竹田嶺)에서 나와서 북으로 흘러 천천하(泉川河), 산운동(山雲洞), 노탄(蘆灘), 회동(檜洞) 등지를 지나 죽전(竹田) 앞에 이르러 녹수에 들어가니 발원지로부터 녹수로 들어가는 데까지는 백여 리이다. 그 녹수의 연안은 포도동으로부터 내려오면서 포도상곡(葡萄上曲)【길이 10리, 빙애가 있다】, 포도중곡(葡萄中曲)【길이 7리, 너비 3리】, 포도하곡(葡萄下曲)【길이 10리, 너비 5리】, 막종동(莫從洞)【길이 10리, 너비 40리】, 하산(河山)【길이 10리, 너비 17리】, 두지동【길이 5리, 너비 백여 리】, 두지상곡(豆芝上曲)【길이 6리, 빙애가 있다】, 두지중곡(豆芝中曲)【길이 7리, 너비 3리】, 두지하곡(豆芝下曲)【길이 10리, 빙애가 있다】, 오랑합동(吾郎哈洞)【길이 10리, 너비 5리】, 오랑합곡(吾郎哈曲)【길이 5리, 빙애가 있다】 등 벌들이 있는데 다 죽수가 녹수로 들어가는 데 연접되어 있다. 마해보(馬海堡) 유방소(留防所)는 두지동 위에 있고 추파(楸坡) 유방소는 죽전평(竹田坪) 위에 있다.

녹수는 또 남으로 금창수(金蒼水)와 합한다. 금창수는 강계부 귀후덕(歸厚德)에서 나와서 북으로 흘러 고성동(古城洞), 세죽동(細竹洞)을 거쳐 연동령(淵洞嶺)을 지나며 동쪽으로 금창평(金蒼坪)에 이르러 녹수로 들어가는데 발원지에서부터 녹수까지 80여 리이다.

녹수는 또 무창령 북쪽을 지난다. 무창 땅은 여기서 끝난다. 그러므로 이 영을 무창령이라고 이름한 것이다.

녹수는 또 왼쪽에서 금동수(金東水)와 합한다. 금동수는 귀후덕에서 나와 북으로 흘러 형제동(兄弟洞)과 장령(鼙嶺) 동쪽을 지나 금동평(金東坪)에 이르러서 녹수로 들어가는데, 발원지로부터 녹수 입구까지는 90여 리나 된다.

녹수 연안으로서 죽수로부터 내려오면서 죽전평【길이 10리, 너비 백여 리】, 금창곡(金蒼曲)【길이 10리, 너비 5리】, 금창동(金蒼洞)【길이 10리, 너비 7리】, 속돌상곡(束突上曲)【길이 2리, 빙애가 있다】, 속사동(束沙洞)【길이 3리, 빙애가 있다】, 속사곡(束沙曲)【길이 6리, 빙애가 있다】, 속돌하곡(束突下曲)【길이 10리, 너비 5리】, 늡동(㞐洞)【길이 10리, 너비 5리】, 삼동(三洞)【길이 10리, 너비 3리】, 갈전상곡(葛田上曲)【길이 5리, 빙애가 있다】, 갈전중곡(葛田中曲)【길이 10리, 너비 5리】, 갈전하곡(葛田下曲)【길이 10리, 빙애가 있다】 등 벌들이 있어서 금동수가 녹수로 들어가는 데 연접하여 있다. 또 무창에서부터 서쪽에는 옛 보(堡) 다섯이 있으니 하나는 포도곡 위에, 하나는 금창동 위에, 하나는 속사동 위에, 하나는 두지동 위에, 하나는 갈전곡 위에 있다. 『승람』을 보건대 봉포폐보(奉浦廢堡)【무창 서쪽 38리】, 가동폐보(家洞廢堡)는 다 무창 서쪽에 있는데 지금 있는 옛 보들이 곧 그 유적들이다.

여연(閭延) 옛 현(縣) 서쪽에 이르러 왼쪽에서 중강수(中矼水), 호예수(胡芮水)와 합하여 구부러져서 서남으로 흐른다 여연 폐부(廢府)는 본래 함길도(咸吉道) 갑산부 여연촌(閭延村)이다. 태종(太宗) 16년에 갑산부와 멀리 떨어져 있다 하여 소훈두(小薰豆)로부터 그 이서의 지방을 떼어서 여연군(閭延郡)을 만들고 평안도에 속하게 하였으며, 세종(世宗) 17년에 부로 승격시키고 진을 두었으며, 세조 1년에 그 땅을 비우고 강계부에 속하게 하였다. 녹수 연안으로서 금동수로부터 내려오면서는 금동평【길이 7리, 너비 50리】, 추상곡(楸上曲)【길이 5리, 너비 3리】, 추하곡(楸下曲)【길이 3리, 빙애가 있다】, 상장항(上獐項)【길이 10리, 너비 6리】, 중장항(中獐項)【길이 5리, 빙애가 있다】, 하장항(下獐項)【길이 5리, 너비 3리】, 이파(梨坡)【길이 10리, 너비 7리】, 상립암(上立巖)【길이 10리, 너비 6리】, 하립암(下立巖)【길이 5리, 빙애가 있다】, 상빙애(上氷厓)【길이 7리, 너비 5리】, 중빙애(中氷厓)【길이 7리】, 하빙애(下氷厓)【길이 10리, 너비 10리】 등 벌들이 있어서 다 여연에 연접되어 있다. 하빙애의 곁에 큰 바위가 녹수에 임하고 있어서 목바위〔項巖〕라 이르는데 길이 곧게 통하지 못한다.

중강수는 또 중강(中江)이라고도 부르는데, 귀후덕(歸厚德)에서 발원하여 북으로 흘러 대의동(大蟻洞), 노구동(爐口洞) 및 우가평(禹哥坪)을 지나 차유령(車踰嶺) 동쪽을 거쳐 다시 천평(泉坪), 진평(榛坪), 상목평(桑木坪)을 지나서 녹수로 들어간다. 발원지로부터 녹수 입구까지는 200여 리이다. 녹수 연안 지방으로서 여연 서쪽에는 상덕곡(上德曲)【길이 10리, 너비 7리】, 하덕곡(下德曲)【길이 10리, 너비 5리】, 중강평(中江坪)【길이 10리, 너비 백여 리】 등이 있으며 종포보(從浦堡) 유방소는 중강수가 녹수로 들어가는 데 있다.

호예수(胡芮水)는 호예령(胡芮嶺)에서 발원하여 북으로 흘러 용암동(龍巖洞), 저액동(豬額洞)을 지나고 또 마흘령(摩屹嶺) 동쪽 노전평(蘆田坪), 안도평(安道坪) 서쪽을 지나서 녹수로 들어가는데 발원지로부터 녹

수 입구까지 120리가 넘는다. 녹수 연안으로서 중강으로 내려오면서 중
강곡(中江曲)【길이 5리, 너비 5리】, 건포(乾浦)【길이 10리, 너비 50리】, 건포
장항(乾浦獐項)【길이 3리, 빙애가 있다】, 호예상곡(胡芮上曲)【길이 5리, 너
비 5리】, 호예하곡(胡芮下曲)【길이 10리, 너비 10리】, 호예동구(胡芮洞口)
【길이 10리, 너비 120리】 등이 있는데 호예수가 녹수로 들어가는 곳에 연
접하여 있다.『승람』을 상고하면 여연 서쪽에 하무로(下無路)라는 폐보
가 있고 우예(虞芮) 동쪽에 유파(楡坡)라는 폐보가 있는데 지금 호예동
(胡芮洞) 위에 있는 낡은 보가 그 유적인 것이다. 또 지금 호예수 서쪽에
장성 옛터의 국경 경비처가 있다.『동사(東史)』를 상고하면 세종 14년에
야인(野人) 400여 기(騎)가 여연에 침입하여 주민들에 대하여 폭행과 노
략을 감행하므로 강계 절도사 박초(朴礎)가 군사를 거느리고 가서 내쫓
았는데, 그 이듬해에 건주위(建州衛) 지휘(指揮) 이만주(李滿住)가 포로
로 잡혀 갔던 우리 사람들을 데리고 강계에 와서 자기의 죄를 홀라온
(忽剌溫)에게 전가시켰다. 세종이 노하여 최윤덕(崔潤德)을 평안도 도절
제사로 삼아 장차 토벌하려 하여 최해산(崔海山)을 보내어 압록강에 부
교(浮橋)를 만들게 하였는데 박호문(朴好問)이 물살이 세어서 다리를 놓
을 수 없다고 하므로 그만두게 하고, 최윤덕으로 하여금 삼군을 거느리
고 강을 건너가서 토벌하게 하였다【아래 염난수(鹽難水)에서 자세히 말한
다】. 세종 17년에 야인 5,700기가 와서 여연을 포위하므로 군수(郡守) 김
윤수(金允壽) 등이 군사를 거느리고 방어하여 도적이 물러갔다. 내종에
정예병을 거느리고 압록강까지 쫓아버렸는데 가을에 또 여연 소훈두
및 조명간(趙明干) 지방에 침입하므로 도진무(都鎭撫) 장사우(張思祐)가
군사를 거느리고 와서 내쫓았다. 이듬해에 야인이 또 조명간구자(趙明
干口子)에 침입하여 사람과 가축을 약탈하여 갔다. 당시에 야인들이 원
한을 품고 매년 침략하여 오기 때문에 국경 고을들이 소란스러웠다. 그

리하여 이천(李蕆)을 평안도 도절제사로 삼아 군사를 거느리고 파저강(婆豬江)에 건너가서 토벌하게 하였다【서문중(徐文重)의 『조선기문(朝鮮記聞)』에 나온다】. 대개 이때에 이만주가 건주에 근거지를 두고 부락이 강대하였다. 그는 혹 홀라온을 꾀어다가 약탈하게 하기도 하고, 혹은 임합라(林哈剌)와 더불어 침입하기도 하였다. 또 타납노(吒納奴), 열아합(列兒哈) 등 여러 부족들도 있었는데 『동사』에서는 총칭 파저강 야인이라 하였다. 우리가 4군을 폐기한 것은 이 도적들을 피해서 한 일이었다. 지금 장성의 유적들은 대개 그 당시의 방비 시설이었다.

녹수는 또 남쪽으로 우예(虞芮) 옛 현의 서쪽을 지나며

우예 폐군(廢郡)은 본래 여연부의 우예보(虞芮堡)인데 조선 초기에 만호를 두었다가 세종 25년에 부와 멀리 떨어져 있다 하여 유파, 조명간, 소우예(小虞芮) 태일(泰日) 등지의 민호를 떼내어 군을 설치하였으며, 세조 1년에 그 땅을 비우고 강계부에 이속시켰다. 녹수 연안으로서 호예강(胡芮江)으로부터 내려오면서 호예하변(胡芮下邊) 【길이 5리인데 빙애가 있다】, 마흘동(摩屹洞) 【길이 5리, 너비 10리】, 조속상곡(早粟上曲) 【길이 10리, 너비 10리】, 조속중곡(早粟中曲) 【길이 10리, 너비 15리】, 조속하곡(早粟下曲) 【길이 10리, 너비 10리】, 소의덕(所義德) 【길이 5리, 너비 15리】, 속전(粟田) 【길이 10리, 너비 30리】, 벌동(伐洞) 【길이 5리, 너비 20리】, 노동(蘆洞) 【길이 10리, 너비 30리】, 건포(乾浦) 【길이 10리, 너비 30리】, 자성상곡(慈城上曲) 【길이 10리, 너비 3리】, 자성하곡(慈城下曲) 【길이 10리, 너비 300여 리】 등 벌들이 있는데 모두 자성강이 녹수로 들어가는 데 연접하여 있다.

정장령 지도를 보면 무창에서부터 우예에 이르는 국경 이외의 지방
에는 벌초동(伐草洞), 판분동(板分洞), 주사동(朱砂洞), 세남립동(洗南立
洞), 어용괴동(於用怪洞), 회양동(會陽洞), 고도동(古道洞), 파탕동(波蕩洞)
, 삼기현(三岐峴), 삭토동(削土洞) 및 전상록(田尙祿), 나사립동(羅士立洞),
가응(加應), 이순흥(李順興) 등이 접전하던 동리들이 있고 또 군리천(軍
裏川)이 있어서 남으로 흘러서 녹수로 들어간다【중강수가 와서 합하는 아
래에 있다】하였으며, 윤공재 지도에는 입암동, 호단동(呼丹洞), 나한덕
(羅漢德), 원시덕(元時德), 도을한동(都乙恨洞), 가사동(家舍洞), 대훈두(大
薰豆), 소훈두(小薰豆), 나리천(那裏川), 감음동(甘音洞), 누둔동(漏屯洞),
흑수림(黑水林), 봉천대(奉天臺), 부을모동(夫乙毛洞), 소롱괴동(所弄怪洞)
, 조명간동(趙明干洞), 소보리(小甫里) 등 여러 지명이 있으나 혹 국경 안
에 있는 땅을 국경 이외 지방의 것으로 잘못 기록하였다. 그러나 모두
황폐한 지역이므로 자세한 것을 알 수 없다.

　『당서(唐書)』「발해지(渤海志)」에 이르기를 "고려의 옛 땅을 서경(西
京)으로 만들고 압록부(鴨淥府)라 칭하여 신(神), 환(桓), 풍(豐), 정(正)의
네 주(州)를 관할하였다"고 하였으며, 또 "압록은 사절이 내왕하는 통로
이다"라고 하였다.

　또 『당서』「지리지」에 이르기를 "압록강 어귀에서부터 배를 타고 백
여 리를 가서 다시 작은 배를 갈아타고 동북쪽으로 30리를 거슬러 올라
가 백작구(泊灼口)에 이르면【옥강보(玉江堡)】발해 지경에 도착하게 된다.
여기서 또 500리를 거슬러 올라가면 환도현성(丸都縣城)【황성평(黃城坪)
】에 이르는데 이것이 옛 고려의 왕도이다. 여기서 또 동북으로 200리를
거슬러 올라가면 신주(神州)에 이르며 또 육로로 400리를 가면 현주(顯
州)에 이르는 바, 여기가 천보중왕(天寶中王)이 도읍한 곳이다"라고 하

였다.

『요사(遼史)』「지리지」에 이르기를 "녹주(淥州)는 본래 고구려의 옛 땅으로서 발해가 서경 압록부라고 칭하였으며 환주(桓州)는 녹주의 서남방 200리에 있고【환주는 즉 환도(丸都)이다】, 정주(正州)는 녹주(淥州)의 서북방 380리에 있다"고 하였다.

안정복(安鼎福)이 말하기를 "압록부는 지금 압록강 상류의 우리 갑산, 삼수 이하의 대안 등지인지도 모르겠으며 신주, 환주, 풍주(豐州), 정주도 자세치 않다"고 하였다.

선생은 말하기를 "신주는 지금 우예, 자성의 북쪽 압록강 대안 지방이다"라고 하였다.

청이 생각건대 발해 압록부는 신주로써 수부〔治所〕를 삼았는데, 요(遼)는 신주를 녹주로 고쳤기 때문에 당지(唐志)나 요지(遼志)가 다 환도라고 불렀으니 동북 200리에 신주가 있다는 것은 대개 알 만하다. 환도는 만포보(滿浦堡)의 서북 압록강 대안에 있는 황성평(皇城坪)인 것이 명백하다【만포 아래에서 말함】. 지금 황성평으로부터 동북쪽으로 200리를 가면 바로 우리의 우예 폐군이 있으니 그 서북 대안의 땅이 반드시 옛 신주일 것이다. 대개 이 압록부의 땅이 위로 여연, 우예의 대안 지방에서부터 녹수 연안으로 내려와 옥강보(玉江堡) 대안에 와서 끝나는데 그 서북쪽은 흥경 부근에 닿았다. 안순암(安順菴)이 신주를 갑산, 삼수에서 구하고자 하였으니 거리가 너무나 멀다.

왼쪽으로 자성(慈城) 옛 현의 물을 받는다

자수(慈水)는 강계 무성령(茂城嶺)의 사랑봉(舍郞峯)에서 나와 서북으로 흘러 동수(東水)와 대소북수(大小北水)가 되며, 가마동(加馬洞), 응기동(鷹岐洞), 진목동(眞木洞)을 거쳐 수절리(水節里)에 이르며, 오른쪽에서 오가수(五家水)와 합하는데 오가수는 오가령(五家嶺)에서 나와 서북으로 흘러 현조동(玄鳥洞), 화전동(樺田洞)을 거쳐 와서 합류한다.

자수는 또 북으로 대회동(大檜洞), 관동(舘洞)의 서쪽과 죽암, 황철덕(黃喆德) 동쪽을 거치며 다시 자성 옛 현을 돌아 동쪽으로 호예, 유곡(柳谷) 벌과 벌동(伐洞), 풍평(楓坪) 등지를 지나 자성동 어귀에 이르러서 녹수로 들어가는데 발원지에서부터 강구까지 300여 리가 된다. 자수의 동쪽에는 외괴보(外怪堡) 유방소가 있고 서쪽에는 옛 보가 하나 있다. 『비고』에 이르기를 "자성강은 무성령에서 발원하여 서북으로 흘러 진목동(眞木洞), 토성동(土城洞)을 거쳐 오호산천(五胡山川)을 지나 자성 옛 현 서쪽에 이르러서 압강으로 들어간다"고 한 것이 즉 이것이다. 『여도(輿圖)』에는 자성강에 호피교(虎皮橋)가 있다고 하였는데 지금은 들을 수 없다.

자성 폐군은 본래 여연부 시번강(時番江)의 자작리(慈作里)인데 세종 6년에 소보리(小甫里) 등 8개 지방의 주민들로써 시번강 장항(노루목)에 모여 살게 하고 나무로 울타리를 만들어 적을 방비케 하였으며, 세종 14년에 파저강 야인이 침입하여 사람을 죽이고 재물을 약탈하여 갔으나, 그 지방이 여연이나 강계와의 거리가 멀어서 미처 서로 구원할 수 없었다. 이듬해에 여연과 강계의 두 고을 중간 지점인 자작리(慈作里)에 성을 쌓고 자성군을 두었다가 세조 원년에 그 땅을 비우고 강계부에 속하게 하였다. 이상에서 말한 폐군 넷은 무창, 여연, 우예, 자성이다. 위로는 후주에서부터 아래로는 만포를 경계로 한 녹수 연안 560리나 되는 지역이다. 강계부의 관할에 속한다. 그러나 땅이 황폐하여 사람이 살지 못하며 수목이 들어차고 있으니 국방상 우려되는 곳이다.

녹수는 또 왼쪽으로 삼천수(三川水)와 합한다. 삼천수는 마전령(麻田嶺)에서 나와서 북으로 흘러 삼천방(三川坊)을 지나서 녹수로 들어간다. 삼천방은 폐군의 초기에 있어서 지경이 상토(上土), 외괴(外怪) 등 보들과 연접하여 있었으며, 옛적에는 주민이 없었는데 정종 때에 비로소 주민을 모집하여 들어가 살게 하였다.

녹수는 또 삼강(三江)이라는 명칭도 가지고 있는데 물이 삼천방(三川坊) 뒤에서부터 서쪽으로 비스듬히 꺾어져서 동으로 흐르고, 다시 꺾어져서 서남으로 흐르기 때문에 삼강이라고 한다.

그 연안 지방으로서 자성강에서부터 뒤쪽으로는 자성동구(慈城洞口)【길이 10리, 너비 300여 리】, 이인동(李仁洞)【길이 10리, 너비 10리】, 상서해(上西海)【길이 10리, 너비 15리】, 하서해(下西海)【길이 10리, 너비 5리】, 마흘동【길이 3리, 너비 20리】, 가목덕(加木德)【길이 10리, 너비 5리】, 조아(照牙)【길이 10리, 너비 7리】, 옹암(瓮巖)【길이 10리, 너비 5리】, 지롱괴(知弄怪)【길이 10리, 너비 15리】, 소삼파(所三坡)【길이 10리, 너비 2리】, 삼강상곡(三江上曲)【길이 10리, 너비 4리】, 삼강중곡(三江中曲)【길이 10리, 너비 5리】, 삼강하곡(三江下曲)【길이 10리, 너비 5리】, 옥동(玉洞)【길이 10리, 너비 7리】 등의 벌들이 있어서 만포보(滿浦堡) 동북쪽 파수 보던 곳에 연접하여 있다.

『문헌비고보(文獻備考補)』에 이르기를 "숙종 9년에 병조판서(兵曹判書) 남구만이 폐지한 4군에다 4진을 설치할 데 대하여 대신들과 의논하고 4진에 변장(邊將)을 파견할 것을 제의하였는데, 대사간(大司諫) 유상운(柳尙運)이 그것의 불편함을 지적하여 말하기를 '이 지대는 수백 리에 걸쳐 수목이 무성하고 도로가 막혀 있습니다. 이제 만약 진을 설치한다면 응당 나무를 베고 길을 내야 합니다. 신설한 진도 조락하여 침략자를 방어하지 못하는 이 지대에 도리어 침략군의 길을 열어 주는 것이 됩니다. 또 토지를 개척하게 되면 돈피와 인삼의 생산이 끊어지게 될 것이니, 그 폐단이 반드시 도적이 월경하여 침범하는 것보다 더 많을 것입니다. 또 산이 준첩하고 사방이 막혀서 통하지 못하므로 비록 봉수(烽燧)를 설치하고자 하여도 길을 낼 수 없을 것이니 이것이 불편한 조건들입니다'라고 하였다. 남구만이 말하기를 '돈피와 인삼은 삼수, 갑산에서 나는데 삼수, 갑산에 읍을 설치한 지 이미 수백 년이 되었어도 그것의 생산이 끊어지지 않았으니 이제 비록 4군을 설치한들 어찌 하루아침에 없어지겠는가? 그리고 압록강 변에는 왕래하는 길이 한두 군데가 아닌즉 도적이 어찌 반드시 4군 지역을 거쳐서만 올 것인가? 또 수목이 무성한 것이 도적을 방비하는 데 유리한 조건이 될 수 있으나 어찌 주민들을 모집하여 살리는 것보다 낫겠는가?'라고 하였다【『국조보감』에도 기재되었음】. 여러 신하들이 유상운의 말이 옳다고 하는 편이 많으므로 영의정(領議政) 김수항(金壽恒)이 남구만으로 하여금 여러 대신들과 다시 의논하도록 할 것을 청하였다. 우의정(右議政) 김석주(金錫冑)가 유상운의 제의를 주장하면서 말하기를 '지대가 궁벽하여 주민을 모집하여 들이기 어렵고 또 관원을 접대하기도 곤란하니, 우선 두 곳에 첨사를 두었다가 형세를 관망한 후에 더 설치하는 것이 옳습니다'라고 하였고, 좌의정(左議政) 민정중(閔鼎重)은 남구만의 제의를 주장하면서 '4진을 설치하지 아니치 못할 것입니다'라고 하였으므로 영의정 김수항과 원임(原任) 김수흥(金壽興)이 김석주의 말을 좇아 '우선 두 진을 설치하는 것이 좋겠습니다'라고 하였다. 그리하여 명령을 내리어 무창 자성의 두 진을 설치하였으나 얼마 안되어 폐지하였다"고 하였다.

선생의 「폐사군의(廢四郡議)」에 이르기를 "내가 가만히 압록강 방비

형편을 관찰하건대 4군에서부터 서쪽 연안 지방에 있는 고을로는 위원(渭原), 초산(楚山) 등 7읍이 있고, 4군으로부터 동쪽으로 강을 거슬러 올라가면서 있는 고을로는 삼수, 갑산이 있다. 압록강이 남에서부터 북으로 여연에 이르러 다시 꺾여져 남으로 흐른다. 지금 북위도선(北緯度線)으로 두고 논할지라도 위원과 갑산은 대체로 동일한 선에 있으므로 위원, 갑산이 활시위라면 4군은 활등이 된다. 국경을 획정함에 있어서도 활등이 주로 되어야 하며 국경을 수호함에 있어서도 활등을 튼튼히 꾸려야 할 것인데, 지금 이것을 폐지하고 돌보지 않는 것이 옳겠는가? 솔연사(率然蛇)는 그 머리를 치면 꼬리가 일어나고, 그 꼬리를 치면 머리가 일어나며, 그 가운데를 치면 머리와 꼬리가 다 같이 일어나는 것이니, 이것은 병가(兵家)의 전략과 같다. 지금 솔연사의 머리는 갑산에 있고 꼬리는 위원에 닿아 있기는 하나, 지금 허리와 배가 이미 다 썩었으니 머리와 꼬리가 서로 도울 수 있겠는가? 군사상에서 승패와 존망은 지형을 이용하는 데 있을 뿐, 산에서 싸울 때에는 고지에 웅거하면 이기는 것이고 물에서 싸울 때에는 상류에 의거하면 이기는 것이 곧 지형의 이용이다. 이제 만일 강인(强人) 수천 명이 4군 지방을 강점하고 북으로 갈파(葛坡)로 가는 길을 끊으면서 서쪽으로 건주(建州)로부터 식량 공급을 받으면서 남쪽을 향하여 공격한다면 우리 7읍의 방비 시설은 걷잡을 사이 없이 무너질 것이오, 패수(浿水) 이북은 다시 조선 땅으로 회복될 수 없게 될 것이다. 이러한 사정을 걱정함이 없이 4군을 폐지하는 것이 옳다고 하겠는가? 방비를 한다고 하면서도 침입할 데를 버려 두는 것은 난(亂)을 초래하는 근본이 된다. 『시경[詩]』에 이르기를 '버들가지를 꺾어서 채소밭에 울을 막으니 미친 사람도 두려워한다'고 하였으니, 이것은 방비하면 침입하지 못한다는 것을 의미한 말이다. 압록강의 방비는 대단히 중요하다. 그러나 지금 이를 까닭 없이 폐지하여 북방 야인들로

하여금 정탐하는 무리들로 삼림 속에 숨어 있으면서 처자를 거느리고
소굴로 삼으며, 날마다 금·은·동·철을 파서 돈을 만들며, 인삼을 캐
고 돈피를 사냥하여 제 배를 채우며, 활·창·화기(火器)를 가지고 자위
를 스스로 하게 하고 있으나, 지방 수령들이 이를 숨겨 두고 상부에 보
고하지 않으며, 정부의 대신들은 알고도 말하지 않는다. 사변이 발생한
뒤에 방비를 한들 무슨 소용이 있겠는가? 옛적에 세종, 세조가 장수에게
명령하여 군사를 출동시켜 6진(六鎭)을 경영할 때에 한 나라의 힘을 다
하여서라도 6진을 획득한 후에야 그만두었으니 이것은 무엇 때문이었
던가? 그것은 두만강으로써 우리의 방비선을 삼으려 하였기 때문이다.
방비 지대가 남에게 있더라도 오히려 그것을 도득할 것이어늘 우리에게
있는 방비선을 어찌 스스로 폐지하겠는가? 나는 그렇기 때문에 폐사군
(廢四郡)을 회복하여야 한다고 한다”고 하였다.

　청이 생각건대 국전(國典)에 이르기를 “서북 국경에서 강을 건너와서
인삼을 캐고 사냥을 하는 자는 그 주범이든 종범이든가를 막론하고 다
경계선 위에서 처단한다”고 하였다. 이는 녹수가 두 나라의 국경으로
되었기 때문에 사람들이 감히 서로 이 규정 선을 넘나들지 못한 것이다.
근자에 들으니 대안 지방 야인들이 10명 혹은 100명씩 떼를 지어 가죽
배를 타고 몰래 건너 4군 지방에 침입하여 인삼을 캐고 돈피〔貂〕를 사
냥하며, 혹은 막을 치고 살면서 활과 칼을 만들어 가지고 자위(自衛)를
하며, 점차 소굴을 형성하고 있으나 사람들이 감히 붙잡지 못한다. 선생
의 근심하는 바가 여기 있는 것이다.

　【폐사군에 대한 문제는 창수(漲水)와 독로(禿魯) 조에 또 나온다】

녹수(淥水) (2)

【강계(江界), 위원(渭原), 초산(楚山), 벽동(碧潼), 창성(昌成), 삭주(朔州),
의주(義州), 입해(入海), 창수(漲水)】

녹수(淥水)는 또 서남으로 강계부(江界府) 경내를 지나 만포보(滿
浦堡)의 북쪽에 이른다

강계부(江界府)는 옛날에 독로강 만호(禿魯江萬戶)라고 하였는데 고려
(高麗) 말에 지금의 이름으로 개칭하였고, 진변(鎭邊)·진성(鎭成)·진안
(鎭安)·진녕(鎭寧) 등 4군을 두고 상천호(上千戶) 부천호(副千戶)를 보내
어 관할하게 하였다【공민왕(恭愍王) 때의 일】.

명(明)나라 건문(建文) 3년에 우리 태종(太宗)【원년】이 입석(立石) 등
땅을 통합시키고 석주(石州)라고 부르다가 후에 폐지하고 도호부(都護
府)로 고쳤다.

만포보(滿浦堡)는 강계의 서북쪽 145리에 있다. 성의 둘레가 3,172척
이며 첨절제사를 두어 지키게 하였다.

『명사(明史)』「조선전(朝鮮傳)」에 의하면 성화(成化) 15년에 왕에게 명
령하기를 "군사를 내어 건주(建州) 땅의 여진(女眞)을 협격하자"고 하므
로 왕이 드디어 우찬성(右贊成) 어유소(魚有沼)를 파견하여 군사를 거느
리고 만포강(滿浦江)에 이르렀는데 얼음이 풀린 관계로 기일에 늦었다.

좌의정(左議政) 윤필상(尹弼商), 절도사(節度使) 김교(金嶠) 등을 보내어
강을 건너 진격하게 하였다.

청이 생각하건대 이것은 우리 성종(成宗) 10년에 있은 일이다. 건주
(建州)란 지금의 흥경(興京) 지방이다. 당시에 여진 추장(酋長) 동산(董山)
, 이만주(李滿住) 등이 건주에 할거하고 있었는데, 태감(太監) 왕직(汪直)
이 정벌할 것을 요구하였으므로 명나라 황제가 우리에게 협격하자고 한
것이다. 다만 이번만이 아니라 우리 나라 군사가 건주를 진격한 일은 전
후로 여러 번 있었는데 그 군대들의 행로가 어떤 때는 만포보(滿浦堡)를
경유하였고 다른 때는 산양보(山羊堡)를 경유하였으며 또 다른 때는 초
산부(楚山府)를 경유하였고 또 어떤 때는 창성부(昌城府)를 경유하였다.
그 후 심하(深河)의 싸움 때는 창성(昌城)으로 나갔고 만포를 거치지 않
았다. 지금 헤아려 보니 만포로부터 흥경(興京)까지는 440여 리가 되는
데 중간에 염난수(鹽難水)【퉁가강(佟家江)】가 있어서 양국의 내왕이 없
었던 것이다.

『구려사(句麗史)』에 의하면 태무신왕(太武神王) 5년【신(新), 왕망(王莽)
말년】에 부여(扶餘)를 정벌하여 그 왕 대소(帶素)를 죽이니, 대소의 아우
는 앞으로 나라가 망할 것을 알고 추종자 백여 인을 데리고 압록곡(鴨
淥谷)에 이르렀다. 거기서 해두왕(海頭王)이 사냥하러 나온 것을 보고
마침내 그를 죽이고 그의 백성을 빼앗아 갈사수(曷思水)가에 나라를 세
우고 왕이라 칭하였다. 국조왕(國祖王) 16년【한(漢)나라 명제(明帝) 영화(永
和) 11년】에 갈사왕(曷思王)의 손자인 도두(都頭)가 국토를 바치고 항복
하였다.

홍만종(洪萬宗)은 이르기를 "갈사수(曷思水)는 압록의 북쪽에 있었던
것 같다"고 하였다.

『비고(備考)』에 의하면 갈사국(曷思國)은 압록강 근처에 있은 것 같다

고 하였다.

청이 생각하건대 압록곡은 지금의 만포보(滿浦堡) 지역인 듯하다【아래 절에 있다】. 그러니 갈사국(曷思國)은 곧 만포의 근방이다.

『구려사』에 의하면 동천왕 20년【위나라 왕 방(芳)의 정시(正始) 7년】에 위나라 유주자사(幽州刺使) 관구검(毌丘儉)이 침범하여 오므로 왕이 1,000기(騎)를 거느리고 압록강으로 달아났는데 검이 환도성(丸都城)을 함락시키고 왕기(王頎)를 보내어 왕을 추격하였다. 왕은 남옥저(南沃沮)로 달아나 죽령(竹嶺)에 이르렀다. 동부(東部) 밀우(密友)가 홀로 적진에 달려가 맹렬하게 싸우다가 부상당하니 하부 유옥구(劉屋句)가 업고 당도하였다. 왕이 나라를 회복하고 공로를 평가할 때 밀우(密友)에게는 거곡(巨谷)과 청목곡(靑木谷)을 주고, 옥구(屋句)에게는 압록과 두눌하원(杜訥河原)을 주어 식읍을 삼게 하였다.

청이 생각하건대 이때 고구려는 환도(丸都)에 도읍하고 있었는데 환도란 지금의 황성평(皇城坪)이니 곧 만포와 강을 사이에 둔 지역이다【아래의 글에 자세하게 있다】. 남옥저(南沃沮)란 현재의 함흥(咸興)이다. 지금 황성(皇城)으로부터 함흥에 이르고자 하면 길이 반드시 만포를 거치게 되어 있으니 옛날의 압록원(鴨淥原)은 지금의 만포에 해당한다.

『구려사』에 의하면 봉상왕(烽上王)이 그의 아우 돌고(咄固)가 딴 마음을 가지고 있다고 의심하여 죽이니【진(晉)나라 혜제(惠帝) 원강(元康) 3년】, 그의 아들 을불(乙弗)이 자기에게 해가 미칠까 두려워하여 도망쳐서 소금을 팔면서 돌아다니다가 배를 타고 압록(鴨淥)에 당도하였다. 소금을 가지고 내려와 강 동쪽 사수촌(思收村)의 인가에 기숙하고 있었는데 그 집 노파가 소금을 달라는 것을 주지 않으니, 그 노파가 앙심을 먹고 가

만히 자기의 신을 소금 속에 묻어 두었다. 을불이 그것을 알지 못하고 소금을 지고 길을 떠났는데 노파가 좇아와 신을 찾아 들고, 신을 감추었다고 거짓말로 압록 성주에게 고발하니 성주가 그를 볼기 쳤는데 그가 왕손임을 알지 못하였다【진(晉)나라 혜제(惠帝) 영강(永康) 원년에 국인이 봉상왕(烽上王)을 살해하고 을불(乙弗)을 맞이하여 왕위에 세우니 이가 미천왕(美川王)이다】.

청이 생각하건대 이보다 앞서 고국천왕(故國川王) 때에 처사(處士) 을파소(乙巴素)라는 사람이 압록곡(鴨淥谷) 좌물촌(左物村)에 숨어서 살고 있었는데, 왕이 사람을 보내어 그를 맞이하여 중외대부(中畏大夫)로 임명하였다가 곧 나라의 재상으로 삼았다【한(漢)나라 헌제(獻帝)의 초평(初平) 때】고 하였는데 이른바 좌물촌(左物村) 역시 만포보(滿浦堡)의 근처이다. 대체로 압록곡(鴨淥谷)은 고구려의 도읍지 곁에 있어서 엄연히 요새로 되는 까닭에 수재(守宰)를 두었으며 또 거기에 속한 마을을 가지고 있었던 것이다.

또 환도 고성(丸都故城)의 남쪽을 지난다

환도성(丸都城)이란 고구려의 옛 도읍으로 지금 만포보와 강을 사이에 둔 지역인 황성평(皇城坪)이다.

『위지(魏志)』「동이전(東夷傳)」에 의하면 "고구려는 환도(丸都)의 근지에 도읍하고 있었는데 큰 산과 깊은 계곡이 많으며 벌이 없었다【양서(梁書)』·『남사(南史)』에도 동일하다】"고 하면서, 또한 말하기를 "백고(伯固)【신왕(新王)】가 죽자 그의 아들 둘 중에서 장자인 발기(拔奇)는 영리하지 못하므로 나라 사람들이 모두 이이모(伊夷模)로 왕을 삼자고 하였는데 발기(拔奇)가 공손강(公孫康)에게 나아가 항복하고 비류수(沸流水)에 돌아와 살므로 이이(伊夷)가 다시 새로운 나라를 세웠는데 지금 있는 데가 바로 이곳이다【환도(丸都)를 말한다】"라고 하였다.

『구려사(句麗史)』에 의하면 산상왕(山上王) 2년【한나라 헌제(獻帝) 건안(建安) 3년】봄에 환도성(丸都城)을 쌓고 13년 겨울에 왕이 환도로 도읍을 옮겼다【산상왕(山上王) 본기(本紀)】고 하였다.

청이 상고해 보건대 이보다 앞서 국조왕(國祖王) 90년【한나라 순제(順帝) 말년】에 환도에 지진이 있었다고 사서에 특별히 기록되어 있는 만큼 거기에 성읍이 있은 지는 오래였다. 다만 도읍을 옮긴 것이 산상왕(山上王) 때부터 시작된 것이다【국내성(國內城)으로부터 도읍을 거기에 옮겼다】.

『당서』「지리지」에 의하면 등주(登州)의 동북쪽 해로는【구(句)】압록강 어귀에서 배로 백여 리를 가서 곧 쪽배로 강을 거슬러 동북으로 30리를 올라가면, 박작강(泊灼江) 어귀에 이르러【곧 안평성(安平城)이니 하옥강(下玉江)의 아래에 나와 있다】발해(渤海)의 변경을 만나게 되며, 또 500리를 올라가면 환도현성인 옛 고구려의 왕도에 이른다고 하였다.

선생이 말하기를 "환도(丸都)는 지금 만포보(滿浦堡) 북쪽, 강을 사이에 둔 지역인 높은 산 위에 있다"고 하면서 또 말하기를 "압록강 어귀에서 배로 백여 리 가는 곳은 지금의 의주(義州) 옥강보(玉江堡)이고 또 옥강보로부터 쪽배를 타고 동북으로 강을 거슬러 530리를 올라가는 곳은 지금의 강계(江界) 만포보(滿浦堡)이다. 만포의 북쪽 언덕은 졸본(卒本)의 동남방[巽方]이 되며 지금의 흥경(興京)에서 동남으로 400여 리 되는 곳에 있는 지역이다. 지금 통가강(佟家江)의 동쪽에 외두납자(歪頭磖子)와 홍석납자(紅石磖子)의 두 산이 있는데, 이른바 환도는 홍석(紅石)의 산정에 있은 듯하다"라고 하였다.

『위지(魏志)』「관구검전(毌丘儉傳)」에 의하면 정시(正始) 5년에 검(儉)
【이때 유주자사(幽州刺史)로 있었다】이 현토(玄菟)에 나와서 고구려를 칠
때에 간고하게 환도성(丸都城)에 올라 고구려의 도읍을 무찔렀다. 6년에
다시 정벌하니 왕 궁(宮)이 마침내 매구(買溝)로 달아났다【동천왕(東川王)
이 북옥저(北沃沮)로 달아난 것이다】. 검(儉)이 현토태수(玄菟太守) 왕기(王
頎)를 보내어 추격하게 하니 옥저(沃沮)를 지나 천여 리를 가서 숙신(肅
愼)의 남쪽 변경【곧 두만강변(豆滿江邊)】에 이르러 돌을 새겨 공훈을 기록
하고 환도산【丸都之山】에 이르렀으며, 불내성(不耐城)에 공로를 기록하
였다고 하였다.

『양서(梁書)』에 의하면 왕 궁이 패주하므로 검(儉)이 추격하여 정현
(頹峴)에 이르러 간고하게 환도산(丸都山)을 올라가서 그 도읍을 무찔렀
다고 하였다【『북사(北史)』도 같다】.

『구려사』에 의하면 동천왕(東川王) 20년【위(魏)나라 정시(正始) 7년】에
관구검(毌丘儉)이 침입하여 오므로 왕이 압록원(鴨淥原)【지금의 만포(滿
浦)】으로 달아나서 거기서 또 남옥저(南沃沮)로【함흥(咸興)을 향하여】 달
아나 죽령(竹嶺)【설한령(雪寒嶺)】에 이르러 바닷가에 도망쳤다【함흥(咸興)
에 이르렀다】. 21년에 왕이 환도성(丸都城)은 병란을 겪어서 다시 도읍할
수 없다 하여 평양성(平壤城)을 쌓고, 백성들과 종묘와 사직을 옮겼다고
하였다.

선생이 말하기를 "동천왕(東川王)이 동쪽으로 달아난 것은 녹수(淥水)
를 건너서 강계(江界)를 지나 설한령(雪寒嶺)을 돌파하여 함흥부(咸興府)
에 당도하였고 다시 북쪽으로 달아나 두만강변에 이르렀다. 이것을 일
러서 옥저(沃沮) 땅의 천여 리를 지나 숙신(肅愼)의 남쪽 변방에 이르렀
다고 하는 것이니, 환도성(丸都城)의 땅이 강계(江界)의 북쪽에 있는 것
은 명백하다. 정현(頹峴)이라는 것은 현재의 홍석납자(紅石磖子)이다. 대

체로 환도의 지형이 좌로는 녹수(淥水)를 의지하고 우측은 파저(婆猪)로 막으며 후면에 태산을 지고 전면에는 두 강이 교차되어 합류하니 진실로 사방이 둘러막힌 땅이다”라고 하였다.

『진서(晋書)』 모용황(慕容皝)의 재기(載記)에 의하면 함강(咸康) 7년에 모용황이 남쪽 협곡으로부터 침입하여 고구려를 칠 때에 한(翰)【황(皝)의 서형(庶兄)】은 소(釗)【고구려 고국원왕(故國原王)】와 목저(木底)에서 싸워 그를 패배시키고, 이긴 기세를 타서 마침내 환도(丸都)에 들어가 소(釗)의 아버지 묘를 파서 그 시체를 싣고 환도를 파괴하고 돌아왔다고 하였다【『위서(魏書)』, 『북사(北史)』도 대략 동일하다】.

『구려사』에 의하면 고국원왕(故國原王) 12년【진(晋)나라 성제(成帝) 함강(咸康) 8년】 봄에 환도성을 보수하고 가을에 옮겼는데 겨울에 연(燕)나라 왕인 황(皝)이 환도성을 파괴하였으므로 13년 가을에 평양 동쪽 황성(黃城)으로 옮겼다고 하였다.

청이 생각하건대 동천왕(東川王) 21년에 이미 평양성(平壤城)을 쌓고 곧 도읍을 옮겼기 때문에 고국원왕(故國原王) 때에 이르러 환도를 보수하고 도읍을 거기에 옮겼는데, 갑자기 모용황(慕容皝)에게 파괴되었으므로 다시 평양에 돌아온 것이다.

또 상고해 보건대 평양으로 옮겨 간 후, 환도는 마침내 옛 서울로 되었다. 그렇기 때문에 양원왕(陽原王) 4년【양(梁)나라 무제(武帝) 말년】에 환도에서 가화(嘉禾)를 바쳤으며, 13년【진(陳)나라 고조(高祖) 원년】에는 환도성의 성주인 주리(朱理)가 배반하였으므로 목을 베었다고 김부식(金富軾)의 『사기』에 자세하게 기록되어 있다.

『요사』「지리지」에 의하면 환주(桓州)는 녹주(淥州)의 서남 200리 지점에 위치하고 있다. 고구려 왕 소(釗)가 궁궐을 세웠는데 진(晉)나라 때 모용황(慕容皝)이 불태워 버렸다고 하였다.

『명일통지(明一統志)』에 의하면 환도산(丸都山)은 조선의 국내성(國內城) 동북에 있다. 한나라 때 고구려 왕 이이모(伊夷模)가 이곳에 도읍을 정하였는데 진(晉)나라 때에 와서 모용황(慕容皝)이 파괴하였다고 하였다.

안정복(安鼎福)은 말하기를 "환주(桓州)가 곧 환도(丸都)이다"라고 하였다.

청이 생각하건대 녹주(淥州)는 지금의 우예군(虞芮郡)과 강을 사이에 둔 지역으로 우예의 서남쪽 200리는 만포보(滿浦堡)의 외지가 된다【이이모(伊夷模)가 이곳에 도읍을 정한 후 관구검(毌丘儉)에게 파괴당하고, 왕 쇠(釗) 때에 와서는 다시 모용황(慕容皝)에게 파괴되었다. 『일통지(一統志)』는 아주 소략하다】.

김부식이 말하기를 "환도산(丸都山)은 국내성과 서로 접해 있다"고 하였다【본래 『괄지지(括地志)』에서 발췌하였다】.

홍만종은 말하기를 "환도(丸都)는 국내성(國內城) 근처에 있는데 통칭하여 국내(國內)라고 한다. 대체로 성궐의 위치는 비록 다르다 할지라도 실상은 한 곳이다"라고 하였다.

청이 상고해 보건대 국내성(國內城)이라는 것은 지금의 산양보(山羊堡) 서북과 강을 사이에 둔 지역이다【염난수(鹽難水)를 보라】. 환도 땅과 서로 연결되어 있는 곳이다.

『해동고기(海東古記)』에 의하면 오국성(五國城)은 둘이 있는데 하나는 강계(江界)의 벌등보(伐登堡) 바깥 강 건너편 기슭에 위치하고 있다. 거기에 방형(方形)의 성터가 남아 있다【만수(滿水) 조에 자세하게 나와 있다】.

『승람(勝覽)』에 의하면 황성평(皇城坪)은 만포(滿浦)와 30리를 상거하여 있는 금(金)나라의 도읍지이다. 중앙에 황제의 무덤이 있는데 세상에 전하기를 금(金)나라 황제의 무덤이라고 한다. 돌을 다듬어서 만들었고 높이는 열 길이며 안에 현실이 3개 있다. 또 황후(皇后)와 황자(皇子) 등의 무덤도 있다고 하였다.

정항령(鄭恒齡)의 지도에는 만포보의 서북 변경 밖에 안자령(安子嶺), 별외평(別外坪), 거시항(巨柴項), 극항(棘項), 오국성(五國城)이 있으며 많은 무덤들이 있다.

윤두서(尹斗緒)의 지도에는 만포의 서북 변경 밖에 황제의 무덤과 황성평(皇城坪)인 금(金)나라의 옛 도읍이 있다.

청이 생각하건대 오국성(五國城)은 지금의 회령부(會寧府) 서쪽에 있는 운두성(雲頭城)인데 어찌하여 만포보 밖에서 찾겠는가! 옛 기록의 말들이 그릇되었다【만수조(滿水條)에 있다】. 또한 금나라 사람들이 도읍한 곳으로는 네 곳〔四京〕이 있다. 그 서경(西京)은 곧 한나라의 상곡군(上谷郡) 땅인데 지금의 무주(撫州)이며【순천부(順川府)에 속한다】, 그 북경(北京)은 곧 요(遼)나라의 중경(中京)인데 지금의 광령현(廣寧縣) 서북인 의주(義州)의 변방 밖이 그 지역이다. 그 동경(東京)은 곧 진(秦)나라의 요동군(遼東郡)인데 지금의 요양주(遼陽州)이며, 그 상경(上京)은 곧 숙신(肅愼)의 옛 땅인데 지금의 혼동강(混同江) 이동인 영고탑(寧古塔) 지역이다. 이 네 곳 이외에는 또 경도(京都)가 없는데 어찌 만포보(滿浦堡) 밖에 또 금나라의 도읍이 있다고 하는가? 『승람』의 말도 또한 그릇되었다. 내가 생각하건대 황성평(皇城坪)은 명백하게 환도성의 옛터이다. 그 무덤이 많은 것은 고구려 왕들의 무덤이고 왕후와 왕자의 무덤들이다.

김부식은 안시성(安市城)을 일명 환도성(丸都城)이라 한다고 하였다.

선생은 말하기를 "참으로 그렇다면, 관구검(冊丘儉)이 침입하여 올 때 동천왕(東川王)은 마땅히 양류하(楊柳河) 가【지금의 해성(海城) 남쪽에 있다】에서 맞받아 싸웠겠는데 어찌하여 비류수(沸流水) 가에서 맞받아 싸웠다고 하는가? 환도(丸都)는 안시(安市)가 아니다. 더욱이 고구려가 요동(遼東)을 얻은 것이 진(陳), 수(隋) 때이겠는데 어찌하여 한나라 헌제(獻帝) 때에 이미 안시(安市)가 있었다고 하는가? 환도(丸都)는 안시(安市)가 아니다"라고 하였다.

청이 상고해 보니 안시성(安市城)은 지금의 개평현(蓋平縣) 동북 70리에 있는데, 이것과 환도가 무슨 관계가 있는가! 환도란 지금의 황성평(皇城坪)이다.

『해동고기』에 이르기를 "영원군(寧遠郡) 검산(劍山)이 옛 환도이다. 세속에 검(劍)을 환도(丸都)라고 한다"고 하였다.

이수광(李睟光)은 이르기를 "환도성(丸都城)은 지금 그 위치가 자세하지 않다. 어떤 사람은 영원(寧遠)의 검산(劍山)이 이것이라고 한다"고 하였다.

안정복(安鼎福)은 말하기를 "김부식(金富軾)은 안시(安市)를 환도(丸都)라고 하는데 그릇되었다. 관구검(冊丘儉)이 현토(玄菟)에서 출병하여 비류수(沸流水)를 건너 환도산에 올랐는데 비류는 지금의 파저강(婆猪江)일 것이니, 그 땅은 곧 지금의 강계 이산(理山) 등 강 북쪽에 있는 지역이다. 지봉(芝峯)이 억측으로 한 말이다"라고 하였다.

청이 생각하건대 진실로 고기(古記)와 같다고 한다면 재령군(載寧郡)의 검산(劍山)이나 가평군(加平郡)의 검산(劍山)을 모두 옛적의 환도라고

할 수 있지 않은가! 맹랑한 소리다. 환도성(丸都城)이란 지금의 황성평
(皇城坪)이다.

> 녹수(淥水)가 또 벌등보(伐登堡)를 지나 고산보(高山堡) 남쪽에 이
> 르면 독로수(禿魯水)가 동쪽으로부터 흘러 들어온다

벌등보(伐登堡)는 강계(江界)의 서북 160리 지점에 있다. 성 둘레는
655척이고 병마만호(兵馬萬戶)를 두고서 지키게 하였다.
고산리보(高山里堡)는 강계의 서쪽 150리에 있다. 성 둘레는 1,106척
이고 병마첨사(兵馬僉使)를 두고서 지키게 하였다.

『비고』에 이르기를 "여연(閭延)의 옛 현(縣)을 지나 서쪽으로 꺾이면
서 남으로 흐르면서 좌로 중강(中江)의 호예천(湖芮川)을 통과하고 우예
의 옛 현(縣)을 지나 좌로 자성강(慈城江)과 합류한다. 또 서남으로 흘러
서 만포(滿浦) 벌등(伐登) 고산진(高山鎭)을 지나는데 독로강(禿魯江)이
동으로부터 흘러와서 합류한다"고 하였다.

> 녹수(淥水)는 또 오로랑(吾老梁)을 지난다

방언에서는 수로를 양(梁)이라고 하며 또 돌(突)이라고도 한다.
최치원(崔致遠)은 말하기를 "진한(辰韓)은 본래 연(燕)나라 사람들이
피란하여 와서 사는 곳이기 때문에 도수(涂水)의 이름을 취하여 자기들
이 살고 있는 읍과 이(里)를 사도(沙涂) 점도(漸涂)라고 불렀다"고 하
였다.
『비고』에 의하면 신라(新羅) 방언에서 '도(涂)'의 음을 '도(道)'라고 읽

기 때문에 지금 혹 사량(沙梁)이라고도 하는데, '양(梁)'은 또한 '도(道)'
라고 칭하는 것이다. '도(道)'는 지금 와전되어 '돌(道乙)'이라고 한다고
하였다.

　선생이 말하기를 "도(淥)자는 자서(字書)에도 없으니 혹 탁(涿)자의 오
자인 듯하다. 탁(涿)음은 일음(一音)이 독(牘)인데 바로 도(道)와 음이 서
로 가깝다. 대체로 방언에서 수도(水道)를 독(淥)이라고 하는데 와전되어
돌(道乙)【또한 돌(突)이라고도 한다】로 되었으며 쓰기는 양(梁)이라고 한
다. 오로량(吾老梁)은 위원군(渭原郡)의 북쪽 20리 지점에 있는데 공재
(恭齋)의 지도에는 오론석(五論石)으로 되어 있다. 대체로 속음에서 오론
(五論)은 오로(吾老)와 서로 가까운데 손목(孫穆)의 『계림유사(鷄林類事)』
에 석(石)을 돌(突)이라고 하였기 때문에 거기에 따라서 이름을 지은 것
이다"라고 하였다.

　위원군(渭原郡) 서북에 이르러 【구(句)】 위원의 물〔渭原之水〕을 받
　는다

　위원군은 본래 초산부(楚山府)의 돌한보(都乙漢堡)이다. 명나라 정통
(正統) 8년에 우리 세종(世宗)【25년】이 돌한보(都乙漢堡)가 사방으로부
터 멀리 떨어져 있기 때문에 급한 경보가 있을 때 응원하기에 곤란하다
고 하여, 이에 강계(江界)와 초산(楚山) 지역을 분할해서 군을 설치한 것
이다.

　위수(渭水)는 강계부의 두음령(杜音嶺)【혹 두읍고개(豆邑古介)라고도 한
다】으로부터 발원하여 서쪽으로 흘러서 위원(渭原)의 사창(社倉), 북창
(北倉)을 지나 위면(渭面)에 이르러 좌로 응기수(鷹歧水)와 합류하는데,

응기수(鷹歧水)는 고초산(古楚山)【지금의 군(郡) 남쪽 103리에 있다】에서 발원하여 북쪽으로 흘러서 위수(渭水)에 들어간다. 위수(渭水)는 또 서북으로 흘러서 위창(渭倉)을 지나 위원군(渭原郡)의 서북에 이르러 녹수(淥水)에 들어간다.

『승람』에 의하면 남대천(南大川)이 위원(渭原)의 남쪽에 있다고 하고, 정씨(鄭氏)의 지도(地圖)에는 강계(江界)의 전천령(箭川嶺)에서 발원하여 북으로 흘러서 위원(渭原)의 남쪽에 이르러 위로는 독산수(獨山水)와 합치고 좌로는 광대산(廣大山)의 물과 합류하여 북으로 녹수에 흘러 들어가는 강이 있는데, 모두 이 위수(渭水)를 가리키는 것이다.

『통문관지』에는 숙종(肅宗) 37년에 위원군(渭原郡) 사람 이만지(李萬枝) 등이 강변에 살고 있으면서 막을 짓고 삼을 캐는 중국 사람과 법을 위반하고 밀통하다가 빚을 지는 데까지 이르렀는데, 중국 사람이 매번 와서 빚을 물 것을 독촉하게 되자 만지(萬枝) 등이 같은 무리 여덟 사람과 함께 강을 건너가서 두 사람을 죽여 강물에 던졌다. 중국에서 오랄(烏喇) 타생총관(打牲總管) 목극등(穆克登)을 파견하여 우리 나라에 와서 사건을 조사하게 하였는데, 우리 나라에서는 형조참의(刑曹參議) 송정명(宋正明)을 보내어 조사하는 데에 참가하게 하였다. 극등(克登)은 봉황성(鳳凰城)으로부터 강 북쪽 기슭을 따라서 오고 정명(正明)은 의주(義州)로부터 와서, 함께 위원(渭原)에 이르러 살인한 지방을 함께 조사하고, 극등(克登)은 그 길로 강안을 거슬러 올라가서 폐군(廢郡)의 경계에 이르렀다고 하였다.

『동문휘고』에 의하면 강희(康熙) 50년【즉 숙종(肅宗) 37년】에 목극등(穆克登)이 우리 나라에 공문을 보내어 말하기를【위원(渭原)에서】 "황제의 뜻을 받들어 전달한다. 살해당한 사람들은 비적의 유가 아닌 것이 없다. 그 강 연안 일대에 몰래 넘나드는 길이 또 있게 될 것이니 당신들도 조사하여 밝혀 내되, 이를 명심하고 꼭 실행하여 달라"고 하였다. 우리 나라는 그에게 보내는 회답에서 말하기를 "연변(沿邊)을 순찰하라는 것은 황제의 명령에서 나온 것이나, 다만 서쪽으로부터 북쪽에 이르는 길은 모두 막혔으며, 중간에 폐사군(廢四郡) 지방이 있는데 여기부터는 궁벽하고 황원한 곳이어서 험한 산과 고개가 중첩되어 있어 사람들이 왕래할 수 없다. 더욱이나 혜산(惠山) 이후는 산발이 가로막혀 있어서 본래부터 남쪽 강안을 좇아 토문강(土門江)에 통하는 길이 없으니 이러한 형세를 당신에게 알린다"고 하였다. 또 예부(禮部)에 공문을 보내어 이르기를 "사건을 조사하는 관리를 보내어 위원(渭原)으로부터 전진시켜 만포(滿浦)를 지나서는 육지로도 가고 강으로도 가서 적동(逖洞)에 이르렀으나, 여울이 급하여 배가 거슬러 올라가지 못하고 강안은 절벽으로 발을 붙일 수 없다"고 하였다. 또 51년에는 예부(禮部)에서 우리에게 공문을 보내어 말하기를 "목극등(穆克登)이 지난번에 봉성(鳳城)으로부터 장백산(長白山)에 이르는 우리의 변경을 조사하려다가 길이 멀고 강은 커서 그만두었다. 봄이 되어 얼음이 풀리기를 기다려서 의주강(義州江)으로부터 거슬러 올라가는데 만약 배가 전진할 수 없으면 육로를 따라서 토문강(土門江)에 이르고자 하니, 혹 중도에 장애를 받는 바가 있으면 조선국(朝鮮國)에서 조회하여 달라"고 하였다【이 해에 장백산(長白山)에 이르러 경계를 정하였다】.

직동보(直洞堡)와 갈헌보(葛軒堡)를 지나 좌로 초산수(楚山水)와 합류한다

직동보【혹은 직질동(直叱洞)이라고도 한다】는 성 둘레가 1,000척이고【위원(渭原)의 서쪽 50리에 있다】 갈헌보(葛軒堡)【혹 가헌(茄軒)이라고 하며 또 갈한(加乙罕)이라고도 한다】는 성 둘레가 540척이다【위원(渭原)의 서쪽 70리에 있다】. 모두 위원군에 예속시켜 권관(權管)을 두어 이를 지킨다.

초수(楚水)는 초산부(楚山府)의 신령(薪嶺)으로부터 발원하여 서북으로 흘러서 앙토(央土)의 어귀에 이르러 녹수(淥水)에 들어간다.

『승람』에는 이산(理山)의 남천(南川)이 신동(薪洞)으로부터 흘러나온다고 하였는데 바로 이것을 말하는 것이다. 『비고』에 이산(理山)의 남천이 부의 동쪽 신령(薪嶺)에서 발원하여 위수에 들어간다고 한 것은 잘못이다.

녹수(淥水)는 또 초산부(楚山府)의 서북을 지난다

초산부는 본래 여진(女眞)의 두목리(豆木里)이다. 고려 공민왕 때에 사람들이 점차 살기 시작하였는데, 명나라 건문(建文) 4년에 이르러 우리 태종(太宗)이【2년】 비로소 이산(理山)을 설치하고 행정 소재지를 앙토리(央土里)에 옮겼으며 정종(正宗) 초에 지금의 이름으로 개칭하였다.

상고해 보건대 정씨(鄭氏)의 지도(地圖)에는 벌등보(伐登堡)로부터 초산부(楚山府) 경외까지에 가야지동(加也之洞), 구랑합동(仇郎哈洞)【혹 구랑개동(九郎介洞)으로 되어 있다】, 중련동(中連洞), 조유령(照踰嶺), 동유덕(東踰德), 고도수동(古道水洞)【혹 고도수(古刀水)로 되어 있다】, 대회동(大會洞), 소회동(小會洞)【또는 회동(檜洞)이라고 한다】, 다회평(多會坪)【또한 다회평(多回坪)이라고도 한다】, 간둔동(幹屯洞), 야둔동(也屯洞), 추동(楸洞), 장동(長洞), 둔포(屯浦), 혈암(穴巖), 압족(鴨足) 등 이름이 있으며, 윤씨(尹氏)의 지도(地圖)에는 또 용괴동(用怪洞), 비둔동(非屯洞), 비아리(非兒

里) 등 이름이 있고, 남으로 흐르는 조그만 시내는 모두 다섯 줄기가 있다.

녹수(淥水)가 아이보(阿耳堡)의 서쪽에 이르면 또 남으로 동수(潼水)가 들어온다

아이보(阿耳堡)는 초산부(楚山府)의 서남 55리에 있다. 성 둘레가 9,784척이며 첨사(僉使)를 두고서 지킨다. 동수(潼水)는 지금 건강(巾江)이라고 한다.

『비고』에 의하면 오로(吾老)와 탄령(炭嶺)을 지나서 좌로 위수(渭水)를 통과하여 직동(直洞), 가헌(茄軒)을 거쳐 좌로 이산(理山)의 남천(南川)을 통과하여 산양회(山羊會)에 이르며, 여기서 변경 밖에 있는 퉁가강(佟家江)을 받아 아이진(阿耳鎭)까지 와서 좌로 동건강(童巾江)과 합류한다 하였다.

산양보(山羊堡) 북쪽에 이르러 위로 염난수(鹽難水)와 합류한다

산양회보(山羊會堡)는 초산부(楚山府)의 서남 23리에 있다. 성 둘레가 914척이며 병마만호(兵馬萬戶)를 두었다. 염난수(鹽難水)는 지금 퉁가강(佟家江)이라고 부른다.

상고해 보건대 명나라 태조(太祖) 홍무(洪武) 5년【고려 공민왕 21년】정월에 동령부(東寧府)의 잔당 호발도(胡拔都) 등이 파아구자(波兒口子)【지금의 파아보(坡兒堡)】에 잠입하여 수어관(守禦官) 김천기(金天奇) 등을 살해하고 2월에 또 산양회구자(山羊會口子)에 돌입한 것을 수어관(守禦官) 장원려(張元呂) 등이 격퇴하였다. 또 첨원(僉院) 조가아(曹家兒)와 만호(萬戶) 고철두(高鐵頭) 등이 군사를 거느리고 음동구자(陰潼口子)【지금의 벽동(碧潼)】에 잠입한 것을 수어관(守禦官) 김광부(金光富) 등이 또 격퇴하고 강을 건너가서 거의 전부를 멸살하였다【『고려사』】.

광평보(廣平堡), 대파(大坡), 소파(小坡) 및 행성(行城)의 서쪽을 지난다

녹수(淥水)는 또 서남으로 비아구보(非兒舊堡)의 서보(西堡)를 지나는데 그 성의 둘레는 900척이다【벽동(碧潼)의 북쪽 70리에 있다】. 이전 제도에는 여름에는 아이만호(阿耳萬戶)를 여기에 주둔시키고 겨울이 되면 보를 비우곤 하였는데 지금은 폐지하였다.

윤씨 지도에는 비아리(非兒里)가 경외에 속해 있는데, 그릇되었다.

녹수(淥水)는 또 광평보(廣平堡)의 서쪽을 지난다. 광평보는 벽동군(碧潼郡)의 북쪽 55리에 있는데 성 둘레가 55척이고(55 밑에 빠진 숫자가 있을 듯함-역자) 권관(權官)을 두어 이를 지킨다.

녹수(淥水)는 또 파아보(坡兒堡) 서쪽을 지난다. 그 소파아보(小坡兒堡)는 성 둘레가 480척이고【벽동(碧潼)의 북쪽 40리에 있다】 대파아보(大坡兒堡)는 성 둘레가 역시 480척인데【소보의 서남 20리에 있다】 다 같이 권관을 두어 이를 지킨다. 두 보의 사이에 행성(行城)이 있다. 대체로 위로는 갑산부(甲山府)로부터 아래로 의주(義州)까지의 강 연변 지역에 다 행성이 있는데, 혹은 연결되어 있고 혹은 끊어지기도 한다. 지금 『승람』과 『비고』를 참고하여 열거한다.

갑산부(甲山府) 허천구(虛川口) 행성은 길이가 2,800척이고【높이 9척】,

삼수부(三水府) 압록구(鴨淥口) 행성【삼수부의 북쪽 1리에 있다】은 길이가 1,517척이며【높이 5척】, 강계부(江界府) 압록구(鴨淥口) 행성은 그 길이가 나타나 있지 않다【폐사군(廢四郡)은 상고할 수 없다】. 위원군(渭原郡)에는 모두 두 곳이 있는데 동구(洞口)의 행성은 길이가 1,172척이고【높이 4척】, 가헌동(茄軒洞) 행성은 길이가 874척【높이 4척】이다. 초산부(楚山府)에는 두 곳이 있는데 적탄(赤灘)에 있는 것은 길이가 2,873척【높이 7척】이고, 남문(南門) 밖에 있는 것은 길이가 441척【높이 5척】이다. 벽동군(碧潼郡)에는 모두 세 곳이 있는데 군의 북쪽에 있는 것은 길이가 190척【높이 4척】이고, 군의 서쪽에 있는 것은 길이가 1만 3,032척【높이 4척】이며, 대소파아(大小坡兒) 사이에 있는 것은 길이 2만 4,025척【높이 4척】이다. 창성부(昌城府)에는 모두 여덟 곳이 있는데 고행성(古行城)의 길이는 2만 1,573척【높이 10척】이고, 고림성(古林城)으로부터 실호리동구(失號里洞口)에 이르는 사이의 두 곳에 있는 것은 길이 300척이고【높이는 알 수 없다】, 창주보(昌州堡)로부터 정탄(汀灘)의 동구(洞口)에 이르는 다섯 곳의 것은 길이가 1,000척이다【높이는 나타나 있지 않다】. 삭주(朔州)의 압록행성(鴨淥行城)은【구령구자(仇寧口子)의 동서 동구(洞口)에 있다】 길이가 2,231척【높이 8척】이다. 의주(義州)에는 두 곳이 있는데 옥강(玉江)의 북쪽에 있는 것은 길이가 302척이고【의주의 동북】, 구룡연(九龍淵) 북쪽에 있는 것은 길이가 411척이다【의주의 북쪽】.

청이 생각하건대 녹수(淥水)가 천연적인 참호로 된 것은 오래이다. 고구려가 망한 후 요동(遼東)이 완전히 딴 세계로 되어버렸다. 그 이후부터는 매번 녹수로 경계를 삼았는데 고려 때에는 요(遼), 금(金)과 국경 설정에서 서로 쟁탈하였으나, 오늘날에 이르러서는 남북으로 자연적인 국경이 되었다. 그러므로 역대로 강 연안의 지역들에 많은 장성(長城)을 축조하였는데 그 성터가 혹은 있고 혹은 무너졌으며 때로는 끊기고 때로는 이어졌으나 강을 방어하는 데는 요긴한 것이다.

벽동군(碧潼郡)의 북쪽에 이르러 좌로 군 앞의 물을 받는다

벽동군은 본래 여진이 살던 임토(林土) 벽단(碧團)의 지역들이다. 고려 공민왕 2년, 즉 원(元)나라 순제(順帝) 지정(至正) 17년에 이성만호(泥城萬戶) 김진(金進) 등을 보내어 여진을 쳐서 내쫓고 임토(林土)를 음동(陰潼)으로 고치고 벽단(碧團)을 거기에 예속시켰었는데, 우리 태종(太宗) 3년에 벽동군(碧潼郡)으로 고쳤다.

『비고』에 의하면 벽동천(碧潼川)은 군의 남보리령(南甫里嶺)에서 발원하여 북으로 흘러서 임창(林倉)의 좁은 목과 학창(鶴倉)을 지나, 북으로 대덕산(大德山)에 이르러 구계령(九階嶺)의 남천(南川)과 합류하여 벽동군(碧潼郡)을 지나 서쪽으로 압록(鴨淥)에 들어가는데, 위에 열거한 군 앞을 지나는 강이란 곧 이것을 가리킨 것이다.

『승람』에 의하면 읍천(邑川)은 벽동(碧潼)의 남쪽 1리에 있는데 달각산(達覺山)에서 발원하여 압록(鴨淥)에 들어가고【벽동천(碧潼川)을 가리킨다】, 신동천(新洞川)은 벽동의 남쪽 90리에 있는데 부계현(夫界峴)에서 발원하여 읍천(邑川)에 들어간다【곧 구계산(九階山)의 남천(南川)을 가리킨다】.

녹수(淥水)는 또 서남으로 추곡(楸曲), 벽단(碧團), 대소길호(大小吉號), 창주(昌州)의 보(堡)들을 지나 좌로 자잔수(自潺水)와 합류한다

녹수(淥水)는 또 서남으로 마동(麻洞)의 구보(舊堡)【혹은 마전동(麻田洞)
이라고 한다】를 지나는데 성 둘레가 1,120척이다. 지금은 폐지하였다.

녹수는 또 추곡보(楸曲堡)의 서쪽【벽동(碧潼)의 서쪽 20리에 있다】을 지
나는데 방언에 곡(曲)을 구비(仇非)라고 하기 때문에 또한 추곡구비보(楸
曲仇非堡)라고도 한다. 성 둘레가 400척이고 권관(權管)을 두었다.

녹수는 또 벽단보(碧團堡)의 서쪽을 지나가는데 그 성 둘레는 1,754척
이며 첨절제사를 두어 지키게 하였다【벽동(碧潼)의 서쪽 50리에 있다】.

녹수는 좌로 중엄수(中奄水)와 합류하는데 중엄수는 달각산(達覺山)에
서 발원하여 서북으로 흘러서 벽동군의 서쪽을 지나 녹수에 들어간다.

소길호리보(小吉號里堡)는 벽동(碧潼)의 서쪽 60리에 있는데 성 둘레
가 254척이고【혹은 소실호리(小失號里)라고도 한다】 대길호리보(大吉號里
堡)는 소길호리보의 서남쪽 10리【창성(昌城)의 북쪽 53리】에 있는데 둘레
가 700척이다. 다 같이 권관(權管)을 두고 지키게 하였다.

창주보(昌州堡)는 창성부의 북쪽 45리에 있는데 성 둘레가 1,860척이
며 병마첨절제사(兵馬僉節制使)를 두고 지키게 하였다.

자잔수(自潺水)는 창성부(昌城府)의 원항령(緩項嶺)에서 발원하여 서
북으로 흘러서 창주보(昌州堡)에 이르러 서쪽으로 녹수(淥水)에 들어
간다.

『승람』에 의하면 창주천(昌州川)은 그 진(鎭)의 남쪽에 있어 창성(昌
城)의 동쪽에 있는 정동(頂洞)에서 나와 압록(鴨淥)에 들어간다고 하였는
데, 이것은 바로 자잔수(自潺水)를 가리켜서 말한 것이다.

녹수(淥水)는 또 어정보(於汀堡), 묘동보(廟洞堡)를 지나 창성부(昌
城府)의 북쪽에 이른다

어정탄(於汀灘)이 창성(昌城)의 북쪽 20리에 있고 그 곁에 보루가 있는데 성 둘레가 347척이고, 그 아래 10리에 묘동보(廟洞堡)가 있는데【창성의 북쪽 10리】성 둘레가 110척이다. 다 같이 권관(權管)을 두고 지키게 하였다.

창성부(昌城府)는 본래 고려(高麗)의 장정현(長靜縣)이다. 송(宋)나라 인종(仁宗) 경우(景祐) 2년에 고려 정종(靖宗)【원년】이 창주(昌州)를 설치하였는데, 우리 태종(太宗) 2년 (명나라 건문 4년)에 이르러 이성(泥城)을 창주에 통합시켜 창성군(昌城郡)을 만들고 후에 도호부(都護府)로 올렸다.

상고해 보건대 정씨 지도에는 초산(楚山)으로부터 벽동(碧潼)까지의 국경 저편에 비슬(琵瑟), 모토동(毛土洞), 대청교동(大淸交洞), 소청교동(小淸交洞), 차융동(車戎洞), 초서동(草徐洞), 금동(金洞)【혹은 금이동(金伊洞)이라고 한다】, 사창동(司倉洞)【혹은 사창포동(沙倉浦洞)이라고 한다】이 있고 다섯 줄기의 작은 강이 있어 남쪽으로 흘러서 녹수(淥水)에 들어간다. 벽동으로부터 창성까지 국경의 저편에는 대동(岱洞), 문암동(門嵓洞), 호조리동(胡照里洞), 향을동(向乙洞), 돌홍동(突弘洞), 후거리동(後巨里洞), 북두리동(北豆里洞), 왜현동(倭峴洞), 대소와방동(大小瓦防洞), 대소아파동(大小兒波洞)이 있고 남쪽으로 흘러서 녹수(淥水)에 들어가는 일곱 갈래의 작은 강이 있다. 윤씨 지도에는 벽동으로부터 창성까지 국경의 저편에 여시산(余時山), 석을한동(石乙恨洞), 마랑이동(馬郎耳洞), 두리동(豆里洞)이 있다. 창성부와 강을 사이에 둔 땅에 정령(井嶺)이 있고 여기에서 발원한 노토탄(驢土灘)이 녹수(淥水)에 들어가는 것이 있으나, 지금은 자세하게 알 수 없다.

또 운두보(雲頭堡)의 서쪽을 지나서는 구부러져 남으로 흐르며 좌
로 갑암수(甲巖水)와 합류한다

운두리산보(雲頭里山堡)는 창성(昌城)의 서쪽 13리에 있는데, 성 둘레
가 341척이고 권관을 두어서 지키게 하였다.

갑암수(甲巖水)는 창성의 남쪽 소방장현(小防墻峴)에서 발원하여 서쪽
으로 흘러서 녹수(淥水)에 들어가는데 하류의 물밑에 성인교(聖人橋)가
있어 물이 얕아지면 볼 수 있다. 그 곁에 갑암보(甲巖堡)【창성의 서남 10
리에 있다】가 있는데 성 둘레가 416척이고 권관이 있어 지켰다.

녹수(淥水)는 또 남으로 삭주(朔州)의 서쪽을 지나서 그 주(州)의
북쪽 물을 받는다

삭주는 본래 고려의 영새현(寧塞縣)인데 송나라 진종(眞宗) 천희(天禧)
2년에 삭주(朔州)로 고쳤으며【고려 현종(顯宗) 9년】 우리 나라에서는 그대
로 습용하였고 소삭주(小朔州)에 치소(治所)를 옮겼다.

삼기수(三歧水)는 발원지가 셋이 있는데 하나는 세정산(洗井山)【삭주
의 남쪽 30리】에서 나와 북쪽으로 흘러서 온수(溫水)가 되고【그 옆에 온정
(溫井)이 있기 때문에】, 또 하나는 개막산(蓋幕山)【삭주의 서쪽 20리】에서
나와서 서쪽으로 흘러 판막수(板幕水)가 되며, 또 하나는 흑산(黑山)【삭
주의 동쪽 20리】에서 나와 서쪽으로 흘러서 계반산(界畔山)을 지나는 계
반수(界畔水)가 된다. 세 강이 모두 삭주의 북쪽 10리 지점에서 합류하
여 서쪽으로 녹수에 들어가는데『수경』에서 주의 북쪽 강이라고 한 것
은 이것을 가리킨 것이다.

『비고』에 의하면 광평(廣坪) 대소파아(大小坡兒)를 지나 좌로 벽동천(碧潼川)을 합하고, 추구(楸仇), 벽단(碧團)을 지나 좌로 중엄천(中奄川)을 합하며, 대소길호(大小吉號)를 지나 창주진(昌州鎭)에 이르러 좌로 자잔천(自潺川)을 합하고, 정묘동(汀廟洞), 운두진(雲頭鎭), 창성부(昌城府)를 지나 좌로 갑암천(甲巖川)을 합하며, 휴암(鵂巖)을 지나 좌로 삼기천(三歧川)을 합한다【상고해 보면 여기서 운두(雲頭)가 먼저고 창성(昌城)을 뒤로 한 것은 그릇되었다】.

또 서남으로 흘러 구령(仇寧), 청수(靑水), 옥강(玉江)의 보(堡)들을 지난다

구령보(仇寧堡)는 삭주의 서쪽 35리에 있는데 성 둘레가 2,817척이고 만호(萬戶)가 있어 관할하였다.

청수보(靑水堡)는 구령(仇寧)의 서남 10리【의주(義州)의 동북 90리】에 있는데 성 둘레가 1,686척이고 또한 만호(萬戶)가 있어 관할하였다. 고려 신창(辛昌) 때, 즉 명나라 홍무(洪武) 21년에 압록(鴨淥) 이서에 있는 초적(草賊)이 의주(義州)의 청수구자(靑水口子)를 침범하였다고 하였는데【『고려사(高麗史)』】이 지역을 가리키는 것이다. 그 곁에 작은 강이 있어 서쪽으로 흘러서 녹수(淥水)에 들어간다.

녹수는 또 청성보(淸城堡)의 서쪽을 지나는데 성의 둘레가 110척이고 첨절제사를 두어서 지켰다. 보(堡)의 남쪽 5리에 또 고로성(姑姥城)의 옛터가 있는데『승람』에 의하면 고미성(姑未城)이라고 한다【의주의 동북 87리】.

녹수는 또 방산보(方山堡)의 서쪽을 지나는데 성 둘레가 8,782척이고 만호를 두어서 지켰다【의주의 동북 60리】.

녹수는 또 옥강보(玉江堡)의 서쪽을 지나는데 성의 둘레가 744척이고 만호를 두어서 지켰다【의주의 동북 50리】.

좌로 옥강수(玉江水)를 받는다

그 옥강수는 발원지가 둘이 있다. 하나는 의주의 천마산(天磨山)에서 나오고 하나는 여자산(呂子山)에서 나오는데, 서쪽으로 흘러서 산양천(山羊遷)에 이르러 모이고, 다시 또 서쪽으로 50리를 흘러서 녹수(淥水)에 들어간다. 물 속에서 맑은 청옥(靑玉)이 나기 때문에 그렇게 이름 지었다. 동쪽 언덕에 옛 성이 있는데 4면이 모두 절벽이고 가운데에 연못이 있다. 둘레가 620척이다.

상고해 보건대 창성(昌城)으로부터 옥강(玉江)에 이르는 사이의 국경 외의 땅에 삼채동(三寨洞), 적전암(狄田巖), 구왕동(九王洞), 황발동(黃撥洞), 백파동(白波洞), 하전동(河田洞), 백암산(白巖山), 노토동(老兎洞)【혹 노토동(老土洞)이라고 한다】, 기락동(奇落洞), 장동(莊洞), 가융전동(家戎田洞), 마전동(麻田洞), 만참동(萬站洞), 금단동(金丹洞)【이상은 정씨 지도에서】, 감창동(甘昌洞), 손량동(孫梁洞), 사오랑산(沙五郞山), 금창동(金昌洞), 마자산(馬子山), 신호수동(申胡水洞)【또는 신준수(辛俊水)라고도 한다. 윤씨 지도에서 나왔다】이 있고 또 네 갈래의 작은 강이 있어 남으로 녹수에 들어간다.

녹수는 안평(安平)의 옛 성을 지나 남으로 수구보(水口堡)의 서쪽에 이른다

안평성(安平城)은 곧 고구려의 박작성(泊灼城)인데 지금의 옥강보(玉

江堡)의 서쪽으로 강을 사이한 땅이다.

수구보(水口堡)는 의주의 북쪽 28리에 있는데 성 둘레가 2,473척이다. 옛날에는 권관(權管)을 두고서 지켰다. 겨울이 되면 본도(本道)로 들어왔는데 지금은 만호를 두었다.

녹수는 또 건천보(乾川堡)의 서보(西堡)를 지나는데 성의 둘레가 110척이고 수구(水口)의 남쪽 10리에 있다. 권관을 두고서 지킨다.

『한서』「지리지」에 의하면 요동군(遼東郡)에 속한 현으로 서안평(西安平)이 있는데 왕망(王莽)은 북안평(北安平)이라고 했으며【『후한서』「군국지(郡國志)」에는 요동군에 서안평이 있다고 했다】, 또 서쪽에 개마현(蓋馬縣)이 있다고 하면서 스스로 주(注)하여 말하기를 "마자수(馬訾水)는 서남으로 서안평에 이르러 바다에 들어간다"고 했다【『통전(通典)』에는 안평성에 이르러 바다에 들어간다고 했다. 전문이 위에 다 나타나 있다】.

『당서』「지리지」에 의하면 영주(營州)에서 동쪽으로 80리 가서 연군(燕郡)에 이르고 또 요수(遼水)를 건너 500리 가면 안동도호부(安東都護府)에 이르는데 여기가 옛날 한나라의 양평성(襄平城)이고【곧 요동군 소재지】, 동남으로 800리 가면 평양성(平壤城)에 이르고 남으로 700리 가면 압록강(鴨淥江) 북쪽의 박작성에 이르는데 여기가 옛날 안평현(安平縣)이라고 하였다.

청이 이 두 글을 상고해 보건대, 안평(安平)은 압록(鴨淥)의 북쪽에 지극히 가까운 땅에 있는 고구려의 박작성임을 알 수 있다.

또 상고해 보건대『후한서』에 이르기를 "질제(質帝)와 환제(桓帝) 사이에 고구려가 요동(遼東)의 서안평(西安平)을 침범하였다"고 하였고, 『위지(魏志)』에는 이르기를 "정시(正始) 3년에 고구려가 안평(安平)을 침범하였다"고 하였다【『북사(北史)』와 『위서(魏書)』에는 모두 요(遼)의 서안평

(西安平)이라 하였고 『양서(梁書)』는 안서가평(安書嘉平)이라고 하였는데, 모두 아니다】. 또 이르기를 "서안평현(西安平縣)에 작은 강이 있어 남으로 흘러서 바다에 들어가는데 고구려의 별종(別種)이 이 작은 강에 의거하여 나라를 세웠다【동이전(東夷傳)】"고 하였다. 대체로 서안평은 처음에 요동에 속하였으나 후에는 고구려에 편입되어 박작성이 되었다.

『당서』「지리지」에 의하면 압록강 어귀에서 배를 타고 백여 리를 가서 곧 작은 쪽배로 30리를 거슬러 올라 동북쪽으로 가면 박작구(泊灼口)에 이르러 발해(渤海)의 변경을 만나게 된다고 하였다.

또 「고려전」에 이르기를 "정관(貞觀) 22년에 조서를 내려 우무위대장군(右武衛大將軍) 설만철(薛萬徹)로 청구도 행군 대총관(靑丘道行軍大總管)을 삼아 해로로 침입시켰는데, 부장(部將) 고신감(古神感)은 갈산(葛山)에서 싸워 승리하고, 만철(萬徹)은 압록(鴨淥)을 건너 박작성(泊灼城)【상고하건대 박작성이 압록의 북쪽에 있으므로 응당 바다를 건너 압록에 들어왔다고 할 것이다】과 40리 떨어진 곳에 진을 치니 적들이 두려워서 마을을 버리고 달아나는데, 대추(大酋) 소부손(所夫孫)이 항거하여 싸우므로 만철(萬徹)이 격파하고 돌아왔다"고 하였다【「태종기(太宗紀)」에는 고려에 가서 박작성에서 싸워 적을 패배시켰다고 하였다】.

『구려사(句麗史)』에는 이르기를 "보장왕(寶藏王) 7년에 설만철 등이 바다를 건너 압록(鴨淥)에 침입하여 와서 박작성의 남쪽 40리 지점에 진을 치고, 우장군(右將軍) 배행방(裵行方)이 군사를 전진시켜 박작성을 에워싸고 공격하였으나, 산에 의거하여 포루를 설치하고 압록수(鴨淥水)로 막혀서 견고하기 때문에 함락시키지 못하였다"고 하였다.

청이 상고해 보건대 『당지(唐志)』에는 압록강 어귀에서 박작성까지가 130리이다. 지금 압록강 어귀에서 동북으로 130여 리를 거슬러 올라가면 바로 옥강보를 만나게 되니 박작성은 마땅히 옥강보의 근처에 있었을 것이다.

『당지』에는 또 이르기를 "압록강의 북쪽에 있다"고 하였으니【윗절을 보라】응당 옥강보와 강을 사이한 곳에 있어야 한다. 『구려사』에 이르기를 "성이 압록수(鴨淥水)로 막혀서 견고하다"고 하였으니 응당 옥강보 밖의 녹수가에 있어야 한다. 지금 봉황성(鳳凰城)의 동쪽 변경 밖의 200여 리 지점에 영전(永奠) 관전(寬奠) 등 폐보(廢堡)가 있어서 옥강보의 경외에 가까우니, 이것이 옛 박작성의 땅일 수 있다.

『성경지(盛京志)』에 이르기를 "『진서(晉書)』에는 안평현(安平縣)이 요동군(遼東郡)에 속하였다가 말년에 가서 고려에서 다시 주(州)를 설치하였다고 지적하고 있다. 지금 요양주(遼陽州)의 동쪽 60리에 둔(屯)이 있는데 이것을 안평(安平)이라고 한다"고 하였다.

청이 상고해 보건대, 『전한서(前漢書)』「지리지(地理志)」와 『후한서(後漢書)』「군국지(郡國志)」에는 모두 서안평의 한 현(縣)이 요동군에 속하였고 또 신안평(新安平)이 요서(遼西)에 속하는【전한지(前漢志)】이외에 다시는 안평(安平)이 없는데 안평이라고 한 것은 아마 서안평을 약해서 칭한 것일 것이다. 그렇기 때문에 『통전』에도 마자수(馬訾水)가 안평성(安平城)에 이르러 바다에 들어간다【위의 녹수(淥水) 조를 보라】고 하였다. 『당지(唐志)』에 박작성은 옛날의 안평현이라고 지적한 것으로써도 알 수 있는 일이다. 그런데 『진서(晉書)』「지리지」에는 문득 안평, 서안평의 두 현(縣)이 있어 요동국(遼東國)에 속하였다고 하니 이것은 전혀 근거가 없고 이해할 수 없는 일이다. 그렇다고 한다면 안평(安平)은 안시(安市)의 와전인 듯도 하다. 『성경지』는 또 요양(遼陽)의 안평둔(安平屯)을 거기에 해당시키고 있는데, 역시 틀렸다. 명칭이 우연히 같다고 하여 어떻게 억지로 끌어 붙이겠는가?

『요사』「지리지」에 의하면 호주(濠州)는 본래 서안평(西安平)의 옛 땅
인데 현주(顯州)의 동북 220여 리에 있다고 하였다.

안정복은 말하기를 "현주(顯州)는 지금의 광령(廣寧)의 경계이니 『요
사』가 그릇되었다"고 하였다.

청은 생각하건대, 『요사』나 순암(順菴)의 이론은 다 틀렸다.

청(淸)나라 『일통지(一統志)』에 이르기를 "이전 파사부(婆娑府)는 봉황
성의 동쪽에 있는데 금(金)나라는 파속로 통군사(婆速路統軍司)를 두었
으며, 원(元)나라는 속(速)을 잘못 사(娑)로 하여 처음에 파사부로(婆娑府
路)로 하였다가 지원(至元) 17년에 동경 총관부(東京總管府)에 부속시켰
다"고 하였고, 명나라 『일통지』는 파사부(婆娑府)가 도사성(都司城)의 동
쪽 470리에 있다고 하였다.

상고해 보건대 당나라 때 고려의 박작성(泊灼城)은 압록강(鴨淥江)의
북쪽에 있었으니 곧 금(金), 원(元)의 파속부(婆速府) 땅이다. 파속(婆速)
은 음이 박작(泊灼)과 서로 가까우므로 당나라의 옛 이름을 그대로 따른
듯한데 글자가 조금 다를 뿐이다.

『사군지(四郡志)』【유득공(柳得恭)의 저서】에 이르기를 "압록강은 안평
성(安平城)까지 흘러가서 바다에 들어가는데 이 안평성을 당(唐)나라 때
는 박작구(泊灼口), 요(遼)나라 때는 갈소관(曷蘇館), 금(金)나라 때는 파
속로(婆速路), 원(元)나라 때는 파사부(婆娑府)로 불렀는데 음이 전화된
것이다. 대체로 봉화성(鳳凰城) 이동이요 우리 나라의 의주부(義州府) 등
지이다"라고 하였다.

청은 상고해 보건대 중국말에 파속(婆速)은 갈소(曷蘇)와 서로 비슷하

니 대체로 같은 성(城)이다.『금사(金史)』「고려전」에는 천회(天會) 4년에
요(遼)나라의 전례에 따라 그대로 보주로(保州路)를 소유하였다고 하였
고, 8년에는 고려 사람 열 명이 고기를 잡다가 큰바람에 배가 표류하여
해안에 다다른 것을 갈소관(曷蘇館) 사람이 붙잡았는데 조서를 내려 그
나라에 흘러 보냈다고 하였으니, 곧 갈소(曷蘇)는 고려와의 접경 지대이
다. 또『요사(遼史)』에는 개태(開泰) 2년에 상온(詳穩) 장마류(張馬留)가
이르기를 "만약 대군이 전로를 좇아서 행동하여 갈소관(曷蘇館)과 여진
(女眞)의 북쪽을 취하여 곧바로 압록강을 건너 대하를 끼고 올라가서 곽
주(郭州)【지금의 곽산(郭山)】에 이르러 대로(大路)와 모이게 되면 고려를
점령할 수 있다"고 하였다. 여기에 근거하여 보면 갈소관은 녹수의 강
가에 있으니『사군지』의 말이 옳다. 또『금사』「세기(世紀)」에는 천회
(天會) 2년에 남로(南路) 군수(軍帥) 도모(闍母)에게 명하여 갑사 천명으
로 합소관(合蘇館) 발근(孛菫) 완안아실뢰(完顔阿實賚)와 합세하여 고려
를 방비하게 하였다고 하였는데, 여기서 말하는 합소관은 곧 갈소관(曷
蘇館)이다.

녹수는 또 의주(義州)의 서북에 이른다

의주는 본래 고려의 용만현(龍灣縣)인데 또한 화의(和義)라고도 하였
다. 처음에 고려가 거란(契丹)과 접경하고 있을 때에 거란이 녹수 너머
로 경계를 만들고자 녹수의 동쪽 기슭에 성을 설치하고 보주(保州)라고
칭하였고, 송나라 인종(仁宗) 때【거란은 도종(道宗) 고려는 문종(文宗) 때】에
는 거란이 또 궁구문(弓口門)을 설치하고 포주(抱州)【일명 파주(把州)】라
고 칭하였다. 휘종(徽宗) 중화(重和) 원년【고려 예종(睿宗) 12년】에 요(遼)

의 자사(刺史) 상효손(常孝孫)이 도통(都統) 야율녕(耶律寧) 등과 함께 금 (金)나라 군대를 피하여 배를 타고 도망치면서 고려에 공문을 영덕성(寧德城)에 보내어 내원성(來遠城)과 포주(抱州)를 돌려보낸다고 하니, 고려 군대들이 그 성에 들어가 무기와 전곡을 수습하고 의주로 고쳤으며 남쪽 경계에 사는 사람들을 옮겨다가 그 곳을 채웠다. 여기서 다시 녹수로 경계를 정하고 관방(關防)을 설치하였으며 금(金)나라도 또한 주(州)를 돌려보내 주었다. 본조에 이르러서는 정주(靜州)와 함원진(咸遠鎭)을 여기에 소속시켰다.

『청일통지(淸一統志)』에 이르기를 "의주성(義州城)은 평양의 서북 420 리에 있고 그 서남은 용천군(龍川郡)이 되는데 모두 압록강에 임하였다. 명나라 만력(萬曆) 20년에 조선 왕이 관백(關白－일본의 풍신수길(豐臣秀吉)을 이른다)의 난으로 의주(義州)로 달아나서 내속을 청한 곳이 바로 여기다. 또 안가관(晏家關)이 의주(義州)의 서남에 있는데 압록수의 동쪽 기슭에 해당하며 옛날에는 요긴한 나루터였다. 소철산(小鐵山)은 압록강의 동쪽 언덕에 있는데 의주 변경의 도강처이다"라고 하였다.

『명회전(明會典)』에 의하면 조선에서 공물을 통하는 길은 압록강을 거쳐 요양(遼陽), 광령(廣寧)을 지나 산해관(山海關)에 들어와 경사(京師)에 닿는다고 하였다.

『전거을기(田居乙記)』에 의하면 경태(景泰－연호) 중에 조선이 공물을 바치는 길에 대하여 제기하기를 "건주(建州)에서 길을 막아 공물을 통하는 일이 고통이므로 압록강을 경유하게 하여 달라"고 하니 예부(禮部)에 내려보내어 의논하게 하였는데 주침(周忱)이 말하기를 "조선에서 전에 공물을 통하던 길은 아골관(鴉鶻關)으로부터 요양(遼陽)으로 해서 광령

(廣寧)을 거쳐 전둔위(前屯衛)를 지나 산해(山海)에 들어오는데, 이와 같이 서너 개의 큰 성과 수자리 터를 우회하게 한 것은 조상들이 일정한 뜻이 있었던 것이다. 만약 압록강으로부터 전둔(前屯)에 당도한다면 산해로(山海路)는 심한 지름길이 되어 훗날에 근심을 끼치게 될까 두려우니 그대로 따를 수 없다"고 하였으므로 마침내 그만두게 하였다【『명사』「유대하전(劉大夏傳)」도 이 글과 동일하다】.

『명사』「조선전」에 의하면 만력 47년에 양호(楊鎬)와 유정(劉綎) 등이 출정하여 청(淸)나라 군사에게 패배를 당하였다. 11월에 병부(兵部)가 제기하기를 "공물을 통하는 길에 마땅히 군사를 증가시켜 방비하여야 하겠는 바, 진강(鎮江)과 같은 곳에 군사를 두자"고 하였다.

청이 상고하건대 아골관(鴉鶻關)이란 지금의 연산관(連山關)이다. 지금 공물을 통하는 길은 우리 나라 의주의 녹수 서북쪽으로 봉황성까지 【의주로부터 여기까지는 120리이다】 가고, 또 설리참(雪裏站) 【봉황성에서 여기까지는 70리이다】 통원보(通遠堡) 【설리(雪裡)로부터 여기까지는 50리이다】를 지나 연산관【통원(通遠)으로부터 여기까지는 60리이다】에 이르는데 모두 300리를 통해서 요양(遼陽)에 당도한다. 이것이 곧 아골관의 공도이다. 당시에 아골관은 요양과 심양(瀋陽)의 요충지였는데, 건주(建州)의 싸움에 한 길은 아골관을 따라서 들어오고 또 한 길은 관전보(寬奠堡)를 좇아서 들어온 사실이 이를 증명한다. 그러므로 여기에 군대를 증가시켜 방어하며 조선과 녹수를 넘어 서로 교통하면서 서로 호응하며 요동(遼東)을 보존하려고 한 것이다.

용만(龍灣)에서 세 갈래로 되는데 어적수(於赤水)가 그 사이에 있다 녹수가 의주의 서북에 이르면 소저(小渚)가 있는데 이것을 동저(銅渚)라고 하며, 또 통군정(統軍亭) 아래에 이르면 갈라져서 세 갈래로 된다. 서북 방면의 봉화들은 통군정에서 처음으로 들게 된다. 권달수(權達手)의 시에 이르기를 "물이 세 가닥 되어 광활한데"라고 하였고, 조위(曹偉)는 이르기를 "세 섬은 밭갈이하는 이외에 있네"라고 하였으며, 인평대군(麟坪大君)은 이르기를 "압록강(鴨淥江)은 마이산(馬耳山)에 이르러 세 갈래로 나뉘어져 흐른다"고 하였는데, 모두 이것을 가리킨 것이다.

그 남쪽 갈래는 구룡연(九龍淵)이 되는데 이것이 곧 압록수(鴨淥水)이다. 혜산보(惠山堡)로부터 바다까지의 강을 압록(鴨淥)이라고 통칭하지만 구룡연이 그 이름을 독차지하고 있는 것은 가득한 물의 푸른빛이 오리의 머리와 같기 때문에 그렇게 부르는 것이다. 연(淵)의 남쪽에 토성의 옛터가 있는데 둘레가 600척이다. 옛말로 전하기를, 원(元)나라 때에 합단(哈丹) 지단(指丹)의 형제가 있어서 하나는 이 성에서 살고 하나는 의주성(義州城)에서 살았는데, 정주(靜州) 호장(戶長) 김유간(金裕幹)이 간계를 꾸며 그들을 내쫓으려고 거짓으로 말하기를 "우리 나라가 어느 날 밤에 너희들을 죽이려 한다"고 하고 그 밤이 이르러 산 위에 많은 횃불을 설치하여 시위를 하였더니, 합단(哈丹)이 진실인 줄 알고 아침에 성을 버리고 강을 건너서 가버렸다. 그런데 강가에는 강을 건너갈 배와 노가 없었다. 유간(裕幹)이 마음으로 이상히 여겨 그 곳을 살펴보니 강 북쪽의 가까운 언덕 밑 물에 쇠소[鐵牛]를 세우고 또 쇠줄을 남쪽 강 언덕에 있는 큰 바위 사이에 붙들어 매고 그것을 소등에 연결시켜서 부교를 만들고 건너갔었다. 유간(裕幹)이 곧 명령하여 다리를 파괴하고 그들이 다시 건너오지 못하게 하였다. 영락(永樂) 무자(戊子)에 의주성(義州城)을 쌓을 때에 헤엄 잘 치는 사람을 시켜 쇠줄을 얻어다가 성문의 자물쇠를 만들었고, 그 쇠소는 강의 모래에 묻혔기 때문에 다시 찾지 못하였다고 한다. 또 압록강사(鴨淥江祠)가 구룡연가에 있는데 사전(祠典)에는 장단(長湍) 덕진(德津) 및 평양강(平壤江)과 함께 다 같이 서독(西瀆)으로 되며 중사(中祀)로 등록하고, 봄과 가을에 향과 축문을 내려서 제사지내게 한다【김극기(金克己)의 구룡연시(九龍淵詩)에 이르기를 "용이 못 속에 숨은 것은 진정 믿을 일이로다. 때때로 흰 기운이 소에서 피어오르네"라고 하였다】.

그 서쪽 갈래는 서강(西江)이 되며 또한 중강(中江)이라고도 하는데, 거기는 양국이 서로 무역하는 곳이다.

그 가운데 갈래는 소서강(小西江)이라 하는데, 장마가 지면 물 두 갈래가 생기고 그렇지 않으면 서로 연결된다. 여흥(驪興) 이중환(李重煥)이 이르기를 "압록강 밖의 두 개의 큰 강이 저 편 동북으로부터 모여 와서 의주(義州)의 북에 이르러 세 강으로 되는데, 매번 홍수가 지면 물이 넘치게 되어 세 강이 하나로 합하여 바다에 들어간다"고 하였다『택리지(擇里志)』. 여기서 말하는 두 개의 큰 강이란 서강(西江)과 애하(靉河)를 가리킨 것이다.

어적주(於赤洲)는 물 갈래의 사이에 있는데 둘레가 17리이다. 그 안이 평탄하여 개간된 밭이 60여 경이 된다【곧 난자주(蘭子洲)의 북쪽】.

『고사촬요(攷事撮要)』에 의하면 중종(中宗) 35년【명나라 가정(嘉靖) 19년】 4월에 요동(遼東) 사람 왕중(王中) 등이 의주의 조산평(造山坪)에 와서 농사를 지었는데 도사(都司)가 우리 나라 공문에 의하여 탕참(湯站)을 시켜 잡다가 그 죄를 심문하게 하였고, 10월에 요동 사람 왕현(王賢) 등이 또 조산평에 와서 거주하였는데 도사가 공문에 의하여 잡다가 그 죄를 심문하였다. 우리 명종(明宗) 5년에는 요동 사람이 이전에 설함평(設陷坪)에 와서 농사를 짓고 산 것을, 도사가 우리 나라 공문에 근거하여 강연 대보(江沿臺堡)의 지휘(指揮)를 시켜서, 친히 설함평에 도착하여 그 집들을 소각하고 도적 대농사를 지은 죄로 심문하였다. 성종(成宗) 15년에는 구련성(九連城)의 백성들이 설함평에서 약간 북쪽에 있는 석장대(石場㟷)에 와서 집을 짓고 농사를 짓는 것을, 도사가 우리 나라 공문에 의하여 도적 농사를 지은 죄로 심문하였다. 41년에는 강연 대보(江沿臺堡)에서 의주(義州)에 공문을 보냈는데 그 대략적인 요지는 군민이 석장곡(石場谷)에서 농사를 짓는 것을 허락하되 다만 설함평 등 지역을 침범하는 것을 허락하지 않는다고 하였다. 본국이 도사(都司)에게 공문을 보내어 "석장곡의 하단 작은 강가에 비를 세워 그로 하여금 구별하게 하라"고 하였더니 도사가 곧 명하여 비를 세우게 하였다. 우리 선조(宣祖) 15년에는 요동 군민이 설함평에 와서 밭갈이를 금하는 비를 파괴하였다. 우리 나라에서 통사관(通事官) 백원개(白元凱)를 시켜 도사에게 공문을 보내어 원 범인을 처단하고 다시 옛 비를 세울 것을 요구하였다. 11년에는 요동 군민 유상덕(劉尙德) 등이 다시 조산평에 와서 밭을 개간하는 것을, 통사(通事) 오순(吳淳)을 시켜 도사에게 공문을 보내어 밭갈이를 금한다는 것을 다시 밝히고, 금혁(禁革)한다는 문자를 새겨서 마이산(馬耳山) 밑 제일통구(第一通溝)에 세우게 하였다. 12년에 요동 군민이 다시 조산평에 와서 농사를 지었는데 도사에게 공문을 보내어 그들을 심문하고 금하게 하였다. 13년에는 요동 군민이 도어사(都御史)에게 등장하여 조산평의 금지하는 비를 협강(夾江)의 서쪽 언덕에 옮기게 하였다【어숙권(魚叔權)의 저서】.

　청이 상고해 보건대 조산평(造山坪), 설함평(設陷坪), 마이산(馬耳山)은 모두 녹수(淥水)의 서쪽 갈래의 곁, 애하(靉河)의 동쪽에 있다. 『원사(元史)』「세조기(世祖紀)」에 의하면 중통(中統) 2년에 파사답아(巴思荅兒)가 고려에 요구하여 압록강의 서쪽에 호시(互市—외국과 상호 교역하는 곳)를 세우자고 하므로 그대로 좇았다가, 3년에 고려와의 호시(互市)를 폐지하였다고 하였다.

『명전고기문(明典故紀聞)』【여계등(余繼登)】에는 이르기를 "만력 24년 에 조선이 중강개시(中江開市)를 폐지할 것을 요구하므로 무원(撫院)에 서 즉시 조선에 공문을 보내어 이르기를 '근래 일본이 조선을 침범하므 로 잠시 동안 무역을 협정하여 군수품을 마련한 것은 임시 조치에 지나 지 않는다. 더욱이 지금 왜가 이미 쫓겨갔으니 금후로는 중강(中江) 교 역은 다 중지한다'"고 하였다.

청이 생각하건대 중강(中江) 개시(開市)는 우리 선조 26년에 시작되었 는데, 우리 나라가 흉년으로 말미암아 요동에 공문을 보내어 압록의 중 강에 개시하여 교역할 것을 청하였고, 34년에 이르러 폐지하였다. 35년 에 무원(撫院)에서 이미 폐지할 것을 허락하였으나, 태감(太監) 고양(高 洋)이 자문을 보내어 복구할 것을 엄격하게 청하므로 의주에 호시를 열 고 전례에 따라 무역하다가, 광해군(光海君) 원년에 우리 나라에서 예부 (禮部)에 공문을 보내어 폐지하게 하였다.

『대청일통지(大淸一統志)』에 이르기를 "이전 기록에 평양(平壤), 황주 (黃州)는 서쪽은 대령강(大寧江)으로 막혔고, 동쪽으로는 대통강(大通江) 에 막혔다고 하였으니, 이것이 이른바 두 강의 가운데 있다는 것이다. 본조 강희(康熙) 37년에 조선에 흉년이 들어서 중강(中江) 개시(開市)를 요구하므로 황제의 지시에 의하여 미곡을 저장하고 수로와 육로로 4만 석을 중강까지 운반하여 팔았다"고 하였다.

『청회전(淸會典)』 칙례(則例)에 의하면 숭덕(崇德) 연간에 봉황성(鳳凰 城) 등 지역의 관병(官兵)으로 의주에 가서 교역하는 사람들을 정하고 매해 두 번씩 하기로 하였다. 건륭(乾隆) 원년에 지시하기를 "조선이 우리 조정과 교제하여 번봉(藩封-제후 국가)의 직무를 정성스럽게 지켰다. 종전에 팔기(八旗)의 대참(臺站) 관병들이 매년 2월과 8월에 화물을 휴대하고 중강에 가서 조선과 무역을 하였는데, 내가 생각하기에는 기인(旗人)들은 모두 감시와 순찰의 책임을 지고 있어 무역할 겨를이 없으며 또한 무역 일에 밝지 못하다. 원인(遠人-조선 사람을 가리킨다)이 변방에 도착하여 지체할까 염려되며 또 접대하는 데 불편함이 많을 것이니, 이후로는 국내 상인들로 하여금 조선 사람과 무역하게 하고 중강의 세관으로 하여금 힘을 다하여 살펴서 공평하게 무역하도록 힘쓰며, 무엇을 토색하거나 번잡하지 않도록 하게 하라"고 하였다【이는 중국의 상인들로 하여금 중강에 와서 무역하게 하려고 한 것인데 우리가 공문을 보내어 그 불편한 것을 말한 결과, 전대로 다만 기인(旗人)과만 무역하게 하였다】.

청이 상고해 보건대 인조(仁祖) 24년에 중강(中江) 개시(開市)는 3월과 9월의 15일에 연 2차 교역하기를 정하였다가 인조 25년에는 2월과 8월로 고쳤다. 뒤에 백성들이 규정에 따라서 무역하게 허락하였다가 칙령을 받들고 조회하여 개인 상인들이 따라가지 못하도록 하였으나, 후에 금지하는 조례가 점차 해이해지고 개인 상인이 범람하게 되어 중강 후시(後市), 책문(柵門) 후시(後市)가 있게 되었는데, 그 후 후시는 모두 폐지되고 다만 중강 개시만 있게 되었다.

또 상고해 보건대 중강(中江)이란 압록의 서쪽 갈래의 중간이다.『청통지(淸統志)』에는 대령(大寧)과 대통(大通)의 중간을 중강(中江)이라고 하였는데, 틀렸다.

『요사(遼史)』에 의하면 태조(太祖)가 10월 무신(戊申)에 압록강에서 고기를 낚았다고 하였다.

『금사(金史)』에는 대정(大定) 4년에 내린 조서에 압록강의 보(堡)와 수

(戌)가 적지 않은 침해와 파괴를 입었다는 말이 있다.

청이 상고하건대 고려는 요나라, 금나라와 더불어 끝까지 녹수로 경계를 삼았었다.

녹수는 금동주(黔東洲)에 이르러 다시 합쳐 하나가 된다. 난자주(蘭子洲)는 그 남쪽에 있다

금동주(黔東洲)는 또 금동도(黔同島)라 하고 또한 체자도(替子島)라고도 하는데 주위가 15리이다. 녹수의 세 갈래가 이 섬을 감돌아서 다시 합하는데 그 가운데에 삼씨돌[三氏梁]이 있다. 연(燕)나라에 가는 사신의 일행은 반드시 이 섬의 북쪽을 경유하게 된다.

난자주(蘭子洲)는 주위가 25리인데 비가 오면 육지【위화도(威化島)의 북쪽】와 연결된다.

예겸(倪謙)의 「사조선록(使朝鮮錄)」에 의하면 난자강(蘭子江)의 속명은 점어강(點魚江)인데 곧 압록강의 지류라고 하였다.

금남(錦南) 최부(崔溥)는 이르기를 "압록(鴨淥)과 난자(難子)의 두 강은 하나가 나뉘어졌다가 다시 합류한다"고 하였다【난자(難子)는 곧 난자(蘭子)이다】.

『고사촬요』에 이르기를 "의주(義州)의 난자(蘭子)와 체자(替子) 두 섬이 매번 요동 사람과 서로 다투던 것을 선조(宣祖) 28년에 분수도(分守道) 양호(楊鎬)가 본국 사람들로 하여금 땅을 나누어 차지하고 농사를 짓게 하였는데, 손득춘(孫得春)이라는 자가 포정아문(布政衙門)에 거짓으로 고해 바쳐 다시 농사를 짓지 못하게 하였다. 선조 32년에 본국이

포정사(布政司)에 공문을 보내어 전례대로 농사를 짓게 할 것을 청하니,
장(張) 포정(布政)이 손득춘(孫得春) 등을 잡아다가 죄를 다스리고 본국
에 공문으로 조회하여 비를 세우고 경계를 기록하여 영구히 준수하게
하였다. 선조 34년에 진강 유격부(鎭江游擊府)가 또 난자(蘭子) 체자(替
子)의 두 섬에서 농사 짓는 것을 금하고 방목지로 만들므로 우리 나라
에서 포정(布政)과 진강 아문(鎭江衙門)에 공문을 보내어 다시 답사하고
감정해서 이전대로 농사를 짓게 하였다. 선조 35년에 진강 유격(鎭江游
擊) 조승훈(祖承訓)이 만호 군문(萬戶軍門)의 지시라 하여 난자도(蘭子
島)가에 비를 세워 경계를 삼고 방목지를 만들려고 하므로, 본국에서는
공문을 보내고 통사(通事) 박인상(朴仁祥) 등으로 하여금 요동에 가서
쟁론하게 하였다. 선조 37년에 요동 사람 손득춘 등이 또 불법으로 난자
(蘭子) 체자(替子)의 두 섬에서 농사를 지으므로 본국에서는 통사 박인
상을 파견하여 순안 아문(巡按衙門)에 가서 쟁론하게 하였다. 본원(本院)
의 승인을 얻어서 손득춘의 죄를 심문하고 그전대로 본도를 조선에 돌
려보낼 것을 의논하였으며, 선조 32년에 원래 세웠던 경계를 조사하여
큰 해자를 파고 돌비를 세워 영구히 준수하도록 하였다.

　청이 상고하건대 이때 세운 금동주(黔東洲)의 비에는 그 기록이 있는
데 거기에 이르기를 "왼쪽의 난자도(蘭子島)와 오른쪽의 체자도(替子島)
로 영원히 경계를 정한다"고 하였다.

　『통전(通典)』에 의하면 압록수(鴨淥水)는 평양성(平壤城)의 서북 450리
에, 요수(遼水)는 동남 480리에 있다고 하였다.
　『명일통지』에 이르기를 "압록강은 조선국성(朝鮮國城)의 서북 1,450
리에 있고 또 요동(遼東) 도사(都司)의 동쪽 560리에 있다"고 하였다.
　『화한삼재도회』에 의하면 평양에서 압록강까지는 56리【곧 우리 나라

의 560리】라고 하였다.

청이 상고해 보건대 여러 서적들에 기록된 압록강은 모두가 의주(義州)를 근거로 해서 말한 것이다.

『송사(宋史)』「고려전」에 이르기를 "그 나라는 압록강(鴨淥江)을 요새로 삼고 있는데 강의 너비는 300보이다. 그 동쪽에 있는 바닷물은 맑아서 열 길을 들여다볼 수 있으며 동남으로는 명주(明州)가 바라보인다. 물은 모두 푸르다"라고 하였다【『통고(通考)』역시 그렇게 말하고 있다】.

『성경지(盛京志)』에 이르기를 "압록강은 곧 익주강(益州江)인데 혹은 애강(靉江)이라고도 부른다. 지금 장백의 남쪽에 있는 여러 샘물이 남으로 흘러 모여서 큰 강이 되어 서남으로 퉁가강(佟家江)과 합류하여 500여 리를 흘러가서, 봉황성(鳳凰城)을 감돌아 동으로 바다에 들어가는데 강의 동남은 조선의 경계가 된다"고 하였고【영길주(永吉州) 산천조(山川條)】, 또 "봉황성으로부터 동으로 애강까지는 120리인데 여기가 조선의 경계"라고 하였다.

『청일통지(淸一統志)』에 의하면 압록강은 길림(吉林)의 오랄(烏喇) 남쪽 977리에 있는데 장백산(長白山)의 서쪽에서 발원하여 남으로 흘러서 조선과의 경계를 이루며 봉황성에 이르러 동남으로 바다에 들어간다고 하였다.

청이 생각하건대 우리 나라가 중국과 서로 통하는 길은 다만 의주로부터 봉황성에 이르는 길인데 압록(鴨淥)이 그 경계가 되고 있다. 그러나 그 압록의 위치가 책문(柵門) 밖에 놓여 있기 때문에 『성경지』에는 압록이 길림(吉林)에 속해 있는 것이다.

『당서』「고려전」에 이르기를 "정관(貞觀) 19년에 황제가 고려를 정벌할 때, 정명진(程名振)은 사비성(沙卑城)을 치고 압록강가에 유격병을 출동시켰다"고 하였다【『명일통지(明一統志)』에는 이르기를 "장량(張亮)이 사비성(沙卑城)을 기습하여 함락시키고 구효손(丘孝孫) 등을 보내어 압록에서 군사를 사열하였다"고 하였다】.

또 「설필하력전(契苾何力傳)」에 이르기를 "용삭(龍朔) 초에 다시 요동방면 행군대총관(行軍大總管)을 임명하여 여러 종족의 군대 35군을 거느리고 고려를 쳤는데, 압록수(鴨淥水)에 다다르니 개소문(蓋蘇文)이 남생(男生)을 보내어 정병 수만으로 요새에 의거해서 항거하므로 군사들이 감히 건너가지 못하였는데, 마침 강이 얼어붙었기 때문에 하력(何力)이 고함을 치면서 건너가니 적이 당황해서 마침내 무너지고 말았다. 달아나는 적을 추격하여 3만 명을 목베니 나머지 적들은 항복하고야 말았다"고 하였다【『강목(綱目)』에는 이르기를 "용삭(龍朔) 원년에 병부 상서(兵部尙書) 임아상(任雅相) 등을 보내어 고려를 정벌하였으므로 개소문(蓋蘇文)이 그 아들을 보내어 압록수를 지키게 하였다. 그런데 하력(何力)은 마침 강이 얼어붙을 때 왔던 것이다"라고 하였다】.

『강목(綱目)』에 이르기를 "건봉(乾封) 2년에 이적(李勣)이 고려를 칠 때 신성(新城)을 함락시키고 마침내 16개 성을 진격하여 모두 항복시켰는데, 이적(李勣)의 부하인 행군 총관(行軍 總管) 원만경(元萬頃)이 고려에 보내는 격문을 지어서 이르기를 "압록강 요새를 지킬 줄 모르는가?"라고 하니 천남건(泉男建)이 회답하여 말하기를 "삼가 명령을 듣겠노라"고 하고, 곧 군사를 옮겨 거기에 진을 치니 당나라 군사가 건너지 못하였다. 황제가 이 말을 듣고 만경(萬頃)을 영외(嶺外)로 귀양보냈다【『구려사(句麗史)』에는 보장왕(寶臧王) 26년에 실려 있다】.

청이 상고해 보건대 이보다 앞서 수나라 양제(煬帝)가 고려를 정벌할 때에 우중문(于仲文) 우문술(于文述) 등은 모두 요동으로부터 압록강을 건너서 왔던 것이다【살수조(薩水條)에 자세히 나와 있다】. 대체로 위(魏), 진(晉) 때에 고구려는 요동의 근계에 도읍하고 있었기 때문에 중국의 군사가 마음대로 들어오지 못하였는데, 그 도읍을 평양(平壤)에 옮긴 후로 중국의 군사가 비로소 요동으로부터 압록을 건너오기 시작했다. 즉 의주(義州)의 길은 개통된 지가 오래다.

『송사』「고려전」에 이르기를 "대중상부(大中祥符) 3년에 거란이 크게 침범하여 왔는데 순(詢)【고려 현종(顯宗)의 이름】이 여진(女眞)과 더불어 기습을 전개하여 거의 전부를 멸살시켰다. 또 압록강 동쪽에 성을 구축하여 내원성(來遠城)과 서로 바라보게 하고 강에 다리를 만들고 군대를 잠복시켜 신성(新城)을 공고히 하였다"고 하였다.

『요사』「고려전」에 이르기를 "개태(開泰) 3년【고려 현종(顯宗) 5년】에 국구(國舅) 상은(詳穩) 소적렬(蕭敵烈)과 동경 유수(東京留守) 야율단석(耶律團石) 등에게 명령하여 압록강에 부교를 만들고 보주(保州), 선주(宣州), 의주(義州), 정주(定州), 원주(遠州) 등에 성을 쌓았다"고 하였다.

『고려사』에 이르기를 "성종(成宗) 13년【송나라 태종(太宗) 순화(淳化) 5년】에 이승건(李承乾)으로 압강도 구당사(鴨江渡句當使)를 삼았다【하공진(河拱辰)도 또한 구당사(句當使)로 임명하였다. 인종(仁宗)은 윤수언(尹粹彦)을 압강도부서(鴨江都部署)의 부사(副使)로 임명하였다】. 또 현종(顯宗) 6년【송나라 진종(眞宗) 대중상부 8년】에 거란이 압록강에 다리를 놓고 그 다리를 끼고서 동쪽과 서쪽에 성을 구축하였는데 군사를 보내어 쳤으나 함락되지 않았다"고 하였다.

청이 생각하건대 이때 거란은 압록강 너머에 경계를 정하려고 하였기 때문에 강의 동쪽에 성을 구축한 것이다.

『고려사』「지용수전(池龍壽傳)」에 이르기를 "공민왕 때【원(元)나라 말년】에 기세인첩목아(奇賽因帖木兒)가 요(遼) 심(瀋)의 관리와 함께 동령부(東寧府)에 웅거하여 변방을 침범하려 하므로 왕이 용수(龍壽)와 태조(太祖)를 보내어 격퇴하게 하였다. 군사가 의주에 이르러 만호(萬戶) 정원비(鄭元庇) 등을 시켜 압록강에 부교를 놓게 하였는데 서너 필의 말이 나란히 건널 수 있었다. 우리 태조(太祖)가 먼저 건너고 그 다음에 여러 군사들이 차례로 건넜는데 병졸들이 다리에서 먼저 건너려고 다투다가 빠져 죽은 자가 있었다. 모두 3일 만에야 다 건넜다"고 하였다.

명나라 동월(董越)의 『조선부(朝鮮賦)』에 대한 자기의 주석에 의하면 의순관(義順館)은 의주(義州)의 압록강 동둑에 있는데, 이 강은 곧 중국과 조선의 국경이라고 하였다.

『명사본말(明史本末)』에 이르기를 "만력 20년【선조(宣祖) 임진왜란 때】에 이여송(李如松)으로 동정제독(東征提督)을 삼으니, 이여송이 선서하고 동쪽으로 건너오는데 석문(石門)을 거쳐 봉황산(鳳凰山)을 지나니 말들이 피땀을 흘렸다. 압록강에 다다르니 하늘과 물색이 한 빛이요, 조선을 바라보니 만 봉우리가 구름바다에 잠겼다 떴다 하는데, 감군(監軍) 유황상(劉黃裳)이 강개하게 맹세하여 말하기를 '여기가 너희들을 후(侯)로 봉할 땅이다'"라고 하였다.

청이 상고해 보니 만력(萬曆) 임진(壬辰)에 등자룡(鄧子龍)이 또 원조하여 왔다. 자룡(子龍)이 처음으로 압록강을 건널 때에 어떤 물건이 배에 부딪치므로 취하여 보니 침향(沈香) 한 토막이었다. 그것을 한참 동안 이리 만지고 저리 만지다가 말하기를 "흡사 사람의 머리와 같다"고 하고 잘 보관하였는데 매번 잘 때면 향목이 그의 머리와 마주 대하기도 하고 혹은 합하여 하나로 되기도 하였다. 그 후 무술(戊戌)년에 등자룡이 전사하여 그 머리를 잃어버렸는데, 그 향목을 가져다가 머리를 만드니 흡사 그의 머리 모양대로 되었다고 하는데 심히 괴이하고 황당한 일이다.

녹수(淥水)는 청숫돌〔淸水梁〕에 이르러 또 두 갈래로 나뉘어지는데 그 서쪽 갈래는 위로 애하(靉河)와 합류한다

녹수의 경외에 준단산(俊團山)이 있는데 곧 화칠곤목합(和七坤木哈)의 연봉이다. 분수령(分水嶺)의 남쪽 산기슭이 서남으로 뻗어서 벽동(碧潼) 창성(昌成) 삭주(朔州)의 강 밖을 지나 의주강(義州江) 밖인 선성(宣城)의 곁에 이르러 준단산이 된다. 준단산의 기슭은 청숫돌 너머에서 끝나는데 이 기슭이 끝난 곳에서 압록과 애하의 두 강이 합류한다. 산기슭이 끝난 곳으로부터 서북으로 봉황성까지는 백여 리인데 위치가 책문 밖에 놓여 있기 때문에 변외에 소속되어 선창장군(船廠將軍)의 관할하에 있게 되었다. 여기서부터 선창(船廠)까지는 천여 리이다.

『고려사』「안우경전(安遇慶傳)」에 이르기를 "공민왕 8년【원나라 순제(順帝) 지정(至正) 19년】에 홍두적(紅頭賊)이 침범하여 왔다. 처음에 우경(遇慶)이 송분석(宋芬碩)을 시켜 의주의 궁고문(弓庫門)을 지키게 하고 김득화(金得和)는 압록강변에 대기하게 하였는데, 한밤중에 적이 추도(楸島)에 이르렀다는 보고가 왔을 때는 병졸들이 춥고 굶주려서 일어나지 못하였으므로 새벽녘에 적이 강을 건너게 되었던 것이다"라고 하였다.
청이 상고해 보니 『비고(備考)』에는 의주(義州)에 승예도(勝刈島)【의주의 북쪽 10리. 둘레 10리】, 조몰정도(鳥沒亭島)【의주의 서쪽 7리】, 마도(麻島)【의주의 서쪽 20리】가 있는데 모두다 압록강 가운데 위치하고 있다고

하였다. 이른바 추도(楸島)도 역시 압록수(鴨淥水) 가운데 있는 것이다.

『당서』「설만철전(薛萬徹傳)」에 이르기를 "정관(貞觀) 22년에 만철(萬徹)이 청구도(靑丘道) 행군총관(行軍總管)으로 고려를 정벌할 때 압록수에 다다라, 기병(奇兵)으로 대행성(大行城)을 기습하여 적의 장수 소부손(所夫孫)을 목베었다"고 하였다.

청이 생각하건대 대행성(大行城)은 지금 비록 그 위치가 자세하지 않다고 하나 압록강 근처에 있었던 것이다.

『고려사』「악지(樂志)」는 고구려(高句麗)에 내원성곡(來遠城曲)이 있다고 하면서 또한 이르기를 "내원성(來遠城)은 정주(靜州)에 있는데 곧 강변 지역이다. 외국 종족들이 귀화하여 오면 여기에서 살게 하였기 때문에 그 성을 내원(來遠)이라 하고 노래를 지어서 그것을 기념하였다"고 하였다.

『성경지』에 이르기를 "옛 보주(保州)는 고려에서 설치하고 내원(來遠)의 한 현(縣)을 관할하게 하였는데, 요(遼)나라 때는 보주 선의군(宣義軍)이라 하여 정원(定遠) 회화(懷化)의 두 군을 관할하게 하였고, 금(金)나라 때 와서는 모두 폐지하였다. 그 땅은 압록강의 서북에 있다"고 하였다.

『고려사』「병지(兵志)」에 이르기를 "성종(成宗) 원년【송나라 태종(太宗) 태평흥국(太平興國) 7년】에 정광(正匡) 최승로(崔承老)가 글을 올려 말하기를 '서북은 마헐탄(馬歇灘)을 경계로 해서 태조(太祖)의 땅이요, 압록강변은 석성(石城)을 경계로 하여 중국이 차지한 곳이다'"라고 하였다.

또 「김희제전(金希磾傳)」에 이르기를 "고종(高宗) 13년【송나라 이종(理宗) 보경(寶慶) 2년】에 희제(希磾)가 서북면(西北面) 병마부사(兵馬副使)로 되어, 석성(石城)을 정벌하고 오가하(丐歌下)의 배은한 죄를 논죄하고 돌아올 때 자포강(紫布江)에 이르니, 얼음이 이미 풀려 건널 수 없었는데, 그 밤에 강이 얼어붙어서 건넜다"고 하였다.

청은 상고해 보건대 석성(石城)도 압록강가에 있다.

『경연일기(經筵日記)』에 이르기를 "선조 7년에 중국의 장전자(長甸子)에 진보(鎭堡)를 설치하였는데 의주와 20여 리를 상거하여 있어서 주민들이 장차 압록강에까지 잇대게 되었다. 대사간 이이(李珥-율곡)가 아뢰기를 '중국의 조정이 진보를 설치하고 개간 범위를 넓히게 되면 우리나라 사람들과 서로 접촉하게 되며 닭소리, 개소리가 서로 들리게 됩니다. 이렇게 되면 간사한 무리들이 작간하여 분쟁을 일으킬 우려가 있고 반드시 사건이 일어날 수 있으니, 응당 중국에 사신을 보내어 그만둘 것을 요청하기 바랍니다'라고 하니, 그 때 조정에서는 모두 이 의견을 비웃었다. 그러나 그 후에 그들의 침범 경작하는 자들이 점차 접근해 와서 그것이 마침내 평안도의 근심거리가 되었다"고 하였다【『석담일기(石潭日記)』】.

청은 상고하여 보건대 명나라의 장전보(長甸堡) 땅은 지금 모두 황폐화되었다. 이 땅은 봉황성의 경외에 속하여 황폐해져서 사람들이 살지 않는 곳이다. 선창장군(船廠將軍)의 관할하는 바로 되었다.

그 동쪽 갈래는 남으로 흘러서 위화도(威化島)를 감돌아 인산보(麟山堡)의 남에 이르며, 여기서 좌로 고진수(古津水)와 합류한다

위화도는 금동주(黔東州)의 아래에 있는데 둘레가 40리이고【의주(義州)의 서쪽 25리】 두 주(州)의 어간에 녹수가 흐르고 있는데 그것을 굴포(掘

浦)라고 한다. 그 땅은 기름져서 백성들이 많이 농사를 짓고 있다. 우리
나라 세조(世祖) 6년에 농민이 건주위(建州衛) 사람에게 잡혀 간 후로는
관청에서 농사 짓는 것을 금지하였다. 우리 중종(中宗) 26년에 요동 사
람들이 위화도에 와서 농사를 지었는데, 도사(都司)가 오세한(吳世翰)에
게서 보내 온 공문에 의해서 다른 곳으로 옮기게 하였다. 28년에 요동
사람 동례(董禮), 박웅(朴雄) 등 500여 명이 다시 위화도 등 섬들에 와서
농사를 지으므로 도사에게 공문을 보내어 금지할 것을 요구하였더니,
도사가 곧 장본인들을 붙잡아다가 죄를 다스리고 그 가옥들을 철거시켰
다. 29년에 요동의 백성들이 다시 위화도에 와서 농사를 지으므로 관리
를 변경에 보내어 삼면에 금지하는 표석을 세우게 하였다. 30년에 요동
의 백성들이 다시 위화도에 와서 농사를 지으므로 본국이 공문을 보내
어 금지할 것을 요구하였더니 도사 삼대인(三大人), 노탁(魯鐸)이 친히
와서 답사하여 확인하고 그 가옥들을 철수시키고 그 작물들을 갈아엎은
다음 모두 몰아서 원적지에 돌려보냈다. 우리 선조(宣祖) 20년에 마이산
(馬耳山)의 군민(軍民)들이 위화도에 와서 집을 짓고 농사를 지으므로
통사(通事) 이여근(李汝謹) 등을 요동에 보내어 항의하게 한 다음 금지
한다는 팻말을 꽂고 사람들을 몰아내었다【모두 다『고사촬요』에서 인용하
였다】. 그 후는 다시 함부로 와서 경작하는 일이 없었다.

　상고해 보니 고려의 폐왕(廢王) 우(禑)【14년】가 최영(崔瑩)과 함께 요
동을 칠 것을 결심하고 조민수(曹敏修)로 좌군 도통사(左軍都統使)를 삼
고 태조(太祖)로 우군 도통사(右軍都統使)를 삼았는데, 좌우군 합하여 5
만 명이었다. 이것을 10만이라 부르고 5월에 압록강을 건너 위화도에
진을 쳤는데 그 동안에 도망가는 병졸들이 길에 잇닿아 있었다. 좌우 도
통사(左右都統使)가 제기하여 말하기를 "저희들이 떼를 타고 압강(鴨江)
을 건너니 앞에 큰 강이 있어 장마로 물이 불었는데, 첫째 여울로 건너

려고 하였으나 빠져 죽는 자가 수백이요, 둘째 여울은 더욱 깊어서 건너지 못하고 섬 가운데에 주둔하여 양곡만 허비하고 있다. 여기로부터 요동성(遼東城)에 이르는 그 사이에는 큰 강이 많이 있어 쉽게 건너기가 어려울 듯하니 청하건대 회군하도록 하여 달라"고 하였으나 우(禑)가 듣지 않았다. 태조(太祖)가 마침내 여러 장군들에게 일러 말하기를 "만약 상국의 변경을 침범하여 천자에게 죄를 얻게 되면 종사(宗社)와 백성들의 화가 곧 일어나게 될 것이다. 그러니 당신들과 함께 왕을 만나 이해 관계에 대하여 진술하고 왕 곁에 있는 나쁜 무리들을 제거함으로써 생령을 안정시켜야 옳지 않겠는가?"라고 하였더니, 여러 장군들이 그 말이 옳다고 하였다. 여기서 군사를 돌려 압록강을 건널 때 태조가 백마를 타고 단궁(彤弓)과 백우전(白羽箭)으로 무장하고 언덕에 서서 뒤졌던 군사까지 다 건너기를 기다렸다. 전체 군사들이 그를 바라보고 서로 하는 말이 "참으로 하늘이 낸 사람이다"라고 하였다. 이때 장마가 여러 날 계속되어도 물이 오히려 붇지 않더니, 군사를 돌려 전체 군사가 언덕에 겨우 도착하자 큰물이 밀려와서 온 섬을 침몰시켰다. 사람들이 모두 신기하게 여겼다.

인산보(麟山堡)는 의주(義州)의 남쪽 35리에 있다. 본래는 고려의 영제현(靈蹄縣)인데 후에 인주(麟州)【속명으로 또 조여사명인(鳥餘舍名仁)이라고 한다】로 되었다. 본 조에 와서는 주(州)를 폐지하여 보(堡)로 하고 첨사(僉使)를 두어 지키게 하였다. 성의 둘레는 8,206척이다.

동쪽 갈래는 또 암림곶(暗林串)의 서쪽을 지나간다. 방언에는 뫼뿔〔山角〕이 강물에 쑥 뻗어 들어간 데를 곶(串)이라고 한다.

고려 고종(高宗) 4년에 여진(女眞)의 황기자군(黃旗子軍)이 압록강을 건너서 인주(麟州), 용주(龍州), 정주(靜州) 등 세 주(州)의 변경에 침입하여 진을 치므로 서북면 병마사(西北面兵馬使) 조충(趙冲)이 인주(麟

州) 암림곶(暗林串)에서 싸워 크게 패배시켰는데, 살상 포로 및 강에 빠져 죽은 자가 그 수를 셀 수 없으며 겨우 300명의 기병이 달아났다【『고려사』】.

동쪽 갈래는 또 서쪽으로 흘러서 미륵당(彌勒堂)의 서쪽에 이르면 고진수(古津水)가 동쪽으로부터 흘러 들어온다. 여기가 곧 인산보의 남쪽 20리 지점이다.

녹수는 다시 합류하여 대충강(大蟲江)이 된다

녹수, 애하(靉河), 고진(古津)이 모두 합류하여 하나로 되기 때문에 그렇게 이름을 붙인 것이다.

『명일통지』에 의하면 대충강(大蟲江)은 요동의 도사성(都司城) 동남쪽 400리에 있는데 용봉산(龍鳳山)에서 발원하여 남으로 흘러서 압록강에 들어간다고 하였다【또는 용봉산은 도사성의 동남에 있는데 대충강이 여기에서 발원한다고 하였다】.

『성경지』에 이르기를 "지금 봉황성(鳳凰城) 경내에 용봉대산(龍鳳臺山)【봉황성의 서북 85리에 있다】은 있으나 대충강이 있다는 말은 듣지 못하였다. 남으로 흘러서 압록강에 들어가는 것에 퉁가강(佟家江)이 있는데 아마도 명칭의 차이인 듯하다"라고 하였다.

나는 생각하건대 중국말에 충(蟲)과 총(總)은 서로 근사하다. 대충강(大蟲江)이란 대총강(大總江)이다. 다만 용봉산에서 흘러나온다고 하는 것은 전달이 잘못된 것 같다. 퉁가강은 요동과 아무런 관계도 없는 것이다.

양하보(楊下堡), 미관보(彌串堡)를 지나 서남으로 바다에 들어간다

양하보는 인산보(麟山堡)의 남쪽 30리에 있다. 성 둘레가 110척이고 만호(萬戶)를 두어 지키게 하였다.

미관보는 양하(楊下)의 남쪽 30리에 있다. 용천군(龍川郡) 땅으로【군(郡)의 서쪽 50리】, 성 둘레가 110척이다. 옛날에는 첨사(僉使)를 두어 지켰다. 지금은 신도(薪島)에 옮겼다고 하는데, 그릇된 것이다.

바다란 곧 요해(遼海)를 말한다. 녹수(淥水)가 바다로 들어가는 어귀에는 동쪽으로 미관보【의주의 남쪽 경계 용천군의 서쪽 경계】가 있고 서쪽으로는 굴륭(窟隆) 탑자(塔子) 누자(樓子) 등 산이 있는 봉황성의 남쪽 변경이다. 고려 덕종(德宗)【2년】이 평장사(平章事) 유소(柳韶)에게 명하여 북쪽 변경의 관성(關城)을 쌓게 하였는데 그 관성은 의주의 서해가, 압록강 물이 바다로 들어가는 곳으로부터 시작하여 동으로 위원(威遠)【의주의 남쪽 25리】, 흥화(興化)【의주의 남쪽 50리】, 정주(靜州)【의주의 동남 25리】, 영해(寧海)【또한 의주에 속한다】, 영덕(寧德)【의주의 동남 40리】, 영삭(寧朔)【의주의 동쪽 120리】, 운주(雲州)【지금의 운산(雲山)】, 안수(安水)【지금의 개천(价川)】, 청새(淸塞)【지금의 희천(熙川)】, 평로(平虜)【지금의 덕천(德川)에 속한다】, 영원(寧遠)【지금도 그대로】, 정융(定戎)【영원에 속한다】, 맹주(孟州)【지금의 맹산(孟山)】, 삭주(朔州)【마땅히 영원의 동쪽에 있을 것이다】 등 14개 성을 지나서 요덕(耀德)【함경도 영흥부(永興府)의 서쪽 120리에 있다】, 정변(靜邊)【영흥(永興)의 서쪽 60리】, 화주(和州)【지금의 영흥】 등 세 개 성에 이르며 동으로 정평(定平) 도련포(都連浦) 바닷가에 닿는다. 연장 천여 리를 돌을 쌓아 성을 만들었는데 높이와 두께가 각각 25척으로, 보통 만리장성(萬里長城)이라고 부른다. 대개 이때는 거란이 바야흐로 강해졌기 때문에 관문의 방비를 이와 같이 한 것이다.

포은(圃隱) 정몽주(鄭夢周)의 시에 이르기를 "의주는 나라의 관문, 예로부터 관방(關防)을 중하게 여겼구나. 장성은 어느 해 잃었던고, 산등성이 따라 구불구불 연하여 뻗쳤구나. 넓고 넓은 말갈수(靺鞨水)는, 서로 흘러 변경을 지키누나"라고 한 것도 이 장성(長城)을 가리킨 것이다. 여기로부터 동쪽으로는 가도(椵島), 신도(薪島), 차우도(車牛島)가 있고 서쪽으로는 곧 용두하(龍頭河), 양하(羊河), 필리하(畢里河) 등 여러 항구를 지나며 금주양(金州洋), 철산양(鐵山洋) 및 오호(烏胡), 삼산(三山) 등의 성을 거쳐서 등주(登州)에 이르는데 이 수로가 1,000리를 넘지 못한다. 그렇기 때문에 당나라의 군대가 고구려를 침략할 때에 혹은 등주로부터 바다를 건너 곧 압록강의 어귀에 들어왔다 하였고, 『당서』「지리지」에는 "등주로부터 동북으로 항로로 가서 압록강 당은포(唐恩浦)의 어귀에 이르는데 여기서부터는 동남으로 육로로 간다"고 하였다. 또 「고려전」에는 "정관(貞觀) 22년에 설만철(薛萬徹)이 청구도(靑丘道) 행군대총관(行軍大總管)이 되어 해로로 들어와 압록강을 건너서 박작성에 이르렀다"고 하였으며, 또 건봉(乾封) 원년에 독고경운(獨孤卿雲)에게 조서를 내리기를 "압록도(鴨淥道)를 경유하여 고려를 치라"고 하였다. 이러한 기사들은 압록수를 설명하는 명백한 증거가 된다. 광해군(光海君) 13년에 진강성(鎭江城)이 무너지자【성은 봉황성(鳳凰城)의 동남 120리에 있는데 녹숫가이다】, 군문표하(軍門標下) 모문룡(毛文龍)이 배를 타고 바다로 해서 용천(龍川) 땅에 이르러 요(遼) 지방의 백성들을 소집하여 진강성을 야습하고 항복한 장군 동양정(佟養正)을 살해하였다. 이듬해에 가도(椵島)에 진(鎭)을 설치하고 동강성(東江城)이라고 칭하였다【섬은 용천의 해중에 있는데, 곧 녹수가 바다에 들어가는 어귀이다】. 인조(仁祖) 5년에는 육지에 나와 난을 일으켜 벽동(碧潼)의 여러 보(堡)를 쳐서 함락시켰으며 표하참장(標下參將) 서고신(徐孤臣)은 창성(昌城)에 토굴을 만들고 둔경(屯耕)으로 자급하다가 때때로 군사를 내어서 강의 북쪽을 불사르고 약탈하였다. 인조 7년에 경략(經略) 원숭환(袁崇煥)이 문룡을 목베어 죽였다. 이에 근거하여 보건대 압록의 어귀는 곧 관방(關防)에 중대한 곳임을 알 수 있다【가도(椵島)는 곧 압록의 어귀이다】.

『수서』「우중문전(于仲文傳)」에 이르기를 "요동 싸움【수양제(隋煬帝)가 고려를 침략했을 때】에 낙랑도 방면으로 향하는 군대가 오골성(烏骨城)에 머무르니, 고려가 치중병(輜重兵)을 습격하므로 우중문(于仲文)이 우회하여 크게 격파시키고 압록수에 이르렀는데, 고구려의 장군 을지문덕(乙支文德)이 거짓 항복하였다"고 하였다.

『당서』「고려전」에 이르기를 "황제가 안시(安市)를 공격하였으나 항복하지 않으므로 연수(延壽) 혜진(惠眞)이 전술을 세워 말하기를 '오골성의 욕살(褥薩)【성주이다】은 이미 늙었기 때문에 아침에 공격하여 저녁이면 항복시킬 수 있고 오골(烏骨)을 함락시키면 평양을 쟁취할 수 있다'고 하고, 또 여러 신하들도 '장량(張亮)이 사성(沙城)【지금의 해성(海城)】에 있으므로 부르면 곧 올 수 있다. 만약 오골을 빼앗고 압록을 건너가서 그 중앙부를 공격하게 되면 이것이 전술로서 가장 좋은 계책이된다'고 하였다. 그러나 장손(長孫) 무기(無忌)가 말하기를 '천자의 군사 행동에서는 요행을 바라서는 안된다' 하면서 그 계책을 쓰지 않았다"고 하였다.

또 「지리지」에는 이르기를 "등주에서 동북쪽으로의 바닷길은… 동으로 바닷가를 끼고 청니포(靑泥浦), 도화포(桃花浦), 행화포(杏花浦), 석인왕(石人汪), 탁타만(橐駝灣)을 지나 오골강(烏骨江)까지는 800리이다"라고 하였다.

안정복(安鼎福)은 오골성이 지금의 봉황성의 바다와 인접한 곳에 있는 듯하다고 보았다.

청은 생각하건대, 오골성은 응당 압록강 물이 바다로 들어가는 어귀에 있어야 한다. 지금 봉황성의 남쪽 변경은 압록에 가까우며 굴룽(窟

隆), 탑자(塔子) 등의 산이 있으니, 응당 이것이 옛 오골성의 땅일 것이다. 탑자산(塔子山)의 서쪽에 용두하(龍頭河)가 있는데 남쪽으로 흘러서 바다로 들어간다. 『당서』에서 말하는 오골강이란 아마도 이것을 가리킨 것 같다.

　『승람』에는 이르기를 "압록강은 백두산에서 발원하여 남으로 수백 리를 흘러서 함경도(咸鏡道)의 갑산(甲山), 삼수(三水), 평안도(平安道)의 여연(閭延), 무창(茂昌), 우예(虞芮), 자성(慈城)을 지나고 강계(江界) 위원(渭原) 땅에 이르러 독로강(禿魯江)과 합류하고, 이산군(理山郡)의 양회(羊會)에 이르러 포주강(蒲洲江)과 합류하고, 아이보(阿耳堡)에 이르러 동건강(童巾江)과 합류하며, 벽동(碧潼), 창성(昌城), 소삭주(小朔州)를 지나고 의주의 북쪽에 있는 어적도(於赤島) 동쪽에 이르러서는 세 갈래가 된다. 하나는 남으로 흘러 모여서 구룡연(九龍淵)이 된다. 그것을 압록강이라고 부르는데 물빛이 오리 머리의 푸른빛과 같다 하여 그렇게 이름한다. 하나는 서쪽으로 흘러서 서강(西江)이 되고 하나는 가운데로 흐르는데 소서강(小西江)이라고 부른다. 금동도(黔同島)에 이르러 다시 모여서 하나로 되었다가 청숫돌〔淸水梁〕에 이르러 또 두 갈래로 나뉘어진다. 하나는 서쪽으로 흘러 적강(狄江)과 합류하고, 하나는 남쪽으로 흘러서 큰 강이 되어 위화도(威化島)를 감돌아 암림곶(暗林串)에 이른다. 여기서 서쪽으로 흘러 미륵당(彌勒堂)에 이르러 다시 적강(狄江)과 합류하여 대총강(大總江)이 되어 서해에 들어간다"고 하였다.

　『비고』에는 이르기를 "구령(仇寧)을 지나 좌로 청수천(淸水川)과 합류하고 청산보(淸山堡), 방산보(方山堡), 옥강보(玉江堡)를 지나 좌로 옥강천(玉江川)과 합류하여 수구진(水口鎭)을 지나서 의주의 북쪽 어적도(於赤島) 동쪽에 이르러 세 갈래가 된다"고 하였다【이 이하는 『승람』의 글과 매우 비슷한데 오직 암립곳 이하에 이르기를 "서쪽으로 흘러서 미륵당에 이르면 고진강(古津江)이 동쪽으로부터 흘러와서 합류하여 대총강으로 되어 서해에 들어간다"고 하였다】.

또 이르기를 "백두 이남, 원산(圓山) 이서【원 줄기가 나오는 데를 가리킨다】, 후치(厚致)【남쪽 원류가 나오는 데를 가리킨다】, 황초(黃草)【창수(漲水)가 나오는 데이다】, 설한(薛罕), 적유(狄踰)【독로수(禿魯水)가 나오는 곳】, 우현(牛峴)【동수(潼水)의 원류】으로부터 방장(防墻), 천마(天磨), 노동(蘆洞), 망일(望日)【고진(古津)과 기타의 작은 강을 가리킨다】의 이북에 이르는 여러 산의 물이 여기에 들어간다"고 하였다.

청은 생각하건대 『비고』에는 마땅히 "백두의 분수(分水)【퉁가강(佟家江)의 원류】와 나마(奈磨) 도수(桃樹) 이남【애하(靉河)가 지나가는 곳】"이란 어귀가 첨가되어야 한다.

『한서』에 의하면 마자수(馬訾水)는 2,100리를 흘러간다고 하였다【아래에 자세하게 나타나 있다】.

『비고』「관방편(關防篇)」에 의하면 "압록강은 갑산강(甲山江), 혜산강(惠山江)으로부터 시작되어 갑산【160리】, 삼수【235리】, 폐사군(廢四郡)【660리】, 강계【166리】, 위원【193리】, 이산【83리】, 벽동【222리】, 창성【86리】, 삭주【68리】, 의주【260리】를 지나는데 총 2,033리이다"라고 하였고 또 이르기를 "혜산으로부터 백두산의 발원지까지는 300리"라고 하였다.

청이 생각하건대 녹수를 따라서 내려가면 수로는 꾸불꾸불하여 자세한 이수는 알 수 없다. 여기서는 육로를 따라서 대략 기록하고 있다.

녹수(淥水)의 북쪽 원류를 따라서 내려간다면, 장백산(長白山)의 마죽동(馬竹洞)으로부터 남으로 혜산보(惠山堡)까지는 300리이다.

남쪽 원류를 따라서 내려가면 후치령(厚治嶺)의 관음굴(觀音窟)로부터 북으로 갑산(甲山)까지 210리, 갑산의 북으로부터 진동(鎭東)까지 10리, 진동의 북으로부터 동인(同仁)까지 25리, 동인의 북으로부터 운룡(雲龍) 까지 35리, 운룡의 북으로부터 혜산(惠山)까지 25리이다.

또 혜산으로부터 서쪽으로 60리 가면 삼수(三水)【만약에 갑산으로부터 곧바로 서북으로 간다면 삼수까지는 100리이다】, 삼수에서 북으로 20리 가면 인차(仁遮), 인차에서 서북으로 30리 가면 나난(羅暖), 나난에서 서북으로 25리 가면 소농(小農), 소농에서 서북으로 30리 가면 갈파(葛坡), 갈파에서 서북으로 20리 가면 구갈파(舊葛坡), 구갈파에서 서쪽으로 90리 가면 후주(厚州), 후주에서 서북으로 25리 가면 장항수(獐項戍), 장항수에서 서북으로 무창(茂昌)·여연(閭延)을 지나고 또 서남으로 우예(虞芮) ·자성(慈城)을 지나 도합 854리를 가면 강계부의 땅 만포(滿浦)의 북쪽인 옥동(玉洞)에 이른다. 거기서 서남으로 만포, 벌등(伐登), 고산(高山)을 지나 도합 160리를 가면 두 강의 어귀에 이른다【이것은 강을 따라서 계산한 것이다. 육로로 계산한다면 만포로부터 벌등까지 30리, 벌등에서 고산까지 또 30리, 고산에서 오로량(吾老梁)까지 40리이다】. 두 강의 어귀에서 남으로 30리는 위원(渭原), 위원에서 서남으로 40리는 직동(直洞), 직동에서 서남으로 25리는 갈헌(葛軒), 갈헌에서 서남으로 20리는 초산(楚山), 초산에서 서남으로 25리는 산양회(山羊會), 산양회에서 서남으로 30리는 아이(阿耳), 아이에서 서남으로 25리는 광평(廣平), 광평에서 서남으로 15리는 소파아(小坡兒), 소파아에서 서남으로 20리는 대파아(大坡兒), 대파아에서 남으로 20리는 벽동(碧潼), 벽동에서 서쪽으로 30리는 추곡(楸曲), 추곡에서 서남으로 15리는 벽단(碧團), 벽단에서 서남으로 10리는 소길호(小吉號), 소길호에서 서남으로 15리는 대길호(大吉號), 대길호에서 서남으로 15리는 창주(昌洲), 창주에서 서남으로 10리는 어정(於汀), 어정에서 서남으로 10리는 묘동(廟洞), 묘동에서 서남으로 10리는 창성(昌城), 창성에서 서북으로 20리는 운두(雲頭), 운두에서 남으로 15리는 갑암(甲巖), 갑암에서 서남으로 10리는 삭주(朔州), 삭주에서 서쪽으로 35리는 구령(仇寧), 구령에서 서남으로 15리는 청수(靑水), 청수에서 서남으로 10리는 청성(淸城), 청성에서 서남으로 25리는 방산(方山), 방산에서 서남으로 15리는 옥강(玉江), 옥강에서 서남으로 20리는 수구(水口), 수구에서 남으로 10리는 건천(乾川), 건천에서 서남으로 20리는 의주(義州), 의주에서 서남으로 60리는 인산(麟山), 인산에서 남으로 30리는 양하(楊下), 양하에서 남으로 40리는 미관(彌串)이다.

이상의 이수는 모두 1,830여 리인데 이것은 육로를 따라서 계산한 것이다. 만약에 수로로 계산한다면 굴곡이 있기 때문에 2,000여 리가 될 것이다. 강 연안에 있는 방수관(防戍官)의 수를 계산한다면 부윤(府尹) 1명, 도호부사 7명, 군수(郡守) 2명, 첨절제사 11명, 동첨절제사(同僉節制使) 1명, 병마 만호(兵馬萬戶) 13명, 권관(權管) 16명인데 폐사군(廢四郡)의 수는 여기에 들어 있지 않다.

『수도제강(水道提綱)』에는 "서북쪽으로 대전(大甸)에서 흘러와서 남으로 흘러든다. 그 남쪽에 있는 작은 물들이 흘러와서 모이고 숙주성(宿州城)【삭주(朔州)일 것이다】의 북쪽을 지나서는 또 서북에 있는 작은 물이 동남으로부터 흘러와서 모여들고, 또 서북에 있는 아포하(阿布河)가 봉황성으로부터 흘러와서 합류한다. 다시 꺾여서 남으로 흐르는데 애주성(愛州城)의 북쪽에 있는 작은 물이 동으로부터 흘러와서 모여든다. 또 남으로 흐르면서 세 갈래로 나뉘어 20리를 흘러가다가, 다시 합류하여 구련성(九連城)【구련성은 조선과 애주(愛州)와 대안(對岸)하고 있는데 그 분계는 바로 강물이 세 갈래로 나뉘는 곳이다】의 동남을 지나간다. 또 남쪽에 있는 영아하(永阿河)가 서북으로부터 흘러와서 모여들고 또 남으로 의주의 서쪽을 지난다. 서남에 있는 합련하(哈連河)가 서쪽으로부터 흘러와서 모여든 다음 서남으로 바다에 들어간다"고 하였다【장백산은 동경 11도 8분, 북극 41도 9분이고, 강의 어귀는 동경 8도 북극 40도이다】.

창수(漲水)【곧 장진수(長津水)】는 함흥(咸興)의 서북에 있는 황초령 (黃草嶺)에서 흘러나온다

창수는 곧 지금 부르고 있는 장진강(長津江)인데 경(經)에서 특히 창수라고 이름 지었다. 함흥부(咸興府)는 지금 함경도 관찰사(觀察使)의 감영이다. 그 땅에는 동여진(東女眞)이 오랫동안 웅거하고 있었는데, 고려 예종(睿宗)【3년】에 윤관(尹瓘) 등을 보내어 쳐 물리치고 진동군(鎭東軍)이라 불렀으나, 후에는 마침내 금(金)나라에 들어가 야란로(耶懶路)에 소속되었다【합란로(合懶路) 총관부(總管府)는 서북으로 상경(上京)까지는 1,800리, 동남으로 고려의 변경까지는 500리이다. 이때 고려는 금나라 사람들과 도련포(都連浦)를 경계로 하고 있었는데, 그 지방의 북쪽이 휼품남로(恤品南路)가 되므로 마땅히 지금의 삼수, 갑산 등 지방에 있었을 것이니 갈란로(曷懶路)는 마땅히 마천령(磨天嶺) 이남에 있었을 것이며, 함흥 등의 주(州)가 다 그 관할하에 있었다】.

『금사』「지리지」에 근거해서 말한다면 야란(耶懶)과 속빈(速頻)은 1,000리를 상거하여 있다【속빈은 곧 휼품(恤品)이다】.

또 「고려전」에 의하면 석적환(石適歡)이 통치하던 갈란전(葛懶甸)은 원(元)나라 때에 이르러 합란부(合蘭府)라고 칭하였다가【『원사』「지리지」에는 합란부, 수달달(水達達) 등 노(路)에 군민 만호부(軍民萬戶府) 다섯을 둔 것으로 되어 있다】, 후에 고려에 돌려주었었는데 본조에 들어오면서 함흥

부(咸興府)로 되었다. 함흥부의 북쪽 110리에 황초령이 있고 영(嶺)의 북쪽에 또 백역산(白亦山)이 있는데 모두 장백산이 남으로 뻗은 큰 줄기이다. 두 산의 물이 완전파(莞田坡)에서 합류하는데 이것이 창수(漲水)의 원류이다. 옛적 신라(新羅) 진흥왕(眞興王) 29년(진(陳)나라 폐제(廢帝) 백종(伯宗)의 광대(光大) 2년에 해당한다)에 북쪽 변경을 순수하여 고구려와 변경을 확정하고 세운 그 비가 황초령 위에 있었는데 지금은 이미 없어졌다. 다만 이전부터 전해 오는 탁본(拓本)이 있는데 모두 12항이 있을 뿐이며 상하가 떨어져 없어지고 글자도 온전하지 못한 것이 많다. 다만 지금 남아 있는 것을 한(漢)나라 건초(建初)의 자로 재어 보면 길이 4척 4촌 5분, 너비 1척 8촌이고 그 글을 분간할 수 있는 것은 다음과 같다.

　"八月卅一日癸未眞興太王巡狩管境刊石銘記也【이상 제1행】

　世道乖眞玄化不敷則亦爲交競是以帝王建號莫不修己以安百姓然朕【이상 제2행】

　紹太祖之基纂承王位兢身自愼恐【석 자 빠짐】又蒙天恩開示運記冥感神祗應【이상 제3행】

　四方託境廣獲民土鄰國誓信和使交通府【다섯 자 빠짐】新古黎【두 자 빠짐】謂道化【이상 제4행】

　未有於是歲次戊子秋八月巡狩管境訪採民心以欲勞【두 자 빠짐】有忠信精誠【이상 제5행】

　益篤有功之徒可加賞爵物以章勳效【공백】廻駕顧行【이상 제6행】

　者矣【공백】于時隨駕沙門道人法藏慧忍【공백】大等喙部居柒【대등(大等)은 관명, 탁부(喙部)는 곧 양부(梁部), 거칠(居柒)은 거칠부(居柒夫)인 듯하다. ○ 이상 제7행】

　知【구(句)】迊干【관명】喙部服不知【인명】大阿干【관명】比知夫知【인명】及干【관명】未知【인명. ○ 이상 제8행】

兮大舍【관명】沙喙部【사량부(沙梁部)】另知【인명】大舍哀內【인명】從人【대
사(大舍)의 종인(從人)】喙部【이상 제9행】

喙部與難【인명】大舍藥師【인명】沙喙部蔫兄【인명】小舍【이상 제10행】

典喙部分之【인명】吉之【곧 길주(吉主)이니 관명이다】哀公欣平【한 사람 인
명】小舍【이상이 제11행】

喙部非知【인명】沙干【관명】助人【종인(從人)이다】沙喙部尹【이상 제12행】"
그 자체(字體)는 예서(隷書)가 해서(楷書)로 변하는 중간에 있고 당나
라 때의 비와 특히 다르다.

서북으로 흘러서 좌로 설한령(薛罕嶺)의 동쪽 골짜기 물과 합류한다

설렬한령(薛列罕嶺)은 또한 설한령(雪寒嶺)이라고도 부른다. 『위지(魏
志)』가 말하는 선선대령(單單大嶺)은 곧 이것이 함경도(咸鏡道)의 함흥
부(咸興府) 및 장진부(長津府)와 평안도(平安道) 강계부(江界府)의 경계이
다. 영의 동쪽 물은 모두 창수에 흘러 들어가고 영의 서쪽 물은 모두 흘
러서 독로수(禿魯水)의 원류가 된다.

창수(漲水)는 장진부(長津府)의 동쪽을 지난다. 【구(句)】 굽어서 북으로 별해보(別害堡)의 동쪽에 이르러 좌로 오만수(五萬水)와 합류한다

장진부는 함흥부와 300리를 상거하여 있다. 본래는 함흥의 한후사(漢
厚社)였는데 우리 현종(顯宗) 8년에 별장(別將)을 설치하고, 정종(正宗) 9
년에는 첨절제사진(僉節制使鎭)으로 승급시켰다. 11년에는 도호부를 두

고 훈련대장(訓鍊大將) 이경무(李敬懋)를 보내어 부사(府使)로 삼고 관공서를 짓고 체통과 제도를 세우게 하였다.

별해보는 장진부의 북쪽 90리에 있는데 첨절제사를 두고서 지킨다. 동북으로 삼수부(三水府)와 400리를 상거하여 있다. 세상에서 혹은 별해(別害)를 옛 냉산(冷山)이라고 하는데, 잘못이다.

상고해 보건대 홍호(洪皓)는 냉산(冷山)에 있을 때 휘종(徽宗)이 죽었다는 소식을 듣고 글을 지어서 제사를 지냈던 것이다.

이수광(李睟光)은 말하기를 "항간에 전하기를 '냉산은 지금의 별해보인데 설한령(雪寒嶺)의 북쪽, 삼수(三水)의 경내에 위치하고 있어 가장 춥다'고 하는데, 그러나 그렇지도 않은 것 같다"고 하였다.

내가 생각하건대 『요지(遼志)』에 장백산이 냉산의 동남 천여 리에 있다【녹수(淥水) 제1조에 나타난다】고 하였은즉 이것이 선창(船廠)의 땅인데 별해와 무슨 관계가 있는가! 그렇기 때문에 지봉(芝峰)도 믿지 않은 것이다.

『송한기문(松漢記聞)』에 의하면 영강주(寧江州)는 냉산(冷山)과 170리를 상거하여 있다고 한다.

오만수(五萬水)는 강계부(江界府)의 오만령(五萬嶺)에서 발원하여 동으로 흘러서 창수(漲水)에 들어간다.

『비고』에는 이르기를 "장진강(長津江)은 함흥의 백역(白亦), 황초령(黃草嶺)에서 발원하여 북으로 흘러서 장진책(長津柵)을 거쳐 별해(別害)에 이르러 오만천(五曼川)과 합류하는데 오만천이란 곧 오만수(五萬水)이다"라고 하였다.

상고해 보건대 『문헌비고보(文獻備考補)』에는 장진부에 마대천(馬岱川)【남쪽 80리에 있는데 영원(寧遠)의 낙림산(樂林山)에서 발원하여 황초령수(黃草嶺水)와 합류한다】, 사수천(沙水川)【동남 40리에 있는데 함흥의 천불산

(千佛山)에서 발원한다】, 풍류동천(風流洞川)【동쪽 20리에 있는데 함흥의 병
풍파(屛風坡) 남쪽에서 발원한다】, 설한동천(雪寒洞川)【서쪽 40리에 있다. 설
한령(雪閑嶺)에서 발원하여 한대동천(閑台洞川)과 합류하여 강이 되어 부(府)의
동남을 지나서 황초령의 여러 물과 합류하여 흘러내린다】, 덕실동천(德實洞
川)【설한령(雪寒嶺)의 북쪽, 총전령(蔥田嶺)의 동쪽에서 발원한다】이 있는데
모두 창수와 합류하는 것이다.

창수는 또 북으로 묘파(廟坡)·신방(神方) 두 보의 서쪽을 지나서
강구보(江口堡)의 앞에 이르러 위로 부전(赴戰)의 물과 합류한다

묘파보(廟坡堡)는 별해(別害)의 동북 20리에 있는데 권관(權管)을 두어
서 지킨다. 신방보(神方堡)【또 신방구비(神方仇非)라고도 한다】는 묘파의
동북 15리에 있는데 만호(萬戶)를 두어서 지킨다. 정씨 지도에는 신방의
서쪽에 형제수(兄弟水)가 있어 동으로 흘러서 창수에 들어간다.
　강구보는 신방의 북쪽 30리에 있는데 권관이 있어서 지킨다.
　부전수(赴戰水)는 함흥의 북쪽에 있는 부전령(赴戰嶺)의 서쪽에서 발
원하여 북으로 흘러서 비목리(枇木里), 병풍(屛風), 황철파(黃鐵坡) 및 상
서리(上鋤里), 하서리(下鋤里)를 지나 강구보에 이르러 남으로 창수에 들
어간다. 그 왕래하는 길이 하나는 강구보로부터 서남으로 신방, 묘파,
별해, 장진을 지나고 황초령을 통해서 함흥에 나오고 하나는 강구보로
부터 동남으로 부전수를 따라서 부전령을 통과하고 또 동으로 향령(香
嶺)을 통과하여 남쪽으로 북청(北靑)에 나온다. 강구보의 이북은 곧 창
수(漲水)를 따라서 갈파(葛坡), 삼수(三水)에 이른다.

창수는 또 북으로 어면(魚面) · 자작(自作)의 두 보(堡) 서쪽을 지난다

어면보(魚面堡)는 강구(江口)의 북쪽 40리에 있는데 병마만호(兵馬萬戶)를 두어서 지킨다.

『승람』에 의하면 함흥의 황초령, 부전령, 강계의 오만령 등의 물이 합류하여 어면강(魚面江)이 된다고 하였다.

정씨 지도에는 강구보(江口堡)의 북쪽 15리에 이공령(李公嶺)이 있고 그 아래에 옛 보(堡)가 있는데, 지금은 폐지하였다.

윤씨 지도에는 강구보의 서북, 창수의 서쪽에 감파보(甘坡堡)가 있어 권관(權管)의 관할에 소속되어 있었는데, 지금은 또한 폐지하였다.

자작보(自作堡)는 어면(魚面)의 동북 35리에 있는데【또한 자작구비(自作仇非)라고 한다】권관을 두어서 지킨다.

정씨 지도에는 어면보 바깥 창수(漲水)의 서쪽에 함덕(鹹德), 신전덕(新田德)이 있고 자작보(自作堡)의 북쪽 창수(漲水)의 동쪽에 을산덕(乙山德) 등 땅이 있으며, 또 하나의 물이 원동(院洞)의 서쪽에서 나와 북으로 흘러서 동산령(東山嶺)을 지나 을산덕의 북쪽에 이르러 창수에 들어간다.

창수는 또 북으로 갈파보(葛坡堡)의 서북에 이르러 북으로 녹수에 들어간다

『비고』에 이르기를 "장진강(長津江)은 묘파, 신방을 지나 강구보에 이르러 부전령천(赴戰嶺川)과 합류하고 어면, 자작을 지나 가파(茄坡)의 북쪽에 이르러 압강(鴨江)에 들어간다"고 하였다.

지금 상고해 보건대 창수의 흐름은 황초령의 서북으로부터 장진부까지 180리, 장진의 동북으로부터 오보(五堡)를 지나 자작보(自作堡)까지 230리, 자작으로부터 북으로 갈파보까지 160리이니, 모두 570리이다. 그 방수관(防守官)은 도호부사 1명, 첨절제사 1명, 만호 2명, 권관 3명이다.

선생이 말하기를 "창수 일대는 곧 우리의 내지(內地)이므로 성보를 구축할 땅이 아닌데 남으로 장진부의 북쪽으로부터 갈파(葛坡)까지 강을 따라 보(堡)를 설치한 것이 7~8개가 되어, 서로 마주 건너다 보이고 조두(刁斗) 소리가 서로 들리게 되도록 총총하게 설치한 것은 무슨 까닭인가? 대체로 창수(漲水)로부터 서쪽은 곧 폐사군(廢四郡)의 땅이다. 사군(四郡)이 이미 폐지된 후에는 이 지방에는 난민(亂民)들이 섞여 살았으므로 조정에서는 사군을 다른 나라와 같이 보게 되었다. 따라서 창수(漲水)를 변방으로 보게 되어 그 설비를 이와 같이 한 것이다. 그 근본의도가 이와 같은 것이다. 그러므로 녹수의 연안에는 동쪽의 갈파로부터 서쪽의 만포까지 600여 리의 넓은 땅에 방어하는 군사는 한 명도 머물러 있지 않다. 또 만포로부터 남으로 독로수(禿魯水)를 따라 7~8개의 보(堡)를 설치한 것은【독로수에 자세히 나와 있다】창수(漲水)의 경우와 같다. 이와 같이 한 것은 독로수 이동이 또 폐사군의 경계이기 때문이다. 그렇다면 조정이 참으로 폐사군을 다른 구역으로 여기는 것이 확실하지 않는가? 녹수(淥水)는 우리 나라의 천연적인 참호이다. 이미 천연적으로 만들어진 참호를 사람들이 그대로 내버린다는 것은 아주 경솔한 행동이다. 순조(純祖) 12년에 가산(嘉山) 사람 홍경래(洪景來)가 배반하여 사형을 당하였는데, 그의 격문에는 여러 번 폐사군이 후원이 되어 있다는 말로 호언장담하였고, 서쪽 지방의 백성들은 폐사군에서 조만간 난이 일어난다고 생각한 것이 명확하다. 창수(漲水)와 독로수(禿魯水) 연안에 보루가 거의 20개에 가까운데 이제 이 여러 보루들을 철수하여다가 녹수

(淥水)의 연안으로 옮겨가서 갈파(葛坡)와 만포(滿浦) 어간의 공허한 땅을 지킨다면, 힘도 더 들이지 않고 비용도 더 쓰지 않고도 녹수의 천연적인 참호가 완전해질 것이다. 그 보루를 설치하는 방법은 일시에 대대적으로 실시하는 것이 물론 좋지만 그렇지 못하면 금년에 갈파의 서쪽 30리와 만포의 동쪽 30리를 어간으로 하여 각각 한 개의 보루를 세우고, 명년에는 또 새로 세운 보의 서쪽과 동쪽의 30리 어간에 각각 한 개의 보루를 세우며, 명년에 또 30리 어간을 이렇게 한다. 사업 순서를 이렇게 한다면 형세가 마치 주머니를 졸라매는 것과 같고 터진 물을 막는 것과 같아서 10년 이내에 북쪽 변방의 방비가 완성될 것이다. 이렇게 방비가 완성된다면 거기다가 군(郡)과 현(縣) 같은 것을 설치할 수 있지 않겠는가! 지금 남방은 사람은 많고 땅은 협소해서 한 사람의 농부가 지을 수 있는 농토의 가격이 수만 전(錢)에 달하는데, 이런 사람들을 거기에다 옮겨서 채운다면 기뻐하지 않을 사람이 없을 것이니 국가의 정사를 맡은 사람들은 무엇이 거리껴서 하지 않는가!"라고 하였다.

대동수경 제2

녹수(淥水) (3)

【독로수(禿魯水), 염난수(鹽難水), 동수(潼水), 애하수(靉河水), 고진수(古津水)】

독로수(禿魯水)

독로수는 강계부(江界府) 동남쪽에 있는 설렬한령(薛列罕嶺)으로 부터 나온다

설렬한령은 평안도 강계부 동남쪽 300여 리에 있으니 즉 함경도 함흥부(咸興府)【서북쪽으로 280리】및 장진부(長津府)【남쪽으로 70리】의 경계이다. 한(漢)나라, 위(魏)나라 때에는 선선대령(單單大嶺)이라고 칭하였으며 고려 때에는 설한령(雪寒嶺)이라고 칭하였다.

상고하건대 『후한서』「예전(濊傳)」에 이르기를 "현토(玄菟)는 다시 옮겨서 구려(句麗) 지역에 있었으니 선대령(單大嶺)으로부터 그 동쪽에 있던 옥저(沃沮)와 예맥(濊貊)은 다 낙랑(樂浪)에 속하였다. 후에 강토가 넓고 멀므로 다시 영동 7현(嶺東七縣)으로 나누어 낙랑 동부 도위(樂浪東部都尉)를 설치하였다"고 하였다.

『위지(魏志)』「예전(濊傳)」에 이르기를 "한나라 무제(武帝)가 옥저성

(沃沮城)으로써 현토군(玄菟郡)이라 하고 후에 구려의 서북쪽에 옮겨 주
둔하였다. 그 곳은 토지가 넓고 멀므로 선선대령의 동쪽을 분할하여 동
부 도위를 설치하고 영동 칠현을 따로 맡아보게 하였다"고 하였다.

청은 생각건대 선(單)자 음은 선(蟬)이니 중국 음으로 설(薛)과 선(單)
은 서로 근사하며 조선말에 큰〔大〕 것을 한(罕)이라고 하니, 선대령(單
大嶺)이란 설한령(薛罕嶺)인 것이다. 영동 7현은 지금의 함흥, 영흥(永興)
등의 지역이다.

『고려사』에 이르기를 "공민왕 19년(1370) 명나라 홍무(洪武)【3년】에
우리 태조(太祖−이성계(李成桂)를 말함−역자 주)로써 동북면 원수(東
北面元帥)를 삼아 장차 동령부(東寧府)를 공격하여 북원(北元)과의 관계
를 단절하게 하였다. 태조는 동북면으로부터 황초령을 넘어 600여 리를
가서 설한령(雪寒嶺)에 이르렀다. 또 700여 리를 가서 압록강(鴨淥江)을
건넜다【공민왕 시기】"고 하였다.

설한령(雪寒嶺)이란 것은 설한령(薛罕嶺)이다. 장백산(長白山)이 남쪽
으로 뻗은 큰 줄기로서 향령(香嶺) 태백(太白)의 서남쪽으로부터 부전령
(赴戰嶺)에 이르니 역시 황초령이요, 또 서북쪽은 설한령이 되니 그 동
쪽의 물은 창수(漲水)로 흘러 들어가며 서쪽의 물은 다 흘러서 독로수의
근원이 된다.

『승람』에 이르기를 "독로강(禿魯江)은 함경도 경계에 있는 화을참(和
乙岾) 아래에서 나온다"고 하였다. 화을참이란 것은 설한령(薛罕嶺)의
서쪽 기슭이다.

북쪽으로 흘러 평남보(平南堡) 북쪽을 지나고 오른쪽으로 총전(蔥
田)의 물과 합한다

평남보는 강계부(江界府) 남쪽 240리에 있으니 병마만호(兵馬萬戶)를 두어서 수비한다. 독로수는 평남보 북쪽을 지나서 두무수(杜茂水)로 되었다.

총전수(蔥田水)는 강계부 동쪽에 있는 총전령(蔥田嶺)에서 나온다. 그 영의 이북에 있는 물은 북쪽으로 흘러 후주(厚州)를 거쳐서 녹수(淥水)로 들어가고, 그 이남에 있는 물은 남쪽으로 흘러 평남보를 지나서 북쪽으로 독로수에 들어간다.

내 생각에는 평남보라는 것은 독로수의 발원지이며 별해보(別害堡)라는 것은 창수(漲水)【장진수(長津水)】의 발원지이다. 별해보와 평남보는 상거가 100리가 채 못되는데 중간에 막혀 있는 큰 영을 오만령(五萬嶺)이라고 하니, 그 남쪽은 총전령이 되고 총전령의 남쪽이 설한령이 된다. 오만령 이북으로부터 동쪽 서쪽의 여러 산곡(山谷)은 다 폐사군(廢四郡)의 땅이다. 사군은 벌써 폐지되었으므로 조정(朝廷)에서는 마침내 독로수, 창수를 강방(江防) 지점으로 간주하고 이 두 강의 연안에 보(堡)를 설치한 것이 거의 수십 개소에 가까운데, 녹수의 방비는 그 강들의 중간 허리를 끊었으니 동쪽은 갈파(葛坡)로부터 서쪽은 만포(滿浦)에 이른다. 지역은 넓은데 방어가 없어서 마치 문을 열어 놓고 적을 받아들이는 것 같으니 이것이 나라를 사랑하는 인사들로 그윽이 속수무책을 탄식케 하는 바, 바람만 불면 풀이 흔들거리는 법이다. 나라의 큰 걱정이 반드시 폐사군에서 일어날 것이다. 아! 애석한 일이로구나【또 창수 조항에 있다】!

구부러져서 서북쪽으로 입석역(立石驛)의 북쪽에 이르자 적유령(狄踰嶺) 북쪽 산곡 물이 남쪽으로부터 와서 흘러 들어간다

입석역은 강계부 남쪽 160리에 있다.

성재(誠齋) 양성지(梁誠之)가 말하기를 "희천(熙川)의 적유령 이북 300리 어간에 있는 산들은 높고 강은 크며 토지는 비옥하니, 이 지역은 실로 포기할 수도 없고 지키려 한즉 방비 태세가 아주 미약하다. 적병이 외곬으로 만포를 쳐들어오면 이 한 지역에서 견제할 수 있지만, 죽전현(竹田峴)【죽전현은 옛 여연군(閭延郡) 남쪽에 있다】으로부터 들어오거나 혹시 허공교(虛空橋)로부터 들어와서 직접 강계를 포위하면 응원〔聲援〕의 길이 단절될 수 있는 심히 위험한 길이니, 반드시 입석역 등지에 한 개의 진(鎭)을 특설하고 성보(城堡)를 견고히 축성하여 지방군〔土兵〕으로써 숙영케 한 연후에야 큰 영(嶺)의 길을 통하게 할 수 있게 되어 강계를 안전하게 할 수 있을 것이다"라고 하였다.

마침 성재 양성지 시기에 새로 사군(四郡)을 폐지하여서 강계 이남은 본디 수비하는 시설이 없었기 때문에 외환이 있을까 하여 이와 같이 걱정한 것이다. 지금은 독로수의 연안에 이미 평남보(平南堡), 신광보(神光堡)의 두 개 보가 설치되어 방어를 엄하게 하고 또한 그 위에 마해(麼海), 추파(楸坡) 등 5개의 보를 설치하여 만포에 접속되게 하자던 양성지의 주장은 지금 벌써 실시되고 있다. 그러나 나라의 대계(大計)는 폐사군을 다시 설치하는 데 있는 것이다. 만일 4군을 다시 설치한다면 장진수(長津水), 독로수의 두 강의 연안에 있는 수보(戍堡)는 녹수의 연안에 옮겨야 할 것이니, 이것이 오늘날의 급선무이다.

『대청일통지(大淸一統志)』에 "삭주(朔州)의 서북쪽에 적유령이 있으니 조선에서 서북(西北)의 웅관(雄關)이라고 하는 것이 이것이다"라고 하였다.

신수(神水)는 적유령에서 나오니 그 영은 강계와 회천 두 고을의 경계

이다. 산길은 험하고 좁아서 인적과 교통이 끊어져 있다. 그 영 이남의
물은 살수(薩水)【살수 조항을 볼 것】로 들어가며, 이북의 물은 신수의 발
원지로 되어 있으니,『동국문헌비고(東國文獻備考)』에서 말한 신광천(神
光川)이다.

신수는 북쪽으로 흘러 신광보(神光堡)에 이른다. 서보(西堡)는 입석(立
石) 남쪽 40리에 있으니 첨절제사를 두어서 방어하고 있다.

신수는 또 왼쪽으로 구수(狗水)와 합류하니 그 물은 구현(狗峴)의 동
쪽에서 나와서 북쪽으로 흘러서 합류한 것이다.

신수는 또 북쪽으로 흐르다가 왼쪽에서 전수(箭水)와 합류하니 그 물
은 전천령(箭川嶺)에서 나와서 동쪽으로 흘러와서 합류한 것이다.

신수는 또 북쪽으로 입석(立石) 서북쪽에 이르러 독로수(禿魯水)로 흘
러 들어간다.『동국여지승람(東國輿地勝覽)』에 이르기를 "독로강은 한
갈래는 희천군(熙川郡) 적유령(狄踰嶺) 아래에서 흘러나오고, 또 한 갈래
는 함경도계(咸鏡道界)에서 흘러나와 입석에 이르러서 독로강으로 합류
한다"고 하였다.

신광보는 설한령의 좁은 목을 방어하며, 평남보는 적유령의 좁은 목
을 방어하니 역시 다 폐사군을 방어하는 이유가 되는 것이다.

율곡(栗谷) 이이(李珥)가 말하기를 "서해평(西海坪)은 본디 우리 나라
땅이었으나 멀리 떨어져 있어서 관할할 수가 없었다. 되〔胡〕놈들이 와
살아서 퍼질까 걱정하여, 가끔 군사를 거느리고 가서 몰아내었는데 복
종하지 않으면 무력을 쓰기도 하였다. 토지가 비옥하고 채소와 곡식이
잘 되었으므로 되놈들이 죽음을 무릅쓰고 와서 살았다. 몰아내어도 다
시 돌아오고 하여 끝내 뿌리를 뽑지 못하였다. 강가로부터 침입하는 길
은 아주 협착하여 겨우 한 발자국을 디딜 만하고 위에는 절벽이 있고
아래에는 깊은 내가 있으니 이름을 허공교(虛空橋)라고 하였다. 을축(乙

丑—1565)년【명나라 가정(嘉靖) 44년, 조선 명종(明宗) 20년】에 김덕룡(金德龍)이 절도사(節度使)가 되어 우후(虞侯) 진흔(秦昕) 등을 파견하여 들어가서 되놈들의 유무를 엿보고 기회를 타서 내쫓기도 하고 잡기도 하게 하였다. 그러나 되놈들이 미리 눈치를 채고 허공교 아래에 매복하였다가 돌을 던지고 북을 울리며 떠들썩하였다. 이 통에 우리 나라 군사들이 놀래어 흩어져서 국가의 위신을 훼손시켰으므로 김덕룡은 그 죄로 파면되었다. 조정에서는 그 수치를 보복하고자 하여 김수문(金秀文)으로써 절도사를 삼았다. 김수문은 오랜 장수로서 위엄과 인망이 있었으므로 도적을 치기에 골똘한 마음을 가지고 군사를 여러 부대로 나누어서 밤에 몰래 행군하여 불의에 습격하기로 하고, 날이 밝기 전에 서해평(西海坪)에 이르러서 사면으로 포위 공격하여 적을 섬멸하려 하였는데, 마침 위장(衛將) 강계부사(江界府使) 장필무(張弼武)가 성질이 조급하여 완전히 포위하기 전에 호각을 불며 진군하였다. 되놈들이 이것을 깨닫고 크게 부르짖어 말하기를 '고려(高麗—조선을 말함) 적이 왔다'하니, 건장한 자들은 어두움을 타서 모두 도망쳐 버렸다. 아군은 그 촌락을 모조리 소각하여 늙고 어린 남녀는 다 죽었다. 김수문은 대단히 기뻐서 전승 보고를 하였다. 정부에서는 곧 김수문에게 가자(加資)를 정헌(正憲)으로 올렸다. 그 후에 김수문이 건장한 되놈들이 다 도망쳤다는 말을 듣고 부끄럽고 송구스러워서 등창이 나서 사망하였다"고 하였다【『석담일기(石潭日記)』에 나옴】.

독로수는 북쪽으로 성간역(城干驛)의 서쪽을 지나서 오른쪽 무성수(茂城水)와 합류한다

성간역은 입석 북쪽 50리에 있으니 위에 오모원(吾毛院)이 있다. 입석, 성간의 2개 역은 다 어천도 찰방(魚川道察訪)에 속한다.

무성수는 무수령(茂水嶺)에서 나와 서쪽으로 흘러서 별하동(別河洞)을 지나서 성간역에 이르러 서북쪽으로 독로수로 들어간다.

『동국문헌비고』에 이르기를 "독로강은 설한령(雪寒嶺)에서 나와 서쪽으로 흘러 평남진(平南鎭)에 이르러 두무천(杜茂川)이 되고 총전(蔥田)의 남천(南川)을 지나 입석에 이르며 신광천(神光川)을 지나 북쪽으로 흘러 성간을 지나 오모원에 이르러 별해천(別害川)이 되니 별해천은 무성수이다"라고 하였다.

독로수는 또 북쪽으로 강계부의 남쪽에 이르러 오른쪽에서 마마수(麽麽水)에 합류한다

강계(江界)는 도호부사(都護府使)의 치소(治所)가 있는 곳이다. 본디 평안도 도절제사영(平安道都節制使營)을 여기에 설치하였다가 이윽고 폐지하고 도호부사를 설치하여 그대로 방어사(防禦使)의 직(職)【연혁(沿革)은 녹수(淥水)조를 참조할 것】을 겸임하게 하였다. 그 부의 치소〔府治〕는 독로수에 임해 있으며, 그 부의 경계〔府界〕는 동북쪽으로는 후주(厚州)로부터 녹수를 따라 내려가는 바, 폐사군의 땅이 다 이에 속한다. 또 동남쪽으로 설한령(薛罕嶺)에 이르러 함흥(咸興)과 경계를 이룬다. 그러므로 평지가 강원도나 황해 등 도보다 많다. 매양 이르기를 황해도에 세 가지 못한 것이 있다 하는데, 그 중의 하나는 평지가 강계만 못하다는 것이다. 땅이 크고 기름지기 때문에 금, 은, 인삼, 초피(貂皮)의 풍성함이 전국에 으뜸이라 이 재력으로써 다시 사군을 설치하고 남방에 사는 인

가(人家)를 모집하여 이사시켜 채운다면 북부 변방의 방비가 완전할 것이다. 아! 그 누가 있어 그러할 것인가!

마마수는 화통령(火通嶺)에서 나와 서쪽으로 흘러 마마해보(麼麼海堡)를 지나 공귀촌(公貴村)에 이르러서 독로수로 들어간다.

마마해(麼麼海)는 혹은 마마해리(馬馬海里)라고도 하니 권관(權管)을 설치하여 방어하였다. 마해(麼海)로부터 이상에 추파(楸坡), 종포(從浦), 외괴(外怪) 등 4개의 보(堡)가 있어 만포(滿浦)에 접하니 이것은 독로수 연안에 있는 것이 아니라 오로지 폐사군을 방어하는 데 필요하다. 『승람』에 이르기를 "마마천(麼麼川)이 삼수군계(三水郡界)에서 나온다"고 한 것은 틀린 것이다.

구부러져 부(府)의 서쪽으로부터 북쪽으로 흐르며 오른쪽에서 종포수(從浦水)와 합한다

종포수는 우항령(牛項嶺)에서 나와 서쪽으로 흘러 추파보(楸坡堡) 북쪽을 지난다. 추파보는 강계부의 동북쪽 30리 지점에 있으니 병마만호(兵馬萬戶)를 설치하여 방어한다.

종포수는 또 종포 구보(從浦舊堡) 남쪽을 지난다. 종포 구보는 추파의 서쪽 15리에 있으니 옛날에는 병마만호를 두어서 방어하였으나 지금은 폐지하고 창(倉)을 두었다.

종포수는 또한 서쪽으로 독로수에 들어간다.

『승람』에 이르기를 "고영천(古營川)은 수원이 옛 자성(慈城)의 서남쪽에서 나와 추파성을 지나 독로강에 들어간다"고 하였으니 즉 종포수를 가리킨 것이다.

오로랑(吾老梁)에 이르러 북쪽에서 녹수(淥水)로 들어간다

독로수는 또 서북쪽으로 시천관(時川館)을 지나서 오른쪽으로 외괴수(外怪水)를 받으니 그 물은 마전령(麻田嶺)에서 나와 서쪽으로 흐르다가 종포보(從浦堡)의 북쪽을 지난다. 종포보는 구보 북쪽 70리에 있으니 남쪽으로 강계부와 상거가 100리이다. 동첨절제사(同僉節制使)를 설치하여 방비하였으니 그 전에는 상토보(上土堡)를 여기에 두었었다. 가경 기사(己巳-1809)년에 상토보를 자성강(慈城江)가에 옮기고 종포를 여기에 설치한 것이다.

외괴수는 또 서북쪽으로 외괴보(外怪堡)를 지나서 남쪽으로 독로수에 들어간다. 그 보를 혹은 외질괴보(外叱怪堡)라고 칭하니, 종포의 서북쪽 40리에 있으며 북쪽으로 만포보(滿浦堡)와 상거하기가 50리인데, 병마만호를 설치하여 방비하였던 것이다. 『수도제강』에 이르기를 "압록강(鴨淥江)은 또 남쪽으로 고산리성(高山里城)을 지나고 또 남쪽에 도로하(圖魯河)가 있으니 동쪽으로 장걸성(張傑城)에서 와서 서쪽으로 흘러 들어간다"고 하였다.

독로수는 또 북쪽으로 양강진(兩江津)이 되어 녹수(淥水)에 들어간다. 『승람』에 이르기를 "독로강(禿魯江)은 위원군계(渭原郡界)를 지나서 압록강으로 들어가는데 그 건널 만한 곳을 마상화(磨尙和)라 한다"고 하였다. 『동국문헌비고』에 이르기를 "독로강은 강계부에 이르러서 남쪽으로 마마천(麼麼川)을 이루고 석우(石隅)에 이르러서 종포천(從浦川)을 이루어 서북쪽으로 흐르며, 시천관(時川館)에 이르러서 외괴천(外怪川)을 이루어 양강진이 되고 북쪽으로 압록강에 들어간다"고 하였다. 『구려사(句麗史)』에 "동천왕(東川王) 때 유옥구(劉屋句)에게 압록강변 두눌하(杜

訥河)가의 들을 주어 식읍(食邑)을 삼았다【자세한 것은 만포조를 참조할
것】"고 하였으니 두눌원(杜訥原)은 독로강인 듯하다.

나의 생각에는 독로수는 설한령(薛罕嶺)에서 발원하여 압록강에 들어
가기까지 이 강이 지나는 곳과 받는 물의 발원지가 다 강계부 땅이다.
그 연안은 설한령의 서북쪽으로부터 강계부에 이르는 300여 리이고, 강
계의 서북쪽으로부터 오로량(吾老梁)에 이르는 150리【오로량의 북쪽은 즉
고산보(高山堡)의 남쪽이다】이니 총 450여 리이다. 그 곳을 방비하는 관리
는 도호부사 1명인데 마해(麿海) 이남 4개 보(堡)는 여기 들어 있지 않다.

염난수(鹽難水)

염난수는 새외(塞外)의 분수령(分水嶺) 남쪽에서 나온다

이 물은 무릇 9개의 명칭이 있으니 염난수, 퉁가강(佟家江), 퉁가강(通
加江) 또 퉁가강(通家江)으로도 쓰고, 통길아강(通吉雅江), 파저강(婆豬
江) 또 발저강(潑豬江)으로도 쓰며 파제강(婆提江), 포주강(蒲洲江)이라고
하는 것이다. 대개 말소리가 서로 비슷하여 변한 것이다. 『황조통지(皇
朝通志)』에 이르기를 "퉁가강은 또한 통길아강이라고도 이름하는데 즉
옛날의 염난수【지리(地理)는 생략함】이니 대개 통길아도 또한 퉁가라는
소리에 가깝기 때문이다"라고 하였다.

상고하여 보면 『한서』「지리지」에 이르기를 "마자수(馬訾水)【즉 녹수
(淥水)】는 서북쪽으로 염난수로 들어가서 서남쪽으로 서안평(西安平)에

이르러 바다로 들어간다"고 하였다【『통전』, 『당서』는 글이 아래의 국내성설(國內城說)에 나타남】.

『동국문헌비고』에서 『통지(通志)』를 인용하여 이르기를 "퉁가강은 즉 옛날의 염난수이니 장백산(長白山)의 분수령에서 발원하여 남쪽으로 흐르다가 압록강에 모여서 500여 리를 가서 봉황성(鳳凰城)을 둘러싸고 동남쪽으로 바다에 들어간다"고 하였다.

순암 안정복이 이르기를 "퉁가강은 분명히 염난수인즉 퉁가강이 옛날의 염난수임을 알게 된다"고 하였다.

『성경통지』에 이르기를 "퉁가강은 장백산 남쪽에 있으니 분수령에서 발원한다"고 하였으며, 또 이르기를 "분수령에 삼천(三泉)이 있으니 즉 퉁가강(通加江)의 발원지다"라고 하였다.

『청일통지』에 이르기를 "퉁가강은 길림(吉林) 오랄성(烏喇城) 남쪽 800리에 있어 또한 퉁가강(通家江)이라고 이른다. 남쪽으로 흘러 압록강에 모이니 즉 옛날의 염난수이다"라고 하였다. 이것이 퉁가(通加) 즉 퉁가임을 알 수 있고 또한 퉁가(通家)라고도 쓰니 그 음이 가깝기 때문이다.

『전료지(全遼志)』에 이르기를 "압록강은 요양성(遼陽城)의 동쪽 530리에 있으니 장백산에서 발원한다. 협주성(夾州城)을 경유하여 서남쪽으로 흐르다가 독로강과 합류하며 애천(艾川)에 이르러 파저강과 함께 흘러 바다로 들어간다"고 하였다.

『승람』의 이산부(理山府) 조에 파저강이 있으니 압록강 밖의 땅에 속한다. 그 때문에 정씨(鄭氏)의 지도(地圖)에는 파저강이 산양보(山羊堡)의 서쪽에 이르러 북쪽으로 압록강에 들어간다고 하였으니, 파저강이 퉁가강임을 알 수 있는 것이다.

『명사(明史)』 「조선전(朝鮮傳)」에 이르기를 "성화(成化) 3년(1467)에 정부에서 군사를 동원하여 건주위(建州衛)를 정벌하게 되자 조선 왕에게 칙서를 보내어 아군을 도와 적의 소굴을 진격하게 하였다. 조선 왕은 중추부지사(中樞府知事) 강순(康純)을 파견하여 수만 여의 군사를 거느리고 압록강, 발저강(潑豬江)의 두 강을 건너 구미(九彌)의 여러 요새를 격파하게 하였다"고 하였다. 대개 중국 음으로 발(潑)과 파(婆)는 서로 가깝다. 그 때문에 파저를 또한 발저라고도 하는 것이다.

자암(紫巖) 이민환(李民奐)의 설(說)에는 파저가 다 파제(婆提)【아래의 글을 참조할 것】로 씌어 있다. 대개 조선 음으로 제(提)와 저(豬)는 서로 근사하기 때문이다.

『승람』에 이르기를 "압록강은 산양(山羊)에 이르러 포주강(蒲洲江)과 만나서 합류한다"고 하였으며, 그 주석에 이르기를 "건주위에서 발원한다"고 하였다.

『비고』에 이르기를 "퉁가강은 일설에 파저강이라 하며, 일설에 포주강이라" 하였으니 포주강이 파저강임을 알 수 있다.

『명일통지』에 "여진(女眞)의 여러 위(衛)에는 건주좌위(建州左衛), 올라홀위(兀剌忽衛), 저동하위(豬冬河衛)가 있으니 건주라는 것은 지금의 흥경(興京)이다. 흥경 동쪽의 강에 퉁가(佟家)가 있으니 저동하(豬冬河)란 것이 퉁가강임을 알 수 있다. 대개 파저와 퉁가를 합쳐서 부른 것이다.

분수령(分水嶺)이란 것은 장백산의 서쪽 기슭이다. 장백산의 서쪽 줄기는 언틀먼틀 뻗어 두 줄기로 되었는데 그 하나는 서남쪽으로 달려서 홍석(紅石), 외두(歪頭)의 산이 되고, 그 하나는 서북쪽으로 달려 분수령, 또는 흑림령(黑林嶺)【속칭으로는 의이아합범산(衣爾雅哈範山)】이라고 부르니 즉 오랄성 남쪽 천여 리의 땅이다. 산의 형세가 험준하며 가로 수백 리에 통하니 옛날에는 이것을 서개마산(西蓋馬山)이라고 하였다. 대개

개마대산(蓋馬大山)이라는 것은 장백산이다. 장백산의 서쪽에 또한 큰
산이 있으니 가히 함께 자웅을 다툴 만하여 그 때문에 이것을 서개마산
이라고 하는 것이다. 한나라 때에 이 산을 의지하여 한 개의 현(縣)을 설
치하였으니 『한서』「지리지」현토군(玄菟郡) 속현(屬縣)에 서개마가 있
다고 한 것이 그것이다. 그 후 이 현은 이맥(夷貊)의 점거한 바 되어서
개마국(蓋馬國)이라고 하는 것이다. 『구려사』에 이르기를 태무신왕(太武
神王) 9년(26)【한나라 광무제(光武帝) 건무(建武) 2년】에 개마국을 정벌하여
그 왕을 죽이고 그 땅을 빼앗았다는 것이 이것이다. 그 영의 배후 북쪽
의 물은 흘러서 이가하(理加河), 금목하(金木河) 등으로 되어 홍경에 들
어가니 즉 소자하(蘇子河)의 발원지인 것이다. 그 서남쪽의 물은 흘러
애하(靉河)의 원천이 되니 즉 조선 역사에서 이르는 바의 적강(狄江)이
다【자세한 것은 아래의 애하조를 참조】.

　그 이남의 물은 다 흘러서 염난수가 되니 그 여러 물로 분류(分流)하
기 때문에 영의 이름을 딴 것이다. 영의 남쪽에 샘 셋〔三泉〕이 있으니
산곡 중으로부터 나와 모여서 서남쪽으로 흐르는 바, 이것이 염난수의
발원지이다.

　서남쪽으로 흘러 홍석(紅石), 외두(歪頭) 두 납자(磧子)의 북쪽을
　지난다

　장백산의 한 줄기는 서남쪽으로 달려 홍석납자산(紅石磧子山)이 되고
또 외두납자산(歪頭磧子山)이 되어서 압록, 염난 두 강 사이에 들어가니,
우리의 폐사군 이하 국경 이외의 산은 다 두 납자의 기슭이다. 홍석산
(紅石山)을 옛날에는 정현(頹峴)이라고 하였으니 구려의 환도성(丸都城)

은 이 산 곁에 있었다【자세한 것은 녹수조를 참조할 것】.

염난수는 또 서쪽으로 팔조수(八條水)와 합류하며 남쪽으로 주로봉(珠魯峯) 아래를 지난다

합이민하(哈爾民河)【장백산 서남쪽에 있다】, 액이민하(額爾民河)【합이하(哈爾河)와 합류한다】, 가이도고하(加爾圖庫河)【액이하(額爾河) 서쪽에 있다】, 의밀소하(衣密蘇河)【가이하(加爾河) 서쪽에 있다】, 호륵하(壺勒河)【의밀소하 서쪽에 있다】, 삼목정아하(三木定阿河)【호륵하 서쪽에 있다】, 가혼하(加渾河)【삼목하(三木河) 서쪽에 있다】, 왕성하(王成河)【흥경문(興京門) 동쪽에 있다】 등의 여러 물은 다 분수령 남쪽에서 나와서 염난수로 들어가니【『황명통지(皇明通志)』】『수경(水經)』에 열거된 바의 팔조수(八條水)는 즉 이 물을 가리킨 것이다. 그 땅은 서쪽으로 흥경과 상거가 아주 가깝다. 그러나 책문(柵門) 밖에 있으므로 변외(邊外)에 속하여 선창 장군(船廠將軍)이 관리하고 있다.

자암 이민환이 이르기를 "건주성(建州城)의 물은 자편성(者片城)을 지나 삼차하(三叉河)【즉 소자하(蘇子河)】, 야로강(也老江)에 들어가다 파제강에서 만나 압록강으로 들어간다. 산이 높고 물이 험하여 보기 드문 평탄하고 넓은 들이다. 우랑산성(于郎山城)은 야로강 상류에 있되 지극히 험준한데 지금도 방어하지 않는다고 한다"고 하였다【『건주문견록(建州聞見錄)』】. 소위 야로강은 왕성하를 지칭하는 듯하다.

홍석, 외두의 두 산의 서남쪽 기슭은 즉 주로목극선봉(珠魯木克善峯)이다. 산의 이름은 비록 다르나 산봉우리들이 서로 연속되어 있으니 그 동쪽이 압록수요, 그 서쪽이 염난수이다. 산기슭의 끝에서 두 물이 합친다.

　　이민환이 이르기를 "창성(昌城)으로부터 건주성까지는 400여 리이다. 그 사이에서 동갈령(東葛嶺), 우모령(牛毛嶺)을 바라보면 그 영들은 높고 험준하다. 만포로부터 건주성까지 440여 리인데 그 사이에 만차령(萬遮嶺)과 파제강이 있다. 듣건대 만포로부터 솔석(率石)을 경유하여 딴 길로 초부(初部)에 이르자면 만차령을 거치지 않는데 도로가 평탄하다"고 하였다【『건주문견록』】.

　　또 이르기를 "만력(萬曆) 경진(庚辰-1580) 7월 11일 건주에서 떠나서 15일에 파제강을 건넜다. 작은 배는 사람 8~9명을 태울 수 있었는데 지극히 경쾌하고 빨랐다. 말은 물에 떠서 건넜으며 저녁에는 만차령 아래에서 잤다. 경과한 바의 파제강과 만차령 사이 60~70리의 지대에는 말떼가 방목되어 있었는데, 온 산과 들에 있는 말이 몇만 필인지 알 수가 없었다. 16일에 50리를 갔는데 황성(皇城)을 지나고 압록강을 건너 만포에 도착하였다"고 하였다【『건주일기(建州日記)』에 의함】.

　　나의 생각에는 건주라는 것은 지금의 흥경이다. 이제 그 지세(地勢)를 논한다면 만포는 흥경의 동남쪽에 해당하며 연속되어 창성(昌城), 삭주(朔州)는 흥경의 정남쪽에 해당한다. 그 때문에 만포로부터 녹수를 따라 내려와 삭주 등지에 이르는데 그 상거가 흥경과는 다 400여 리에 불과하다. 그러나 두 나라의 국경에는 교통이 허락되어 있지 않으므로 출병할 때에는 임의로 한 통로를 취한다. 만력 무오(戊午-1617) 전투 때에 창성으로부터 진격해 들어갔다가 만포를 거쳐서 돌아온 것이 그 한 실례이다. 지금 창성으로부터 흥경에 이르는 그 사이에 준단산(俊團山), 철목선산(撤木禪山)이 있는데, 다 지극히 험준하다. 만포로부터 흥경에 이르자면 처음에 주로봉을 넘어야 하며 또 통가강을 건너고 분수령 기슭을 거쳐야만 그 곳에 도달할 수 있다고 하니, 자암의 칭한 바 만차령은 즉 주로봉을 말하는 것이다.

염난수는 또 남쪽으로 국내 옛 성〔國內古城〕을 지난다

국내성(國內城)이라는 것은 구려(句麗)의 옛 도읍이다. 그 곳은 지금의 산양보의 서북쪽 물 건너편에 있으니 즉 압록, 염난의 두 물이 합류하는 어간이다.

『북사(北史)』에 이르기를 "고구려(高句麗)의 왕도는 평양성(平壤城)인데 그 밖에 또 국내성 및 한성(漢城)이 있으니 그 나라에서는 삼경(三京)이라 부른다"고 하였다【「고구려전」】.

『구려사』에 이르기를 "유리왕(琉璃王) 21년(기원 2)【한나라 평제(平帝) 2년】봄 3월에 교천(郊天)할 돼지를 잃어버렸다【구려가 교천할 때】. 희생을 맡은 설지(薛支)가 좇아가서 국내 위나암(國內尉那巖)에서 붙들었다. 돌아와서 왕에게 말하기를 '제가 돼지를 좇아 위나암(尉那巖)에 갔었는데, 그 곳 산과 물을 보니 깊고 험준하며 토지는 오곡이 잘되고, 또한 미록(麋鹿)과 어별(魚鼈)의 생산이 많습니다. 대왕이 만일 서울을 그 곳으로 옮긴다면 백성들에게 큰 이익이 될 것이외다'라고 하였다. 9월에 왕이 국내(國內)에 가서 지세를 살펴보고 23년에 국내로 서울을 옮겨 위나암성(尉那巖城)을 쌓았다"고 하였다.

선생이 말하기를 "조선 사람들이 주현(州縣)의 치소(治所)를 일러 읍내(邑內)라고 하니 이것을 국내라 말하는 것은 역시 이 말을 본뜬 것이다"라고 하였다.

청이 상고하여 보면 국내성은 일명은 불내성(不耐城)이요, 일명은 위나암성【혹은 위야암(尉耶巖), 위방암(尉邦巖)이라고도 쓰나 다 자형(字形)이 틀린 것이다】이다.

『괄지지(括地志)』에 이르기를 "불내성은 즉 국내성이니 성은 돌을 누적하여 쌓았다"고 하였다.

『구려사』에 이르기를 "태무신왕 11년(기원 28)【한나라 광무제(光武帝) 건무(建武) 4년】에 한나라 요동 태수(遼東太守)가 위나암성을 포위하고 수순(數旬)이나 해제하지 않았다. 좌보(左輔) 을두지(乙豆智)가 말하기를 '한인(漢人)들은 우리의 암석 받이로 된 성에 샘물이 없다고 생각하고 우리가 피곤해지기를 기다리고 있다. 마땅히 연못에서 잉어를 잡아다가 수초(水草)에 싸서 보내어 한나라 군사를 호군하는 것이 좋다'고 하였다. 왕이 그 말에 찬성하였다. 이에 한나라 장수들은 마침내 군사를 이끌고 퇴각하였다"고 하였다. 대개 그 성이 암석 받이 땅에 있어서 비할 바 없이 험준하였다. 그 때문에 유리왕은 흘정골성(紇井骨城)으로부터 국내에 도읍하여 이웃 나라를 호령하다가 무릇 207년을 지나서 다시 환도(丸都)로 옮겼다. 그 후 당나라 태종(太宗)이 공격해 왔을 때에 국내성의 기병 4만을 동원하여 요동을 구원하였다【『당서』 「고려전」에 보인다】. 천남생(泉男生)이 반역하고 도망할 때에 국내성을 점거하고 아들을 당나라에 파견【당서 천남생 본전에 보인다】했다고 하였은즉 국내성이란 것은 엄연한 구려의 큰 도읍이며 마침내 정병(精兵)의 부고(府庫)로 되었으니 참으로 천부 금탕의 땅〔天府金湯之地〕이라고 할 만한 것이다.

『삼국사(三國史)』 「지리지」에 이르기를 "이적(李勣)의 「치주현목록(置州縣目錄)」에 '압록강 이북으로 벌써 항복한 성(城)이 11개로서 그 중 하나가 국내성인데 평양으로부터 여기에 이르기까지 17개 역(驛)이라'고 하였다. 그러나 그것이 어느 곳인지는 미상하다"고 하였다.

청이 상고하여 보면 당나라 제도에 30리를 1개 역으로 하였다. 그 까닭에 『당서(唐書)』 「백관지(百官志)」에 이르기를 "무릇 30리마다 역(驛)

이 있다"고 하였다. 백거이(白居易)의 시에 이르기를 "섬주(陝州)로부터 동경(東京—지금의 개봉임)까지에는, 산도 낮고 길도 평탄하여라. 경치 좋은 이 400리 길이길래, 수레 타고 말 탔어도 13일 걸렸네!"라고 하였다.

이것으로 미루어 보면 17개 역이란 것은 510리이다. 지금 평양으로부터 북쪽으로 초산(楚山)의 압록강까지의 상거는 꼭 500여 리를 지나게 되니, 즉 국내성은 응당 압록강 북쪽의 아주 가까운 곳에 있을 것이다. 김부식(金富軾)의 「지리지」에 이르기를 "국내성을 불이성(不而城)이라고 하여 마침내 낙랑(樂浪)에 속한 현인 불이(不而)로써 이에 해당시킨 것은【삼국사】 큰 오류이다. 불이라는 것은 지금의 함흥, 영흥 등지이니 국내성과는 관계가 없는 것이다"라고 하였다.

또 상고하건대 국내성과 환도성은 서로 가깝다. 그러므로 『위지(魏志)』에 이르기를 정시(正始) 6년에 유주자사(幽州刺史) 관구검(毌丘儉)이 구려를 토벌하고 환도산(丸都山)에다 불내성(不耐城)이라고 새겼는데【「관구검전」에 있음】, 김부식은 환도성과 국내성이 서로 연접되어 있다고 말하였다【구려사】. 환도라는 것은 지금의 만포보 밖의 황성평(皇城坪)이다【녹수가 환도를 지난다는 조를 참조할 것】. 그렇다면 국내성은 응당 황성평과 연접된 곳이라야 할 것이다.

『통전』에 이르기를 "압록수는 국내성 남쪽을 지나고 또 서쪽으로 한 물과 합류하니, 즉 염난수이다. 두 물이 합쳐서 서남쪽으로 안평성(安平城)에 이르러 바다에 들어간다"고 하였다. 『당서』「고려전」에 이르기를 "압록수는 국내성을 지나서 서쪽으로 염난수와 합류하고 또 서남쪽으로 안평(安平)에 이른다"고 하였다【이 두 조는 자세한 것을 녹수 중에서 참조할 것】.

선생이 말하기를 "국내성은 지금의 초산부 북쪽 강 건너편에 있어서 서북쪽으로 환도성과 떨어져 있으니 꼭 200여 리에 불과하다"고 하였다. 또 말하기를 "염난수는 퉁가강이다" 하였은즉 국내성은 분명히 압록수와 퉁가강이 아직 합류하지 않은 곳에 있다. 그것이 초산부 북쪽 강 건너편에 있다는 것이 벌써 명백하지 않는가?

청은 상고하건대, 지금 초산부 산양보 북쪽에서 두 물이 합류하는데 그 지세가 험준하여 후면에 주로봉 기슭을 등지고 압록수 염난수가 앞을 가로막고 있으니, 옛날 국내성은 응당 여기에 있었을 것이다. 더군다나 안평은 지금의 옥강보(玉江堡)의 물을 사이에 둔 곳이 아닌가【녹수를 참조할 것】? 지금 옥강으로부터 거슬러 동북쪽으로 올라가면 국내성이 어찌 산양보 밖의 땅이 아니겠는가? 산양평(山羊坪)은 토지가 비옥하여 3~4월에는 밭을 갈아 씨 뿌릴 수 있으니【『동국문헌비고』참조】물을 사이한 곳이 어찌 홀로 그렇지 않으랴! 그러므로 설지지(薛支之)의 말에 이르기를 "국내성은 토지가 오곡이 잘되며 산수는 깊고 험준하다"고 하였으니 그 말을 믿을 만하다.

『삼국사략(三國史略)』【하륜(河崙), 권근(權近) 등이 편찬한 것】에 이르기를 "국내성은 지금의 의주(義州)이다"라고 하였다.

『승람』에 이르기를 "의주에 국내성이 있다"고 하였고, 또 이르기를 "지금『고려사』「지리지」에 의하면 인주(麟州)에 장성(長城) 터가 있는 바, 덕종(德宗) 때에 유소(柳韶)가 축성한 것으로서 이 주(인주-역자)의 압록강이 바다로 들어가는 곳에서부터 시작하였다"고 하였다. 또「병지(兵志)」에는 "서쪽 바닷가의 옛날 국내성 지계였던 압록강이 바다에 들어가는 곳에서부터 시작하였다"고 하였으니, 국내성은 응당 옛날 인주 경내(境內)에 있어야 한다고 하였다. 김부식의「고구려 지지(高句麗地志)

」에 이르기를 "국내성은 적실히 어디 있는지 미상하나 응당 압록강 이
북의 한나라 현토군의 경계나 요(遼)나라의 동경(東京), 요양(遼陽)의 동
쪽에 있었을 것이라고 한다. 어느 말이 옳은 지는 자세치 않다"고 하였다.

『성호사설(星湖僿說)』에 이르기를 "고주몽(高朱蒙)이 난을 피하여 졸
본(卒本)에 이르렀고 또 돼지를 놓쳐 버렸던 것으로 인하여 국내성을 얻
었으니 돼지를 놓친 것은 먼 곳이 아닌즉 국내성은 분명히 압록강의 서
쪽으로서 지금의 의주에 가까운 곳에 있었으리라"고 하였다.

선생이 말하기를 "인주란 지금 의주의 인산보(麟山堡)이다. 이적(李勣)
의 주문(奏文)에 국내성은 압록강 북쪽에 있다고 하였으나, 지금의 인산
보는 분명히 강 남쪽에 있으니 어떻게 이것으로써 비정할 수 있겠는가?
하물며 『통전』에 '압록수는 국내성을 지나 곧 통가강과 합류한다'고 하
였는데, 지금 인산보가 압록강이 바다로 들어가는 어귀에 있다는 그 말
의 오류는 곧 타파할 수 있는 것이다"라고 하였다. 또 말하기를 "국내성
은 암석 받이 땅【을두지(乙豆智)의 말에 의함】에 있다고 하였는데 지금의
인산보는 평평한 들의 풀밭이니 어찌 암석 받이 고을이 될 수 있겠는
가?"라고 하였다.

청은 상고하건대 국내성은 인주가 아니다. 『통전』에 의하면 "압록수
는 국내성을 지나고 후에 또 서남쪽으로 흐르다가 안평에 이르러서 바
다로 들어간다"고 하였다. 『당지(唐志)』에 "압록강 어귀로부터 배로 동
북쪽으로 130리를 가면 비로소 안평성(安平城)에 도착한다"고 하였은즉
【자세한 것은 녹수, 옥강보 아래를 참조할 것】 또 안평으로부터 동북쪽으
로 거슬러 흘러 국내성에 이를 수 있는 것이다. 지금의 인산보는 즉 압
록강 어귀일 뿐이니 국내성으로 비정할 수 없는 것이다. 안순암(安順菴)
이 이르기를 "인주를 국내성이라고 한 것은 혹시 뒷날의 것은 차치한다

하더라도 역시 오류인 것이다. 국내성은 하나인데 어찌 두 성이 있겠는가?"라고 하였다. 박연암(朴燕巖)도 역시 구련성(九連城)으로써 이에 해당시켰으나【애하조를 참조】역시 틀린 것이다. 국내성과 산양보는 강 건너편의 땅이다.

『승람』에 이르기를 "압록, 파저의 두 강을 건너면 올라산성(兀剌山城)이 있는데 이산(理山)과 상거가 270리이다【전문(全文)은 아래 절에서 볼 것】"라고 하였다.

시남(市南) 유계(兪棨)가 이르기를 "올라산성은 즉 옛날의 위나암성이다"라고 하였다.

안정복은 이르기를 "중국 음으로 올라와 위나는 같은 음이니 유계의 말이 비슷하다. 이적의 주문(奏文) 및 『통전』에 의하면 그것이 압록강 북쪽에 있는데 올라성(兀剌城)인 것이 분명하다"고 하였다.

선생이 말하기를 "올라성은 압록강 북쪽 270리에 있으니 즉 『통전』, 『당서』에 압록수가 국내성 남쪽을 지난다고 이른 것이 옳을까? 국내성은 분명히 압록강가 물 닿은 곳에 있으니 위나와 올라는 음이 비록 비슷하나 『통전』과는 부합되지 않는다"고 하였다.

청은 상고하건대 올라는 위나가 아니다. 올라성은 염난수의 서쪽에 있으며 위나성은 염난수의 동쪽에 있었으니 서로 혼동하지 말아야 할 것이다.

또 동남쪽으로 산양보에 이르러 북쪽으로 녹수에 흘러 들어간다

『성경지(盛京志)』에 이르기를 "분수령 남쪽에 샘 셋〔三泉〕이 있는데

산골짜기로부터 나와 돌아서 퉁가강이 되고 서남쪽으로 흐르면서 합이
민(哈爾岷) 등의 여러 강물을 받으며 압록강이 동쪽으로부터 흘러 와 만
나서 남쪽으로 바다에 들어간다"고 하였다.

　내가 상고하건대 정씨의 지도에는 파저강 곁에 노가동(盧哥洞), 퉁가
동(佟家洞), 한적천(漢赤川)이 있는데, 윤씨의 지도에는 파저강 동서쪽
지역에는 소롱괴동(所弄怪洞), 옹촌리(翁村里), 연시산(延時山), 토자산
(兎子山), 알미부(斡湄府)【즉 오미부(吾彌府)】, 홍타리(紅陀里), 아한리(阿
閑里), 올라산(兀剌山), 고음한리(古音漢里), 동자동(銅子洞), 호조리(胡照
里), 매창동(賣昌洞), 사양재(斜陽岾), 동산(銅山), 채가동(蔡家洞) 등의 명
칭이 있다. 그러나 국경 밖의 땅이므로 세세한 것까지 자세히 알기는 어
려운 것이다.

　『고려사』에 이르기를 "공민왕 19년(1370)【명나라 홍무(洪武) 3년】에 우
리 태조【我太祖-이성계(李成桂)】로써 동북면 원수(東北面元帥)를 삼아 장
차 동령부(東寧府)를 공격하여 북원(北元)과 국교를 단절하게 하였다. 그
리하여 아군이 압록강을 도하하니, 동령부 동지(東寧府同知) 이오로첩목
아(李吾魯帖木兒)가 태조가 온다는 소식을 듣고 이동하여 우라산성(亏
羅山城)을 확보하고 험준한 곳을 점거하고 항전하려 하였다. 태조가 당
도하자, 돈촌오로첩목아(頓村吾魯帖木兒)가 와서 도전하다가 갑자기 갑
옷을 벗어 던지고 두 번 절하면서 신복(臣僕)이 될 것을 소원하였다【오
로는 후에 이름을 원경(原景)이라고 고쳤다】. 그런데 그 추장 고안위(高安慰)
가 영솔한 휘하만은 성을 둘러싸고 반항하면서 고수하였다. 태조가 편
전(片箭)으로써 그들을 사격하니 총 70여 발의 화살이 다 그들의 얼굴에
정면으로 맞았다. 성 중에서 사기가 떨어지자 안위는 밤에 도망치고 여
러 성은 소문을 듣고 놀라서 싸우지 않고 다 항복하였다. 이리하여 동쪽

으로 황성(皇城)에, 북쪽으로 동령부에, 서쪽으로 바다에, 남쪽으로 압록
강에 이르는 지대는 이 때문에 텅 비게 되었다【공민왕 세가(恭愍王世家)】"
고 하였다.

『승람』에 이르기를 앙토구자(央土口子)【지금의 초산 부치(楚山府治)】로
부터 북쪽으로 압록, 파저의 두 강을 건너면 큰 들 가운데 성이 있어 올
라산성(兀剌山城)이라고 하는 바, 이산군(理山郡)과 상거가 270리이다.
사면은 벽체 같이 둘러서서 높은 낭떠러지로 되었고 오직 서쪽에서만
성에 오를 수 있다. 동령부 동지 이오로첩목아가 이 성을 확보하였던 것
이다.

청은 상고하건대 올라성은 즉 우라성(亏羅城)이다. 『무비지(武備志)』
에 여진의 여러 위(衛)에는 건주좌위(建州左衛), 올라위(兀剌衛)가 있다
【『명일통지』도 동일하다】고 하였는데 이것이 그 옛터이다. 그 땅이 퉁가
강 서쪽에 있으니 흥경(興景)에 가깝다. 고려 말기에 북원(北元)의 소유
지로 되었다가 명나라 선덕(宣德) 연간에 이르러서 건주위 지휘(建州衛
指揮) 이만주(李滿住)가 점거하고 건주, 모린(毛憐) 등지를 소유하였던
바, 퉁가강 동서편의 땅은 다 그 수중에 들어갔다. 우리 나라 변경을 자
주 침범하여 주민들을 약탈하고 살해하였다. 지금 여러 책을 참고하여
퉁가 강변의 출병로를 대강 적은 것은 이 강들의 연안에 있던 여러 곳
을 명백히 하려는 것이다.

세종 14년(1432)에 야인(野人)의 기병 400여 명이 여연(閭延)에 침입하
였으니 이것은 실로 이만주의 적대 행위였다. 그 때에 이만주는 건주위
지휘로서, 파저강 지역을 점거하고 임합라(林哈剌) 및 심타납노(沈吒納
奴)와 결탁하고 음모를 꾸며 침범해 왔다. 익년에 이만주가 포로 당한
우리 인원 64명을 송환하면서 강계에 와서 말하기를 "홀라온(忽剌溫)

【즉 여진 여러 부(部)의 하나이다. 또 화라온(火剌溫)이라고도 칭한다】이 조선 사람을 위협·약탈하기 때문에 우리가 수정산(守定山) 어귀까지 추격하여 가서 그들을 탈환하여 송환한다"고 하였다. 대개 이것은 기만이었다. 세종(世宗)은 노하여 말하기를 "지난날 파저강 지역의 적들이 홀라온에게 구축당하고 강가에 살기를 애걸하였기로 우리는 그것을 허락하였던 것이다【이 사실은 임인년(壬寅-1422)에 있었다】. 그런데 지금에 와서 배반하기를 이와 같이 하니 만일 정벌하지 않는다면 후일에 반드시 처리하기 곤란할 것이다"라 하고, 곧 명령을 내려 최윤덕(崔潤德)을 평안도 도절제사(平安道都節制使)로 임명하여 그들을 토벌하게 하였다. 그 해 여름 4월에 최윤덕은 삼군(三軍)을 강계부에 집결시키고 중군(中軍) 절제사 이순몽(李順蒙)으로 하여금 적의 괴수 이만주의 진〔寨〕으로 향하게 하고, 좌군(左軍) 절제사 최해산(崔海山)은 거여(車餘) 등 지방으로 향하게 하고, 우군(右軍) 절제사 이각(李恪)은 마천(馬遷) 등지로 향하게 하고, 조전(助戰) 절제사 이징석(李澄石)은 올라(兀剌) 등지로 향하게 하고, 김효성(金孝誠)은 임합라의 부모의 목채〔寨〕로 향하게 하고, 홍사석(洪思錫)은 팔리수리(八里水里) 등지로 향하게 하고, 최윤덕은 자신이 직접 임합라 등지의 진으로 달려갔다. 여기서 최윤덕은 소탄(所灘) 시번(時番) 동구(洞口)로부터 강을 지나 부대를 머물렀다가 이윽고 어허강(魚虛江)가에 이르러서 군사 600명을 주둔시켜 목책(木柵)을 설치하고 임합라의 진을 진공하니 적들이 다 도망하였다. 곧 타납노동산(吒納奴東山)으로부터 임합라의 진에 이르러서 두루 수색하고 날이 저물어서야 석문(石門)으로 퇴각하여 주둔하였다. 여기서 개선하게 되어 승전 보고를 올리고 돌아왔다.

세종 17년(1435) 봄에 야인들이 여연을 침략하고, 가을에 또 여연의 소훈두(小薰頭) 및 조명간(趙明干) 지역에 침입하였고 익년【명나라 영종(英宗) 정통(正統) 원년】에 또 그 곳을 침략하였다. 이에 이천(李蕆)을 평안도 도절제사로 임명하여 장차 그들을 토벌하게 되었다. 이천이 글을 올려 말하기를 "첩보원들은 이만주가 봉주(鳳州)에 있다고도 하고, 오미부(吾彌府)에 있다고도 하며, 올라산성에 있다고도 한다. 그러나 그 오미부로 향하는 길은, 하나는 강계로부터 파저강을 건너 직통으로 오미곶동구(吾彌串洞口)로 들어가며, 하나는 이산으로부터 파저강을 건너 올라산 동쪽을 거쳐서 오미부 서쪽으로 들어간다. 다른 또 하나는 이산으로부터 파저강을 건너 올라산 남쪽을 거쳐서 서쪽으로 접어 대계(大計)로 들어간다. 강계로부터 이틀 길을 가면 거기 오자치(吾自峙)가 있는데 3호(戶)가 살고 있으니 오미부와 상거가 하루 길이다"라고 하였다. 9월에 이천이 여연 절도사 홍사석(洪師錫), 강계 절도사 이신(李宸)과 함께 강계로부터 만포구자(滿浦口子)의 앞 여울을 지나 옹촌(瓮村), 오자참(吾自站), 오미부 등지로 향하였다. 상호군(上護軍) 이화(李樺)는 이산(理山) 산양회(山羊會)로부터 압록강을 건너서 올라산 남쪽 홍타리(紅枉里)로 향하고 대호군(大護軍) 정덕성(鄭德成)은 산양회로부터 강을 건너 올라산 남쪽의 아간(阿間)으로 향하였다. 여기서 좌군, 우군이 고음한(古音閑) 땅에 들어가 적의 전장(田莊)을 협공하니 적들이 다 도망쳤다. 좌군은 홍타리로 향하고 중군은 오자참으로부터 강을 따라 내려가면서 적들의 여러 진을 수색하였다. 명일에 우군은 파저강을 건너 올라산성 및 아간 지역을 수색하니, 적들은 다 도망하였고 아군은 파저강을 건너 돌아왔다. 또 명일에 우군이 다 오미부에 도착하니 적들은 벌써 미리 알고 다 도망하였으므로 마침내 개선하게 되었다. 우군은 소토리(所土里)에 주둔

하였다가 이윽고 다 돌아오게 되었는데 장수를 파견하여 전승 보고를
올렸다.

　세종 12년(1467)에 요동 도사(遼東都司)에서 우리에게 자문(咨文)을 보
내어 왔는데, 건주의 3개 위(衛)를 협공할 데 대한 칙지(勅旨)가 있었다.
우리 세조는 어유소(魚有沼)를 좌상대장(左廂大將)으로, 남이(南怡)를 우
상대장(右廂大將)으로, 강순(康純)을 서정주장(西征主將)으로 임명하여
출전하게 하였다. 9월 병술날에 강계를 경유하여 황성평에 이르러 군사
를 합동하려고 하였다. 남이가 말하기를 "좌상은 구랑개동(仇郞介洞)을
거쳐서 올미부(兀彌府)를 공격하고 우상은 삼기현(三岐峴)을 거쳐 포주
(浦州)를 공격하되 길을 갑절 걸어 불의에 그들을 앞질러 진공하는 것이
제일이다"라고 하니 강순이 그렇다고 하였다. 신묘날에 상(廂)들이 파저
강을 건넜는데, 남이 및 전봉(前鋒) 이극균(李克均) 등은 이두리(李豆里),
우납합(右納哈) 부락을 공격하여 함락시켰다. 진장(陳將) 유자광(柳子光)
은 이만주 부락을 공격하여 이만주, 우납합 등 24급(級)의 머리를 베고
방장(防墻)으로 퇴각하여 진을 쳤다. 어유소는 다회평(多會坪)을 습격하
여 전멸시키고, 위장(衛長)들인 우공(禹貢), 이숙(李叔), 기필(琦筆)이 올
미부를 넘어서 또 승리하였다. 10월에 좌군 우군이 다 개선하였다.

동수(潼水) 【즉 동건수(童巾水)】

동수는 초산부 남쪽 극성령(棘城嶺)에서 나와 서쪽으로 흐르다가, 차령보(車嶺堡) 북쪽을 지나서 좌측으로부터 우현수(牛峴水)를 받는다

극성령은 희천군(熙川郡) 경계이다. 동수는 이 영의 북쪽에서 나오니 즉 『승람』에 일컫는 바의 동건강(童巾江)이다. 『비고』에 이르기를 "동건강은 이산(理山) 유도막령(踰都幕嶺)에서 발원해 나와서 서쪽으로 흘러 희안동(熙安洞)을 경유하고 극성동천(棘城洞川)을 지나 용연(龍淵)이 되었다"고 하였으니, 대개 유도와 극성의 물이 하나로 합친 것이다.

차령보는 그 영의 북쪽에 있으며 동첨절제사(同僉節制使)를 설치하여 방어한다. 우리 나라의 제도에, 요해처(要害處)에는 의례히 수보(戍堡)를 두었으니 이것은 그 중의 하나이다. 우현수는 우현(牛峴)의 서북쪽에서 나와 우현보(于峴堡) 앞을 지나서 동수로 들어간다. 그 보(堡)도 역시 요해처이니 첨절제사를 두어서 방어한다.

상고하건대 적유령(狄踰嶺) 이서로부터 유도막령, 모덕령(牟德嶺), 극성령이 있으며 또 그 서쪽이 우현, 차령이니 다 요해처의 길목인 것이다. 그런데 우현, 차령만은 보를 설치하여 방어하여 위곡보(委曲堡)와 접하고 있으나 유도, 모덕, 극성의 세 곳은 수비하는 곳이 없으니 이것은 입법상 결함인 것이다.

동수는 또 북쪽으로 영가덕(靈加德)에 이르자 【구(句)】 판막수(板幕水)가 북쪽으로부터 와서 합류하며

『비고』에 이르기를 "동건강(童巾江)은 우하창(牛下倉)에 이르러 우장천(牛場川)을 지나며, 영가덕에 이르러 판막천(板幕川)을 지난다"고 하였다. 또 이르기를 "판막천은 이산의 물이산(勿移山)에서 발원하여 운대천(雲臺川)이 되어 서쪽으로 흐르다가, 고리산(古理山)에 이르러 백파천(白坡川)을 지나서 동건강으로 들어간다"고 하였다.

상고하건대 정씨의 지도에 "광대산(廣大山)에서 나오는 물이 있어서 고초산(古楚山)을 지나 숭덕산(崇德山), 천고성(千古城), 궁노동(弓弩洞), 주사사(朱砂寺) 등의 물과 합쳐서 국사창(國士倉)에 이른다" 하니 이것이 다 판막수의 근원이다.

또 북쪽으로 강창(江倉)을 지나 굽어서 서북쪽으로 아이보(阿耳堡)에 이르러 남쪽으로 녹수에 들어간다

『승람』에 이르기를 "상운대(上雲臺), 우장(牛場)의 여러 물이 합쳐서 동건강이 되어 압록강으로 들어간다"고 하였다. 『비고』에 이르기를 "동건강은 별창(別倉)에 이르러 별해천(別害川)을 지나서 강창에 이르러 유창천(楡倉川)을 지나 서북쪽으로 흘러 아이진(阿耳鎭)을 지나 압록강으로 들어간다"고 하였다.

『수도제강』에 "압록강은 또 굽어서 동남쪽으로 흐르는데 동금하(東金河)가 동쪽으로부터 와서 여기로 흘러 들어간다"고 하였다【중국 음으로 동건(童巾)과 동금(東金)은 서로 비슷하다】.

애하수(靉河水)

애하수도 역시 새외(塞外)의 분수령에서 나와서 서남쪽으로 흘러 애양성(靉陽城) 북쪽을 지난다

분수령이란 것은 선창(船廠)의 남쪽 경계이다. 영 남쪽의 물이 염난수로 되며【이미 앞에서 서술하였다】서남쪽 골짜기의 물이 흘러 애하로 되었는 바, 일명 아포하(阿布河)라고 하며 일명 적강(狄江)이라 하고 또 애라하(靉剌河), 애합하(靉哈河)라고도 한다. 우리 조선 사람들은 삼강(三江)이라고 칭하니, 압록강과 중강(中江)을 건너서 여기까지는 세번째 나루[渡]가 되기 때문이다.

애양성은 봉황성 북쪽 128리에 있으니 성의 주위는 3리 120보(步)요, 서남쪽에 2개의 문이 있으니 남쪽의 것을 애양성이라 하며 서쪽의 한 성곽은 그 주위가 1리 90보이다. 남쪽 문 위에도 애양성이라는 3자가 있다. 애하수는 그 성의 북쪽 5리로부터 국경에 들어가므로 성에 이런 제목[字目]이 붙은 것이다. 『무비지(武備志)』「여진고(女眞考)」에 이르기를 "성화(成化) 3년(1467)에 무순(撫順), 청하(淸河), 애양의 여러 보(堡)를 축성하여 변강 경비를 날로 엄중히 했다"고 하였다. 대개 명나라 때부터 벌써 성이 있었던 것이다. 성 곁에 변문(邊門)이 있으니 속칭 애합문(愛哈門)이라 한다. 지금 봉황성으로부터 국경선을 따라 목책을 세웠는데 북쪽은 홍경, 개원(開原)을 지나 요하를 끊어서 서쪽으로 광령(廣寧), 의주(義州), 금주(錦州)를 거쳐 산해관(山海關)에 이르러 진(秦)나라 장성

(長城) 끝과 접촉하니, 주위 1,800여 리에 무릇 18개의 성문이 설치되어 있는 바 애양문도 그 중의 하나이다.

애하수는 또 오른쪽에서 삼차(三汊), 쇄마(灑馬)의 물과 합치고 굽어서 남쪽으로 흐르며

삼차자하(三汊子河)는 봉황성 북쪽의 나마령(奈磨嶺)【북쪽으로 160리】에서 나오며, 쇄마길하(灑馬吉河)는 황파라곡(黃波羅峪)【봉황성 북쪽 190리】에서 나와 함께 남쪽으로 흘러 애하로 들어간다.

애하수는 또 남쪽으로 봉황성을 지나 서쪽으로 그 변문(邊門) 밖으로 나간다

봉황성은 원래 기자조선(箕子朝鮮)의 땅이었다. 진(秦)나라 때에 요동군(遼東郡) 땅이 되었다가 한나라 때에 현토군(玄菟郡)에 속하였으며, 진(晉)나라 때에 평주(平州)에 속하고 후에 고려(고구려-역자)의 지역으로 들어왔으니 응당 대행(大行), 오골(烏骨)의 2개 성에 속하는 곳이다. 당나라가 고구려를 평정하고 안동도호부(安東都護府)에 소속시켰으며, 발해 때에는 압록부(鴨淥府)의 경계 밖에 속하였고, 요나라 때에는 개주(開州) 땅에 속하였으며, 금나라 때에는 석성현(石城縣) 땅에 속하였고, 원나라 때에는 동령로(東寧路)에 속하였으며, 명나라 때에는 봉황성 보병(堡兵)들이 진수(鎭守)하게 되면서 요동 도사(遼東都司)에 속하였다. 청나라 숭덕(崇德) 3년(1638)에 통원보관병(通遠堡官兵)을 여기 이관하고 성수 장경(城守章京)을 배치하여 다스리게 하였는데, 그 땅은 성경(盛京)

에 속하여 봉천 장군(奉天將軍)이 관할하였다. 성의 동남쪽 5리에 봉황산(鳳凰山)이 있으니 『명일통지』에 이르기를 "봉황산은 요동(遼東) 도사성(都司城) 동쪽 360리에 있다. 성 위에 돌무지 옛 성이 있으니 10만 명의 군중을 수용할 만하다. 당나라 태종(太宗)이 고려(고구려－역자)를 정벌할 때에 이곳에 머물렀던 것이다"라고 하였다.

상고하건대 태종이 개평(蓋平)까지 오고 말았는데【안시(安市)는 개평에 있다】 그가 봉황산에서 머물렀다는 것은 망단이다. 또 요(遼)나라 개주 진국군(開州鎭國軍)이 염(鹽), 목(穆), 하(賀)의 3개 주(州)를 관할하였는데, 개원(開遠)의 한 개 현(縣)은 금나라가 폐지한 것이다. 『요지(遼志)』에 돌무지로 성을 쌓았다고 칭하였는 바 지금 봉황산 위에 있는 옛 성이 즉 개주 고성(開州古城)인 것이다. 지금 우리 조선 사람들은 다 이 성을 가리켜 안시성(安市城)이라고 하는데, 이것은 대단한 오류이다. 변문(邊門)은 즉 두 나라의 교통로로서 동북쪽은 봉황성과 상거가 30리요【옛날 목책은 봉황성 남쪽 15리에 있는데 지금은 이것을 확장하였다】, 동남쪽은 우리 나라 의주와 상거가 120리이다. 동쪽 끝 목책은 이 문에서 끝났는데 이로부터 산해관에 이른다. 책문(柵門) 안에 있는 지역은 봉천 장군이 관할하며 책문 밖에 있는 지역은 변외(邊外)라고 한다.

또 서쪽으로 초하수(草河水)로 흘러 들어가고

초하(草河)는 도수곡(桃樹峪)에서 나온다. 도수곡은 봉황성 서북쪽 150리에 있으니 청석(靑石), 마천(摩天) 두 개 영(嶺)의 남쪽으로 뻗은 지맥(支脈)이다.

초하수 동남쪽으로 흐르는 좌우의 통원수(通遠水)는 분수령에서 나와 남쪽으로 흐르다가 통원보(通遠堡)를 지나서 초하로 들어간다.

상고하건대 분수령은 봉황성 서북쪽 130리에 있다. 이 영의 이북의 물은 향수(響水)가 되어 태자하(太子河)로 들어가며, 이남의 물은 통원하(通遠河)로 된다. 그러므로 오랄(烏喇)의 분수령과는 다르다. 통원보는 옛날의 진이보(鎭夷堡)이니 진이보 성은 주위가 1리 210보이다. 남쪽 문인 좌일산성(左一山城)은 2리나 떨어져 있는데 주위가 1리 90보이다. 서쪽 문인 우일신성(右一新城)은 2리 떨어져 있는데 주위가 1리 60보이니 남일문(南一門)이다.

초하는 또 남쪽으로 고성(古城)의 동쪽을 지나니 성의 주위가 1리 160보인데 남일문은 즉 이른바 초하성(草河城)이다.

초하는 또 설리참(雪裏站) 남쪽을 지나는 바, 설리참은 봉성(鳳城) 서북쪽 70리에 있다. 옛날의 진동보(鎭東堡)이니 역시 설류참(薛劉站)이라고도 쓴다. 우리 조선 사람들은 송참(松站)이라고 부르니 성경(盛京)으로 통하는 길이다.

초하는 또 오른쪽에서 육도하(六道河)와 합하니 그 물은 모회산(帽盔山)【이 산은 봉성 서남쪽 50리에 있다】에서 나와 북쪽으로 흘러 초하에 들어간다.

인평대군(麟坪大君)이 이르기를 "진동보를 지나 옹북하(瓮北河)를 건너는데 이것이 팔도하(八渡河)의 제팔류(第八流)이다"라고 하였으니 물이 빙빙 돌아 무릇 8회를 건너기 때문에 이렇게 일컬은 것이다. 동쪽으로 수백 리를 흘러 봉성대천(鳳城大川)과 함께 마이산(馬耳山) 앞으로 흘러 들어간다. 강의 북쪽 언덕 옛터에 석비가 있는데 '무안왕묘(武安王廟)'라고 각하였다. 이른바 팔도하는, 즉 초하의 여섯번째이니 도하(道河)를 이른 것 같다.

초하는 또 동남쪽으로 봉성을 지나 북쪽으로 애하에 들어간다.

굽어서 동남쪽으로 녹수에 들어간다

애하는 또 동남쪽으로 구련성(九連城) 동쪽을 지나는 바 그 성은 우리 나라 의주(義州)와 상거가 30리니, 즉 명나라의 진강성(鎭江城)이다.

상고하건대 가정(嘉靖) 25년(1546)에 명나라가 신보(新堡)를 구련성의 소북(小北)에 설치하고 강연대보(江沿臺堡)라고 칭하였으며, 동 45년 (1566)에 진(鎭)을 구련성에 다시 설치하였다가 만력(萬曆) 24년(1597)에 명칭을 고쳐 진강유격부(鎭江游擊府)라고 하였다【『고사촬요』에 있다】. 이 때에 후금(後金)나라가 바야흐로 강대해져서 요동지역이 날로 줄어들었 던 까닭에 진을 여기에 설치하고 조선과 더불어 공동으로 성원하게 하 려고 하였던 것이다. 『명사』 「조선전」에 이르기를 "만력 48년(1620)에 광해군(光海君)【12년】이 통고하기를 적병【청(淸)나라 군사이다】이 북관 (北關)을 쳐부수었다 하였고, 또 듣건대 우모채(牛毛寨), 만차령(萬遮嶺) 에 군사를 주둔시켜 관전(寬奠), 진강(鎭江) 등지를 경략하고자 하였으나 관전, 진강은 우리 창성(昌城), 의주의 여러 보(堡)와 물을 사이에 두고 서로 바라 건너다보는 터이니 외롭고 위태함이 보통이 아니다. 적이 만 일 애양 지경으로부터 아골관(雅骨關)으로 올라가 길을 빼앗아 봉황성 내를 둘러서 나가면 하루 동안에 내달아 관진(寬鎭), 창성을 함께 우리 가 확보할 수 없을 것이다. 안으로 요좌 팔참(遼左八站), 밖으로 동강 일 성(東江一城)이 피차 격리되고 후원이 끊어지면 가히 한심하게 될 것이 니 속히 대병력을 조달하고 공동으로 협력하여 변방 수비를 공고히 하 기를 바란다"고 하였으니【조서를 보내 찬성하지 않았다】 그 형세를 알 수 있었던 것이다. 『성경통지』에 이르기를 "『일통지(一統志)』에 구련성은 삼만위(三萬衛)의 동북쪽 90리에 있으니 아홉〔九〕으로 연속되어 있다

하고 건치(建置) 장소는 말하지 않았으나, 응당 오랄(烏喇) 지경 안에 있었을 것인데 옛터는 상고할 수가 없다”고 하였다. 또 『금사(金史)』에 “알로(斡魯)가 합란전(合懶甸)의 지역에서 구성(九城)을 축성하여 고려(高麗)와 대치하고 나와서는 싸우고, 들어가서는 방어하였다. 지금 봉황성 밖에 구련성의 옛터가 아직 남아 있다”고 하였다.

상고하건대 합란전(合懶甸)은 즉 갈란로(曷懶路)이니 오늘날 우리 나라의 함흥 등처이다. 『금사』「고려전」에 이르기를 “강종(康宗) 4년에 고려가 갈란전(曷懶甸)에 출병하여 구성(九城)을 축성하였다. 강종이 이에 알새(斡塞)로 하여금 군사를 거느리고 가서 정벌하니 고려가 구성의 방어를 철폐하였다”고 하였다. 이것이 즉 고려의 윤관(尹瓘)이 쌓은 성인 바 지금의 함흥 이북, 장백산(長白山) 이남 땅에 있었다. 그런데 『성경지』에서 구련성이 여기 해당한다고 한 것은 큰 오류인 것이다.

최부(崔溥)가 이르기를 “구련성은 지금 무너지고 단지 옛터만 남았는데 이것을 또 파사보(婆娑堡)라고도 한다. 보 앞에 강이 있으니 즉 풍포(楓浦)이다. 또 배로 오야강(吾夜江)을 건너면 두 강이 같은 발원지에서 갈라졌다가 다시 하나로 되었는데, 보통 적강(狄江)이라고 한다. 오야란 것은 애하의 음이 변한 것이지만 그러나 풍포란 이름은 들은 적이 없다. 뿐만 아니라 파사보는 즉 옛날의 박작성(泊灼城)이다. 지금의 옥강보(玉江堡) 물 건너편에 있으니【녹수 제2조 참조】구련성은 아니다. 지금 북경 가는 사신은 다 압록강, 애하를 건너서 30리를 가야 구련성에 이르고 또 30리를 가야 금석산(金石山)에 이른다. 그리고 30리를 가서 총수(葱秀)를 지나고 또 30리를 가서 봉황성책에 이르니 구련이란 것은 교통의 요충(要衝)이다”라고 하였다. 연암(燕巖) 박지원(朴趾源)이 이르기를 “압록강을 건너서 삼강(三江)에 이르는데 강물이 맑기가 비단 같아서 이름을 애라하(灤剌河)라고 한다. 압록강과 상거가 불과 10리인데 강의 너비가 우리 나라의 임진강(臨津江)과 비슷하다. 곧 구련성으로 향하게 되는데, 한 눈을 들어 사방을 바라보니 산수가 명랑하고 수목이 하늘에 잇닿았으며 토지가 비옥하여 패강(浿江) 이서와 압록강 이동은 여기에 비길 데가 없다. 두 나라가 다 이 지역을 포기하여 마침내 한적한 구역을 이룬 것이다. 혹시 말하기를 고구려(高句麗) 때에는 일찍이 여기에 도읍하여 국내성이라고 일렀고, 명나라에서는 진강부(鎭江府)라고 하였다. 지금의 청나라가 요동 지역을 함락하였을 때 진강 백성들이 혹은 모문룡(毛文龍)에게 의탁하고 혹은 우리 나라에 의탁하여 그 곳이 공지로 된 지 또한 근 100년이나 되니, 막연하여 다만 높은 산과 맑은 물을 볼 수 있을 뿐이다"라고 하였다【『열하일기(熱河日記)』에서 나왔다】. 대개 그 땅이 봉성의 변문 밖에 있기 때문에 오랄에 소속되어 한갓지고 황폐하기 이와 같은 것이다. 그러나 그 구련성을 국내성이라고 한 것은 항간에 돌아다니는 소리이다. 국내성이란 것은 지금의 산양보 물 건너편이니 구련성과 무슨 관계가 있겠는가!

애하는 또 청수량(淸水梁)의 서쪽에 이르러서 압록강의 서쪽 물 가닥과 합친다.

『성경지』에 이르기를 "애하는 오랄의 서남쪽에 있으니 분수령의 서쪽에서 발원하여 봉황성 남쪽을 감돌아 압록강으로 들어간다"고 하였고, 또 이르기를 "애하는 봉황성 북쪽 20리에 있으니, 국경 밖에서 발원하여 애양성 서북쪽 5리로부터 국경 안으로 들어와서, 봉황성 동남쪽 20리에 이르러 국경 밖으로 나갔다가, 압록강으로 흘러 들어온다. 지금 봉성 주변을 돌아보면 선성(宣城)이 있는데 옛날의 선주(宣州)이다. 선성 곁에 준단산(俊團山)이 있는 바 그 기슭 끝에서 녹수와 애하가 만난다"

고 하였다.

『수도제강』에 "압록강은 또 그 서북쪽에 아포하(阿布河)가 있으니 그
물이 서북쪽에서 봉황성으로부터 와서 만난다"고 하였고, 자기 주석에
이르기를 "아포하는 즉 애합하(愛哈河)이니 애합변문(愛哈邊門) 밖 동북
쪽에서 나와 세 개의 수원이 합쳐서 서남쪽으로 흘러 유조변(柳條邊)으
로 들어가 석두성(石頭城) 서북쪽을 지나고, 또 남쪽으로 굽어서 동남쪽
으로 흘러 변(邊)으로 나오고 또 남쪽으로 강에 들어간다"고 하였다.

강한(江漢) 황경원(黃景源)이 이르기를 "숭정(崇禎) 6년(1633)에 공유덕
(孔有德), 경중명(耿仲明)이 등주(登州)에서 반란을 일으켜 망명하여 섬
으로 들어감으로써 조소종(曹紹宗), 유승조(劉承祖)로 하여금 표문(表文)
을 받들고 심양(瀋陽)의 두도제(杜度濟)에게 항복하게 하였던 바 합랑아
제격(哈郎阿濟格)이 진강에서 맞았다. 명나라 군사가 추격하여 위화도
(威化島) 남쪽에 이르니 왕이 임경업(林慶業)을 파견하여【즉 우리의 인조
(仁祖) 11년】협공하게 하였다. 임경업이 군사를 거느리고 경중명과 우가
장(牛家庄)에서 전투하여 크게 쳐부수었다『임경업전(林慶業傳)』"고 하
였다.
또 충민공 임경업비(忠愍公林慶業碑)에 이르기를 "임경업이 영변 도
호부사(寧邊都護府使)가 되었는데, 처음에 유격(游擊) 공유덕이 그 무리
경중명과 함께 반란을 일으켜 등주를 쳐부수고 순무어사(巡撫御使) 손
원화(孫元和)를 생포하였다. 황제가 산동총병(山東總兵) 진홍범(陳弘範)
등에게 명령하여 토벌하게 하였다. 공유덕이 망명하여 바다로 들어가서
조소종(曹紹宗), 유승조로 하여금 표문을 받들고 청나라에 항복하게 하
였다. 진홍범이 추격하여 적강(狄江) 서쪽까지 이르렀다. 왕이 이에 임

경업에게 협공할 것을 명령하였다. 임경업이 정병(精兵)을 거느리고 난자(蘭子) 북쪽 20리에 나가서 형제산(兄弟山)에 점거하였다. 이때 십여만쯤 되는 공유덕의 군사는 바다 위에 가득 찼다. 임경업은 칼을 휘둘러 공유덕을 매도하면서 화살을 뽑아 그 말을 맞추었다. 공유덕은 우가장으로 패주하였는데 임경업은 마침내 뒤좇아 공격하여 크게 격파하였다"고 하였다.

『대청회전(大淸會典)』 칙례(則例)에 이르기를 "옹정(雍正) 9년(1731)에 성경 장군(盛京將軍)이 상주하여 초하, 애하가 둘러서 강으로 들어가는 망우초(莽牛哨)에 수로 경비소〔水路防汛〕를 설치할 것을 요청하였다. 이에 대한 황제의 회답에 이르기를 '내 생각에는 성경 장군이 요청한 수로 경비소를 설치하자는 장소는 벌써부터 조선과 국경이 연접되어 있기 때문에 해당 기관으로 하여금 공문을 내어 그 나라에 편리한가 불편한가를 문의하여 그 회답을 받아 보고 다시 의논하려 하였던 바, 조선 국왕이 이전 규례대로 하기를 요청하였다. 결과 그 나라의 소청을 참작하여 수로 경비소를 증설할 필요는 없다'"고 하였다.

『동문휘고』에 이르기를 "옹정 9년에 봉천장군(奉天將軍) 나소도(那蘇圖)가 상주하기를 '봉황성변 밖에 육로 경비소〔陸路防汛〕를 설치한 호이산(虎耳山) 등처에 초하가 있습니다. 두 강물이 다 국경 안으로부터 발원하여 국경 밖의 망우초 지방에 이르러 돌아서 중강(中江)으로 흘러 들어가는데, 그 중강 중심에 삼각주가 있으니 이름을 강심타(江心沱)【강심타는 즉 어적주(於赤洲)】라고 합니다. 강심타의 서쪽은 봉황성 관할에 속하며 강심타의 동쪽은 조선과의 국경 지역입니다. 그런데 해마다 불량한 무리들이 언제나 은밀히 작은 배를 타고 수로를 거쳐 미곡을 몰래 운반하니, 제 의견으로는 망우초 지방에 판사처를 설치하여 수로를 경비할 것을 요청합니다'"라고 하였다.

　청은 상고하건대 압록강으로부터 봉황성까지 120리의 땅은 다 황폐해졌다. 까닭에 봉천장군이 이곳에 경비소를 설치하고 방어하고자 하였는데 우리 나라에서 공문을 보내어 그것이 불편하다고 말하여 마침내 정지되었던 것이다.

　지금 구련성 서쪽 8리에 있는 망우(望隅)라고 하는 땅이 즉 여기서 이르는 바 망우초, 즉 망우인 것이다.

　『동문휘고』에 "건륭(乾隆) 7년(1742)에 동지사(冬至使) 낙창군(洛昌君) 당(樘)의 별단(別單)에 이르기를 '봉황성책 밖의 백여 리 지역은 토지가 비옥하므로 목책 안에 거주하는 백성들이 그 곳을 소원한 지가 이미 오래였다.' 작년 가을에 도찰원 어사(都察院御史) 녹겸(祿謙)이 일찍이 책문 어사(柵門御史)로 있을 때 상주하기를 '조선 사신들이 중로에 유숙할 때 인마(人馬)가 얼어죽고 맹수가 맘대로 드나드니, 마땅히 여관을 책문 밖에 설치하여 그들의 편의를 도모하자고 하였으나 황제가 보류하고 실시하지 않았다. 때마침 성경 장군 액도(額圖)가 조정에 들어가니 그 가부를 물었다. 액도가 말하기를 책문 밖에 여관을 설치하지 않은 것은 본디 변금(邊禁)을 엄격히 하고 국경을 안정시킬 뜻이었으나 지금 새로 그런 제도를 시작할 수는 없다고 하니 황제가 그 말을 받아들였다'"고 하였다.

　청은 상고하건대, 이때에 협리 산동도 감찰어사(協理山東道監察御史) 녹겸이 중강 봉성 중 적당한 곳에 공관(公館)을 짓고 순초(巡哨) 병정을 시켜 유숙케 하려고 하였으나, 액도의 건의로 인하여 또 정지되었던 것이다.

『동문휘고』에 "건륭 11년(1746) 봉천 장군 달이당아(達爾黨阿)가 상주하기를 '봉황성변 밖의 망우초는 두 강의 합친 물이 중강으로 돌아드는 곳이니 서쪽은 봉황성에 속하고 동쪽은 즉 조선 영토입니다. 그 근원은 다 장백산에서 나와 액이민(厄爾岷), 합이민(哈爾岷)의 두 길에 이르는데 이 강 일대의 산장(山場)에서는 다 인삼이 생산되기 때문에 육로 연변에는 다 잡륜관병(卡倫官兵)【요해처의 경비병】을 설치하고 엄격히 순찰하였습니다. 이에 불량한 무리들이 은밀히 작은 배를 만들어 미곡을 싣고 망우초를 경유하여 강을 따라 동하(冬河)에 이르러 몰래 인삼 생산지에 들어가서 은밀히 인삼을 함부로 캡니다. 이전 장군 나소도(那蘇圖)가 상주한 글을 살펴보면 다만 초하·애하 연변의 물은 압록강으로 통한다고 하였을 뿐이요, 그 강물의 근원이 장백산의 못 위로부터 나온다는 데 대해서는 전연 명백히 말하지 않았습니다. 그러나 통음(通蔭), 액이민, 합이민 등 강의 근원도 역시 장백산 못으로부터 흘러나와 분수령을 따라 남쪽으로 흘러 내려오다가 서남쪽 일대에서 압록강으로 통하고, 거기서 감돌아 초하, 애하, 망우초와 합쳐서 중강으로 흘러 들어가서 곧 바다에 도달한다고 하였습니다. 그러나 그 말이 자세하지 못하였으므로 마침내 정지되었습니다. 연래로 불량한 무리들이 망우초를 경유하여 몰래 금지구역에 들어가서 사사로이 삼을 캐니 실로 단속하기 곤란합니다. 제 의견에는 망우초에 팔장선(八槳船) 4척을 배치하고, 좌령(佐領) 1명, 병사 100명을 파견하여 수비할 것을 요청합니다'라고 하였다. 그리고 또다시 상주하기를 '제가 웅악 부도통(熊岳副都統) 서이문(西爾門)과 만나서 상의하고, 서이문이 직접 망우초에 가서 중강 동북쪽으로 20여 리 떨어진 잡륜(卡倫) 지방을 보니, 강의 중심에 삼각주 하나가 있었습니다. 강물이 삼각주 변두리의 두 산 갈래를 따라 흐르고 있었는데, 여기서 갈라져 흐르는 남쪽 가닥의 물은 조선으로 흘러 들어가 바로 의주에 이르며 북

쪽 가닥의 물은 즉 망우초하(莽牛哨河)입니다. 그 강의 중심에 돌섬〔石
嶼〕이 하나 있으니 즉 조선과의 국경선입니다. 강의 서북쪽은 다 우리
경내에 속하니 군사를 파견하여 주둔시키고 황무지를 개간하여 밭을 일
구고 강의 중심을 넘지 못하게 한다면 복잡스러운 폐단을 면할 수 있을
것입니다'라고 하였다. 이때에 우리 나라에서 공문을 보내어 이르기를
'귀국이 통치한 이래 목책 밖에 강 연안의 백여 리는 그 땅을 비워 두고
사람들의 거주를 금지하며, 그 한계의 설정에 있어서도 엄격하고 또 멀
리 정하였다. 그런데 이제 만일 토지를 개간하고 둔전(屯田)을 설치한다
면 몰래 국경을 넘는 일이 더욱 빈번하여 협잡 폐단이 연속 발생할 것
이니 전례대로 하기 바란다'"고 하였다.

　청은 상고하건대 이때에 또 망우초에 경비소〔防汛〕를 설치하려 하다
가 우리 나라의 통고로 인하여 또 정지하게 되었다. 그러나 달이당아의
상주문에 곧 초하, 애하가 다 장백산에서 발원한다고 한 것은 오류이다.

　『당서』「고려전」에 이르기를 "건봉(乾封) 3년(658)에 이적(李勣)이 설
인귀(薛仁貴)를 인솔하고 부여성(扶餘城)을 점령하였는데 천남건(泉男建)
이 군사 5만 명으로써 부여를 습격하니 이적이 살하수(薩賀水) 위에서
천남건군을 격파하여 머리를 벤 것이 5,000급(級)이요, 포로가 3만 명이
었다. 또 진격하여 대행성(大行城)을 점령하니 계필하력(契苾何力)이 이
적의 군사와 압록강에서 만났다"고 하였다.

　『청일통지』에 이르기를 "살하수(薩賀水)는 개주(開州) 서남쪽에 있으
니 혹은 설하수(薛河水)라고도 한다. 옛 기록〔舊志〕에 설하수는 북쪽 산
중에서 나와 동남쪽으로 흘러 압록강에 들어간다"고 하였다.

　청이 상고하건대 이적이 살하(薩賀)로부터 압록에 이르렀으니 즉 살
하가 압록강 서쪽에 있는 것이다. 지금 동남쪽으로 압록강에 들어가는

강에 애하가 있으니 이것이 옛날의 살하수인 듯하다.

고진수(古津水)

고진수는 의주(義州) 천마산(天磨山)에서 나와 남쪽으로 흘러 안주창(安州倉) 동쪽을 지나며

천마산은 의주의 동북쪽 150리에 있으니 즉 삭주(朔州)와 구성(龜城)의 경계이다. 산등성이의 서쪽 물은 옥강(玉江)이 되고, 동쪽 물은 대령강(大寧江)이 되며, 남쪽 물은 고진수가 된다.

고진수는 안주창 동쪽에 이르러 좌편으로는 노수(蘆水)에 합치는데, 노수는 구성부(龜城府)의 노동(蘆洞)에서 나와 서쪽으로 흐르다가 안의보(安義堡)를 지나서 서쪽으로 고진수에 들어간다. 안의보에는 동첨절제사(同僉節制使)를 두어 수비하니 요해지인 까닭이다【구성 서남쪽에 있다】.

『비고』에 이르기를 "고진수는 천마산 남쪽에서 발원하여 남쪽으로 흘러서 희역천(喜驛川)으로 되어 안주창을 거쳐 노동수(蘆洞水)를 지난다"고 하였다.

굽어서 서쪽으로 영삭고진(寧朔古鎭) 남쪽을 지나서 좌편에서 양책수(良策水)와 합친다

고진수는 서쪽으로 흘러 식송보(植松堡) 남쪽을 지난다. 식송보는 즉 병마만호(兵馬萬戶)가 수비하는 곳이니 그 서쪽에 새장(塞墻)의 좁은 목이 있다.

고진수는 또 좌편에서 한 물과 합류하니 그 물은 보광산(普光山)에서 나와 북쪽으로 흘러서 고진수로 들어간다.

고진수는 또 서쪽으로 영삭고성(寧朔古城) 남쪽을 지난다. 고려 문종(文宗) 때에 여기에 진을 설치하였으니 번적(蕃賊)의 요충 지역을 제압하기 위한 것이었다. 지금은 폐지하여 의주에 속하였다【남쪽 120리】.

고진수는 또 우편에서 월화수(月化水)를 받으니 그 물은 대성현(大城峴)에서 나와 남쪽으로 흘러 고진수로 들어간다.

고진수는 또 서쪽으로 임천성(臨川城)의 남쪽을 지나니 임천성은 즉 고려 유소(柳韶)가 축성한 것인데 지금 의주의 동남쪽 80리에 있다.

고진수는 또 남쪽으로 양책수와 합치니 양책수는 철산부(鐵山府) 망일산(望日山)에서 나와 서북쪽으로 흘러 양책역(良策驛)을 지나서 운량포(運糧浦)로 되어 고진으로 들어간다.

『비고』에 이르기를 "고진수는 감돌아 서쪽으로 흐르며, 식송새장(植松塞墻)의 좁은 목을 지나서 임천(臨川)이 되어 영삭(寧朔)에 이르러 월화천(月化川)을 지나, 동을랑강(冬乙郎江)이 되어 양책천(良策川)을 지난다"고 하였다.

고진수는 또 서쪽으로 영주고성(靈州古城)의 남쪽을 지나 인산보(麟山堡) 남쪽에 이르러 녹수로 들어간다

무주(霧州)는 또 영주(寧州)라고도 하니 고려의 흥화진(興化鎭)이다.

고려 현종(顯宗) 9년에 거란(契丹)의 소손녕(蕭遜寧)이 고려에 침입하니,
현종이 강감찬(姜邯贊)을 서북면 행영 도통사(西北面行營都統使)에 임명
하고, 대장군 강민첨(姜民瞻)을 부사(副使)에 임명하여 군사 20만 8천 명
을 거느리고 방어케 하였다. 강감찬은 흥화진에 이르러 기병 12,000명을
선발하여 산골짜기에 매복하고, 큰 노끈으로 소가죽을 꿰매어 성 동쪽
의 큰 냇물을 막아 놓고 대기하다가 적들이 이르매, 막았던 내를 터뜨리
고 복병을 발동시켜 크게 적을 격파하였다【『고려사』「강감찬전」】. 지금은
진을 폐지하고 의주에 소속시켰다【의주의 남쪽 50리】.

고진수는 또 서쪽으로 태조봉(太祖峯)의 남쪽【의주 동남쪽의 40리】과
소꼬지역[所串驛]의 북쪽【의주의 남쪽 32리】을 지나 인산보의 남쪽, 양
하보(楊下堡)의 북쪽에 이르러 녹수의 동쪽 가닥 물로 들어가서 대총강
(大總江)이 된다.

예겸(倪謙)의 「사조선록(使朝鮮錄)」에 이르기를 "고진수는 의주 동남
쪽 36리에 있으니 천마산에서 발원하여 압록강에 흘러 들어간다"고 하
였다.

『승람』에 이르기를 "고진수의 발원지는 세 곳이 있으니, 하나는 천마
산 동남쪽에서 나오고, 하나는 서남쪽에서 나오며, 하나는 보광산 북쪽
에서 나와서, 미륵당(彌勒堂)에 이르러 다 합쳐서 고정령(古定寧)의 십여
리를 지나서 광화리(廣化里)에 이르러 고진수로 되었다. 또 남쪽으로 흘
러 고영주(古寧州)를 지나서 인산 서쪽에 이르러 압록강으로 들어가는
데 천순(天順) 연간에 서장관(書狀官) 강기수(姜耆壽)가 여기서 빠져 죽
었기 때문에 서장강(書狀江)이라고도 칭한다"고 하였다.

인평대군이 이르기를 "고진수는 천마산 및 보광산에서 발원하여 서
쪽으로 이 강이 되고 또 서쪽으로 40리를 흘러 대총강에 들어간다"고
하였다.

『비고』에 이르기를 "고진수는 또 서쪽으로 양하진(楊下鎭)에 이르러 대총강에 들어간다"고 하였다.

『수도제강』에 "물은 또 용천성(龍川城) 서남쪽을 지나 삭천하(朔川河)에 소구(小口)가 있으며, 용천성에서 강 건너 북쪽 연안이 즉 의주성이다"라고 하였다. 그리고 자기 주석에 이르기를 "삭천하는 동쪽으로 산에서 나와 서쪽으로 흘러 용천성 북쪽 의주 남쪽을 지나서 또 서남쪽으로 흘러 바다로 들어간다"고 하였다.

만수(滿水) (1)

만수는 백산(白山)의 동남쪽 골짜기로부터 흘러나온다.

이것이 곧 두만하(豆滿河)인데 이 강에는 여섯 가지 이름이 있다. 금(金)나라 때에는 통문수(統門水)라고도 하고 도문수(徒門水)라고도 하였으며, 명(明)나라 때에는 아야고강(阿也苦江)이라 하였고, 지금은 토문강(土門江)이라고도 하고 애호강(愛滹江)이라고도 하며, 우리 나라에서는 두만강(豆滿江)이라고 하는 바, 이렇게 이름이 많은 것은 번역하는 말이 변한 때문이다. 대개 장백산(長白山)으로부터 여덟 개의 큰 강이 흘러나오는데 동쪽 골짜기에서 흘러나오는 것이 분계하(分界河)이고【아래의 동관(潼關)조를 보라】, 동남쪽 골짜기에서 흘러나오는 것이 어윤하(魚潤河)이니 이것이 만수의 근원이다.

『금사』「유가전(留可傳)」에는 "유가(留可)는 통문수(統門水)와 혼준수(渾蠢水)가 합류하는 곳인 오고륜부(烏古倫部) 사람이다"라고 하였다.
『금사』「세기(世紀)」에는 "경조(景祖)가 생여진절도사(生女眞節度使)로 있을 때에 통문수 온적흔부(溫迪痕部)와 신은수(神隱水) 완안부(完顔部)가 모두 연이어 귀순하였다"고 하였다.
또 『금사』「태종본기(太宗本記)」에는 "천회(天會) 9년에 도문수 이서

와 혼탄수(渾睡水), 성현수(星顯水), 잔준수(潺蠢水)―세 강 이북의 휴한
지〔閑田〕를 갈란로(曷懶路)의 여러 모극(謀克)들에게 주었다"고 하였다
【강종(康宗) 4년에 고려에서 아홉 개의 성을 쌓으니 강종이 알새(斡賽)를 시
켜 이를 치게 하였는데, 혼탄(渾坦)과 석적환(石適歡)이 도문수에서 군사를 합
하였다】.

『명일통지』에는 "도문하(徒門河)는 건주위(建州衛)를 지나 동남으로
1,000리를 흘러서 바다로 들어간다"고 하였고【여진조(女眞條)에 있다】, 또
"아야고하(阿也苦河)는 장백산에서 발원하여 동으로 흘러 바다에 들어
간다"고 하였으며【역시 여진조에 있다】, 또 "진주(眞珠)가 아야고하에서
난다"고 하였다.

『성경통지』에는 "토문강은 영고탑(寧古塔)의 남쪽 600리 되는 곳에
있는데 장백산에서 발원하여 동북으로 조선의 북쪽 경계를 감돌아 흐르
다가 다시 동남으로 꺾이어 바다로 들어간다"고 하였고, 또 쓰기를 "지
금 장백에서 흐르는 강들 중, 동으로 흐르는 강으로서 토문강이 있고,
아야고(阿也苦)라는 이름이 없는 것은 고금의 명칭이 다른 까닭이다"라
고 하였다.

『청일통지』에는 "토문강은 영고탑성(寧古塔城)의 남쪽 600여 리 되는
곳에 있는데, 장백산에서 발원하여 동북으로 흐르면서 조선의 북쪽 경
계를 둘렀으며, 또 동남으로 구부려져 흐르면서 여러 강들과 합류하여
바다에 들어간다"고 하였다. 『금사』에는 유가(留可)는 통문수와 혼준수
가 합류하는 곳인 오고륜부 사람이라고 하였는데, 지금 혼춘하(渾春河)
가 남으로 흘러 토문강과 합류한다. 통문(統門)은 곧 토문(土門)이니 음
이 변한 것이다. 『명일통지』에는 도문하(徒門河)가 있는데 이것이 곧 통
문하(統門河)이며 아야고하와 동일한 강일 것이다.

『여지승람』에는 "두만강은 경원부(慶源府)에서 동으로 25리 되는 곳

에 있다. 여진어(女眞語)로 만(萬)을 두만(豆滿)이라고 하는데 여러 갈래의 물이 여기에서 합류하기 때문에 두만강이라고 이름하였다"고 하였다.

청은 생각건대 이 여러 책들에 기록된 것은 다 만수(滿水)의 하류를 두고 말한 것이다.

『개국방략(開國方略)』에는 "장백산 위에 달문(闥門)이라는 못[潭]이 있는데 둘레는 80리이고 물이 깊으며 흐름이 넓어서 압록(鴨淥), 혼동(混同), 애호(愛滹) 세 강의 물이 여기에서 흘러나온다. 압록강은 산으로부터 서남으로 흘러 요동의 남해에 들어가고, 혼동강은 산으로부터 북으로 흘러 북해에 들어가고, 애호강은 동으로 흘러 동해에 들어간다"고 하였다.

청나라 고종(高宗)의 「성경부(盛京賦)」에는 "우리 청나라가 장백산(長白山)에서 시작되니 상서로운 기운이 엉키어 크게 빛나고 크게 신령스럽도다. 둘레가 80리 되는 못이 있으니 이름은 달문(闥門)이요, 압록·혼동·애호 세 강이 여기서 흘러나온다"고 하였다.

『양조평양록(兩朝平壤錄)』에는 "왜병이 평양에 모여서 조선 정부에 통고하기를 풍신(豐臣)과 청정(淸正)을 보내어 두만강변에 이르기까지 전부 차지하였다고 하였다"고 하였다.

『광여기(廣輿記)』【육정양(陸庭陽)】에는 "토목강(土木江)은 개원성(開原城)의 북쪽 6,000여 리 되는 곳에 있는데 장백산에서 발원한다"고 하였다.

『동문휘고』의 건륭(乾隆) 22년 예부(禮部)의 자문(咨文)에는 "혼춘(渾春)과 고려는 토문강(土門江)으로 막혀 있다. 혼춘으로부터 갈합리하(噶合里河) 어귀까지는 원래 혼춘의 관할하에 속하여 있었기 때문에 매년 관병(官兵)을 파견하여 갈합리하 어귀까지 순찰하는 것이다. 지금 고려의 조자영(趙自永) 등이 국경을 넘어와 사람을 죽였는데 그들의 공초에 두만강이란 말이 있지만 해당 지방의 문서를 조사하면 도무지 두만강이란 이름이 없으며, 팔기병(八旗兵)이 있는 지방의 관리들에게 두루 물어 보아도 역시 알지 못하므로 이에 공문을 보내어 알린다”고 하였다. 이에 대한 우리 나라의 회답서에서 “우리 나라의 북쪽 경계는 강으로 둘러싸였는데 우리가 말하는 두만강은 곧 그대들이 말하는 토문강이다. 즉 하나의 강에 두 개의 이름이 있는 것이다”라고 하였다【「범월편(犯越篇)」에서】.

『동문휘고』에는 “강희(康熙) 51년에 오랄총관(烏喇總管) 목극등(穆克登)이 장백산에 이르러 경계를 정하고【경계를 정하던 일은 녹수(淥水)조에 상세히 기록되어 있다】, 후에 접반사(接伴使)에게 자문(咨文)을 보내어 말하기를 ‘내가 친히 백산(白山)에 이르러 자세히 살펴보니 압록과 토문 두 강은 모두 백산의 밑으로부터 발원하여 동서 양변으로 나뉘어 흘렀다. 원래는 강 북쪽을 우리 나라 경계로 하고 강 남쪽을 조선의 경계로 하였던 것인데, 많은 해가 지났기 때문에 두 강이 발원하는 분수령 가운데 비(碑)를 세우고 토문강의 시원으로부터 흐름을 따라 내려가면서 자세히 살펴보니 수십 리를 가서는 물 흔적이 보이지 않았다. 돌 틈을 따라 100리를 더듬어 내려가서야 큰 물이 나타나 무산(茂山)의 두 언덕 사이를 흘러가는데, 초목이 적고 땅이 평탄하여 사람들이 경계를 알지 못하므로 국경을 넘나들면서 집을 지었으며 길들이 엉클어져 있었다. 그러므로 접반사와 관찰사가 상의하여 무산과 혜산(惠山)에 다 가깝고 물이 없는 땅에 어떤 견고한 설비를 하여 사람들로 하여금 경계가 있음을 알고 감히 월경하지 못하게 하여야 할 것이다. 이 때문에 글을 보낸다’”

고 하였다.

접반사 박권(朴權)이 보내는 글에는 "당신이 목책(木柵)을 세우는 일의 편리 여부를 써서 이 자문을 보냈는데 목책은 장구한 사업이 아닌 만큼 흙을 쌓거나 돌을 모으거나 목책을 세우되 농한기에 공사를 시작하여야 하며, 2~3년 후에 완공하여도 무방할 것이다"라고 하였다.

『원사(元史)』「지리지」에는 "합란부(合蘭府)와 수달달(水達達) 등 지방에 다섯 개의 진(鎭)을 설치하였다. 그 하나는 호리개(胡里改)인데 여기서 호리개강(胡里改江)이 혼동강(混同江)과 합류하며 또 합란하(合蘭河)가 바다로 흘러 들어간다"고 하였다.

청은 생각건대 합란부는 지금의 함경도(咸鏡道)이고, 호리개강은 지금의 호아합하(虎兒哈河)이다. 호하(虎河)로부터 함경도에 이르는 사이에 큰 강으로는 두만강이 있을 뿐이니, 『원사』의 합란하는 두만강일 것이다.

『화한삼재도회』에는 "조선의 북쪽, 달단(韃靼)과의 경계에 큰 강이 있는데 이름은 보려천(保呂川)이고 강의 너비는 15리이다. 매년 8월부터 다음해 3월까지는 3척이 넘는 두터운 얼음이 강을 덮어 육지와 같이 되므로, 배 밑에 수레바퀴를 대면 밀고 다닐 수 있으며 행인들은 신에 못을 박고 걸어다닐 수 있다. 3월 이후에는 얼음이 풀려 다시 큰 강이 된다"고 하였다.

청은 생각건대 보려천은 아마 두만강일 것이다. 하지만 먼 변방에 전하여 들은 것이라 자세히 알 수는 없다.

동으로 흘러 어윤수(魚潤水)가 되고 오른편으로 서북천(西北川)과
합류한다

장백산의 큰 줄기는 남으로 뻗어 연지봉(臙脂峯)과 허항령(虛項嶺)에
이르러서 둥그렇게 큰 평원을 이루며 동남으로 뻗어서 보다령(寶多嶺)
과 사봉(沙峰)이 된다. 연지봉의 한 줄기는 동으로 뻗어 대각봉(大角峰),
감토봉(甘土峰), 남증봉(南甑峰)에 이르며 사봉의 한 줄기는 동으로 뻗어
노은동산(蘆隱洞山)을 이룬다. 어윤수는 대체로 천평(天坪)에서 흘러나
오는데 동으로 흐르면서 이 여러 골짜기의 물들과 합류한다. 정씨(鄭氏)
의 지도에는 허항령 동쪽에 세 개의 못이 있는 바 반교(半橋), 유동(柳
洞), 동석포(東石浦)이며, 윤씨(尹氏)의 지도에는 또 대홍단수(大紅丹水),
소홍단수(小紅丹水), 장파수(長陂水)가 있는데 이것들은 다 어윤수에 합
류된다.
    만수는 동으로 흐르면서 삼산사(三山社)의 북쪽 즉 무산부(茂山府)에
서 서북으로 350리 되는 곳을 지난다. 강변의 수비는 이 삼산사로부터
시작되는데 여기서 북으로 강이 시작되는 곳까지의 거리는 300여 리
이다.
    만수는 또 오른편으로 보다수(寶多水)와 합류하는데 보다수는 보다회
산(寶多會山)【무산에서 서남으로 230리 되는 곳에 있다】에서 흘러나와 동
북으로 흘러 만수에 들어간다.
    만수는 또 동으로 흘러 장판교(長坂橋)를 지나서 오른편으로 서북천
(西北川)의 물과 합류하는데, 서북천은 길주(吉州) 원산(圓山)【두리봉(頭
里峯)이라고도 한다】의 구봉(狗峯)에서 시작되어 북으로 흘러 완항령(緩項
嶺)의 동쪽을 지나서 무산부에서 서쪽으로 90리 되는 지경에 이르러 만

수에 흘러 들어간다.

『비고』에는 "두만강은 백두산 남쪽 갑산(甲山), 천평(天坪)【천평은 갑산부에 속하였다】에서 발원하여 동으로 흘러 어윤강(魚潤江)이 되어 오른쪽으로 보다천을 지나고 또 장판석교(長阪石橋)를 지나며 또 오른쪽으로 서북천을 지난다"고 하였다.

만수는 또 오른편으로 박하수(朴下水)를 받아들인다

박하(朴下)는 박하(博河)라고도 쓴다. 이 강은 경성부(鏡城府)의 장백산(長白山)에서 흘러나온다. 장백산은 매우 높으며 수백 리에 서리어 있다. 5월에 처음 눈이 녹았다가는 7월에 다시 눈이 오며 돌들이 다 흰빛이기 때문에 장백산이라고 이름하였다. 원산(圓山)의 한 줄기가 동북으로 뻗어서 이 산이 되었는데, 꼭대기에 못이 있는 그 산과는 다르다.

박하수는 북으로 흘러 거문령(巨門嶺)의 물과 합류하고 무산부의 서쪽에 이르러 만수에 들어간다.

『승람』에는 "허수라천(虛修羅川)은 장백산에서 발원하여 검천(檢天)의 박가천(朴加遷)에 이르러 두만강에 들어간다. 우리말로 강변의 돌길을 '천(遷)'이라 하며 박가(朴加)는 박하(朴下)와 같다"고 하였다.

함경도 관찰사 남구만(南九萬)이 임금에게 아뢰기를 "부령(富寧), 차유령(車踰嶺) 밖으로부터 회령도곤(會寧都昆) 위까지는 200여 리나 되는 땅이니 마땅히 한 부(府)를 두어야 할 것이며, 서가선(西加先)과 이시도곤(利施都昆)【지금의 풍산보(豊山堡)이다】 등지에는 2~3개의 진보(鎭堡)를 두어 강변의 수비처로 삼아야 하겠습니다. 차유령 밖에서 장백산 뒤로 통할 수 있는 곳은 오직 박하천(朴下遷) 한 길 뿐이니, 여기에도 마땅히 한 개의 보(堡)를 두어 방비하여야 하겠습니다. 지름 회령 서쪽으로부터 만수를 거슬러 올라가면 전부 한 개의 부(府)와 세 개의 보(堡)가 있는데 오직 박하천에만 방비가 없습니다"라고 하였다.

동북으로 흘러 무산부(茂山府)의 서북쪽을 지나면서 이 부 동쪽의 물을 받아들인다

무산부는 옛날에는 말갈(靺鞨) 백산부(白山部) 땅이었고, 고려 때에는 금(金)나라 사람들에게 강점되어 호리개로(胡里改路)의 남쪽 경계에 속하게까지 되었으며, 우리 나라(조선－역자) 초기에는 차유령, 허수라(虛水羅), 삼봉평(三蓬坪) 등지로부터 두만하 강변에 이르기까지 번호(藩胡), 노토(老吐), 마우(摩亐)【『비고』에는 ‘摩亐’를 ‘爾亐’로 썼는데 ‘爾’는 ‘摩’자의 중국 음과 같이 읽는다】들이 살고 있었다. 선조(宣祖) 33년(1600)에 번호가 우리 나라에 귀속되었고, 현종(顯宗) 15년(1674)에 처음으로 첨절제사를 두고 삼봉평에 보(堡)를 설치하였으며 부령부(富寧府)에 통합되었던 무산보(茂山堡)를 여기에 이속시켰다【지금의 폐무산보(廢茂山堡)가 여기이다】. 숙종(肅宗) 10년에 이곳을 도호부(都護府)로 승격시켰다.

성천(城川)도 역시 경성(鏡城)의 장백산에서 흘러나와 북으로 흘러 마전(麻田)에 이르러서, 오른편으로 차유령의 물과 합류하며 무산부의 동북쪽에 이르러 만수에 들어간다. 경(經)에서 말한 "부 동쪽의 물"이 곧 이것이다.

구부러져 동으로 흐르면서 양영(梁永)과 풍산(豐山) 두 보(堡)의 북쪽을 지난다

양영만동보(梁永萬洞堡)는 무산의 동북쪽 27리 되는 곳에 있는데 권관(權管)을 보내어 지킨다. 본래는 부령부에서 50리 되는 곳에 있었던 것인데 숙종 10년(1684)에 이곳으로 옮겼다.

풍산보(豊山堡)는 양영의 동쪽 55리 되는 곳【무산의 동북쪽 85리 되는 곳】에 있는데 병마만호(兵馬萬戶)를 두어 지킨다. 본래는 부령의 동북쪽에 있었는데 현종 15년(1674)에 이시도곤(利施都昆) 땅에 옮겼는 바, 이 것이 곧 지금의 보이다. 보를 설치하던 때에 관찰사 남구만(南九萬)이 아뢰기를 "차유령 밖에서 무산【폐무산(廢茂山)을 가리킨 것이다】으로부터 북으로 120리를 가서 정승파(政丞破), 오달죽(吾達竹), 돈모로(頓毛老), 동량동(東良洞), 노토부락(老土部落) 등지를 지나 강변에 이르면 마을우시배(摩乙于施培)【'摩乙于'는 본래 '爾乙于'로 쓰는데 '爾亐'로도 쓴다】 땅이 있는데, 마을우(摩乙于)란 추장(酋長)의 이름이며 시배(施培)란 저들의 방언에 보성(堡城)입니다. 여기에는 지금에 이르기까지 성터의 유적이 있습니다. 마을우시배로부터 강을 따라 동으로 내려가면서 헐연평(歇然坪), 서가선(西加先), 이시도곤 등지를 지나 백 수십 리를 가면 비로소 회령(會寧) 농산보(農山堡)가 나타납니다. 이른바 헐연평이니 뭐니 하는 땅들은 다 옛날 저 사람들이 모여 살던 곳으로서 들이 넓기는 마을우시배보다 못하지만 토지가 비옥합니다. 이곳들은 천연 요새지로서 결단코 내버리지 말고 지켜야 할 곳입니다"라고 하였다.

나는 생각하건대 세종 16년(1434)에 육진(六鎭)을 설치하였는데, 그 이전에는 부령(富寧)으로 경계를 삼아 차유령 이북은 전부 경계 밖에 있었기 때문에 국경 수비는 회령(會寧)으로부터 남으로 영마루까지를 표준으로 하였다. 선조(宣祖) 이후에 차유령 서북의 땅이 전부 우리의 소유가 되었고 현종(1660~1674), 숙종(1675~1720) 때에는 점차 내지(內地)의 진(鎭), 보(堡)들을 만수 연변에 옮겼는 바, 지금의 무산부(茂山府)와 양영(梁永), 풍산(豐山), 협하(頰河) 등 세 보가 그것이다. 옛 부령부(富寧府)는 지금 내지로 되었는데 그 경계선은 만수 연변까지 미치지 못하였으니 이를 보건대, 남상공(南相公)【남구만을 말함-역자】이 임금에게 아뢴 것은 부를 옮기던 때의 이야기일 것이다.

만수는 또 동으로 흘러 운두성(雲頭城) 북쪽을 지난다

운두성은 풍산보(豐山堡)에서 동으로 15리 되는 곳, 즉 회령부에서 서쪽으로 40리 되는 곳에 있는데 성의 둘레는 1만 8,220척이고 높이는 14척이며 여장(女墻)이 240개이고 치(雉)가 8개이다. 오래 폐기되어 있었는데 청나라 영종(英宗) 때【7년】(1731)에 협하보(頰河堡)를 이 성에 옮기고 첨절제사를 두어 지키게 하였으며, 이어 이 성을 협하보라고 불렀다. 세속에서는 볼하보(甫乙下堡)라고 하는데 그것은 우리말로 '頰'을 '볼(甫乙)'이라고 하기 때문이다. 성밖에 큰 둔덕이 있는데 세상에서는 이것을 오국성(五國城)이라고 하며, 금(金)나라 사람들이 휘종(徽宗)과 흠종(欽宗)을 이곳에 가두었었다고 하나 그렇지 않은 것 같다. 이제 오국성의 연혁에 의하여 명확히 판단하겠다.

『거란국지(契丹國志)』에는 "여진은 동북으로 오국(五國)과 접하여 있고 오국의 동쪽은 큰 바다와 접하여 있는데 오국에는 유명한 매가 있다. 그 중 해동(海東)에서 온 것을 해동청(海東靑)이라고 하는데, 요(遼)나라 사람들이 이 새를 매우 사랑하며 해마다 요구하므로 여진 사람들이 심지어 오국 사람들과 전쟁을 한 후에야 이 새를 얻으니 그 괴로움을 견딜 수 없었다"고 하였다【『청일통지』에서】.

『문헌통고(文獻通考)』에는 "여진 사람들이 해마다 해동청(海東靑)을 거란에 바치는데 해동청은 자그마하지만 힘이 세어 능히 고니〔天鵝〕를 사로잡는다. 이 새는 오국의 동쪽에서 나는데, 거란 사람들이 매우 사랑하지만 스스로 잡지 못하고 여진의 동북이 오국과 인접하여 있으므로, 매년 대한(大寒) 때에는 거란에서 반드시 사신을 보내어 오국의 경계에 들어가서 해동청의 둥지를 찾아 잡아오게 하였다. 연희(延禧)가 왕위를 계승한 다음에는 전보다 더 가혹하게 조공을 받아들였는데, 심지어는 안방자(鷹坊子) 천여 명을 파견하여 장백산을 넘어가서 잡아오게 하였으며, 이런 일이 해가 갈수록 더욱 심해졌으므로 여진 사람들이 그 괴로움을 견딜 수 없었다"고 하였다.

『금사』「세기(世紀)」에는 "경조(景祖)【오고내(烏古迺)】가 점차 여러 부(部)들을 예속시켜 백산(白山), 야회(耶悔), 통문(統門)【두만하(豆滿河)】, 야란(耶懶)【함흥등(咸興等)이다】, 토골론(土骨論) 등속으로부터 오국의 추장에 이르기까지 다 그의 명령에 복종하였다. 또 오국의 포섭부(蒲聶部) 절도사 발을문(拔乙門)이 반역하여 요(遼)나라의 매〔鷹〕를 받아들이던 길이 막혔으므로 경조가 쳐들어가 그를 사로잡았다. 또 오국 몰연부(沒撚部)의 사야발근(謝野勃菫)이 배반하여 요나라【요나라 성□ 8년에 있은 일이다】의 매를 받아들이던 길이 막히니 경조가 토벌하였다"고 하였다.

또 쓰기를 "목종(穆宗) 3년【영가(盈歌)이다】에 성현수(星顯水) 흘석렬부(紇石烈部)의 아소모도록(阿踈毛賭祿)이 병력을 믿고 반란을 일으키니, 목종이 친히 군대를 거느리고 토벌하였다. 이때에 마침 도온수(陶溫水) 도롱고수(徒籠古水) 흘석렬부의 아합(阿闔)이 반역하여 그 세력이 석로(石魯)에까지 미쳐 오국에서 매를 바치는 길을 막으니, 요나라에서 목종에게 명령하여 토벌하게 하였다"고 하였고, 또 "주외(主隈)와 독답(禿答) 두 강 유역의 백성들이 매를 받아들이는 길을 막으니 요나라에서 목종

에게 명령하여 토벌하게 하였는데, 목종이 매 받아들이는 길을 열었다
는 것을 선포하고 토온수(土溫水)에서 사냥을 하고 돌아갔다”고 하였으
며, 또 쓰기를 “경조 이래로 두 대의 네 임금이 뜻과 사업을 계승하여
내려오더니 마침내 분산되는 것을 바로잡아, 동남으로는 경계가 을리골
(乙離骨), 갈란(曷懶), 야란(耶懶), 토골론(土骨論)에까지 이르렀고, 동북으
로는 오국의 주외, 독답에까지 이르렀는 바 금나라는 대개 이때에 흥성
하였다”고 하였다.

　　청은 상고하건대 『문헌통고』에는 “여진 밖에 또 오국(五國)이 있는
바 즉 철륵(鐵勒), 분눌(噴訥), 완돌(玩突), 파홀(怕忽), 교리몰(咬里沒) 등
인데 다 여진과 접경하였다”고 하였다.

　　또 상고하건대 『승람』의 온성부(穩城府) 조에는 “여진인들이 빈틈을
타서 들어와 살면서 그 곳을 다온평(多溫平)【다온동(多溫洞)이라고도 하는
데 온성부에서 북으로 7리 되는 곳에 있다】이라 불렀다”고 하였으니, 도온
(陶溫)은 다온의 음이 변한 것이다. 또 경성부(鏡城府) 조에는 “본 이름
은 우롱이(于籠耳)인데 『요동지(遼東志)』에는 목랑고(木郞古)”라고 하였
으니【역시 여진인들이 살던 곳이다】, 도롱고(徒籠古)는 우롱이(于籠耳)가
변한 것이다. 또 부령부(富寧府) 조에는 “본 이름은 석막(石幕)이다【석막
산(石幕山)이 부에서 남으로 5리 되는 곳에 있는데 산밑에 돌로 막을 쳤기 때문
에 이렇게 이름하였다】”라고 하였으니, 석로(石魯)는 석막(石幕)이 변한 것
같다.

　　『대금국지(大金國志)』에는 “천회(天會) 8년에 송나라의 두 황제가 한
주(韓州)로부터 오국성(五國城)으로 갔는데 이 성은 금나라 서울에서 동
북으로 1,000리 되는 곳에 있다”고 하였다【『청일통지』에서】.

　　『고려사』에는 “인종(仁宗) 6년【송나라 건염(建炎) 2년이고, 금나라 천회(天

會) 6년이다】에 송나라 사신 형부상서(刑部尙書) 양응성(楊應誠)과 제주
방어사(齊州防禦使) 한연(韓衍)이 우리 나라에 와서 말하기를 '만약 귀
국에서 길을 빌려주어 두 황제를 찾아뵙게 한다면 귀국의 혜택이 전날
의 배나 될 것이다'라고 하니, 왕이 대답하기를 '여진이 강성하여 억지
로 우리 나라를 신하로 되라고 하면서 언제나 쳐들어올 기회를 노리는
데, 그들이 만약 송나라 사신들에게 길을 빌려주어 국경을 넘게 하였다
는 말을 들으면 반드시 알고서 무슨 일을 일으킬 것이다'"라고 하였다.

　『비고』에서『송사(宋史)』를 인용하여 쓰기를 "금나라 사람들이 두 황
제를 중경(中京) 대정부(大定府)에 구류하였다가 정강(靖康) 2년에 한주
(韓州)의 골리개로(鶻里改路)에 옮겼고, 고종(高宗) 건염(建炎) 4년에는
또 균주(均州)의 오국성으로 옮겼는데 이 성은 백두산 남쪽에 있다"고
하였다.

　청은 생각건대 금나라 중경 대정부는 지금 요서(遼西)의 의주(義州)
경계 밖에 있고, 상경(上京) 회령부(會寧府)는 지금 영고탑(寧古塔)의 서
남 호아합하(虎兒哈河) 유역에 있으며, 또 골리개(鶻里改)는 호리개(呼里
改)인데 호리개로(胡里改路)는 오소리강(烏蘇哩江)에 가까운 지역이다.
금나라 사람들이 두 황제를 잡아 왔을 때에 서쪽으로부터 동으로 옮기
면서 점차 국내 깊숙이 가져갔으니, 오국성은 응당 오소리강을 넘어서
점차 들어가다가 회령부(會寧府)에서 동북으로 1,000리 되는 곳에 이르
러서야 찾아낼 수 있을 것이다. 그런즉『비고』에서 오국성이 백두산 남
쪽에 있다고 한 것은 틀린 것이며, 인용한『송사』의 기사도 역시 상고할
만한 것이 없다.

　『원사』에는 "혼동강(混同江)은 회령부를 지나서 오국두성(五國頭城)
에 이르러 동북으로 흘러 바다에 들어간다"고 하였다.

『명일통지』에는 "오국성은 삼만위(三萬衛)에서 북으로 1,000리 되는 곳에 있는데, 여기로부터 동쪽으로 가면서 다섯 개의 나라가 있으므로 오국성(五國城)이라고 이름하였다"고 하였다.

『성경통지』에는 "『금사』에 오국성은 상경(上京)에서 동북으로 1,000리 되는 곳에 있다고 하였는데, 지금 오랄(烏喇)의 경계 안에 있는 성보(城堡)들은 대부분 이름이 없다. 전해 오기는 삼성(三姓)에 소속된 지방에 오국성이 있다고 하는데 정확 여부는 알 수 없다"고 하였다【영고탑(寧古塔) 고적조】.

『청일통지』에는 "오국두성은 영고탑 동북쪽에 있는데 예로부터 전해 오기를 송나라 휘종(徽宗)을 여기에 장사하였다고 한다. 『호종록(扈從錄)』에는 영고탑으로부터 동으로 600리를 가면 강돌리갈상(姜突里噶尙)이라는 곳이 있는데 송화강(松花江)과 흑룡강(黑龍江)이 여기에서 합류하며, 큰 토성이 있는데 어떤 사람들은 이를 오국성이라고 한다고 하였다"고 하였다.

청은 생각건대 이 여러 책들에 기록된 오국성은 응당 지금의 영고탑 동쪽, 오소강(烏蘇江) 좌우의 어느 한 곳에 있어야 할 것이다.

『금사』「세기(世紀)」에는 "태종(太宗) 천회(天會) 8년에 임금이 동경(東京) 온천에 가서 혼덕공(昏德公)【송나라 휘종】과 중혼후(重婚侯)【흠종】를 골리개로(鶻里改路)에 옮겼다. 또 희종(熙宗) 즉위 후 4월 병인(丙寅)에 혼덕공 조길(趙佶)이 죽었다. 황통(皇統) 2년에 송나라 황제 천수군왕(天水郡王)【휘종이다】과 처 정씨(鄭氏)의 시체를 강남(江南) 우해릉(又海陵)에 돌려보냈다. 정륭(正隆) 원년 6월에 천수군공(天水郡公) 조환(趙桓)【흠종이다】이 죽었다. 세종(世宗) 대정(大定) 12년에 유사(有司)에게 명령하여 천수군공의 관을 일품(一品)의 예(禮)로써 공락(鞏洛) 언덕에 장사하게 하였다"고 하였다.

『동도사략(東都史略)』에는 "정강(靖康) 2년에 도군황제(道君皇帝)가 북으로 가서 소흥(紹興) 5년에 죽으니, 12년 8월에 용덕궁(龍德宮)에 돌아가 빈소하고 10월에 영우릉(永祐陵)에 장사하였다【『송사』 「후비전(后妃傳)」에는 "정황후(鄭皇后)가 황제를 따라 청성(青城) 북변에 가서 5년 동안 머물러 있다가 오국성에서 죽으니, 시호를 현숙(顯肅)이라 하고 관을 가져다가 영우릉에 합장하였다"】"고 하였다.

『조야잡기(朝野雜記)』에는 "휘종을 처음에는 오국성에 장사하였고 7년이 지나서 금나라 사람들이 관을 돌려보냈다. 흠종이 죽었을 때에는 멀리서 능호를 올려 영헌(永獻)이라 하였고, 건도(乾道) 연간에 사신을 보내어 능을 쓸 것을 구하니 금나라 사람들이 옮겨 갈 것을 허락하고 겸하여 흠종의 관을 돌려보내니, 조정에서 이를 어려워하므로 금나라 사람들이 예절을 갖추어 공현(鞏縣)에 장사하였다"고 하였다.

『철경록(輟耕錄)』에는 "양련(楊璉)과 진하(眞瑕)가 송나라 황제들의 능을 팔 때에 휘종의 능에는 썩은 나무 한 조각이 있었고, 흠종의 능에는 나무 등경(燈檠) 한 개가 있었을 뿐이었다"고 하였다.

청은 생각하건대 휘종과 흠종은 다 중국에 도로 가져다가 장사하였고 그대로 오국성에 장사하여 두었다는 기록이 없는데, 『청일통지』에는 휘종을 여기(오국성 – 역자)에 장사하였다는 말이 있으니, 이는 틀린 것이다.

『해동고기(海東古記)』에는 "오국성이 두 개 있는데, 하나는 강계(江界) 벌등보(伐登堡)의 강 건너편에 있는 모난 성터이고 다른 하나는 회령 볼하보(甫乙下堡)의 서쪽, 두만강 남쪽에 있는 옛 성터이다"라고 하였다.

『비고』에는 "지금 회령부의 서쪽에 있는 볼하진(甫乙下鎭) 서쪽에 옛 성터가 있는데 세상에서는 이것을 오국성이라고 전한다. 여기에는 큰 무덤이 있는데 이것을 황제총(皇帝塚)이라고 부르며, 또 여러 개의 작은 무덤들이 있는데 이것들을 시신총(侍臣塚)이라고 한다. 지금도 옛 성 근처에서 때때로 금, 은으로 만든 그릇들을 얻는데 이것은 궁궐에서 쓰던 기물들이며 또 옛날 돈도 얻어 보는데 거기에는 흠종 이전의 연호가 기록되어 있다. 아마 이것이 오국성인 듯하다"고 하였다.

『성호사설』에는 "여진의 흑수부(黑水部)가 우리 나라 북쪽 지방에 가장 가까우며, 흑수부에서 가장 깊고 쳐들어가기 어려운 곳은 오랄성(烏喇城)이다. '烏'와 '五'의 음이 근사한 것으로 보아 오국(五國)은 아마 오랄(烏喇)을 잘못 쓴 것인 듯하다. 『일통지(一統志)』에서는 오국이 삼만위(三萬衛)에서 북으로 1,000리 되는 곳에 있다고 하였는데 오랄이 곧 그 땅이다. 우리 나라 사람들이 경성(鏡城)에 황제묘가 있다고 하여 이곳을 오국성이라고 하는 것은 틀린 말이다"라고 하였다.

이중환(李重煥)이 말하기를 "목극등(穆克登)이 두 나라의 경계를 정하던 때에 두만하(豆滿河)를 따라 내려가다가 회령 운두산(雲頭山)에 이르러 성밖에 큰 둔덕이 있는 것을 보았는데, 그 곳 사람들이 이것을 가리켜 황제총(皇帝塚)이라 하므로 목극등이 사람을 시켜 파게 하였더니, 무덤 곁에서 나지막한 비석을 얻었는데 그 위에 송황제지묘(宋皇帝之墓)라는 다섯 자가 씌어 있었다. 그리하여 목극등이 무덤을 크게 하도록 하였으며 비로소 금나라 사람들이 말한 오국성이란 곧 운두(雲頭)임을 알게 되었다. 다만 비석에 송나라 황제라고만 했기 때문에 휘종인지 흠종인지는 알 수 없었다"고 하였다【『택리지』에서】.

도군황제(道君皇帝)가 북쪽으로 갔을 때에는 금나라 사람이 봉작을 낮추어 공(公)이라고 하였는데 무엇 때문에 비석에다 송나라 황제의 무덤이라고 썼겠는가? 또 만약 이것이 과연 그릇되다면 북쪽 지방 사람들이 종종 옛날 제기(祭器) 등속들을 얻어 가지고 역력히 증명하게 되는 것은 어찌 된 일인가?

선생이 말하기를 "가경(嘉慶) 초에 북방에서 온 사람이 말하기를 회령부에서 땅을 파다가 화로 한 개를 얻었는데 거기에 새겨 놓은 글을 보니 '소성 2년주(紹聖二年鑄)'라는 다섯 글자가 있었다. 조금도 이지러진 곳이 없고 다만 한 발이 없을 뿐이었으며, 화로에 불을 담으면 오래도록 꺼지지 않고, 여기에 음식을 올려놓으면 순식간에 익으며, 화로를 방안에 두면 추운 겨울에도 봄날처럼 따스해진다. 대단한 보물이었다. 부사(府使)가 한 쪽 발이 없는 것을 안타까워하여 장인을 시켜 만들어 붙였더니 이때부터 화로가 효능을 잃었다. 만들어 붙인 발을 떼버려도 한가지였다. 이때에 이곳 사람들이 모두들 말하기를 '옛날 그릇이 또 나타났으니 전날에 황제총이라고 하던 말이 과연 틀림없다'고 하였다"고 하였다.

청은 생각하건대 오국성은 명백히 금나라 사람들의 회령부 동북, 지금 영고탑 동쪽에 있었다. 만약 오랄(烏喇)에 있었다고 한다면 이는 금나라 사람들이 송나라 황제를 국내 깊은 곳으로부터 국경 가까이 내온 것이 되는 만큼 그릇된 것이며, 만약 운두(雲頭)에 있었다고 한다면 운두는 회령의 남쪽인 만큼 역시 맞지 않는다. 또 휘종이나 흠종을 객지에 장사지낸 일이 없는데 운두에 송나라 황제를 장사하였다고 한 것은 더욱 근거 없는 말이다.

또 생각건대 『문헌비고』에서는 회령부의 화풍덕(花豐德) 위에 황제총이 있다고 하였는데 『성호사설』에서는 경성(鏡城)에 또 황제묘가 있다고 하였으니, 이른바 황제 무덤이란 모두 여진 사람들의 전설로서 믿을 만한 것이 못된다. 운두(雲頭)에 황제총이 있다고 한 것도 이런 부류이다.

또 동으로 흘러 협하구보(頹河舊堡)의 북쪽을 지난다

협하구보【옛날 협하보－역자】는 신보(新堡)【지금 협하보－역자】에서 동으로 20리 되는 곳【회령에서 서쪽으로 20리 되는 곳】에 있는데, 우리 중종(中宗) 4년(1509)에 포항동(浦項洞) 어귀의 주을암(注乙巖) 아래에 보를 설치하고 보을하보(甫乙下堡)【보을하보와 협하보는 같은 명칭에 대한 두 가지 기록이다】라고 칭하였으며 첨절제사를 두었다. 만력(萬曆) 연간에 정충신(鄭忠信)이 첨사로 있으면서 처음으로 여기에 성을 쌓았었는데 그 뒤에 무너졌고 영조 7년(1731)에는 운두성(雲頭城)으로 옮겼다. 이리하여 협하보는 지금 없어졌다.

만수는 또 오른편으로 협하수(頹河水)와 합류하는데 협하수는 회령의 차유령에서 발원하여 북으로 흘러서 협하구보에 이르러 동쪽으로 만수에 들어간다.

『비고』에는 "두만강은 임강대(臨江臺)의 옛 성을 지나서 오른편으로 박하천(博下川)을 지나며, 또 무산(茂山)의 서쪽을 지나고, 오른편으로 성천(城川)을 지나며, 양영보(梁永堡)와 풍산보(豊山堡)와 운두보(雲頭堡)를 지나서, 오른편으로 보을하천(甫乙下川)을 지난다"고 하였다.

회령부의 서쪽에 이르러 오른편으로 알목하(斡木河)와 합류하며

회령부는 본래 고구려의 옛 변강이었는데 오랫동안 여진인들이 웅거하고 있으면서 알목하라고 불렀는 바 이는 강에 의하여 이름 지은 것이다【일명 오음회(吾音會)라고도 한다】. 우리 나라 태종(太宗) 때에 알타리부락(斡朶里部落)【알타리(斡他里)로도 쓴다】의 맹가첩목아(孟哥帖木兒)【이

름이다. 영독(營禿)이라고도 한다】가 이곳의 빈틈을 타서 들어와 살면서 두
만강 내외의 땅을 전부 차지하였더니, 세종(世宗) 14년(1432)에 칠성 야
인(七姓野人)들이 알목하에 쳐들어와 맹가(孟哥) 부자와 관하의 사람들
을 죽였는데 오직 범찰(凡察), 이이(耳伊) 등 몇 사람만이 화를 면했다
【『무비지(武備志)』를 상고하여 보면 맹가는 살해당하고 그의 동생 범찰과 아들
동창(童倉)이 도망하여 조선에 가서 살았다고 하였는데, 국사(國史)에서는 맹가
부자(父子)가 다 살해당하였다고 하였으니 어느 것이 옳은지 알 수 없다】. 우리
나라 사람들에게 여기는 살 형편이 못되었으니 경원(慶源) 부근의 시반
(時反) 등지에 옮겨가게 하여 달라고 빌었다. 우리 세종이 병조좌랑 우
효강(禹孝剛)을 보내서 그들을 타일러 안착시키고 이어 황희(黃喜), 맹사
성(孟思誠) 등을 불러다 놓고 말하기를 "알목하는 본래 우리 나라 땅이
었다. 태조(太祖)께서 처음 경원부(慶源府)를 공주(孔州)【지금의 경흥(慶
興)】에 두었었고 태종(太宗)께서 소다로(蘇多老)【지금 경원에 속하여 있다】에
옮겼으며 그 뒤에 외적의 침입을 당하였으나, 태종께서는 오히려 그 땅
을 차마 버리지 못하고 부거참(富居站)【지금 경성(鏡城)에 속하여 있다】에
목책을 설치하고 군사를 주둔시켜 지키게 하였으니, 이는 선조들이 꼭
알목하로써 경계를 삼으려 하였던 까닭이다. 지금 소다로와 공주가 무
성한 풀밭으로 되매 나는 매양 이것을 마음 아파하는 바이다. 또한 알목
하는 바로 두만강 남쪽으로서 토지가 비옥하여 농사에 적당하며 바로
요충으로 되어 있으니, 여기에 큰 진(鎭)을 합하여 설치함으로써 북쪽
관문을 굳게 하여야 할 것이다. 만일 범찰 등이 다른 곳에 옮겨간다면
또 다른 강적이 올 것이니 이는 또 하나의 적국이 생기는 것이다. 지금
그 곳이 빈틈을 타서 북진(北鎭)을 알목하에 옮기고 경원부를 소다로에
옮겨 옛 강토를 복구하는 것이 제일일 것이다. 내가 큰 것을 좋아하거나
공로를 좋아하는 것은 아니지만 맹가 부자가 일시에 함께 죽은 것은 하

늘이 죽인 것이니 이때를 놓칠 수는 없다. 더구나 두만하는 우리 나라 경계를 휩싸고 있는 천연의 요새로서 큰 강으로 해자를 삼는다는 옛 사람의 뜻에 꼭 부합되는 것이다"라고 하였다. 그리하여 세종 15년(1433)에 회령진(會寧鎭)을 알목하(斡木河)에 두었고, 알타부락(斡朶部落)은 진 밖에 흩어져 있었다. 다음해인 세종 16년(1434)에 김종서(金宗瑞)를 함길도(咸吉道) 도절제사(都節制使)로 임명하여 북쪽 변강에 대한 조치를 취하게 하였다. 김종서가 두만강을 따라가면서 진을 설치하고 경흥(慶興), 회령(會寧), 종성(鍾城), 온성(穩城)과 경원(慶源), 부령(富寧)을 통칭하여 6진이라 하고, 이내 회령을 도호부로 높였으며 남방의 백성들을 여기에 이주시켰다. 이리하여 마침내 두만하가 우리 나라의 국경으로 되었으니 이는 실로 무한한 경사이다. 혹자들이 우리 나라의 회령부를 금나라 도읍이었다고 하지만 이는 틀린 말이다.

『금사(金史)』를 상고하면 "희종(熙宗) 천권(天眷) 원년에 도읍지 회령부(會寧府)를 상경(上京)으로 하였다"고 하였고, 『성경지(盛京志)』에는 "금나라의 회령부는 장백산의 북안(北按) 호수(虎水)가 흘러나오는 곁에 있다. 지금 영고탑(寧古塔)의 서남, 호아합하(虎兒哈河)의 남쪽에 옛 궁전터가 있는데 이것이 금나라의 유지(遺址)이다. 그런데 조선 안에도 회령부라는 이름이 있으니 확실한 근거를 알 수 없다"고 하였다【고적(古蹟)조를 보라】. 대체로 이 6진 땅은 옛날에는 북옥저국(北沃沮國)이었고, 한(漢), 진(晉) 이래로는 고구려가 차지하기도 하고 북부여(北扶餘)가 차지하기도 하였으며, 수(隋), 당(唐) 때에는 말갈(靺鞨)의 백산부(白山部)로 되었고, 개원(開元) 이후에는 발해(渤海)에 속하여 여기에다 동경(東京) 용원부(龍原府)를 두었다. 금(金)나라 때에 이르러서는 이 지방을 호리개로(呼里改路)에 소속시켰기 때문에 고려의 경계가 여기에 이르지 못하였다. 하지만 금나라의 회령은 명백히 호하(虎河)의 곁에 있는 만큼 우리 나라 경계 안은 아니며, 또한 우리 나라의 회령이라는 이름은 세종(世宗) 연간에 처음 생긴 것이니 금나라 도읍과는 관계가 없다.

『금사』「지리지」에는 "호리개로 절도사가 서쪽으로 상경(上京)에서 630리 되는 곳에 이르렀다"고 하였다.

『청일통지』에는 "폐호리개로(廢胡里改路)는 영고탑성(寧古塔城)의 동쪽에 있는데 금(金)나라에서는 여기에 절도사를 두었고, 원(元)나라에서는 군민 만호부(軍民萬戶府)를 두었다"고 하였다.

알목하(斡木河)는 회령의 무산령(茂山嶺)에서 흘러나온다. 이 영은 무산폐보(茂山廢堡)의 옆에 있는데 옛날에 이 보로써 경계를 삼았기 때문에 무산령이라고 이름하였다. 현종 15년(1674)에 이 보를 철폐하고 삼봉평(三蓬坪)【지금의 무산부】에 옮겼으나, 여기에도 그냥 보가 남아 있어서 폐무산보(廢茂山堡)라고 불리었으며 만호(萬戶)를 두어 부령(富寧)을 관할하였다.

알목하는 북으로 흘러 풍산의 옛 보 동쪽을 지난다. 풍산보를 만수유역으로 옮겼으나 완전히 폐하지는 않고 그 자리를 옛 풍산보라고 부르면서 만호를 두어 지켰다.

알목하는 또 북으로 흘러 영통산(靈通山) 밑을 지나서 회령부 서쪽에 이르러 만수에 들어간다. 여진말로 알목하를 오음회(吾音會)라고 하는데 우리말로는 성천(城川)이라는 뜻이다. 『승람』에는 "풍산천(豐山川)은 전괘현(錢挂峴)의 여러 골짜기들에서 발원하여 풍산보를 지나 회령의 서쪽에 이르러 알목하가 된다"고 하였다. 명나라 황유(黃瑜)의 『쌍괴잡기(雙槐雜記)』에는 "건주위(建州衛)의 해서올자(海西兀者) 등이 전에 알목하에서 살면서 칠성 야인(七姓野人)들과 원수를 지고 있더니, 조선에 투

항하였다가 돌아가서 다시 침해당하고는 거짓으로 조선에 붙었다"고
하였는데 이는 맹가(猛哥)의 일을 말한 것이다.

　『개국방략(開國方略)』에는 "장백산 동쪽에 포고리산(布庫哩山)이 있
는데 그 밑에 포포륵호리(布布勒瑚里)라는 못이 있다. 사람들이 전하기
를 '천녀(天女) 불고륜(佛庫倫)이 이 못에서 목욕하는데 신기로운 까치
가 붉은 과실을 물어다가 그녀의 옷에 놓았다. 천녀가 이 과실을 입에
무니 홀연 뱃속에 들어가서 드디어 아이를 배어 한 남자아이를 낳게 되
었는데, 이 아이의 성은 애신각라(愛信覺羅)이고 이름은 포고리옹순(布
庫哩雍順)이다. 이 아이가 장백산 북쪽의 아타리성(俄朶里城)에 살았는
데 나라 이름은 만주(滿洲)라고 하였다. 여러 세대가 지나서 백성을 잘
돌보지 않으므로 사람들이 반란을 일으켜 그 종족을 살해하였는데 어린
아이 하나가 황야(荒野)에 도망하여 죽음을 면하였다. 이 아이로부터 여
러 대를 지나 시조(始祖)에 이르러서는 혁도아랍(赫圖阿拉) 땅에서 살았
는데, 이곳은 아타리(俄朶里)로부터 1500리 떨어져 있다【즉 홍경(興京)이
다】'고 한다"고 하였다. 『통감집람(通鑑輯覽)』에는 "포고리옹순은 장백
산 동쪽 아막혜(俄漠惠) 들판의 아타리성(俄朶里城)에서 살았다. 그 후손
중에 번찰(樊察)이라고 부르는 자가 있었는데 나라 사람들이 죽이려 하
니 황야에 도망하였다. 이때 마침 웬 까치가 그의 머리에 둥지를 틀어
놓아 추격하던 사람이 마른나무로 알았기 때문에 죽음을 면하였다"고
하였다.

　청은 생각건대 만주(滿洲)가 처음 장백산에서 시작되어 후에는 소모
하(蘇謨河)로 옮겼는데 이는 곧 건주(建州) 땅이다. 『동사(東史)』에 의하
면 알타리부락 맹가(猛哥)가 일찍이 알목하에서 살았었고 그의 아들 동
창(童倉)이 우리 나라에 도망하여 왔다고 하였는데(상세한 것은 위에서

나왔다), 『박물전휘(博物典彙)』에는 "동창이 살던 곳을 건주족의 선조 발상지로 삼았다"고 하였으니, 『개국방략』에서 말한 아타리성은 우리가 말하는 알타리부락인 듯하다. 왜냐하면 이 부락이 백산(白山)의 동북쪽 경계에 있으면서 알목하에 잇대어 있기 때문이다. 악다리(鄂多理)도 아타리(俄朶里)와 음이 비슷한 것으로 보아 만수가 시작된 곳은 알타리의 옛 땅이 아닌가 한다.

『황조문헌통고(皇朝文獻通考)』에는 "우리 나라는 장백(長白)에서 시작되어 먼 조상 때부터 3성(三姓)의 난을 평정하였으며 아막혜(俄漠惠) 들판의 악다리성(鄂多理城)에 살았는데, 이 성은 지금의 영고탑에서 서남으로 300여 리 떨어진 곳에 있으며 국호는 만주이다【여지고(輿地考)】. 『황조통지(皇朝通志)』「씨족략(氏族略)」에는 '장백산의 동쪽 악다리성에 살았다'고 하였다】"라고 하였다.

여기에서 구부러져 부(府)【회령부】의 북쪽으로 흐른다

만수는 또 동으로 흘러 연대장성(煙臺長城)의 북쪽에 들어가는데 이 성은 번호(藩胡)들을 살리기 위하여 쌓은 것이다. 세종 때에 함길도 도절제사 김종서가 6진을 설치하고 임금에게 상소하여 행성(行城)을 쌓을 것을 말하였고, 문종(文宗) 원년(1451)에 체찰사(體察使) 황보인(皇甫仁)과 출척사(黜陟使) 정갑손(鄭甲孫)이 처음으로 이 상소에 의거하여 성을 쌓았는데, 회령부에서 서북으로 30리 되는 곳에 있는 독산연대(禿山煙臺)로부터 시작되어 만수의 강안을 따라 구불구불 돌아서 경원 북쪽의 훈융보(訓戎堡)에까지 이르렀다. 그 중 회령부의 경계에 있는 것은 길이가 3만 1,600척인 바, 문종~단종 연간에는 불과 1만여 척【1만 1,720척이다】이었었는데 중종(中宗) 4년(1506)에 처음으로 협하보(頰河堡)를 설치하면서 증축하였기 때문에 길이가 많이 늘었고【늘어난 길이는 1만 5,880척이다】, 종성부의 경계에 있는 것은 흙과 돌, 나무의 세 가지로 되었는데 전체 길이는 15만 1,590척이며【돌로 쌓은 부분의 길이는 6만 2,408척이고 흙으로 쌓은 부분의 길이는 8만 5,600척이며 목책(木柵)의 길이는 3,582척이다】, 온성부의 경계에 있는 것은 길이가 14만 3,768척인데 훈융보에 잇대어 있다. 성의 높이는 모두 15척이고 250여 리에 뻗어 있는데 전체 길이는 32만 6,958척이며, 그 중에는 돌을 쌓은 곳도 있고 흙을 깎아 낸 곳도 있고 목책을 세운 곳도 있다.

숙종(肅宗) 때에 함경도 관찰사 남구만(南九萬)이 임금에게 아뢰기를 "영릉(英陵)【세종】 때에 다시 6진을 개척하였지만, 그 때에 강안에 살고 있던 번호(藩胡)들이 살던 곳을 떠나기가 싫어서 그대로 강안에 살면서 영원히 배반하지 않고 두 마음을 먹지 않는 신하가 되겠다고 하였으므로, 그 때 형편이 일시에 다 내몰아서 그들과 원수를 맺어서는 안 되겠기 때문에 조정에서 부득이 강변에 장성(長城)을 쌓고 성밖에 있는 강안의 땅을 전부 번호들에게 주어 살게 하였습니다"라고 하였다.

대체로 고려 이전에는 만수 내외의 땅이 다른 나라 영토에 속하였었고, 우리 나라에 들어와서도 여전히 이족들을 쓸어 내지 못하여 홀라온(忽剌溫)이 침범하여 왔고 알타리(斡朶里) 사람들이 들어와 살았으며 여러 종족〔部落〕들이 많이 붙었다. 그리하여 『동사(東史)』에서는 이들을 통칭하여 올량합(兀良哈)이라고도 하고 혹은 야인(野人)이라고도 하였는데 실상 그들을 막 섞어서 부른 것이다. 이 때문에 경성(鏡城) 이북은 국경을 완정하지 못하였으며 세종 때에 와서 6진을 설치한 후에도 오히려 그들을 다 몰아내지 못하고 행성(行城)을 쌓아 머물러 있게 하였던 것이니, 『동사』에서 말하는 6진 번호가 이것이다. 그 후 단종 3년(1455)에 만호(萬戶) 호시래(好時來)가 들어와 공물을 바친 일이 있었고【세조가 즉위한 해】, 세조 5년(1460)에는 올량합 금자비(金這比)의 내침이 있었으며, 니마거(尼麽車)·비사(非舍) 등이 내조하였고【세조 5년】, 성종 22년(1491)에는 니마거(尼麽車)를 정벌하는 전역이 있었으며, 명종 9년(1554)에는 초곶(艸串) 야인(野人) 골간불(骨幹不)의 내침이 있었고, 선조 27년(1594)에는 역수부(易水部) 야인들의 내침이 있었다. 이상에서 말한 것은 다 만수 밖에 있던 자들이었고, 번호로 말한다면 행성 밖에 살면서 우리에게 다 복종하였으나 때로 반란을 일으켰다. 그리하여 중종 13년(1518)에는 회령성 밑의 야인 속고내(速古乃)를 가만히 토벌할 데 대한 의견이 있었고, 선조 16년(1583)에는 니탕개(尼湯介) 우걸내(于乞乃)의 침입이 있었다. 청(淸)나라가 일어날 때에 이르러 여러 종족들이 전부 귀순하였고, 청나라에서는 대장군(大將軍) 부도통(副都統)을 영고탑 등지에 두고 그들을 통치하였다. 이리하여 만수는 드디어 우리 나라의 천연적 해자〔天塹〕로 되었고 행성 밖의 땅도 우리의 소유로 되었으니 이것이 고금의 다른 점이다.

만수는 또 오른편으로 팔하수(八下水)와 합류하는데 이 강은 회령의 원산(甂山)에서 흘러나와서 북으로 흘러 오산(鼇山) 밑을 지나 만수에 들어간다.『승람』에 “팔을하천(八乙下川)은 원산(圓山)에서 발원하여 회령부 북쪽의 원산(甂山) 밑을 지나 두만강의 셋째 지류에 합류한다”고 한 것은 이를 말한 것이다.

만수는 또 구부러져 북으로 흐른다.『문헌비고』에 “두만강은 회령 북쪽에 이르러 오른편으로 알목하(斡木河)와 팔하천(八下川)을 지나서, 구부러져 북으로 흐른다”고 한 것이 이것이다.

상고하여 보건대『승람』의 회령부 조에는 고라이(古羅耳) 1, 사오이(沙五耳) 2, 상가하(常家下) 3, 아적랑이(阿赤郞耳) 4, 하다가사(下多家舍)

5, 벌인(伐引) 6, 무을계(無乙界) 7, 상동량(上東良) 8, 중동량(中東良) 9, 하동량(下東良) 10, 어후강(魚厚江) 11, 후훈(厚訓) 12 등 이름을 기재하였는데 이는 모두 경계 밖에 속한 땅들이다. 정씨(鄭氏)의 지도에는 회령 경계 밖에 정동(井洞)과 금천포(金天浦)와 등대암(登臺巖)이 있는데 이것들은 만수 이북의 유역들이다.

만수(滿水) (2)

만수는 또 북으로 고령보(高嶺堡)와 방원보(防垣堡)를 지나 종성부(鍾城府)의 서쪽에 이른다

고령보(高嶺堡)는 고령보(古寧堡)라고도 하는데 세종 23년(1441)에 처음 설치하였고 선조 29년(1596)에 성을 쌓았다. 후에 폐지하였다가 숙종 6년에 다시 설치하고 첨절제사를 두어 회령에 속하게 하였다.

방원보(防垣堡)는 고령보에서 북으로 40리 되는 곳에 있는데 병마만호를 두어 지키게 하였으며 종성에 속한다.

종성부는 본래 북옥저(北沃沮)의 땅이었고 우리 나라 초기에 이르기까지 오랫동안 여진인들이 살면서 수주(愁州)라고 불렀다. 세종 16년(1434)에 6진을 만들면서 백안수소(伯顔愁所)【지금의 행영(行營)이다】에 종성군(鍾城郡)을 설치하였고, 얼마 후 알목하의 서북이 적의 요충지이므로 특별히 회령부를 설치하여 서로 연결하도록 하였으며, 세종 23년(1441)에는 종성군을 수주(愁州)에 옮겼는데 이것이 현재의 종성군이다. 얼마 후에는 종성군을 높여 도호부로 만들었고 백안수소는 절도사의 행영(行營)으로 만들었는데, 이곳은 부에서 남으로 60리 되는 곳에 있다. 또 부에서 북으로 25리 되는 곳에 동건산(童巾山)이 있는데 그 형태가 종(鍾)을 엎어 놓은 것 같기 때문에 이 부를 종성부라고 하였다.

또 북으로 흘러 동관보(潼關堡)를 지난 후, 얼마 안 가서 분계하
(分界河)가 변강 밖으로부터 흘러 와서 여기에 들어온다

　동관보는 종성부에서 북으로 40리 되는 곳에 있는데 첨절제사를 두
어 이를 지킨다. 선조 16년(1583)에 율보리(栗甫里) 등이 동관(潼關)을 침
범하였는데 그것이 곧 이 보이다.
　분계하(分界河)는 장백산 동쪽 기슭에서 흘러나와 동으로 흐르면서
여러 골짜기의 물들과 합류하며 동관보 밖에 이르러 만수에 들어가는
데, 근원으로부터 강의 길이가 200리쯤 된다. 백산 동쪽 기슭의 강들을
조사해 보면 위에 있는 것은 아궤하(阿几河)이고 아래에 있는 것이 분계
하인데, 일찍이 이 강으로 두 나라의 경계를 삼았기 때문에 분계하라고
이름하였다. 우리 나라 사람들이 혹 이 강의 별칭을 토문강(土門江)이라
고 하는데 이것은 틀린 말이다. 전에 함경도 병마사 김여수(金汝水)가
그 곳 사람들을 잘 다스리니 야인(野人)들이 그를 감사히 여겨 분계하
유역에 비석을 세웠는데 이 비석이 오늘날까지 남아 있다.

　『동문휘고』에는 "영조 15년 우리 나라에서 예부(禮部—청나라)에 자
문(咨文)을 보냈는데 거기에는 '지난 을묘년에 종성 사람 김성백(金成白)
이 온성 사람 김시종(金時宗)과 함께 영달보(永達堡) 아래의 여울을 통
하여 국경을 넘어 서쪽으로 70리를 가서, 분계강변 어을빙포(於乙氷浦)
【일명 술여동(述汝洞)이라고도 한다】에서 귀국 사람과 함께 막을 치고 머
물러 있었으며, 금년에 또 분계강과 두만강 사이로 옮겨 우리 나라 국경
에서 30리 떨어진 함지박동(咸之朴洞)【일명 후지동(厚地洞)】에서 살다가
관병에게 잡혔다'고 하였다【「범월편(犯越篇)」】"고 하였다.

『황조문헌통고』에는 "액목혁색라(額木赫索囉)는 길림(吉林) 오랍성(烏拉城)에서 동남으로 345리 되는 곳에 있는데 영조 14년(1738)에는 여기에 좌령(佐領) 및 방어(防禦), 효기교(驍騎校) 등 인원을 두고 각 기호(旗戶)들을 관리하였다"고 하였고【「여지고(輿地考)」】, 또 이르기를 "액목혁색라【길림 동남방에 주재했다】에는 좌령 1명, 방어 1명, 효기교 1명, 만주령최(滿洲領催) 6명, 효기(驍騎) 114명이 있다"고 하였다【「병고(兵考)」에서】.

청은 생각건대 백산 근방에는 다 잡륜(卡倫)【요충지에 군인들을 두어 지키는 곳을 말한다—역자】관병들이 있으며, 여기에 이 액목 좌령(額木佐領)을 두어 그들을 관할하면서 만수와 녹수(淥水) 밖의 백산 지역이 전부 순찰하는 장소였기 때문에, 회령에서 개시(開市)【다른 나라와 통상을 허가하여 시장을 여는 것—역자】할 때에는 오랄(烏喇)과 영고탑에서 왕래하며 매매하는 사람들이 다 이리로 통하였다.

『성경지(盛京志)』에는 "길림 오랄성에서 동남으로 토문강(土門江)에 이르기까지 720리인데 여기가 조선 경계이고, 영고탑으로부터 남으로 토문강에 이르기까지 600리인데 여기가 조선 경계이다"라고 하였다【강역조(疆域條)】.

청은 생각건대 만수 이북은 다 영고탑의 관할하에 있으므로 대장(大將)은 길림성(吉林城)에 주둔하여 오랄, 영고탑 등지를 통솔하였고, 영고탑에는 부도통(副都統)을 두어 지키게 하였으며, 또 만수 하류의 경계 밖에는 혼춘성(渾春城)이 있어서 거기에 좌령(佐領)을 두어 관리하게 하였다. 만수의 발원지로부터 갈합하(噶哈河)까지는 영고탑 부도통의 관할하에 있었고, 갈합하 동쪽으로부터 만수가 바다에 들어가는 곳까지는

혼춘좌령의 관할하에 있었다. 지금 우리 나라의 온성, 종성 등지로부터
바로 북쪽으로 갈합하를 거슬러 올라가면 영고탑에 이르기까지 600여
리이며, 서북으로 백산의 북쪽 기슭을 나와 혼동강(混同江)을 따라 내려
가서 오랍성(烏拉城)에 이르기까지 700여 리이다.

또 『승람』을 상고해 보면 종성부 조에 수주동(愁州洞), 보청포동(甫靑
浦洞), 남경여동(南京餘洞), 벌시온동(伐時溫洞), 하을아동(下乙阿洞)을
기재하였는데 이곳들은 다 두만강 밖의 지역에 속하였다. 정씨(鄭氏)의
지도에는 종성 경계 밖에 포항동(浦項洞), 하모동(下毛洞), 문암동(門巖
洞), 아지동(阿只洞), 모로동(毛老洞), 고성동(古城洞), 오화동(五華洞), 원
지동(原之洞), 내야동(乃也洞), 도적동(盜賊洞), 이판동(爾板洞)이 있어서
분계강(分界江) 아래에까지 이른다고 하였으나 지금 자세히 상고할 수
없다【분계강변에 또 건가퇴(件加堆)가 있다】.

『승람』에 이르기를 "동관보(潼關堡)로부터 출발하여 두만강을 건너고
보청포(甫靑浦)를 지나서 다시 사춘천(舍春川)을 건너면 옛 성이 있는데
이름은 남경(南京)이다. 이 성의 서북에 또 산성(山城)이 있다"고 하였다
【윤씨(尹氏)의 지도에는 두만하 강변 남경고성(南京古城)과 동건고성(童巾古城)
이 있고 또 원산성(圓山城)이 있다】.

청은 생각건대 이른바 남경성은 틀림없이 옛날 발해(渤海)의 동경(東
京)이었을 것이다. 『당서』 「발해전」에는 "동경의 용원부(龍原府)를 책성
부(柵城府)라고도 하며 여기에서 경주(慶州), 염주(鹽州), 목주(穆州), 하
주(賀州)를 관할하는데 정원(貞元) 연간에 문왕(文王) 흠무(欽茂)가 상경
(上京)으로부터 동남으로 동경에 도읍을 옮겼다"고 하였고, 가탐(賈耽)의
『군국지(郡國志)』에는 "신라의 천정군(泉井郡)으로부터 책성부까지는 전
부 39개 역(驛)【1,170리】이다"라고 하였는데, 천정군이란 지금의 덕원부

(德源府)이다. 지금 덕원부로부터 바다를 따라 북으로 1,200리를 가면 바로 종성 동관보의 만수 안팎의 땅에 이르게 되는바 발해의 동경은 응당 여기에 있어야 할 것이다. 남경이라고 부르게 된 것은 오랫동안 전해 오면서 바뀌어진 것이다.

만수는 또 유원보(柔遠堡)의 서쪽에 이르러 구부러져 동으로 흐르다가 온성부(穩城府)의 북쪽을 지난다

만수는 또 북으로 흐르면서 견탄(犬灘)이 되고 압강탄(壓江灘)이 되며 영달보(永達堡)의 서쪽을 지나는데, 이 보는 태종 18년(1418)에 설치한 것으로서 병마만호를 두어 지키게 하면서 온성의 관할하에 두었다. 선조 27년(1594)에 종성 경계의 역수부(易水部) 야인들이 영달보를 포위하였는데 병마사 정현룡(鄭見龍)이 군사 2,000명을 거느리고 가서 격파하였다.

만수는 또 북으로 유원보의 서쪽을 지나는데 이 보에는 첨절제사를 두고 지킨다.

만수는 유원보의 북쪽에서부터 구부려져 동으로 흘러서 온성부의 북쪽에 이른다. 온성부는 옛날에는 호리개로(胡里改路)였고, 우리 나라 초기에는 여진인들이 빈틈을 타서 들어와 살면서 이곳을 다온평(多溫平)이라고 불렀다. 세종 16년(1434)에는 김종서가 북변을 개척하였고, 세종 23년(1441)에는 다온평에 온성군을 두었으며, 얼마 후 승급하여 도호부로 만들었으니, 이곳이 곧 우리 나라 동북 변강의 중심지이다.

갈합수(葛哈水)가 영고탑으로부터 흘러와서 합류한다

갈합하를 『성경지』에서는 갈합리하(噶哈哩河)라고 하였다. 이 강은
마아호력와집(馬兒虎力窩集)에서 발원하는데 와집이란 산(山)이다. 이
산은 영고탑성에서 남쪽으로 150리 되는 곳에 있는데 장백산의 한 줄기
가 동북으로 뻗어 늑복진강(勒福陳岡)이 되며, 또 동북으로 뻗어 마아호
력산(馬兒虎力山)이 된다. 이 지방 방언으로 큰 산에 수림이 많은 것을
와집(窩集)이라 한다. 이 산 북쪽 기슭의 물이 마아하(馬兒河)와 아포하
(阿布河)로 되어 호아합하(虎兒哈河)에 흘러 들어가고, 서쪽 기슭의 물은
송경하(松景河)와 사준하(渣準河)로 되어 경박(鏡泊)에 흘러 들어가며,
남쪽 기슭의 물은 전부 모여 갈합하(噶哈河)의 근원이 된다.

갈합하(葛哈河)는 남으로 흐르다가 오른편으로 호척하(虎脊河)와 합류
하는데, 이 강은 영고탑에서 남으로 300리 되는 곳에 있는 이름 없는 산
에서 시작되어 동으로 흐르다가 갈합하에 들어간다. 영고탑 지방에는
큰 산들과 무성한 수림이 많으며 지역이 넓고 사람이 적기 때문에 산들
에 흔히 이름이 없다.

갈합하는 또 남으로 흐르다가 왼편으로 합손하(哈孫河)와 합류하는데,
이 강은 영고탑에서 동남으로 500리 되는 곳에 있는 이름 없는 산에서
시작되어 서북으로 흘러서 갈합하에 들어간다【합손하는 영고탑에서 남으
로 320리 되는 곳에 있다】.

갈합하는 또 남으로 흐르다가 오른편으로 포아하(布兒河)와 합류한다.
포아하는 곧 포아합도하(布兒哈圖河)인데, 영고탑에서 남으로 600리 되
는 곳에 있는 이름 없는 산에서 시작되어 동북으로 흐르다가 난하(攔河)
를 받아들여 가지고 갈합하에 들어간다【포아하는 영고탑의 남쪽 400리 되
는 곳에 있다】. 난하도 역시 이름 없는 산에서 시작되어 동북으로 흘러
포아하에 들어간다.

갈합수는 또 남으로 흐르다가 온성부 북쪽에 이르러 만수에 들어가는데 발원지로부터 여기까지는 450여 리이다. 『무비지(武備志)』에 의하면 여진의 여러 위(衛)들 가운데 합온하위(哈溫河衛)가 있으며, 옛 『회전(會典)』에서는 합리하위(哈里河衛)라고 하였는데 이것이 곧 갈합리하(葛哈里河)이다.

『후한서』「동이전」에는 "북옥저(北沃沮)는 일명 매구루(買溝婁)라고도 하는데 남옥저(南沃沮)와의 상거가 800여 리이며 그 풍속은 남쪽과 같다. 북옥저는 남으로 읍루(挹婁)와 접경하였는데【생각건대 풍속에 남쪽과 같다고 한 것은 동옥저와 풍속이 같다는 말일 것이다. 읍루는 지금의 영고탑 지역인 만큼 여기서 응당 북쪽으로 읍루와 접경하였다고 했어야 할 것이다】, 읍루 사람들이 배를 타고 다니면서 도적질을 잘하므로 북옥저 사람들이 이를 두려워하여 매양 여름에는 바위 구멍에 들어가 있다가 겨울이 되어 배가 통하지 못할 때에 부락에 내려온다"고 하였고【그 곳 늙은이가 전에 바다 가운데서 베옷을 하나 얻었다고 말하였다】, 또 "읍루는 동쪽으로 대해(大海)에 접하였고 남쪽으로 북옥저와 접경하였다"고 하였다【『위지(魏志)』에 쓴 것도 이와 같다】.

선생이 말하기를 "북옥저는 지금의 함경도 6진(鎭) 땅이고 동옥저는 명백히 함흥 땅이다. 그런즉 함흥에서 북으로 800리 되는 곳으로서 대해(大海)에 접한 곳이 지금의 경원(慶源), 경흥(慶興) 등지가 아니고 어디겠는가? 읍루 사람들이 배를 타고 다니면서 도적질했다고 한 것은, 북쪽 갈합리하(噶哈哩河)로부터 흐름을 따라 남으로 400~500리를 내려와 우리 나라의 온성부 북쪽에 이르러 두만강에 들어선 것을 말한 것이니, 그렇다면 온성, 경원, 경흥 등 고을들이 다 강변에 있어서 응당 도적질을 당하였을 것이다. 이곳을 제외한다면, 옥저에서 북으로 800리 되는 곳에 있으면서 대해(大海)에 접하여 읍루 사람들이 배를 타고 다니면서 도적질할 곳이 있을 수 없다【겨울에 뱃길이 통하지 않는다고 하였으니 바다가 아니다】.

『위지(魏志)』「관구검전(毌丘儉傳)」에는 "정시(正始) 5년에 관구검이 현토(玄菟)에 나가서 고구려를 쳤다. 6년에 궁(宮)이 마침내 매구(買溝)로 도망하니【동천왕(東川王)이 북옥저로 도망하였다】 관구검이 왕기(王頎)를 보내어 추격케 하였는데, 옥저를 지나 천여 리를 가서 숙신씨(肅愼氏)의 남쪽 경계에 이르렀다"고 하였다.

『고구려사』에는 "왕이 기병 1,000명을 가지고 압록원(鴨淥原)에 도망하였는데 왕기가 추격하므로 남옥저로 도망하여 죽령(竹嶺)에 이르렀다"고 하였다.

선생이 말하기를 "매구는 지금의 두만하 남쪽 땅이다. 고구려 동천왕이 관구검에게 쫓겨 환도성(丸都城)으로부터 남으로 압록하를 건너고 동남으로 설한령(薛罕嶺)【즉 죽령이다】을 넘어 함흥 땅【남옥저】에 이르렀고, 또 왕기에게 쫓겨 북으로 천여 리를 가서 두만하 강변【곧 매구이다】에 이르렀으니, 곧 이른바 숙신의 남쪽 경계【영고탑 남쪽】이다"라고 하였다.

청은 생각건대 북옥저는 지금의 6진 땅이다. 한(漢) 성제(成帝) 하평(河平) 원년에 고구려 동명왕(東明王)이 북옥저를 쳐서 멸망시키고 그 땅으로 성읍(城邑)을 만들었기 때문에 동천왕이 여기로 도망할 수 있었고, 진(晉) 무제(武帝) 태강(太康) 6년에 이르러 모용외(慕容廆)가 부여(夫餘)를 쳐서 멸망시켰을 때에 부여왕의 자제들이 옥저에 도망하여 와서 살았는데【『진서(晉書)』에 있다】, 여기서 말한 옥저는 북옥저이다. 당나라 현종(玄宗) 이후에는 이 땅이 발해(渤海)에 속하였으니 두만하와 갈합하

(葛哈河) 남북의 여러 지역들이 다 발해의 관할하에 있었다.

『성호사설』에는 "우리 성종(成宗) 22년【명나라 효종(孝宗) 홍치(弘治) 4년】 봄 정월에 니마거(尼麼車) 야인(野人)들이 조산보(造山堡)에 침입하여 사람들과 가축을 약탈하여 가니, 경흥부사 나사종(羅嗣宗)이 그들을 추격하다가 화살에 맞아 죽었다. 장차 그들을 토벌하려고 하는데 성 밑의 야인 오도리(吾道里) 등이 다 말하기를 '여진 올적합(兀狄哈)의 휘하에 다섯 성(姓)이 있는데 니마거가 가장 왕성하다. 이들은 속평강(速平江) 유역에 사는데 우리 나라 국경에서 닷새 길이나 되며, 그 도중에는 울지(鬱地)가 있는데 나무가 무성하고 길이 험하다. 이 수림만 지나면 말을 달리면서 원정할 수 있다'고 하였다. 이에 영안도 관찰사(永安道觀察使) 허종(許琮)을 도원수(都元帥)로 하고 대사헌(大司憲) 이계전(李季仝)을 부원수로 하여 군대 2만을 내어 날을 정하고 토벌하게 하였다. 이 때에 성 밑의 야인 대호군(大護軍) 아량합(阿良哈)이 자원하여 길잡이가 되었다. 허종이 이계전, 전림(田霖), 황형(黃衡) 등 여러 장군들을 거느리고 온성으로부터 두만하에 배다리를 놓았다. 10월 신유(辛酉)일에 강을 건너니 올적합의 유병(游兵)들이 있으므로 세 사람을 잡아죽였는데 나머지 네 사람은 도망하였다. 을축(乙丑)일에 전군(前軍)이 울지를 지났는데 먼저 도망하여 간 자들이 올적합에게 알렸기 때문에 올적합이 기병 100명을 가지고 와서 도전하였다. 우리 군사들이 올적합을 쏘아 맞추었고 아량합은 아속(阿速)을 사로잡았다. 뒤미처 대군이 이르니 적들이 흩어져 도망하였다. 다음날 병인(丙寅)일에 적의 소굴로 쳐들어가니 적들이 도망하여 숨으려다가 숨지 못하고 가옥들을 불살랐다. 정묘(丁卯)일에 양식이 떨어져서 돌아오는데 적의 기병 500명이 뒤로 추격하여 왔다. 후군들이 이들과 힘껏 싸웠는데 죽거나 상한 사람이 서로 비슷하였다. 갑술(甲戌)일에 두만하를 건너 돌아왔다"고 하였다.

또 생각건대 올적합은 속평강(速平江) 남쪽에 살았고 속평강 밖은 넓은 들이며, 올적합의 남쪽에는 울지가 막혀 있을 뿐이고, 또 가없이 넓은 하순평(河順坪)이 있으니, 아마 아래로 훈춘평(訓春坪)에 접한 곳일 것이다.

청은 생각건대 속평강은 지금의 낭목하(娘木河)이다. 즉 낭목하 이남, 토문하(土門河) 이북으로부터 갈합하(葛哈河) 좌우에 이르기까지가 모두 옛날 니마거 올적합이 살던 곳인 것이다.

또 생각건대 울지(鬱地)는 지금 어디에 있는지 자세히 알 수 없다. 『승람』에 의하면 온성부 강 밖에 구암봉(龜巖峰)【부에서 서쪽으로 20리 되는 곳】, 탁타산(橐駝山)【부에서 서쪽으로 40리 되는 곳】, 다온동(多溫洞)【부에서 서쪽으로 7리 되는 곳】, 우지산(右地山)【구암봉과의 상거가 30리이다】이 있고 정씨의 지도에는 온성부 경계 밖에 시대동(市大洞), 회파동(檜坡洞), 월덕훈(月德訓), 하전동(下田洞) 등지가 있는데 이곳들은 다 만수의 북쪽에 있어서 자세히 알 수 없고, 『성경지』에서도 영고탑 남쪽의 땅을 자세히 기록하지 않았기 때문에 울지와 하순(河順)을 지금 정확히 지적할 수는 없다. 하지만 지금 영고탑 방언에 수림이 무성한 큰 산을 와집(窩集)이라고 하는데 울지와 와집은 음이 비슷하며, 또 영고탑에서 남으로 320리 되는 곳에 합순하(哈順河)가 있어 갈합하로 흘러 들어가는데 하순과 합순은 음이 비슷하다.

『성호사설』에 또 쓰기를 "우리 효종 9년【청나라 순치(順治) 15년】에 청나라에서 우리 나라에 군대를 동원하여 차한(車漢)을 치는 데 협조하여 줄 것을 청하였다. 차한이란 나선(羅禪)이다. 그리하여 혜산첨사(惠山僉使) 신유(申瀏)를 북우후(北虞侯)로 전임시켜 군사를 거느리고 가게 하였다. 3월 1일에 두만하를 건너고 13일에는 어제강(魚濟江)을 건너고 16일에는 모단강(毛段江)을 지나서 19일 영고탑에 이르렀는데, 이 노정에는 수림이 하늘을 가리고 사람 발자취가 없었으며 사슴들이 떼를 지어 다니고 물고기는 사람을 피하지 않는데 길이는 십여 척이나 되었다. 그리하여 사냥도 하고 고기잡이도 하여 군사들을 먹여 다 배를 불렀다"고 하였다【자세한 것은 혼동강(混同江) 조에 있다】.

청은 생각건대 두만하를 건너서 북으로 600여 리를 가면 영고탑에 도달할 수 있는데 이 사이에는 갈합하가 있을 뿐이다. 『성호사설』에서 말한 어제강과 모단강은 필시 갈합하든지 또는 그것에 합류되는 물, 이를테면 포아하(布兒河)나 합달하(哈達河) 등이었을 것이다. 지금 갈합하 좌우의 땅들은 대부분 거칠고 궁벽하며, 수림이 하늘을 가린 곳들이다.

『폐사군고사(廢四郡故事)』에는 "태조가 나라를 세우니 동북 일대가 그의 위엄을 두려워하고 덕을 사모하였으며, 이란(移蘭)과 두만하에 이르기까지의 야인 추장들이 다 찾아와서 복종하면서 칼을 차고 호위하였는데 태조가 한 모든 싸움에 그들도 언제나 따라다녔다. 여진의 간타(幹朶) 두온(豆溫), 협온(夾溫) 맹가첩목아(猛哥帖木兒) 등과 올량합(兀良哈)으로는 토문(土門)의 괄아아호(括兒牙戶), 아일혐진(兒逸嫌眞) 등과 올적합(兀狄哈)으로는 속평강(速平江) 남쪽의 돌아랄합(突阿剌哈), 백안(伯顔) 활아간(闊兒看) 등과 같은 사람이 그들이다. 태조가 즉위한 후 적당히 그들에게 천호(千戶)나 만호(萬戶) 벼슬을 주었고, 이두란(李豆蘭)을 시켜 그들을 잘 타일러서 예의를 익히게 하고, 우리 나라 사람들과 혼인하게 하였으며, 부역과 세납도 토착민들과 차이가 없게 하였다. 또한 그들이 추장에게 복종하는 것을 부끄러워하여 다 백성이 될 것을 원하므로 공주(孔州) 이북으로부터 갑산에 이르기까지에 읍(邑)과 진(鎭)을 설치하고 이들을 다스리며 대오를 편성하니, 1,000리나 되는 지방이 다 판도 내에 들어왔다. 두만강이 경계로 되었는데 강 밖의 패주(貝州)에까지 이르는 이족들도 우리 나라의 예의에 대한 소문을 듣고 추장들이 친히 와서 조회하거나, 혹은 자기 자제들을 보내어 다투어 가면서 토산물과 좋은 말들을 바쳤다"고 하였다.

『고려사』「지리지」에는 "9성(城) 땅에는 오랫동안 여진인이 웅거하고 있었다. 예종(睿宗) 2년【송나라 휘종 대관(大觀) 원년】에 원수(元帥) 윤관(尹瓘)과 부원수 오연총(吳延寵)에게 명령하여 군사 17만 명을 거느리고 가서 여진인들을 구축하였고, 영주(英州)【후에 길주(吉州)에 병합되었다】, 웅주(雄州)【역시 길주에 병합되었다】, 복주(福州)【지금의 단천(端川)이다】, 길주(吉州)【지금의 길주이다】에 성을 쌓았다. 예종 3년에는 함주(咸州)와 공험진(公嶮鎭)에 성을 쌓았고 의주(宜州)【지금의 덕원(德源)이다】, 통태(通泰), 평융(平戎)—세 성(城)을 수축하였다. 이때부터 여진인들이 자기 소굴을 잃어버렸기 때문에 해마다 침범하여 왔다. 예종 4년에는 9성이 철수되었다"고 하였고, 또 쓰기를 "공험산성(公嶮山城)은 공주(孔州)라고도 하고 광주(匡州)라고도 하며, 혹은 선춘령(先春嶺)의 동남, 백두산의 동북에 있다고도 하고 소하강(蘇下江)변에 있다고도 하는데 고증할수 없다"고 하였다.

『승람』에는 "윤관이 함주로부터 공험진에 이르기까지 아홉 개의 성을 쌓아 경계를 하고 선춘령에 비석을 세웠다"고 하였고, 또 쓰기를 "고령진(高嶺鎭)의 두만강으로부터 고라이(古羅耳)를 넘고 오동참(吾童站)과 영가참(英哥站)을 지나서 소하강(蘇下江) 가에 이르면 공험진의 옛터가 있는데, 남으로는 패주(貝州)와 인접하였고 북으로는 견주(堅州)와 인접하였다"고 하였다.

청은 생각건대 임언(林彦)의 「구성기(九城記)」에는 "그 지방은 300리
인데 서북에 개마산(蓋馬山)을 끼고 있다"고 명확히 말하였으며, 9성은
다 함흥 이북 300리 이내의 백두산 남쪽에 있을 것이다.

『비고』에는 "두만강은 회령에 이르러 고령진, 방원보(防垣堡), 종성부,
동관진(潼關鎭)을 지나서 압강탄(壓江灘)이 되며 왼편으로 토문강(土門
江)을 지나서 동으로 흘러서 온성부의 북쪽을 지나며 왼쪽으로 갈합리
하(葛哈里河)를 지난다"고 하였다.

만수는 또 동으로 흘러 미전보(美錢堡)의 북쪽에 이르러 왼편으로
호란수(呼蘭水)와 합류한다

미전보는 온성부에서 동으로 26리 되는 곳에 있는데 첨절제사를 두
어 지킨다. 우리 성종 15년에 설치하였다. 만수가 온성부로부터 미전보
까지 이르는 사이에 구암탄(龜巖灘)【온성에서 북으로 8리 되는 곳】, 유전
탄(柳田灘)【온성에서 동북으로 6리 되는 곳】, 어정탄(於汀灘)【온성에서 동
북으로 7리 되는 곳】, 타내탄(他乃灘)【온성에서 동북으로 8리 되는 곳】, 포항
탄(浦項灘)【온성에서 동북으로 9리 되는 곳】등 이름이 있다. 『비고』에서
"두만강은 또 동으로 흐르면서 구암탄, 유전탄, 어정탄이 되며 미전보를
지난다"고 한 것이 그것이다. 『승람』에는 또 독읍탄(禿邑灘)【온성에서
북으로 5리 되는 곳】이 있다 하였다.

또 꺾이어 동남으로 흐르면서 왼편으로 영애수(英愛水)를 받아들
인다

이것이 즉 『성경지』에서 "토문강은 조선의 북변을 휘감아 흐르다가 다시 동남으로 꺾인다"고 한 것이며, 『비고』에서 "두만강은 왼편으로 삼한천(三漢川)을 지나며 또 꺾이어 남으로 흐른다"고 한 것이다.

영애하(英愛河)를 우리 나라에서는 삼한천이라고 하는데 근원은 조리산(笊籬山)에서 시작된다. 이 산은 영고탑에서 동남으로 580리 되는 곳에 있으며, 높이는 1리이고 둘레는 4리인데 특림(忒林)과 모릉(模稜) 두 와집(窩集)의 남쪽 줄기가 남으로 뻗어서 이 산이 된다.

영애하는 남으로 흐르다가 옛 성〔古城〕 밑을 지난다. 조사해 보면 옛 성이 전부 세 개 있는데, 하나는 영애성(英愛城)으로서 주위는 1리이고 동쪽과 남쪽에 각각 문이 한 개씩 있으며, 또 하나는 이름이 없는 옛 성인데 주위는 4리이고 남쪽에 네 개의 문이 있으며 서쪽에 세 개의 문이 있고 동쪽과 북쪽에 각각 한 개의 문이 있으며 이 성안에 또 작은 성이 있는데 주위는 1리이고 남쪽에 세 개의 문이 있고 동쪽과 서쪽에 각각 한 개의 문이 있다. 이상의 두 개 성은 다 영고탑에서 동남으로 580리 되는 곳에 있다. 다른 하나는 비요성(飛腰城)인데 주위는 3리이고 서쪽과 남쪽에 각각 두 개의 문이 있으며 동쪽과 북쪽에 각각 한 개의 문이 있다. 이 성은 영고탑에서 동남으로 585리 되는 곳에 있다.

영애하는 또 남으로 흐르다가 미전보에 이르러 동쪽으로 만수에 들어간다.

또 남으로 흘러 황자파(黃柘坡)와 훈융보(訓戎堡)를 지난다

황자파보(黃柘坡堡)는 온성에서 동으로 27리 되는 곳에 있는데 권관(權管)을 보내어 지킨다. 중종 18년(1523)에 설치하였다.

만수는 또 오른편으로 황자수(黃柘水)를 합친다. 황자수는 온성부 경관령(慶關嶺)에서 흘러나와서 북으로 흘러 만수에 들어간다.

만수는 또 남으로 흐르다가 행성(行城) 밑으로 나가는데 이 성은 회령부의 독산연대(禿山煙臺)에서 시작되어 여기에서 끝난다【자세한 것은 위의 회령부 조에 있다】. 성밖 강가에 큰 돌이 서 있는데 네 모가 날카롭고 하늘 높이 솟아서 그 위에는 언제나 구름이 떠돈다. 이 바위를 입암(立巖)이라고 하며 강은 여기에 이르러 여울〔灘〕이 된다.

만수는 또 남으로 흘러 훈융보(訓戎堡)의 동쪽을 지나는데 이 보에는 첨절제사가 있어서 보를 지킨다. 만수는 이 보를 지나 두 갈래로 나뉘어져 고이주(古耳州)를 둘러싸고 다시 합류된다. 『청회전(淸會典)』 칙례(則例)를 상고하면 "우리 영조 23년(1747)에 청나라 고종(高宗)이 조선 국왕의 자문(咨文)을 보고 말하기를 '그 나라 훈융진(訓戎鎭)의 강 건너 동편쪽에서 오랄(烏喇) 사람이 집을 짓고 전토를 개간하였으니, 강희 54년의 정례(定例)에 의거하여 처리하되 영고탑 장군으로 하여금 확실히 조사하여 금지케 하라'고 하였다"고 하였다.

경원부(慶源府)에 이르러 그 부 앞의 물을 받아들인다

경원부는 옛날 오국(五國) 땅이었다【연혁은 회령부 조에 상세히 썩어 있다】. 오랫동안 여진인들이 웅거하고 있으면서 회질가(會叱家)라고 불렀다. 우리 나라 태조가 처음 공주(孔州)【지금의 경흥】에 부를 설치하고 그 곳에 덕릉(德陵)과 안릉(安陵)이 있다 하여 경흥부로 고쳤다. 태종 9년(1409)에 경원부를 소다로(蘇多老)【지금 경원에 속하여 있다】에 옮겼다. 다음해에 여진인들이 침입하여 왔는데 한흥부(韓興富)가 전사하고 곽승

우(郭承佑)가 패배하였다. 그리하여 두 능(陵)을 함주(咸州)로 옮기고 백성들은 경성군(鏡城郡)으로 옮겨 마침내 그 땅을 비우게 되었다. 태종 17년(1417)에 경성의 부거참(富居站)에 다시 경원부를 설치하였는데 이는 옛 경원부를 잊지 않은 때문이었다. 세종 15년(1433)에 알타(斡朶)가 망한 것을 계기로 알목하(斡木河)에 진(鎭)을 설치하고【지금의 회령이다】, 이어 6진을 설치하면서 부를 회질가 땅에 옮기고 그냥 경원부라고 불렀다. 이것이 지금의 경원부이다. 이 강의 발원지로부터 바다에 들어가기까지를 통칭하여 두만강이라고 하지만 경원부에 있는 것이 주가 되므로 사전(祀典)에는 여기에서 북쪽 강귀신[北瀆神]에게 제사하는 바이는 중사(中祀)에 의한다고 하였다. 『승람』에는 "두만강은 백두산에서 흘러나와서 동량(東良), 북사지(北斜地)【지금의 무산 땅이다】, 아목하(阿木河)【지금의 회령이다】, 수주(愁州)【지금의 종성이다】, 동건(童巾)【종성 북쪽에 있다】, 다온(多溫)【지금의 온성이다】, 속장(速障)【온성 동쪽에 있다】 등지를 지나 회질가에 이르러서 남으로 흐르는데, 회질가는 경원이다"라고 하였다.

경원부 앞에는 모두 세 개의 강이 있는데 하나는 회질가로서 증산(甑山)에서 발원하여 동으로 흘러와서 합류되고, 다른 하나는 임성수(林盛水)로서 운봉산(雲峰山)에서 발원하여 동으로 흘러와서 합류되며, 또 하나는 농포수(農圃水)로서 나단산(羅端山)에서 발원하여 동으로 흘러와서 합류된다. 이 강들은 다 경원부 남쪽 땅에 있다.

만수는 또 동남으로 흘러서 안원보(安原堡)의 동쪽에 이른다

만수는 또 동남으로 흐르면서 진북고성(鎭北古城) 동쪽을 지나는 바,

옛적에는 여기에 보가 있었는데 지금은 폐지되었다.

만수는 또 남으로 흘러 소다로(蘇多老)의 옛 영(營) 동쪽을 지난다. 이 영은 옛날 여진 땅으로서 우리 태종 9년에 경원부를 여기에 옮기고 목책을 설치하였었는데, 다음해에 여진이 침입하였기 때문에 종내 그 땅을 비우게 되었고, 영은 폐지되었다.

후춘수(厚春水)가 국경 밖으로부터 서쪽으로 흘러와서 합류된다

후춘수를 『금사』에서는 혼준수(渾蠢水), 『수도제강』에서는 휘춘하(輝春河), 『성경지』에서는 혼춘하(渾春河), 『승람』에서는 훈춘강(訓春江), 『문헌비고』에서는 후춘강(後春江)이라고 하였는 바 다 한가지다. 이 강은 통간산(通墾山)에서 발원하는데 이 산은 영고탑 동남, 혼춘성(渾春城)에서 동북으로 700리 되는 곳에 있으며 높이는 1리이고 둘레는 4리이다.

후춘수는 서남으로 흐르면서 오른편으로 한달하(漢達河)와 합류하는데, 한달하는 영고탑에서 동남으로 620리 되는 곳에 있는 오아혼산(烏兒渾山)에서 흘러나와 서쪽으로 흘러 후춘하에 들어간다.

후춘수는 또 서남으로 흘러 혼춘성 동쪽을 지나는데 이 성은 주방협령(駐防協領)이 있는 곳으로서 이전에는 수비가 없었던 것이다. 청나라에서 강희 53년에 처음으로 여러 기관들을 설치하고 만주(滿洲) 군사들을 두어 지키게 하였다. 『성경지』에는 "혼춘성에는 협령(協領) 【1명】, 부협령【1명】, 좌령(佐領) 【2명】, 방어(防禦) 【1명】, 효기교(驍騎校) 【3명】, 필첩식(筆帖式) 【2명】이 있다"고 하였고, 『청일통지』에는 "혼춘(渾春) 지방은 영고탑성의 동남쪽, 혼춘하 좌우에 있는데 남으로 조선과 접경하였

으며 모두 고아랍(庫雅拉) 등이 살던 곳이다【즉 우리가 말하는 후춘 부락
(厚春部落)이다】. 그 영역은 동으로 바다에 이르기까지 280리이고, 서로
토문하(土門河)에 이르기까지 20리이고, 북으로 불사항산(佛思恒山)에
이르기까지 120리이고, 남으로 바다에 이르기까지 110리이고, 서북으로
객합리하(喀哈里河)에 이르기까지 110리이며, 아이초호산(阿爾楚呼山)
【성에서 동으로 5리 되는 곳에 있다】과 객이대산(喀爾代山)【성에서 동으로
80여 리 되는 곳에 있다】이 모두 성의 동쪽 경계에 있다"고 하였다.

『황조문헌통고』에는 "혼춘은 영고탑성에서 동남으로 600여 리 되는
곳에 있으며 남으로 조선과 접경하였다. 혼춘하 좌우는 전부 고아랍(庫
雅拉) 사람들이 살던 곳인데 고아랍은 고이합(庫爾哈)이라고도 한다. 강
희 53년에 협령, 좌령, 방어, 효기교 등 관원을 두고 각 호(戶)를 관리하
였으며 영고탑 부도통에게 예속되었고 따라서 봉천 장군(奉天將軍)에
의하여 통솔되었다"고 하였고【「여지고」에서】, 또 쓰기를 "혼춘에는 협령
이 1명, 좌령이 3명, 방어가 3명, 효기교가 3명, 필첩식이 2명, 조교관(助
敎官)이 1명, 팔기 만주 영최(八旗滿洲領催)가 38명, 효기가 412명이다"
라고 하였다【또 쓰기를 "강희 53년에 혼춘 협령을 두고 즉시 수달피 잡는 고
이합 150명으로 군사 정원을 채웠는데, 54년에는 40명을 더하였고 건륭 17년에
는 60명을 더하였으며, 25년에는 200명을 더하였다"고 하였다. 이상은 다 「병고
(兵考)」에 있다】. 후춘하는 또 현성(縣城) 동쪽을 지나는데 이 성은 지금
폐기되었다. 옛적에는 이 성을 해관성(奚關城)이라고 하였는 바, 『용비
어천가(龍飛御天歌)』에서 "해관성에서 동으로 훈춘강(訓春江)까지는 7리
이고, 서로 두만강까지는 5리이다"라고 한 곳이며 우리 익조(翼祖)가 노
파를 만났던 곳이다【아래의 만수가 바다에 흘러 들어가는 대목에 있다】. 『승
람』에는 "진북보(鎭北堡)로부터 회질가천(會叱家川)을 건너 큰 들에 이

르면 가운데 토성이 있는데 이름은 현성(縣城)이며 그 안에는 여섯 개의 우물이 있다"고 하였고, 윤씨의 지도에는 "훈춘강변에 현성평(縣城坪)이 있다"고 하였는데 다 이곳을 가리킨 것이다.

후춘하는 또 서쪽으로 흘러 만수에 들어간다.『승람』에는 "훈춘강(訓春江)은 여진 땅의 동쪽 동림성(東林城)에서 발원하여 두만강에 흘러 들어가는데 알타리(斡朶里) 야인들이 사는 곳이다"라고 하였다.『금사』「유가전(留可傳)」을 보면 "유가는 통문수(統門水)와 혼준수(渾蠢水)가 합류하는 곳에 있던 오고륜부(烏古倫部)의 사람이다【상세한 것은 위에 있다】"라고 하였는데 혼준수는 곧 후춘하이다.『청일통지』에는 "토문강(土門江)은 조선의 동북 경계에 있는데 장백산의 동남 기슭에서 발원하며 동남으로 흘러 바다에 들어간다. 본조 강희 54년【즉 우리 나라 숙종 41년】에 혼춘(渾春)의 고이객제(庫爾喀齊) 등지와 조선과의 사이는 다만 토문강을 격하고 있으므로 거민들이 왕래하면서 일을 일으킬 수 있다고 하여, 장수 안도(安都)로 하여금 거기에 세운 틀활〔木弩〕과 집들을 곧 헐어버리고 거기에 주둔하고 있는 영고탑 관병들과 함께 모두 강으로부터 조금 멀리 떨어져 있게 하였으며, 그 뒤에는 강 근처에 집을 짓거나 농사를 짓는 것을 모두 엄금하였다"고 하였다.

『청회전』칙례(則例)에는 "숭덕(崇德) 연간에 영고탑 사람으로서 회령 지방에 가서 무역하는 자들은 매년 한 번씩, 고이객(庫爾喀) 사람으로서 경원 지방에 가서 무역하는 자들은 2년에 한 번씩 하게 정하였다"고 하였다.

청은 생각건대 관북 지방에서 무역은 두 군에서 하는데, 우리 인조(仁祖) 때에 영고탑과 오랄(烏喇) 두 곳 사람들이 호부(戶部)의 표문(票文)을 가지고 와서 소와 농기구와 소금을 사 갔는 바 이것이 회령 개시(開市)

이고, 그 후에 암구뢰달호(巖丘賴達戶) 사람들이 와서 소와 보습과 솥을 사 갔는 바 이것이 경원 개시이다.

『승람』에는 "훈춘강(訓春江)에서 동북으로 70리 되는 곳에 어라손산(於羅孫山)이 있고, 여기에서 북으로 20리 되는 곳에 옛 석성(石城)이 있는데 이름은 어라손참(於羅孫站)이다. 어라손참에서 북으로 30리 되는 곳에 허을손참(虛乙孫站)이 있고, 허을손참에서 북으로 60리 되는 곳에 유선참(留善站)이 있고, 유선참에서 동북으로 70리 되는 곳에 옛 토성 자리가 있는데 이름은 거양성(巨陽城)이다【개양성(開陽城)이라고도 한다】. 이 성안에는 두 개의 돌기둥이 있는데, 옛적에 종을 매달던 기둥으로서 높이는 3척이고 직경〔圓徑〕은 4척이 조금 넘는다. 전에 경원 사람 유성(庾誠)이라 하는 자가 이 성에 와서 종을 깨뜨려 아홉 필의 말에 싣고 갔는데, 겨우 십분의 일 밖에 못 실었고 그와 함께 갔던 30여 명이 전부 죽었다. 나머지 철은 풀밭 가운데 두었는데 사람들이 감히 가져가지 못하였다. 세상에서 전하기를 이 성은 고려 때 윤관(尹瓘)이 쌓은 것으로서 서쪽으로 선춘령(先春嶺)까지 거리가 60리 남짓하다고 한다"고 하였다.
　　청은 생각건대 지금 후춘하가 합류하는 곳으로부터 동북으로 호란하(壺蘭河)를 건너 200여 리를 가면 비요성(飛腰城), 영애성(英愛城) 및 이름 없는 옛 성이 있고【위의 영애수 조에 있다】여기로부터 동남으로 가면 객이대산(喀爾代山)과 통간산(通墾山)이 있는데 이것들은 다 영고탑 남쪽 경계에 있다. 그런데 거양(巨陽), 나손(羅孫) 등 지명이 없는 것은 고금의 말이 다르기 때문이다.

또 남으로 흘러 건원보(乾原堡)의 동쪽에 이른다

만수는 또 남으로 흘러 동림고성(東林古城)의 동쪽을 지나는데 이 성은 용당성(龍堂城)이라고도 하며 경원에서 동남으로 40리 되는 곳에 있다. 성이 극히 험준하며 안에는 큰 우물이 있는데 그 깊이를 헤아릴 수 없다. 태종 원년에 도순찰사(都巡察使) 강사덕(姜思德)을 보내어 이 성을 쌓았다. 세상에서 전하기는 목조(穆祖)가 전에 여기서 살다가 후에 알동(斡東)【경흥 동쪽】으로 옮겼기 때문에 그를 위하여 성을 쌓았다고 하는데 지금은 허물어졌다.

만수는 또 오른편으로 안원수(安原水)와 합류하는데 이 강은 경원부의 나단산(羅端山)에서 흘러나와 동남으로 흘러 만수에 들어간다.

만수는 또 남으로 흘러 건원보의 동쪽을 지나는데 이 보에는 권관(權管)이 있어서 지킨다.

오른편으로 오룡수(五龍水)를 받아들인다

오룡수는 회령부의 갈파령(葛坡嶺)에서 흘러나와 북으로 흘러 녹야창(鹿野倉)을 지나서 오른편으로 어은수(魚隱水)와 합류하는데, 어은수는 엄명산(嚴明山)에서 흘러나와 북으로 흘러 오룡수에 들어간다.

오룡수는 또 북으로 흘러 부계(涪溪)가 되는데 부계는 부계(俯溪)라고도 하며 녹야현(鹿野峴)의 물도 여기에 흘러 들어간다. 이는 종성부에서 남으로 45리 되는 곳이다.

오룡수는 또 오른편으로 유수(柳水)와 합류하는데 유수는 경흥부의 송진산(松眞山)에서 흘러나와 서북으로 흘러 유성동(柳城洞)과 방산창

(防山倉)을 지나서 오룡수에 흘러 들어간다.

오룡수는 또 북으로 흘러 배하창(陪下倉)에 이르러서 중추계(中秋溪)와 합류한다. 중추계는 회령의 전이상령(全以尙嶺)에서 흘러나와 동으로 흘러 세곡윤동(細谷潤洞)을 지나서 관북행영(關北行營)의 남쪽에 이른다. 이 영은 옛날에는 북옥저 땅이었고 우리 나라 초기에는 여진에게 점령되어 백안수소(伯顔愁所)로 불리었다. 세종 연간에 6진을 설치하면서 석막(石幕)의 영북진(寧北鎭)을 여기에 옮기고 종성군(鍾城郡)이라고 불렀으며, 얼마 후에 알목하(斡木河)가 적의 요충지에 있어 진(鎭)과의 연락이 막혀서 성원할 수 없다고 하여 따로 알목하에 진을 설치하고【회령부이다】, 종성을 수주(愁州)【지금의 종성】에 옮겼으며 영북진은 행영(行營)으로 만들었다. 영이 바로 6진의 중앙에 있어서 연락하면서 서로 원조하였고【종성 땅이다】 두만하가 얼어붙었을 때에는 함경북도 병마절도사가 이 진에 나와 있었다. "바람 온화한 여섯 개월은 경성에서 살고, 바람 높은 여섯 달은 행영에서 살았네"라고 읊은 것은 이것을 말한 것이다.

중추계는 또 오른편으로 화풍수(花豐水)와 합류하고 용암(龍巖)에 이르러 오룡수에 흘러 들어간다. 화풍수는 화풍덕산(花豐德山)에서 흘러나와서 동으로 흘러 중추계에 합류되는데, 화풍덕산 위에 황제총(皇帝塚)이 있다고들 한다.

오룡수는 또 동으로 흘러 건원보에 이르고 남으로 흘러 만수에 들어간다. 『승람』에는 "오롱초천(吾弄草川)은 경원에서 남으로 45리 되는 곳에 있는데 경원부의 유성동(柳城洞)과 회령부의 세곡리(細谷里) 등지에서 발원하여 동으로 흘러서 두만강에 들어간다"고 하였는데, 오롱(吾弄)은 오룡(五龍)의 음이 변한 것이다.

만수는 또 남으로 흘러 아산보(阿山堡)를 지난다

만수는 또 남으로 흘러 아산보의 동쪽을 지나는데, 이 보에는 병마만호(兵馬萬戶)가 있어서 지키며 경원에 속하였다.

만수는 또 남으로 흐르면서 오른편으로 농경수(農耕水)와 합류하는데 농경수는 경흥부의 농동(農洞)에서 흘러나와서 북으로 흘러 송진산(松眞山)의 물과 합류하여 만수에 들어간다.

만수는 또 동남으로 흘러 아오지보(阿吾地堡)의 동쪽을 지나는데, 이 보에는 병마만호를 두어 지키며 경흥에 속하여 있다.

구부러져 동으로 흐르면서 무이보(撫夷堡)를 지나 왼편으로 국경 밖의 팔지(八池)의 물을 받아들인다

무이보는 경흥부에서 북으로 30리 되는 곳에 있는데 병마만호가 있어 보를 지킨다.

변방 밖의 팔지는 영고탑 남쪽 경계에 있는데 여덟 개의 못이 서로 통하여 서쪽으로 흘러서 만수에 들어간다. 『성경지』를 상고하면 "영고탑에서 동남으로 630리 되는 곳에 하사산(夏渣山)이 있는데 높이는 5리이고 둘레는 30리이며, 혼작하(渾綽河)가 이 산에서 흘러나와 남으로 흘러 토문강에 들어간다【혼작하는 영고탑에서 동남으로 660리 되는 곳에 있다】"고 하였는데 대개 팔지의 물이 혼작하와 함께 동으로 흘러서 만수에 들어가는 것이다. 정씨의 지도에는 경흥 경계 밖에 저령(猪嶺)이 있고 그 밑은 평야이며 또 납납고평(納納古坪)이 있는데 다 팔지에 가까운 곳들이다.

『청일통지』에는 "숭덕(崇德) 원년에 와이객(瓦爾喀)의 부정(不靖)이 니감(尼堪)에게 명령하여 무리를 거느리고 조선 함경도에 나아가 정벌하게 하니, 니감이 회령에 나아가려 하는데 조선에서 진영을 설치하고 항거하면서 군대로 우리를 공격하였다. 니감이 이들을 다 패배시키고 합망성(哈忙城)을 함락시켰다"고 하였다.

『개국방략』에는 "태조 고황제(高皇帝) 무신(戊申)년에 동해의 와이객부(瓦爾喀部)가 내조하였다. 기유(己酉)년에 명나라에서 조선에게 명령하여 우리의 와이객팔호(瓦爾喀八戶)를 돌려 달라고 하였다. 태조의 유서에는 '조선과 인접하여 와이객부에 사는 무리는 다 우리에게 속한다'고 하였다. 태종(太宗) 숭덕(崇德) 4년에 조선에 명령하여 수군으로 웅도(熊島)를 공격하게 하고, 이어 장수를 보내어 군사 100명을 거느리고 와이객에 가서 남은 무리들을 수습하게 하였다"고 하였다.

『성조어제집(聖祖御製集)』에는 "듣건대 조선에는 8도(道)가 있다는데 북도는 와이객 지방의 토문강을 경계로 하였고, 서도는 우리의 봉황성(鳳凰城)에 인접하였다"고 하였다.

청은 생각건대 만수의 북쪽은 고이객(庫爾喀)과 와이객 두 부(部)의 땅인데 고이객은 경원강(慶源江) 대안으로서 혼춘성(渾春城)의 관할하에 있고, 와이객은 경흥강(慶興江) 대안으로 바다에 가까운 땅이다.

또 동남으로 흘러 경흥부(慶興府)의 동쪽에 이르러 【구(句)】 적지(赤池)의 물을 받아들인다

경흥부는 옛날에는 발해의 동경(東京) 지역이었고 고려 때에는 여진이 차지하였다. 고려 예종(睿宗) 2년(1107)에 윤관(尹瓘)과 오연총(吳延

龍)을 보내서 여진을 몰아내고 9성(城)을 쌓던 때에 여기다 목책을 설치하고 공험진(公嶮鎭) 안의 방어소(防禦所)로 삼았다. 예종 4년에는 다시 철수하여 여진의 땅이 되었다. 우리 태조 7년(1398)에 지역을 개척하여 두만하에 이르렀을 때 성터가 있었기 때문에 여기다 성을 쌓고 공주(孔州)라 하였다. 얼마 후 여기를 왕실이 처음 일어난 곳이라 하여 경원부로 개칭하였는 바, 그것은 여기에 덕릉(德陵)과 안릉(安陵)이 있었기 때문이다. 우리 태종 9년(1409)에 경원부를 소다로(蘇多老)【지금 경원에 속하여 있다】에 옮겼는데 다음해에 여진인들이 침입하여 왔기 때문에 두능(陵)을 함주(咸州)에 옮겼고, 마침내 그 땅을 비우게 되었다. 우리 세종 16년(1434)에 김종서를 보내어 6진을 설치하였고 다음해에 공주의 옛 성을 수축하고 그것을 분할하여 공성현(孔城縣)이라고 하였으며, 얼마 후에는 경흥(慶興)으로 개칭하고 도호부로 승격시켰다.

적지는 경흥부에서 남으로 10리 되는 곳에 있는데 둘레가 2~3리나 되며 북으로 만수와 연결되었고 못가에 매우 험준한 옛 성이 있다. 세상에서 전하기를 우리 나라의 도조(度祖)가 이 못에서 용을 쏘았다고 하는데, 이것은 한고조(漢高祖)가 못가에서 뱀을 쳐죽인 이야기나 고려의 용녀(龍女)에 대한 이야기와 같은 유이다. 정종 어제 적지비(正宗御製赤池碑)에는 "우리 선조 도왕(度王)이 일찍이 경흥 망덕산(望德山) 밑【이른바 알동(斡東)이다】에 살고 있었는데, 꿈에 한 신령한 노인이 나타나 말하기를 '나는 남쪽 못에 있는 용이다. 다른 용이 나의 못을 차지하고 내가 사는 굴을 빼앗으려 하는데 그대가 활을 잘 쏜다는 말을 들었으니 청컨대 한 화살로써 나의 적을 죽여 달라. 일이 이루어지면 나도 또한 은혜를 생각하여 그대의 자손이 잘되게 하겠노라'고 하므로 왕이 허락하였다. 꿈을 깬 후 활 견대와 동개를 메고 부(府)의 남쪽 산록에 오르니 홀연 큰 폭우가 쏟아지면서 만물이 진동하였다. 바라보니 구름이 자욱한 중에 검은 용이 동북으로부터 일어나 흰 용을 끌어다 싸우는데, 꿈틀거리는 몸뚱이가 1,000척이나 되며 서로 끌어당기며 후려갈기는데 번쩍거리는 비늘이 번갯불보다도 밝았다. 왕이 쏘려 하였으나 주객을 분별할 수 없어서 끝내 쏘지 못하고 돌아왔다. 그날 밤에 신령한 노인이 다시 꿈속에 나타나 말하기를 '그대가 나에게 허락하고 끝내 한 화살을 아끼는 것은 무슨 까닭인가?' 하고 물었다. 왕이 대답하기를 '내가 한 화살을 아낀 것이 아니라 주객을 분별할 수 없어서 그랬소'라고 하니 노인이 말하기를 '흰 것이 나이고 검은 것이 적이니 내일은 조심하여 실수하지 말라'고 하였다. 왕이 또 허락하고 다음날 아침 역시 남쪽 산록에 오르니 두 용이 어제처럼 싸웠다. 왕이 곧 검은 용을 향하여 한 발 쏘아 바로 허리를 맞혔다. 이때에 놀란 피가 질펀히 흘러 온 못이 다 붉게 되었기 때문에 적지(赤池)라 하였고 일명 사룡지(射龍池)라고도 하였다. 이 이야기는 대개 교지(交阯), 단지(丹池) 등 이름이 생겨난 유래와 같지만 그 사건은 더욱 기이하다. 그런데 어떤 사람들은 후손들이 잘되게 하겠다고 한 용의 약속을 가지고 용이 우리를 도왔다고 억지로 꾸며내는데 어찌 그럴 수 있겠는가? 오직 우리 가문이 대대로 명예를 간직하였고 어진 덕을 쌓았으며 공로를 숨겨 드러내지 않았고 힘써 실천하고 자랑하지 않았기 때문에, 마침내 하늘의 명을 받고 신명의 도움을 입게 되어 만백성이 우리에게 돌아온 것이다. 적지에서 있은 일을 선조들이 다만 상서로운 것으로 여기었을 뿐이지 용이 어찌 사람을 도울 수 있겠는가. 이에 명문(銘)을 붙인다……"고 하였다. 또 오산(五山) 차천로(車天輅)가 말하기를 "경원부에서 남으로 12리 남짓 되는 곳에 있는 적지 가운데 둥근 봉우리가 있는데, 높이는 35보이고 둘레는 90보이며 사면이 비습하여 사람들이 잘 다니지 못한다. 목조(穆祖)의 덕릉(德陵)이 이 봉우리 위에 있는데 장사 지낼 때에 중국 사람이 와서 묏자리를 보았다【또 나옹(懶翁)과 무학(無學)이 묏자리를 택하였다는 말도 있는데 이는 모두『설림(說林)』에 있는 말이다】. 그 뒤에 여진이 침입하였기 때문에 능을 함흥으로 옮겼고 적지는 옛 묏자리가 되었다"고 하였다.

만수는 여기에서 수빈강(愁濱江)이 된다.『비고』에는 "두만강은 경흥부의 동쪽에 이르러 적지를 지나서 수빈강이 된다"고 하였고, 또 "수빈강은 경흥에서 남으로 10리 되는 곳에 있는데, 두만강 하류이다"라고 하였다.『승람』을 상고하면 "수빈강은 백두산에서 발원하여 북으로 흘러 소하강(蘇下江)이 되는데 소하강은 속평강(速平江)이라고도 하며 공험진(公嶮鎭)과 선춘령(先春嶺)을 지나 거양(巨陽)에 이르며 동으로 120리를 흘러서 아민(阿敏)에 이르러 바다에 들어간다"고 하였고, 또 "야춘산(也春山)은 경원부에서 동으로 70리 되는 수빈강변에 있다【야(也)춘산은 야춘산(野春山)으로도 쓴다】"고 하였다. 그런데 윤씨의 지도에 있는 강은 백두산 동북에 있는 비호산(貔虎山)에서 흘러나와 남으로 흘러 소하강이 되며, 담주평(潭州平)을 지나 동으로 흐르면서 또 공험진(公嶮鎭), 선춘령(先春嶺), 원산성(圓山城), 개양성(開陽城)을 지나 지인오암성(只人吾巖城)에 이르러서 남으로 흘러 수빈강이 되어 가지고 바다에 들어가며, 노곶(老串), 벌인(伐引), 안토(安土), 야치성(也雉城), 우이미성(于而未城), 후비석성(厚飛石城)이 다 수빈강의 북쪽에 있다. 만약 이 두 가지 설에 의거한다면 수빈강이 백산에서 흘러나와서 동으로 흘러 저절로 바다에 들어가야 할 것이다. 그러나 지금 상고하여 보면 백산에서는 아홉 개의 큰 강이 발원하는 바, 그것은 어윤(魚潤), 분계(分界), 극통(克通), 낭목(娘木), 양토(兩土), 납고(拉庫), 양눌(兩訥), 음하(音河)이다. 이 아홉 개 밖에는 큰 강이 없으니 백산에서 흘러나온다고 하는 수빈강을 억지로 어디에다 붙이겠는가? 또 두만강 북쪽에 있는 강으로서 저절로 바다에 흘러 들어가는 것으로는 저륜하(渚淪河)와 수분하(遂分河)가 있는데, 저륜하는 하사산(夏渣山)에서 발원하여 남으로 흘러 바다에 들어가며 강이 너무 작기 때문에 수빈강이라 생각할 수 없고, 수분하는 조금 크지만 모릉와집(模稜窩集)에서 발원하여 남으로 흘러서 바다에 들어가는 만큼 역시 수빈강이라고 생각할 수 없다. 더군다나 두만강 외에는 도무지 동쪽으로 흐르는 강이 없으니 수빈강이 동쪽으로 흐른다는 기록은 망령된 이야기가 아닌가? 나는 생각건대 옛날의 소하강(蘇下江)이 곧 지금의 낭목하(娘木河)이다. 『승람』에는 "듣건대 백산 밖에 동북으로 흐르는 강이 있다고 하는데 혼동강(混同江)에 합류하는지 알지 못하며, 또 듣건대 경원 밖에 남으로 흐르는 큰 강이 있다고 하는데 모릉(模稜)에서 흘러나오는지 알지 못한다"고 하였는데 결국 합쳐 가지고 본말을 전도시키게 되었다. 그러나 이것들은 국경 밖의 먼 황무지에 있어 명확히 분간하는 사람이 없었기 때문에 사람들이 그대로 믿었던 것이다.

만수는 또 동남으로 흘러 조산보(造山堡)를 지난다

만수는 또 조산보의 동쪽을 지나는데 이는 옛날 변방을 수비하던 보로서 병마만호를 두어 지켰는데 지금은 폐지되었다.

만수는 또 동으로 흐르면서 알동(斡東) 땅의 북쪽을 지나는데 이는 경원부에서 동남으로 30리 되는 곳이다. 원(元)나라 말엽에 우리 목조(穆祖)가 덕원(德源)으로부터 여기로 옮겨 와 살았는데, 원나라에서 목조를 남경(南京) 오천호소 달로화적(五千戶所達魯花赤)으로 임명하였으며 우리 나라 왕업(王業)이 여기에서 시작되었다. 목조가 여진에 갔을 때마다 여진의 여러 천호소(千戶所)들이 반드시 소와 말을 잡아 여러 날 잔치를 차렸으며, 여러 천호소들이 알동에 오면 목조도 역시 그렇게 하여 결국 자주 모여서 연회를 하게 되었고, 익조(翼祖)도 목조를 계승하여 역시 그렇게 하였다. 그 후 익조의 위엄과 덕망이 점점 커져서 여러 천호소의 휘하 사람들이 다 익조에게 마음을 돌리게 되니, 여러 천호소들이 이를 시기하여 익조를 해칠 것을 꾀하고 거짓말로 익조에게 고하기를 "우리가 북쪽 지방에서 사냥하고 돌아오겠으니 청컨대 우리의 모임을 20일간 연기하여 주십시오"라고 하므로 익조가 허락하였다. 기일이 지나도 오지 않으므로 익조가 몸소 찾아가게 되었는데 해관성(奚關城)【후춘하(厚春河) 강변에 있다】에 이르러 길에서 물통을 이고 오는 한 노파를 만났다. 익조가 목이 말라 물을 마시려 하니 노파가 말하기를 "이곳 사람들이 실상은 군사로써 당신을 해치려 합니다"라고 하였다. 익조가 황황히 돌아와서 가족들을 배에 태워 두만하를 따라 내려 보내면서 적도(赤島)에서 모일 것을 약속하고 자신은 손부인(孫夫人)과 함께 경흥 뒷고개에 올라 알동 들판을 바라보니 적의 기병이 벌써 들판에 가득하였다. 그리하여 적도에 들어가 재난을 피하였던 바, 이 일은 마치 광무제(光武帝)에게 배가 없을 때에 호타하(滹沱河)가 갑자기 얼어붙었던 것처럼 신기한 일이다. 그 후 다시 덕원부(德源府)에 돌아와서 살았다.

녹둔도(鹿屯島)에 이르러 바다로 들어간다

녹둔도는 조산(造山)의 남쪽 20리 되는 곳에 있는데 사차마도(沙次麻島)라고도 한다. 이 지방 방언에 사슴을 사아삼(沙兒參)이라 하며 삼〔麻〕을 삼(參)이라고 하기 때문에 이렇게 이름한 것이다. 옛날에는 여기에

농보(農堡)가 있어서 병선(兵船)들을 두었었는데 지금은 폐지되었다.
『승람』에는 "두만강은 경흥부의 사슴섬〔沙次麻島〕에 이르러 5리쯤 갈
라져 흐르다가 바다에 들어간다"고 하였고, 『비고』에는 "두만강은 또
동으로 흘러 조산을 지나서 녹둔도에 이르러 바다에 들어간다"고 하였
다. 내가 상고하건대 녹둔도에는 전승대(戰勝臺)가 있는데, 우리 선조(宣
祖) 20년(1587)에 충무공(忠武公) 이순신(李舜臣)이 조산 만호(造山萬戶)
가 되어 적병을 여기에서 격파하였다. 충무공 행록(行錄)에는 "선조 병
술(丙戌)년에 공이 조산보 만호가 되었고 정해(丁亥)년에는 녹둔도의 둔
전관(屯田官)을 겸임하였다. 공은 이 섬이 멀리 외따로 있는 데다가 수
비하는 군인이 적은 것을 염려하여, 여러 번 병마영(兵馬營)에 말하여
군사를 더 보내 줄 것을 청하였으나 절도사 이일(李鎰)이 듣지 않았다.
가을에 적이 과연 침입하여 와서 공의 목책을 포위하였는데 붉은 털옷
을 입은 사람 몇이 앞에 서서 지휘하면서 쳐들어왔다. 공이 활을 힘껏
당겨 연달아 붉은 털옷 입은 자들을 쏘아 맞추어서 다 땅에 쓸어 눕히
니 적들이 도망하였다. 공이 이운룡(李雲龍) 등과 함께 추격하여 가서
포로가 된 우리 사람 60여 명을 탈환하였다. 공도 역시 화살에 맞아 왼
쪽 다리를 상하였지만 군사들이 놀랄 것을 염려하여 아무 말도 하지 않
고 활만 쏘았을 뿐이었다. 이일이 공을 죽여 입을 막음으로써 자기의 죄
를 면하려고 공을 잡아다 죽이려 하다가 이 일이 조정에 알려져서 군졸
로 강직되었다"고 하였다. 또 『경흥부지(慶興府志)』에는 "녹둔도는 일명
사차마(沙次麻)라고도 하는데 부에서 남으로 56리 되는 곳에 있으며 두
만강이 바다로 흘러 들어가는 곳이다. 선조 20년(1587)에 조산 만호 이
순신으로 하여금 겸하여 둔전(屯田)도 맡아보게 하였다. 가을에 부사(府
使) 이경록(李景祿)이 연군(烟軍)들을 데리고 와서 곡식을 거두었다. 이

때에 번호(藩胡)의 우두머리 앙니응개(卬尼應介), 사송아(沙送阿) 등이 추도(楸島)에서 무리를 모아 가지고 먼저 기병을 시켜 목책을 포위케 하고 군대를 풀어 크게 약탈하였다. 수호장(守護將) 오형(吳亨) 등은 전사하였고, 이경록과 이순신은 죽기를 결심하고 항거해서 죽음을 면하였다. 앙니응개가 해자를 넘어 들어오니 별장(別將) 이몽서(李夢瑞)가 한 화살에 쏘아 눕혔다. 그러자 적들이 다 흩어져 도망하였는데 이순신이 추격하여 격파하였다. 그 후에 충무공의 5세손 관상(觀祥)이 이 섬의 전승대 위에 비를 세웠고, 홍문관 제학(弘文館提學) 조명정(趙明鼎)이 비의 뒷면에 글을 썼는데 그 글의 대강은 이러하다.

"선조 20년에 번호(藩胡)들이 녹둔보(鹿屯堡)의 목책을 포위하니, 공이 진(鎭)에서 북으로 3리 남짓 되는 곳에 있는 높은 봉우리에 올라 방어하면서 적의 귀로에 기습할 군인들을 매복시켰다가, 날이 저물어 돌아가는 적들을 포를 쏘고 북을 울리면서 요격하여, 죽이고 부상시킨 것이 매우 많았다. 적들이 크게 두려워하며 다시는 감히 쳐들어오지 못하였고 사람들이 이 봉우리를 전승대(戰勝臺)라 이름하였다."

『수도제강』에는 "토문강(土門江)은 장백산 마루의 동쪽 기슭에서 흘러나오는데 토문색금(土門色禽)이라 한다. 땅속으로 흐르기도 하고 겉에 나타나기도 하면서 동으로 수십 리를 흐르며 구부러져서 동북으로 또 수십 리를 흐른다. 여기서 서북으로부터 흘러오는 한 강과 두 수원을 합쳐 가지고 남쪽으로부터 흘러오는 다른 한 강이 모두 합류되는데, 이것들은 다 장백산에서 갈라져 나간 줄기의 봉우리에서 흘러나온 강들이다. 다시 동남으로 백여 리를 흘러가면 한 강이 두 수원을 합쳐 가지고 서남으로부터 흘러와서 합류된다【강 남쪽은 조선이다】. 다시 구부러져 동북으로 백 수십 리를 흘러가서 남쪽 강안으로 작은 강 둘과 큰 강 하나를 받아들인다【두 작은 물은 다 증산(甑山) 이북에서 북으로 겨우 100리 남짓 흐른다. 큰 강은 홍단면(洪丹沔)이라고 하는데 서남쪽 큰 산에서 흘러나와서 세 지원(池源)의 물과 합류하여 동으로 백 수십 리를 흐르며, 다시 구부러져 동북으로 흐르다가 동쪽의 한 작은 강과 합류한다. 또 북으로 흘러 증산의 동쪽 기슭을 지나며 또 동북으로 흐르다가 다시 북으로 백여 리를 흘러 토문강에 들어간다】. 조금 동으로 흐르면 아궤개토문(阿几个土門)이 서북으로부터 흘러오다가 한 강을 합쳐 가지고 동남으로 흘러와서 합류된다【아궤개색금(阿几个色禽)은 장백산 마루 동북의 백리인산(百里人山)에 있으며 그 서쪽은 이아무(泥牙毋), 이아고색금(泥牙庫色禽)인데 서북으로 흘러 송화강(松花江)이 되는 강이다. 아궤개색금이 산으로부터 동으로 백 수십 리를 흐르면 한 강이 두 수원을 합쳐 가지고 서북으로부터 흘러와서 합류된다. 다시 구부러져 동남으로 100리를 흘러 토문강에 들어가는 바, 역시 근원이 다른 강이다】. 또 동북으로 100리를 흘러가서 남쪽 강안으로 두 강을 받아들인다【하나는 어순하(魚順河)인데, 남쪽으로부터 두 개의 수원을 합쳐 가지고 흐르다가 북으로 흐르면서 또 한 강을 합친 다음, 300여 리를 흘러서 토문강에 들어간다. 다른 하나는 파하천(波下川)인데, 세 개의 수원을 합쳐 가지고 북으로 구불구불 2백 수십 리를 흘러서 토문강에 들어간다】. 대산(大山) 동쪽 기슭에 이르러 구부러져 북으로 흐르면서 동쪽에서 오는 두 강을 받아들이는데, 동쪽 강안은 조선의 무산성(茂山城)이다. 구부러져 서북으로 흐르면서 서쪽에서 오는 한 강을 받아들이는데 그 동쪽 강안은 조선의 양옹성(良雍城)이다. 또 구부러져 동북으로 평지 가운데를 수백 리 흘러서 남에서 흘러오는 세 강을 받아들이는데 동남쪽 강안은 조선의 방산보(方山堡), 회령, 고령(高嶺), 왕탄(王坦), 종성, 동관(潼關), 옹대(雍大) 등 일곱 성인 바 이 성들은 다 강을 끼고 있다. 작은 강이 서북에서 흘러 들어오는데 북쪽 강안은 대산(大山)의 남쪽 기슭에 이른다. 갈합리하(噶哈哩河)가 북쪽 흥안령(興安嶺)

서남 기슭으로부터 서남으로 흐르면서 여러 강들을 합류하고 동남으로
구부러져 흐르면서 서쪽에서 흘러오는 복아합토하(卜兒哈兎河)를 합쳐
가지고 동남으로 흘러와서 합류되는 바, 역시 큰 강이며 남쪽 대안은 조
선의 온성이다【갈합리하는 흥안령에서 흘러나와 서남으로 수십 리를 흘러서
북쪽에서 오는 한 강과 합류하며, 또 서남으로 수십 리를 흐르면 합달하(哈達河)
가 서북쪽 마아호리령대산(馬兒呼里嶺大山)으로부터 여러 수원을 합쳐 가지고
동남으로 흘러와서 합류된다. 동남으로 구부러져 흐르면서 서남쪽 활혼산(活渾
山)으로부터 흘러나오는 애의육하(艾衣六河)와 합류하고, 또 동남으로 흐르면서
서쪽에서 오는 활궤하(活几河)와 동쪽에서 오는 합순하(哈順河)를 합치는 바, 이
강은 근원으로부터 여기에 이르기까지 400여 리나 된다. 복아합토하(卜兒哈兎
河)가 서쪽으로부터 두 개의 큰 강을 합쳐 가지고 흘러와서 합류된다. 갈합리하
는 또 동남으로 수십 리를 흘러서 토문강에 합류된다】. 토문강은 동으로 구
부러져서 백여 리를 흘러서 북쪽에서 오는 작은 강 세 개를 합치는데
【하나는 이름이 없고 하나는 호란하(呼蘭河)이며 또 하나는 미첨하(米瞻河)이
다】, 그 남쪽 강안은 조선의 미전진성(美錢鎭城)이다. 동남으로 구부러
져 수십 리를 흐르면 동영액하(東英額河)가 흘러 들어오는데, 그 서쪽
강안은 조선의 순진성(循鎭城)이고 남쪽은 경원부성(慶源府城)이다. 또
동남으로 흘러 휘춘촌(輝春村)의 서남을 지나서 또 동남으로 흐르면 휘
춘하(輝春河)가 동북으로부터 여러 강을 합쳐 가지고 서남으로 흘러와
서 합류된다【휘춘하는 동북의 여러 산들로부터 서쪽으로 흐르면서 북쪽에서
흘러오는 우비첨사리하(牛非尖舍利河)와 서쪽에서 흘러오는 부답족혼하(夫答足
渾河)를 합치고, 서남으로 구부러져 백여 리를 흘러서 동남에서 흘러오는 서백
하(西白河)와 서북쪽에서 흘러오는 심계랍고하(心鷄拉庫河)를 합친다. 또 구부러
져 서쪽으로 백 수십 리를 흘러서 북쪽에서 오는 합이달산수(哈爾達山水)와 동
남에서 흘러오는 한 강과 남쪽에서 흘러오는 호로하(虎魯河), 니아하(你牙河), 하
화리하(下禾里河)를 합친다. 또 서북으로 구부러져 흐르면서 북에서 흘러오는

합달하(哈達河)와 늑륵하(勒勒河)를 합치고, 또 서남으로 수십 리를 흘러가서 동에서 흘러오는 합달하(哈達河)를 합치고, 또 서남으로 흘러 토문강에 들어간다】. 토문강은 또 동남으로 100리를 흘러서 조선 서쪽 강안의 물을 받아들인다【하나는 경원부 남쪽의 강으로서 서남쪽의 산으로부터 동북으로 흘러 토문강에 들어가고, 또 하나는 전원포(前元舖)의 앞 강으로서 서쪽으로부터 동으로 흘러 토문강에 들어가는데 길이는 백여 리이다】. 구부러져 남으로 20리를 흐르고 또 구부러져 동으로 흐르면서 남쪽 강안의 한 강을 받아들인다【즉 아산포(阿山舖) 남쪽의 한 강인데 길이는 백 수십 리이다】. 또 구부러져 동북으로 20여 리를 흐르면【즉 조아곤산(鳥兒滾山)에서 남으로 80리쯤 되는 곳이다】 동쪽 강안은 무산성(茂山城)이요, 북쪽 물은 서수락천(西水洛川)이라고 부르는데, 그 근원은 동원(東源)【생각건대 동해(東海)일 것이다】가의 큰 산에서 발원하여 서북으로 흐르면서 남에서 흘러오는 두 개의 강을 합치고, 또 구불구불 북으로 흘러 무산성(茂山城)【생각건대 여기를 무산이라 한 것은 틀린 것 같다. 혹시 조산(造山)을 잘못 쓴 것이 아닐까 한다】 동쪽을 지나며, 다시 구부러져 성의 북쪽을 지나서 서쪽으로 흘러 토문강에 들어간다. 또 북쪽에 이름이 없는 한 강이 있는데 그 남쪽 강안의 물굽이진 곳이 조선 경흥성(慶興城)이다【이 몇 구절의 문맥을 보건대 문구들이 뒤바뀐 것 같다】. 또 동남으로 흘러 바다에 들어간다【강어귀는 동경 14도 5분이고 북위 42도 5분이다. 강어귀의 남쪽에는 두 개의 작은 섬〔洲〕이 있으며 그 동쪽에 있는 산이 대도살합(代都薩哈)이다. 여기서 또 동으로 수십 리 되는 곳이 서사하도(西思河島)이고 섬과 산의 북쪽이 화탁화하(火擢火河) 어귀인데, 이 강은 길이 천여 리이며 서쪽 강안의 경흥성으로부터 남쪽으로 강을 접한 데까지가 색봉파(索鳳坡)이고, 여기서 또 남으로 강어귀에 이르기까지가 서수락성(西水洛城)이다】"고 하였다.

『성경지』에는 "영고탑에서 바로 남쪽으로 토문강이 바다에 들어가는 곳까지가 대략 천여 리이다"라고 하였다.

청은 생각건대 지금 만수가 바다에 흘러 들어가는 어귀로부터 서북으로 경흥부까지의 거리는 60리이고 정북(正北)으로 영고탑까지의 거리는 천여 리이다. 그리고 난도(卵島), 마전도(麻田島), 추도(楸島)가 다 이 어귀에 있는데, 이는 두 나라의 경계이다. 정씨의 지도에 의하면 악양곶 슬해(岳陽串瑟海)가 강어귀에 있고 윤씨의 지도에 의하면 여기로부터 동북으로 가면 또 웅도(熊島), 이읍부도(尒邑富島), 백무도(白無島), 흑무도(黑無島) 등의 섬이 있다. 지금 강어귀로부터 서쪽으로 가면 서수라보(西水羅堡)를 지나 부령(富寧)과 경성(鏡城)에 이르게 되고, 동쪽으로 가면 저륜하(渚淪河) 어귀와 수분하(遂分河) 어귀를 지나 천천히 흘러서 동남으로 희객탑산(唏咯塔山)의 남쪽과 희록하(喜祿河) 어귀에 이르게 되는 바, 이것들은 다 영고탑의 동남쪽 경계이다. 『비고』에는 "백두산 동쪽【어윤하(魚潤河)와 토문강(土門江)의 근원이다】 원산(圓山), 장백산(長白山), 무산령(茂山嶺)【서북천(西北川), 박하수(朴下水), 알목하(斡木河)의 근원이다】으로부터 송진(松眞), 백악(白岳) 이북에 이르기까지의 여러 산에서 흘러나오는 물들이 이 원 줄기에 들어가는데, 경계비가 있는 발원지로부터 어윤하와 합류하는 곳까지는 400리이다"라고 하였다.

청은 생각건대 『비고』에다 응당 마아(馬兒)【갈합하(葛哈河)의 근원이다】, 조리(笊籬)【영애수(英愛水)의 근원이다】, 통간오아(通墾烏兒)【후춘하(厚春河)의 근원이다】 이남이라는 한 조항을 첨가했어야 할 것이다.

『비고』의 관방편(關防篇)에는 "두만강 연안은 무산(茂山) 삼산사(三山社)로부터 시작하여 무산【355리】, 회령【96리】, 종성【116리】, 온성【71리】, 경원【115리】, 경흥【91리】에 이르기까지 총 844리이다"라고 하였고, 또 "삼산사로부터 시작하여 백두산의 발원지까지는 300여 리이다"라고 하였다.

청은 상고하여 이제 대략 이수[道里]를 기록한다. 만수가 천평(天坪)에서 발원하여 동남으로 300여 리를 가면 삼산사(三山社)이고, 동으로 350리를 가면 무산(茂山)이고, 동으로 25리를 가면 양영(梁永)이고, 동으로 60리를 가면 풍산(豊山)이고, 동으로 10리를 가면 협하(頰河)이고, 동으로 20리를 가면 구협하(舊頰河)이고, 동으로 20리를 가면 회령(會寧)이고, 북으로 23리를 가면 고령(高嶺)이고, 북으로 40리를 가면 방원(防垣)이고, 북으로 30리를 가면 종성(鍾城)이고, 북으로 35리를 가면 동관(潼關)이고, 북으로 25리를 가면 영달(永達)이고, 북으로 40리를 가면 유원(柔遠)이고, 동으로 20리를 가면 온성(穩城)이고, 동북으로 25리를 가면 미전(美錢)이고, 동남으로 20리를 가면 황자파(黃柘坡)이고, 동남으로 30리를 가면 훈융(訓戎)이고, 남으로 30리를 가면 경원(慶源)이고, 남으로 30리를 가면 안원(安原)이고, 남으로 20리를 가면 건원(乾原)이고, 동남으로 20리를 가면 아산(阿山)이고, 남으로 30리를 가면 아오지(阿吾地)이고, 동으로 20리를 가면 무이(撫夷)이고, 남으로 35리를 가면 경흥(慶興)이고, 동남으로 35리를 가면 조산(造山)이고, 동남으로 20리를 가면 녹둔도(鹿屯島)이다.

이상 이수는 총 1,200여 리이며, 강 연안에서 수비하는 관리는 도호부사(都護府使)가 6명이고 병마첨절제사(兵馬僉節制使)가 6명이고 병마만호(兵馬萬戶)가 6명이며 권관(權管)이 4명이다.

『수도제강』에는 "토문강의 남안(南岸)으로부터 조선의 동북 경계가 된다"고 하고 자신이 주(注)하기를 "우리 나라에서 동북으로 가장 먼 곳은 경원부 서북의 온성과 미전진성(美錢鎮城)인데, 동경은 13도와 14도 사이이고 북위는 42도가 좀 못된다. 제일 동쪽으로 가장 먼 곳은 경원부 동남의 경흥성(慶興城)과 이봉파(李鳳坡)인데, 토문강의 하류로서 동경 14도 5분이고 북위 42도 5분이다. 또 남으로 가장 먼 곳은 해안의 서수 락성(西水洛城)이다"라고 하였다.

대동수경 제3

살수(薩水) 【즉 청천(淸川)이다】 · 졍수(淀水) 【즉 대령수(大寧水)이다】

살수는 한나라 광무(光武) 때에 번(蕃), 한(漢)의 경계선이었다

우리 나라에서 살수의 명목은 전부 셋이 있다. 그 중 하나는 청주(淸州)의 청천(淸川)인데 신라의 장군 실죽(實竹)이 전투하던 살수의 평원이란 살수가 바로 이것이요【달수(㺚水) 조에 상세히 나왔다】, 하나는 진주(晉州)의 청천인데 그 곳에 옛날 살천부곡(薩川部曲)이 있었기 때문에 살수의 명칭이 생기게 된 것이다【남수(藍水) 조에 상세히 나왔다】. 마지막 하나는 안주(安州)의 청천인데 지금 원문에서 이야기한 것이다. 아마도 방언에 '살(薩)'은 시원하다〔淸凉〕의 뜻이기 때문에 청천을 모두 살수라고 불렀던 것인가 한다.

『구려사』에는 "태무신왕(太武神王) 27년【한나라 광무 건무(建武) 20년】에 한나라 광무가 군사를 파견하여 바다를 건너 낙랑(樂浪)을 공격하고 그 땅을 빼앗아 군현을 만들었는데 살수 이남은 한(漢)에 속하였다"고 하였다.

『동국통감(東國通鑑)』에는 "살수 이북이 한(漢)에 속하였다"고 하였다.

　　안순암(安順菴)은 이르기를 "구려(句麗)는 북쪽에 있고 낙랑은 남쪽에
있기 때문에 살수로 경계를 삼은 것이다.『동국통감』에서는 잘 상고해
보지도 않고 자의로 뒤바꾸어 놓았다"고 하였다.

　　청은 상고하건대 살수란 안주의 청천강이다. 한사군(漢四郡)의 이전
지역을 말하면 북쪽으로 지금의 흥경(興京) 지경에서 시작하여 남쪽으
로 열수(洌水)에서 끝났다. 그 후 현토(玄菟) 임둔(臨屯)의 옛 땅을 낙랑
에 합치게 되면서 진번(眞蕃)의 지역은 구려에 편입되었다. 한나라 평제
(平帝) 때에 구려가 남으로 국내성(國內城)에 옮기게 되었는데 지금 초
산부(楚山府)와 강 건너 마주 보이는 지점이다. 그런즉 한나라의 강토가
점차 날로 축소되었던 것이다. 광무 때에 가서 낙랑이 춘천(春川) 등지
로 옮기게 되자 한나라에 속했다는 기록이 있다. 건무 13년에 이르러 구
려는 결국 낙랑을 멸망시키고 한나라의 지역이 전부 구려로 들어갔기
때문에, 20년에 가서 광무가 낙랑을 도로 찾아 한나라의 강토를 복구하
고 살수를 잘라 경계로 삼아 이남은 한나라에, 이북은 구려에 소속시켰
다. 한나라에서는 바다를 건너 관리를 파견하여 이것을 지키게 하였으
니, 당시에 압록강과 청천강 사이를 구려가 막고 있는 까닭에 바다를 건
너게 되었던 것이다. 이후부터 백여 년 동안 한과 구려는 살수를 경계로
남북이 가로막혀 서로 침공을 겪지 않았다. 본문에 말한 '번, 한의 경계
선'이란 것이 바로 이것이다.『통감』에서 남쪽을 고쳐 북쪽으로 만든 것
은 물론 억측이었으며 순암이 이것을 반박한 것은 아주 정당하다.

　　『구려사』에는 "국조왕(國祖王) 4년【한나라 광무 중원(中元) 원년】가을
에 동옥저(東沃沮)를 공격하여 그 땅을 빼앗아 성읍을 만들고 국경을 확
장하여, 동으로 창해에 이르고 남으로 살수에 이르렀다"고 하였다.

　　청은 상고하건대 동옥저란 지금의 함경남도의 지역이다. 본래 낙랑의

동부 도위(東部都尉)에 속하였었는데 건무 6년에는 도위를 없애고 그 땅을 버려서 토추(土酋)들의 소유로 되었기 때문에 구려가 그것을 격멸할 수 있었다. 그러나 그 경계선은 살수의 북쪽에 국한되었을 뿐이었기 때문에, 살수 이남은 끝까지 낙랑의 지역으로서 한나라의 판도에 속하여 있었다. 헌제(獻帝) 건안(建安) 때에 가서 공손강(公孫康)이 낙랑을 갈라 둘로 만들게 되자 구려의 발자취가 점차 살수의 남쪽에 미쳤다. 조위(曹魏) 때에 이르러 구려는 처음으로 평양에 옮겼으니 번, 한의 경계선이 살수에 머물러 있은 것은 백여 년을 잘 경과하였다.

『삼국유사(三國遺事)』에는 "살수는 지금의 대동강(大同江)을 말하기도 한다"고 하였다【『삼국유사』는 고려의 중 무극(無亟)이 편찬한 것이다】.
안순암은 "대동강을 또한 살수로 부른다"고 하였다.
청은 상고하건대 순암은 "실죽(實竹)이 차지하고 있던 대아성(大牙城)으로 삼등현(三登縣)을 만들었다"는 기록을 가지고 『유사』의 말을 증명하였는 바, 모두 틀렸다. 달수(㺚水) 중에 자세히 나왔다.
다시 상고하건대 요동에 또 살하수(薩賀水)란 명칭이 있다. 애하(靉河) 중에 자세히 언급되었다.

그 수원은 강계부 남쪽 설한령(薛罕嶺)의 서쪽에 있는 갑현산(甲峴山) 골짜기에서 나온다

장백산의 남쪽으로 뻗은 큰 줄기가 황초령에서 서북쪽으로 설한령이 되고, 다시 남쪽으로 낭림산(狼林山)이 되어 철옹산(鐵瓮山)까지 나갔는 바 이것이 큰 줄기이다. 그리고 낭림의 서쪽 한 가닥은 백산(白山), 갑현

(甲峴), 도장령(道場嶺), 적유령(狄踰嶺)이 되었는데 이것은 강계부(江界府)의 남쪽 경계에 해당한다. 그리하여 낭림 이남의 물이 흘러 패수(浿水)의 수원이 되고, 이서의 물이 흘러 살수의 수원이 되었다.

서쪽으로 흘러 유원보(柔遠堡) 남쪽을 지나다가 멀지 않은 데서 적유령 물이 북쪽으로부터 와서 합류한다

살수가 서쪽으로 흘러 유원보【유원보(柔院堡)로도 쓴다】 남쪽에 이르는데 역시 좁은 목인 경비 초소이다. 동첨절제사(同僉節制使)를 두어서 강계부에 소속시켰었다.

살수는 다시 오른쪽에서 죽전수(竹田水)를 합치고 왼쪽에서 지막수(池莫水)를 합친다. 죽전수는 강계부 남쪽 죽전령(竹田嶺)에서 나와 남쪽으로 와서 살수에 합친다【희천(熙川) 동쪽 100리이다】.

살수는 영원군(寧遠郡) 지막산(池莫山)에서 나와 북쪽으로 흘러와서 여기에 합친다【희천 동쪽 90리이다】.

살수는 다시 서쪽으로 봉단성(鳳丹城)의 북쪽을 지나는데 이 성은 희천군(熙川郡) 동북쪽 80리에 있다. 옛날 봉단(鳳丹)이란 이름을 가진 자가 살았기 때문에 그대로 불렀던 것인데, 지금 폐지되고 빈터만 남았다.

살수는 다시 적유수(狄踰水)와 합친다. 이 물은 적유령에서 나와서 남쪽으로 흘러 시원(柴院) 서쪽에 이른다. 여기서 백산수(白山水)를 받아 가지고 살수에 들어간다. 대개 적유령 북쪽 골짜기 물은 신수(神水)란 명칭을 가지고 독로수(禿魯水)로 들어가고 남쪽 골짜기 물은 살수로 들어간다.

살수는 여기서부터 서남쪽으로 흘러 왼쪽에서 생천수(牲川水)를
합친다

　살수는 다시 서쪽으로 장동(長洞) 북쪽을 지나서 왼쪽에서 광성수(廣
城水)를 합치는데 희천군 땅이다. 장동 동북쪽 10리에 자그마한 봉우리
가 오뚝 솟아서 마치 송곳 모양처럼 물가에 섰는데, 높이는 세 발 남짓
하고, 선돌[立石]이라 부른다. 광성수는 광성령(廣城嶺) 서쪽에서 나와
서 살수에 흘러 들어간다.
　살수는 서남쪽으로 흐르다가 왼쪽에서 생천수【생천(枡川)으로도 쓴다】
를 합친다. 생천수는 생천령(枡川嶺)에서 나와 서쪽으로 흐르다가 진창
(眞倉)에 와서 묘향산(妙香山) 동쪽 골짜기 물과 만나 서쪽으로 흘러 살
수에 들어간다.

　『비고』에는 "청천(淸川)의 수원은 강계의 갑현(甲峴)에서 나와서 서쪽
으로 흘러 유원진(柔遠鎭)에 와서 오른쪽에서 죽전천(竹田川)을, 왼쪽에
서 지막천(池莫川)을 지나 서쪽으로 흘러 봉단성 북쪽에 이르러 왼쪽에
서 적유천(狄踰川)을 받는다【생각건대 왼쪽에서 받는다는 것은 응당 오른쪽
에서 받는다는 것으로 되어야 할 것이다】. 그것이 용부연(龍釜淵)으로 되어
선돌을 지나면 왼쪽에서 광성천(廣城川)을 합쳐 가지고 다시 서남쪽으
로 흘러 동강(東江)이 되면서 왼쪽에서 생천수를 받는다"고 하였다.

　다시 남쪽으로 희천군(熙川郡) 동쪽을 지나 오른쪽에서 구현수(狗
峴水)를 받아 가지고 묘향산 북쪽을 지난다

희천군은 본래 고려의 청새진(淸塞鎭)이다. 고종(高宗) 4년에, 고쳐서 위주(威州) 방어사로 만들었다가 그 뒤에 희천으로 만들었다. 우리 정부에서는 희천 그대로 군수를 두었다.

구현수는 강계의 구현(狗峴)과 희천의 백산(白山)에서 나온다. 대개 구현의 북쪽 골짜기 물은 신수(神水)와 합쳐서 독로강으로 흘러 들어가고, 남쪽 골짜기 물은 살수로 흘러 들어간다.

구현수는 남쪽으로 암회천(巖回遷)에 이르러 유도막령(蹂都幕嶺)의 물과 합쳐 살수에 들어간다. 대개 유도령(蹂都嶺)의 북쪽 골짜기 물은 동수(潼水)의 수원이 되고, 남쪽 골짜기 물이 여기에 흘러 들어온다.

묘향산은 영변부(寧邊府) 동쪽 130리에 있는데 역시 희천군 남쪽 경계이다. 낭림산에서부터 서남쪽으로 지막산(咫幕山), 광성산(廣城山)이 되고 다시 생천령(栍川嶺), 동무령(同茂嶺)을 거쳐서 이 산이 되었다. 산세는 웅장하게 솟아서 수백 리를 뻗쳤다. 『대명일통지』 조선편에 "향산(香山)은 연주(延州) 동남쪽에 있다"는 것이 이것이다. 목은(牧隱) 이색(李穡)은 말하기를 "향산은 압록수(鴨淥水) 남쪽, 평양부(平壤府) 북쪽에 위치하여 요양(遼陽)과 경계로 되어 있다. 산의 크기는 비교할 데가 없으며 장백산에서 갈라져 나온 것이다. 산에는 향나무가 많은데 겨울에도 잎이 떨어지지 않는다【「윤필암기(潤筆庵記)」에서 나왔다】. 정말 국내의 명승지인 까닭에 '도'를 닦는 자들이 흔히 이곳을 찾는다. 옛적에는 태백산(太白山)【太伯山으로도 쓴다】이라고 불렀다"고 하였다. 『동사(東史)』에 이르기를 "동방에는 처음에 군장(君長)이 없었는데 당요(唐堯) 25년에 신으로 태어난 사람이 태백산 단(檀)나무 밑에 내려오니, 나라 사람은 그를 세워 임금을 삼았고, 국호는 조선(朝鮮)이라 하였다"고 하였는바 이것이 단군(檀君)의 유적이다. 그런데 『삼국유사』에 "환인(桓因)이 영검을 내리고 곰이 사람으로 태어났다"는 말이 있다. 황탄하고 비속하여 더는 말할 것이 없으나, 그 중 '태백'이란 것은 바로 이 묘향(妙香)이며 묘향이라고 부르게 된 것은 이 산에 향나무가 많기 때문이다. 그러므로 '단군'이란 명칭도 이에 근거한 것이다. 그러나 우리 나라의 이른바 향단(香檀) 잎은 반드시 상록수로 되어 있어서 진짜 단나무가 아니다. 『구려사』를 고찰하건대 "금와(金蛙)가 유화(柳花)란 여자를 태백산 남쪽 우발수(優渤水)에서 만났다"고 하였고 또한 "동명왕(東明王) 6년【한나라 성제(成帝) 건시(建始) 원년】에 오이(烏伊), 부분노(扶芬奴)를 시켜 태백산 동남쪽 행인국(荇人國)을 격멸하였다"고 하였다. 김부식(金富軾)은 태백 산을 자세치 않다고 하였다. 대개 당시에 구려의 작은 부락들은 지금의 홍경 북쪽에 있었기 때문에 그들의 발길이 압록강 남쪽에 미치지 못했다. 그래서 자세치 않다고 말한 것이다. 『승람』에는 행인국과 우발수를 영변(寧邊)에 연계시켜 놓았으며 태백을 묘향으로 여겼는데, 대개 『금사』의 확실성 없는 그대로 두는 것만도 못하다. 그리고 우리 나라 태백 산의 이름이 옛날부터 많이 있는 바, 행인국이 위치하고 있던 곳과 우발 수가 발원하는 지점을 다 같이 알 길이 없다. 현재 묘향산 물로서 동북 쪽의 것은 생천(牲川)으로 들어가고, 서북쪽의 것은 흘러서 향수(香水)가 되어 함께 살수와 합치며, 남쪽의 것은 시량수(矢粱水)로 들어갔다가 패 수로 흘러 합류한다.

살수는 다시 서남쪽으로 어천역(魚川驛) 남쪽을 지나서 왼쪽에서 묘향산의 서쪽 골짜기 물을 받는다

살수는 다시 서남쪽으로 장령파(獐領坡)에 이르러 오른쪽에서 송관수 (宋串水)를 합친다. 송관수는 초산부 극성령(棘城嶺)에서 발원하여 동남

쪽으로 흘러 우현(牛峴) 및 차령(車嶺) 물과 만난다. 서창(西倉) 및 추현
(楸峴)을 거쳐 살수로 들어가는데 희천군 서쪽 40리 지점이다. 그리고
극성(棘城), 우현, 차령 등 세 산에서 나오는 물로 북쪽의 것은 동수(潼
水)로 들어가고 남쪽의 것은 송관수로 들어온다.

살수는 다시 서남쪽으로 월림산(月林山) 밑을 거쳐 어천역 남쪽에 이
르는데 바로 영변부 동쪽 60리 지점이다. 역에는 찰방(察訪) 1인을 두어
주재시킨다.

살수는 다시 오른쪽에서 개평수(開平水)를 합친다. 개평수는 영변부
동북쪽 개평동(開平洞)에서 나와 남쪽으로 흘러 어천관(魚川館)에 와서
살수로 들어간다. 부근에 역이 있어서 개평(開平)이라 부르는데 어천 관
내에 속하였다. 고려 고종 3년에 거란 금산(金山)의 군사가 고려를 침략
하여 연주(延州) 개평역(開平驛) 냇가에 주둔하고 있는데, 고려의 군대는
감히 전진하지 못하였다. 상장군(上將軍) 김취려(金就礪)가 칼을 빼어 들
고 말을 채찍질하면서 장군 기존정(奇存靖)과 적의 포위 속을 맞바로 뚫
고 들어가서 들며 나며 공격하니 적병이 크게 궤멸되었다. 이를 추격하
여 개평역에 이르자, 적들은 역 북쪽에 군사를 매복시키고 중군을 급히
공격하므로 김취려는 군사를 돌려 공격하여 다시 이를 격파하였다. 적
은 묘향산으로 도망쳐 들어갔는데, 아군은 이를 추격하여 2,000여 명을
살상하거나 포로로 하였고, 남강(南江)에 빠져 죽은 적도 1,000명 가량
되었다【『고려사』에 실려 있다】. 여기서 말한 남강은 살수를 가리킨 것
이다.

살수는 또 남쪽에서 향수(香水)가 들어오는데 이 향수는 묘향산의 서
북 골짜기에서 나와 살수에 흘러 들어가는 바, 『승람』에서 향산천(香山
川)이라 명칭한 것은 본문에서 말한 '묘향산 서쪽 골짜기 물'인 것이다.

『비고』에 이르기를 "청천강은 희천군 남쪽에 이르러 오른쪽으로 서천(西川)【즉 구현수이다】을 지나고, 장항(獐項)에 이르러 오른쪽으로 송관포(宋串浦)를 지나다가, 월림산(月林山)에 이르러 월림강(月林江)이 되고, 남쪽으로 어천(魚川)이 되면서 오른쪽으로 개평천(開平川)을 거치고, 다시 묘향산의 남천(南川)【즉 향수이다】을 지난다"고 하였다.

다시 서남쪽으로 영변부 약산(藥山) 앞에 이르며

살수는 다시 서남쪽으로 동래원(東萊院)을 거쳐 남쪽으로 장항수(獐項水)가 된다.

『승람』에 이르기를 "장항진(獐項津)은 영변 동쪽 15리에 있는데 역시 개천군(价川郡) 북쪽 40리 지점이기도 하다"고 하였다.

살수는 여기서 화천(花遷)의 명칭을 갖게 된다. 『승람』에 이르기를 "화천강(花遷江)은 영변 동남쪽 20리에 있는데 그 수원은 둘이 있다. 그 중 하나는 적유령에서 발원하여 동쪽으로 흘러 10리쯤 가서 어천이 되고, 하나는 영원군에서 나와 서쪽으로 흘러 40리쯤 가서 희천군 봉단성에서 두 물이 합수되어 영변부 동쪽에 이르러 화천강이 된다"고 하였다. 그 말이 소략하여 따를 수 없다.

살수는 다시 서남쪽으로 영변부 남쪽을 지나는데 영변부는 본래 무주(撫州) 지역이다. 옛날에 운남군(雲南郡)이었는데【옛날에는 청산(青山)이라고도 하였다】 고려 성종 14년에 무주 방어사(撫州防禦使)로 고쳤다. 원종(元宗) 2년에 위주고성(渭州古城)으로 옮겨갔다가 우리 태종 13년에 무산현(撫山縣)으로 고쳤고, 세종 11년에 다시 영변 대도호부로 고치고 나서, 약산성(藥山城)에 부 소재지를 옮겼는 바 오늘날의 위치 그대로이

다. 그 성이 험고하고 사면이 깎아지른 듯하므로 철옹산성(鐵瓮山城)이
라고 부르며, 옛날에는 평안도 병마절도사의 병영을 여기에 두었었다.
인조 2년에 병사(兵使) 이괄(李适)이 이 성을 근거지로 반란을 일으켰으
므로 그 후에 이를 폐지하였다. 그 지대가 험고하여 병사를 주둔시켜 중
권을 차지하게 할 수 없었기 때문이다.

　살수는 다시 서남쪽으로 개천군 북쪽 경계를 지나 왼쪽에서 부수(釜
水)를 합친다. 이 물은 개천의 알일령(謁日嶺)에서 발원하여, 서쪽으로
흘러 직동(直洞)을 지나 백운산(白雲山) 물과 월봉산(月峯山) 물이 합쳐
서 개천군 남쪽을 지나, 고야산(姑射山) 물과 합쳐서 건지산(乾止山) 밑
을 지나다가, 심정산(深靜山) 물과 합쳐서 부연(釜淵)이 된 채 살수로 들
어간다.『승람』에 이르기를 "부연은 개천의 동쪽 20리에 있는데 수원은
난결현(卵結峴)에서 나왔고 깊이를 측량할 수 없다. 난결현이란 알일령
이다【방언에 난(卵)은 알(謁)로 부른다】"라고 하였다.

　살수는 다시 서남쪽으로 무골주(無骨州)를 둘러 도로 합수하는데 바
로 안주(安州) 동쪽 30리 지점이다.

　『삼국사기』「지리지」에 이르기를 "살수는 자세치 않다"고 하였다.

　『고려사』「지리지」에는 "안북부(安北府)에 청천강(淸川江)이 있는데
옛날은 살수라 불렀다. 여기가 바로 고구려의 을지문덕(乙支文德)이 수
나라 군사 백만을 격파한 지점이다"라고 하였다.

　예겸(倪謙)의『조선기사(朝鮮紀事)』에 이르기를 "청천강은 일명 살수
라고도 부르는데 묘향산(妙香山)에서 발원하여 박천강(博川江)과 합류하
여 바다에 들어간다"고 하였다.

　청은 상고하건대 이 물은 안주에 이르러서 비로소 살수의 명목을 가
지게 되므로 여러 문헌에서 말한 것은 다 안주를 근거로 이야기하는 것

이다【모두 아래에서 자세히 말한다】.

오른쪽에서 공포수(孔浦水)와 만난다

공포수는 운산군(雲山郡) 유동령(柳洞嶺)에서 나와서 남쪽으로 흘러 위곡수(委曲水)가 되고 왼쪽에서 온수(溫水)와 합수한다. 이 물은 동림산(東林山) 및 운대산(雲臺山)에서 발원하여 동남쪽으로 흘러 공포(孔浦)로 들어간다. 그 옆의 고을이 온천〔溫井〕이므로 온수란 명칭을 붙인 것이다.

공포수는 다시 남쪽으로 지현산(砥峴山) 밑을 거쳐 왼쪽에서 평안수(平安水)를 합친다. 이 물은 운산군 지경현(地竟峴)에서 나와서 동쪽으로 흘러 백벽산(白碧山)을 지나서 성동(城洞)을 거쳐 공포로 들어간다. 『승람』에서 말하는 평한천(平限川)이 바로 이것이다.

공포는 다시 서남쪽으로 마군(馬郡) 대삼현(臺三峴)을 지나 연주고성(延州古城) 동쪽에 이르는데 바로 운산군 동쪽 40리 지점이다. 이 고을은 본래 고려의 밀운군(密雲郡)인데【안주(安州)라고도 하였다】광종(光宗) 21년에 연주로 고쳤다【영주(迎州)라고도 함】. 공민왕 15년에 연산부(延山府)로 승격시켰고 우리 세종 때에 영변부에 통합시켰다가 세조 때에 이를 갈라서 운산군에 소속시켰다. 『고려사』를 고찰하건대 공민왕 9년에 홍두적(紅頭賊)이 침공해 왔으므로 공민왕은 안우(安祐)를 도만호(都萬戶)로, 이방실(李芳實)을 상만호로 임명하여 적을 공격하게 하였다. 그들이 함종(咸從)에서 싸워 가짜 원수〔僞元帥〕인 심자(沈剌), 황지선(黃志善)을 사로잡게 되자 적은 후퇴하여 증산현(甑山縣)을 지키고 있었다. 방실은 정예 기병 1,000명을 인솔하고 연주강(延州江)까지 추격하였고 안우, 김득배(金得培), 김어진(金於珍) 등도 정예 기병을 인솔하고 계속

도착하였다. 적은 막다른 김에 강물을 건너다가 빠져 죽은 자가 거의 수
천 명에 달하였다. 적은 강둑에 올라 대오를 편성하고 대항할 태세를 차
렸다. 아군은 궁지에 빠진 적들이 죽기를 각오하고 싸우려는 것으로 의
심하고 군사를 거두어 가지고 추격하지 않았더니, 이 밤으로 적은 도주
하였다【「안우열전」에서】. 여기서 말한 연주강은 바로 이 공포수를 가리
킨 것이다.

『승람』에 이르기를 "운산군 동천(東川)은 한 가닥은 이산군(理山郡)의
경계에서 발원하고, 한 가닥은 벽동군(碧潼郡)의 경계에서 발원하여 영
변부 사탄(沙灘)에 이른다"고 한 것도 역시 공포수를 가리킨 것이다.

공포수는 다시 서남쪽으로 운산군 남쪽을 거친다. 이 고을은 본래 고
려 운중군(雲中郡)【원화진(遠化鎭)이라고도 한다】인데 그 후 위화진(威化
鎭)이 되었다. 성종 때에 운주(雲州)로 되었다가 우리 정부에서 운산으
로 하고 군수를 두었다.

공포수는 다시 서쪽으로 꺾어졌다가 다시 동쪽으로 오른쪽에서 약수
(藥水)를 합친다. 이 물은 제령(蹄嶺)에서 발원하여 동남쪽으로 흘러 공
포로 들어가는데, 그 물이 매우 차서 병을 치료할 수 있으므로 약수란
명칭을 붙인 것이다.

공포수는 다시 동남으로 흐르다가 왼쪽에서 사수(沙水)와 합친다. 사
수는 영변의 구두령(仇頭嶺)에서 발원하여 서쪽으로 흘러 공포로 들어
간다. 그 합수하는 곳을 사탄(沙灘)이라 하는데 영변 북쪽 40리 지점에
있다.

공포수는 다시 동쪽으로 작현(柞峴) 및 옥녀산(玉女山)을 빠져나와 영
변부 서쪽에 이르러 구룡수(九龍水)가 된다. 그 물이 돌아서 못이 되었
는데 그 이름은 탑연(塔淵)이며 그 밑은 결승진(決勝津)인데 여기서부터
공포라고 부른다. 『승람』에 이르기를 "부이탑연(夫伊塔淵)은 영변 남쪽

15리에 있으니 즉 구음포(仇音浦)의 지류이다"라고 하였다. 구음포란 즉 공포이다.

공포수는 다시 동쪽으로 무골주(無骨洲)의 북쪽에 이르러 살수로 들어간다. 『승람』에 이르기를 "구음포는 이산군(理山郡)의 우령(牛嶺)에서 발원하여 영변부 서쪽을 지나서 동쪽으로 흐르다가 무골도(無骨島)에서 청천강으로 들어간다"고 한 것이 바로 이것이다.

다시 서남쪽으로 안주성(安州城) 북쪽에 이르러서야 살수라 부른다

안주는 본래 고구려의 식성군(息城郡)이다. 신라 때에는 중반군(重盤郡)이었고 고려 초기에는 팽원군(彭原郡)이었던 것이 그 후에 안북부(安北府)로 되었다. 영주(寧州)라고도 불렀는데 우리 정부에서는 안주로 고치고 다시 평안도 병마절도사 병영을 여기에다 두었다.

살수는 안주성 북쪽에 이르러 청천강이 되는 바 바로 옛날의 살수이다.

『수서(隋書)』「양제기(煬帝紀)」에는 "대업(大業) 8년에 명령을 내려 고구려를 공격하였다【즉 고구려 영양왕(嬰陽王) 23년이다】. 좌군이 12군(軍)이고 우군이 12군으로서 총계 113만 3,800명이고 그 군수 물자를 취급하는 자는 갑절이 되었는 바, 고금을 통하여 이렇게 대규모로 출병한 일은 없었다. 7월 임인일에 우문술(于文述) 등이 살수에서 패배하자 우둔위(右屯衛) 장군 신세웅(辛世雄)이 죽고 9군이 전부 함몰되었다"고 하였다.

또 「우문술전」에는 "고려【고구려를 가리킴-역자】를 공격할 때에 우문술은 9군을 인솔하고 압록강에 도달하니 식량이 떨어졌다. 군사를 철수하려고 토의하던 과정에 고려 장군 을지문덕이 마침 술의 병영에 왔다.

우문술은 우선 우중문(于仲文)과 함께 양제의 비밀지시를 받고 을지문덕을 유인하여 억류하게 했으나, 감시망을 늦춘 결과 을지문덕은 도망쳐 돌아갔다. 우문술은 여러 장수들과 강을 건너 뒤를 추격하는데 을지문덕은 우문술의 군사들 가운데 굶주린 기색이 많음을 보고 우문술의 군사를 피로하게 할 타산으로 싸움할 적마다 패주하였다. 우문술은 하루 동안 일곱 번을 싸워 전부 승리하게 되니 일단 거듭되는 승리에 자만에 빠져 있었고, 또 내부로 여러 사람들의 독촉에 못 이겨서 결국 진군하여 동쪽으로 살수를 건넜다. 평양성과의 30리 떨어진 지점에서 산을 의지하여 진지를 만들었다. 을지문덕은 다시 사절을 보내어 거짓 항복을 하고 우문술에게 요청하기를 '만일 군사를 철수하기만 한다면 마땅히 고원(高元)【영양왕의 이름】을 모시고 당신네 병영에 나와 뵙겠다'고 하였다. 우문술은 사병들이 피곤하여 더는 싸울 수 없을 뿐더러 평양성은 견고하여 단시일에 성과를 거둘 수 없음을 짐작하고 마침내 가짜 항복에 의하여 돌아오게 되었다. 군사들이 절반쯤 건널 무렵에 적의 후군(後軍)을 습격한 결과 그만 걷잡을 길이 없이 무너졌다. 9군은 참패를 보고 하룻밤, 하루 낮을 걸어 압록강에 다다르니 450리였다. 처음 요하를 건널 때 9군 30만 5천이던 것이 도로 요동성(遼東城)에 돌아와서 보니 2,700명만이 남았었다"고 하였다【『통전(通典)』의 고구려사도 모두 이와 대략 같다】.

청은 상고하건대 이상 문헌에서 살수는 분명히 평양의 북쪽, 녹수(淥水)【압록강】의 남쪽 어간에 있은즉 안주의 청천강이 바로 이것이다.

『대명일통지』 조선편에 이르기를 "청천강(淸川江)은 안주에 있다.【구(句)】 서남쪽으로 바다에 들어가는데 옛날 이름으로 살수이다"라고 하였다.

동월(董越)의 「조선부(朝鮮賦)」에서 자신이 주석하기를 "안주성(安州城)은 살수를 굽어보며 위에는 백상루(百祥樓)가 있는데 곧 수나라 군사가 패배한 지점이다. 청천강이란 명칭도 있으며 성내에는 안흥관(安興館)이 있다"고 하였다.

『승람』에 이르기를 "청천강은 안주 서북쪽에 있는데 살수라고도 한다"고 하였다【조준(趙浚)의 청천강시에 '수나라 백만 군이 고기밥이 되었다'고 하였다】.

『비고』에 이르기를 "청천강은 옛 이름이 살수인데 안주 북쪽 성밖에 있다. 수나라가 고려를 침공할 때 을지문덕은 수나라 군사 30만을 여기서 여지없이 격파하였다"고 하였다.

청은 상고하건대 현재 청천강 북쪽 연안에 신사(神祠)가 있는데 그 사전(祀典)에는 소사(小祀)에 수록되어 있고 봄, 가을에 향축(香祝)을 보내어 제사를 치르는 바 살수의 신에게 성의를 표하기 위해서이다【또 제1조에도 실려 있다】.

박천(博泉) 이옥(李沃)의 칠불사(七佛寺) 비문에는 다음과 같이 기록되었다. "세상 사람들은 전하기를 '수나라 사람들이 일단 살수에 도착하였을 때, 중 일곱이 다리를 걷은 채 강을 건너고 있었다. 옅은 것으로 짐작하여 이에 따르는데 구려 사람들이 그 뒤를 습격하였다. 수나라 사람들은 절반이나 빠지고 건너지 못한 채 그만 참패를 당하고 도주하였다'고 한다. 이처럼 구려의 승리는 신의 원조를 은근히 받았다. 천순(天順) 4년에 우리 세조가 서도를 순시하면서 부로(父老)에게 고적(古跡)을 문의한 다음 강 위에 절간을 짓고 일곱 부처의 소상에 제사하라고 명하였다. 그리고 지병조사(知兵曹事) 한계희(韓繼禧)에게 그 사적을 종(鍾)에다 새길 것을 명령하였다. 지금 안서(安西) 절도사 감영 안에 있는 강가

칠불사가 바로 이것이다”라고 하였다.

청은 상고하건대 현재 안주성 북쪽에 백상루가 있어서 살수를 내려다보고 있다. 오도탄(誤渡灘)이란 여울이 있고 가운데는 칠불주(七佛洲)가 있는데 상류(桑柳), 무밀(茂密) 두 물이 갈라져서 칠불주를 둘러 다시 합하는 여기가, 이른바 일곱 중이 다리를 걷고 건너던 곳이다. 그러므로 절간을 지어 이를 제사지내고 일곱 개 돌을 죽 세워 놓음으로써 일곱 중을 형상하였던 것이다. 군자(君子)는 말하기를 “원거(爰居)란 새에게 제사를 지낸 데 대하여 성인은 ‘슬기롭지 못하다’고 배격하였다. 일곱 중의 이야기는 황탄하여 떳떳하지 못한 것임에도 불구하고 조정에서는 짐짓 이것을 묵인하였던 것이다”라고 한다.

『고려사』「안우전」에 이르기를 “공민왕 8년 홍두적이 철주(鐵州)에 침입하였다. 안우는 당시 안주 군민 만호(軍民萬戶)가 되어 70여 기병대를 인솔하고 산에 올라 말을 휴식시키고 있었다. 갑자기 적장 모귀(毛貴)의 대부대 진출에 조우하자 아군 장병들은 모두 겁에 질려 있었으나 안우는 태연하게 이야기하면서 조용히 말을 탔다. 그는 군사를 인솔한 채 곧장 앞으로 내달아 청천강을 격하여 진지를 차지하고 있었다. 적측에서 기병 몇 명이 다리에 올라 8척이나 되는 창을 휘두르면서 뽐내는 것이었다. 병마판관 정찬(丁贊)이 칼을 빼어 들고 호통을 치면서 먼저 다리에 뛰어올라 적장 한 명의 목을 베니 적은 약간 퇴각하였다. 안우는 대호군 이방실과 장군 이음(李蔭), 이인우(李仁祐)와 함께 용감히 싸워 적에게 큰 타격을 주었다”고 하였다.

청은 상고하건대, 만력(萬曆) 임진년에 일본이 대규모로 우리 나라를 침략하여 벌써 평양을 함락시켰을 때였다. 요동 부총병(副總兵) 조승훈(祖承訓)의 응원군이 도착하자 선사(宣沙) 첨사(僉使) 장우성(張佑成)을 시켜 대정수(大定水)의 배다리[浮橋]를 놓게 하고 노강(老江) 첨사 민계중(閔繼仲)을 시켜 살수의 배다리를 놓게 하여 명군의 도하를 보장하였다. 얼마 후 조승훈이 평양을 공격하다가 불리하므로 군사를 끌고 도로 안주에 가서 급히 대정수, 살수를 건너 공강정(控江亭)에 주둔하였다. 대체로 적의 추격이 있을 것을 겁내어 이 두 물을 차단하자던 것이었다. 가경(嘉慶) 임신년(1812)에 가산(嘉山)의 지방군 홍경래(洪景來) 등이 박천군(博川郡)을 습격하여 이를 함락시키고 관군이 아직 정비되지 못한 틈을 타서 살수를 건너려 하였다. 그 시기는 또한 얼음마저 얼었고, 절도사 이해우(李海愚)는 성에 올라서 계엄(戒嚴)을 실시한 결과 군현들은 크게 떨었다. 적의 두목인 우군칙(禹君則)이 육임(六壬―점술의 하나)점을 치고, 강을 건너는 것이 좋지 않다는 주장을 하여 결국 중지하였더니 조금 있다가 관군에게 패배를 당하였다.

『고려사』「김취려(金就礪)전」에 이르기를 "고종 3년(1216)에 금산(金山)의 적군이 침입하였다. 김취려는 금오위 상장군(金吾衛上將軍)의 직책으로 5군을 영솔하고 안주 태조탄(太祖灘)에 진주하였다【이익재(李益齋)의 행군기에는 대조탄(大棗灘)으로 씌어 있다】. 싸움에 불리했기 때문에 적은 기세를 내어 날뛰었다. 김취려가 문비(文備) 인겸(仁謙)과 함께 적을 반격하는 과정에 인겸(仁謙)은 날아오는 화살에 맞아 죽었다"고 하였다.

또『고려사』「조충전(趙冲傳)」에 이르기를 "금산의 적병이 북쪽 지방에 어지럽게 침입하였으므로 중군원수(中軍元帥) 정방보(鄭邦輔) 등이 염주(鹽州)에서 군사의 위력을 떨치니 적들이 도망쳐 달아났다. 오군원수(五軍元帥)가 안주로 적을 추격하였다. 태조탄(太祖灘)에 이르러 비를 만나 머무르면서 주연을 베풀고 방비를 갖추지 않았는데 적병이 크게 공격하여 5군이 대패하였다. 적들은 추격하여 선의문(宣義門)에 이르러 황교(黃橋)에 불지르고 물러갔다."

청은 고찰하건대 태조탄이란 역시 살수(薩水)의 여울이다.

『비고』에 이르기를 "청천(淸川)은 행정(杏亭), 동래원(東萊院)을 지나 남쪽으로는 장항진(獐項津)과 화천강(花遷江)이 되고 왼쪽으로는 부연 (釜淵)을 지나 무골도(無骨島)에 이른다. 오른쪽으로는 공포(孔浦)를 지나 살수가 되며 안주성(安州城) 북쪽을 지나 칠불도(七佛島)에 이르러서는 두 갈래로 나뉘어졌다가 합쳐서 서남으로 흐른다"고 하였다.

살수는 또 서남쪽에서 고성보(古城堡)의 남쪽을 지나 오른쪽에서 정수(淀水)와 합류한다

살수는 또 오른편으로 두 개의 물과 합친다. 하나는 신수(新水)라고 이르는데 안주 마두산(馬頭山)에서 발원하여 북쪽으로 흘러오다가 합치며, 다른 하나는 문수(文水)라고 부르는데 안주 오도산(悟道山)에서 발원하여 역시 북쪽으로 흘러오다가 합류한다.

살수가 또 서남으로 흘러 고성보 남쪽을 지나자 대정수(大定水)가 그에 흘러든다. 고성보는 옛날 고려의 안융진(安戎鎭)인데 지금은 동첨절제사(同僉節制使)를 두어 그것을 수비한다.

『승람』에 이르기를 "청천(淸川)은 묘향산(妙香山)에서 발원하여 안주 북쪽에서 섬 아래를 지나 서쪽으로 30리를 흐르다가 박천강(博川江)과 합류하여 바다에 들어간다"고 하였다

인평대군이 이르기를 "청천은 강계(江界) 적유령(狄踰嶺)에서 발원하여 남쪽에서 향악수(香岳水)와 합쳐 백여 리를 흐르다가, 청강(晴江)이 되어 광통원(廣通院) 아래에 이르러서는 대정강(大定江)과 합류하여 백여 리를 흐르다가 노강(老江) 앞 바다에 들어간다"고 하였다. 『비고』에 이르기를 "청천은 서남쪽으로 흐르다가 오른편에서 신천(新川), 문천(文川)을 지나 고성진(古城鎭)에 이르러 고성강(古城江)이 되고, 바다가 바라보이는 모퉁이에 이르러서는 노강(老江)이 되었는데, 대령강(大寧江)이 북쪽으로부터 흘러오다가 여기서 합류하여 바다에 들어간다"고 하였다.

노강보(老江堡)의 북쪽 멀지 않은 곳에 이르러 바다에 들어간다

노강보는 안주의 서쪽 65리에 있다. 수군 첨절제사를 두어 그것을 지키니 여기는 연해를 경비하는 곳이다. 옛날 해로로 중국에 왕래할 때 간혹 살수에서 배가 떠났다. 『괴원구록(槐院舊錄)』을 고찰하면 광해군(光海君) 신유(辛酉) 이후로 중국을 왕래하던 해로는 선천(宣川)의 선사포(宣沙浦)에서 발선하여 등주(登州)에 이르러 하륙하였는데, 이 해로는 총 3,760리이다. 그러나 발선하는 곳은 한 곳만이 아니었다. 정묘 이후에는 혹시 증산(甑山)의 석다산(石多山)으로부터, 혹은 함종(咸從)의 바다로부터, 혹은 살수가 바다에 들어가는 어귀에서도 출발하였다. 그러므로 귀사(龜沙) 권엽(權曄)의 『항해일록(航海日錄)』에 "인조 2년에 사신의 명을 받고 중국에 가는데 안주 청천의 비사암(碑寺巖) 아래에서 발선하여 장박탄(長朴灘), 난산(蘭山)의 사부탄(沙埠灘), 노강보성(老江堡城)을 지나 낭산(郎山)에 이르기까지 80리가 되었다. 이로부터 무려 15일 후에야 등주에서 하륙하였다"고 하였는데, 이는 살수의 하구에서 발선한 사실을 말한 것이다.

『비고』에 이르기를 "갑현(甲峴), 적유(狄踰), 구현(狗峴), 우치(牛峙)【원류를 받는 것】, 구계(九階), 방장(防墻)【대령수】 이남과 천마(天磨), 청룡(靑龍), 길상(吉祥)의 동쪽【대령수】, 낙림(樂林), 광성(廣城), 생천(栍川)의 서쪽과 향산(香山), 알일(謁日), 고야(姑射), 마두(馬頭), 도운(到雲) 이북의 여러 산의 물들이 이에 흘러든다.

살수 연안의 노정은 갑현으로부터 시작하여, 서쪽으로 50리에 유원(柔遠), 서남으로 100리에 희천(熙川), 서남으로 80리에 어천(魚川), 서쪽으로 60리에 영변(寧邊), 서남으로 60리에 안주(安州), 서남으로 30리에 고성(古城), 서남으로 35리에 노강이 있는 바, 이상이 무릇 415리이다"라고 하였다.

『수도제강』에 이르기를 "청천강은 두 개의 수원이 있다. 하나는 동북쪽에서 영원성(寧遠城) 동북쪽의 큰 산에서 발원하여 덕천(德川) 동북쪽의 수원과 함께, 패수(浿水)에 합류하는 물과는 다만 산 하나를 사이에 두고, 서남쪽으로 굽어 흐르다가 서천성(西川城) 남쪽【고찰하면 즉 약산이다】을 지나 안주 동북쪽에 이르러 북쪽의 수원이 여기 와서 합친다.

북쪽의 수원〔北源〕은 남쪽 수원으로부터 90리 북쪽에 있는 큰 산에서 흘러나와서 서남으로 흐르다가 북으로부터 흘러오는 한 자그마한 물과 합친다. 또 서쪽으로 굽었다가 서남으로 흐르면서 서천성의 북쪽 경계를 경유하며, 서남으로 여러 산들의 북쪽 기슭, 이산(耳山)의 후면【운산을 가리키는 듯하다】 및 영변성 북쪽 지경을 감돌고 꺾이어 흐르면서 서남쪽으로 악산(岳山) 서쪽 기슭을 따라 남쪽에서 만난다【고찰하면 즉

공포이다】. 또 서남으로 안주성 북쪽을 지나며 또 서남으로 흘러서 바다
에 들어가는 바, 발원지에서 흘러온 길이가 여기까지 500리이다.

두 수원이 발원지로부터 합치는 곳까지는 400리인데 그 사이에서 다
만 20여 리 간격을 둔 산을 끼고 내려온다"고 하였다.

정수(淀水) 【즉 대령강(大寧江)】

정수는 의주(義州) 동북쪽 천마산(天磨山)의 동쪽에서 발원한다

이것이 대정수(大定水)이다. 또 대령수(大寧水)라고도 부르는데 박천군(博川郡)에 이르러서야 그 이름을 갖는다【자세한 것은 아래에 있다】. 천마산은 의주, 구성(龜城), 삭주(朔州) 세 고을의 경계에 있다. 『대명일통지(大明一統志)』 조선편에 "운산(雲山)은 삭주 서남쪽에 있다"고 한 것이 바로 이 산이다. 이 산의 물이 서쪽으로 흐르는 것을 옥강수(玉江水), 남쪽으로 흐르는 것을 고진수(古津水), 동쪽으로 흐르는 것을 대정수라 한다. 그 발원하는 곳엔 봉우리가 있는데 천마(天磨)【또한 천마(天摩)라고도 쓴다】라고 부른다. 여기에 동첨절제사(同僉節制使)를 배치하여 거기를 수비하게 하고 삭주의 관할하에 둔 것도 역시 영의 길목을 방비하기 위함이다.

동으로 흐르면서 옛 삭주를 지나 여러 골짜기 물들과 합류한다

대정수는 동쪽으로 흘러 백려수(白呂水)가 된다. 『승람』에 이르기를 "백려자천(白呂子川)은 삭주 남쪽 50리 되는 곳에 있는데, 천마산에서

발원하여 남으로 흘러 형제천(兄弟川)에 들어간다"고 한 것이 이것이다.

대정수는 또 동으로 대삭주(大朔州)의 남쪽을 지나는데 여기가 바로 옛 삭주성이다. 고려 때에는 대삭주에 주치(州治)를 설치하였고, 본조 세조 12년에는 주치를 소삭주(小朔州)에 옮겼는 바 지금의 삭주가 바로 이것이다【신삭주와 구삭주의 거리는 65리이다】.

대정수는 또 왼편으로 여섯 줄기의 물, 오른편으로 두 줄기의 물과 합류하여 형제수(兄弟水)가 되었다. 『비고』에 이르기를 "대령강은 의주 천마산에서 발원한다. 동쪽으로 흘러 백려자천이 되어 대삭주를 지난 다. 북으로는 오봉(五峰), 용두(龍頭), 대방장(大防墻), 소방장(小防墻), 계 반(界畔), 막령(幕嶺)에서 흘러오는 물과 합치며, 남으로는 청룡(青龍), 검 은(劒隱)에서 흘러오는 물들과 합류하여 형제천이 된다"고 하였다. 고찰 해 보면 삭주 동남쪽 60리에 오봉산(五峰山)과 용두산(龍頭山)이 있고, 또 서쪽에는 막령과 계반령(界畔嶺)이 있다. 막령의 동쪽에는 대방장(大 防墻)이라고 부르는 주위 2,531보의 성이 있고, 서쪽에는 소방장(小防墻) 이라 부르는 주위 1,531보의 성이 있는 바, 산을 따라 축성하여 영의 좁 은 길목을 막게 하였다. 때문에 병마만호보(兵馬萬戶堡)를 막령에 두어 수비하고 살수에서 관할하게 하였다. 이것은 구성으로부터 창성(昌城)으 로 통하는 길이기 때문이다. 물들이 대체로 이 영마루의 남쪽에서 흘러 나오는 것들은 모두 남으로 흘러 대정수에 들어가는데 이것이 여섯 줄 기 물이라는 것이다. 구성 북쪽에 청룡산(青龍山)과 검은산(劒隱山)이 있 는데 이 두 산에서 발원하여 북으로 대정수에 흘러드는 것이 두 줄기라 는 것이다. 『승람』에 이르기를 "형제천은 삭주 남쪽 68리 되는 곳에 있 는데 그 수원은 두 개이다. 하나는 천마산에서, 다른 하나는 청룡산에서 발원한다. 삭주 남쪽에 이르러 두 줄기의 물이 섞여 흐르기 때문에 이름 을 형제천이라 한다"고 하였다. 또 대정수에는 남쪽에서 생동수(牲洞水)

를 받는다. 생동수는 생동(牲洞)에서 발원하여 북으로 흘러와서 합치게 되니 생동수는 삭주 남쪽 100리 지점에 있다.

또 동남으로 구봉산(九峰山) 아래를 지나 북으로 고창성(古昌城) 여러 골짜기의 물들을 받아들인다

창수(淐水)는 벽동군(碧潼郡) 서남의 구계령(九階嶺)에서 발원한다. 대개 영 북쪽의 물은 녹수(渌水)에 흘러들고 영 남쪽의 물이 창수가 된다.

창수는 남쪽으로 흘러 시채(恃寨)의 동쪽을 경유한다. 시채에는 동첨절제사를 두어 지키며 창성에서 관할하게 하는 것도 역시 영의 길목을 방비하기 위함이다. 『비고』에 "창성강(昌城江)은 일명 시채천(恃寨川)이라고도 하는데 창성 남쪽 100리 되는 곳에 있다"고 한 것이 바로 이것이다.

창수는 또 동남으로 신창(新倉)을 지나서 오른편으로 완수(緩水)와 합류한다.

완수는 창성부(昌城府) 완항령(緩項嶺)에서 발원하여 동쪽으로 흘러오다가 합치게 된다. 대체로 완항령의 물이 북으로 흐르는 것은 자잔수(自潺水)가 되어 녹수에 들어가고 남쪽으로 흐르는 것이 완수(緩水)가 된다.

창수는 또 왼쪽으로 보수(甫水)와 합류한다. 보수는 벽동군 남쪽 보리령(甫里嶺)에서 발원하여 남쪽으로 흘러오다가 여기 합친다. 대개 이 영 이북의 물은 녹수에 들어가고 이 남의 물은 보수로 된다. 보수 근방에는 온천이 있다.

창수는 또 남쪽으로 돌아 나와서 용연(龍淵)이 되고 식송평(植松坪)을 지나 고창성(古昌城) 아래로 나온다. 고창성의 주위는 1만 7,000척인데 지금의 군소재지와의 거리가 서북으로 150리이다. 창수가 그 성 가운데를 지나서 남쪽으로 나온다.

창수는 또 남쪽으로 구봉산(九峰山) 아래에 이르러 대정수에 흘러든다. 『비고』에 "대령강은 오른쪽으로 생동천의 동쪽을 지나 남쪽으로 흘러 원탄(院灘)이 되고 북으로는 창성강과 합친다"고 하였다.

정수는 또 남쪽으로 태천현(泰川縣)의 동쪽을 지난다

태천현은 본래 고려의 광화현(光化縣)인데【일명 영삭(寧朔)이라고 하며 혹은 연삭(連朔)이라고도 한다】, 후에 태천(泰川)이라 하였고 본조에 와서 태천현이라 하였다.

대령수(大寧水)는 또 왼쪽으로부터 오는 송림수(松林水)와 합류한다. 송림수는 태천의 우제령(牛蹄嶺)에서 발원하여 서쪽으로 흐르다가 대령수에 합류하게 된다.

대령수는 또 남쪽으로 흘러 화적수(花赤水)로 되고 오지천(烏知遷) 아래를 지난다. 천(遷)이란 것은 옛날 방언으로 '물가의 돌길'이란 말이다. 『승람』에 "오지천(烏知川)은 태천 동쪽 10리에 있는데 그 수원은 셋이 있다. 하나는 창성부 청산(青山)에서 발원하고【창수(昌水)를 가리킨 것】, 또 하나는 삭주부(朔州府)에서 발원하며【원류를 가리킨다】, 다른 하나는 고구주(古龜州)의 팔령(八嶺)에서 발원한다【구수(龜水)를 가리킨 것】"고 한 것이 바로 이것이다.

서쪽으로 구성(龜城)의 물을 받아들이는데 이것을 창랑(滄浪)이라 부른다

구수(龜水)는 구성부(龜城府) 서쪽에 있는 팔영산(八營山)에서 발원하며 남쪽으로 흘러 황화수(皇華水)가 되어 구성부의 동부를 지난다. 구성부는 본래 고려의 만년군(萬年郡)인데 후에 구주(龜州)라 하였으며, 본조에 와서 구성이라 하고 도호부로 승격시켰다. 부의 서북쪽에 청량(淸凉), 청룡(靑龍), 용장(龍藏), 굴암(窟嵒) 등의 산들이 있는데 이 산의 물들이 모두 남쪽으로 흘러 구수에 들어간다.

구수는 또 동쪽으로 구부러져 남으로 흐르다가 오른쪽에서 구림수(丘林水)와 합류한다. 구림수는 천검산(天劒山)에서 발원하여 동쪽으로 흐르다가 여기 합류한다. 『승람』에 "구림수(仇林水)는 검산(檢山)에서 발원한다"고 한 것이 이것이다.

구수는 또 굽어서 동으로 흐르다가 태천현(泰川縣)의 남쪽을 지나서 왼편에서 옥포수(玉浦水), 보동수(甫同水)와 합친다.

이 물들은 모두 안태산(安泰山)에서 발원하여 남쪽으로 흘러 구수에 들어간다.

구수는 또 동북쪽으로 흐르다가 협수대(夾水臺) 아래에 이르러 대령수에 들어온다.

대령수는 또 남으로 흘러 창랑수(滄浪水)가 되고 두미파(斗尾坡)를 지나서 진강(鎭江)이라는 이름을 가진다. 『승람』에 "진강은 영변부 서쪽 48리에 있는데 삭주에서 발원하여 태천에 이르러 남으로 30리를 흘러 영변의 서쪽을 경유한다"고 한 것이 이것이다.

대령수는 또 오른쪽에서 탑현수(塔峴水)와 합치고 왼편에서 무주수(撫州水)와 합친다. 탑현수는 태천의 임천산(林泉山)에서 발원하여 동쪽으로 흘러와서 여기 합치고, 무주수는 영변의 오봉산(五峰山)에서 발원하여 서쪽으로 흘러오다가 여기 합친다. 고찰해 보면 무주(撫州)는 고려 공민왕 때에는 태주(泰州)에 속하였고 지금은 영변에 속하여 있는데 무주수의 발원처에 있기 때문에 이런 이름을 가지게 된 것이다. 『비고』에 이르기를 "대령강은 태천 북쪽에 이르러 왼쪽으로 송림천(松林川)을 지나서 남쪽으로 흐르면서 오지천을 경유하여 협수대에 이르자, 구성강(龜城江)이 서쪽에서 흘러와서 여기서 만나 창랑수가 되고 두미(斗尾)를 지나 진강이 되어서는, 오른쪽으로 탑현천(塔峴川)을 지나고 왼쪽으로는 무주천(撫州川)을 지난다"고 하였다.

또 남으로 박천군의 서쪽을 경유하면서 그 군의 앞에 물들을 받아 들인다

박천군은 본래 고려의 박릉(博陵)인 바【일명 고덕창(古德昌)이라고도 한다】, 후에 박주(博州)라 하였다. 본조에 와서 박천군이라 하게 되었는데 정수(淀水)가 이 군의 서쪽을 지나가는 바, 역시 가산군(嘉山郡)의 동쪽 경계이다. 『명일통지』「조선편」에는 "대정강(大定江)은 박주성(博州城)의 서쪽에 있다"고 하였으며, 예겸(倪謙)의 「사조선록(使朝鮮錄)」에는 "대정강은 가산군 동쪽 15리에 있는데 옛날에는 대령강 혹은 박천강(博川江)이라 하였다"고 한 것은 다 이것을 가리킨 것이다. 지금 사람들이 이 물을 가지고 고구려 동명왕(東明王)이 건넌 강이라고 하는데 전혀 근거가 없는 것이다.

장평수(長平水)는 삼한현(三漢峴)에서 발원하고 구룡수(九龍水)는 와룡산(臥龍山)에서 발원하여 모두 서쪽으로 흘러 정수에 들어가는데, 본문에서 말한 바 군 앞에 물이란 이것을 가리킨 것이다.

『후한서』「부여전(扶餘傳)」에 이르기를 "처음 북쪽 오랑캐 색리국(索

離國) 왕이 출행할 때 그 시녀가 임신하고 말하기를 '천상에 크기가 달 걀만한 기운 덩어리가 있었는데 나에게 내려오자 잉태하게 되었습니다' 라고 하였다. 후에 드디어 아들을 낳았다. 왕이 명령하여 돼지우리에 넣 으니 돼지가 입김으로 그것을 불어 주어 죽지 않았다. 외양간에 옮겨 놓 으니 말도 역시 그와 같이 하였다. 왕이 신기하다 하여 어미에게 거두어 기르도록 하고 이름을 동명(東明)이라 하였다. 자라면서 활을 잘 쏘니 왕이 그 용맹함을 꺼려 다시 죽이려 하였다. 동명이 달아나 남쪽으로 엄 사수(淹㴲水)에 이르러 활로 물을 치니 고기와 자라들이 다 모여 물위에 떴다. 동명이 그것을 타고 건너 부여에 이르러 왕이 되었다"고 하였다 【『위략』, 『양서』, 『위서』, 『수서』, 『북사』에도 모두 대체로 같다】.

『위서』 「고구려전」에 이르기를 "고구려의 선조는 주몽(朱蒙)이다. 주 몽의 어머니는 하백(河伯)의 딸인데 부여 왕의 처가 되었다. 햇볕을 쬐 어 임신하였다가 알 하나를 낳으니 크기가 닷 되 들이나 되었다. 이것을 개에게 던져 주니 개가 먹지 않고 들에 버리니 뭇 새들이 깃으로 가리 워 주었다. 그 어머니가 물건으로 싸 두었더니 한 사나이가 껍질을 깨고 나왔는데 자(字)를 주몽이라 하였다. 활을 잘 쏘았는데, 말을 기르도록 명령하였다. 뒤에 부여의 신하들이 그를 죽이려 꾀하므로 주몽이 이어 오인(烏引), 오위(烏違) 두 사람과 더불어 부여를 떠나서 동남쪽으로 달 아났다. 중도에서 큰 강을 만나 건너려 하여도 다리는 없고 부여 사람들 은 심히 급하게 쫓아온다. 주몽이 강에 대고 말하기를 '나는 해의 아들 이요, 하백의 외손이다. 지금 도주하는 길인데 쫓아오는 병졸들에게 붙 들리게 되었으니 어떻게 하면 건널 수 있겠느냐?'라고 하였다. 이때 고 기와 자라들이 일제히 물위에 떠서 주몽을 위하여 다리를 엮었다. 주몽 이 건너자 고기와 자라들은 이어 흩어졌다. 주몽은 드디어 흘승골성(紇

升骨城)에 이르러 거기에서 살았다”고 하였다【『북사』, 『수서』가 대체로 같다】.

『구려사』에 “시조 동명성왕의 이름은 주몽이다. 부여 사람들이 그를 죽이려고 꾀하니 곧 떠나서 엄사수에 이르렀는데 고기와 자라들이 다리를 엮었다. 이에 졸본(卒本)에 이르러 도읍하였다”고 하였다.

청은 고찰하건대 ‘해의 아들’, ‘알에서 났다’, ‘돼지가 불어 주었다’, ‘자라가 다리를 엮었다’는 따위의 이야기들은 속되고 허황하여 기록할 것이 못되며, 여러 가지 문헌의 기록도 어긋나서 같지 않다. 『후한서』, 『위략』 및 『양서』는 모두 동명이 북이(北夷)로부터 남쪽으로 달아나는데 자라가 엮은 다리를 건너 부여에 이르렀다고 하였다.

『위서』에는 주몽이 부여로부터 남으로 달아나다가 자라다리〔鰲橋〕를 건너 졸본에 이르렀다고 하였다. 『북사』 및 『수서』에는 따로 달리 두 가지로 하였는데, 주몽이 자라가 엮은 다리를 건넌 것을 고구려 시조에 귀속시켰으며, 또 동명이 자라가 엮은 다리를 건넌 것을 백제 시조와 결부시켰다. 김부식의 『삼국사기』에서는 총체적으로 고구려에 결부시키면서 동명과 주몽을 합쳐서 한 사람으로 만들었다.

대체로 그 이야기들은 모두 허망하다. 그러나 응당 논의해야 할 것이다.

부여란 것은 지금의 개원현(開原縣)이요, 졸본이란 것은 지금의 흥경(興京)의 경계이다. 『후한서』에 의거한다면 자라들이 다리를 엮었다는 강은 마땅히 개원(開原)의 북쪽에 있었을 것인데, 지금의 위원문(威遠門) 밖 요하 상류나 혹은 오랄(烏喇) 서쪽 경계에 있는 역둔하(易屯河)가 반드시 그의 건넌 지점일 것이다. 『위서』에 의거한다면 자라들이 다리를 엮었다는 물은 응당 개원의 남쪽, 흥경의 북쪽에 있었을 것이니 지금의 개원의 청하(淸河)나 혹은 성경(盛京)의 혼하(渾河)가 반드시 그의 건넌 지점일 것이다. 대개 주몽이 처음부터 녹수 이남 땅으로는 한 발자국도 넘어서지 않았으니, 이른바 자라들이 다리를 엮어서 건넜다는 강은 확실히 우리 나라의 국경과는 조금도 상관없는 것이다.

당나라 이현(李賢)의 『후한서』 주(注)에 이르기를 "지금 고려에 개사수(蓋斯水)가 있는데 이것이 엄사수(掩㴲水)인 듯하다"라고 하였다.

김부식은 "엄사수(淹㴲水)는 일명 개사수라고 하는데 지금 압록의 동북에 있다"고 하였다【『구려사』】.

『성호사설』에는 "주몽이 건넜다는 엄사수는 역시 압록강의 발원지인 듯하다"라고 하였다.

안순암(安順菴)은 "사(㴲)는 음이 사(斯)이다"라고 했으며, 김부식이 압록강의 동북에 있다고 한 것은 압록강 상류의 발원지로써 말한 것이다.

청은 고찰하건대 엄(淹), 사(㴲) 두 자는 여러 책들이 같지 않다. 『후한서』에는 엄사수(掩㴲水)라 하였고, 『위략(魏略)』에는 시엄수(施掩水)라 하였으며, 『양서』・『북사』에는 엄체수(淹滯水)라고 하였다. 『수서』에만 홀로 엄수(淹水) 일컬었고, 『구려사』에는 엄사수라 하였는데 이것은 다 번역해 온 것이 달라진 것이다. 다만 당나라 때에 고구려는 요동 장회(章懷)를 차지하고 있었으니, 이른바 개사수는 반드시 청하(淸河)나 혹 혼하(渾河)를 가리킨 것이다.

김부식이 말한 바 압록강의 동북에 있다고 한 것도 역시 아주 정확치 못하니 우리 나라의 땅이 아니라는 것만은 명백하다. 이전 사람들이나 혹 알았을까?

청이 또 『고려사』 「세가」를 고찰해 보면 선종(宣宗) 5년에 요동에 사신을 보내어 각장(榷場)을 파할 것을 청하였다. 그 표(表)에 "천황학주성(天皇鶴柱城)으로부터 서쪽은 저편 대안까지 받아들이고 일자별교수(日子鼊橋水)를 한계로, 동으로는 우리 나라 국경과 갈라진다"고 하였다. 이는 바로 압록강을 가지고 엄사(淹㴲)라고 한 것이니 아주 틀린 것이다. 동월의 『조선부』에 "신안(新安)으로부터 대정(大定)을 지난다"고 하고 자기의 주(注)에 이르기를 "대정강은 박천군에 있다. 즉 고주몽이 남으로 달아나다가 자라와 고기들이 다리를 엮었다는 이곳에 이르렀는데 또 박천강이라고도 이름한다"고 하였다.

『승람』에 "대령강은 가산(嘉山)의 동쪽 20리에 있는 바, 옛날에는 개사강(蓋泗江)이라고 칭했으며 또 박천강이라고도 이름하였다. 민간에 전하기를 주몽이 북부여로부터 남으로 달아나다가 여기 이르니 고기와 자라들이 다리를 엮어서 그로 인하여 쉽게 건넜으므로 이름을 그렇게 불렀다"고 하였다.

『비고』에 "대령강은 일명 대정강이라고도 하니 옛 명칭은 개사강이다"라고 하였다.

청은 고찰하건대 『승람』에서 개사(蓋泗)라 한 것은 개사(蓋斯)와 음이 비슷하기 때문이다. 그러나 고구려가 처음 일어날 때에 그 국경이 녹수 이북에서 나오지 못했고 지금의 평안도 한 도가 중국의 관할하에 있었다. 태무신왕(太武神王) 때에 이르러 점차 한나라 땅인 낙랑(樂浪)의 여러 현들을 얻어서 절반이나 정리할 수 있었다. 때문에 그 말년(한나라 건무 20년)에는 한나라와 경계를 하게 되었다. 처음 살수 이남이 한나라에 속하고 이북이 고구려에 속하였던 것은 주몽이 건국한 때로부터 81년 후이다. 그런즉 주몽은 박천에 이르지 않았으니, 어찌 이른바 고기와 자라들이 다리를 엮었다는 사실이 있을 수 있겠는가? 하물며 졸본은 지금의 홍경 지경인데 박천으로부터 홍경에 이르렀다면 이것은 북으로 달아난 것이지 남으로 달아난 것이 아니니, 어찌 옳다고 하겠는가! 이것은 모두 절대로 근거가 없는 것이요, 허황한 것에 빙자하여 이야기한 것이니 단연코 믿을 수 없다.

정수는 또 서남으로 가산군(嘉山郡) 동쪽을 지나 멀리 안 가서 살수에 들어간다

　가산군은 본래 고려의 신도군(信都郡)이다. 후에는 가주(嘉州) 또는 무령(撫寧)이라고 일컬었다. 본조에 와서 가산군이라 이르게 되었는데 정수는 그 동북을 지나니 즉 박천군의 경계이다. 순조 11년 신미(辛未)년 늦겨울에 지방 반란군 홍경래(洪景來), 우군칙(禹君則), 이희저(李禧著), 정경행(鄭敬行) 등이 다복동(多福洞)에서 동료들을 모아 밤에 가산군을 습격하였는데, 군수(郡守) 정기(鄭耆)가 그들에게 피살되었다. 반란군들이 군사를 나누어서 각 군을 습격하니 군현의 수령들이 혹 항복하기도 하고 혹 도주하기도 하였다. 임신(壬申)년 정월에 함종 부사(咸從府使) 윤욱렬(尹郁烈) 등이 급히 군사를 동원하여 반란군을 치면서 박천 나루머리에 이르니, 반란군은 달아나서 정주성(定州城)을 지켰다. 의주 사람 김현신(金見臣), 허항(許沆), 최치륜(崔致綸) 등이 의병을 일으켜〔起義〕관군을 도왔다. 조정에서 순무부사(巡撫副使) 박기풍(朴基豐)을 파견하였다가 곧 파면하고 다시 유효원(柳孝源)을 파견하였으나, 반란군은 굳건히 지키면서 항복하지 않고 때때로 병졸들을 내보내어 습격하는 바람에 관군이 많이 죽었다. 성이 견고하여 함락하기 어려우므로 여러 장군들이 굴을 파기로 합의를 보고 북장대(北將臺)에까지 파 들어갔다. 화약을 굴속에 채우고 불을 달아 놓으니 성이 무너졌는데 여러 군사들이 이 기회를 타서 들어갔다. 5월에 반란군은 완전히 평정되었다.
　『승람』에 "박천강은 창성부 부운산(浮雲山)에서 발원하여 태천현을 지나 안주의 노강(老江)에 합류된다"고 하였다. 『비고』에는 대령강은 사토현(沙土峴)을 지나 박천강이 된다. 오른쪽으로는 가지천(佳之川)을 지

나고 왼쪽으로는 장평천(長坪川), 구룡천(九龍川)을 지나 노강의 해망우
(海望隅)에 이르러 동쪽에서 청천강과 합류한다"고 하였다.

　『수도제강』에는 "대정강은 동북쪽으로 청천강의 북쪽 수원의 서쪽에
서 발원하여【살펴보면 창수(淐水)이다】, 산을 사이에 두고 서남으로 흐르
다가 북쪽으로부터 오는 한 줄기의 물【고찰하면 바로 원류이다】과 합류하
여 꺾어 들어 서쪽으로 흐른다. 또 서남으로 박천성 남쪽과 백벽산(白碧
山) 남쪽을 지나서 북쪽에서 오는 운산 물들과 합류한다. 또 서남으로
흐르면서 북쪽에서 오는 구성 동북쪽 산의 물들과 합류한다. 또 서남으
로 흐르다가 북쪽에서 흘러오는 한 줄기의 물을 받아들인다. 남쪽으로
는 큰 산들의 북쪽 기슭을 감돌아 가산성(嘉山城) 남쪽 지경과 안주성
북쪽 경계를 지나 서남으로 바다에 들어간다. 이 물은 발원지에서 흘러
오는 길이가 400여 리이다"라고 하였다.
　바다 어귀는 동남에서 청천강과의 거리가 20리이다. 발원지로부터 하
류까지 청천강과 산 하나를 사이에 둔 데 불과하다.

패수(浿水) (1)

【변설(辨說), 영원(寧遠), 덕천(德川), 개천(价川), 순천(順川), 자산(慈山),
은산(殷山), 강동(江東)】

옛 수경〔古經〕에 이르기를, "패수는 낙랑(樂浪) 누방현(鏤方縣)의
동쪽에서 발원하여 남으로 임패현(臨浿縣)의 동쪽을 지나서 바다
에 들어간다"고 하였다

이 구절은 상흠(桑欽)이 지은 『수경(水經)』에서 나온 것이다. 패수는
오늘날의 대동강〔大同河〕이다. 낙랑은 군명(郡名)인데 지금의 평양부(平
壤府)이다. 누방현은 한나라 때에 낙랑군에 속하였는 바 오늘날의 덕천
(德川), 개천(价川) 등지이다. 임패현은 즉 패수현(浿水縣)이니, 역시 낙랑
군에 속했었는데 오늘날의 증산(甑山), 강서(江西) 등지이다. 대동강은
처음 발원해서는 서남으로 흐르다가, 중간에서는 굽어서 남쪽으로 흐르
며, 끝에 가서는 서남으로 흐른다. 때문에 이 『수경』에 남으로 흐른다고
기록한 것이다.

역도원(酈道元)의 주(注)에 이르기를 "허신(許愼)은 '패수가 누방현 동
쪽에서 발원하여 바다에 들어간다'고 하였고, 또 혹자는 패수현에서 발
원한다고도 하였다【『설문(說文)』에 있다】. 『십삼주지(十三州志)』【감인(闞
駰) 저】에는 '패수현은 낙랑의 동북쪽에 있으며 누방현은 낙랑군의 동쪽

에 있는데, 대개는 패수현에서 발원하여 누방현을 경유한다'고 하였다. 옛날 연(燕)나라 사람 위만(衛滿)이 패수로부터 조선에 이르렀으니 옛날 기자(箕子)의 나라였다. 한무제(漢武帝) 원봉(元封) 2년에 양복(楊僕), 순체(荀彘)를 보내어 우거(右渠)를 토벌하였는데 패수에서 우거를 격파하여 드디어 그를 멸망시켰다. 만일 패수가 동으로 흐른다면 패수를 건넜을 리가 없으니 그 땅은 지금 고구려의 수도이다. 내가 번사(蕃使)를 방문하니 그가 말하기를 성이 패수의 남쪽에 있으며, 패수는 서쪽으로 흘러 옛 낙랑 조선현을 경유하며 서북으로 흐르기 때문에 「지리지」에, 패수는 서쪽으로 증지현(增地縣)에 이르러 바다에 들어간다 하였다. 또 한나라가 일어날 때에 조선은 멀다고 하여 요동 고새(古塞)를 패수까지를 한계로 삼았었다. 고금의 실례를 상고하여 보면 사리에 맞지 않으니 이 『수경』의 말은 잘못 고증한 것이다"라고 하였다.

선생이 말하기를 "패수는 평양의 대동강(大同江)이다. 상흠의 『수경』에는 본래 틀림이 없었는데 역도원이 공연히 의심을 한 것이다. 『수경』에서 '사수(泗水)는 노변현(魯卞縣)의 북쪽에서, 면수(沔水)는 무도저현(武都氐縣)의 동쪽에서, 여수(汝水)는 양현면향(梁縣沔鄉)의 서쪽에서, 습여수(濕餘水)는 상곡거용관(上谷居庸關)의 동쪽에서 발원한다'고 한 이런 것들은 이루 헤아릴 수 없는 바, 패수의 첫머리의 한 구절은 바로 이러한 실례이다. 『수경』에 '면수는 동쪽으로 무후루(武侯壘)의 남쪽을 지나며, 사수는 남쪽으로 평양현(平陽縣)의 서부를 지나고 또 남으로 고평현(高平縣)의 서쪽을 지나고 또 남쪽으로 방여현(方輿縣)의 동쪽을 지나며, 유수(濰水)는 북쪽으로 평창현(平昌縣)의 동쪽을 지나고 또 북쪽으로 고밀현(高密縣)의 서쪽을 지나고 또 북쪽으로 순우현(淳于縣)의 동쪽을 지난다'고 한 이와 같은 것들은 이루 헤아릴 수 없는 바, 패수의 둘째 구절은 바로 이러한 실례이다. 『수경』에 '상수(湘水)는 북쪽으로 파구산 (巴丘山)에 이르러 강하수(江夏水)에 들어가고 동쪽으로는 운두현(雲杜 縣)에 이르러 면수에 들어간다'고 한 이와 같은 것은 이루 헤아릴 수 없 는 바, 패수의 마지막 한 구절이 바로 이런 글의 실례이다.

　『수경』에 '패수는 남쪽으로 지강현(枝江縣)의 북에 이르러 강에 들어 간다', '요수(潦水)는 강하(江夏) 평춘현(平春縣)의 서쪽【본래는 절태(絶台) 였다】에서 발원하여 남쪽으로 흐르면서 안륙(安陸)을 지나 운(溳)수에 들어간다'고 한 것과 같은 구절들은 더욱 이 문체와 똑같은 예이다. 상 흠은 어디 패수가 동쪽으로 흐른다고 하였는가? 지금의 평양 대동강은 확실히 덕천현(德川縣)의 동쪽에서 발원하여【덕천의 동북 200여 리에 있는 낭림산(狼林山)에서 발원한다】 남으로 증산현(甑山縣)의 동쪽을 지나【강서 와 증산이 본래는 한 현이었다】 바다에 들어간다. 이것이 즉 『한서』에서 패수가 서쪽으로 증지(增地)에 이르러 바다에 들어간다고 한 것이다. 비 록 그 하류가 서남으로 조금 가깝기는 하지만 평양 앞에서는 원래 남쪽 으로 흐르니 바로 남쪽으로 흐른다고 해도 불가할 것이 없다. 역도원이 만일 그 선생의 설과 반대로 서북으로 흐른다고 했다면 어떻게 할 것인 가? 번사(蕃使)가 아무리 황당하다 해도 필연코 이런 말은 하지 않았을 것이다. 뿐만 아니라 본래 위만과 순체가 대동강을 건너지 않았던 것임 에도【아래 글에 있다】 불구하고 이러한 방법으로 그 강의 내력을 찾아보 려 하면 장차 죽을 때까지라도 찾아내지 못할 것이다"라고 하였다.

　청은 고찰하건대 양한(兩漢), 진(晉) 및 위(魏)의 지지(地志)에는 모두 임패현이라는 이름이 없으니 이것이 바로 패수현이다. 허숙중(許叔重)이 이르기를 패수현에서 발원한다고 한 것은 전해 오는 말을 잘못 들은 것 이고, 역도원【그의 자는 선장(善長)】이 패수현에서 발원하여 누방(鏤方)을

지난다고 한 것은 경과는 정반대되는 것이니 옳다고 할 수 없다. 감인
(闞駰)의 설도 역시 전문(傳聞)에 의한 것이다.

패수는 평양의 물이다

고금에 패수에 대한 설은 모두 다섯 가지가 있다. 첫째는 압록강을
패수라고 하였으니 『사기(史記)』「조선전」에 실린 것이 이것이며, 둘째
로 대동강을 패수라 하였으니 상흠의 『수경』과 반씨(班氏)의 『지지(地
志)』에 언급한 것이 이것이다. 셋째로 저탄수(瀦灘水)를 패수라고 한 것
인 바 『고려사』 지지와 『승람』에 기록된 것이 이것이며, 넷째로 헌우록
(蓒芋濼)수를 가지고 패수라고 한 것이니 『요사(遼史)』 지지와 『일통지』
에 기록된 것이 이것이며, 다섯째로 청천강을 패수라고 한 것인데 한구
암(韓久菴)의 지지에 언급한 것이 이것이다. 여러 서적들 중에서 상흠의
『수경』이 가장 정확하기 때문에, 이 수경에서 특히 평양의 물이라고 하
여 상흠의 『수경』을 좇았다.

『사기』「조선전」에 이르기를 "연나라가 전정할 때에 일찍이 진번 조
선(眞番朝鮮)을 귀속시켜 관리들을 배치하고 요새를 축성하였으며【연나
라가 관리들을 배치하여 조선을 다스리게 하였음을 말한다】, 진(秦)나라가 연
나라를 멸망시키고 요동의 변방에 귀속시켰다. 한나라가 흥함에 그 지
역이 멀어서 수비하기 힘들다 하여 요동의 옛 요새를 보수하고 패수에
이르러 경계로 정하고 연나라에 귀속시켰던 바, 연나라 왕 노관(盧綰)이
반역하여 흉노(匈奴)에 가담하였다. 위만이 망명하여 동으로 요새를 빠
져 패수를 건너서 진나라의 옛 공지에서 살았는데, 점차 진번 조선을 차

지하여 왕이 되고 왕험성에 도읍하였다【『한서』「조선전」도 이와 같다】"고
하였다.

　　선생은 말하기를 "『사기』는 분명 지금의 압록하(鴨淥河)를 패수라고
잘못 지적하였다. 고찰해 보건대 연나라가 조선과 패수로 경계를 정하
였다고 하는데 만약 대동강이 이 패수에 해당한다면 어찌 다시 조선이
있을 수 있겠는가? 왕험(王險)이란 바로 평양인데 위만이 이미 대동강을
건넌 이상 자연 평양에 다시 도읍할 수 없었을 것이니, 압록강이 패수라
는 것이 명백하지 않은가! 지금 사람들이 이런 문헌에 의거하여 또 거
류하(巨流河)【대료수(大遼水)】를 패수라고 하는데 이것은 더 큰 잘못이
다. 한나라가 흥하매 요동의 옛 요새들을 보수하였다면 이는 벌써 요수
(遼水)를 건넌 것인데, 이미 요수를 건넌 이상 어찌 또 요수로써 경계를
정할 수 있었겠는가? 요수와 압록강 사이에는 다른 큰 강이 없으니 패
수란 바로 압록강이다"라고 하였다.

　　『사기』에 또 이르기를 "원봉(元封) 2년에 섭하(涉河)가 회유하였으나
우거(右渠)가 끝내 조서를 받들지 않으니 섭하가 물러나 국경 위에 가서
패수에 다다랐다. 여기서 말몰이꾼을 시켜 비왕(裨王)【하(河)를 환송 나온
사람】을 죽이게 하고 곧 강을 건너서는 말을 달려 요새에 이르렀다. 그
해 가을에 누선장군(樓船將軍) 양복은 발해를 향하여 떠나고 좌장군 순
체는 요동을 출발하여 우거를 치게 되었다. 그런데 누선장군이 먼저 왕
험성에 이르니 우거가 누선을 습격하였다. 양복이 그 무리들을 잃고 산
중으로 도망하여 십여 일 만에 다시 좌장군과 합세하여 패수 서군을 공
격하였다"고 하였다【『한서』에도 같다】.

　　선생은 이르기를 "우거의 궁성은 패수의 서쪽에 있어 바로 패수에 임
하고 있었는데, 섭하가 어찌 국경에 가서 패수에 임할 수 있었으며, 또

어떻게 패수를 건너 요새에 들어갈 수 있었겠는가? 패수란 압록강이 틀림없다"고 하였다.

또 이르기를 "좌장군이 요동에서 출발하여 아직 압록강 서쪽에 있었고, 양복은 평양에서 패배하고 도망하였다가 산중으로부터 해구(海口)에 되돌아 나와 가도(椵島) 앞 바다에서 서쪽으로 굴륭산(窟窿山) 아래【봉성(鳳城) 남쪽 200리에 있다】에 이르러 하륙하여 좌장군과 합세하였다고 하였는데, 여기서는 패수를 대동강으로 해석한 것 같다"고 하였다.

또 『사기』에는 "위산(衛山)이 가서 우거를 꾀니 우거가 태자를 보냈는데, 태자가 바야흐로 패수를 건너려다가 좌장군이 농간을 부려서 죽일까 두려워하여 드디어 패수를 건너가지 않았다. 좌장군은 패수 상군(上軍)을 격멸하고 전진하여 성 아래에 이르러 그 서북쪽을 포위하였으며, 누선장군도 역시 가서 왕성 남쪽에서 합세하였다"고 하였다【『한서』에도 같다】.

선생은 이르기를 "우거가 군사를 출동하여 압록강의 서북쪽에 진을 쳤는데 이것이 이른바 패수 상군이다【앞에서 말한 것은 패수 서군이다】. 이미 이 군대를 격파하고 이어 전진하여 평양성의 서북쪽을 포위했다"고 하였다.

『위략』에 이르기를 "조선 왕 부(否)가 죽자 그의 아들 준(準)이 즉위하였다. 한나라가 노관을 연나라 왕으로 삼았을 때 조선은 연나라와 패수를 경계로 하였다. 노관이 반역하자 위만은 동쪽으로 패수를 건너, 준에게 와서 항복하였다"고 하였다.

신찬(臣瓚)의 『한서주(漢書注)』에는 "왕험성(王險城)은 낙랑군 패수의 동쪽에 있다"고 하였다【「지리지」】.

　청은 고찰하건대 어환(魚豢), 설찬(辭瓚)의 설도 역시 압록강을 패수라 하였다【사고(師古)도 역시 찬의 설을 옳다고 하였다】.

　『승람』에 이르기를 "한나라가 흥하여 요동의 옛 요새들을 보수하고 패수에 이르러 경계를 정하자, 위만이 망명하여 동쪽으로 패수를 건너 왕험에 도읍하였다 하였으니, 이것은 압록강을 패수라고 한 것이다"라고 하였다.

　『비고』에 이르기를 "압록은 즉 마자(馬訾)인데, 마자수와 패수가 같은 시대에 낙랑, 현토 두 개의 군에 따로 나타났으니【『한서』「지리지」에서 말하였다】 압록이 패수가 아니라는 것은 심히 명백하다"라고 하였다.

　안순암은 이르기를 "『승람』과 오운(吳澐)의 『동사찬요(東史纂要)』에서 위만이 패수를 건넜다는 것을 의심하고 압록강에 해당된다고 하니 후세의 사람들도 역시 그것을 많이 좇고 있는데 잘못된 것이다. 패수와 마자수가 하나의 강이라면『한서』「지리지」에서 왜 나누어 말하였겠는가? 대동강을 패수라고 일컫는 설이 가장 명확하다.『사기』에 '요동의 외(外)'요, '연나라가 요새를 축성하였다'라든가 '옛날 진나라의 공지' 라고 한 것들은 지금의 해서(海西) 땅인 듯하다. 지금의 한양(漢陽)도 역시 평양이란 명칭을 가졌다.『삼국사』에 의하면 신라 김헌창(金憲昌)의 아들이 평양에 도읍을 정하였고, 백제 근초고왕(近肖古王)이 고구려 남쪽의 평양을 탈취하여 도읍하였다고 한 모든 것이 지금의 한양을 가리키는 것이다. 짐작건대 전국의 말기에 기씨(箕氏)가 빼앗기고 동쪽으로 지금의 한양에 옮겨와서 드디어 옛날의 이름을 불렀다. 그런즉 위만이 도읍하였던 평양도 역시 지금의 한양이다. 패수가 대동강이라는 것은 믿을 만하다"라고 하였고, 또 이르기를 "열구(列口)는 즉 지금의 강화(江華)인데『사기』에는, 양복이 먼저 왕험에 이르렀다고 하였고 조선을 평정한 후에 황제는 양복이 열구에 이르러 마음대로 행동하여 군사를 많이 잃었다는 이유로 파면하여 서인(庶人)으로 되었다고 하였는데, 위에서는 '먼저 왕험에 이르렀다'고 하고 아래에서는 '열구에 이르렀다'고 하였으니, 그 사이가 멀지 않다는 것을 알 수 있다"고 하였다.

선생은 이르기를 "양복이 먼저 왕험에 이르렀는데 먼저 열구에 이른 것으로 죄를 주었다고 하였으며, 순암은 한양을 왕험이라 한 것이고 사마천(司馬遷)이 패수를 잘못 알지 않았다고 하였으니 그 말은 근거가 있다. 그러나 지금 황해 경기의 땅들이 본래는 임둔이었다가 후에 낙랑의 남부로 되었는데, 만일 순암의 이론과 같을진댄 지금의 평양은 마땅히 낙랑의 북부가 되어야 할 것인가? 한양을 남부라고 하는 것과는 인연이 없는 것이다. 필경 이것은 사마천이 잘못 인식한 것이니 새로운 의의를 내세울 수는 없다"고 하였다.

청은 상고하건대 순암은 오로지 평양이란 명칭에만 의거하여 한양을 위만의 도읍지였다고 한다. 그러나 평양이란 명칭은 조위(曹魏) 때에 생긴 것이요, 한나라에서는 다만 왕험이라고 일컬었을 뿐이니 그것을 가지고 이것을 증명할 것이 못된다. 하물며 한무제가 사군(四郡)을 설치할 때에 우거의 도읍지를 낙랑군으로 하였기 때문에 그 군소재지를 조선현(朝鮮縣)이라고 하였다. 지금 황해, 경기의 땅들이 후에는 낙랑 남부에 속하였는데 지금 만약 한양을 낙랑이라고 할 것 같으면 그 남부는 응당 충청, 전라도에 있어야 할 것이니, 어찌 옳다고 할 수 있겠는가? 열구란 지금의 강화인데, 강화와 초도(椒島)는 범선으로 한참 가는 데 불과한 사이니【대동강이 바다에 들어가는 입구에 초도가 있다】, 양복이 청주(靑州)에서 발선하여 풍세가 좀 틀려서 잘못 열구에 이르렀다 해도 이것은 이상한 일이 아니다.

반고(班固)의 기록이 비로소 그 잘못을 발견하고 마자(馬訾)와 패수를 분리하여 두 개로 하였으니 이것이 정확한 글이다.

또 고찰하건대 진림(陳琳)이 오(吳)나라 장군에게 보낸 격문에 이르기를 "만일 물을 가지고 믿을 수 있다면, 조선의 보루를 건드릴 수 없었을 것이며 남월(南越)의 깃발을 뽑을 수 없었을 것이다"라고 하였는 바 이것은 우거가 패수를 믿고 굳게 지킨 것을 의미함이니, 이는 압록강을 말한 것이다. 『황화집(皇華集)』에도 역시 압록강을 패수라 하였는데, 모두 『사기』에 의거한 것이다.

이상은 녹수는 패수가 아님을 변증한 것이다.

『한서』「지리지」에 낙랑군의 속현에 패수현이 있다 하고, 자기 주해〔自注〕에서는 "패수가 서쪽으로 증지(增地)에 이르러 바다에 들어간다" 하였으며, 왕망(王莽)은 패수현을 악선정(樂鮮亭)이라고 하였다【『후한서』「군국지」에 낙랑의 속현으로 역시 패수가 있다고 하였다】. 또 서개마현(西蓋馬縣)에 대한 자기 주해에서는 "마자수는 서북쪽으로 염난수(鹽難水)에 들어가고 서남쪽으로 흘러서는 서안평(西安平)에 이르러 바다에 들어간다"고 하였다.

선생이 이르기를 "반고가 편찬한 지지에서 비로소 『사기』의 잘못을 바로잡아 대동강을 패수, 압록을 마자수라고 하였다. 증지란 지금의 증산현(甑山縣)이다【고려 때에는 증산과 강서가 합쳐서 한 개의 현이 되었다】. 반고가 「조선열전(朝鮮列傳)」에서는 전혀 『사기』의 기록만을 인용하고 고치지는 않았으나, 「지리지」를 편찬할 때에 비로소 두 개의 물로 갈라 놓았으니, 대개 그 학술이 상흠과 연원(淵源)이 같기 때문에 그 정확한 고증이 이전 사람들을 능가한다"고 하였다.

청은 상고하건대 왕망이 패수현을 고쳐 악선정이라 한 것은 낙랑에서 조선현이 가깝기 때문이었으니, 그 현은 응당 지금의 평양과 접계하였을 것이다.

『북사』「고구려전」에 "그 왕도(王都) 평양성은 산의 굴곡을 따라 남쪽으로 패수에 임하였다"고 하였다【『수서』,『당서』가 다 동일하다】.

『수서』「내호아전(來護兒傳)」에 이르기를 "요동을 정벌할 때에 내호아(來護兒)는 우익위대장군(右翊衛大將軍)이 되어 누선(樓船)을 인솔하고 창해(滄海)로 나왔다가 들어와서 패수로부터 평양성에서 60리 되는 곳에 가서 고려와 서로 만났다"고 하였다.

『당서』「소정방전」에 "소정방(蘇定方)은 패강(浿江)에서 고려 군사를 격파하고 마읍산(馬邑山)에다 진을 쳤다가 드디어 평양을 포위하였다"고 하였다.

『명일통지』에는 "대통강(大通江)은 평양성 동쪽에 있는데 옛 명칭은 패수이다"라고 하였다.

청은 상고하건대 상흠의 『수경』 및 반고의 지지로부터 이후의 사전(史傳)의 기록들에는 모두 대동하(大同河)를 패수라 하고 다른 이론들이 없으나, 수·당의 기록들에는 딴 평론들이 심히 많은데 지금 다시 이론을 제기하지 않는다【아래의 평양조에 상세하다】.

장수절(張守節)의 『정의(正義)』에 "패수는 요동 요새 밖에서 발원하여 서남으로 낙랑현에 이르러 서쪽으로 바다에 들어간다"고 하였다【안사고(顏師古)의 『한서주(漢書注)』에는 패수가 낙랑현에 있다】.

청은 상고하건대 당나라 때에 모두 대동강을 패수라고 하였으므로 장수절의 설도 바로 대동강이라고 지적하였던 것이다.

『신라사(新羅史)』에 이르기를 "문무왕(文武王) 10년에 고구려 수림성(水臨城) 사람 연잠(年岑) 대형이 남은 백성들을 거두어 합해 가지고 궁모성(窮牟城)으로부터 패강 남쪽에 이르러 당나라 관리를 죽였다. ○ 선덕왕(宣德王) 2년에 사신을 보내어 패강 남쪽의 주와 현을 위무하였으며 3년에는 한산주(漢山州)를 순시하고 주민들을 패강진(浿江鎭)으로 옮겼다. ○ 원성왕(元聖王) 원년에 패강진에서 붉은 까마귀를 바쳤다. ○ 헌덕왕(憲德王) 18년에 우잠(牛岑)【즉 우봉(牛峰)이니 지금은 금천(金川)에 합쳤다】 태수 백영(白永)을 시켜 한산(漢山) 북쪽의 여러 주와 군의 사람들 1만 명을 징발하여 패강에 장성 300리를 쌓았다. ○ 효공왕(孝恭王) 2년에 궁예(弓裔)가 패서도(浿西道)를 빼앗았으며 8년에는 패강도(浿江道)의 십여 주, 현이 궁예에게 항복하였다"고 하였다.

「궁예전」에 이르기를 "성책(聖冊)【궁예의 연호】 원년에 패서에 13진을 나누라 정하니 평양 성주인 금용(黔用)이 항복하였다"고 하였다.

『동국강목(東國綱目)』에는 "신라 성덕왕 병자(丙子)【그의 즉위 35년】에 황제가 패강 이남을 주었다【당나라 현종 개원 24년】"고 하였다.

청은 상고하건대 『신라사』에, 이른바 패수는 다 대동강이다. 혹 『고구려사』나 『백제사』에 기록된 패수는 바로 상류의 능성강(能成江)이다. 자세한 것은 능수(㴉水) 조 가운데 기록되어 있다.

견훤(甄萱)이 고려 태조에게 보낸 편지에 이르기를 "평양루(平壤樓)에 활을 걸고, 패강가에서 말에게 물을 먹인다"고 하였다.

김부식은 이르기를 "패수는 대동강이다. 무엇으로 그것을 알 수 있는가? 『당서』에 이르기를 '평양성은 한나라의 낙랑군으로서 산굽이를 따라서 성을 둘러쌓았고 남쪽으로는 패수가 돌아나가고 있다'고 하였다【고려전】. 또 『한지』에 이르기를 '등주에서 동북쪽 바닷길로 나서서 남쪽으로 해변을 끼고 패강 어귀에 있는 초도를 지나면【지금의 풍천(豐川) 북쪽에 있다】 신라의 서북 지방에 도달할 수 있다'고 하였다【「지리지」】. 또 수양제의 동방정벌 조서에 이르기를 '창해 방면 군단의 선박이 1,000

리에 연락하였는데 패강을 횡단하여 멀리 평양에 나아갔다【『수서』에는 패강을 횡단하여 평양으로 갔다고 한다】'고 하였다. 그렇다고 하면 지금의 대동강이 패수라는 것은 명백한 것이다"라고 하였다.

청은 상고하건대 패수란 것은 대동강의 정확한 명칭이다.

이상은 대동강이 패수가 정확하다는 것을 변증한 것이다.

『고려사』「지리지」에 이르기를 "평주(平州)에 저천(豬淺)이라는 물이 있는데 일명 패강이라고도 한다"고 하였다.

청은 생각건대 『승람』 및 안순암의 설은 모두 저탄수를 패수라고 하였는데 이것은 잘못이다. 자세한 것은 저수(瀦水) 조 가운데 있다.

이상은 저수는 패수가 아님을 변증한 것이다.

『요사』「지리지」에는 "동경도(東京道)의 요양현(遼陽縣)은 본래 한나라의 패수현이다. 패수는 또한 이하(泥河) 혹은 헌우록수(蓒芋濼水)라고 하는데 헌우초(蓒芋草)가 많다"고 하였다.

『대명일통지』에는 "청하(淸河)는 개주(蓋州) 위분령(衛分嶺)에서 발원하여 서남으로 흘러 성의 남쪽을 지나며 또 서쪽으로 흐르다가 이하와 합류하여 바다에 유입된다. 이하는 일명 패수라고도 하며 또 헌우록수라고도 하는데 헌우초가 많다"고 하였다【요동도사(遼東都司) 조에 나타나 있다】.

『성경통지』에 이르기를 "어니하(淤泥河)는 해성현(海城縣) 서남 65리에 있다"고 하였다. 『요사』를 고찰하면 요양현은 한나라 패수현의 북쪽에 있다. 패수는 또한 어하(淤河)라고도 하며 일명 헌우록이라고도 하였는데, 『명일통지』도 그것을 좇아 조선 대통강(大通江)을 패수라고 하였다. 지금 어니하는 성수산(聖水山)에서 발원하여 흐르다가 미진산(迷眞

山) 서쪽에 이르러 여러 곳으로 갈라지니 이 강은 즉 요동의 헌우록인
바, 그것은 조선 내의 패강과 같지 않다.

『비고』에 이르기를 "연(燕)이 조선을 침략하여 관리들을 배치하고 성
을 수축하였으나 한나라 때에는 멀어서 방비하기 어렵다 하여 요동의
옛 요새를 축성하고 패수에 이르러 경계를 삼았다고 하였으니【『사기』에
기록되어 있다】, 연나라가 관리들을 배치한 것이 패수의 남쪽에 이르렀
음이 명백하다. 연나라와 진나라의 관할 지역이 일찍이 압록강에 미치
지 못하였으니 패수가 압록강 이북, 요동 이남에 있었던 것이다. 따라서
이하(泥河)를 패수라고 한 것이 옳다"고 하였다. 당나라 이래로 모두 대
동강을 패수라고 하였으나 그것은 사실 한나라 현의 패수는 아니다. 또
이르기를 "증지현(增地縣)은 바로 패수가 바다에 들어가는 곳이다"라고
하였으니 지금 해성현 미진산의 서쪽에 있었을 것이다.

안순암이 말하기를 "『한서』의 「지리지」에, 요동군 서안평현(西安平
縣)은 마자수가 바다에 들어가는 곳이 있다고 하였은즉, 압록강 이북이
모두 요동에 속하고 있다. 낙랑의 여러 현이 어찌 그 사이에 끼어 들어
갔겠는가? 대체로 『요사』 지지는 믿을 수 없다"고 하였다.

선생이 이르기를 "우리 나라 진위현(振威縣)에 청회(淸淮)가 있으며
또 연천현(漣川縣)을 임장(臨漳)이라 한다고 하여 어찌 회수(淮水) 장수
(漳水)라고 하겠는가? 명칭이 우연히 같은 것으로써 변증할 여지가 없
다"고 하였다.

청은 생각건대 낙랑의 속현이 요동에 있을 수 없다. 『요사』의 기록은
틀린 것이다. 이하(泥河)는 작은 강이어서 경계를 삼을 수 없으니 『비
고』의 이론도 틀린 것이다. 소진(蘇秦)이 연나라 문후(文侯)를 달래어
"연나라 동쪽에 조선과 요동이 있다"고 말하였으니 여기서 조선이란 것
은 녹수 이남이다. 「시황본기(始皇本記)」에는 "동쪽으로 바다와 조선에

미친다”고 하였으며, 『위략』에는 “기부(箕否)가 진(秦)에 복속되었다”고
하였으니 연나라와 진나라의 국토가 녹수 이남을 넘었던 것인데, 어찌
패수를 녹수의 북쪽에서 애써 구하겠는가?

이상은 헌우록이 패수가 아님을 변증한 것이다.

구암(久菴) 한백겸(韓百謙)이 말하기를 “진(秦)과 한(漢)이 모두 패수를
조선의 북쪽 경계로 삼았으니 그것은 대동강이 아니라는 것이 심히 명
백하다”고 하였으며, 또 “마자수(馬訾水)가 서개마(西蓋馬)에서 발원하
여 서안평(西安平)에 들어간다 하였으니 이것이 바로 압록강으로 된다.
청천강이 압록강과 대동강 사이에 있으니 이것이 패수로 되는 듯하다.
『당서』에 평양성이 남쪽으로 패수에 임하여 있다고 한 것은 잘못이다.
대개 수·당 사이에 조선의 군·현이 폐지되어 이미 오래되었는데, 고
을의 이름과 지명들이 모두 전해 오면서 틀려졌으므로 사실과 많이 틀
린다. 지금은 『한서』를 정확하다고 볼 것이다”라고 하였다.

한백겸이 또 말하기를 “청천강은 영유(永柔)와 증산(甑山) 사이에 이
르러 바다에 들어간다. 증(甑)과 증(增)은 서로 비슷하니, 패수가 증지에
서 바다로 들어간다고 한 것과 상호 참고하여 보아야 한다”고 하였다.

청은 생각건대 진과 한이 경계로 삼은 곳은 압록강이며, 청천이란 것
은 살수요 패수가 아니다. 평양이 패수에 임하였다는 것은 믿을 만한 기
록이요, 헛된 기록이 아니다. 구암의 이론은 몹시 틀렸다.

이상은 살수가 패수가 아님을 변증한 것이다.

이지봉(李芝峯)이 말하기를 “우리 나라에 패수는 셋【압록강, 대동강, 저
수(豬水)】인데 『전국책(戰國策)』에 ‘아침에는 동거(東莒)에서 사격하고 저
녁에는 패구(浿丘)에서 출발한다’고 하였으니 대체로 우리 나라의 패수

를 가리킨 것이다”라고 하였다.

청은 상고하건대 「초국책(楚國策)」에 교안자(繳鴈者)의 말로서 패구에 대한 구절이 있고 바로 그 아래에는 “밤에 즉묵(卽墨)에 군사를 더하니 태산(泰山)의 북쪽이 항복한다”고 하였는 바, 이는 제(齊)나라의 땅을 가리키는 것이요 우리 나라를 가리키는 것이 아니다. 『좌전(左傳)』에는 제후(齊侯)가 고분(姑棼)에서 유람하다가 드디어 패구(貝丘)에서 사냥하였다고 하였으며, 두예(杜預)의 주(注)에는 “패구(貝丘)는 제나라의 땅이니 낙안(樂安), 박창현(博昌縣) 남쪽에 패구(貝丘)라는 이름의 땅이 있다”고 하였다【장(莊) 9년】.『수경』 주에는 박창현 남쪽 민수(澠水) 가까운 곳에 패구(貝丘)라는 이름을 가진 땅이 있으니 제(齊)의 서쪽 40리이다【글이 여기서 끝남】. 그 패(貝)자에 수(水)를 더해서 패(浿)자를 만들었기 때문에 「초국책」에 패구(浿丘)라는 문장이 있다. 『사기』 「초세가(楚世家)」에도 패구(浿丘)라고 하였으며, 『괄지지(括地志)』에 “패구(浿丘)는 청주의 임치현(臨淄縣) 서북에 있다”고 하였으니 이는 명백히 제나라의 땅이요, 우리 나라에 비긴 것이 아니다.

남약천(南藥泉)이 말하기를 “『한서』 「지리지」에는 요동 번한현(番汗縣)에 패수(沛水)가 있다고 하였는데 패(沛)와 패(浿)가 비록 글자는 다르나 음이 같기 때문에 이는 하나의 강인 듯하다”고 하였다.

안순암이 이르기를 “패(浿)와 패(沛)가 서로 혼동될 수 없다 하더라도 『사기』와 『한서』 두 책이 모두 패(浿)라고는 하였으되 끝내 패(沛)라고는 하지 않았으니, 어찌 모두 틀렸겠는가?”라고 하였다.

청은 고찰하건대 패수(沛水)는 패수(浿水)가 아니며, 약천이 자기의 의견대로 말한 데 불과하다. 다만 지금 사람들이 대료하(大遼河)를 패수라고도 하는데 이 역시 틀린 것이다. 초정(楚亭) 박제가(朴齊家)의 「청석령 (靑石嶺)」이란 시에 "지금의 이 큰 강은 옛날의 패수요, 이 산은 완전히 기자의 나라에 있었네"라고 하였다【또 패상(浿上)이란 절구가 있는데 역시 요하가에서 지은 것이다】. 대개 『수경』에 패수는 누방현(鏤方縣)에서 발원 한다고 하였으며 『성경통지』에서는 『요사』를 인용하여 "자몽현(紫蒙縣) 은 본래 한나라의 누방현(樓方縣)인데 지금의 개원(開原) 경계 안에 있 다"고 하였기 때문에 드디어 이러한 의심을 가지게 된 것이다. 그러나 『한서』 「지리지」의 누방현은 본래 낙랑에 속한 현이라고 하였는데 낙랑 의 여러 현들이 녹수 이남에 있었으니, 어찌 멀리서 북부여의 땅을 끌어 다가 속현을 만들었겠는가? 요(遼)의 제도에 군, 현의 명칭들은 새로운 땅에 옛날 이름을 그대로 썼으니 고구려 발해의 사적들이 이로 인하여 많이 혼란하게 되었으며, 또 『요사』를 편찬한 자도 본말을 분별하지 못 하고 많이 잘못을 범하였으며 이러한 애매한 점들이 나타났다【혹은 『사 기』에 기록된 패수(浿水)를 요하(遼河)인 듯하다고 하는데 역시 잘못된 것이다. 위의 문장들에 기록되었다】.

『당서』 「고려전」에 "이미 백제를 평정하고 여러 장군들이 저강도(沮 江道), 요동도(遼東道), 평양도(平壤道)로 나와 고려를 토벌하였다"고 하 였다.

청은 생각건대 저강(沮江)은 패강(浿江)이란 자형의 오식이다. 『위략』 에 연나라의 경계가 패수였다고 하였는데, 지금 판본들에는 많이 저수 (沮水)라고 하였으니 역시 자형이 틀린 것이다. 또 『패문운부(佩文韻府)』 에는 패수의 아래에 『당서』 「고려전」의 문장을 기록하여 놓고 패수조를 따로 썼는데 이것은 잘못이다. 패(浿)는 저(沮)자의 오식이다. 또 『당서』 「지리지」에 패강(貝江) 어귀에 초도가 있다고 한 것도 역시 패(浿) 자를 생략한 것이다.

이상은 패수에 대한 잡설을 변증한 것이다.

패수의 수원은 영원군(寧遠郡) 동북 낭림산(狼林山)에서 발원하여
좌우 여러 골짜기의 물들과 합류된다

낭림산은 또한 낙림산(樂林山)이라고도 하는데 영원 동북 170리에 있
으며 설한령(薛罕嶺)의 남쪽 줄기에 있다. 낭림산은 함경, 평안 양도의
경계에 걸쳐 놓였는데 내산과 외산의 구별이 있는 바, 패수는 내산에서
발원한다. 그 발원하는 곳에 영성보(寧城堡)가 있으며, 첨절제사를 배치
하여 길목을 지키는데 영성보는 바로 영원 동북 110리 땅에 있다.

낭림산 남쪽의 큰 줄기는 세 개의 검산(劒山)【상검산, 중검산, 하검산】
과 마유령(馬踰嶺)과 횡천령(橫天嶺)을 이루었다. 이 큰 줄기와 서쪽의
물들은 모두 서북으로 흘러 패수로 들어간다. 이것이 왼쪽 골짜기의 물
들이다. 낭림산의 서남쪽 기슭이 지막산(咫幕山)과 광성령(廣城嶺)이 되
며, 이 기슭 이남의 물들이 모두 동남으로 흘러 패수에 들어가는데 이것
이 오른쪽 골짜기의 물이다. 『비고』에는 다음과 같이 썼다. "대동강은
영원 내락림(內樂林)의 백산(白山)에서 발원하여 남쪽으로 흐른다. 낙창
(樂倉)에 이르러 오른쪽으로는 기은천(箕隱川)과 합류하고 왼쪽으로는
소룡천(小龍川)과 합류한다. 또 서남으로 흘러 흑창(黑倉)에 이르러서는
왼쪽으로 검산천(劒山川)과 합류하고, 오른쪽으로는 지막천(池莫川)【즉
지막산의 물이다】과 합류하여 흑연(黑淵)이 된다. 또 신창(新倉)을 지나서
서북으로 흐르다가 구비진(九非津)이 되고 왼쪽으로는 영성천(寧城川)과
합류하며, 고창(古倉)에 이르러 오른쪽으로는 광성천(廣城川)과 합류한

다. 여기에서 꺾이어서 남쪽으로 흘러 장천(長遷)을 지난다." 『승람』에
는 "흑연의 하나는 낭림산에서 발원하고 또 하나는 지막산(池莫山)에서
발원하는데 합류하여 남쪽으로 흐른다. 가물 때에는 이 물에 기우제를
지낸다"고 하였다.

남쪽으로 흘러 그 군의 서쪽을 경유하며 또 서남으로 금성산(今城 山)에 이른다

영원군은 본래 한나라 누방현의 경계이다. 고려 때에는 영원진(寧遠
鎭)으로 하였으며, 우리 태조 때에는 영청현(永淸縣)에 합쳐 영녕(永寧)
으로 하였다가, 세조 때에 다시 갈라서 영원군으로 하였다.

금성산(金城山)은 덕천군 동쪽 20리에 있는데 삼면이 절벽으로 되었
으며 패수에 임한다. 위에는 금성(金城)이 있는 바, 주위가 3,120척이다.
우리 태조 때에 수축하였으나 지금은 무너졌다.

굽어서 북쪽으로 흐르다가 왼쪽으로 막수(漠水)와 합류한다

막수는 일명 막탄(漠灘)이라고도 한다. 맹산현(孟山縣) 북쪽의 안도산
(安都山)에서 발원하여 서쪽으로 흐르며 덕림(德林)을 지나서 맹산현 북
쪽에 이른다. 맹산현은 본래 고려의 철옹현(鐵瓮縣)인데 후에는 맹주(孟
州)라고 하였으며, 우리 나라에 와서 맹산현이라고 하였다.

막수는 또 서남으로 북창에 이르러서 왼쪽으로부터 오는 두 줄기의
물과 합류한다. 그 한 줄기는 거쌍령(巨雙嶺)에서 발원하는데 동천(東川)
이라고 부르며, 다른 하나는 박달산(朴達山)에서 발원하여 맹산현의 남

쪽을 감도는데 남천(南川)이라고 하는 바, 이것들은 모두 북쪽으로 흘러 패수에 들어간다.

막수는 또 북쪽으로 흐르면서 독장령(獨將嶺)을 지나 패수에 들어간다. 『승람』에 이르기를 "대천(大川)은 맹산 북쪽 20리 지점에 있는데 박달산, 두무산(豆無山), 안도 이산(里山)의 물들을 합쳐 하나로 되어 서쪽으로 흐르다가 덕천군 동쪽에 이르러 막탄으로 된다"고 하였다.

패수는 또 굽어서 서쪽으로 덕천군(德川郡) 남쪽을 경유한다

패수는 또 서북으로 흘러 삼탄(三灘)이 되는데 영원【원류】, 맹산【막수(漠水)】, 덕천【장림수(長林水)】세 고을의 물들이 여기에서 합류하기 때문에 이름을 이렇게 불렀다【덕천 동쪽 15리】. 삼탄가에는 굴이 있으며 굴 가운데 못이 있는데 깊이를 헤아릴 수 없다. 전하여 오기를 일기가 가물 때에 범 대가리를 못에 잠기게 하면 비가 온다고 한다.

패수는 또 오른쪽으로 장림수(長林水)와 합류하는 바, 장림수는 덕천의 북쪽 검산(檢山)에서 발원하여 동남으로 흘러 패수에 들어간다.

패수는 또 서쪽으로 흐르다가 덕천군 남쪽을 경유한다. 덕천군은 본래 한나라 누방현 땅이었다. 고려 때에는 요원군(遼原郡)【일명 장덕진(長德鎭)】이라 하였고 후에는 덕주(德州)라고 칭하였으며, 우리 나라에 와서 덕천군이라고 하게 되었다.

패수는 또 서쪽으로 대덕산(大德山) 남쪽에 이르러 오른쪽으로 시량수(矢梁水)와 합류한다. 시량수는 개천군(价川郡) 알일령(謁日嶺)에서 발원하여 동쪽으로 흐르다가 묘향산 남쪽의 물들과 합류하며, 또 돈산수(頓山水)와 합류하여 남쪽으로 패수에 들어간다.

『비고』에 이르기를 "대동강은 영원군 서쪽에 이르러 구연(仇淵)이 된다. 또 서남쪽으로 흘러서는 금성산(金城山)에 이르며, 북쪽으로 흐르면서 왼쪽으로는 막탄(漠灘)과 합류하고, 오른쪽으로는 장림천(長林川)과 합류한다. 서쪽으로 흘러서 응강(凝江)이 되어 덕천군을 지나 남쪽으로 대덕산에 이르고 오른쪽으로 시량천(矢梁川)과 합류한다"고 하였다.

남쪽으로 돌아서 용서(龍嶼)가 된다

패수는 또 남쪽으로 흐르다가 왼편으로 월포수(月浦水)와 합류한다. 월포수는 순천군(順川郡) 동쪽에 있는 미륵령(彌勒嶺)의 북쪽 돌구멍에서 흘러나와 월포수가 된다. 다시 북쪽으로 흘러 용암(龍巖)을 지나는데 용암은 용이 올라간 흔적이 있기 때문에 그렇게 이름 지은 것이다. 순천 동쪽 80리 지점에 있다. 월포수는 또 순천군성(順川郡城)을 지나는 바, 즉 옛 순천군성은 지금 군의 동쪽 150리 땅에 있었다. 월포수는 또 북쪽으로 흐르면서 천장(天將), 옥정(玉井), 금물(琴勿)의 물들을 합쳐 가지고 패수에 들어간다. 천장수(天將水)는 또한 부연(釜淵)이라고도 부르는데 옛 순천 북쪽 산골짜기 가운데 있다. 가물에도 마르지 않으며 겨울에도 얼지 않고 3리 가량 흐르다가 월포(月浦)에 스며들어간다.

용섬〔龍嶼〕은 고순천(古順川) 북쪽에 있으며 주위가 400여 척이다. 용섬 북쪽 7리에 주위가 역시 400척이 되는 흐르는 못〔湫〕이 있는데 패수에 흘러든다. 강한(江漢) 황경원(黃景源)이 말하기를 "순천강〔順江〕 동쪽의 주(洲)를 와룡주(臥龍洲)라고 하는데 주의 남쪽 10보쯤에 가담(葭潭)이 있다. 가담 위에는 7개의 봉우리가 있는데 주 안에 있다. 모두 기이한 돌들이 깎여서 벽이 이루어졌는 바, 배가 가담에서 벽 아래로 지나면 일곱 봉우리의 그림자가 물위에 비친다. 또 서쪽 2리에는 노담(露潭)이 있는데 노담의 오른쪽에 5개의 봉우리로 되었는 바, 이것들은 주(洲)의 밖에 있다. 역시 기이한 돌들이 깎이어 벽이 이루어졌는데 배들은 노담을 따라 벽 아래로 다니면 다섯 봉우리의 그림자가 물에 비친다. 와룡주로부터 북으로 거슬러 올라가면 응강(凝江)에로 나아가고 와룡주 서쪽으로부터 거슬러 올라가면 횡계(橫溪)로 나아간다. 와룡주는 사면이 모두 맑은 강에 임하였는데 한쪽 면에는 배를 정박시킬 수 있으며 여기를 동진(東津)이라고 부른다. 동진이란 안평진(晏平津)이다"라고 하였다【「추수정기(秋水亭記)」】. 와룡주란 바로 용섬이다.

꺾이어 서쪽으로 흐르면서 무진대(無盡臺)를 지난다

패수는 또 서쪽으로 이점(貍岾)을 지나 무진대에 이른다. 『승람』을 상고해 보면 안평진(安平津), 두음진(豆音津), 잠서진(蠶墅津), 이점탄(貍岾灘)들은 모두 순천군 동쪽 110리에 있다. 또 광천(廣泉)이 있는데 남으로 흘러 안평진에 들어간다. 이것들은 모두 패수의 나루터들이다.

패수는 또 개천현(价川縣) 남쪽을 지난다. 개천현은 본래 고려의 안수진(安水鎭)으로, 후에 연주(連州)【양진(陽鎭) 또는 익주(翼州)라고도 하였다】라 하다가 고쳐서 개주(价州)라고 하였으며, 본조에 와서 개천(价川)이라 하였다.

패수는 또 남쪽으로 순천군 동쪽을 지나며 오른쪽으로 구곡수(九曲水)를 받아들인다

패수는 또 남으로 흘러 정융강(靜戎江)이 되어 순천군 동쪽을 지난다.

순천군은 본래 고려의 정융군(靜戎郡)이었고 후에는 순주(順州)라 하였으며, 본조에 와서 순천(順川)이라 하였다. 강한 황경원이 이르기를 "패수는 동쪽인 낭림산에서 발원하여 서쪽으로 530리를 흘러서 순북강(順北江)이 된다. 상류에는 사탄(斜灘)이 있고 하류에는 기탄(岐灘)이 있는데, 남쪽으로 흘러 성암진(城巖津)이 되어 우연(禹淵)에 들어간다. 순천군은 순강, 기탄의 북쪽에 처하여 있는데 그 동쪽에는 용주산(龍駐山), 서쪽에는 봉서산(鳳栖山)이 있다. 패수로부터 거슬러 올라가는 배 흐름을 따라, 내려오는 배들이 서로 잇닿았는데 모두 두 산 사이를 왕래한다"고 하였다【「청원루기(淸遠樓記)」에서】. 순강(順江)이란 것은 정융강이다.

패수는 또 왼쪽으로 귀출수(貴出水)를 받아들인다. 상고해 보면 패수는 순천 동쪽에 이르러 사탄과 성암진이 된다. 그 동쪽 30리 석벽 아래에 굴이 있는데 주위가 수십 척이다. 폭포가 쏟아져 나와 성암진에 흘러드는데 이것이 귀출수이다.

패수는 또 남쪽에서 왼편으로 금계수(錦溪水)와 합류한다. 금계수는 순천강 서산(栖山)의 돌 구멍에서 흘러나온다. 남쪽으로 흐르면서 신창을 경유하여 장선포(長善浦)가 되며 서쪽으로 흘러가 숭화산(崇化山)의 물과 합류하여 패수에 들어간다.

패수는 또 오른쪽으로 구곡수(九曲水)와 합류한다. 구곡수는 안주 오도산(悟道山)에서 발원하여 동남으로 흐르다가 금곡원(金谷院)을 경유하여서는 금수(金水)로 되어 패수에 유입한다. 『승람』에 "금천(金川)은 순천 서남 10리에 있는데 안주 검산에서 발원하여 성암진에 유입한다"고 한 것이 이것이다.

『비고』에는 "대동강은 남쪽으로 흘러 삼월강(三月江)이 되며, 왼쪽으로는 고성천(古城川)【월포수(月浦水)】을 지나며 감돌아서 용도(龍島)를 만든다. 다시 꺾이어 서쪽으로 이점연(貍岾淵)에 흘러 돌고 무진대를 지나 남쪽으로 흘러 정융강이 되며, 순천군 동쪽을 지나서는 사탄과 성암진이 된다. 왼쪽으로 금계(錦溪)와 합류하여 기탄이 되고 오른쪽으로 금천(金川)과 합류한다"고 하였다.

패수는 또 남쪽으로 자산부(慈山府)의 동쪽을 경유하며

자산부는 본래 고려의 문성군(文城郡)인데 후에 태안주(太安州)라 했고 후에 고쳐 자주(慈州)라고 하였으며, 본조에 와서야 자산부라고 하였다. 패수는 자산부의 동쪽을 경유하여 우가연(禹家淵)이 된다.

구부러져 동쪽으로 흐르면서 은산현(殷山縣) 남쪽에 이른다. 【구(句)】 그 현 북쪽의 물들을 받아들인다

은산현은 본래 고려의 흥덕군(興德郡)【일명 동창(同昌)】인데 후에는 은주(殷州)라고 하였으며, 본조에 와서 은산(殷山)이라 하였다. 그 현 북쪽의 물들이 와룡산(臥龍山)에서 발원하여 서남으로 흘러 천성산(天聖山)의 물들과 합류하며, 그 현의 서북쪽을 경유하여 패수에 들어간다.

패수는 또 남쪽으로 멀리 안 가서 차파곡(叉波曲)에 이르는데 강선수(降仙水)가 동쪽으로부터 와서 그에 흘러든다

차파곡은 강동현(江東縣) 동북 30리에 있는데 일명 차파탄(叉派灘)이라고도 한다. 『승람』에는 잡파탄(雜派灘)이라고 하였다.

강선수는 속칭 비류강(沸流江)이라고 하는데 성천부(成川府)로부터 흘러든다.

『비고』에 "대동강은 남쪽으로 흘러 우가연이 되고 오른쪽으로 청수천(淸水川)을 지나며, 동쪽으로 흘러 차파하(叉波河)가 되고 동쪽으로 비류강과 합류한다"고 하였다.

패수는 또 남쪽으로 열파정(閱波亭)을 지나며, 다음은 옛 강동현 앞을 지난다

패수는 또 남으로 구지파(區芝坡)를 지나며 오른쪽으로 사수(蛇水)와 합류한다. 사수는 자산부 웅초산(熊草山)에서 발원하여 동쪽으로 흘러 패수에 들어가는 바, 『비고』에 사천(蛇川)이라고 칭한 것이 이것이다. 『당서』「고종기(高宗紀)」에는 "용삭(龍朔) 2년에 옥저도(沃沮道) 행군총관(行軍總管) 방효태(龐孝泰)가 고려와 사수에서 전투하다가 죽었다"고 하였으며, 또 「고려전」에는 쓰기를 "용삭 원년에 소정방이 패강에서 적병을 격파 포로로 하고 드디어 평양을 포위하였다. 다음해에 방효태가 영남의 군사로써 사수에 진을 쳤다. 개소문(蓋蘇文)이 그를 공격하니 전군이 격파되었다. 소정방은 평양 포위진을 그만두고 돌아갔다"고 하였으니 이것이 모두 사수이다.

『요사』「본기」에는 "개태(開泰) 7년에 동평군왕(東平郡王) 소배압(蕭排押)에게 조서를 내리어 도통(都統)으로 삼아 다시 고려를 정벌하였고

【고려 현종 7년】 12월에는 소배압 등이 개경(開京)에 이르러 군사를 풀어 약탈하다가 돌아서 차(茶), 타(陀) 두 물을 건너려는데 고려의 추격병이 이르렀다. 여러 장군들이 다, 적이 두 물을 건넌 다음에 치자고 하는데, 홀로 야율팔가(耶律八哥)가 불가하다고 하면서 '적이 만약 두 물을 건널 것 같으면 반드시 결사전을 할 것이니 위험한 방도이다. 두 물 어간에서 치는 것만 같지 못하다'고 하였다. 소배압이 그의 의견을 좇아 두 물 사이에서 싸우게 되었는데, 적군이 협격하여 요군이 패배하게 되었다. 소배압은 무기와 군수품을 버리고 도망쳤으며 천운(天雲), 우피(右皮) 2군은 물에 빠져 죽은 자가 많았다. 천운군 상온(詳穩) 해리요배장(海里遙輩帳), 상온(詳穩) 아과달용성(阿果達容省), 사작고발해(使酌古渤海) 상온(詳穩) 고청명(古淸明) 등은 진영에서 죽었다"고 하였다. 『청일통지』에 "사수는 평양 서쪽 경계에 있는데 거란이 고려를 정벌할 때 사, 타 2수의 전투에서 패배하고 돌아갔다"고 하였으며 구지(舊志)에도 "2수는 모두 평양 서북에 있다"고 하였다【「조선편」】. 대개 타(蛇)와 차(茶)가 음이 비슷하기 때문에 사수를 역시 차하(茶河)라고 칭한다. 또 『삼국사기』 신라 문무왕 8년 조에는 "군사를 출동하여 당나라 군영으로 갔다. 가을에 총관(總管) 문영(文穎) 등이 사천(蛇川) 벌에서 고구려 군사를 만나 마주 싸워 크게 승리하였다. 겨울에 대당소감(大幢少監) 본득(本得)은 사천 전투에서 전공이 제1이기 때문에 일길찬(一吉湌)의 벼슬을 주고, 한산주소감(漢山州少監) 김상경(金相京)은 사천 전투에서 죽었으나 일길찬을 주었다. 아술사찬(牙述沙湌) 구율(求律)은 사천 전투에서 다리 아래로 내려가 물을 건너서 적과 더불어 싸워 크게 이겼으나, 군령이 없이 제 마음대로 위험한 길로 들어갔으므로 전공은 비록 제1이나 등록되지 못하였더니 그가 분하고 원통하여 목을 매어 죽으려 하였다"는 기록이

있는데, 역시 이 사수(蛇水)를 가리키는 것이다.

패수는 또 남쪽으로 열파정을 지나 강동현 서쪽에 이른다. 강동현은 본래 고려가 설치한 것인데, 본조에서는 그대로 하였다. 현의 서쪽 20리 물가에 큰 묘가 있는데 주위가 410척이다. 전하여 오기를 단군의 묘라고 한다.

강동의 옛 고을은 지금 현의 서쪽 22리에 있는데 성은 진사봉(進士峰)에 의지하여 수축하였으며 굽어 패수에 임하였다. 상고하건대 『원사(元史)』「고려전」에는 "태조 11년 거란이 금산(金山)에 침입하니 원수 육가(六哥) 등이 군사 9만여 명을 거느리고 거란에 은밀히 잠입하였다. 12년 구월에 강동성(江東城)을 공격하여 함락시키고 거기에 웅거하였다. 13년에 황제가 합지(哈只), 길차자(吉箚剌) 등에게 군사를 영솔시켜 정벌하였다"고 하였다. 『고려사』 고종 3년【몽고 태조 11년】 조에 "거란족인 김산(金山), 김시(金始) 두 왕자가 대료수국왕(大遼收國王)이라 자칭하고 와서 도적질을 하므로 황이 상장군 김취려(金就礪)를 보내어 그들을 토벌하였다. 적이 힘이 다하자 강동성에 들어가 방위하면서 물에 의거하여 요새를 만들었다. 몽고 장군 합진(哈眞) 및 찰자(札剌)가, 동진 만노(東眞萬奴)가 보낸 완안자연(完顔子淵)의 군사들과 함께 와서 거란을 토벌하였다. 이때 큰 눈이 내려 양식을 공급할 길이 차단되니 합진이 그것을 근심하여 사람을 시켜 고려에 식량을 청구하였다. 왕이 조충(趙沖), 김취려에게 열 장군을 지휘하여 병졸과 신기(神騎), 대각(大角), 내상(內廂)의 정예한 병졸들을 거느리고 가서 합력하게 하였다. 그들은 성 바깥 300보의 거리에서 머물렀다. 합진이 성 남문으로부터 동문까지에 해자를 파고 서문 이북은 완안 자연에게 맡기고 동문 이북은 김취려에게 맡겨 모두 해자를 파게 하였다. 적의 우두머리들이 동요하자 왕자가 스스로 목을 매어 죽었다. 그러자 그들이 임명한 가짜 평장(平章) 이하 벼슬

아치들과 군졸들 5만여 명이 문을 열고 나와서 항복하였다. 이리하여
적의 무리는 다 평정되었다"고 하였다. 지금 그 성이 임하였던 물을 민
간에서는 서강(西江)이라고 부른다. 서강 가운데에는 너비 7~8척, 높이
13척, 길이 70여 보나 되는 돌다리가 있다. 다리 위에 물이 5~6척이나
넘쳐 나기 때문에 사람들이 건널 수 없다. 민간에서는 이 다리를 용다리
[龍橋]라고 부른다. 혹은 합진 등이 만든 다리인지 모른다. 상고하건대
『승람』에 "서강은 고원현(高原縣) 두무산(豆無山)에서 발원하여 삼등현
(三登縣)의 능성강(能成江)과 합류한다"고 하였는데 그 설은 틀린 것
이다.

굽어서 서쪽으로 흐르다가 얼마 멀리 가지 않아서 왼쪽으로 능수 (溓水)와 합한다

패수는 남쪽으로 흐르다가 좌로 수정천(水晶川)과 합류한다. 수정천
은 수정천(水精川)이라고도 하는데 성천부 구룡산에서 발원하여 서쪽으
로 흘러 패수에 유입된다.

패수는 또 굽어서 서쪽이 마탄(馬灘)으로 되는데 마탄은 평양부 동북
40리에 있다. 『고려사』 현종(顯宗) 9년 조에는 다음과 같이 씌어 있다.
"거란 소손녕(蕭遜寧)이 침략해 왔는데 10만 병이라고 하면서 곧바로 서
울로 나왔다. 시랑(侍郎) 조원(趙元)이 마탄에서 공격하여 만여 명을 살
상하였다【강감찬전」에 있다】." 인종 13년 조에는 "중 묘청(妙淸) 등이 서
경에서 반란을 일으켰으므로 김부식을 보내어 그를 토벌하였는데 김양
수(金良秀)로 하여금 후군을 거느리고 대동강을 지키게 하였다. 반란군
도 병졸들을 선발하고 훈련하여 그를 막았다. 김부식은 후군의 수량이

적고 약한 것을 염려하여, 밤에 보병과 기병 1,000명을 은밀히 파송하여 그를 증가시켰다. 반란군은 이것을 알지 못하고 여명에 마탄, 자포(紫浦)를 건너 곧바로 후군을 치고 군영에 불을 지르며 돌진하였다. 중 관선(冠宣)은 모집에 호응하여 군대에 들어온 사람이다. 관선은 갑옷을 떨쳐 입고 도끼를 지고 먼저 나아가 반란군을 쳐서 수십여 명을 죽이니 관군이 승승장구하여 크게 반란군을 격파하였다. 반란군은 다 서로 짓밟고 강에 빠져 죽었다【「김부식전」에 있음】.” 고종(高宗) 8년 조에는 “마탄가의 큰 돌이 저절로 옮겨졌다”고 하였으며【「오행지」에】, 40년 조에는 “몽고가 군사를 끌고 와서 침략할 때 대동강 하류의 마탄을 건넜는 바, 이는 옛날의 화주(和州)를 가리킨 것이다”라고 하였으니 이러한 기사는 모두 이 패수를 의미한 것이다.

패수는 또 서쪽으로 흐르며 능수가 삼등현으로부터 흘러 들어오는데 이것이 능성강(能成江)이다.

『비고』에는 “대동강은 남쪽으로 흐르다가 구지(區地)를 지나 전포(錢浦)를 이루며 오른쪽으로 사천, 신식천(神識川)과 합류하며 열파정을 지나서 고 강동성에 이르러 서강이 된다. 오른쪽으로는 수정천을 지나 서쪽으로 꺾이어 마탄을 이루며 동쪽으로 능성강과 합류하여 왕성탄(王城灘)을 이룬다”고 하였다.

『수도제강』에 이르기를 “패수는 지금 대동강이라고도 부르는데 즉 대통강이다. 남쪽과 북쪽 두 개의 수원이 있다. 남쪽 수원에는 또 두 개가 있다. 하나는 동쪽으로 문천성(文川城) 서북 160리에 있는 큰 산기슭【즉 비류강이다】에서 발원한다. 이 산의 수원 하나는 서쪽으로 흐르고 하나는 서북으로 흐르다가 합치며, 또 서북쪽에서 오는 한 개의 물과 합류하여 서쪽으로 흐른다. 조금 북쪽으로 백여 리 되는 데서 한 개의 물이 있어서 북쪽으로 덕양(德陽) 동남 큰 산으로부터 서남으로 백 수십 리를 흘러오다가 모인다【상고하여 보면 즉 초천(草川)이다】. 또 서쪽으로 흘러 패수가 되어 성천성(成川城) 동남 경계에 이른다. 그 남쪽 수원【상고하여 보면 능성수(能成水)이다】은 동남쪽인 곡산성(谷山城) 서북 백여 리의 큰 산에서부터 서북으로 흐르다가 남쪽으로부터 오는 한 줄기의 물과 합치는데, 굽이굽이 서북으로 200여 리를 흘러오다가 합치게 되는 것이다. 또 서쪽으로 곡산성 남쪽을【이것은 틀린 듯하다】 지나 서로 백 수십 리를 흘러 삼등성(三登城) 대목산(大木山)【고찰하면 대박산(大朴山)이다】을 지나고, 남쪽으로 상원성(祥原城) 북쪽 경계를 경과하자 북쪽 수원과 합류한다.

북쪽 수원은 셋이 있다. 하나는 동북쪽 즉 양덕현(陽德縣) 북쪽의 우선산(遇仙山) 서쪽 기슭에서 발원하여【곧 금계이다】 서쪽으로 흐르다가, 동북쪽인 맹산성(孟山城) 동남쪽 산에서 발원하는 것과 합류하며, 서쪽으로 흐르다가 약간 남쪽으로 굽어 200리를 굽이굽이 돌아 은산성(殷山城) 북쪽 경계에 이르러 북쪽에서부터 오는 물과 합류한다. 또 북쪽의 한 수원【즉 막탄(漠灘)이다】은 정평성(定平城) 서북 비백산(鼻白山) 서쪽 기슭에서 발원하여 서쪽으로 흐르다가 맹산성 북쪽 경계를 지난다. 또 서쪽으로는 북쪽에서 오는 한 줄기의 작은 물과 합류하여 서남으로 흘러 덕천성(德川城) 남쪽 경계를 경과하여 서남으로 개천성(价川城) 동북 경계에 이른다. 정북쪽의 한 수원【고찰하면 이것이 원류이다】은 영원성(寧遠城) 동북 백여 리의 큰 산에서 발원하는데, 남쪽으로 흘러 영원성 동쪽 경계와 덕천성 서쪽 경계를 지난다. 다음 남쪽으로 개천성 동북 지경에 이르러 두 개의 수원이 합치며 또 남쪽으로 수십 리 가서 전기한 수원들이 동으로부터 와서 합친다.

약간 서쪽으로 꺾어서 남쪽으로 흘러 은산성 서남 경계를 지나고, 다음 서남으로 흘러 연산(燕山)【고찰하면 자산(慈山)이다】성 동쪽 경계를 경유한다. 또 남쪽으로 꺾이어 서쪽으로 강동성 서북 경계를 지난다. 또 남으로 수십 리를 가서 상원(祥原)의 북쪽 경계에 이르면 남쪽 수원이 흘러와서 합류한다.

서쪽으로 100리를 흘러 중화(中和) 북쪽 경계를 지나고 꺾이어서 남쪽으로 흐르며 평양성의 동쪽을 지난다. 또 서쪽으로 꺾어 들어 성 남쪽을 지난다. 평양성 남의 서쪽으로부터 약간 북쪽으로 몇십 리 가서 꺾이어 서남으로 130리를 흐르면 대동강이라고 한다. 강서, 용강(龍岡) 두 성의 동남쪽을 지나 삼화성(三和城)의 동남에 이르면 황주(黃州) 북쪽의 흑하(黑河)가 동쪽으로부터 서쪽으로 흘러오는 것과 합치며, 남쪽으로부터 안악수(安岳水)가 서북으로 와서 합친다.

대동강은 남쪽으로부터 오는 물들과 합치고 다음 서남으로 바다에 들어가니 이 수원지로부터 흐르는 것이 800리요 우리 나라 서북 지방의 큰 강이다"라고 하였다.

패수는 또 서남쪽으로 용당(龍塘)을 지난다

용당은 평양부 동북 20리에 있는데 패수가 이에 이르러서 왕성강(王城江)이라는 이름을 가지는 바, 그것은 평양성에 가깝기 때문이다. 고려 묘청난 때에 김부식이 순화현(順化縣)【지금의 순안(順安)】의 왕성강에 따로따로 작은 성들을 수축하는데 며칠 만에 끝내고, 군사를 더하고 곡식을 저장하며 폐문하고 군사들을 휴식시키면서 여름이 지나고 가을에 이르도록 반란군과 더불어 서로 대립하여 견지하던 곳이 여기다. 중간에 얕은 여울이 있는데 가물면 걷고 건널 수 있다. 선조(宣祖) 26년에 일본이 대군으로 침입하여 왔을 적에 선조가 평양부에 행행하였다. 오래지 않아 적병이 패수 남쪽에 이르니 선조가 다시 의주에 가고 좌의정 윤두수(尹斗壽), 도원수 김명원(金命元), 순찰사 이원익(李元翼) 등을 평양에 머물러 지키게 하였다. 얼마 안 되어 적병들이 여기에 얕은 여울이 있는 줄 알고 도하하여 들어와서 평양을 함락시켰다. 서애(西厓) 유성룡(柳成龍)은 다음과 같이 썼다. "적이 대동강에 이르러 강 동쪽 언덕 위에 진을 치고 도하하려고 하였다. 그 때 오래도록 비가 오지 않아 강물은 날마다 줄어들었다. 일찍이 재상들과 신하들을 보내어 단군, 기자, 동명왕의 묘에 기우제를 지냈으나 비는 오지 않았다. 적들은 군사를 나누어 십여 개의 진을 치고 풀을 엮어 막을 만들면서 이미 여러 날이 경과하였으나 도하하지 못하고, 경비도 자못 태만하였다. 김명원 등이 성 위에서 바라보고 밤을 타서 습격할 수 있다고 생각하여 정예병들을 뽑아 고언백(高彦伯) 등으로 하여금 거느리게 하고, 부벽루 아래 능라도로 가만히 배를 대고 군사를 건너게 하였다. 처음에는 삼경(三更)에 일을 거행하기로 약속하였으나 시간을 지키지 못하여 도하를 마쳤을 때에는 벌써 날이 밝아 왔다. 여러 군막의 적들이 아직 일어나지 않은 것을 보고 드디어 첫째 번 진중에 돌진하니 적들이 놀라서 혼란하였다. 우리 군대가 적을 많이 사살하였다. 토병 임욱경(任旭景)이 선두에서 힘껏 싸우다가 적에게 죽었다. 적의 말 300여 필을 노획하였다. 잠깐 후에 여러 진 중의 적들이 다 일어나서 크게 밀려오니 우리 군대가 퇴각하여 배에 올랐다. 배 위에 있던 사람들이 적이 이미 박두한 것을 보고 강 복판에서 배를 내붙이지 못하였기 때문에 강에 빠져 죽은 자가 대단히 많았으며, 나머지 군사들은 왕성탄(王城灘)으로 어지럽게 건너왔다. 적들은 이것을 보고 비로소 물이 얕아 건널 수 있다는 것을 알고, 이날 저물 무렵에 모든 병력을 동원하여 왕성탄으로 건너왔다. 왕성탄을 지키던 우리 군사들은 모두 흩어져 달아났다. 적들은 건너와서도 성중에 방비가 있는가 두려워 머뭇거리며 전진하지 못하였다. 이날 밤에 윤두수와 김명원은 군기와 화포들을 풍월루(風月樓) 못 속에 처넣고 보통문(普通門)으로 나와서 순안까지 갔다. 다음날 적들이 성 바깥에 이르러 모란봉(牡丹峰)에서 잠시 바라보다가 성이 비고 사람이 없는 줄 알고 들어왔다"고 하였다.

패수(浿水) (2)

【평양(平壤), 중화(中和), 강서(江西)】

패수는 또 서남으로 두 바위 밑을 흘러 지나니 그 곳은 평양으로부터 동북 10리에 있다.

그 중 하나는 주암(酒巖)인데 전설에 일찍이 바위틈에서 술이 흘러나온 흔적이 있기 때문에 주암이라고 이름 지었다고 한다. 다른 하나는 덕암(德巖) 또는 의암(衣巖)이라고도 하는데 대동문(大同門) 밖에 우뚝 솟아 있어 능히 물을 막을 수 있으므로, 마을 사람들이 은혜롭게 여겨서 덕암이라고도 이름 지었다고 한다.

패수는 또 오른쪽으로 합장포(合掌浦)와 합수하고 장포가 자산부(慈山府) 웅초산(熊草山)에서 나와 남으로 흘러 패수로 들어간다.

패수는 또 서남으로 금수산(錦繡山) 아래를 지나서 백은탄(白銀灘)을 이루니 곧 평양 동쪽 성밖이다. 백은탄 남쪽에 능라서(綾羅嶼)가 있으니 주위는 12리이다. 뒤에는 금수산을 지고 산정에는 을밀대(乙密臺)가 있는데 이를 사허정(四虛亭)이라고도 부른다. 절벽이 강물에 임하였으므로 청류벽(靑琉壁)이라 부른다. 청류벽이 끝나면서 부벽루(浮碧樓)가 있는데 고려 폐왕(廢王) 우(禑)가 14년에 대동강에 가서 부벽루에 호악(胡樂)을 베풀었다. 우리 세조(世祖)가 18년에 서경(西京)에 가서 부벽루에 올라 친히 왕의 글을 썼고 군신들에게 화답해서 바칠 것을 명령하였다. 또 매해 평안도 관찰사(觀察使)가 부벽루에 올라가서 낙화놀이[落火戲]를 구경하였다. 부벽루 서쪽에 영명사(永明寺)가 있고 그 안에 구제궁(九梯宮)이 있는데, 전설에 고구려 동명왕(東明王)의 옛 궁이라고 말한다. 궁 안에 기린굴(麒麟窟)이 있고 그 굴 속에 조천석(朝天石)이 있다. 또한 천연적으로 만들어진 청운(靑雲), 백운(白雲)이라는 두 다리가 있는데 전설에 동명왕 때의 다리라고 한다. 『고려사』 「지지(地志)」에 의하면 을밀대 아래 층계로 된 낭떠러지 옆에 영명사(永明寺)가 있으니 이것이 곧 동명왕 때의 구제궁이다. 그 궁 안에 인찬굴(麟贊窟)이 있고 굴 남쪽에 있는 백은탄에 바위가 있어서 조수에 따라 출몰하는데 이것을 조천(朝天)이라고 이름하였다 한다. 『승람(勝覽)』에 의하면 동명왕이 기린마(麒麟馬)를 굴 가운데서 길렀으니 뒷날 사람들이 비를 세워 기록하였다. 전설에 왕이 기린마를 타고 굴로 들어갔다가 땅속으로부터 나와 하늘에 올라갔으니, 말의 발자취가 지금도 돌 위에 있다고 한다. 김극기(金克己)의 시에는 이르기를 "주몽(朱蒙)이 말을 몰아 하늘에 올라가련다"고 하였다. 주몽은 동명왕이다. 그러나 고구려 시조 동명왕이 비로소 졸본(卒本)에 건국하였으니 이는 지금의 흥경(興京) 땅이며, 그 후 다음 왕이 또 국내성(國內城)으로 옮겼으니 이는 다 녹수(淥水) 이북의 땅이다. 동천왕(東川王) 21년에 이르러 비로소 평양으로 옮긴 것이니, 동명왕 때로부터 이미 햇수로는 280여 년이나 상거되며 댓(代)수로는 9대를 지났다. 그러면 동명왕이 꿈에도 와 본 적이 없는 평양에 어찌 소위 옛 궁과 말의 굴이 있다고 말할 수 있겠는가? 더군다나 기린마를 타고 하늘에 올라갔다는 말이 기괴하고 허망해서 기록으로 전할 수도 없는 것이다. 그런데 우리나라 선비들이 역사 기록을 고찰하지도 않고, 또 실지 이치를 증험하지도 않고 되는대로 말하면서 그를 사적으로 인정하니 대단히 잘못이다. 명나라 당고(唐皐)의 「연광정기(練光亭記)」에 이르기를 "연광정(練光亭)

앞에 덕암(德巖)이 있는데, 그 바위가 강가에 있어서 강물의 충격을 막으므로 성내 사람들이 모두 은혜롭게 생각하여 이름을 덕암이라고 하였다. 덕암 왼쪽 3~4리 지점에 금수산(錦繡山)이 있고 산정에 을밀대가 있어서 넓고도 평평하다. 꼭대기에는 사허정이 있다. 산 중간에 우뚝 솟아 있는 봉우리를 모란봉이라 부른다. 산턱의 부벽루 역시 강을 대하고 있다. 아래에 기린굴이 있는데 동명왕이 말을 기르던 곳이다. 또 조천석이 있는데 전설에 왕이 말을 타고 하늘에 올랐다는 곳이다. 앞에는 능라도가 백은탄(白銀灘)과 잇닿아 있고 동북 십여 리에 주암(酒巖)이 있어서 일찍이 술이 바위에서 솟아 나왔다고 하는데, 이 모든 것들이 다 연광정 왼쪽에 있다. 오른쪽에 읍호루(挹灝樓)가 성 동쪽 문 위에 있고 또 남으로 5리쯤 떨어져서 정전제(井田制)의 흔적이 남아 있으니 곧 연광정의 오른쪽이다【또 사도(史道)의 시도 있다】. 동월의 「조선부」에 이르기를 "금수봉(錦繡峰)이 멀리 우뚝 솟은 용산(龍山)을 대하여 있고 부벽루는 아래로 패수(浿水)의 도도한 흐름을 굽어본다. 기린마의 자취가 아직 석굴에 남아 있고 약대와 양이 절반이나 산 중턱에 버려져 있다"고 하고, 자기 주(注)에는 "대동강은 곧 옛날의 패수이다. 기린석(麒麟石)은 부벽루 아래에 있는데, 전설에 동명왕이 기린마를 타고 이 굴로 들어가다가 땅속에서 조천석(朝天石)으로 나와 하늘로 올라갔으며, 지금도 말의 자취가 있다"고 하였다【또 옛날의 돌로 된 말과 동으로 된 약대가 모두 가시덤불 속에 있다고 하였다】. 기린마가 하늘로 올라갔다는 말은 중국 사람 역시 기술하고 있으니, 이것은 대개 우리 나라 사람에게서 얻어들은 말을 그대로 하였을 뿐이고 다시는 깊이 상고하지 않은 데서 나온 것이다.

패수는 또 서남으로 평양부(平壤府) 남쪽에 이른다. 평양부는 삼조선(三朝鮮)과 고구려의 옛 도읍이었다. 동방에는 초기에 임금이 없었다.

당요(唐堯) 25년에 신인(神人)이 태백산(太白山) 박달나무 아래에 내려왔
으므로, 나라 사람들이 그를 임금으로 추대하고 단군(檀君)이라고 칭하
였으며 조선에 도읍하고 그대로 국호로 썼으니, 즉 오늘날의 평양이 전
조선(前朝鮮)이다. 주무왕(周武王) 원년에 기자(箕子)를 조선에 봉하여
예(禮), 의(義), 농사〔田〕, 양잠〔蠶〕, 길쌈〔織〕, 기구, 제조〔作〕 등의 방법
으로써 백성을 가르치고 8개 조목(八條)을 시행하였으니, 이것이 후조선
(後朝鮮)이다. 기자로부터 40여 대를 지나 조선후(朝鮮侯) 기준(箕準)이
진(秦)나라, 한(漢)나라 때에 왕이라고 자칭하였다. 한나라 혜제(惠帝) 원
년에 연(燕)나라 사람 위만(衛滿)이 동쪽으로 망명해서 기준을 쳐부수고
왕험성(王險城)에 도읍하였으니, 왕험성이 즉 오늘날의 평양이며 위만조
선(衛滿朝鮮)이다. 위만의 자손 우거(右渠)가 한나라 왕명을 받들지 않으
므로, 무제(武帝) 원봉(元封) 2년에 양복(楊僕), 순체(荀彘)를 보내어 쳐부
수고 네 군을 설치하였다. 왕험성을 낙랑군(樂浪郡)으로 만들고 행정기
관 소재지를 조선현(朝鮮縣)이라고 하였다. 조(曹)씨의 위(魏)나라 정시
(正始) 8년에 이르러 고구려 동천왕【21년】이 비로소 평양성을 축성하고
환도(丸都)로부터 옮겨 와 살았는데, 평양이라고 칭한 것은 대개 이때부
터이다. 고국원왕(故國原王) 때에 이르러 다시 환도로 옮겼다가 겨우 2
년 만에 또다시 평양 동쪽에 있는 황성(黃城)으로 옮겨 왔다. 장수왕(長
壽王) 15년에 또 평양성으로 옮겼는데, 원위(元魏-後魏) 태무제(太武帝)
광시(光始) 4년에 해당된다. 고구려 보장왕(寶藏王) 27년【당 고종 총장(總
章) 원년】에 이적(李勣)을 보내어 고구려를 멸하고 안동도호부(安東都護
府)를 이곳에 두고 통치하다가, 바로 신라(新羅) 땅이 되었다. 고려 때에
와서는 서경(西京)이 되고 다시 호경(鎬京)이라고 칭하였다. 원종(元宗)
10년에 평양성이 몽고(蒙古)에 예속되자, 몽고에서는 동령부(東寧府)를

여기에 설치하고 절령(岊嶺)을 경계로 하였다.『원사』「지리지」에 이르
기를 "동령로(東寧路)를 즉시 도로 내주었다"고 하였다. 조선 때는 평양
부(平壤府)로 하였으며 또 평안도(平安道) 관찰사영(觀察使營)을 이곳에
두었다. 성은 패수(浿水)에 임하여 견고하였다.

　『한서』「지리지」에 이르기를 "낙랑군을 무제(武帝) 원봉(元封) 3년에
개망(開莽)이 말하기를, 낙선(樂鮮)은 유주(幽州)에 속한다 하고 응소(應
劭)는 옛 조선이라고 말하였다"고 하였다.『북사』「고구려전」에서는 "왕
도(王都) 평양성은 또 장안성(長安城)이라고 부른다. 동으로 6리는 산을
따라 굴곡되었고 남쪽은 패수에 임한다. 성안에는 오직 곡창(穀倉)과 병
기만을 쌓아 두고 외적을 대기하고 있다가 적이 올 때에야 들어가서 굳
게 지킨다. 왕은 그 옆에 특별히 집을 지었으나 항상 거처하지는 않는
다"고 하였다.『통전(通典)』고구려설(高句麗說)에 이르기를 "왕이 거처
하는 곳은 평양성, 즉 한나라 낙랑군의 왕험성(王險城)인데 혹은 장안성
이라고 한다"고 하였으며, 이현(李賢)의『후한서(後漢書)』주(注)에 이르
기를 "평양성은 즉 왕험성이다"라고 하였다【『괄지지(括地志)』에 의하면 평
양성은 본래 한나라 낙랑군의 왕험성이라 하였다】.

　『명일통지』에 이르기를 "평양성은 압록강(鴨淥江) 동쪽에 있는데 일
명 왕험성이라고도 하니, 곧 기자(箕子)의 고국성(故國城)이다. 성밖에는
기자묘가 있으며 한나라가 낙랑군 읍 소재지로 하였다"고 하였다【요동
도사(遼東都司) 조에 있음】. 동월의「조선부」에 이르기를 "저 서경(西京)이
바로 평양이다. 나라가 생기면서부터 강에 임한 높은 성을 쌓았는데, 이
때가 바로 어느 때라고 산봉우리들이 첩첩이 둘러싸인 북산(北山)으로
가까이 옮겼을까?" 하고, 주(注)에 이르기를 "평양성은 가장 오래된 도
시로서 기자가 처음 왔을 때에 이미 있었다"고 하였다.

　고구려 때에 이르러 성이 험한 곳에 위치하지 못한 것을 결함으로 생

각하여 성 북쪽에 성 하나를 증축하였으니, 동쪽은 대동강을 굽어보고 서쪽은 금수산과 접하고 있다. 대체로 그 성을 지나면 외성은 바로 기자의 옛터다. 그러므로 사람이 많고 물화가 모여들어서 번화하다. 이중환(李重煥)의 『택리지』에 이르기를 "나라 안에서 살 만한 곳을 논하면 평양 외성이 제일이다"라고 하였으니 그 아름답고 수려함을 알 수 있다. 정전(井田)이 있는데 세상에서는 기자가 구획한 것이라 하고, 밭 가운데 우물이 있는데 기자정(箕子井)이라고 한다. 명나라 왕기(王圻)의 『삼재도회(三才圖會)』 「조선편(朝鮮篇)」에 이르기를 "정전은 평양부 외성 내에 있으니 기자가 정권을 구획하여 유적이 완연하다"고 하였다. 동월의 「조선부」의 자기 주에 이르기를 "평양 옛 성안에는 기자가 구획한 정전의 형체가 아직도 있는데 곧은길〔直路〕과 같은 것이 그것이다"라고 하였다. 『고려사』 「지리지」에서는 "평양부에 옛 성터가 두 곳인데, 하나는 기자 때에 축성한 것이며 성안의 구획이 정전제(井田制)를 써서 만들었고, 다른 하나는 고려 성종(成宗) 때에 축성한 것이다"라고 하였다.

『여지승람』에 이르기를 "기자의 정전이 평양부 남쪽 외성 안에 있다" 하였다. 그 말이 오래 전부터 전해져 온 것은 더 말할 것도 없다. 그러므로 구암(久菴) 한백겸(韓百謙)이 그 제도를 연구하려고 은(殷), 주(周) 나라들의 척도의 차이를 상고하여 묘(畝)에 따라 타산하고 구획을 계산하여 드디어 정전설(井田說)을 지었다. 그리하여 은, 주나라들의 제도가 같지 않다는 것을 증명하였다. 그 정전설에 의하면 "구획한 바는 다 전(田)자 형으로 나누어 4구(區)로 하였다. 매개 구는 70묘씩이다. 구와 구 사이의 길의 너비는 1묘이고 전자형과 전자형 사이의 길 너비는 3묘이다. 큰길 가운데서 횡으로 보아도 4전(田) 8구(區)이고 종으로 보아도 4전 8구이다. 무릇 16전은 총 64구가 된다【즉 매개 구의 70묘가 작은 지경이

되고 종·횡으로 다 8구씩이니, 총 64구가 하나의 큰 계한(界限)이 된다】. 64구
의 세 변두리에는 9묘 되는 길이 있는데 성문을 통해서 강가에 뻗쳐져
있다. 땅이 삐죽 나오거나 경사가 져서 정방형을 이루지 못하는 곳에는
그 지세에 따라 1~2 혹은 2~3구를 만들었다. 지방 사람들은 지금도 이
것을 여전(餘田)이라고 전하고 있다. 이것 역시 70묘씩인데 모두 네모
반듯하여 유적이 똑똑히 여러 리에 뻗쳤으나 그 중 함구(含毬), 정양(正
陽) 두 문 사이에 있는 것이 더욱 분명하다. 그래서 그림을 그려서 기록
하였다"고 하였다. 건륭(乾隆) 때에 홍지해(洪趾海)가 평안도 관찰사(觀
察使)가 되었을 때 도랑의 수문이 없어져서 애석하게도 그 경계가 지질
펀펀하게 되었더니, 근래에 어떤 한 사람이 옛 자취를 더듬어서 예전대
로 만들어 놓았다. 건륭 말기에 칙사(勅使)가 임금의 뜻을 가지고 와서
정전설을 요구하므로, 한구암(韓久菴)과 반계 유형원의 정전설을 전
하였다.

　선생이 말하기를 "맹자(孟子)가 말한 은나라, 주나라들이 밭을 나눈
면적이 크고 작다는 것은, 본래 용자(龍子)의 설(說)에 근거한 것인데 여
러 이론을 증험해 보건대 맞지 않는다. 한구암은 은·주 두 나라의 척도
에 치수의 차이가 있다 하여 논거를 세웠으나 그러나 100묘는 개평방
(開平方)으로 될 수 있지만【10×10＝100이므로 개평방할 수 있다】70묘는
개평방할 수 없다【8×8＝64이므로 6이 남는다】. 그러므로 척도 치수의 장
단으로는 논할 수 없다. 하물며 정전(井田)은 본래 9구(區)인데 지금 4전
(田) 8구로 해서 모두 64구가 하나의 큰 계한이 된다 하니 천하에 이런
정전이 있겠는가? 1구가 70묘이면 정방형이 될 수 없는데 지금 70묘가
모두 정방형이라 하니 이런 이치가 있겠는가? 지난날 당나라 때에 이적
(李勣)은 평양에 유진하고 유인원(劉仁願)은 남원(南原)에 유진하여 모두
둔전(屯田)을 두었었는데, 둔전법에도 개천과 도랑이 있어 적들의 침입

을 막는 법이 있었으니, 이것이 오개(吳玠)가 말한 지망(地網)이란 것이
다. 기자의 정전설은 나로서는 믿지 못하는 바이다"라고 하였다.

정전 옆에 있는 영귀정(詠歸亭)은 패수 가에 서 있다. 그 정자 근처를
당포(唐浦)라고도 한다【남포(南浦)라고도 한다】. 그 아래에 장흥사(長興寺)
의 옛터가 있고 패수가 두 갈래로 나뉘어 장흥사를 감돌아서는 다시 합
수한다.

『통전』에 이르기를 "평양성 동북에 노양산(魯陽山)이 있고 그 위에
노성(魯城)이 있으며 서남 20리 지점에 위산(葦山)이 있어 남으로 패수
에 임한다"고 하였다.

청은 상고하건대 노양산은 오늘날의 용산(龍山), 또는 구룡산(九龍山)
이라고 부르는데 금수산 북쪽에 있다.

동월의 부(賦)에 이르기를 "동쪽에는 기자 사당이 있어서 예식대로
나무 신주를 세우고 '조선 후대 시조(朝鮮後代始祖)'라고 썼다. 이는 대
개 단군(檀君)을 높여서 나라를 건국하고 토지를 개척한 임금으로 여겼
으니, 기자로써 조대를 이은 전통을 받은 임금으로 삼아야 하기 때문이
다. 무덤은 토산(兎山)에 있고 토산은 성 서북방에 있다" 하였고, 자기
주석에 이르기를 "단군의 사당은 기자 사당 동쪽에 있고, 기자묘는 성
서북쪽의 토산에 있는데 성으로부터 반 리도 못된다"고 하였다.

『청일통지』에 이르기를 "기자묘는 평양성 서북 3리 지점에 있는데 작
은 산들이 그 앞에 둘러서 있다. 기자 사당을 위해서 참봉(參奉) 두 사람
이 대대로 사당을 지키는데 기자 자손들이다. 또 대동강가에 자수림(紫
樹林)이 10리쯤 뻗쳐 있는데 줄기는 소나무 같고 잎은 느릅나무와 같다.
그 고장 사람들이 항상 이 나무로 요기(療飢)를 한다고 하는데 기자가

심은 때로부터 시작되었다"고 전하고 있다.

청은 상고하건대 『사기색은(史記索隱)』에서 두예(杜預)가 이르기를 "양(梁)나라 몽현(蒙縣)에 기자 무덤이 있다"고 한다. 그러나 기자의 뜻이 종되지 않기를 결심하였고 낙후한 나라를 깨우치는 데 있었으니, 응당 중국에 시체를 가져다 장사하지 않았을 것이므로 두예의 견해가 틀렸다. 지금 칠성문(七星門) 밖에 토산(兎山)이 있는데 혹 왕행산(王荇山)이라 칭한다. 가정(嘉靖) 병오(丙午) 4월에 큰 우박이 토산에 내려 나무가 거의 부러졌는데, 기자묘를 둘러싸고 있는 소나무와 전나무는 하나도 피해를 받지 않아서 사람들이 모두 이상하게 여겼다. 만력(萬曆) 계사(癸巳)에 왜인이 빗돌을 부수고 부러뜨렸으며 그 묘를 파서 광에 이르렀을 때 소리가 나므로 두려워서 중지하였다. 후에 무덤을 고치고 주위에 비를 세웠는데 철정으로 구멍을 뚫고 옛 비석을 새 비석에 대어놓고 석봉(石峯) 한호(韓濩)가 '기자묘' 세 글자를 썼다.

월사(月沙) 이정구(李廷龜)의 숭인전비(崇仁殿碑)에 의하면 "마한(馬韓) 말기에 후손 세 사람이 있었는데 친(親)은 후에 한(韓)씨가 되고, 평(平)은 기(奇)씨가 되고, 양(諒)은 용강(龍岡) 오석산(烏石山)에 들어갔다는데, 이 말이 선우(鮮于)씨의 족보에 전하여 있다"고 하였다. 『운서(韻書)』에 의하면 "선우씨는 자(子)씨 성이었는데 주나라가 기자를 조선에 봉할 때에 지자(支子) 자중(子仲)이 우(于) 땅을 식읍으로 하였기 때문에 성을 선우라고 하였다" 하고, 『강목(綱目)』에 의하면 "기자를 조선에 봉하고 그 아들이 우를 식읍으로 하였기 때문에 성을 선우라고 칭하였다" 하고, 조맹부(趙孟頫)가 선우추(鮮于樞)에게 주는 시에서 "기자의 후손으로서 수염이 많은 어른"이라고 하였으니, 선우씨가 기자의 후예임은 이미 자명한 사실이 아니겠는가? 홍무(洪武) 연간에 선우경(鮮于景)이란 사람이 중령별장(中領別將)이 되었다. 그의 7대 자손인 선우식(鮮于寔)이 태천(泰川)으로부터 와서 숭인전 옆에서 살았으며 기자 사당을 세울 것을 요청하였었다. 금년 임자(壬子) 봄에 집의 이름을 숭인으로 써 붙일 것을 명령하였다. 그리고 선우식에게 관직을 주어 전감(殿監)을 삼았으며, 자손이 대대로 전감을 물려받았다.

청은 상고하건대 국가 초기에 기자의 사당이 없었는데 광해군(光海君) 4년에 유생(儒生) 조삼성(曹三省) 등이 상소하여 비로소 그 사당을 세웠고, 그 이듬해 숭인이라는 이름을 주었다. 이것은 월사의 비에 기록된 것이다. 지금 숭인전에 영(令)과 감(監)을 두었는데 선우씨로써 세습한다. 또 기자궁은 정양문(正陽門) 밖 정전 옆에 있다. 영종(英宗) 을사(乙巳)에 관찰사 이정제(李廷濟)가 조정에 장계를 올려 주위에 담을 쌓았다. 궁 남쪽에 있는 우물을 기자정(箕子井)이라고 하는데 물은 맑고도 차며 맛은 특이하다. 오상(吳祥)이 관찰사로 되었을 때, 본래 갈증으로 앓고 있으면서 그 물을 마시기를 좋아하였다. 물긷는 거리가 먼 것을 싫어하여 다른 물로 바꾸어 드려, 오상이 대번 이것을 알고 꾸짖으면 과연 잘못되었다고 자복하였다.

『고려사』「지지(地志)」에 이르기를 "동명왕의 묘는 평양부 동남 중화(中和) 경계인 용산(龍山) 골짜기에 있으며, 그것을 진주묘(眞珠墓)라고 부른다. 또 인리방(仁里坊)에 있는 사당을 세상에서는 동명왕의 사당이라고 전한다"고 하였다.

청이 「예지(禮志)」를 보건대 "숙종(肅宗) 13년, 예종(睿宗) 11년, 충렬왕(忠烈王) 4년에 다 사신을 서경에 보내어 동명왕 사당에 제사를 지냈다"고 하였다. 그러나 고구려 시조가 졸본(卒本)에 도읍하고 졸본에서 장사를 지냈다. 졸본이 이 녹수(淥水) 북쪽에 있은즉 평양과 털끝만큼도 관계가 없는데 어째서 사당이 있다, 묘가 있다 하는지 모르겠다. 지금 동명왕의 사당을 숭령전(崇靈殿)이라고 하며 참봉 두 사람을 두어 관리하고 있다.

패수를 대동강이라고 부른다

『명일통지』에 의하면 "대통강(大通江)은 평양성 동쪽에 있으며 옛 이름은 패수이다. 그 가운데 조천석이 있다. 소정방(蘇定方)이 패강(浿江)에서 군사를 격파하였다는 데가 바로 이곳이다"라고 하였다. 『고려사』 지지에 이르기를 "평양부에 대동강이 있으니 이것이 즉 패강이다. 또 왕성강(王城江)이라고도 하는데 강의 하류는 구진익수(九津溺水)가 된다"고 하였다. 최자(崔滋)의 「서경부(西京賦)」에 이르기를 "많은 강들이 모여 흐르기 때문에 이름을 대동강이라 한다"고 하였다.

『고려사』 「악지(樂志)」를 보면 대동강곡(大同江曲)이 있는데 "주나라 무왕(武王)이 은태사(殷太師) 기자를 조선에 봉하여 몇 개 조목을 가르쳐서 예의의 풍속을 흥하게 하니, 조정과 민간이 무사하였다. 백성들이 기뻐서 대동강을 황하(黃河)에 비하고 영명령(永明嶺)을 숭산(崇山)에 비하여 임금을 송축하였다. 이 곡조는 고려 판도에 들어온 뒤에 지은 것이다"라고 하였다.

최표(崔豹)의 『고금주(古今注)』에 이르기를 "공후인(箜篌引)은 조선 뱃사공 곽리자고(霍里子高)의 처 여옥(麗玉)이 지은 것이다. 자고가 새벽에 일어나 배를 저어 가는데, 한 센머리의 광인이 머리를 풀어헤치고 병을

들고 물을 헤치면서 건너갔다. 그 처가 쫓아오면서 그만두라고 불렀으나 만류하지 못하여 마침내 강에 빠져 죽었다. 이때 그의 처가 공후를 가지고 타면서 공무도하(公無渡河)라는 노래를 지었는데 노래 소리가 심히 구슬펐다. 곡을 다 끝내고는 그녀도 역시 강에 몸을 던져 죽었다. 자고가 돌아와서 여옥에게 그 노래를 말하니 여옥이 측은하게 생각하여 곧 공후를 가지고 그 노래 곡조대로 하니, 듣는 사람들이 눈물을 흘리지 않을 자 없었다. 여옥이 그 노래를 이웃집 여자 여용(麗容)에게 전하였는데 그 곡조 이름이 공후인이다"라고 하였다. 그 가사에 이르기를 "님아 건너지 말라고 말라고 하였더니, 끝내 듣지 않고 건너더니, 님은 물에 빠져 죽었네, 나는 장차 어이하리!"라고 하였다.

청은 상고하건대 조선현(朝鮮縣)이란 것은 낙랑군의 군 소재지, 즉 오늘날의 평양부이니 조선진(朝鮮津)은 대동하(大同河)이다. 그러나 당나라 이백(李白)의 시에 공무도하의 노래가 있는데 시 서두에 우(禹)가 치수한 것을 서술하였다. 이는 황하(黃河)를 말한 것이니 최표의 말과 다르다.

『북사』「고구려전」에 이르기를 "고구려 사람들은 매년 초에 패수 강가에 모여 놀이를 하는데 왕이 수레를 타고 의장을 갖추고 구경한다. 놀이가 끝나면 왕이 옷을 입은 채 물 속에 들어가, 좌우 두 패로 나누어 물을 뿌리고 돌을 던져 떠들썩거리며 서로 쫓기를 두세 번 하고 그만둔다"라고 하였다.

『고려사』에 이르기를 "정종(靖宗) 7년 호경(鎬京)에 행차할 때에 수레가 대동강에 이르니, 유수사(留守使) 참지정사(參知政事) 황보영(皇甫潁)이 강 머리에 나가서 맞이하였다. 왕이 배를 타고 재상들을 위하여 잔치를 베풀고 장군 승개(承愷) 등에게 활 쏠 것을 명령하였으나, 우습유(右

拾遺) 김상빈(金尙賓)이 간하였으므로 그만두었다. 문종(文宗) 7년에 대동강에 나가 배를 타고 동쪽 강안을 바라보면서, 장군 정중(鄭曾) 등 여덟 사람에게 명령하여 활을 쏘라고 하였다. 낭장(郎將) 유현(惟現)의 화살이 강을 건너가므로 왕이 그를 칭찬하여 표창하였다"고 하였다【또 인종(仁宗), 의종(毅宗)이 서경에 가서 대동강 놀이를 하였다】.

『당서』「고종기(高宗紀)」에 이르기를 "현경(顯慶) 5년에 좌요위 대장군(左驍衛大將軍) 설필하력(契苾何力)이 패강도(浿江道) 행군대총관(行軍大總管)이 되어 고려를 쳤다"고 하였다.

청은 생각건대 당나라 사람들이 고구려를 침입할 때는 매번 수륙(水陸)으로 병진하였다. 그들이 말한 "평양도 총관(平壤道總管)이란 것은 육로로 온 것이며, 패강도 총관(浿江道總管)이란 것은 해로로 온 것이다. 예로 용삭(龍朔) 원년(元年)에 임아상(任雅相)이 패강도 행군총관이 되었다는 것과, 총장(總章) 원년에 유인궤(劉仁軌)가 패강도 행군총관을 겸하였다【역시 「고종기」에 있다】"는 것들이 다 이를 가리킴이다【또 뒤에 상세히 말함】.

『고려사』「묘청전(妙淸傳)」에 이르기를 "인종 10년에 왕이 서경에 갔을 때, 중 묘청과 일자(日者) 백수한(白壽翰) 등이 몰래 큰 떡을 만들어 그 가운데를 비게 하고 구멍 하나를 뚫고 거기에 끓인 기름을 담아서 대동강에 넣었는데, 기름이 점점 나와 물위에 뜬 것이 오색과 같이 보였다. 그리고 묘청 등이 말하기를 '신룡(神龍)이 침을 토하여 오색 구름을 만드는 것이니 상서입니다'라고 하면서 백관들로 하여금 글을 올려 축하할 것을 청하였다. 또 왕을 달래어 말하기를 '신룡이 침을 토한 것은 천 년에도 드물게 만나는 일이니, 청컨대 위로는 하늘 뜻에 보답하고 아

래로는 사람의 지망에 의하여 금(金)나라를 제압하기를 바랍니다'라고
하였다. 그리하여 왕이 대신 문공인(文公仁)과 이준양(李俊陽) 등을 금나
라에 파견하여 자세히 살펴보라고 하였다. 이때 말다래를 업으로 하는
사람이 끓인 기름이 물에 뜨면 이상한 색이 난다고 말하였다. 헤엄 잘
치는 사람을 시켜 그 큰 떡을 찾아내고야 그것이 거짓임을 알았다. 원애
(元敳)가 상소하여 묘청들을 사형에 처하라고 요청하였으나 임금에게
올리지 않았다"고 하였다.

「김부식전(金富軾傳)」에 이르기를 "인종 13년에 묘청(妙淸) 조광(趙匡)
등이 반란을 일으켰으므로 김부식을 원수로 삼아 토벌하였다. 중군(中
軍)은 천덕부(川德府)에, 좌군(左軍)은 흥복사(興福寺)에, 우군(右軍)은 중
흥사(重興寺)에 주둔할 것을 명령하였다. 또 대동강을 왕래하는 요충지
로 하여 김양수(金良秀)로 하여금 병졸을 거느려 두 군을 지키게 하고
후군(後軍)이라고 불렀다. 그 이듬해 김부식이 군사를 세 길로 나누어
들어갈 때에 장군 공직(公直)은 군사를 거느리고 석포도(石浦道)로, 장군
양맹(良孟)은 당포도(唐浦道)로 들어갔다"고 하였다.

유서애(柳西厓)가 말하기를 "임진(壬辰) 4월에 일본이 침입하여 5월에
는 경성이 강점되어 왕의 행차가 평양에 들어섰는데, 첩보는 적이 이미
봉산(鳳山)에 이르렀다고 하였다. 내가 좌상(左相) 윤두수(尹斗壽)에게
말하기를 '적의 척후가 응당 대동강 밖에 이르렀을 것이다. 이 사이에
영귀루(詠歸樓) 아래 강물이 두 갈래로 나뉘어져서 물이 얕으므로 건널
수 있으니, 적이 만약 비밀히 건넌다면 성이 위험할 것이다'라고 하고
곧 이일(李鎰)을 보내서 지키게 하였다. 이일이 만경대(萬頃臺) 아래에
이르자 성에서 겨우 십여 리밖에 떨어지지 아니한 남쪽 강안에 벌써 적
병 수백 명이 모여 있는 것이 바라보였다. 강 가운데 있는 조그마한 섬

에서 사는 백성들이 놀라 소리를 치면서 흩어져 달아났고, 적들은 이미 강 한복판에 있었다. 이일이 무사를 시켜 활을 쏘니 적이 퇴각하므로 이일이 나루터를 지켰다. 6월에 임금의 행차가 평양을 출발하였다. 좌상 윤두수, 원수 김명원(金命元), 순찰사(巡察使) 이원익(李元翼) 등과 나는 연광정에 있고, 본도 감사(監司) 송언신(宋言愼)은 대동강의 성 문루를, 병사 이윤덕(李潤德)은 부벽루 위의 여울을, 자산(慈山) 군수 윤후수(尹後守)는 장경문(長慶門)을 지키고 있었다. 성안 군사는 모두 합하여 3,000~4,000명인데 성첩(城堞)에 배치하였으나 대오 정비가 분명하지 않았다. 을밀대 소나무 사이에 옷을 걸어 놓고 그것을 의병(疑兵)이라 하였다. 강 건너편의 적병을 바라보니 그리 많지는 않다. 동대원(東大院) 언덕에 진을 '一'자 형으로 치고 홍백기를 꽂아 놓았다. 또 십여 명이 양각도(羊角島)를 향하여 강물에 들어섰는데 물이 말의 배까지 올라왔다. 적은 모두 말고삐를 잡고 서서 강을 건너려는 기세를 보였다. 강안으로 왕래하는 나머지 적들은 혹 한두 명, 혹 서너 명씩 큰 칼을 메고 있었는데 햇빛에 반사되는 그 섬광은 번개와 같았다. 혹은 말하기를 칼은 본래 나무로 만들었는데 거기에 백납을 발라서 사람의 눈을 현란케 하는 것이라고 한다. 적병 6~7명이 조총(鳥銃)을 가지고 강변에 와서 성을 향하여 발사하였는데 소리가 대단히 우렁찼다. 탄환이 강을 지나 성으로 들어오는데 멀리 가는 것은 대동관(大同館)에 들어와 기와 위에 흩어져 떨어졌고, 탄환이 날아오는 거리가 1,000보를 넘었는데 기둥에 깊이 박힌 것은 몇 치 깊이나 되었다. 붉은 옷을 입은 적들이 연광정 위에 여러 대신들이 모여 앉아 있는 것을 보고 조총을 겨누어 가지고 물가에 이르러서는 꼭대기를 향하여 발사하였다. 연관정 위에 있던 두 사람이 맞았으나 멀기 때문에 중상은 입지 않았다. 내가 군관 강사익(姜士

益)을 시켜 활을 쏘게 하였더니, 화살이 모래 위에 미치자 적들이 뒤로 물러가면서 퇴각하였다. 후에 적들이 왕성탄(王城灘)으로 건너와서 마침내 성중에 들어오게 되었다【상세한 것은 뒤에 있음】. 계사(癸巳) 정월에 제독(提督) 이여송(李如松)의 원군이 와서 평양성 진공을 원조하였다. 적들은 얼음을 타고 강을 건너 도망하였다"고 하였다『징비록(懲毖錄)』.

청은 상고하건대, 계사년 평양 전투에서 관군은 흙을 쌓으면서 성을 공격하였고 적들은 극력 방어하였다. 시랑(侍郎) 섭몽웅(葉夢熊)이 물을 이용하여 공격할 계책을 세웠다. 그리하여 성 동북 언덕 낮은 곳을 보고 거기에다 1,200발이나 되는 제방을 쌓으니, 큰 언덕을 잠기게 하고 물이 성을 8~9길이나 잠기게 하였다. 도사(都司) 호세현(胡世顯)이 쌓고 제방이 무너졌으므로 목을 베어 회시하였다. 성을 다시 쌓고 물을 대니 성 동서 두 면이 백여 발이나 무너졌다. 이때에야 적이 비로소 크게 혼란하였기 때문에 이 형세를 이용하여 평양성을 회복하였다.

『청일통지』에 이르기를 "대통강(大通江)은 평양성 동쪽에 있는데 또 대동강이라 한다. 명나라 만력 21년에 이여송이 조선을 원조하여 평양에 이르니 왜군이 힘을 다하여 사수하였다. 이여송이 지형을 살펴보니 동남은 다 강에 임하고, 서쪽에는 산을 베고 절벽이 서 있으며, 북쪽은 오직 모란봉이 높이 솟아 죽 잇달아 있어서 가장 좋은 요충지가 되었다. 이여송이 곧 장군을 파견하여 모란봉을 공격하고 병사를 재촉하여 사면으로 성에 올라가서 마침내 승리하였다. 얼마 후에 이여송은 개성(開城)에 주둔하고 별장(別將) 양원(楊元)은 평양에 진을 치고 있으면서 대동강을 장악하여 군량을 조달하였다"고 하였는데, 바로 이 대동강인 것이다.

『비고』에 이르기를 "대동강은 서남으로 흘러 용당(龍塘)에 이르러 오

른쪽으로 장수천(長水川)을 지나 의암, 주암을 감돌아 오른쪽으로 합장
포(合掌浦)를 지나며 능라도, 조천석을 지나 은탄(銀灘)이 되며 평양 남
쪽에 이르러서는 대동강이 된다"고 하였다.

패수는 또 서쪽으로 얼마 안 가서 오른쪽에서 발로수(發蘆水)를 받는다

패수는 서남쪽에서 제연(梯淵)으로 되는데 평양부 남쪽 3리 지점에
있다. 고려 선종(宣宗) 4년에 왕이 못에 와서 배를 타고 주연을 베풀고,
흐름을 거슬러 올라가서 대동강에 이르러 활쏘는 경기를 보았다. 숙종
(肅宗) 7년에 또 이 못에 와서 헤엄 잘 치는 금군(禁軍)에게 명령하여 옛
다리가 있던 곳을 찾게 하였는데, 금군이 아뢰기를 "물 속으로 열 자쯤
내려가면 다리의 초석이 있다"고 하였다. 못 옆에 이암(狸巖)이 있고 그
아래 양각도가 있다. 동월의 「풍월루기(風月樓記)」에 의하면 "이암으로
부터 패수를 곧게 건너면 동문루(東門樓)에 오른다"고 하였는데 바로 이
것이다.

패수는 평양 서남 10리 지점에서 또 구진익수(九津溺水)가 되는데 일
명 마둔진(麻屯津)이라고도 한다. 그 강안에 원두(猿頭)라는 바위가 있
다. 매년 봄과 가을에 향을 피우고 여기서 제사를 지낸다.

패수는 또 왼쪽으로 연포수(鷰浦水)와 합수한다. 연포수는 중화부(中
和府) 영추산(靈鷲山)에서 발원하여, 서북으로 재송원(栽松院)을 스쳐지
나, 영제포(永濟浦)로 되어 패수로 들어간다. 『승람』에 의하면 연포수는
평양 동쪽의 당동소(唐洞沼) 못에서 나와 구진익수로 들어간다.

패수는 또한 서남으로 두로서(豆老嶼)에 이른다. 섬의 주위는 20리이

다. 그 옆에 있는 두단서(豆丹嶼)의 주위는 6리인데【또 두단도(豆段島)라고도 쓴다】 평양 서남 10리 지점에 있다. 그 아래에 있는 독발서(禿鉢嶼)의 주위는 19리이다【평양 서남 12리 지점】. 이로서(伊老嶼)의 주위는 23리요, 벽지서(碧枳嶼)의 주위는 22리이니【평양 서남 25리 지점】, 모두 패수 가운데 있다는 섬들이다.

패수는 또 오른쪽으로 발로수와 합친다. 발로수는 자모산(慈母山)에서 나와 서쪽으로 흘러 문암수(門巖水)를 이루어 암적수(巖赤水)와 합친다. 암적수는 순안현(順安縣) 법홍산(法弘山)에서 나와 남쪽으로 흘러, 흑룡산(黑龍山)의 합장수와 합류하여 발로수에 들어간다. 예겸의 『사조선록』에 의하면 암적천(巖赤川)은 순안현 북쪽 15리에 있고, 동남으로 흘러서 평양강(平壤江)에 들어간다고 한 것이 이것이다.

발로수는 서쪽으로 왕산(王山)에 이르고 영계수(靈溪水)와 합수한다. 영계수는 갈파령(葛坡嶺)에서 나와 남으로 흘러 발로수로 들어간다.

발로수는 또 동남으로 굽어서 순안현 서쪽을 지난다. 순안현은 본래 고을 순화현(順和縣)인데, 우리 나라에서 현 소재지를 안정참(安定站)으로 옮기고 순안(順安)이라고 하였다.

발로수는 동쪽으로 굽어 왼쪽으로 자시수(紫始水)와 합류한다. 자시수는 성주현(星州峴)에서 나와 서쪽으로 흘러 발로수로 들어간다.

발로수는 또 남쪽으로 굽어 독우(禿隅)에 이르러 장고수(長鼓水)로 되고, 추암(鷲巖)을 지나 평양부 서쪽에 이르면 서강(西江)이 되며, 보통문 밖을 지나서 패수에 들어간다. 평양강이라고도 부른다.

『승람』에 의하면 평양강은 순안현에서 발원하여 보통문 밖을 지나 구진익수와 합수한다. 『고구려사』에 보장왕(寶藏王) 19년 평양강 물이 피와 같이 붉다가 3일 만에 그쳤다고 한 것은 이것을 말함이다. 또 『당서』 「고려전」에 이르기를 "총장 2년에 고려 대장(大長) 겸모잠(鉗牟岑)

이 반란을 일으켰으므로 조서를 내려 고간(高侃)을 동주도(東州道), 이근행(李謹行)을 연산도(燕山道)의 행군 총관으로 삼아 토벌하였다. 고간이 천산(泉山)에서 반란군을 격파하고 신라 구원병 2,000명을 사로잡았으며, 이근행은 발로하(發蘆河)에서 반란군을 격파하고 다시 싸워 살상하거나 포로로 한 수가 1만 명에 달하였다. 이근행이 처 유(劉)씨를 남겨두고 벌로성(伐盧城)을 지키게 하였더니 오랑캐들이 공격하였다. 유씨가 갑옷을 입고 병사를 지휘하여 성을 고수하니 적들이 물러갔다. 왕이 그를 표창하여 연군 부인(燕郡夫人)으로 봉하였다"고 하였다. 『명일통지』에 이르기를 "발로하는 평양성 서쪽에 있는데 당나라 이근행이 신라 병사를 이곳에서 격파하였다"고 하였다. 내 생각엔 벌로와 발로의 음이 서로 비슷한 것으로 보아 응당 벌로성은 발로수 강변에 있어야 할 것이며, 아마 지금의 순안현일 것이다. 『청일통지』에 이르기를 "벌노성(伐奴城)이 영주(營州) 경계 내에 있다"고 하였으나, 이것은 잘못이다.

패수는 또한 양명포(楊命浦)라는 이름을 가지고 있으며 또 양명(揚名)이라고도 쓰는데 이는 평양성 서쪽 5리 지점에 있다.

『고려사』「김부식전」에 이르기를 "인종 13년에 묘청, 조광 등이 반란을 일으켰으므로 김부식이 토벌하였다. 서인(西人)들이 강을 따라 축성하였는데, 선요문(宣耀門)으로부터 다경루(多景樓)까지 대체로 1,734간(間)의 거리에 6개 문을 세워 반항하였었다. 김부식이 여러 장군에게 명령하여 토산을 일으켜 먼저 양명포 산상에다 목책을 세우고 진을 치게 한 다음 전군(前軍)을 옮겨다 자리잡게 하였다. 또 서남에 있는 주와 현의 병졸 2만 3,200여 명과 승도(僧徒) 550여 명을 동원하여 돌을 운반하고 재목을 수집하게 하였다. 그리고 모든 군대로 하여금 전군이 주둔한 곳에 나아가 토산을 일으켜 양평포를 지나 적들의 성 서남 모퉁이까지 닿게 하였는데 주야로 공사를 다그쳤다. 적들이 당황해서 성 머리에 활

과 소노 및 석포(石砲)를 설치하고 극력 방어하였다. 관군이 수시로 방
어도 하고 북을 치고 소리를 치면서 성을 공격하였다. 타지방에서 온 조
언(趙彦)이란 사람이 포를 만들어 토산 위에 설치할 계책을 올렸는데,
그 포는 높고도 커서 무게가 수백 근 되는 돌을 날려 성루를 쳐서 분쇄
하였으며, 불꾸러미를 계속 던져서 불을 지르니 적들이 감히 접근하지
못하였다. 토산의 높이는 8장(丈), 길이는 70여 장, 넓이는 18장인데 적
들이 있는 성과의 거리가 몇 장에 불과하였다"고 하였다.

또「오행지(五行志)」에 이르기를 "강종(康宗) 2년에 서경 양명포 물
가운데서 독(瓮)만큼 큰 돌이 스스로 육지로 나와서 120척쯤 옮겨갔다.
고종(高宗) 6년에 어떤 돌이 장명포(長命浦) 물 속에서 나와 육지로 올라
서 북쪽을 향하여 167자나 굴러갔다. 또 두 개 돌이 다경루 연못 가운데
서 나와 모랫바닥 사이를 굴러갔는데 길 하나가 환하게 만들어졌다. 처
음에는 두 개 돌이 나란히 100보쯤 가다가 나중에 하나는 북쪽을 향하
여 83보를 갔고, 다른 하나는 동남쪽을 향하여 83보를 갔다. 원종(元宗)
2년에 서경 양명포(羊皿浦) 물 속에서 돌이 나와 육지로 굴러갔다"고 하
였다. 장명포, 양명포는 다 양명포(楊命浦)의 음이 바뀐 것이다. 옛날에
이 양명포 대안에 돌을 쌓고 그 위에 다락을 지었다. 다락 아래로 배가
통할 수 있다. 다경루(多慶樓)는 혹 만경대(萬景臺)라고 부르는데, 지금
무너진 다락의 터만이 남아 있으니 이것이 조광(趙匡) 등이 축성한 것이
다. 대의 서쪽에 봉황대(鳳凰臺)가 있으니 여기는 사전(祀典)에 패수를
서독(西瀆)으로 삼아 패수의 신에게 제사를 지내는 곳이다. 그 아래를
석포(石浦)라고 말하는데 서쪽에 큰 돌이 있기 때문에 그렇게 이름한 것
이며 장군 공직(公直)이 들어온 길이었다.

패수는 또 오른쪽으로 적교수(狄橋水)와 합수한다. 적교수는 강서현
(江西縣) 무학산(無鶴山)에서 발원하여 북으로 흘러, 반석리(斑石里)에

이르러서는 초도동수(抄道洞水)와 합류하여, 동남으로 굽어 사현(沙峴)을 지나 용악산(龍岳山) 아래에 이르러 광제수(廣濟水)를 이루며, 만경대 아래에 이르러 패수로 들어간다.

패수는 서남으로 흘러 강서현 동쪽에 이르러 그 현 앞의 강물을 받는다

패수는 또 중화부 서북 경계를 지난다. 중화부는 본래 고구려의 가화압(加火押)이었고 신라(新羅)의 당악현(唐岳縣)이었으며, 고려의 중화부였는데 우리 나라에서 그대로 중화부라고 한다.

패수는 또 서남으로 흘러 보산(保山) 남쪽을 지나 강서현 동쪽에 이른다. 강서현은 본래 고려 인종 때 설치하였던 현인데 우리 나라에서는 그대로 두었다.

패수는 또 오른쪽으로 학수(鶴水)와 합친다. 학수는 함종부(咸從府)의 검암산(檢巖山)과 아선산(牙善山)에서 발원하여 동으로 화표산(華表山)을 지나서 물고포(勿古浦), 청산포(菁山浦)를 이루고 강서현 남쪽에 이르러 운천(雲川)이 되어 패수로 들어간다. 대문에서 말한 현 앞의 강물이란, 이 학수를 가리킨 것이다.

패수는 또 서남으로 삭씨진(朔氏津)이 되고 왼쪽으로 관선수(觀仙水)와 합수한다. 관선수는 중화부 유랑산(游郞山)에서 발원하여 북쪽으로 중화부를 지나 서쪽으로는 만리교(萬里橋)에 이르며, 서북으로 흘러서 곤양진(昆陽津)이 되어 패수로 들어간다.

패수는 또 동남으로 굽어 관진(官津)이 되고 또 이진(梨津)이 되는데 중화부 서쪽 40리 지점에 있다.

패수는 또 왼쪽으로 흑교수(黑橋水)와 합수한다. 흑교수는 황주(黃州) 고정산(高井山)에서 발원하여 서북으로 흘러 패수로 들어간다. 『승람』을 상고해 보면 마정(馬井)은 중화 서쪽 20리 지점에 있는데 주위는 50척이고 깊이는 헤아릴 수 없다. 우물의 물이 넘쳐흘러서 작은 내〔川〕를 이루어 서쪽으로 대동강 하류로 들어가는데, 이것 역시 이진과 합수하는 물이다. 『비고』에 이르기를 "대동강은 이암, 양각도에 이르러 구진익수를 이루고, 왼쪽으로 연포(鷰浦)를 지나 두로도(豆老島), 두단도(豆丹島)를 지나며, 오른쪽으로는 발로천(發蘆川)을 지나 봉화대, 만경대를 경과한다. 오른쪽으로 적교천(狄橋川)의 보산을 지나고 또 오른쪽으로 학천(鶴川), 관선천(觀仙川)【이것은 왼쪽으로 관선천을 지난다고 하여야 한다】을 지나 동남으로 흘러 관진, 이진을 이루고 왼쪽으로 흑교천(黑橋川)을 지난다"고 하였다.

패수는 또 남으로 황주 서쪽 경계에 이르러 급수문(急水門)이 되어 절양해(絶瀁海)에 들어간다

급수문은 평안, 황해 양도의 경계에 있는데 황주(黃州)의 서쪽 30리, 용강현(龍岡縣)의 동남 90리 지점에 있다. 『비고』에 의하면 급수문은 대동강과 절양해가 모이는 곳인데 물목이 조금 좁고 수세가 사납기 때문에 배가 다니기 곤란하여 구당(瞿唐)에 비하였다. 수(隋)나라 양제(煬帝)와 당나라 태종(太宗)이 고구려를 침략할 때에 그들의 수군들이 이곳을 통해서 들어왔다.

절양해를 또 제중(濟衆)이라고 하는데 발해(渤海)의 한 물굽이가 다리

미처럼 들어와서 평안, 황해 양도 사이에 끼어서 작은 바다를 이루며, 패수가 여기로 흘러 들어간다. 절양해를 끼고 경계가 되는 곳은 북쪽은 삼화부(三和府)·용강현(龍岡縣)이고, 동쪽은 황주·봉산군(鳳山郡)이며, 남쪽은 재령군(載寧郡)·안악군(安岳郡)·장련현(長連縣)이다.『위서』「고구려전」에 이르기를 "세조(世祖) 때에 산기시랑(散騎侍郎) 이오(李敖)를 평양에 보내어 지방 형편을 보게 하였는데, 남으로는 작은 바다에까지 이르고 북으로는 옛 부여(夫餘)까지 이른다고 하였다"고 했다.『명일통지』에 이르기를 "서쪽 대해는 황주 장명진(長命鎭)에 있고 장명진의 물은 동쪽으로 흘러 대통강으로 들어간다"고 하였다. 동월의 「조선부」에 이르기를 "대동강을 건너면 점점 산이 높아져 해상의 파도를 바라볼 수 있다. 그러면 안계가 넓어짐을 느낄 수 있다"고 하였으니, 여기서 바다라는 것은 절양해를 가리킨 것이다.『비고』에 이르기를 "봉산과 안악 사이에 있는 바다를 절양해라고 하는데 너비는 30리요, 북으로 흘러서 대동강과 합수하여 급수문이 되고 서쪽으로 흘러 삼화현 남쪽에 이르러서는 큰 나루터를 이루면서 바다로 들어간다"고 하였다.

『수서』「양제기(煬帝紀)」에 이르기를 "고려를 칠 때에 조서하기를 달아나는 군사를 추격하여 패수를 앞질러 창해의 배로 적의 중심부로 돌입하라!"고 하였다. 또 「주법상전(周法尙傳)」에 이르기를 "요동(遼東) 정벌시에 수군을 거느리고 조선도(朝鮮道)로 향하였다"고 하였다.

『강목』에 이르기를 "수나라 대업(大業) 8년에 친히 고구려를 쳤다. 장군 내호아(來護兒)가 강(江) 회(淮)와 수군을 거느렸는데 수백 리에 배가 꼬리를 물고 늘어섰었다. 먼저 패수로부터 60리 상거한 지점에 들어와서 고구려 군사와 만나서 진격하여 크게 패하게 하였다. 내호아가 승리한 틈을 타서 성에 육박하려고 하였는데, 부총관(副總管) 주법상(周法尙)

이 말리면서 모든 군대의 도착을 기다려 함께 진격할 것을 청하였다. 내호아가 듣지 않고 곧바로 성 아래로 이르렀는데 성내에 잠복하였던 고구려 병사들이 나와서 싸우다가 패배한 체 하였다. 내호아가 추격하여 성에 들어가서 병사를 풀어 약탈하게 하여 대오를 정비하지 못하였다. 그 때에 고려의 복병이 떨쳐 일어났으므로 크게 패하고 돌아왔다. 고구려 군사들이 배 있는 데까지 추격하여 이르렀으나, 주법상이 진을 정비하고 대기하였으므로 고려 군사가 물러갔다"고 하였다.

『당서』「고려전」에 이르기를 "정관(貞觀) 18년에 장차 고려를 치려고 염인덕(冉仁德), 장문간(張文幹), 방효태(龐孝泰), 정명진(程名振)으로 총관을 삼아 강(江)·오(吳) 지방의 군사 약 4만 명과, 오 지방의 배 500척을 거느리고 해상으로 바로 평양에 가게 하였다. 21년에 우진달(牛進達), 이해안(李海岸) 등이 내주(萊州)로부터 바다를 건너왔고 건봉(乾封) 2년에 곽시봉(郭侍封)도 수군을 거느리고 바다를 건너 평양에 왔다"고 하였다.

청은 상고하건대 수, 당나라가 고구려를 침입할 때, 매번 수군을 치주(淄州)와 청주(靑州)로부터 바다를 건너 곧 평양에 돌입하였으니, 이것은 다 절양해로부터 급수문을 통해서 패수로 들어온 것이다.

『고려사』「김부식전」에 이르기를 "인종 13년에 묘청(妙靑)을 칠 때 내시지후(內侍祗侯) 정습명(鄭襲明) 등을 보내어 서경 서남도(西南島)에 가서 궁수(弓手), 수수(水手) 4,000여 명을 집결하고, 전함 140여 척으로 순화현(順化縣) 남강(南江)에 들어가 적선을 막게 하였으며, 또 상장군(上將軍) 이녹천(李祿千), 대장군(大將軍) 김태수(金台壽) 등을 파견하여 서해로부터 150척을 거느리고 지원케 하였다. 이녹천이 철도(鐵島)에 이르러 곧 서경으로 진격하려 하는데 마침 날이 어둡고 밀물이 빠졌다.

정습명이 수로가 좁고 물이 얕으니 응당 밀물을 이용하여 떠나야 한
다고 말하였으나, 이녹천이 듣지 않고 갔었는데 도중에 물이 얕아져 배
가 다 붙어서 나갈 수 없었다. 서인(西人)들이 작은 배 십여 척에 실은
나무에 기름을 붓고 불을 질러서 썰물을 따라 띄워 놓았다. 그리고 그들
은 미리 길 옆 수풀 속에 사수 수백 명을 잠복시켜 불타는 것을 보고 일
제히 일어날 것을 약속하였다. 불붙는 배가 이녹천의 배에 달아서 연소
하는 것을 보고 전함에서 많은 사수들이 일시에 활을 쏘았더니 이녹천
이 낭패하여 어쩔 바를 몰랐다. 그리하여 병사들은 물에 빠져 거의 다
죽고 김태수도 전사하였으니, 이녹천은 쌓인 시체를 넘어 강안에 올라
와서 겨우 일신의 죽음을 면하였다”고 하였다.

청은 상고하건대 철도는 황주 서쪽 30리 지점인 절양해 가운데 있으
니 주위는 40리이다.

『승람』에 이르기를 “대동강은 일명 패강(浿江)이라고 한다. 두 발원지
를 가지고 있는데, 하나는 영원군(寧遠郡) 가막동(加幕洞)에서 발원하여
남으로 흘러 맹산현(孟山縣) 북쪽에 이르고 서쪽으로 굽어 덕천군(德川
郡) 경계에 이르러 세 여울〔三灘〕과 합치고, 남으로 흘러 개천군(价川郡)
경계에 이르러 순천강(順川江)이 되고, 순천군 경계에 이르러서는 성암
진(城巖津)이 되며, 자산군(慈山郡) 경계에 이르러서는 우가연(禹家淵)이
된다. 여기로부터 흘러서 강동현(江東縣) 경계에 이르러 잡파탄(雜派灘)
이 된다. 다른 하나는 양덕현(陽德縣) 북쪽 문음산(文音山)에서 발원하여
서남으로 흘러 성천부(成川府) 경계에 이르러 비류강(沸流江)을 이루고,
또 굽어서 남쪽으로 흘러 강동현 경계에 이르러 잡파탄과 합류하여 서
진(西津)이 된다. 평양성 동북에 이르러 마탄(馬灘)이 되고 성 동쪽에 이
르러서는 백은탄(白銀灘)이 되어 대동강을 이룬다. 이곳으로부터 서쪽은

구진익수(九津溺水)가 되어 아래로는 평양강과 합류하여 중화현(中和縣) 서쪽에 이르러 이진(梨津)이 되고, 용강현 동쪽에 이르러서는 급수문을 빠져 나와 바다로 들어간다"고 하였다.

대동수경 제4

패수(浿水) (3)

절양해(絶瀼海)에 모이는 물로서 동남에서는 황주(黃州)의 촉금수 (簇錦水), 봉산(鳳山)의 월당수(月唐水), 재령(載寧)의 전방수(箭防 水), 문화(文化)의 구월수(九月水)인데 이 물을 모두 철화회(鐵和匯) 라고 한다

촉금수는 유초수(游草水)라고도 부르는데, 수안군(遂安郡) 천자산(天子 山)에서 발원하여 남으로 흘러 율계(栗界)에 이르며 굽어서 서쪽으로 흘 러 세평(細坪)에 이른다. 왼쪽으로는 선적수(善積水)와 합수하는데, 선적 수는 서흥부(瑞興府) 신당(新塘)에서 발원하여 북으로 흘러서 들어온다.

촉금수는 또 서쪽으로 이어연(鯉魚淵)을 이루고 오른쪽으로는 간동수 (看東水)와 합류하는데, 간동수는 중화부(中和府) 경계에서 나와 남으로 흘러와서 합수한다.

촉금수는 또한 서쪽으로 황주 남쪽을 지난다. 황주는 본래 고구려의 동홀(冬忽)인데, 신라는 취성군(取城郡)이라 하였고 고려는 황주라고 하 였다【또 고령군(固寧郡)이라고도 하였음】. 우리 나라에서도 황주라고 하여 병마절도사영(兵馬節度使營)을 두었다. 물을 베고 쌓으며 축조한 성의 남쪽에 있는 삐죽 나온 산은 형세가 매우 높은데, 월파루(月波樓)가 그 산정에 있다.

촉금수는 또한 서쪽으로 녹사수(菉沙水)가 되어 절양해로 들어간다.

월당수는 서흥부 웅파산(熊波山)에서 발원한다. 웅파산은 서흥부 동쪽 35리 지점에 있는데 중간에 깊이를 헤아릴 수 없는 부연(釜淵)이 있다. 이첨(李詹)의 시에 이르기를 "길옆의 영추(靈湫)는 그 깊이가 얼마이냐, 내려 찧는 물웅덩이의 반석도 크기도 하다"고 하였으니, 이는 부연을 말하는 것이다. 월당수가 이 못에서 발원한다. 『승람』에 이르기를 "부연은 서흥 고음파산(古音波山)에서 발원하여 용천(龍泉)과 합친다"고 하였는데, 고음파(古音波)는 곧 웅파(熊波)이다.

월당수는 남으로 고항산(高項山) 밑까지 흐르다가 서쪽으로 꺾어져 북으로 병암(屛巖)까지 이르러서는 왼쪽으로 용천과 합류한다. 예겸의 『사조선록』에 이르기를 "용천은 서흥부 남쪽 22리 지점에 있고 산기슭에서 물이 솟아 나와서 시내를 이룬다. 병풍암(屛風巖)은 용천 서쪽 10리 지점에 있다"고 하였다.

월당수는 또 서북으로 서흥부 서쪽을 지난다. 서흥부는 본래 고구려의 오곡군(五谷郡)인데 신라에서는 오관군(五關郡)으로, 고려 초에는 동주(洞州)로 하였다가 후에 서흥현(瑞興縣)으로 하였는데, 우리 나라에서는 부(府)로 승격시켰다.

월당수는 또 서쪽으로 덕암(德巖)을 지나 오른쪽으로 흥수(興水)와 합친다. 흥수는 나장산(羅帳山)에서 발원하여 남으로 흐르다가 월당수와 합수하게 된다. 그 옆에 흥수(興水)라는 원(院)이 있다.

월당수는 또 서북으로 구산(仇山)에 이르는데 일명 검수(劒水)라고 한다. 그 옆에 역로(驛路)가 있으니 봉산군 동쪽 40리 지점이다.

월당수는 봉산군(鳳山郡) 남쪽을 지난다. 봉산군은 본래 고구려 휴류성(鵂鶹城)이며 또 휴암군(鵂巖郡)이라고 하였는데 신라에서는 서암군(棲巖郡), 고려에서는 봉주(鳳州) 또 봉양군(鳳陽郡)이라고 하였으며, 우리 나라에서는 봉산군이라고 한다. 봉산군 서남 20리 지점에 월당수가 있다. 『고려사』「함유일전(咸有一傳)」에 이르기를 "봉주에 휴류암연(鵂鶹巖淵)이 있는데, 세상에서는 영추(靈湫)라고 부른다. 한번은 군내 사람들을 모아서 오물로써 메운 일이 있었는데, 갑자기 구름이 일고 폭우가 쏟아지며 크게 번개 치고 우레가 울어 사람들이 놀라서 엎어졌다. 조금 있다가 날이 개어서 보니 오물을 꺼내서 먼 언덕으로 옮겨 갔다. 인종이 이 말을 듣고 근신에게 명령하여 제사를 지냈다"고 하였다. 그러나 지금은 이런 이야기를 듣지 못하였다.

월당수는 서쪽으로 오른쪽에 있는 은파수(銀波水)와 합류한다. 은파수는 평산부(平山府) 경계에서 나와 서북으로 염교(剡橋)로 흘러 월당수로 들어간다.

월당수는 서쪽으로 당성고현(唐城古縣)을 지난다. 당성(唐城)은 봉산군 서쪽 12리 지점에 있는데 그 성의 둘레는 4리이다. 지금은 성이 없어졌고 그 연혁은 미상이다.

월당수는 또 서쪽으로 오리포(梧里浦)가 되고 또 율진(栗津)으로 된다. 『비고』에 이르기를 "오리포는 봉산군 서남 30리 지점에 있다. 대천교수(大川橋水)【즉 월당수 원류이다】는 두 갈래로 나뉘어 서쪽으로 4리를 흘러서 대교포(大橋浦)를 이루고, 또 서쪽으로 10리를 흘러 오리포를 형성하여 삼지강(三支江)까지 달하는데, 거기에 조창(漕倉) 세미 운수 창고가 있다"고 하였으며, 또 "봉산(鳳山)으로부터 재령(載寧)을 지나 안악에 이르는데 큰길로는 130리가 되고, 지름길로는 율진(栗津), 연진(延津) 두 강이 그 사이에 가로놓여 있을 뿐이다"라고 하였다.

월당수는 삼지고현(三支古縣) 북쪽을 지나는데, 삼지고현은 재령군 북쪽 40리 지점에 있으며 본래는 풍주(豐州)에 속하였다. 그 물을 삼지강(三支江)이라고 말하는 것은 월당수, 전방수, 구월수 세 물줄기가 다 여기서 모이기 때문이다.

월당수는 또 절양해로 들어가는데 위에 있는 것을 애진(艾津), 아래 있는 것을 철화회(鐵和匯)라고 한다. 『명일통지』에 이르기를 "월불당강(月不唐江)은 황주 안악현에 있는데 동서로 흘러 대해로 들어간다"고 하였다. 이중환(李重煥)이 말하기를 "흥지(興之) 동쪽 50리 지점에서 검수(劍水)가 발원하여 서쪽으로 백여 리를 흐르다가 바다로 들어간다"고 하였다.

전방수(箭防水)는 해주(海州) 수양산(首陽山)에서 발원한다. 산 이름은 아마 중국을 모방한 것 같다. 산에 조화동(造化洞)이 있는데 전방수가 여기서 발원하였다.

전방수는 동쪽으로 흘러 흑미수(黑微水)를 이루고, 입석파(立石坡)【재령군 남쪽 60리 지점】에 이르러 수밀동수(樹密洞水)와 합류하고, 철현(鐵峴)을 지나 호수(狐水)와 합친다. 또 꺾어져서 북으로 장수산성(長壽山城)을 감돌아 합탄(蛤灘)을 이루고, 평산의 비파수(琵琶水)와 합류하여 기탄(歧灘)이 되어서 신천(信川)의 청수(淸水)와 합류한다. 또 북으로 당탄(唐灘)을 이루고 절양해로 들어간다. 곧 율진, 삼지강이 합류하여 하나로 된 것이다.

『수도제강』에 이르기를 "흑하(黑河)는 상원(祥原) 동남 경계에 있는 큰 산에서 발원하여 삼원(三源)과 합류하고 서쪽으로 300리를 흐르다가 상원 남쪽 경계를 지난다. 또 서쪽으로 황주 북쪽 경계와 중화 남쪽 경계를 지나며, 또 서쪽으로 흘러 남으로 삼화성(三和城) 동남에 이르는데, 남에서 오는 한 물줄기가 안악으로부터 흘러와서 모이게 된다"고 하였다【상고하건대 흑하는 곧 흑교천(黑橋川)이다】.

안악수(安岳水)는 두 발원지가 있다. 그 중 하나는 동북으로 황주 동쪽 산에서 발원하여 서남으로 흘러 황주 남쪽과 봉산 북쪽을 지나가고,

또 서남으로는 남쪽에서 흘러내리는 한 물줄기와 합류하며, 또 서쪽으로 재령성(載寧城) 북쪽 경계를 지나 안악 동쪽에 이른다【상고하건대 이 것은 유초수(游草水)를 가리킨 것이다】. 다른 하나는 서남에서 해안에 있는 장연성(長淵城) 동북의 전석산(傳石山)【전석산(縛石山)이라고 생각한다】에 서 발원하여, 동으로 100리를 흐르다가 송화성(松花城)과 유신산성(有信 山城) 북쪽을 지나서【상고하건대 송화성 남쪽과 신천성(信川城)북쪽이라고 해 야 한다】, 신천 남산(南山) 물과 더불어 동북으로 해주성(海州城) 북쪽을 지나는 물과 합수한다【상고하건대 이것은 영진(迎津)과 전방수를 가리킨 것 이다】. 또 동북으로 백여 리를 흘러 안악성 동남을 지나며, 또 동북으로 동북의 한 원류【상고하건대 유초수이다】와 합수하여, 북으로 90리를 흘러 서 동에서 내려오는 흑하와 합류한다. 그리하여 서북으로 대동강에 흘 러 들어간다.

구월수는 문화현(文化縣) 구월산(九月山)에서 발원한다. 구월산은 또 아사달산(阿斯達山)이라고 하는데 단군이 세상을 버린 곳이다.

구월수는 동남으로 흘러 온정원(溫井院)을 지나 갈산(葛山)에 이르러 서는 경지수(鏡地水)를 이루며, 또 문화현 북쪽을 지난다. 문화현은 본 래 고구려의 궐구현(闕口縣)인데, 고려 초에는 유주(儒州)라 하였고 후에 문화현이라 하였는데 우리 나라에서는 그대로 좇았다.

구월수는 북으로 운계산수(雲溪山水)와 합하여 마명수(馬鳴水)를 이루 고, 오른쪽으로 영진과 합류하여 또 북으로 흘러 절양해로 들어간다.

영진수(迎津水)는 해주 달마산(達摩山)에서 발원하여 북으로 소교(燒 橋)를 지나 신천군 남쪽에 이른다. 신천군은 본래 고구려의 승산군(升山 郡)이었는데, 고려에서는 신주(信州)라 하였고 우리 나라에서는 신천군

(信川郡)으로 하였다.

영진은 북으로 누교(樓橋)를 지나서 부정수(婦貞水)와 합류한다. 『승람』에 이르기를 "누교천은 신천 남쪽 4리 송화현(松禾縣)의 소교천(燒橋川) 하류에 있다. 부정수는 신천 남쪽 10리 지점에 있는데 천봉산(天奉山)에서 발원하여 누교천(樓橋川)과 합류한다"고 하였다.

영진은 또 북으로 삼교평(三橋坪)을 지나 소우산(小牛山) 밑에 이르러 구월수와 합수하여 절양해로 들어간다.

이중환이 말하기를 "서흥 이서, 해주 이북의 모든 강물이 재령 북쪽에 모여서 하나의 큰 호수가 되었는데【큰 호수라고 말하는 것은 곧 절양해이다】남북이 40리요, 동서가 20리이다. 서쪽으로 바다 어귀까지는 거의 100리나 된다. 큰 호수를 끼고 있는 읍인 봉산과 안악이 서로 마주 대하고, 황주와 장련(長連)이 서로 대하고 있다. 또 이 호수의 동서 양변에다 긴 방축을 쌓았는데 그 안에는 모두 논을 만들고 벼를 심어서 일망무제하다. 여기서 나는 쌀알은 크고도 차지므로 왕에게 진상한다"고 하였다.

『비고』에 의하면 황병곶(黃柄串)은 봉산 서쪽에 35리 지점에 있는데, 서쪽으로는 대해가 둘러싸고 동으로는 학대(鶴臺)가 에워싸고 있어 30리 광야는 끝없이 넓다. 논이 가장 비옥하며 바다의 산물로서는 서도 지방에서 유명하다.

철화고현(鐵和古縣)은 황주 서쪽 35리 지점에 있는데 고려 때 설치하였다. 황주, 봉산, 재령, 안악의 모든 강물이 모여서 작은 바다를 이루고 있는데 그 북쪽은 절양해(絶瀼海)이고, 남쪽은 철화회(鐵和匯)이며, 그 가운데 선도(鐥島)가 있다. 『고려사』에 이르기를 "공민왕 8년 강절(江浙)

에 있는 평장(平章) 화니적(火尼赤)이 표류하여 황주 철화강(鐵和江)에서 정박할 때 쌀 100석과 모시 20필을 주고, 행성원외랑(行省員外郎) 신인적(申仁適)의 딸로 처를 삼게 하니, 화니적은 수정월(水精鉞)을 드렸다. 29년에 홍두적(紅頭賊)의 배들이 안악군 원당포(元堂浦)에 들어와서 돈과 곡식을 약탈하였고, 또 황주 철화포(鐵和浦)에 침입하였을 때 목사(牧使) 민우(閔玞)가 그들과 싸워서 20여 급을 베었다"고 하였다.『비고』에 이르기를 "월당강(月唐江)은 서흥(瑞興) 웅파산(熊坡山)의 부연(釜淵)에서 발원하여 남쪽으로 흐르다가, 고항산(高項山)에 이르러서는 서쪽으로 꺾어져 흘러서 북으로 병암(屛巖)에 이른다. 왼쪽으로 용천(龍川), 율리(栗里)를 지나 서흥현을 경유하여 덕암(德巖)을 흘러 지난다. 오른쪽으로는 홍수(興水)를 지나 서북으로 구산(仇山)에 이르고, 또 오른쪽으로 검수(劍水), 봉산의 전천(前川), 은파천(銀波川)【상고하면 이것은 구산에 이르러 검수와 봉산의 전천이 되고 오른쪽으로 은파천을 지난다고 해야 한다】을 지나며, 당성고현(唐城古縣)을 감돌아 당성포(唐城浦)가 된다. 서창(西倉)에 이르러서 오리포(梧里浦), 율진(栗津)으로 갈라진다. 남쪽으로는 전방천(箭防川)과 합류하여 삼지강(三支江)과 애진포(艾津浦)가 된다. 오른쪽으로 영진(迎津)을 지나서 철화강이 되고 북으로는 대동강과 함께 급수문(急水門)에서 모인다"고 하였다.

청은 상고하건대 오리포, 삼지강 아래는 다 작은 바다인데『비고』에 모두 월당강 하류에 속한다고 하였으니 틀린 것이다.

패수의 서북에는 용강현(龍岡縣) 앞 강과 삼화(三和)의 남천(南川) 물이 모두 절양해에 이른다

용강현은 곧 고려의 황룡성(黃龍城)이다. 이 현 앞을 흐르는 강물은
황룡산(黃龍山)에서 발원하여 남으로 흘러 절양해로 들어가는데, 남쪽으
로 안악군과 그 강을 사이에 두고 서로 대하고 있으며, 그 가운데 있는
적도(赤島)의 주위는 3리요, 저도(豬島)의 주위는 25리이다.

절양해는 남으로 동쪽에서 흘러내리는 물을 받는다. 이 물은 안악군
일출산(日出山)에서 발원하여 북으로 흘러 들어간다.

절양해는 또 서쪽으로 장련현(長連縣) 북쪽에 이르는 데는, 대진(大津)
이라는 이름을 가지고 있다. 장련현은 고려의 장명진(長命鎭)이었다. 우
리 중종(中宗) 18년에 상선이 사사로이 왕래한다고 하여 대진에다 관방
(關防)을 설치하고 권관 급수군(權管給水軍)을 두어 금지하였는데 지금
은 폐하였다.

절양해는 남으로 청수(淸水)를 받는다. 청수는 안악군 은적산(隱寂山)
에서 발원하여 북으로 흘러 들어간다.

절양해는 또 서쪽으로 삼화부(三和府) 남쪽에 이르러 오른쪽에서 남
천수(南川水)를 받는다. 삼화부는 본래 고려에서 설치한 고을이었다. 남
천수는 용강현 오석산(烏石山)에서 발원하여 우산(牛山)을 지나 동남으
로 흘러 절양해에 들어간다. 『승람』에 이르기를 "안시성(安市城)은 오석
산 위에 있어서 험하고 견고하기가 비할 바 없다"고 한 것은 틀린 것이
다. 안시성은 지금 요동(遼東)의 개평현(蓋平縣) 경계에 있으니 용강과는
관계가 없다.

광량(廣梁) 어귀에 이르러 드디어 큰 바다가 된다

광량은 삼화부 서쪽 52리 지점에 있다. 거기에 수군첨절제사(水軍僉節

制使) 보(堡)를 두었으니 이는 바다로부터의 침입을 방어하기 위함이다.

패수는 급수문 아래로부터 바닷물과 합쳐져서 작은 바다가 되고 광량구(廣梁口)에 나와서는 드디어 대해가 된다. 대해 입구 북쪽에는 삼화부, 함종부(咸從府)가 있고 남쪽에는 장련현, 은률현(殷栗縣), 풍천부(豐川府)가 있으며 또 가도(椵島), 웅도(熊島), 석도(席島), 초도(椒島) 등이 바다에서 들어오는 목을 제압하고 있다. 『당서』「지리지」에 "등주(登州)로부터 동북으로 바다를 건너서 패강 입구의 초도를 지나면 신라의 서북 장구진(長口鎭)에 도달한다"고 한 것과, 『비고』에 "석도로부터 오른쪽은 웅도를 끼고 왼쪽은 환령도(環鈴島)를 끼고 대동강에 들어간다"고 한 것들이 모두 이것이다.

『비고』에 이르기를 "대동강으로부터 급수문을 통해서 왼쪽으로 어초천(於草川)을 지나고 남으로는 월당강과 합수하여 절양해가 된다. 왼쪽으로 자동천(自東川)을 지나서 대진(大津)이 되며, 또 왼쪽으로 청천(淸川)을 지난다. 오른쪽으로 삼화 남천을 지나서 광량에 이르러서는 서쪽으로 흘러 바다로 들어간다"고 하였다.

또 『비고』에 이르기를 "검산, 마유(馬踰), 철옹(鐵瓮) 【원파(源派)를 가리킨 것】, 오강(吳江) 【오계수(梧溪水)】, 화여(花餘), 재령(載靈) 【능수(㴠水)가 나오는 곳】 이서와 낙림(樂林), 광성(廣城), 생천(栍川), 알일(謁日), 고야(姑射) 이남【원파(源派)의 물을 받는다】, 덕업(德業), 언진(彦眞) 【능수 남쪽】, 수양(首陽) 【전방수(箭防水)】, 달마(達摩) 【영진수(迎津水)】 이북, 구월(九月) 이동【구월수(九月水)】 등 모든 산의 물이 여기로 들어온다.

강선수(降仙水) 【속칭 비류수(沸流水)라고 부른다】

강선수는 양덕현(陽德縣) 오강산(浯江山)에서 발원하여 남으로 토성보(兎城堡)를 감돌아 흐른다

강선수는 속칭 비류수라고 부른다【상세한 것은 뒤에 있음】. 오강산은 또 오강산(吳江山)이라고도 한다. 산은 양덕현 150리 지점에 있다. 낭림산(狼林山) 남쪽에 큰 산줄기가 뻗어 철옹산(鐵甕山)이 되었고 또 이 산이 되었는데, 함경도 영흥부(永興府)의 경계다. 강선수는 산 서남쪽에서 발원하여 토성보 남쪽을 지난다. 토성보에 병마동첨절제사(兵馬同僉節制使)를 두어 수비하고 있는데, 이는 영을 방어하는 요새처가 되기 때문이다.

서쪽으로 꺾어지고 남쪽으로 꺾어져 얼마 흐르다가 왼쪽에서 초천수(草川水)를 받는다

강선수는 또 서쪽으로 꺾어져서 오른쪽으로 관음수(觀音水)와 합친다. 관음수는 맹산현(孟山縣) 공암산(孔嵒山)에서 발원하여 남으로 흘러 강선수와 합류하게 된다.

강선수는 또 남으로 굽어 강선대(降仙臺)를 지나 왼쪽으로 비파수(琵琶水)와 합수한다. 비파수는 양덕현 비파산에서 발원하여 서북으로 흘

러와서 합친다.

강선수가 또 남으로 마흘산(麻訖山) 아래에 이르면 초천수가 흘러 들어온다. 초천수는 양덕현 동북 삼방령(三方嶺)에서 발원하여 남으로 흐르다가, 온천원(溫泉院)을 지나서 서쪽으로 꺾어져 양덕현 남쪽을 지난다. 양덕현은 본래 고려의 양암(陽巖), 수덕(樹德) 두 진(鎭)이었는데 우리 나라(조선)에서 합하여 하나의 현으로 만들었다. 초천수는 또 수덕의 옛 진〔古鎭〕을 지나【지금 현 서쪽 70리 지점】 서북으로 흘러서 강선수에 들어간다.

북쪽으로 꺾어지고 서쪽으로 꺾어져 성천부(成川府) 북쪽을 지난다

강선수는 또 북으로 굽어서 견탄(犬灘)이 되는데, 견탄은 양덕현 서쪽 120리 지점에 있다.

강선수는 또 서쪽으로 흐르다가 오른쪽에서 광수(廣水)와 합친다. 광수는 순천군(順川郡) 원음산(遠陰山)에서 발원하여 남으로 흘러와서 합류한다.

강선수는 또 서남으로 흐르다가 성천부 북쪽에 이른다. 성천부는 본래 고려 강덕진(剛德鎭)이었는데, 후에 성주(成州)라 하였고 우리 나라에서는 성천(成川)이라 하였다.

무산(巫山)을 둘러서 서쪽으로 흐른다

성천부 북쪽에 높은 산이 있어서 열두 봉우리이므로 그 지방 사람들이 중국의 무산(巫山)에 비겨서 무산이라고 하였다. 또 흘골산(紇骨山)이라 한다. 강선수가 그 산 아래를 감돌아 흐르는데, 속칭 비류강이라고 말한다. 강선루(降仙樓)가 물에 임하여 있고 강선루의 서쪽에는 산성이 있다.『승람』에 이르기를 "비류강은 속칭 유거의진(游車衣津)이라고 한다. 비류강은 성천 객관(客館) 서쪽 30보 되는 데 있는데, 그 강은 두 발원지를 가지고 있다. 하나는 양덕현 오강산에서 나오고 다른 하나는 맹산현 대모원동(大母院洞)【관음수(觀音水)】에서 나와 성천부 북쪽 30리 지점에 이르러 합류하여 흘골산 아래를 지난다. 흘골산 밑에 돌구멍 네 개가 있어서 물이 그 구멍을 통과할 때 끓어 서쪽으로 흐르기 때문에 이름을 비류강(沸流江)이라 한다"고 하였다. 또 이르기를 "강선루는 비류강에 임하고 서쪽 강안에는 기봉(奇峯)이 깎아 세운 듯이 병풍처럼 서 있다. 흘골산성(紇骨山城)은 강선루 서쪽에 있는데 군사 1,000명을 수용할 수 있으며 비류수가 그 산성 아래를 감돌아 흐른다. 그 성은 고려 태조 때 축성한 것으로서 주위는 3,510척이요, 높이는 5척이다. 거기에는 군창(軍倉)이 있다"고 하였다.

이중환(李重煥)이 말하기를 "성천부는 강가에 있다. 선조왕 임진에 광해군(光海君)이 사당 신주를 모시고 성천부로 피난하였었는데, 즉위함에 미쳐 부사(府使) 박엽(朴燁)을 시켜 강선루를 대보수하여 300여 간으로 굉장히 지었다. 그 앞에 흘골산 12봉이 있다. 내가『승람』을 상고해 보건대 성천부를 송양(松讓)의 옛 도읍이라 하였고, 강선수는 비류강 또는 졸본천(卒本川)이라고 하였으며, 무산은 흘골산이라고 하였으나, 이 말은 절대로 논거할 바가 없으니 긍정할 수 없다"고 하였다.

『위서』「고구려전」에 이르기를 "주몽이 부여로부터 동남으로 달아났을 때 큰 강 하나를 만났는데 고기와 자라들이 다리를 만들어서 건널 수 있었다. 보술수(普述水)에 이르러서야 세 사람을 만나 그들과 같이 홀승골성에 이르러, 드디어 자리를 잡고 살면서 이를 고구려라고 칭하였다"고 하였다【『북사』에도 이와 같다】.

『고려사』에 이르기를 "주몽이 졸본에 가니 토양이 비옥하고 산천이 험함을 보고 비류수 강변에 초막을 치고 살았다. 푸성귀들이 강 위로 떠 내려오는 것을 보고 상류에 사람들이 살고 있다는 것을 알았다. 비류국(沸流國)을 찾아가니 국왕 송양(松讓)이 나와서 보고 주몽과 싸웠다. 2년에 송양이 나라를 가지고 와서 항복하였는데 그 땅을 다물도(多勿都)라 하고 송양을 국왕으로 봉하였다"고 하였다.

선생이 말하기를 "졸본의 옛 땅은 지금 개원현(開原縣) 동남인데 두 강을 건너는 곳에 있다【개원은 옛 부여의 땅이다】. 지금 상고하면 개원현 남쪽 십여 리에 있는 청하(淸河)는 곧 점니하(占泥河)의 하류이다. 주몽이 처음 도망할 때 추격하는 군사가 뒤에 있었다 하였으니, 고기와 자라들이 다리를 만들어 주었다는 물은 지금의 청하이다. 또 이른바 보술수라는 것은 청하를 건넜다는 것으로 보아, 동남으로 근 200리를 가서 첨정산(尖頂山) 북에 이르면 강 하나가 가로놓였는데, 지금 혼하(渾河)의 상류로서 녹하(綠河)로 들어오는 하류이다. 그러므로 비류수라는 것은 지금 홍경(興京) 북쪽 다섯 물이 합류하여 홍경을 감돌아 서남으로 흐르며 또 북으로 흘러 소자하(蘇子河)를 이루어 서쪽으로 흘러 혼하로 들어가는 것이 이것이다"라고 하였다.

『고려사』「지지」에 의하면 "성주(成州)는 비류왕 송양의 옛 도읍인데 고려 현종(顯宗) 9년에 지금의 이름으로 고쳤고 별호는 송양이며【성종 때 정한 것이다】 여기에 온천이 있다"고 하였다.

『승람』에 이르기를 "비류강이 성천 서부에 있으니 즉 졸본천이다"라고 하였다【성천부의 연혁은 『고려사』와 같다】.

선생이 말하기를 "정사(鄭史)의 잘못을 이루 다 말할 수는 없으나 이것이 더욱 심한 것이다. 대저 고구려가 부여【지금의 개원】에서 일어나 남으로 나와 졸본【홍경 지경】에 도읍하고, 또 남하하여 국내(國內)【초산부(楚山府)와 강을 사이에 둔 땅】환도(丸都)【만포보(滿浦堡) 강을 사이에 둔 땅】에 도읍하고, 또 남하하여 평양에 도읍하였다. 이런 형편으로 보아 앞으로 나왔으면 나왔지 뒤로 들어갈 수는 없었다. 만약 정씨의 말과 같다면 먼저 성천에 도읍했을 때는 평양과 대단히 가까웠는데 갑자기 북으로 구려(句麗)에 도읍을 옮겼으며, 거의 300년 만에야 비로소 남하하여 평양에 도읍하게 된 것이니, 이치에 맞는 말인가?"라고 하였다.

청은 상고하건대 졸본은 또 흘승골(紇升骨)이라 하고 비류수는 또 졸본천이라고 하였다. 송양의 나라가 졸본천과 가까이 있어서 졸본이 서로 접한 곳에 있었으니 졸본의 땅은 분명 지금 홍경의 경계에 있다. 그러면 비류수 역시 홍경과 서로 연달아 있어야 할 것이니, 지금의 성천부가 여기에 무슨 관계가 있겠는가?

『위지(魏志)』「고구려전」에 이르기를 "백고(伯固)【신대왕(新大王)】가 죽었을 때 두 아들이 있었는데, 맏아들 발기(拔奇)는 강(康)【공손강(公孫康)】에게 항복하고 비류수로 돌아와서 살았다【졸본을 차지하고 있었다】. 작은아들 이이모(伊夷模)【산상왕(山上王)의 이름】는 다시 새 나라를 세웠는데 지금 있는 곳이 이것이다【환도를 말한다】"라고 하였다.

선생이 말하기를 "공손강이 한때 요동에 웅거하였으니 백고의 두 아들 중 공손강에게 항복한 사람은 반드시 요동 가까운 땅에서 살았을 것이고, 공손강을 미워한 사람은 요동으로부터 먼 땅에서 살았을 것이다. 졸본이 서쪽으로 요양(遼陽)과 접하였기 때문에 발기는 공손강의 세력에 의지하여 졸본에서 살았고【지금 홍경 경계내】, 환도는 동으로 압록수(鴨淥水) 가에 있었기 때문에 이이모는 공손의 예봉을 피하여 환도에서 살았다는 것이 당연한 이치다. 만약 정씨의 말과 같이 이이모가 환도에서 살았다면 요동에 가깝고, 발기가 성천에 살았다면 요동과 멀리 떨어졌을 것이니 어찌 이치에 합당하겠는가. 만약 발기가 과연 성천에 있었다면 이이모가 독에 든 자라를 들어내듯이 잡아서 죽였을 것이니, 또 어찌 외부로 요동 추장과 교제하여 안으로 그 나라를 공격하였겠는가? 비류가 성천이 아님은 진실로 확연하다"고 하였다.

『위지』「관구검전(毌丘儉傳)」에 이르기를 "정시(正始) 5년에 관구검이 현토(玄菟)에 나가서 고구려를 칠 때, 고구려 왕 궁(宮)이 비류수 강가에 진군하여 다릿목에서 큰 싸움을 하다가 궁이 계속 패배하니, 관구검이 속마현(束馬縣)에 나가서 수레를 타고 환도로 갔다"고 하였다【『북사』, 『양서』에서도 같이 말했다】.

선생이 말하기를 "관구검이 서쪽 현토로부터 동으로 석성산(石城山) 아래에 나오면 200리를 못가서 바로 지금의 홍경에 이르며, 또 동으로 400여 리를 가면 우리 강계(江界) 북쪽에 이를 수 있으니, 『위지』에서 비류에서 전투를 하고 환도에까지 추격하였다는 것은 이것을 말함이다. 만약 정씨의 말과 같이 관구검이 이미 녹수를 건너 평양에까지 이르렀고, 성천에서 전투하고 또 추격하여 강계 북쪽에 이르렀다면, 이것이 이 이치에 맞겠는가? 성천은 평양 동쪽 백여 리 되는 여러 산 가운데 있다. 관구검이 서쪽으로부터 몰아왔고 고구려 왕은 동으로부터 성천에 이르렀다면 이것은 군사를 후퇴시킨 것이요 진군한 것이 아니니, 『위지』에서 말한 '비류수 강가에 진군하였다'고 한 말을 또 어떻게 해석할 것인가? 비류가 성천이 아님은 아주 확연하다"고 하였다.

『고구려사』에 의하면 "태무신왕(太武神王) 4년에 군사를 동원하여 장

차 부여를 치려고 비류수 강가에 이르렀는데, 거기서 보정(寶鼎)을 얻었
다"고 하였다【왕망(王莽)의 시대】.

선생이 말하기를 "유리왕(琉璃王) 시대에 이미 국내성(國內城)으로 도
읍을 옮겼다. 국내성은 우리 초산과 강을 사이에 둔 땅이다【자세한 것은
염난수(鹽難水)에 있음】. 초산으로부터 군사를 동원하여 북부여를 치려는
자가 홍경에 머문 것이 옳겠는가? 성천에 머문 것이 옳겠는가? 성천은
초산 남쪽 500여 리 지점에 있고 북부여는 초산 서북 600여 리 지점에
있으니, 부여를 치려고 성천으로 온다는 것은 반드시 있을 수 없는 일이
니, 비류가 성천이 아님은 아주 확연하다"고 하였다.

청은 상고하건대 비류수는 졸본천의 상류이다. 전에 동명왕이 갈로
꼰 새끼를 하고 물을 건너서 비류왕의 도읍에 이르렀으며『고구려사』에
의하면 "주몽이 서쪽으로 수렵을 가서 흰 사슴을 잡아 해원두(蟹原兜)에 걸어
놓고, '하늘이 만약 비를 내려 비류왕의 도읍을 떠내려가게 하지 않으면 내가
기어코 너를 놓아주지 않겠다'고 하였다. 사슴의 슬픈 소리가 하늘에까지 사무
쳐 장마비가 7일간 와서 송양의 도읍을 잠기게 하였다. 왕이 갈로 새끼를 꼬아
강 건너편에 보낸 뒤에 압마(鴨馬)를 타고 건너는데 백성들이 그 새끼를 잡았다.
주몽이 채찍으로 물을 그으니 물이 곧 없어졌다"고 하였다. 생각건대 이 말은
심히 황당한 것이다】, 유리왕(琉璃王)의 아들 제수(祭須)가 물에 빠져 죽었
는데 비류 사람들이 그 시체를 얻었다【유리왕 말년의 일】. 그 후 대신 구
도(仇道), 일구(逸求), 분구(焚求) 등의 세 사람이 비류 부장(部長)이 되고
【태무(太武) 15년】, 조의(皁衣), 양신(陽神)은 비류정 수신(守臣)이 되고
【국조왕(國祖王) 18년】, 국상(國相－정승) 음우(陰友)는 비류 패자(沛者)가
되었다【중천왕(中川王) 7년】. 왕손 을불(乙弗)은 비류하 강변에서 화난을
피하였다【봉상왕(烽上王)이 그 아우 돌고(咄固)를 죽이니 돌고의 아들 을불이
화난을 피하여 남의 집의 종이 되어서 소금을 팔아 생활하였다. 군신들이 봉상
왕을 폐위하고 을불을 맞으려고 해서 조불(祖弗), 숙우(蕭友) 등을 보내어 방문하

게 하였는데, 비류하 강변에 이르러 한 장부가 배 위에 있는 것을 보니 비록 형
용이 초췌하나 거동이 비상하였다. 숙우 등이 나가서 절을 하고 말하기를 "지금
국왕이 무도하여 재상과 군신들이 폐위할 것을 의논하였습니다. 왕손이 인자하
여 대업을 이을 수 있기 때문에 저희들을 보내어 맞이합니다"라고 하였다. 을불
이 의심쩍게 생각하고 말하기를 "나는 야인(野人)이지 왕손이 아니다"라고 하였
다. 숙우 등이 말하기를 "군신(群臣)의 숙망이니 왕손은 무슨 근심을 합니까? 의
심하지 마십시오"라고 하였다. 드디어 그를 맞아 돌아와서 세웠으니, 이 이가 미
천왕(美川王)이다】. 비류는 고구려의 근기(近畿)로서 진(晉)나라의 단양윤
(丹陽尹)과 같은 곳이니, 지금의 성천부가 어찌 이와 같겠는가?

『요사(遼史)』 「지리지」에 이르기를 "정주(正州)는 녹주(淥州)【발해 때
의 압록부(鴨綠府)이다】 서북 380리에 있다. 비류왕의 옛 땅인데 여기에
비류수가 있으니 발해 때에 비류군(沸流郡)으로 되었다"고 하였다.

『비고』에 이르기를 "한나라 소제(昭帝) 원봉(元鳳) 2년에 두 군(郡)을
두었고 고구려 개국은 원제(元帝) 건소(建昭) 2년이니, 그 사이는 44년이
다. 이때는 한나라가 전성기였으며 낙랑 태수는 지금의 평양에 있었다.
평양으로부터 성천까지는 백 수십 리에 불과한데 송양(松讓)이 어떻게
고구려에서 할거할 수 있었겠는가? 또 지금의 함경도는 옥저(沃沮)로서
낙랑에 속하였는데 어떻게 고구려가 그 사이에 끼어 있었겠는가. 이른
바 홀승골, 비류수가 압강(鴨江) 이남에 있다는 것은 부당하며 『요지』에
실려 있는 것이 옳은 것 같다"고 하였다.

구암(久菴) 한백겸(韓百謙)이 말하기를 "고구려는 본래 안평(安平) 서
쪽에서 일어났으니 『동사(東史)』에서 졸본, 부여로서 성천이라고 말한
것은 잘못이다. 안평 서쪽은 지금 요동 변방에 속하였으며 마자수(馬訾
水)가 바다로 들어가는 곳이다. 비류수 역시 그 땅에 있을 것이니 아마
지금의 적강(狄江)이 이것일 것이다"라고 하였다.

청은 상고하건대 녹주(淥州)는 지금 우예군(虞芮郡)과 강을 사이에 두고 있는 땅이다【상세한 것은 녹수(淥水)에 있다】. 우예군 서북 근 400리가 흥경의 경계로 된다. 비류수는 응당 흥경의 근기(近畿)와 인접해 있어서 녹수 북에 있는 것이 분명하니, 성천과는 아무런 상관도 없다. 구암은 또 적강을 비류수라고 하나 그렇지 않은 것 같다.

차파(叉波)에 이르러 굽어져서는 패수로 들어간다

『비고』에 이르기를 "비류강은 양덕현의 오강산(吳江山)에서 발원하여 남으로 흘러 토성진(兎城鎭)을 감돌아 서쪽으로 굽어져 신창(新倉)에 이르며, 오른쪽으로 관음천을 지나 남쪽으로 굽어 강선대(降仙臺)에 이른다. 왼쪽으로 비파천을 지나 마흘산(麻訖山) 음지에 이르러 또 왼쪽으로 초천(草川)을 지나 견탄(犬灘)을 이룬다. 오른쪽으로 광천(廣川)을 지나 서남으로 흘러 성천부에 이른다. 북으로는 무산(巫山) 북쪽을 감돌아 서쪽으로 꺾어져 차파에 들어간다"고 하였다.

『청일통지』를 상고하면 "비류강은 강동군 남쪽에 있고 한강(漢江)으로부터 갈려서 서쪽으로 대동강에 합류한다"고 하였는데【「조선편」】, 이것은 열수(洌水)를 비류로 혼동하는 것이니 잘못 듣고 한 말이다.

능수(瀧水)

능수는 양덕현 동쪽 두류산(豆流山)에서 발원하여 구현(舊縣) 서쪽
을 지난다

능수는 능성강(能成江)이라고도 한다. 두류산은 양덕현 동쪽 50리 지
점에 있는데 낭림산이 남쪽으로 뻗은 산의 큰 줄기이다.

능수는 서남으로 흘러 왼쪽으로 우수(牛水)와 합친다. 우수는 우령(牛
嶺)에서 발원하여 서쪽으로 흘러 들어간다.

능수는 또 오른쪽으로는 우라수(亐羅水)와 합친다. 우라수는 양덕현
북쪽 우라발산(亐羅鉢山)에서 나와 동남으로 흘러 들어간다. 이것이『승
람』에서 남천(南川)이라고 칭한 것이다.

능수는 또 서남으로 송산(松山)에 이르러 오른쪽으로 마배수(馬背水)
와 합친다. 마배수는 양덕현 북쪽 비파산(琵琶山)에서 나와 동남으로 흘
러 능수로 들어간다.

남쪽은 곡산부(谷山府) 경계로 들어가고 오른쪽으로 사령곡(四嶺
谷)의 물을 받는다

곡산부는 원래 백제 십곡성(十谷城)인데 신라에서는 진서현(鎭瑞縣)이
라 하였고, 고려는 곡주(谷州)라고 하였으며, 우리 나라에서는 곡산(谷

山)으로 고쳤다.

사령곡은 문성보(文城堡) 북쪽에 있는데 영이 대체로 4개가 있기 때문에 사령곡이라 하였다. 영 맨 꼭대기를 기람산(奇嵐山) 또는 하남산(河南山)이라 한다. 산 가운데 말을 달린 길이 있는데 우리 태조(이성계)가 말을 달린 곳이다. 혹은 산 주위의 생김이 부인의 치마와 같고, 방언의 치마(裳)는 말달린다는 치마(馳馬)와 같기 때문에 그렇게 이름한 것이라고 하나, 확실히 알 수 없다. 사령곡의 물은 네 갈래로 나뉘어서 동으로 흘러 능수에 들어간다. 정종(正宗)이 지은 치마도(馳馬道) 비문에 대략 이르기를 "곡산부 북 150리에 하남산이 있고 바로 그 가운데 숫돌과 같이 곧게 뻗은 산등성이가 곧 치마도(馳馬道)이다. 그 위에 자단수(紫檀樹) 나무가 하나 있고 위유(葳蕤)풀이 양산과 같아서 수십 묘를 덮을 만하므로 잡초는 감히 자랄 수 없다. 길 앞뒤에 제성단(祭星壇)이 있으며 동쪽으로 십여 리를 가면 길은 두 산이 닿아 있는 곳에 이르는데 여기를 상유령(上踰嶺)이라 하며, 이 고개를 돌아서 남으로 10리 되는 곳에 돌로 쌓은 주위가 30여 무(武)나 되는 성조성(聖祖城)이 있다. 성 동쪽 3리 되는 곳에서 맑은 샘이 솟구쳐 올라 산중에서 쏟아지는데 이를 수라천(水剌泉)이라 한다【방언에 왕께 드리는 음식을 수라(水剌)라고 한다】. 샘물이 달고 향기로워, 일찍이 한고제(漢高帝)가 패수(沛水)에서 마시던 것과 같다고 해서 이름을 수라천이라고 하였다. 수라천의 근원이 대단히 크고 풍부하여 산골의 여러 물들과 함께 문성강(文城江)에 흘러들어간다. 그 가운데 정자가 뭇 산들 밖에 우뚝 서 있는데 이를 용가(龍駕)라고 한다. 세상에서는 우리 태조가 말 타던 곳으로서 왕위에 오르기 전에 있던 땅이라 하여 이름한 것이라 한다"고 하였다. 그러나 비문이 완성된 후에 전설의 진상이 의심스럽다 하여 비를 세우지 않았다.

능수는 또 서쪽으로 북창(北倉)에 이르고 대곡수(大谷水)를 받는다

북창은 곡산부 북 80리 지점에 있다. 대곡수는 성천부 삼도간령(三道看嶺)에서 발원하여 서남으로 흐르다가 승아동(承阿洞)을 지나 동남으로 선내촌(仙內村) 북에 이르며, 동으로 흘러 대곡(大谷)을 지나 남으로 능수에 들어간다.

선생의 「유곡산북방산수기(游谷山北坊山水記)」에 이르기를 "북창(北倉)에서 양곡을 다 내주고 10리를 가서 난뢰교(蘭瀨橋)에 이르렀다. 쪽배를 타고 물을 따라 내려가니 여울도 있고 소도 있어 배가 혹 빨리 내달리기도 하고 두둥실 떠가기도 한다. 산봉우리들이 숨기도 하고 나타나기도 하여 여러 가지로 기이하고 묘하다. 바야흐로 배가 빨리 내달을 때 늘어선 병풍과 같은 봉우리들이 순식간에 뾰족한 봉우리와 날카로운 뿔이 되어 하늘을 찌를 듯하다. 또 한 굽이를 돌면 그 뾰족하고 날카롭던 봉우리가, 또 마치 구름이 흩어지고 안개가 걷히며 도로 병풍을 이루는 것 같아서, 신기루와 연무 중에 잠긴 나무와 같이 변화 무궁하니 정말 기이한 지경이다. 십여 리를 가니 동으로 여러 봉우리가 높고 깨끗하다. 무슨 산이냐고 물으니 아미산(峩眉山)이라 하고, 그 밑에는 미산촌(眉山村)이 있다 한다. 서쪽으로 보니 강 언덕이 평평하고 인가 수십이 있어서 석병촌(石屛村)이라 한다. 또 십여 리를 가서 큰 여울이 있으니 철파탄(鐵杷灘)이라 한다. 여울이 폭포 같아서 배가 거꾸로 박힐 듯하고 흰 물결이 연신 배 안으로 덤벼들어 의복이 흠뻑 젖었다. 여울이 끝나고 다시 고요한 흐름이 되었다. 강 언덕이 평평하고 버들 그늘이 덮였으니 송현촌(松峴村)이라 한다. 맞은편 마을에 평평한 언덕이 있어 팔뚝을 쳐든 것 같다. 그 위에 우거진 숲과 큰 나무들이 있으니 그것도 볼 만하다.

오 리를 더 가서 동창에 이르니 그것이 바로 생황촌(笙簧村)이다"라고
하였다.

> 또 남쪽에는 자하담(紫霞潭), 지전(芝田), 유랑(柳浪)이 있고 서쪽에
> 는 오연(烏淵)이 있다

이것은 모두 곡산부 남북 30여 리 지점에 있다. 선생의 「유북방산수
기(游北坊山水記)」에 이르기를 "동창(東倉)에서 양곡을 내주고 늦게야
앞 냇가에 배를 띄웠다. 동쪽으로 바라보이는 두 산은 가파르다. 물으니
달운산(達雲山)이라 한다. 돌들은 삐죽삐죽 내밀고 봉우리 앞은 절벽이
다. 그 길이가 두어 마장은 될 것이요, 높이는 1,000길이 넘을 것이다.
절벽 위에 옛 성터가 있는데 네 문이 다 천작(天作) 석문(石門)으로 되어
있다. 산밑에서 흐르는 물이 강과 합하는 곳에 북으로 오음동(烏吟洞)이
있으니, 이것은 우계(牛溪) 성혼(成渾)이 피난하던 곳인데 지금은 장양촌
(長陽村)이라 한다. 또 생황촌 서편 맞은 언덕에 기이한 봉우리가 삐죽
솟았으니 이름을 강선암(降仙巖)이라 한다【또는 반목암(蟠木巖)이라 한
다】. 또 그 서쪽에 석벽이 있었으니 이름을 휴류암(鵂鶹嵓)이라 한다. 바
위의 북쪽에 동구가 너르고 평평하니 그 안을 오류동(五柳洞)이라 한다.
우계(牛溪)가 여기서도 살았던 적이 있다 한다. 마을 동남에 큰 산이 있
으니 또한 매우 가파른데 오륜산(五倫山)이라고 한다. 두어 여울을 지나
서 갈운령(遏雲嶺) 밑에서 자게 되었다【속명으로는 갈가지(遏加芝)라고 한
다】. 산이 삥 둘러 앉았고 밑에는 맑은 소가 있어 싱싱한 초목이 물에
비치니 능직과도 같고 융직과도 같다. 이것을 자하담(紫霞潭)이라고 한
다. 소 안에 작은 섬 5~6개가 있으니 다 돌산이다. 높은 것은 길이 넘

고 넓이는 100명이 앉을 만한 것도 있고 수십 인이 앉을 만한 것도 있다. 푸른 바위 붉은 석벽이 웅장하게 강 복판을 누르고 있으며, 낮은 편에는 하얀 모래가 눈 같이 깨끗하여 마음을 끈다. 배가 한번 움직이면 두 돌이 언덕을 끼고 대립하여 마치 동구의 문과 같이 되는데 높이는 모두 100길이나 된다. 동쪽은 갈운령이고 서쪽은 후월대(候月臺)【내가 지은 이름】이니, 후월대는 석벽이 깎인 것 같고 길이가 수백 보인데, 그 꼭대기에는 수백 사람이 앉을 만하다. 늙은 소나무 수십 그루가 있는데 다 굼틀굼틀하는 듯 깨끗하다. 혹은 비스듬히 눕기도 하고 혹은 가로퍼진 것도 있다. 배를 몰아 내려가다가 서쪽으로 한 봉우리가 우뚝한 것을 보고 물으니 적성령(摘星嶺)이라 한다. 그 밑에는 문암촌(門巖村)이 있다 한다. 마을 북쪽에 두 언덕이 마주서서 문을 이루었다. 마을 앞 보리밭은 백날 갈이는 됨직하고 또한 질펀한 곳도 있으니 지전촌(芝田村)이라 한다【또한 양지먹미(陽地覓美)라고도 한다】. 강의 동쪽에 있는 것은 유랑촌(柳浪村)【또한 음지먹미(陰地覓美)라고 한다】이라고 하니 두 마을 둘레 안은 한 모가 각각 십여 리나 된다. 툭 트이어 시원하고 기후 풍토가 다 좋아 보인다. 산을 지고 물을 대했으니 고기잡이도 좋고 나무하기도 좋다.

북으로 자하담(紫霞潭) 같은 경치가 있고 남으로 오연(烏淵)과 같은 기이한 경치가 있으니, 실로 사대부가 살 만한 곳이다. 조금 있다가 오연에 다다르니 그 봉우리가 모두 열둘이다. 크고 높은 것이 여섯이요, 작고 낮은 것이 여섯이다. 높은 것은 1,000길이요, 낮은 것도 100길은 된다. 그 형상이 마치 꽃 숭상하는 사람이 말하는 괴석과 같이 절묘하고 신기하다. 소의 물빛은 칠 같이 새카매서 그 길이를 알 수 없다. 비록 따스한 봄날 한낮에 왔건마는 음산하고 선뜻하여 오래 있을 수 없었다. 또 십여 리를 가서 마가탄(摩訶灘)에 이르니『비고』에서 말홀탄(末訖灘)이라고 한다】그 위는 바로 문성보(文城堡)였다"고 하였다.

문성보 남쪽에 이르러서 왼쪽으로 용연(龍淵)의 물을 받는다

문성보는 마가탄 기슭 검암령(檢巖嶺) 아래에 있다. 검암령 위에 작은 성을 쌓고 문을 설치하고 개폐하게 되어 있는데 동첨절제사(同僉節制使)가 지키고 있다. 남쪽으로 곡산부와 20리 상거하였다.

용연수(龍淵水)는 『비고』에 이르기를 "용연수를 당저탄(堂底灘)이라고 한다. 당저탄은 곡산부 우령(牛嶺)에서 나와 서남으로 흘러 오동서(梧桐嶼)에 이르고, 굽어서 북으로는 곡산부에 이르며 동쪽에서 용연이 된다. 또 북으로 능수에 흘러 들어간다. 용연은 신덕왕후(神德王后) 강(康)씨의 친가 마을이 있던 곳이다"라고 하였다.

야사(野史)에 이르기를 "태조 강헌대왕(康獻大王)이 즉위 전에 함흥(咸興)으로부터【그 행로가 대개 양덕의 사령(四嶺)과 곡산의 검암령을 경유한다】용연을 지날 때 갈증이 심해서 물을 마시려고 하였다. 강가에서 빨래하는 한 여자가 있었는데 태조가 말을 세우고 물을 청하니, 그 여자가 물 한 바가지를 푸고는 버들 잎사귀를 따서 물위에 뿌려 주었다. 태조가 성이 나서 '어찌 이와 같이 불결한고?'하고 말하니 '목이 말라서 급히 마시는 것은 사람을 병나게 한다는 말을 들었습니다. 장군은 그 버들잎을 불면서 천천히 마시기를 바랍니다'라고 대답하였다. 태조가 크게 기특하게 여겨 말에서 내려 그 성씨를 묻고 곧 그 집에 들어가 강(康) 부원군(府院君)에게 장가들 것을 청하고 처로 삼았는데, 그 여자가 바로 신덕왕후이다"라고 하였다. 이때 신의왕후(神懿王后) 한(韓)씨는 영흥(永興) 본가에 있었다. 태조가 강씨를 데리고 송경(松京)에 가서 벼슬을 하였다. 송우암(宋尤菴)이 한씨를 향처(鄕妻)라 하고 강씨를 경처(京妻)라 한 것은 이것을 말함이다. 가경(嘉慶) 기미(己未) 여름에 선생이 곡산 도호(谷山都護)로 있다가 승진되어 조정에 소환되었을 때 용연 옛 마을의 형상을 아뢰었다. 정종(正宗) 대왕이 특별히 비문을 지었다. 용연 못가와 용봉(龍峯) 아래에 집을 짓고 비를 세웠다. 그 때에 새로 온 도호 조덕윤(趙德潤)으로 하여금 이 일을 맡게 하였다. 비문에 이르기를 "황해도의 곡산부 동쪽 5리에 신류(神留) 산봉우리를 용봉(龍峯)이라 하고 못을 용연이라 한다. 뒤에는 산을 지고 앞에는 못이 있어 살 만한 곳이다. 옛 주초 하나가 사람처럼 우뚝 서 있는데 이것이 상산(象山) 부원군(府院君)의 옛터이며, 신덕왕후가 이곳에서 출생하였다"고 하였다. 여지(輿誌)를 상고해 보면 "나라가 건립된 지 2년 만에 강씨를 정실로 삼고 읍을 부로 승격시켰다. 상산(象山)은 곡산의 다른 이름이다. 곡산에서 사는 강씨는 지금 명망 있는 가문이라고 한다【구전(舊傳)에 이르기를 "태조가 왕이 되기 전에 길가에서 목이 말라 용연에서 물을 마셨다. 강씨가 냇가에서 물을 떠서 버들잎을 띄워 드렸다. 태조가 그 대답이 기특하여 마침내 장가들 것을 결심하였다. 곡산부 북쪽 가람산(岢嵐山)에 태조의 말달리던 옛 자취가 있다"는 옛말을 늙은이들은 지금도 전하고 있다】"고 하였다.

옛날 우리 인렬(仁烈), 인현(仁顯) 두 왕후가 출생한 터가 학성리(鶴城里) 반송방(盤松坊)에 있어서 정종(定宗)이 비를 세우고 표를 하였거늘, 하물며 이 땅은 태조와 강씨가 서로 백년해로를 약속한 곳이니 실로 우리 나라의 도산(塗山)(하나라 우(禹)왕의 처가가 있던 곳), 유신(有莘)(문왕의 처가가 있던 곳)과 같은즉, 홀로 기념비가 없다면 강씨를 우러러 추모하는 뜻이 아니다. 정종 즉위 23년 기미 여름에 삼가 돌에 글을 쓰고 끝에 명(銘)을 붙이어 후세에 전하여 보이려 한다 하고, 명에 이르기를 "곡(鵠)이 원간(嫄簡)과, 헌(軒)이 누방(嫘方)과 짝을 한 것은 하늘이 지어 준 것이어서 땅 기운이 상서를 맞추어 준 것이다. 갸륵한 왕후는 처음에는 보통 백성이었다. 사당은 아름답고 그 모양은 으리으리하다. 저기 감돌아 흐르는 시내의 원류는 멀리서 유유히 흘러내린다. 살던 저택 위에는 신기로운 광채가 어리고, 아름다운 물가와 상서로운 달은 나루터와 옛 고향을 보는 듯하다. 집 주초는 100자나 되며 못을 건너던 옛 다리가 있다. 큰 글씨로 쓴 빗돌과 말달리던 대가 옆에 있다. 오! 천만억 년 도움 받아 끝이 없어라!"라고 하였다【대제학(大提學) 홍양호(洪良浩) 씀】.

선생의 「유북방산수기」에 이르기를 "기미년 봄에 두 아들을 데리고 마가탄(摩訶灘)에 가서 배를 띄워 월현령(月現嶺) 아래에 이르러 고기를 낚았다. 물을 따라 70리를 내려와서 서창(西倉) 아래 이르니, 강변에 있는 촌락들은 그 산수 풍치가 아름다워 대단히 즐겁고 상쾌하였다. 서창은 서쪽으로 평양과 통하고, 북은 성천과 통하여 온갖 물건이 다 집결되고 사람들이 번성해서 이 역시 산중의 한 도회(都會)이다"라고 하였다.

『백제사(百濟史)』에 이르기를 "온조왕(溫祚王) 13년【한나라 애제(哀帝) 건평(建平) 원년】에 한산(漢山) 아래에 나가서 목책을 세우고 드디어 경계를 정하였다. 북으로는 패하(浿河)에 이르고 남으로는 웅천(熊川)을 한계로 하였다【지금의 공주(公州)】. 서쪽으로는 대해, 동쪽으로는 주양(走壤)【지금의 춘천(春川)】에 이르렀다. 38년【왕망(王莽) 때】에 왕이 동으로는 주양까지, 북으로는 패하까지 순무하였다"고 하였다.

근초고왕(近肖古王) 26년【동진(東晉) 간문제(簡文帝) 때】에 고구려가 병사를 동원하여 온다는 말을 왕이 듣고, 패하 강변에 병사를 매복시키고 도착하기를 기다리다가 갑자기 쳐서 고구려 병사가 패배하였다.

아신왕(阿莘王) 4년에 좌장(左將) 진무(眞武) 등이 고구려를 치므로 왕이 친히 병사 7,000명을 거느리고 패수 강변에 진을 치고 대항하여 싸웠는데 우리 군대가 크게 패하였다고 하였다.

　선생이 말하기를 "옛 사기의 여러 문헌이 이와 같으니 이때 수곡성(水谷城)【오늘날의 신계(新溪)】, 십곡성(十谷城)【오늘날의 곡산(谷山)】, 장새(獐塞)【오늘날의 수안(遂安)】등 세 현은 다 백제의 혜택을 입었기 때문에 이곳을 북쪽 변방이라고 말한 것이다【역시『백제사』에 있다】. 그렇기 때문에 우리 나라 학자들이 혹 황해의 땅이 본래 백제에 속하지나 않았는가 하고 생각하는 것은 큰 잘못이다. 한(漢), 위(魏) 이래로 패수 이남과 열수 이북이 줄곧 중국의 관할하는 바가 되어 공손(公孫)씨, 혹 모용(慕容)씨, 혹 풍홍(馮弘)씨, 혹 원위(元魏)씨에게 속해서, 전후 600년간 단절되기도 하고 계속되기도 하였으나 대개 오랫동안 무사한 시기는 없었으니 고구려, 백제가 어떻게 그 땅을 차지할 수가 있었겠는가.『백제사』에 이른바 북으로 패하에 이르렀다는 것은 당시 도로가 원래 지금의 곡산, 이천(伊川)으로부터 남으로 삭령(朔寧), 마전(麻田)을 거쳐 칠중하(七重河)를 건너서 적성(積城), 양주(楊州)에 도달하였던 것으로서 그 도로가 지금의 길에 비해서 지름길이 되었으므로, 온조왕이 당시 우연히 이 길을 통해서 곡산 등 여러 고을을 순무하였고 고구려의 남쪽 지방을 침략할 때에도 이 길을 경유하였다. 이로 보아 근초고왕 때 능성강(能成江) 가에서 복병하였다는 것은 패하를 말하는 것이다【패하는 중화(中和), 황주(黃州)의 땅이 아니라고 말한다】"라고 하였다.

　청은 상고하건대『백제사』에서 패하라고 칭하는 것은 반드시 능수를 가리켜 말한 것일 것이다. 능수가 이 패하의 하나의 원류라면, 같이 패하라고 말하더라도 불가할 것이 없다. 지금『수도제강』에서 대동강의 남쪽 원류가 패수를 이룬다고 하였으니【상세한 것은 앞에서 말했음】그 뜻은 이와 같다.

능수는 또 서쪽으로 삼등현(三登縣)에 이르고 남으로 적벽(赤壁)을 지나 앵무주(鸚鵡洲)가 된다

능수는 또 서쪽으로 강진산(江鎭山) 아래, 즉 수안군 북쪽 경계를 지나며 또 서남으로는 삼등현 남쪽에 이른다. 삼등현은 본래 성주(成州)인데 구아(狗牙) 등 세 부곡(部曲)에 소속된 땅이다. 고려 인종(仁宗) 때 합해서 현으로 하였고 우리 나라에서는 그대로 두었다. 현 남쪽 2리에 앵무주가 있고 그 주위에 적벽(赤壁)이라고 부르는 석벽이 깎아 세운 듯 서 있다. 돌이 물에 잠겨 거북 잔등과 같은 것이 있는데 거기에 앉을 수 있다. 강안의 황학루(黃鶴樓)는 중국을 모방한 것이다.

능수는 또 서쪽 오른편으로 아차수(阿次水)와 합친다. 아차수는 성천부 구룡산(九龍山)에서 발원하여 남쪽으로 흘러 들어간다.

능수는 또 왼쪽으로 방원수(防垣水)와 합친다. 방원수는 수안군 만령(蔓嶺)에서 나와 북으로 흘러 문산보(文山堡)를 지난다. 방원수의 좁은 목이 도동(道洞)을 지나서는 큰 물〔大浦〕로 되면서 능수로 들어간다. 문성보에 병마만호(兵馬萬戶)를 두어 수비케 하는데 황주에 소속해 있다. 문성보의 성을 방원(防垣)이라 하는데, 주위는 600여 척이고 좌우에 행성(行城)이 있으며, 높은 산이 마주 서 있어서 저절로 문이 만들어졌다. 우리 인조(仁祖) 2년에 이괄(李适)의 반란군이 이곳에 이르렀으나 감히 침범하지 못하고 물러갔다.

능수는 또 서쪽으로 건달산(建達山) 아래를 지나는데 삼등현 서쪽 25리 지점이다.

현 서북을 따라 굽어져서 상원군(祥原郡) 동쪽에 이르고 왼쪽으로
문포수(文浦水)를 받는다

상원군은 본래 고구려의 식달현(息達縣)인데 신라에서는 토산현(土山
縣)으로, 고려에서는 상원군으로 하였는데 우리 나라에서는 그대로 두
었다. 군 동북 37리에 어타탄(於打灘) 【혹은 어정탄(於丁灘)이라 한다】이 있
으니 이것이 능수이다.

문포수는 상원군에서 발원하여 모두 운산(雲山) 서북으로 흘러 홍암
(紅巖)을 지나 흑우(黑隅)에 이르러 천곡수(天谷水)와 합수하여 군 동쪽
에 이르러 용두포(龍頭浦)를 형성하며, 응암(鷹巖)의 하허정(何許亭)을
지나서 능수로 흘러 들어간다.

또 서쪽으로 마탄(馬灘)에 이르러서는 패수에 합친다

『비고』에 이르기를 "능성강의 원류는 두류산(豆流山)에서 나와 남으
로 흐르다가, 양덕현 남쪽에 이르러 왼쪽으로 우령천(牛嶺川)을 지나 현
서쪽에 이른다. 오른쪽으로 우라천(亐羅川)을 지나 서남으로 흐르다가
송산(松山)에 이른다. 또 오른쪽으로 마배천(馬背川)을 지나고, 이령매을
(伊令買乙)의 경계를 지나서는 명탄(鳴灘)이 된다. 또 오른쪽으로 대곡천
(大谷川)을 지나 오연(烏淵), 미흘탄(未訖灘)이 되어 문성진(文城鎮)에 이
른다. 왼쪽으로 당저탄을 지나 서북으로 흐르다가 강진산(江鎮山)을 경
유하여 서남으로 흘러 가산(架山)을 지나 삼등현 남쪽에 이르고, 적벽
(赤壁)을 지나 앵무주가 된다. 오른쪽으로 아차천(阿次川), 방원천(防垣
川)을 지나【생각건대 이것은 응당 왼쪽으로 방원천을 지난다고 해야 한다】 건

달강(建達江)을 이루고 서북으로 흘러 어타탄(於打灘)이 된다. 왼쪽으로
문포(文浦) 서쪽을 지나 대동강과 마탄에서 합류한다"고 하였다.

저수(瀦水)【일명 예성강(禮成江)이다】

저수는 수안군(遂安郡) 언진산(彦眞山)의 남쪽에서 발원한다

두류산(豆流山) 서쪽의 하나의 산줄기가 개련산(開蓮山)이 되고, 또 서
쪽으로 덕업산(德業山)이 되고 증격산(甑擊山)이 되었으며, 수안군 북쪽
45리에 이르러서는 언진산이 되었다. 패수(浿水) 이남과 저수 이서 여러
고을의 산들이 다 이 언진산에서 시작되며 저수도 여기에서 발원한다.
언진산의 남쪽 홀곡(笏谷) 안에서 황금이 났다. 정조(正祖) 때에 그 곳
주민들이 금점(金店)을 설치하고 금덩이를 캐내었다. 수원 유수(水原留
守) 서유린(徐有鄰)이 금점주로써 감독하는 관리를 임명하고 광세(鑛稅)
를 거두었는데, 한 달에 금 100냥에 달하였고 금점주는 한 해에 금 수천
근을 획득하였다. 굴을 파서 집을 만들고 사는 자들이 만여 호 되었으
며, 산맥을 자르고 파 들어가서 아래로 황천(黃泉)까지 달하였다. 높은
값을 치르고도 양전(良田)을 사서 금을 일면 모두 금을 얻게 되므로, 이
언진산 아래의 경지는 날로 줄어만 갔다. 그리하여 관찰사가 금점을 금
지하려 하였으나 효과를 보지 못하였다. 이곳에 여러 가지 비단〔錦繡綾
羅〕들이며 생선, 말린 고기, 구운 고기, 지진 고기 등 온갖 고기들이 무
더기로 쌓여서 시장을 이루었다. 준마도 있고 미녀도 있으며 거문고를

뜯는 사람, 퉁소를 부는 사람 등 잡색 사람들이 날이 갈수록 더 많이 모여들었고, 그 중에는 도망쳐 왔거나 간사한 놈들을 숨겨 주는 사람들이 있어 그 폐해가 적지 않았다. 정조 24년(1800) 이후부터 홀곡의 금점판은 그 경기가 조금씩 쇠하여 갔고, 반면에 박천(博川) 다복동(多福洞)의 금점판이 점점 성하였는데 홍경래(洪景來) 난리도 여기에서 일어났다. 금광을 벌인 모든 곳에 조정에서는 마땅히 관리를 임명하여 감무하게 하며, 그 지방 주민으로 하여금 스스로 금점주를 하지 못하게 한 연후에야 사람들이 서로 불러 모여서 난을 일으키는 근심이 없게 될 것이니, 나라를 통치하는 사람들은 마땅히 고려를 하여야 할 것이다. 지방 주민들이 남 모르게 장사하여 연경(燕京)에 금을 수출하였기 때문에 생금(生金)이 숙금(熟金)보다 더 귀해졌는데 사람들은 그 연고를 알지 못하였었다. 청나라 건륭이 죽은 이후에는 생금을 수출하는 이가 좀 적어졌다. 중국 사신이 왔을 때 통역이 그 연고를 물었더니 그 사신의 대답이, 대개 그것은 화신(和紳)이란 자가 부귀와 권세가 한창 성할 때 생금을 사서는 수백 개의 화분에 채우고 그에 모두 산호수를 꽂아 놓고서 관상하였기 때문에 금값이 뛰어올라 갔었는데 화신이 패한 후에는 생금이 그렇게 심히 귀하지 않았다고 하였다.

남쪽으로 흘러 그 군의 동쪽을 지나서 그 좌우 여러 골짜기에서 나오는 물을 받는다

군은 본래 백제의 장색현(鄣塞縣)인데 고려 때 수주(遂州)라고 하였고, 우리 나라에 와서 수안군이라 하였다. 저수는 군의 동쪽 20리허에 이르러 흑석탄(黑石灘)이 되고 군의 동남 약 20리에 이르러서는 춘탄(春灘)

이 된다. 『승람』에 이 춘탄을 보음탄(甫音灘)이라 칭한 것은 방언에 춘(春)을 일러 봄(甫音)이라고 하기 때문이다.

총령고보(葱嶺古堡)는 수안군에서 동쪽으로 40리 되는 곳에 있는데 지금은 오직 창고만이 여기에 남아 있다. 이 창고의 서쪽 수백 보 지점에 돌구멍이 있어 샘이 나오는데 하루에 세 번씩 조수가 지고, 다섯 번째로 지는 조수는 특별히 성하다. 선생이 곡산(谷山) 도호부사로 되어 총령(葱嶺)을 지나던 길에 그 샘의 낮 조수를 구경하였다. 장마철 빗물같이 싯누런 물이 구멍에 가득 차서 나오는데 그 크기가 기둥 같다가도 그 기운이 약할 때에는 물결이 잔잔하며 싯누렇지 않고 말쑥하니 참으로 이상한 일이다【황수견탄(潢水犬灘)조에 자세히 있다】. 이 총령수(葱嶺水)는 서쪽으로 흘러서 저수에 들어간다. 또 군의 남쪽 1리에 용담(龍潭)이 있는데 이것도 바위 구멍에서 발원하여 빙빙 돌아 모여서 못을 이루었다가 동쪽으로 흘러 저수에 들어간다.

저헌(樗軒) 도인【성명은 미상】이 이 용담을 두고 지은 시의 서문에서 말하기를 "수안군에서 남쪽으로 1리쯤 가면 바위에 입같이 생긴 구멍이 있어 맑은 샘을 뿜어 내보내는데 철철 흘러서 깊고 넓은 못을 이루고 있다. 겨울에 얼지 않고, 언제 말라 본 적도 없으며 비가 와서 넘쳐난 때도 없다. 높이 솟은 벼랑 돌에 사람이 5~6명은 앉을 만한데, 여기에서는 털끝만한 것이라도 다 볼 수 있다. 바위 구멍은 안으로 들어가면서 좁아져 그 형상이 목구멍 같으므로 그 근원을 잘 볼 수가 없다【글이 여기에서 그침】"고 하였다. 또한 물이 조산(造山)에서 발원하여 동쪽으로 흘러 저수에 들어가는 것이 있는데, 『승람』에 "대교탄(大橋灘)은 수안 북도동(北陶洞)에서 발원하여 보음탄으로 들어간다"고 하였으니 곧 이것을 이르는 것이다. 본문〔經〕에 든 바, 좌우 여러 골짜기의 물은 이 여러 물을 가리킨 것이다.

저수는 또한 남쪽으로 신계현(新溪縣) 서쪽을 지나 그 현 앞으로
흐르는 물을 받는다

신계현은 본래 백제의 수곡성(水谷城)인데 고려 초에 신은현(新恩縣)
이라 하였고 후에 담주(覃州)라 하였으며 우리 나라에 와서 신계(新溪)
라고 하였다.

저수는 현의 서쪽 8리 되는 곳을 지나 사팔탄(沙八灘)을 만들고 왼쪽
으로 오소수(烏巢水)를 합친다. 오소수는 이천부(伊川府)의 지경인 개련
산(開蓮山)에서 발원하여 서쪽으로 흘러 서촌(西村)의 서남쪽을 지나 저
수에 들어가는데, 북소궁(北蘇宮)이 오소수의 물가에 있다. 이 궁은 고
려 공민왕 때에 지은 것인데 지금까지도 오히려 여기에 섬들이 남아 있
다【현의 북쪽 80리 지점에 있다】.

현 앞으로 흐르는 물을 또 유남천(楡南川)이라고 칭하고 또한 남탄(南
灘)이라고도 하는데, 화개산(華蓋山)에서 발원하여 서쪽으로 흘러 저수
에 들어간다.

저수는 또한 남쪽으로 율탄(栗灘)을 만들고 왼쪽으로 영신수(迎新水)
와 합친다. 이 영신수는 화개산에서 발원하여 신파현(薪坡峴)에 이르러
서쪽으로 흘러와서 저수에 들어간다.

또한 남쪽으로 흘러서 기탄(歧灘)이 된 다음, 남쪽으로 금교역(金
郊驛)의 동쪽에 이르러 오른쪽으로 총수수(葱秀水)와 만난다

기탄은 평산부(平山府)의 서북쪽 25리허에 있는데, 『고려사』「지리지」
에서 개성현(開城縣)에 기평도(歧平渡)가 있다고 한 것이 곧 이것이다.

고려 우왕(禑王)이 동 14년에 평양에 갔었는데, 그 해 5월에 우리 태조가 위화도(威化島)로부터 회군하여 안주(安州)에 이르렀을 때 우왕은 밤으로 중화군(中和郡)에 나왔고, 여러 군사가 이미 가까이 왔다는 소식을 듣고는 사잇길을 따라서 급히 달려 기탄에 이르렀고, 그 이튿날 아침에야 서울에 돌아왔다.

『승람』에 이르기를 "기탄의 근원은 둘이 있는데 그 하나는 수안군 언진산에서 발원하며, 하나는 평산부의 냉정원(冷井院) 등지【총수천(葱秀川)】에서 발원하여 저탄에 이르러 합류한다"고 하였다.

금교역은 평산부의 북쪽 20리허에 있는데 찰방 1명이 있으면서 이를 다스리고 있다.

총수수는 평산부의 멸악산(滅惡山)에서 발원하여 동쪽으로 흘러 안성발(安成撥)에 이른다. 서관(西關) 대로에는 대체로 30리에 하나씩 파발막(擺撥幕)이 있는데 안성발은 그 하나이다. 이로부터 구부러져서 남쪽으로 흘러서 총수산 아래를 지나 보산관(寶山館)에 이르러 자근수(楮斤水)와 합쳐서 저수에 들어간다. 총수산은 평산부의 북쪽 30리허에 있다.

동월의 「조선부」에 이르기를 "둘레엔 푸른빛 날개 치며 총수산은 구름에 연하였네"라고 하고, 스스로 주를 달기를 "바람벽처럼 깎아 선 총수산(葱秀山)이 물가에 임하여 우뚝 솟아 수려한 경치를 이루었다. 옛적 이름은 총수(聰秀)였으나 내가 지금 이름으로 바꾸어서 일찍이 기(記)를 지었다. 그 기의 대략은 다음과 같다. '보산관으로부터 서쪽으로 10리 가량 가면 여기에 산이 있다. 높이 솟은 산벽과 거꾸로 달린 벼랑은 아래로 흐르는 물을 굽어보고, 반송과 괴석이 빈 골짜기에 층층으로 보이고 첩첩이 나왔으며, 동굴 사이의 뾰죽뾰죽한 돌들은 마치 잇몸을 연상시키는데 점점이 이끼로써 덮이고 겨우살이로써 가리워 떨어질 듯이 위태롭게 보이는 것이 거의 절반이며, 석벽의 가운데가 비스듬히 갈라진

것이 마치도 손과 주인이 따로 선 것과 같다. 유수는 북으로부터 콸콸거
리며 돌 틈을 나와 부딪치고 쏜살같이 흐르며 물방울을 띄우는데 구슬
이 뛰는 것 같기도 하고 백로가 떨쳐 나는 것 같기도 하다. 물은 빙빙
돌다가 꺾어져서 흐르고 흘러서 그 그치는 바를 알지 못하겠다【총수수
(葱秀水)를 가리킨 것이다】. 때에 동월이 왕창(王敞)과 더불어 함께 이 산
에서 노닐며 물에 임하여 고기를 낚던 일을 인연하여 이름을 고친다'"
고 하였다.

예겸(倪謙)의 「사조선록(使朝鮮錄)」에 이르기를 "숭수원(崇水院)은 총
수산의 동쪽에 있다. 여기엔 산의 바위 구멍에서 나와 세 줄기로 흘러서
드리운 내가 있어, 겨울이 되면 얼어서 얼음 기둥이 되는데 혹 긴 것도
있고 짧은 것도 있다. 경험 있는 오랜 농사꾼은 이것으로써 오는 해의
흉풍을 점치는 데 징험이 있다. 때문에 세상에서도 역시 이것을 신수원
(神水院)이라고 부른다"고 하였다.

인평대군이 말하기를 "총수산에는 옥 같이 맑은 물이 흘러내리는 돌
로 된 평상이 있다. 돌의 생김생김이 가지런하지 않고 위로 삐죽삐죽 솟
아 나왔는데 말쑥한 냇물이 아래를 빙 둘러 흐른다. 중국 사람이 유람
차 이곳에 머물러서 필묵으로 쓰고 깊이 파서 붉은 칠을 하기를 옥유령
암(玉乳靈巖)이라 하였는데, 이것은 곧 한림시독(翰林侍讀) 유홍훈(劉鴻
訓)이 쓴 것이요, '옥류천(玉溜泉)'이요 '청천선탑(聽泉仙榻)'이요 라고
한 것은 곧 한림편수(翰林編修) 주지번(朱之蕃)이 쓴 것이요, '현주(縣珠)
'라고 한 것은 곧 태감(太監) 노유령(盧維寧)의 글씨를 빌린 것이요, '옥
유(玉乳)'요 '진주천(珍珠泉)'이요 라고 한 것은 곧 부총병(副總兵) 정룡
(程龍)이 쓴 것이다. 그 중 제일 높은 곳에는 태감이 두 번째로 이 산에
올라와서 자기 형상을 새겨 놓은 것이 있었는데 지금은 이미 다 깎이어
없어졌다"고 하였다.

저수는 또한 남쪽으로 태백산성(太白山城)의 동쪽을 지나서 왼쪽
으로 합탄수(蛤灘水)를 받는다

　저수는 또한 도화파(桃花坡)의 장군돌[將軍石]을 지나서 평산부(平山
府)의 동쪽 15리허에 이르러서 전탄(箭灘)이 되고 또 태백산성의 아래에
이른다. 이 성은 평산부의 동쪽 5리 되는 곳에 있는데, 동은 저수에 임
하였고 3면은 높고 급하며 서관 대로를 직접 맞받아 막고 있으니, 참으
로 꼭 지켜야 할 곳이다. 성중에는 세 태사(太師)의 사당이 있어서 고려
의 개국공신 신종겸(申宗謙)·복지겸(卜智謙)·배현경(裵玄慶) 세 사람
을 제사지내고 수금필(庾黔弼)을 거기에 배향하였다. 여기엔 철로 만든
소상[塑]이 열지어 서 있는데 그 중 적은 것은 8~9세의 어린아이만하
며 거칠어져서 본래의 모양이 없어졌다. 또 흙으로 만든 소상도 있다.
그 중 여자의 상이 몇 개 있는데, 이것은 아마도 무당들이 만들어 놓은
것 같으나 조정에서는 아직도 해마다 여기에 향과 축문을 내리고 있다.
　합탄수는 금천군(金川郡) 수룡산(首龍山)에서 발원하여 북쪽으로 흘러
서 용암(龍巖)을 지나 제석산(帝釋山)의 무릉동(武陵洞)의 물과 합치고,
서쪽으로 흘러서 토산현(兎山縣)의 경계를 지나서 비라수(飛羅水)가 되
고 또 서쪽으로 원중포(源中浦)가 되고, 금천군 북쪽 경계에 이르러서
저수에 들어간다.

또 남쪽으로 평산부(平山府)의 동남쪽에 이르러 저탄(瀦灘)이 된다

　평산부는 본래 고구려의 대곡군(大谷郡)이었는데 신라는 영풍군(永豐
郡)이라 하였고 고려는 평주(平州)라 하였으며, 우리 나라에 와서 평산

(平山)이라 하였다. 저탄은 평산부의 동남쪽 15리허에 있는데 역시 금천군의 서북쪽 경계이다.

동월의 「조선부」 자기 주에 이르기를 "근보산(近寶山)의 한 냇물은 이름을 저탄(楮灘)이라고 부르는데 너비가 20여 발이며 소나무로 다리를 놓았다"고 하였다.

예겸의 『사조선록』에 이르기를 "저탄은 평산부의 동쪽 25리허에 있는데 그 근원이 수안군에서 나오며 강음(江陰)에 흘러 들어가서 조읍포(助邑浦)가 된다"고 하였다.

『승람』에 이르기를 "저탄은 언진산에서 발원하여 신계현(新溪縣)을 지나 평산부의 북쪽에 이르러서 기탄(岐灘)이 되고 부의 동쪽에 이르러서 전탄(箭灘)이 된다. 저탄은 여기에 이르러서 그 흐름이 비로소 커지며 강으로 흘러내려서 조읍탄(助邑灘)이 된다. 저탄의 곁에는 흥의역(興義驛)이 있어서 금교도(金郊道)에 속한다"고 하였다.

『고려사』 「강감찬전」에 이르기를 "현종(顯宗) 10년에 거란병이 구주(龜州)를 지나서 쳐들어왔을 때다. 강감찬 장군이 이때에 원수로 있으면서 동교(東郊)에서 거란병과 격전하였다. 거란병이 패하여 달아나매 우리 군사가 그들을 추격하여 석천(石川)을 건너서 반령(盤嶺)에 이르렀는데 죽어 넘어진 적들의 시체가 들을 덮었다. 강감찬 장군은 3군을 거느리고 개선하여 사로잡은 적병을 왕에게 바쳤다. 이때에 왕이 몸소 영파역(迎波驛)까지 나와 맞이하였고, 채붕(綵棚)을 만들고 풍악을 갖추어 잔치를 차려 장병들을 먹였으며, 금화(金花) 여덟 가지를 강감찬 장군의 머리에 친히 꽂아 주고, 왼손으로 장군의 손을 잡고 오른손으로 잔을 들어 권하며 위로하고 감탄하기를 마지아니하니, 강감찬 장군은 과분하다는 뜻으로 절을 하여 사례하였다. 이때로부터 드디어 역의 이름을 고쳐 흥의(興義)라고 하였다"고 하였으니, 우봉고현(牛峯古縣)의 서쪽 30리허에 있는 것이 바로 이것이다.

인조(仁祖) 2년에 평안도 병마사(平安道兵馬使) 이괄(李适)이 반란을 일으키매, 도원수(都元帥) 장만(張晩)은 봉산(鳳山) 방면을 향하여 선봉부대와 더불어 저탄에서 합동하여 반란군을 칠 것을 약속하였고, 부원수(副元帥) 이수일(李守一) 등은 평산부에서 서로 의론하고 진군하여 좌우로부터 반란군을 협격할 것을 약속하였으며, 황해도 방어사(防禦使) 이중로(李重老)는 저탄을 지키고 있었다. 이윽고 반란군이 와서 공격하였는데 관군은 모두 물에 빠져 죽고 살아 남은 자는 반란군에 항복하였으며 이중로는 여기에서 죽었다. 전부대장(前部大將) 정충신(鄭忠信)이 나아가 마탄(馬灘)에 이르러 물을 사이로 하여 진을 치고 큰 전투를 하였다. 시간이 좀 지나서 반란군이 1기(一騎)로써 이중로 등 여덟 장수의 머리를 실어 보냈다. 얼마 후에 반란군이 승승하여 저탄을 건넜다.

『고려사』「지리지」에 이르기를 "서해도(西海道) 평주(平州)에 저천(瀦淺)이 있는데 일명 패강(浿江)이라고도 한다"고 하였다.

김관의(金寬毅)의 『편년통록(編年通錄)』에 이르기를 "당나라 숙종(肅宗)이 천보(天寶) 12년에 바다를 건너서 패강의 서포(西浦) 【즉 전포(錢浦) 】에 당도하였다"고 하였다.

『승람』에 이르기를 "『사기』「조선전」에 '한나라가 요동의 옛 요새를 수축하고 패수에 이르러 경계를 삼았으며, 위만(衛滿)이 망명하여 동쪽으로 달아나 요새를 빠져 패수를 건넜다'고 하였으니 압록강을 패수라고 부른 것이요, 또『당서(唐書)』에 '평양성은 한나라의 낙랑군(樂浪郡)이다. 산을 따라서 구부러지게 둘리어 만든 외성〔郭〕은 남쪽으로 패수에 임하였다'고 하였으니 지금의 대동강을 가리킨 것이요, 또『고려사』에는 '평산부의 저탄을 패강이라 하였다'고 하였으니, 백제의 시조가 북

쪽으로 패강으로써 경계를 삼았으며 당나라 황제가 패강의 서포에 배를
대고 돌을 깔고 하륙하여 송악군(松岳郡)에 도착하였다고 한 것이, 의심
컨대 이 패수를 가리킨 것이 아닌가? 이것으로써 본다면 우리 나라의
경내에는 본래 세 개의 패수가 있는 셈이다"라고 하였다.

청이 고증하건대 저탄은 패수가 아니다. 『고려사』「지리지」의 설도
본래 억측하는 견해이지만, 더군다나 당나라 숙종이 조선에 왔다는 말
은 지극히 황탄한 소리인즉『통록』에 논한 바는 근거할 만한 것이 못되
며, 온조(溫祚)가 경계를 정한 강은 바로 능수(淩水)이므로『승람』이 근
거한 바도 믿을 만한 것이 못된다.

『승람』에 또 이르기를 "홍의역은 우봉현의 서쪽 30리 지점에 있는데
옛 이름은 임패(臨浿)【우봉현은 지금 금천(金川)에 합했다】이다"라고 하였
고, 또 저탄 조에 이르기를 "백제 시조 13년에 나라의 경계를 정하여 북
으로 패하에 이르렀다"고 하였는데, 패하가 평양의 패강으로 말하면 그
것은 고구려의 도성 곁에 있으니 여기가 어떻게 백제의 경계로 될 것인
가? 이른바 패하는 아마도 저탄이 아닌가 한다. 혹자가 말하기를 "신라
선덕왕(宣德王) 3년에 왕이 한산주(漢山州)에 순행하며 민가를 패강진
(浿江鎭)에 옮겼다"는 것과, "헌덕왕(憲德王) 18년에 우봉태수 백영(白永)
에게 명령하여 패강 장성을 쌓았다"고 하는 것도 역시 이 저탄을 가리
키는 말이다.

예겸의『사조선록』에 이르기를 "저탄은 일명 패강이다. '백제의 시조
가 나라의 경계를 정하여 북으로 패하에 이르렀다'고 하였는데 이 패하
는 곧 저탄이다. 또 홍의관(興義館)은 옛 이름이 임패다"라고 하였다.

선생은 이르기를 "저수와 패수는 원래 서로 관련이 없는데 어찌하여
같은 이름으로 불리겠는가? 특히 온조왕(溫祚王)이 나라의 경계를 획정

하여 북으로 패하에 이르렀다고 하나, 백제 사람의 발자취는 중화(中和), 황주(黃州)에도 미치지 못하였기 때문에 그 이수를 줄여 붙여 저수를 거기에 해당시키려는 것이다. 그러나 백제의 발자취는 금천(金川)이나 송악(松岳)에도 미치지 못하였으니 이를 또한 장차 어떻게 할 것인가? 온조가 국경으로 정했다는, 이른바 패하라는 것은 곡산(谷山)의 능성강(能成江)인 것이다. 이 물은 서쪽으로 흘러서 상원군(祥原郡)의 북쪽에 이르러서 대동강과 합류하니 역시 패수의 상류인 것이다. 온조왕이 한번 이 물에까지 와서 수안(遂安), 곡산(谷山), 신계(新溪)의 백성을 위무하였다고 하는데, 그가 왕래한 길은 본래 삭령(朔寧), 이천(伊川)을 경유하여야 하니 온조왕이 어떻게 북으로 저수에까지 이를 수 있었겠는가?"라고 하였다【능수(淢水) 조에 자세히 있다】.

청이 살펴보건대 임패현(臨浿縣)이란 것은 패수현(浿水縣)이다. 이는 명백히 대동강의 연안에 있고 평양과 접하여 있는 것이다. 그러면 이것이 흥의역과 무슨 관계가 있겠는가? 또한 신라 성덕왕(聖德王) 때에 패강 이남이 비로소 나라의 판도에 들어왔고 이후로부터 신라의 국경이 대동강에 한하였다. 그러므로 헌덕왕(憲德王)이 패강성(浿江城) 300리를 쌓아서 변방을 방어하였던 것이다. 저수는 이미 나라의 안에 있는데 또 무슨 이유로 성을 쌓았겠는가? 만약에 우봉군이 대동강과 관계가 없다고 말한다면 이것은 잘 모르고 하는 말이다. 우봉은 서쪽으로 패수의 물가로부터 200여 리에 불과하니 그 때의 군과 현은 넓어서 우봉 군수가 패수에 가서 성을 쌓은 것이 또한 무엇이 의심스럽겠는가?

안순암(安順菴)이 말하기를 "'온조왕이 북으로 패하에 이르렀다'고 하였으며 『고려사』에 '저천(瀦淺)은 일명 패강이라 불렀다'고 하였다. 그러므로 『승람』에서도 역시 이와 같이 말하였다. 이것은 저탄을 패수라

고 칭하는 첫째 증명이다. 당나라 숙종이 패강의 서포에 당도하였다고
하였는데 여기가 즉 전포(錢浦)이다. 이것은 지금 개성부의 서쪽, 즉 저
탄의 하류에 있으니 숙종이 조선으로 왔다고 하는 이야기는 비록 황탄
하여 믿을 수 없다고 하지만, 어찌 지명까지야 함께 틀렸다고 말할 수
있겠는가? 이것은 저탄을 패수라고 칭하는 둘째 증명이다. 고구려 평원
왕(平原王)이 13년에 패하의 언덕에서 사냥을 하고 50일 만에 돌아왔다
고 하는데 이때는 고구려의 서울이 바로 평양이었으니 이 패하가 대동
강이 아니었던 것만은 명백하다. 또 백제와 고구려간의 싸움이 패수 상
에서 많이 진행되었던 것은, 대개 패수가 양국의 경계에 놓여 있었던 때
문일 것이다. 성왕(聖王) 원년에 고구려 병사가 패수에 이르렀다고 하였
다. 이 모든 것은 저탄을 패수라고 칭하는 셋째 증명이다.『수경(水經)』
에 '패수는 임패현을 지난다'고 하였으며,『승람』에 '홍의역은 옛적에
임패라고 불렀다'고 한 것은 이미『수경』에서 말한 것이다. 그러므로 이
것도 역시 저탄을 패수라고 칭하는 증명이 된다"고 하였다.

청이 상고하건대 고구려와 백제가 전투한 곳과, 평원왕이 사냥한 곳
은 분명히 곡산(谷山)의 능수(溾水)이다. 저탄으로 가정할 수는 없는 것
이다【능수 조에 자세히 있다】. 임패현이란 것은 한나라 때의 패수현이니
분명히 지금의 평양과 서로 접하여 있은즉【패수 조에 자세히 있다】, 홍
의역이 이에 무슨 관계가 있는가?『승람』에 말한 바는 도무지 증거를
인용한 것이 없으니 어떻게 그것을 인용하여 이를 증명할 수 있겠는가?
결론적으로 말한다면 패수는 패수고 저수는 저수다. 서로 혼동할 것은
없다. 안순암이 든 바의 네 가지 증명도 다 근거할 만한 것이 못된다.

또 금천군(金川郡)의 서쪽을 지나 왼쪽으로 박연(朴淵)의 물을 받아서 마탄(馬灘)이 된다

금천군은 본래 고구려의 우잠군(牛岑郡)【일명 우령(牛嶺)이라고 한다】이다. 신라 때에는 우봉현(牛峯縣)이라 하였고 고려는 신라 때의 이름을 그대로 불렀으며, 우리 나라는 강음(江陰)과 합쳐서 금천군을 두었다.

박연수(朴淵水)는 개성부의 천마산(天磨山)과 금천군의 성거산(聖居山)에서 발원하여 서쪽으로 흘러서 고모담(鈷鉧潭)이 되고, 서북으로 흘러서 어조수(語早水)가 된다. 또한 서북으로 금천군의 앞을 지나서 서쪽으로 저수에 들어간다. 마탄은 금천군의 서쪽 30리허에 있다. 『고려사』「지리지」에 이르기를 "우봉군(牛峰郡)에 박연이 있는데 그 상하 못의 깊이를 다 헤아리지 못한다. 날이 가물 때 여기에 기우제를 지내면 곧 응하여 비가 내렸다. 위에 있는 못 가운데에는 올라가서 구경도 할 수 있는 넓고 편편한 큰 돌이 있다. 문종(文宗)이 한번은 그 위에 올라갔는데 갑자기 바람과 비가 크게 몰아치며 돌이 진동하였다. 문종이 놀라서 겁에 질렸는데 이때에 왕을 모시고 왔던 이영간(李靈幹)이 용의 죄를 꾸짖는 글을 지어서 못에 던지니 용이 즉시로 그 등을 내어놓았다. 이어 용을 때렸더니 못의 물이 다 시뻘겋게 되었다"고 하였다.

「오행지(五行志)」에 이르기를 "충렬왕(忠烈王) 18년에 큰비가 내려서 천마산 박연의 물이 붇고 인가가 떠내려갔으며, 동 19년 12월에는 박연의 물이 홀연히 다 말랐다"고 하였다.

『삼재도회(三才圖會)』에 이르기를 "대흥동(大興洞)은 천마산과 성거산의 사이에 있는데, 나무가 울창하게 들어서고 산수의 경치가 아름답

다. 여름이면 녹음이 우거져 땅을 덮고 목련화(木蓮花)가 만발하여 맑은
향기가 온 골짜기에 가득 차며, 가을이면 붉은 단풍과 누른 잎이 물 바
닥에 거꾸로 비치니 참으로 좋은 곳이다. 박연은 천마산과 성거산의 사
이에 있다. 그 생긴 모양은 마치 돌로 만든 독과 같고 물 속은 새까맣다.
중심에는 넓고 편평한 큰 돌이 불쑥 솟아 나온 것이 있는데 이것을 도
암(島巖)이라고 한다. 물이 절벽을 달리고 십여 발 되는 성난 폭포가 내
리 드리운 것은, 완연히 흰 무지개가 공중에 비낀 것 같다. 튀어나는 물
방울은 눈가루를 날리는 듯 돌다리를 씻어 내리고, 우레처럼 내닫고 번
개처럼 격동하여 그 소리가 천지를 진동한다"고 하였다. 세상에 전하여
오기를 "옛날에 박진사(朴進士)란 사람이 있어 못 위에서 피리를 불었는
데 용녀가 이에 감동하여 박진사를 데려다가 남편을 삼았다. 때문에 이
못을 박연이라고 이름 지었다"고 한다.

　동월의 「조선부」에 이르기를 "성거산과 송악산, 천마산과 박연이 있
나니 신령스런 못[靈湫]엔 용이 엎드려 있고 길다란 냇물엔 폭포가 걸
려 있네"라고 하고 스스로 주를 달기를, "박연은 산에 있는 못이다. 산
정에 용추(龍湫) 폭포가 있다. 민간에 전해 오기를 왕씨가 개성에 도읍
을 정하였을 때 가물을 만나서 임금 자신이 여기에 와서 비 오기를 빌
었으나 비는 오지 않았다. 그리하여 도술(道術) 있는 자가 격문을 써서
꾸짖으니 용이 수면에 나왔다. 임금에게 이것을 아뢰고 용을 때렸더니
두 개의 용의 비늘이 떨어졌다. 지금 이 용의 비늘은 나라의 창고 안에
보관되어 있다"고 하였다.

　『승람』에 이르기를 "박연을 들여다보면 그 물빛이 시꺼멓다. 세상에
전하여 오기를 옛날에 박진사란 사람이 있어 못 위에서 피리를 불었는
데, 용녀가 이에 감동하여 박진사를 데려다가 남편을 삼았다. 때문에 이

못의 이름을 박연이라고 불렀고, 박진사의 어머니가 와서 통곡하며 아래 못에 떨어져 죽었으므로 그만 이 못의 이름을 고모담(姑母潭)이라고 불렀다"고 한다.

고려의 이규보(李奎報)가 시를 짓기를 "피리 소리에 감동한 용녀는 박진사에게 시집와서 백년토록 동락하며 화목하게 살았다네"라고 하였다.

이색(李穡)이 노래 부르기를 "바람벽마냥 깎아 선 푸른 바위 천 길도 넘는데, 위에 있는 적은 못 거울처럼 번쩍이네. 물 가운데 들어앉은 반석엔 소나무 외로이 났었는데, 지금은 소나무 보이지 않고 이끼만 푸르르네. 천마산 북쪽 가의 그 많은 골짜기 물이 급급히 흘러와서 나루 같다네"라고 하였다.

『비고』에 이르기를 "천마산과 성거산의 사이에 있는 대흥동은 개성부로부터 북쪽으로 59리이다. 여기에는 박연폭포〔朴淵瀑〕, 관음굴(觀音窟), 구담(龜潭), 마담(馬潭) 등의 여러 승지가 있다"고 하였다. 또 이르기를 "성거산은 그 생긴 모양이 돌로 만든 독 같다. 여기에 백연폭포〔白淵瀑〕가 있고 그 물 가운데에는 돌 봉우리가 불쑥 솟아 나왔다. 또한 박연(朴淵)이라고도 칭하는데, 아래에 고담(姑潭)이란 못이 있고 이 못 위에 귀신의 사당이 있다. 양 기슭에는 석불이 있는데 동쪽에 있는 것을 '탄탄박(坦坦朴)'이라 하고 서쪽에 있는 것을 '노힐부득(脅肹夫得)'이라 한다"고 하였다.

청이 상고하건대 박연을 또 백연이라 칭하고, 고모담(鈷鉧潭)을 혹 고모담(姑母潭)이라 칭하며 또한 고연담(姑烟潭)이라고 칭하는 것은 그 음들이 서로 비슷하기 때문이다. 다만 술사가 용을 때리고 용녀가 남자를 유인한 것 등의 이야기는 황탄하고 괴이하며 정상이 아니나 조선 사람과 중국 사람들이 그것을 이야기하지 않는 이가 없었으니, 대개 그것은 시속에 따라서 전설을 의심스러운 대로 전하여 오는 탓이 아니겠는가?

『승람』에 또 이르기를 "박연으로부터 그 위로 더 올라가면서 물이 더욱 맑고 돌이 더욱 괴이하다. 그 상류에 올라가면 대흥동의 관음굴이 있고, 굴 뒤에는 바위에 구멍이 집처럼 생긴 것이 있어 그 가운데에 절을 세웠다. 굴 앞에 있는 깊은 못에는 금린어(錦鱗魚)가 헤엄쳐 노는데, 여기에 물 속으로부터 솟아 나온 돌이 있어서 이것을 '구담(龜潭)'이라고 부른다. 또 위로 몇 리 더 올라가면 번쩍번쩍 윤기가 나고 깨끗하며, 길이가 몇 발자국 잘되는 돌이 있다. 졸졸졸 흐르는 샘물은 이 돌 위로 엷게 퍼져 소리 없이 미끄러져 흐르다가 내리쏟듯 모래 둑에 떨어져서는 빙빙 돌아 깊은 못이 되었는데, 물은 밑바닥까지 말쑥하다. 그 주위는 모두 다 돌인데, 어떤 돌은 책상 같이 생기고 어떤 돌은 담처럼 생겼다. 그 위에는 전부 만년 묵은 늙은 왜송(矮松)이 꽉 들어섰다. 또 위로 몇 리 올라가면 샘이 있다. 이 샘은 동쪽 기슭으로부터 나오는데 이 골짜기를 보현동(普賢洞)이라고 한다. 또 위로 몇 걸음 올라가면 마담(馬潭)이라고 부르는 못이 있고, 또 위로 몇 리 더 올라가면 대흥사(大興寺)라고 부르는 절이 있다"고 하였다.

월사(月沙) 이정구(李廷龜)가 말하기를 "심천동(深川洞)에서 지족암(知足菴)으로 간다. 이 암자는 천마산 청량봉(淸涼峯)의 절정에 있다. 대흥사를 지나서야 마침내 관음굴에 이른다. 굴 남쪽에는 집처럼 생긴 바위가 있고 그 위에는 100사람도 넉넉히 앉을 수 있는 넓고 편편한 큰 돌이 있다. 이것을 태종대(太宗臺)라고 한다. 대 아래에는 시냇물이 괴어 충충하게 차 있는데 여기에 수백 마리의 물고기가 있다. 시냇물은 보현동으로부터 여러 물이 한데 모이고 여러 골짜기 물이 내려 닥치어 천병만마가 적을 향하여 내달리는 것 같다. 돌들은 불쑥 삐어져 나온 것도 있고 삐죽삐죽 높이 솟아오른 것도 있어, 서로 경쟁이나 하듯이 괴괴한 모양을 하고 있는 것이 이루 셀 수 없이 많다. 여울물은 돌에 부닥치면

격류마냥 솟아오르곤 하는데 그 수세는 더욱 장하여 깊은 못〔深淵〕도
되고 혹은 급한 여울을 만들기도 한다. 유유히 흐르는 물은 시꺼멓고,
급하게 흐르는 물은 끓어 번져 시허옇다. 그 청심담(淸心潭)이요, 기담
(妓潭)이요, 마담(馬潭)이요, 구담(龜潭)이요 라고 부르는 것들이 바로 이
것인데 그 모양들이 특이하여 다 기이한 절승을 이루었다. 이것이 곧 대
흥동 산수들의 경치이다. 박연은 곧 두 산이 가운데로 탁 틔어서 하늘
문이 열려진 것 같다. 큰 돌이 쪼개진 독처럼 생긴 곳에는 용이 살고 있
으며 그 깊이를 헤아릴 수 없는데, 물은 절벽으로 쏟아져 긴 폭포를 이
루었다”고 하였다.

　청이 고찰하건대 대흥동과 보현동의 여러 못과 여러 시냇물들은 그
것이 마침내는 다 박연에 돌아 모이는 것들이다.

　미수(眉叟) 허목(許穆)의 『기언(記言)』에 이르기를 “성거산과 천마산의
두 사이에 있는 박연은 큰 폭포로 되었고 또 상하 두 못이 있다. 물이
마르면 여기에 기우제를 지낸다. 박연의 물은 북으로 흘러 제석산(帝釋
山) 아래를 지나서 오조천(五祖川)【어조수(語早水)】이 된다. 못 위에는 옛
날의 제명사(題明寺)가 있다. 제명(題明)이라는 것은 고려 때 중의 이름
이다. 위에 1,000그루의 밤나무가 있고 또 잣나무 1,000그루가 있다. 이
것은 다 제명이란 중이 심은 것이라고 하는데 매년 8월에는 그 열매를
따서 바친다”고 하였다.

　농암(農巖) 김창협(金昌協)의 「송경기(松京記)」에 이르기를 “천마산 보
현암으로부터 만경대(萬景臺)에 이르러 굽이굽이 돌아서 서쪽으로 5리
를 내려가면 대흥사의 옛터에 당도한다. 절 앞에는 수백 명의 사람이 앉
을 수 있는 넓고 편편한 큰 돌이 있다. 시냇물은 보현동으로부터 여러
갈래의 물이 모여서 내려가며, 이 돌 위로 평평하게 퍼져 흐르는 것이

마치 무늬를 짠 것 같다. 시냇물을 따라서 2리를 가면 청량담을 보게 되고 또 앞으로 1~2리를 가면 마담을 보게 된다. 내려 드리운 폭포는 4~5발이나 되는 높이에서 곧추 떨어진다. 이 폭포를 받는 곳의 돌이 깊숙하게 패여서 구덩이가 말구유 같이 되었고, 물이 차 있는 데는 그 깊이를 헤아릴 수 없다. 그 물가에 있는 돌들은 다 빛이 희다. 이 돌들은 기름을 바른 것처럼 미끄러워서 사람으로 하여금 서서 발을 붙일 수 없게 할 뿐만 아니라 접근할 수도 없게 한다. 여기서부터 그 아래로 내려가면서 수세가 더욱 씩씩하고, 돌이 더욱 많다. 이 형세를 따라서 경치가 더욱 기이하여 급한 폭포로 되었거나 연못으로 된 것이 아마도 한 둘은 아닐 것이다. 또 몇 리를 내려가면 태종대(太宗臺)를 보게 된다. 물은 동그렇게 환을 지어 흘러서 결(玦-반환)과 같고, 대 곁에 있는 선돌〔立石〕은 이마에 늙은 소나무를 이었다. 앞으로 백여 보 더 나가면 관음사(觀音寺)가 있다. 이 절에서부터 박연으로 질러가는데, 양쪽 산이 물을 끼고 내려가다가 여기에 이르러서 갑자기 낭떠러지로 끊어져 큰 석벽을 이루었으니 참으로 그 지형이 기이하고 장엄하다. 천연스러운 층루는 높이가 모두 30길이고 그 상하에 각각 못이 있다. 위에 있는 못은 곧바로 돌을 뚫고서 이루어졌는데 그 모양이 보름달 같이 둥글고 그 물빛은 새파랗다. 못 한가운데는 둥그런 돌이 불쑥 솟아 나온 것이 있어, 마치 큰 거북이가 못에 엎드려 그 등을 드러내놓은 것 같다. 세상에 전하기를 고려의 문종이 그 위에 올라가서 용을 채찍질하였다고 하는데 믿을 수 없다. 아래에 있는 못은 넓게 뻗어 거의 6~7묘(畝)나 되며 그 빛이 시꺼매서 물이 깊은 것 같고 어떤 물건이 여기에 엎드려 있는 것 같다. 윗못에 있던 물이 아랫못으로 모여 쏟아지는 것이 폭포가 된다. 그것은 처음에 벽에 붙어서 내려오는 것 같다가, 조금 더 내려와서는 공중에 달리어 곧바로 떨어지는데 눈이 흘러내리는 것 같기도 하고 무지개가 드리운 것 같기도 하여 그 기이한 경치를 이루 다 형용할 수 없다. 물방울을 날리고 안개를 뿜어서 사람이 수십 보 밖에 서 있어도 얼굴과 머리가 비오는 가운데에 선 것처럼 다 젖는다"고 하였다. 또한 「서유기(西遊記)」에 이르기를 "박연폭포가 떨어지는 곳을 바로 고모담이라 한다. 이 고모담을 위에서 내려다보면 그 그치는 데가 보이지 않고, 아래에서 올려다보면 그 근원이 보이지 않는다. 그 높이를 헤아리면 대개 30길이나 되는데 거꾸로 달려서 떨어지는 것이, 마치 하늘 위로부터 내려오는 것 같고 그 소리는 우렛소리와 같이 요란하며 그 물방울들은 한겨울 싸락눈이 뿌리는 것 같다. 위에 있는 못은 크기가 반 묘나 되며 아래에 있는 못은 윗못의 10배이다. 그 물빛은 새파란데 여기에 용이 살고 있다고 한다"고 하였다.

소재(疎齋) 이이명(李頤命)의 「관방도설(關防圖說)」에 이르기를 "대흥산성(大興山城)이 천마산과 성거산 사이에 있는데 이 산성은 지금 임금 【즉 우리 숙종(肅宗)】 경진년에 대장 유혁연(柳赫然)에게 명령하여 쌓은 것이다. 그 둘레의 길이는 5,997보이며 북문은 박연 위에 있고 남문은 토현(土峴) 위에 있다"고 하였다.

예겸의 「사조선록」에 이르기를 "오조천(吾助川)은 우봉현의 서쪽 30리허에 있다. 이 강은 성거산에서 발원하여 저탄에 흘러 들어간다. 언덕 위에는 병풍처럼 연접해 있고 높이가 십여 발이나 되는 돌이 있는데 심히 기이하고 웅장하여 사람들의 사랑을 받는다"고 하였다.

『비고』에 이르기를 "어조천(語早川)은 송도(松都) 천마산에서 발원하여 서쪽으로 흘러서 고인담(姑婣潭)이 되었다. 박연폭포는 도암(島巖)을 지나서【난석(灓石)을 돌아서】서북쪽으로 금천군을 감돌아 서쪽으로 조읍포(助邑浦)에 들어간다"고 하였다.

청이 고찰하건대, 어조수(語早水)는 일명 오조천(吾早川)이라고도 하고 오조천(吾助川)이라고도 하며 오조천(五祖川)이라고도 한다. 이것은 그 성음이 서로 비슷하기 때문이다.

저수는 또한 남쪽으로 강음고현(江陰古縣)을 지나서 동쪽으로 조읍포(助邑浦)가 되고 전포(錢浦)가 된다

저수는 또한 남으로 사매수(賜梅水)와 합류한다. 이 사매수는 평산부 멸악산(滅惡山)의 남쪽에서 발원하여 동남으로 흘러 세곡(細谷)에 이르러 서쪽으로 독수(禿水)와 합류한다. 이 독수는 배천군(白川郡) 황의산(黃衣山)으로부터 흘러와서 사매수에 들어간다. 사매수는 또한 동쪽으로 흘러서 취적산(吹笛山) 아래를 지나서 저수에 들어간다. 사매수는 본래 사매천(賜每川)이라고 칭하였다. 옛날 참찬(參贊) 신희복(愼希復)이란 사람이 이 강변에 살고 있을 때에, 명종(明宗)이 손수 금 글자로 '매천한려(梅川閑閭)'라는 넉 자를 써서 그에게 주었기 때문에 고쳐서 사매수라고 칭하게 된 것이다.

저수는 또한 강음고현을 지나서 동남으로 조읍포가 된다. 이 현은 본래 고구려의 굴압현(屈押縣)인데 지금 금천에 속하였다. 조읍포는 이 현의 남쪽 5리허에 있으며 옛적에 배로 물건을 실어 나르던 곳이다. 그리고 저수의 서쪽을 '강서방(江西坊)【배천군의 경계】'이라고 부르는데 이곳은 정(丁)씨가 옛날에 살던 곳이다. 정연(丁衍)은 고려 유민으로서 우리 나라 건국 초에 숨어살면서 벼슬하지 않았다. 그는 인후한 덕행을 소유하고 있어서 항상 생활에 긴요한 물건을 갖추어 놓고 구하러 오는 사람을 기다렸다. 이곳에 가면 큰 돌이 있는데 이 지방 주민들은 아직도

그것을 정연암(丁衍巖)이라고 부른다. 또 이곳에는 강서사(江西寺)가 있어 용수석(龍鬚席)을 생산하고 있으니, 이것이 곧 전하여 오는 기록들에 칭하는 만화석(滿花席)이다.

저수는 또 남으로 흐르다가 좌편에서 청석수(靑石水)를 합류한다. 청석수는 천마산 서쪽의 청석동(靑石洞)에서 발원하여 서북으로 흘러와서 저수에 합류한다. 청석동은 금천과 송도 사이에 있는데 중중첩첩한 높은 산들이며, 굽이굽이 흐르는 시내와 뚝 끊어진 골짜기들이 서로 얽히고 서로 안고 있으므로 그 도로가 평지에 있다고 하지만, 참으로 복병에 좋은 곳이다.

소재(疎齋) 이이명(李頤命)이 이르기를 "청석동은 개성부의 서북쪽 30리허에 있다. 천마산의 서쪽 줄기와 성거산의 북쪽 줄기가 대치하여 묶어 놓은 듯한 산협과 험준한 산벽이 깎아 서고, 서관(西關)으로부터 경성으로 뻗친 대로도 여기 와서는 산의 높은 벼랑을 따르며 절벽에 접근한다. 인마(人馬)가 겨우 통과할 정도로 좁은 데를 빙빙 돌아가는 험한 길이 20여 리나 된다. 남북의 양 입구가 다 좁은데 북쪽 입구가 더욱 좁아서 두 벼랑 사이가 300보도 되지 않아, 예로부터 이곳을 지극히 험한 곳이라고 하였다. 관방(關防)을 의론하는 자들은 북구에 한 개의 관문을 설치하고 주민들을 단속하여야 한다고 말한다. 용현(龍峴)은 일명 여현(礪峴)이라고 하는데 청석동의 서쪽에 있다. 도로는 평평하고 넓으며 강을 따라 내려가서 곧바로 임진강(臨津江)으로 통한다. 만일 이 도로를 막지 않는다면 비록 청석동을 지킨다고 하더라도 역시 소용이 없다"고 하였다【즉 「관방도설」에 있다】.

또 이덕리(李德履)의 「상두지(桑土志)」에 이르기를 "세상에서 칭하기를, 청나라 황제가 동선령(銅仙嶺) 청석동에 이르러 용골대(龍骨大)를 죽이려 한 것이 두 번이라고 하는데 이것은 다 허황한 말이다. 일찍이 「서

당사재(西堂私載)【대제학(大提學) 이덕수(李德壽)가 편찬】를 보니 이덕수가 개성 유수로 있을 때의 상소를 실었는데 이 글에는 대개 말하기를, 청나라 군대가 침입해 올 때에 청석동을 거치지 않고 개성부의 변두리에 있는 산기슭 길을 지났다. 그러므로 지금이라도 이 청석동에 나무를 길러서 후일의 방비를 삼아야만 하겠다고 하였다"고 하였다. 또 듣건대 동선령의 남쪽 산이 끝난 곳에 잇닿은 바닷가에 넓이가 5리쯤 되는 평지가 있으므로 청나라 군대가 이 길을 따라서 갔다고 한다. 이상의 여러 글들에 의해서 보면 이곳이 요해지임을 알 수 있다. 또 조선 사람이 말하는 용골대(龍骨大)란 사람은 즉 영아이대(英俄爾岱)이다. 병자호란 때에 청나라 황제가 직접 출정하였고 화순친황(和順親王)과 마복탑(馬福塔) 등이 다 협조하였다. 또 『개국방략(開國方略)』을 상고하여 보면 그 기록이 상세하다. 그러나 영아이대를 죽이려고 하였다는 말은 없으니 「상두지」의 말이 옳다. 그러나 이 두 곳에 응당 겹겹이 방어 시설을 만들어서 다시는 전날의 실패를 반복하지 말아야 할 것이다.

저수는 또한 동남으로 흘러서 전포(錢浦)가 된다. 전포는 배천군의 동쪽 20리허인 개성부의 서쪽 경계에 있다. 『주관육익(周官六翼)』을 상고하여 보면 당나라 선종(宣宗)이 상선을 따라서 바다를 건너 처음 도착한 곳이 개주(開州) 서포였다. 그 때는 바야흐로 조수가 물러간 때여서 물가에 진흙이 덮여 몹시 질었다. 그리하여 그의 수원이 배에 싣고 온 돈을 내다가 진흙 위에 편 연후에 하륙하였다. 이런 사실이 있었기 때문에 전포라고 이름을 지었다. 그러나 『편년통록(編年通錄)』에 이 사실을 당나라 숙종(肅宗)이 한 사실로서 기록하였기 때문에 『승람』에는 싣기를, "당나라 숙종이 아직 왕이 되기 전에 산천을 널리 유람하고자 바다를 건너 송악군(松岳郡)에 당도하였는데, 보육(寶育)이란 사람이 자기 딸을 그에게 시집보냈다. 숙종이 여기에 머물러 있은 지 달포 만에 이별하였는데 그 후 드디어 아들을 낳으니, 그 이름을 작제건(作帝建)이라고 불렀다. 이것이 곧 고려 태조의 할아버지다"라고 하였다. 세상에 전하기를 충선왕(忠宣王)이 원(元)나라에 가서 있을 때에 그 나라 한림학사(翰林學士)가 충선왕에게, "듣건대 당신의 선조가 당나라의 숙종한테서 출생하였다고 하는데 어디에 근거한 바가 있습니까?"라고 물으니 왕이 이에 대답을 못하였다. 민지(閔漬)가 곁에 있다가 "숙종이 아니라 선종입니다"라고 대답하니, 학사가 그럴 법하다고 하였다. 이지봉(李芝峯)이 이르기를 "『사문유취(事文類聚)』에 의하면 당나라 선종이 왕으로 되기 전에 무후(武后)의 시기를 받아서 자취를 감추고 중이 되어 지방을 유람하였다고 하는데, 그 때를 상고하여 보면 선종이 옳은 것 같다"고 하였다. 나의 생각에는 당나라 황제가 조선으로 왔다는 설 자체가 황탄할 뿐만 아니라 돈을 펴고 감탕을 건넜다는 사실이 그 얼마나 망령되고 황탄한 소리인가? 이 모든 것은 다 조선 선비들의 허무 맹랑한 소리라고 한다.

저수는 또한 서남으로 흘러 금곡포(金谷浦)【배천의 동쪽 25리】가 되고 말롱포(末籠浦)【옛 강음(江陰)의 남쪽 60리】가 되니 이는 배천과 금천(金川)의 경계이다

저수는 또 남쪽으로 배천군의 동쪽에 이르러서 예성강(禮成江)이 되니, 예성강은 곧 송경(松京)으로 물건을 실어 나르는 배들이 모이는 곳이다.

배천군은 본래 고구려의 도랍현(刀臘縣)이다. 신라 때는 구택현(雊澤縣)이라 하였고 고려 때는 백주(白州)라고 하였으며 우리 나라에 와서

배천이라고 하였다. 송경은 본래 고구려의 부소갑(扶蘇岬)이다. 신라 때는 송악(松岳)이라 하였고, 고려 때는 개성군(開城郡)을 합하여 개주(開州)라고 하였으며, 여기에 도읍을 세우고 나라를 475년간 통치하였다. 고려가 망한 후 우리 나라에 이르러서는 개성부로 만들었다.

　예성강은 송경의 서쪽 30리허와 배천군의 동쪽 25리허에 있다. 이 강을 일명 후서강(後西江)이라고도 한다. 고려 때에는 여러 도의 물건을 실어 나르는 배들이 여기에 다 모였다. 또한 송나라를 방문하러 갈 때 배가 여기에서 출발하였다. 그러므로 이름을 예성강이라고 하였다.

　『명일통지』에 "예성강은 개성부의 남쪽에 있어 바다와 통하였다"고 하였다.

　『고려사』「악지(樂志)」에 이르기를 "예성강 노래 2편이 있다. 옛날에 당나라 상인 하두강(賀頭綱)【두강은 영수(領首)란 말과 같다】이 바둑을 잘 두었다. 그가 한번은 예성강에 이르러 아름다운 부인을 보고서 바둑으로 내기하여 따 가려고 하였다. 그는 그녀의 남편과 바둑을 두되 일부러 지고는 물건을 약속한 양보다 배나 실어다 주었다. 여기에 재미를 붙인 그녀의 남편은 더 많은 물건을 따 가지려고 자기 처를 대고 바둑을 두었다. 하두강은 단판에 이겨 그 여자를 배에 싣고 가버렸다. 그 남편은 너무도 원통하여 이 노래를 지었다. 세상에 전하여 오기를 그 부인이 배에 실려 갈 때 몸단속을 심히 굳게 하여서 하두강은 그녀를 간음하려고 하였으나 성공하지 못하였다. 그런데 배가 바다의 한가운데에 이르러서 빙빙 돌면서 나가지 않으므로 점을 치니 '절개 있는 부인에게 감동된 바가 있어서 그러는 것이니 이 부인을 돌려보내지 않으면 배는 반드시 깨질 것'이라는 것이다. 뱃사람들은 그만 겁을 먹고 하두강에게 권고하여 돌려보냈다. 이 부인도 역시 노래를 지었으니 그 후편이 바로 이것이다"라고 하였다. 또한 「폐행전(嬖幸傳)」에 이르기를 공양왕 때에【공양왕 2년이다】 예성강의 물이 벌겋게 사흘 동안 끓으니 왕이 근심하는 빛이 있었다. 신원필(申元弼)이 왕에게 "어찌 그것이 상서로 될는지 못 될는지를 알겠습니까?"라고 하였다.

『고려사』「지리지」에 "개성부에 동강(東江), 서강(西江)이 있다"고 하였다.

공민왕(恭愍王) 세가(世家)에 이르기를 "공민왕 8년에 왜적이 예성강에 침입하니 왜적이 충만하였다고 태묘(太廟)에 기도 드렸다. 14년에 왜적이 교동(喬桐)에 침입하니, 동서강(東西江) 도지휘사 최영(崔瑩)에게 명령하여 동강에 나아가 왜적을 진압하게 하였다. 같은 해 여름에 왜적이 다시 교동과 강화에 침입하여 동서강에 이르니, 안우경(安遇慶), 이구수(李龜壽)에게 명령하여 군사를 거느리고 나아가 방어하도록 하였다. 15년에 왜적이 교동을 점령하여 경성이 크게 소동하니 안우경 등이 33명의 병마사(兵馬使)를 거느리고 동서강에 나아가 주둔하였다"고 하였다.

청이 상고하건대 동강이라는 것은 대수(帶水)의 하류요, 서강이라는 것은 예성강이다.

저수는 또한 오른쪽으로 배천군 앞으로 흐르는 물을 합친다

이 물은 즉 성수(星水)이다. 배천군 금산(金山)의 금사동(金沙洞)에서 발원하여 호계(虎溪)가 되고, 동쪽으로 흘러서 그 군의 동쪽에 이르러서 감물라수(甘勿羅水)가 되며, 황의산(黃衣山), 고려산(高麗山), 용박산(龍

縛山) 등 여러 산들에서 나오는 물과 합쳐서 대교포(大橋浦)가 된다. 또 누교수(樓橋水)와 합쳐서 타수(蛇水)가 되어 동쪽으로 저수에 들어간다. 『승람』에 이르기를 "대교포는 배천군의 5리허에 있다. 하나는 배천의 황의산에서 나오고, 하나는 고려산에서 나오고, 하나는 연안(延安)의 용박산에서 나와 배천의 서쪽 감물라포에 이르러 합류하여 광정도(匡正渡)를 지나서 바다에 들어간다. 광정도는 예성강의 하류이다"라고 하였다.

저수는 또한 남쪽으로 영안성(永安城)의 서쪽을 지난다. 이 성은 고려의 시조 작제건이 살던 옛터이다. 그 곁에는 창릉(昌陵)이라고 부르는 능(陵)이 있는데 이것은 세조(世祖) 왕륭(王隆)의 묘이다.『고려사』「세계(世系)」를 상고하여 보면 강충(康忠)은 영안촌의 여자에게 장가들었고, 강충의 손자 작제건은 서쪽으로 당나라에 들어가다가 바다 가운데서 용녀에게 장가들고, 창릉의 굴 앞에 있는 강안(江岸)인 백주에 돌아왔다. 정조(正朝-官名) 유상희(劉相晞) 등이 4개 주 3개 현의 사람들을 거느리고 영안성을 쌓고 여기에 궁실을 지었다. 그 뒤에 작제건이 세조를 낳고 세조가 태조를 낳았다. 그러나 용녀의 설은 그 과장과 황탄함이 너무도 심하다【이 성은 지금 있지 않다】. 또 공민왕 14년에 왜적이 교동에 침입하였고 드디어 창릉에 들어가서 세조의 화상을 탈취하여 갔다. 이 능은 고려시대에 추후로 봉축한 것이다.

저수는 또 남으로 흐르다가 좌편에서 앵계수(鸎溪水)를 받는다. 앵계수는 개성부의 오공산(蜈蚣山)과 용수산(龍首山)에서 발원하여, 서쪽으로 대천교(大川橋)에 이르러 합류하여 지안방(智安坊)을 지나서 저수에 들어간다.

저수는 또 왼쪽으로 동방포(東方浦)의 물을 합친다. 이 물은 또 신리동방포(新里東方浦)라고도 하는데 송악산(松岳山)의 북쪽 월로동(月老洞)에서 발원하여, 여마리(余摩里)에 이르러 대정수(大井水)와 합류하여 서

쪽으로 저수에 들어간다. 대정은 송경의 서쪽 20리허에 있는데 그 깊이
는 5척쯤 된다. 세상에 전하여 오기를 이 대정의 물이 붉게 흐리면 변화
가 있다고 하는데, 공민왕 10년에 이 대정수가 누렇게 끓었다 한다. 그
하류는 동방포에 들어간다. 세상에서 이르기를 "고려 작제건이 용녀에
게 장가들고 처음에 송악산 기슭에 이르러 은 그릇〔銀盂〕으로 땅을 파
니, 물이 곧 콸콸 솟아 나오므로 이를 우물로 만들고 봄·가을마다 제사
를 지냈다"고 하는데 이 우물의 이름을 대정(大井)이라고 한다. 그러나
이 설도 심히 황탄하다. 명나라 홍무(洪武) 연간에 장도사(張道士)가 황
제의 명령을 받들고 제문을 가지고 송경에 와서 풍천(楓川)이 어디 있는
가를 물으니, 사람들이 대정이 있는 곳이 풍천이라고 대답하자, 그는 드
디어 이 대정에 제사를 지내고 갔다.

또 남쪽으로 벽란도(碧瀾渡)가 되어 바다에 들어간다

벽란도는 송경의 서남쪽 36리허에 있다. 언덕 위에는 식파정(息波亭)
이 있는데 옛날에는 이 정자를 벽란정(碧瀾亭)이라고 칭하였다. 고려 때
에 송나라 사신들은 다 바다를 건너 여기 와서 상륙하였다.

저수가 바다로 들어가는 어귀는 곧 경기와 황해 두 도의 접경이다.
서쪽에는 연안부(延安府)가 있고, 남쪽은 교동과 강화의 두 부와 접하여
있으며, 동쪽에는 풍덕부(豊德府)가 있고 열수(洌水)가 바다로 들어가는
어귀와 서로 가깝다. 고려 때에 뱃길로 서울까지 가는 사람들은 다 여기
를 거쳐서 들어갔다. 채수(蔡壽)의 『송도지(松都志)』에 이르기를 "병악
(餠岳)의 서쪽에 있는 작은 산봉이 외롭게 쑥 나와서 바다를 안고 있어
그것을 당두(堂頭)라고 부르는데 여기는 뱃사람들이 귀신에게 기도 드

리는 곳이다. 벽란강(碧瀾江)은 북으로부터 남으로 흘러 바다로 들어간
다. 이를 예성강이라고 부른다. 한수(漢水)와 낙하(洛河)가 교류하여 서
쪽으로 바다에 들어간다. 이를 조강(祖江)이라고 부른다. 당두는 바로
그 요충 지대에 자리잡고 있다"고 하였다.

『송사(宋史)』「고려전」에 이르기를 "명주(明州) 정해현(定海縣)으로부
터 편한 바람을 만나 사흘이면 바다에 들어가고 닷새면 묵산(墨山)【지
금 나주(羅州)의 흑산도(黑山島)】에 당도하여 조선 경내로 들어간다. 묵산
으로부터 섬들을 지나고 암초 사이를 돌아 나와서 배를 썩 빨리 몰아 7
일이면 예성강에 이른다. 예성강은 두 산 사이에 있으며 돌 틈을 빠져
나와 급하게 부딪치면서 흘러내려 가는데, 이른바 급수문(急水門)이 가
장 험악하다. 또 사흘이면 강안에 당도하는데, 여기에 벽란정이라고 부
르는 관(館)이 있다. 사신들은 여기를 거쳐 육지에 오르며 험한 산과 골
짜기 40여 리를 지나야만 그 국도에 도착하게 된다"고 하였다.

송나라 서긍(徐兢)의 『고려도경(高麗圖經)』에 이르기를 "선화(宣和) 4
년 5월 13일에 명주(明州) 정해현에서 발선하여 6월 9일에 자연도(紫燕
島)【지금 인천부(仁川府)에 속함】에 도착하고 10일에 급수문에 도착하였
다. 이 급수문은 바다의 섬 같지 않고 완연히 무협(巫峽)과 같다. 산 둘
레는 구불구불하고 앞뒤로 서로 엇물려 있는데 그 두 사이가 바로 배가
통하는 물길이다. 수세는 험악한 산협의 구속을 받아서 급한 물결이 강
안을 들이치며 돌을 굴리고 벼랑을 뚫으며 그 물소리가 우렛소리와 같
아서, 비록 천근의 활과 바람을 따르는 말이라 하더라도 그의 급한 물결
에 비길 수 없다. 그 후에 합굴(蛤窟)에 도착하였고 11일에 용골(龍骨)에
이르고 12일에 조수를 따라서 예성항(禮成港)에 도착하였다. 정사(正使)
와 부사(副使)가 도할관(都轄官)과 제할관(提轄官)을 거느리고 채주(綵舟)

에 조서를 받들었는데, 고려 사람들이 병장기와 갑마, 기치와 의장물 등을 가지고 수많이 강안에 줄지어 섰고 그것을 구경하는 사람들이 담을 이루었다. 채주가 강안에 미치자 도할관과 제할관이 조서를 받들고 채여(綵輿)에 들어가니 하절(下節)이 앞을 인도하였다. 정사와 부사가 뒤를 따르고 상절(上節)과 중절(中節)이 차례로 그 뒤를 따라서 벽란정에 들어가 조서를 봉안하였다"고 하였다.

『명일통지』에 이르기를 "급수문은 개성의 남쪽 바다 가운데에 있는데 완연히 무협과 같다"고 하였다.

『비고』에 이르기를 "『송사(宋史)』를 보면 대개 명주로부터 배를 띄워서 곧바로 우리의 남해를 향하여 나주(羅州)의 흑산도에 이르러 서북으로 바다를 따라 오면 예성강에 들어간다. 급수문이란 역시 예성강 하류의 명칭인데 안악(安岳) 용강(龍岡)의 물이 모이는 곳과 같지 않다"고 하였다.

청이 상고하건대 서긍이 올 때에 오늘날의 흑산도로부터 북쪽으로 자연도에 도착한 다음에 급수문에 이르고, 또 이틀 만에 벽란도에 당도하였다고 하였으니, 그 행로는 반드시 지금 강화부의 동남으로부터 손돌홍(孫突潨)을 넘어 북쪽으로 다시 강화(江華)의 북쪽을 돌아서 예성강에 들어온 것이다. 그러므로 그가 든 급수문은 손돌홍을 가리켜서 말한 것 같다.

『고려사』「반역전(叛逆傳)」에 이르기를 "명종(明宗) 26년에 최충헌(崔忠獻)의 아들 지영(至榮)이 벽란강에 있는 보달원(普達院)으로 원찰(願刹)을 만들 것을 원하여 강에 다리를 놓으려고 하였다. 그가 기생을 데리고 안서도호부(安西都護府)【관청은 해주에 있다】에 가서 그 지방 아전과 백성들에게 명하여 비용을 보조하라고 하였다. 그 곳 아전들과 백성들은 화가 미칠까 두려워서 백금 70근을 거두어서 그에게 주었고 백성들은 그 폐해에 견디지 못하였다"고 하였다. 또 이르기를 "신우(辛禑) 2년에 중 소영(小英)을 벽란도에 집어넣었다"고 하였다【「신우본전」에 있다】.

양촌(陽村) 권근(權近)의 「벽란정기(碧瀾亭記)」에 이르기를 "송도의 서북쪽 많은 골짜기의 물이 모여 긴 강으로 되어 바다에 흘러 들어가는데, 그 강을 건너다니는 데를 벽란(碧瀾)이라고 부른다. 나라의 서울이 가깝기 때문에 강을 건너다니는 사람이 많으며, 산이 가깝기 때문에 물의 흐름이 빠르고, 바다가 가깝기 때문에 그 조수도 사납다. 그리하여 이 강을 건너다니는 사람들도 심히 곤란해하므로 국가에서 관리를 두고 그것을 맡아보게 하였다"고 하였다.

『승람』에 이르기를 "강음현(江陰縣) 조읍포(助邑浦)는 개성부의 서쪽에 이르러서 이포(梨浦)가 되고 전포(錢浦)가 되고 벽란도가 된다. 또한 동쪽으로 예성강이 되어서 남으로 바다에 들어간다"고 하였다【벽란도의 상하를 통칭하여 예성강이라고 한다】.

이중환이 말하기를 "저탄의 물은 언진산에서 발원하여 곧추 남쪽으로 300여 리를 내려가서 바다에 들어간다"고 하였다.

『비고』에 이르기를 "예성강은 수안의 언진산에서 발원하여 남쪽으로 흘러서 곡산【상고하여 보면 곡산은 수안으로 되어야 한다】의 동쪽에 이르러서 흑석탄(黑石灘)이 되고, 오른쪽으로 용담(龍潭)을 지나서 춘탄(春灘)이 되고, 오른쪽으로 조산(造山)의 냇물을 지나서 사팔탄(沙八灘)이 되고, 왼쪽으로 오소천(烏巢川)을 지나서 서남으로 흘러 신계의 서쪽에 이르고, 왼쪽으로 남천(南川)을 지난다. 또 남쪽으로 흘러서 율탄(栗灘)이 되고, 왼쪽으로 영신포(迎新浦)를 지나서 기탄(歧灘)이 되고, 오른쪽으로 총수천(蔥秀川)을 지나고 도화(桃花)의 골짜기 장군바위를 지나서 전탄(箭灘)이 되고, 왼쪽으로 원중천(源中川)을 지나서 저탄이 되고, 왼쪽으로 어조천(語早川)을 지나서 마탄이 되고, 오른쪽으로 사매천(賜梅川)을 지나서 조읍포가 되고, 왼쪽으로 청석천(靑石川)을 지나고 강음고현을 지나 동남으로 흘러서 전포가 되고, 오른쪽으로 성천(星川)을 지나서 금곡포(金谷浦)가 되고 서남으로 흘러서 미라산(彌羅山)의 동남에 이르러서 예성강이 되고, 왼쪽으로 동방포를 지나서 벽란도가 되어 바다에 들어간다"고 하였으며 또 이르기를 "개련산(開蓮山), 언진산, 천자(天子)산의 이남과 수룡산(秀龍山), 성거산, 천마산의 이서와 총수산, 멸악산, 운달산(雲達山) 이동의 여러 산들의 물이 여기에 들어간다"고 하였다.

『수도제강』에 이르기를 "풍덕성(豐德城)에서 조금 서북쪽에 한 수구가 생겼다. 이 물은 동북으로 곡산성(谷山城)의 동북산에서 발원하여 서남으로 흘러서 성의 남쪽을 지나서 동쪽의 한 소수(小水)와 합친다. 또 서남으로 흘러서 신계성(新溪城) 북을 지나 꺾어져 서북으로 흘러 수산(遂山)【고증하여 보니 즉 수안(遂安)이다】에 이른다. 성의 서남쪽에는 대수(大水)가 있는데 이는 북으로부터 2개의 수원을 합쳐서 남으로 흘러와서 모이고 꺾어져 서남으로 흘러서 토산성(兔山城)의 북쪽을 지난다. 또 서남으로 동남에서 흘러오는 하나의 작은 물을 받으며, 또 서쪽으로 송악산 개창부(開昌府)【고증하여 보면 개성부이다】의 북쪽 경계를 지난다. 또 서북으로 북산의 남쪽 산록을 따라서 서쪽으로 동금천성(東金川城)의 남쪽 경계를 지나며, 또 서북으로 서금천성(西金川城)의 남쪽 경계에 이른다. 금천하(金川河)의 동북에는 큰 산으로부터 서쪽으로 흘러서 동금천성의 북쪽을 지나고, 또한 서쪽에서 약간 북쪽에는 북으로부터 흘러오는 두 개의 물을 합치고 서남으로 흘러서 평산성(平山城)의 남쪽을 지나는 것이 있다. 서쪽에서 흘러오는 금탄하(金灘河)는 서쪽으로 서금천성의 동남쪽을 지나며 또 서남으로 흘러와서 모이고 또 서남으로 굽이굽이 풍덕성의 북쪽 경계를 지나서 서쪽으로 바다에 들어가는데, 이 물은 북쪽에서 발원하여 500여 리를 흐른다"고 하였다.

『수도제강』에 기록된 바를 상고하여 보면 저수의 원류와 그것이 경유한 성읍(城邑)들의 이름이 혼잡하고 순서가 없어 자세하게 알 수 없다. 또 이 물은 곧바로 남쪽으로 흐르는 것뿐이지 사이사이에 북쪽으로 꺾어져서 흐르는 것은 없다.

대수(帶水)

대수는 안변부(安邊府)의 노인령(老人嶺)에서 발원한다

대수를 지금 임진강(臨津江)이라고 칭하는데, 대수라고 부르는 이유는 한나라의 대방현(帶方縣)이 이 물의 연안에 있었기 때문이다. 노인령은 함경도 안변부의 서북 1백×× 리허에 있는데, 양덕현(陽德縣) 두류산(豆流山)의 큰 줄기가 동남으로 뻗어서 반룡산(盤龍山)이 되고 마식령(馬息嶺)이 되었으며 또 남쪽으로 이 노인령이 되었으니, 이것이 곧 백산(白山)이 남쪽으로 내려가는 큰 산록이다. 『승람』에는 '노이현(老伊峴)'이라 하였고 『비고』에는 '노령(蘆嶺)'이라고 하였다. 임진년에 일본의 청정(淸正)이 황해도 곡산부 지방으로부터 노리현(老里峴)을 넘어서 함경도에 들어왔는데 노리현이란 것이 즉 노인령이다. 이 영의 등성이로

부터 동쪽의 물이 동으로 흘러서 바다에 들어가며, 이 영의 서쪽에 있는
골짜기의 물들이 합쳐서 서남으로 흐르니, 이것이 대수의 근원이다.

　『징비록(懲毖錄)』에 이르기를 "일본 장수 청정, 평행장(平行長)이 함
께 임진강을 건너서 황해도 안성참(安成站)에 이르러서, 양계로 나누어
쳐들어갈 것을 꾀하고 각기 그 진격의 방향을 의논하였으나 끝내 결정
짓지 못하였다. 그들은 서로 점을 쳤는데, 평행장은 평안도로 갈 점괘를
얻고 청정은 함경도로 향할 점괘를 얻었다. 이때에 청정이 안성(安成)에
사는 백성 두 사람을 붙들어다가 길을 안내하라고 하였다. 그 중 한 사
람이 '우리는 이 땅에서 나서 이 땅에서 자랐기 때문에 북으로 가는 길
은 모른다'고 말하니, 청정이 곧 그를 베어 죽였다. 다른 한 사람은 죽을
까봐 두려워서 앞에서 길을 안내하겠노라고 하였다. 그리하여 곡산 땅
을 따라 노리현(老里峴)을 넘어 철령(鐵嶺)의 북쪽으로 나와서 하루에
수백 리씩 달리니 그 형세가 풍우 같았다"고 하였다.
　선생이 말하기를 "청정이 북으로 침입하여 온 길은 신계현 신곡원(新
谷院)을 경유하여 곡산부를 지나서 동쪽으로 60리를 가서 고달령(高達
嶺)을 넘고, 문암곡구(門巖谷口)를 따라서 영풍창(永豐倉)을 나와 북쪽으
로 노인령을 넘어서 영흥(永興)으로 나왔다"고 하였으니, 노리현이란 것
은 노인령이다. 고달령으로부터 그 동쪽은 굽이진 벼랑들과 첩첩한 산
들로 막혀서 보행도 어려울 뿐만 아니라 수림이 울창하여 대낮도 밤과
같이 어둡다. 그러므로 여기에 한 개 지대의 군사를 매복시키면, 적은
비록 화포와 장검을 가졌다 하더라도 어떻게 여기를 통과할 수 있겠는
가! 아! 가석하다.

『한서』「지리지」에 "낙랑군에 소속한 현으로서 대방현이 있고 또 함자현(含資縣)이 있다"고 하고 자기 주에 달기를 "대수는 서쪽으로 대방(帶方)에 이르러 바다에 들어간다"고 하였다.

청이 상고하건대 한나라의 대방현은 공손강(公孫康) 때에 이르러 따로 군으로 되었다. 그 땅이 낙랑의 남부에 속하여 있었으니 분명히 이것은 지금의 풍덕(豊德)과 교하(交河) 등지이다. 대방현의 본말을 자세히 검증하여 보면 알 수 있다. 그런즉 대수는 임진강이며 함자현도 역시 임진강의 연안에 있는 현이다.

『백제사』에 이르기를 "비류(沸流)와 온조왕이 어머니를 모시고 남쪽으로 나와【졸본(卒本)으로부터 왔다】패수와 대수, 두 물을 건너서 미추홀(彌鄒忽)【지금의 인천(仁川)】에 와서 살았으며 온조왕은 위례성(慰禮成)에 도읍하였다"고 하였다.

온조왕 37년에【왕망(王莽) 때】, "(임시)한수(漢水)의 동북 부락 사람들이 굶주리어 고구려에 도망하여 들어온 집이 천여 호나 되었고 패수와 대수의 사이는 비어서 사는 사람이 없었다"고 하였다.

선생이 말하기를 "온조가 처음으로 도읍한 땅은 지금의 혜화문(惠化門) 밖 한양(漢陽)의 옛 성이 있던 곳이다【즉 위례(慰禮)】. 패수는 지금 평양의 대동하(大同河)이다. 이렇게 말하고 보면 그 대수라고 말하는 것이 반드시 패수의 남쪽, 한수의 북쪽일 것이니 만약 저탄이 아니면 반드시 임진강일 것이다. 저탄의 물은 멀지 않은 데서 발원하며, 또 고려 이전 청석골〔靑石谷〕의 길이 열리지 않았을 때 평양으로부터 양주(楊州)로 가는 사람들이 상원(祥原), 수안(遂安), 신계(新溪), 토산(兎山)으로부터 안협(安峽), 삭령(朔寧), 마전(麻田), 적성(積城)을 거쳐서 양주(楊州)에 도달하였다. 만약 그렇다면 저탄의 물은 작은 강에 불과하고 그 상류는 지대에 불과할 따름일 것이니 패수와 아울러 칭할 수 없다. 오직 그 적성 지방에 흐르는 임진강 상류만을 당시에 칠중하(七重河)라고 하였다【아래에 자세히 있다】. 온조가 패수와 대수를 건넜다는 것은 대동하와 칠중하를 말하는 것이다"라고 하였다. 또 말하기를 "한수의 동북 부락이 어찌 철원(鐵原), 이천(伊川), 안협(安峽), 신계(新溪), 수안(遂安) 등지가 아니겠는가? 대수가 칠중하임은 의심할 것이 없다"고 하였다.

『비고』에 이르기를 "대방(帶方)은 즉 대수(帶水)가 바다로 들어가는 곳이다. 대방 지방은 대개 서해의 연안에 있어서 남쪽은 백제와 가까이 인접해 있고, 동쪽은 우두성(牛頭城), 북쪽은 평양과 매우 가깝다. 대수는 곧 한산과 저탄의 사이에 있을 것이니 지금의 임진강일 것이다"라고 하였다.

안순암이 말하기를 "온조는 패수와 대수의 두 물을 건너서 미추홀에 살았다. 조선 사람이 저탄으로써 패수라고 한다면 대수는 아마도 지금의 임진강일 것이다.『한서』「지리지」에 이르기를 '대수는 서쪽으로 대방에 이르러 바다에 들어간다'고 하였으니 대방은 아마도 지금의 송경과 풍덕(豐德) 지방일 것이다. 미추홀이 즉 지금 인천(仁川)이기 때문에 어떤 사람은 한수는 대수라고 의심하는 자도 있다. 그러나 그렇다면 열수(洌水)는 어느 강이라고 가리킬 수 없게 된다"고 하였다.

청이 상고하건대 패수는 그대로 패수이고 저탄이 아니며, 한수는 열수이고 대수가 아니며, 대수는 지금 임진강이다.

구암 한백겸이 말하기를 "세상에 전하는 바에 의하면 평안도 용강현(龍岡縣)을 옛날 대방이라고 하였는데 대동강이 용강(龍岡)에 이르러 바다에 들어가니, 아마도 대동강을 대수라고 하였을 것이다"라고 하였다.

청이 상고하건대, 구암은 먼저 청천강을 가리켜 패수라 하였고 지금은 또 대동강을 가리켜 대수라 하고 있다. 그러나 용강을 대방이라고 하는 것은 절대로 근거한 바가 없으니 따를 수 없다. 대동하(大同河)는 패수이며 임진수(臨津水)는 대수이다. 다시 분분하게 의논할 무엇이 있겠는가?

서남으로 흘러서 영풍고현(永豊古縣)의 동쪽을 지나서 위로 회현(灰峴)의 물과 합류한다

영풍고현은 안변부(安邊府)의 서쪽 90리허에 있다. 본래 증대향(甑大鄕)이라 하였고, 고려 때에는 현을 두었으며, 후에 안변부에 속하게 하였다.

두류산 서쪽의 한 줄기가 뻗어서 회현(灰峴)이 되었고 이 골짜기의 물이 흘러서 남으로 내려가 대수에 합치니, 본문〔經〕에 든 회현의 물이 곧 이것이다.

구부러져서 남쪽으로 방장령(防墻嶺)의 서쪽을 경유한다

방장령은 강원도 이천부(伊川府)의 북쪽 110리허에 있는데 북쪽은 영풍을 막고 있고, 남쪽은 이천에 통하였으며, 서쪽은 대천(大川)에 임하였고, 동쪽은 태산(泰山)을 압도하고 있어서 한 장부가 관문을 지키면 만 명의 병사를 막을 수 있다. 여기에 옛날에 담을 쌓고 적을 막은 유적이 아직도 남아 있다. 『승람』에 칭한 바의 주음동방장(周音洞防墻)이라는 것이 바로 이것이다.

대수는 또 남쪽으로 고달산(高達山)의 동쪽을 지난다. 이 고달산은 황해도 곡산부의 동쪽 60리허에 있는데 가운데에 석굴이 있다. 선생이 「유고달굴기(遊高達窟記)」에서 말하기를 "고달령으로부터 등성이를 따라가서 돌다리를 지나면 이른바 의상대(義相臺)가 있다. 이 대로부터 내려가면서는 모두 다 만 길이나 되는 절벽이며 벽을 따라서 지름길이 있는데 그 너비가 1척이다. 수백 보를 가면 석벽에 옆으로 뚫린 구멍이 있는데 그 변두리가 무지개와 같다. 여기에 고달굴(高達窟)이라고 부르는 선각(禪閣)이 있다. 내가 생각하여 보건대, 『신라사』에서 헌덕왕(憲德王) 17년에 헌창(憲昌)의 아들 범문(梵文)이 고달산의 적 수신(壽神) 등 백여 인과 공모하여 북한산주(北漢山州)를 반격하였다고 하였는데, 역시 이 산을 가리킨 것이다"라고 하였다.

대수는 또 서남으로 판교(板橋)의 남쪽에 이르러 덕진(德津)이 되고 얼마 안 가서 왼쪽으로 웅이수(熊耳水)를 받는다

덕진은 이천부(伊川府)의 북쪽 30리허에 있는데 그 곁에 사당이 있어 매년 봄과 가을에 이천부 사람들이 제사 지낸다.

웅이수는 안변부의 박달령(朴達嶺)에서 발원하여 남쪽으로 흘러 희령산(戱靈山) 아래【평강현의 북쪽 88리허에 있다】에 이르러, 동으로 유진수(楡津水)와 더불어 합친다. 유진수는 강원도 평강현의 북쪽에 있는 설탄령(雪呑嶺)에서 발원하여 서남으로 흘러와서 이에 합치는 것이다. 웅이수는 또한 서쪽으로 청룡담(靑龍潭)【평강현의 북쪽 80리허에 있다】이 되고 대수에 들어가는데 그 수구에는 사서(蛇嶼)라고 부르는 작은 섬이 있다.

김수온(金守溫)의 덕진시(德津詩)에 "이천수(伊川水)가 일만 골짜기를 씻어 내리는데, 두 물이 흘러와서 합치고 산은 높고 험하다. 사람들은 그 아래에 용이 산다 말하건만, 침침한 그 수부(水府)의 깊이를 헤아릴 수 없구나! 뗏목 몰이꾼들이 덩굴을 이어 탐지해 보고자 하나, 기와집 같은 큰 돌만이 보인다네!"라고 하였다.

삼연(三淵) 김창흡(金昌翕)이 말하기를 "북쪽으로 사현(莎峴)을 넘어 수많은 산봉우리 사이를 나와서 험한 언덕들을 지나면, 이천 웅이탄(熊耳呑)으로부터 흘러오는 하나의 대천이 있다. 위에는 배가 멎는 나루[船步]가 있고 급하게 떨어지는 폭포가 있으며, 그 아래에는 큰 용추가 있어서 이 물을 받는데, 그 위용이야말로 무엇에도 비길 수 없다. 몸을 송 그리고 주의하여 폭포로 나가면 천둥 치는 듯한 요란한 소리가 사람의 넋을 빼앗고, 쏜살같이 격류하는 어지러운 물결이 몸에 소름을 끼치게 한다. 천천히 그리고 그 폭포를 목측하건대 높이가 십여 발이나 될 듯하고 못의 넓이는 10묘가 조금 못 된다. 물의 서쪽 언덕은 푸른 병풍 같은 봉우리들이 늘어서 있는데 물길은 이곳에서부터 좁게 되어 흐른다. 처음에는 큰 걸음으로 길게 달리는 것이 말할 수 없이 넓고 크더니, 바야흐로 그 물살이 이 좁은 곳에 다다라서 힘차게 들어갈 때에는 마치 초패왕(楚霸王)이 강을 건넌 후에 배를 물 속에 잠가 버리고 거록(鉅鹿) 땅을 향하여 달리며 크게 호령을 치는 형세와 같으며, 폭포가 자기 힘껏 어지럽게 내려 찧는 것은 또한 마치 발발(勃勃)이 통만성(統萬城)을 쌓을 때 1만 공이[萬杵]로 힘을 합쳐 내려 다지고 그 소리가 사납게 떨치는 것과도 같아서 이것을 보는 사람으로 하여금 손바닥을 치게 한다. 장생(莊生)이 '여량폭포[呂梁懸水]가 물살이 급하여 물고기들이 놀 수 없다'고 한 말은 오직 이 폭포에만 해당할 것이다. 여기로부터 귀당(貴塘)을 지나서 영풍(永豐)을 바라보고 동쪽으로 가면 한 냇물이 있고, 굽이

굽이 꺾어져 여러 번 나루를 건너면 북으로 온정(溫井)에 이르는데, 온 골짜기에 유황 냄새가 코를 찔러서 처음에 구역이 나려다가 조금 있으면 멎는다. 곁에는 중이 사는 집이 있는데 이것은 즉 세조(世祖) 때에 지은 행궁(行宮)이다. 중이 말하기를 '세조가 칡덩굴이 난 것을 보고 처음으로 이 샘을 찾아내었기 때문에 이를 갈산(葛山)이라고 불렀다'고 하였다"고 하였다.

선생이 말하기를 "웅이탄(熊耳呑)은 첩첩한 산들과 굽이굽이 흐르는 냇물이 있는 곳인데 예로부터 도적의 소굴로 되어 왔다. 여기서 생산되는 봉밀(蜂蜜)은 맛이 극히 좋아서 멀리 천리 밖에까지 나아가 팔리고 있다"고 하였다.

　　또 서남으로 이천부(伊川府)의 서쪽을 지나서 그 부의 앞으로 흐르는 물을 받는다

이천부는 본래 고구려의 이진매현(伊珍買縣)인데 신라 때에 이천(伊川)이라고 하였으며, 우리 나라에서도 그대로 이천이라 하고 강원도에 속하게 하였다. 부의 앞으로 흐르는 물은 분지령(分枝嶺)에서 발원하여 서쪽으로 흘러 그 부의 남쪽에 이르러 옥곡수(玉谷水)가 되고 대수에 들어간다. 그 수구에는 고성산(古城山)이 있는데 그 나루를 고성진(古城津)【이천의 서북쪽 9리허에 있다】이라고 부른다. 『승람』에 이르기를 "남천(南川)은 이천의 옥곡산(玉谷山)에서 발원하여 객관(客館)의 남쪽을 지나고 또 서쪽으로 흘러서 고성진에 들어간다"고 하였다.

대수는 또 남쪽으로 안협현(安峽縣)의 서쪽을 지나고, 얼마 안 가
서 왼쪽으로 정산(靜山)의 물과 합친다

안협현은 본래 고구려의 아진압현(阿珍押縣)이다. 신라 때에 안협(安
峽)이라고 하였으며, 지금 그대로 안협이라고 하고 강원도에 속하게 하
였다. 대수는 현의 서쪽 12리허에 이르러 깊은 못을 이룬다. 못의 변두
리에 있는 바위 위에는 전하여 오는 제당(祭堂)의 옛터가 있다. 세상에
전하기를, 고려 때에 달단병(韃靼兵)이 침입하여 오다가 여기에 이르러
서 만여 명의 기병이 벌려 서 있는 것을 바라보고 감히 진격하지 못하
였기 때문에, 여기에 사당을 짓고 제사 지냈다고 한다. 지금도 날이 가
물면 여기에 기우제를 지낸다. 그러므로 이 못을 이름하여 제당연(祭堂
淵)이라고 부른다.

정산수(靜山水)는 평강현의 분수령에서 발원하여 서쪽으로 흐르다가
성동(城洞)을 거쳐서 주토랑천(朱土郎遷)을 지나 적암수(赤巖水)【평강의
서쪽 30리허에 있다】가 되고, 또 정산탄(靜山灘)【안협의 동북쪽 15리허에 있
다】이 되며, 고암산(高巖山)【안협의 동쪽 20리허에 있다】, 연경산(連京山)
【안협의 동북쪽 12리허에 있다】, 만경산(萬景山)의 북쪽【안협의 북쪽 2리허
에 있다】을 지나서 대수에 들어간다.

김삼연(金三淵)이 말하기를 "평강현으로부터 서쪽으로 풀이 무성한
수십 리는 대개 거친 언덕들과 끊어진 둔덕들이다. 초료천홀(鷦鷯遷忽)
을 지나면 땅이 벌어져서 몸이 만 발이나 되는 구덩이 밑바닥에 떨어져
들어갈 것 같다. 평강현 남쪽은 피목천(皮木遷)이고 북쪽은 주토천(朱土
遷)인데, 골짜기들이 텅 비고 서로 마주보며 굽이굽이 돌아서 길게 양의
창자 같이 되었는데, 큰 냇물이 그 가운데를 꿰뚫고 흐른다. 이것이 곧

분수령에서 발원하는 정산수이다"라고 하였다. 또 말하기를 "사현(莎峴)
과 귀당(貴塘)의 두 골짜기의 물이 다 북으로부터 나와서 남쪽으로 거의
200리를 흘러 이천읍(伊川邑)의 동에서 합류하는데, 덕암산(德巖山)으로
부터 광복산(廣福山)까지의 산들은 다 그 범위 내에 있으며, 또 30리를
더 가서 안협읍(安峽邑)의 동쪽까지 가서 서로 갈라져 흐르던 물들이
여기에서 합친다. 이것은 청룡산(靑龍山) 여맥이 끝난 것이다"라고 하
였다.

　대수는 또 남으로 흘러 저전탄(豬轉灘)을 이룬다. 이 저전탄은 안협의
서쪽 7리허에 있는데 『승람』에 저구리탄(豬仇里灘)이라고 칭하였다. 그
석벽에서는 청석(靑石)이 난다. 그 하류를 포리진(浦里津)이라고 한다【안
협의 서쪽 9리허에 있다】.

　또 남쪽으로 토산현(兎山縣) 동북을 지나서 북포(北浦)가 된다

　토산현은 본래 고구려의 오사함달현(烏斯含達縣)인데 신라 때에 토산
(兎山)이라 하였으며, 지금 그대로 토산이라고 하고 황해도에 속하게 하
였다. 대수는 토산현의 북쪽 20리허에 이르러 북포가 되고 현의 동쪽 2
리허에 이르러서는 동천(東川)이 된다. 또 오른쪽으로 장포수(長浦水)를
합치는데, 이 장포수는 토산현의 두모산(豆毛山)에서 발원하여 동쪽으로
흘러와서 합류하는 것이다.

　『비고』에 이르기를 "임진강(臨津江)은 문천(文川)의 노령(蘆嶺)【고증
하여 보면 문천은 응당 안변으로 되어야 한다】에서 발원하여 남쪽으로 흘러
영풍고현에 이르러, 오른쪽으로 회현천(灰峴川)을 지나고 서남으로 흘러

이천방장고개〔伊川防墻峙〕를 지나 판교(板橋)의 남쪽에 이르러 덕진(德
津)이 되고, 사도(蛇島)의 동쪽을 지나서 유진수(楡津水)와 더불어 합치
고, 서쪽으로 흘러서 이천의 서쪽을 지나 왼쪽으로 옥곡천을 지난다. 또
한 서남으로 흘러서 안협에 이르러 제당연(祭堂淵)을 이루고, 왼쪽으로
정산천(靜山川)을 지나서 저구탄(豬仇灘)이 되고, 토산에 이르러 북포가
된다"고 하였다.

   대수는 또 동남으로 삭령군(朔寧郡)을 지나서 남으로 우화정(羽化
   亭)에 이르러 왼쪽으로 마룡수(馬龍水)와 합친다

   삭령군은 본래 고구려의 소읍두현(所邑豆縣)인데 신라 때에 삭읍(朔
邑)이라 하였고 고려 때는 삭령(朔寧)이라 하였으며, 우리 나라에서도
그대로 삭령이라 하였고 경기도에 속한다. 이는 대수의 연안 땅인데 이
로부터 바다에 들어가기까지 다 경기도에 속한다. 우화정은 삭령군의
동남쪽 20리허에 있다. 미수 허목의「유우화정서(遊羽化亭序)」에 "우화
정은 안삭읍(安朔邑)의 동쪽 강 위에 있는 정자이다. 임단(臨湍) 상류로
부터 여러 군〔數郡〕의 지역 내에서 안삭읍만이 홀로 강산(江山)의 절승
이라 한 것은 이 우화정을 두고 말한 것이다. 강 위에 사는 사람들이 끊
어진 벼랑의 바위 벽 위를 가리켜서 대(臺)라고 하고, 또 백년의 절경이
라고 일컬었다. 태수 이산뢰(李山賚)가 대 위에 정자를 지었는데 이 정
자는 공중으로 탁 트인 곳에 자리잡고 있으며, 그 앞뒤에는 무성한 수풀
과 산들이 있다. 강안은 모두 흰 자갈로 덮였고 그 위는 평평하다. 구불
구불하게 흐르는 강물은 상하가 아득하게 바라보인다. 동쪽에 있는 대
천은 남으로 흘러서 산벽을 지나 이 정자 아래에서 합류하는데, 여기에

옛 나루가 있고 긴 다리가 있다.

마룡수는 평강현의 상현(霜峴)에서 발원하여 서남으로 흘러 그 현의 동남을 지난다. 평강현은 본래 고구려의 부양현(斧壤縣)이다. 신라 때에 광평현(廣平縣)이라 하였고 고려 때는 평강(平康)이라 하였으며, 우리 나라에서 그대로 평강이라 하였다.

마룡수는 또한 서남으로 신성산(新城山)의 물과 합류하여 풍천(楓川)벌의 남쪽을 지나니, 곧 강원도 철원부(鐵原府)의 북쪽 27리허에 있는 땅이다. 신라 진성왕(眞聖王) 5년(891)에 궁예(弓裔)가 처음으로 일어나서, 효공왕(孝恭王) 5년(901)에 철원군(鐵圓郡)에 도읍을 정하고 궁실을 세워 극도로 사치한 생활을 다하였고 국호를 '태봉(泰封)'이라고 하였으며, 경명왕(景明王) 2년(918)에 고려 태조에게 격멸당하여 건국한 지 모두 18년 만에 망하였다. 『고려사』 「지리지」에 이르기를 "궁예 궁전의 옛터가 동주(東州)의 북쪽 27리 풍천벌【동주는 즉 철원】에 있다. 지금 그 위성의 둘레는 1만 4,421척이요, 내성의 둘레는 1,905척인데 절반이나 무너졌으며 궁전의 터가 아직도 완연하게 남아 있다"고 하였다.

마룡수(馬龍水)는 서남으로 승령고현(僧嶺古縣)을 지나서 서쪽으로 손청탄(孫廳灘)이 된다. 이 현은 본래 고구려의 승량현(僧梁縣)인데, 신라 때에 동량현(幢梁縣)이라 하였고 고려 때는 삭령(朔寧)에 속하였다【삭령군의 동쪽 20리허에 있다】.

마룡수는 또 서남으로 삭령군 북쪽에 이르러 북천(北川)이 되고 또 서쪽으로 대수에 들어간다.

대수는 또 서남으로 연천현(漣川縣) 북쪽을 지나서 징파도(澄波渡)가 된다 연천현은 본래 고구려의 공목달현(工木達縣)【일명 웅섬산(熊閃山)이라고도 한다】이다. 신라 때에 공성현(功成縣)이라 하였고 고려 초에 장주(漳州)라 하고 후에 연천(漣川)이라고 하였으며, 우리 나라에 와서는 그대로 연천이라고 하였다. 대수는 현의 북쪽을 지나서 남쪽으로 흐르고 또 현의 서쪽을 지나서 징파도가 되는데, 물빛이 맑기 때문에 징파도라고 이름 지었다. 고려 폐왕 신우(辛禑) 11년에 물이 사흘 동안 누렇게 흘렀다【『고려사』 「오행지」에 나온다】. 이것은 이변이다.

『고려사』 「지리지」에 "장주(漳州)에는 징파도가 있다"고 하였고, 또한 「이의민전(李義旼傳)」에 이르기를 "명종(明宗) 4년에 조위총(趙位寵)이 병란을 일으키매, 이의민(李義旼)으로써 지병마사(知兵馬事)를 삼고 군대를 거느리고 싸움에 나아가게 하였다. 바야흐로 연주(漣州)를 공격하려 할 적에 흥화도(興化道)에 있던 반란군 수천 명이 와서 북천에 진을 치고 조위총을 구원하려 하였다. 이의민은 군대를 거느리고 진에 나아가서 칼날을 무릅쓰고 적진에 나가 한 기장(騎將)을 베니 반란군이 퇴각하였다"고 하였다.

청이 고찰하건대 북천은 즉 연천에 있는 북천이니, 이것이 대수이다.

이지봉(李芝峯)이 말하기를 "임진왜란 때에 양반집 귀부인들이 난을 피하여 징파도에 이르러 배를 먼저 타려고 두 손으로 뱃전을 잡았다. 어떤 한 부인이 여종을 데리고 왔는데 배에 오르지 못하기에, 뱃사공이 그 부인의 손을 잡아당겨서 올리려고 하니 부인이 크게 통곡하며 '내 손이 네 놈의 손에 욕을 당하였으니 내가 어찌 살겠는가?' 하고 곧 물에 빠져 죽었다. 그의 여종도 통곡하며 '내 상전이 이미 빠져 죽었으니 어떻게 차마 홀로 살겠는가?'하고 역시 물에 빠져 죽었다"고 하였다.

허미수(許眉叟)의 「횡산기(橫山記)」에 말하기를 "횡산(橫山)은 연천의 북쪽 강안에 있는 아름다운 촌인데 송림과 모래 강변이 있어 아래위에로 꽉 들어찼다. 남쪽 강안은 모두 다 층층 돌이며 높은 바위이며 벌려선 산이며 무성한 수풀들이다. 앞에는 옛 나루가 있는데 강 가운데에 돌이 많아서, 돌이 있는 물위로 배를 끌고 지나갈 때 물살이 급하여 기운을 잃으면, 곧 배는 돌 위에 가로 걸려 건널 수가 없게 된다. 서쪽으로 장경(長景) 석벽을 바라보며 동남쪽엔 돌 강변이 있다. 산골짝 어귀에 있는 바위 위에는 도영암(倒影菴)이라고 부르는 중의 집이 있는데 절간의 벽이 강에 임하여 있다. 중이 가사(袈裟)를 입고 치건(緇巾)을 쓰고 염주(念珠)를 세며 불경을 외우는 자와 도끼를 들고 나무하는 사람, 동이를 안고 물을 긷는 사람, 쌀을 씻는 사람, 빨래하는 사람들이 다 깊은 못에 거꾸로 비치므로 그것을 굽어보면 거울과 같으며, 그 아래에 망저탄(望諸灘)이 있고 또 그 아래에 장군탄(將軍灘)이 있으며 장군탄 밑에 웅연(熊淵) 돌벼랑이 있는데 거기 돌에다 기이하게 쓴 글이 있으며, 강가에는 석린(石鱗)과 석묵(石墨)이 난다"고 하였다. 또 「웅연석문기(熊淵石文記)」에 이르기를 "웅연은 장경(長景)으로부터 15리를 내려오는 연서(漣西) 지방에 있는데 거기에 석문(石文)이 있다. 돌은 푸르고 글자는 검으며 기기괴괴하여 어떻게 말로 형상할 수 없다. 권영숙(權永叔)이 말하기를 '석문은 돌과 함께 영구히 살아 있으니 알 수 없는 일이다. 혹 자연적으로 된 것이나 아닌지?'"라고 하였다. 「석문기(石文記)」에 또 이르기를 "석문은 용(龍), 사(蛇), 초(草), 목(木)의 형태와 같아서 기괴하고 또 변화하며 돌은 푸르고 글자는 검어서 이끼가 끼지 않는다. 전에 그 고을 수령이 쪼아서 두어 자를 떼어 갔으나 돌은 2촌(寸) 깊이 파였고 석문은 그래도 2촌이 남았다【깊이 있어서 개작을 못하였다는 말】. 이것은 귀신의 글로써 최초의 내력을 알 수 없다"고 하였다. 또 「징파정기(澄波亭記)」

에 이르기를 "징파정은 연천현 서쪽 15리 실이물(實伊勿)【이물은 즉 이천(伊川)】의 서쪽 맥지(貊地)에 접경하고 있다. 서쪽 강안의 상하는 강벽이 가장 괴이하고 동쪽 강안은 흰 모래다. 상류의 수탄(脩灘)을 귀탄(鬼灘)이라 부르고 또 그 위를 송탄(松灘)이라 부른다"고 하였다.

청이 고찰하건대 연천의 북으로부터 그 물에 임한 곳들은 기이하며 구경할 만한 것들이 많다. 즉 이른바 횡산(橫山), 횡강(橫江), 장경(長景), 석저협(石渚峽), 도영암 등과 망저탄(望諸灘), 장군탄, 송탄, 웅연 문석(熊淵文石)이며 귀탄(鬼灘), 징파탄, 휴류암(鵂鶹巖) 등은 어느 것이나 다 강물을 따라 내려가는 지점에서 소문난 것들이다.

그리고 체천(砌川)의 물은 동으로부터 흘러와서 대수에 들어간다

체수는 강원도 회양부(淮陽府)의 쌍령(雙嶺)에서 발원하여 남으로 송관촌(松官村)을 지나 금화현(金化縣)에 이르러 북으로 말흘수(末訖水)【금화의 북쪽 27리허에 있다】가 되고 당탄(塘灘)이 되며, 오신산(五神山) 아래를 지나서 장암(帳巖)의 광탄수(廣灘水) 및 자인담수(紫烟潭水)【평강의 동남쪽 17리허에 있다】와 합류한다. 또한 서남으로 적빈원(赤賓院)을 지나서 고랑(高郞)의 나루가 되고, 정자(亭子)의 못【평강의 남쪽 40리허에 있다】을 이룬 다음, 왼쪽으로 금화(金化)의 물을 합친다. 금화수는 금화현 불정산(佛頂山)에서 발원하여 서쪽으로 흘러 초척수(草尺水)가 되고, 주필봉(駐蹕峯) 아래에 이르러 충현(忠峴)의 방동수(芳洞水)【금화의 동쪽 26리허에 있다】와 합류하여 금화현의 남쪽 5리를 지나서 자등현(自登峴)의 문수천(文殊川)과 합쳐 체수(砌水)에 들어간다. 금화현은 본래 고구려 때의 부여군(夫如郡)인데 신라 때에 부평(富平)이라 하였고 고려 때에 금화(金化)라고 하였으며, 우리 나라에서는 그대로 금화라고 하였다. 강원도에 속한다.

  체수는 또한 남쪽으로 철성부(鐵城府)의 동남을 지난다. 철원부는 본래 고구려의 철원군(鐵圓郡)인데 신라 때에 철성군(鐵城郡)이라 하였고 고려 초에 동주(東州), 후에 철원(鐵原)이라 하였으며, 우리 나라에 이르러 그대로 철원이라고 하였는데 강원도에 속한다. 체수는 철원부의 동남쪽 30리허에 이르러 비로소 체천이라고 칭하는데, 그 이유는 강의 양안에 층층대[階砌]와 같이 생긴 석벽이 있기 때문이다. 그 석벽 위에는 체수를 아래로 굽어보는 고석정(孤石亭)이 있고 이 정자 곁에는 옛 성이 있다. 고려의 중 무외(無畏)의 「고석정기(孤石亭記)」에 이르기를 "철원군으로부터 남쪽으로 1만여 보를 걸어가면 신선들이 사는 한 구역이 있는데 여기에 고석정이 있었다고 전해 온다. 그 정자에는 문득 솟은 큰 바위가 있어 그 높이가 거의 300척이나 되고 둘레가 십여 발이나 된다. 바위를 따라서 위로 올라가면 굴이 하나 있다. 이 굴에 기어서 들어가면 방안처럼 생긴 층대가 있는데 여기에 십여 명의 사람이 앉을 수 있다. 곁에는 민석(珉石)이 서 있는데 이것은 신라 진솔왕(眞率王)이 와서 유람하면서 세운 비석이다【청이 고찰하건대 신라의 진솔왕이란 진흥왕(眞興王), 진지왕(眞智王), 진평왕(眞平王) 중의 어느 하나라고 추측된다】. 다시 굴을 나와서 절정에 올라가면 마치 둥근 단처럼 생긴 편평치 않은 돌이 있어 거친 이끼로 덮였고, 펑퍼진 인진(茵蔯)과 푸른 소나무로 둘러서 우산을 펼친 것 같다. 또 동남간으로부터 흘러오는 대천이 있는데 물이 벼랑에 부딪치는 소리와 돌 구는 소리가 마치 굉장한 음악이 일시에 일어나는 것 같다. 이 물은 바위 아래에 이르러 모여서 못이 되었는데, 여기에 다다라 보면 조심스럽고 무서워 마치 여기에 용이 살고 있는 것 같다. 물은 못에서 넘쳐흘러 서쪽으로 30리쯤 가서는 서남쪽에 부딪친 다음 남

쪽으로 흐른다【체수는 약간 북쪽으로 꺾어져서 서쪽으로 흐르다가 다시 남쪽
으로 흐른다】. 앞뒤에는 모두 다 바위와 높은 산봉우리들이 벽처럼 깎아
서 있고 단풍나무, 들메나무, 소나무, 도토리나무들이 섞여서 살고 있으
며 그 위는 신묘하고 청상하며 형상이 기이하여, 비록 무늬를 놓는 데
능하고 그림을 잘 그리는 자가 있다고 하더라도 그것을 방불하게 형상
하지는 못할 것이다"라고 하였다.

허미수가 말하기를 "화적연(禾積淵)의 북쪽 십여 리허에 고석정이 있
고 그 물 가운데에 층돌이 창연하게 불쑥 솟아 나온 것이 있는데, 물이
깊고 이끼가 미끄러워서 사다리를 놓고 올라갈 수도 없다. 그 상류에는
또 칠담(七潭) 팔만암(八萬巖)이 있는데 그 위는 황씨(黃氏)의 별장이 있
다"고 하였다.

이중환(李重煥)이 말하기를 "철원부는 즉 궁예가 옛적에 도읍한 곳이
다. 궁예가 국호를 '태봉'이라고 하였는데 '태봉'이라는 것은 대방의 변
음이다. 태봉은 두 개의 강이 흐르는 사이에 처하여 있다. 그 하나는 분
수령으로부터 서쪽으로 흘러서 철원의 북쪽을 지나고【이 물은 마룡수(馬
龍水)인데 분수령의 남쪽 상현(霜峴)에서 발원한다】, 다른 하나는 오신산(五
神山)으로부터 서쪽으로 흘러서 철원의 남쪽【이 물은 체수이다】을 지나
서 두 물이 다 연천의 서쪽에서 만나는데 이 물들은 철원 가까이에 흐
르는 강들이다"라고 하였다.

체수는 또한 서남으로 흘러서 오른쪽으로 양수(凉水)를 합친다. 이 양
수는 평강현의 저동(豬洞)에서 발원하여 흘러와서 체수에 합류하는 것
이다.

체수는 또한 서남으로 용화산(龍華山) 북쪽을 지나서 왼쪽으로 삼부
연(三釜淵)의 물을 합친다. 허미수가 말하기를 "삼부락(三釜落)은 동주
(東州)【지금의 철원】읍의 남쪽 용화산 아래에 있다. 골짜기 어귀에 있는

돌다리로부터 몇 리를 가면 산들이 더욱 높고, 끊어진 골짜기에 당도하면 돌을 깎아 세운 것 같다. 위로 올라가면 돌로 쌓은 세 개의 돌방축이 솥처럼 생긴 것이 있는데 여기에 물이 가득 차 있다. 물이 깊고 길이 끊어져서 구부리고 볼 수 없으나 그것을 엿보면 물이 세 번 넘어서 세 번 폭포를 만드는데 그 흰 물줄기가 10발이나 된다. 바위 아래에 있는 못과 못의 변두리는 모두 새하얀 자갈이 깔리고 가다가다 사람이 앉을 만한 넓고 큰 돌도 있다. 예맥의 북쪽 지대의 방언에 폭(瀑)을 낙(落)이라고 한다. 따라서 삼부폭을 삼부락이라고 부른다고 한다"고 하였다.『비고』에 이르기를 "삼부연은 용화산 가운데에 있어 석벽으로 폭포가 흘러내리는데 3층으로 가마솥을 이루었다"고 하였다【철원 조】.

옛적에 거사(居士) 김창흡(金昌翕)이 이곳에 살면서 스스로 호를 삼연(三淵)이라고 하였다. 그의 「석천곡기(石泉谷記)」에 말하기를 "용화산을 넘어 서쪽으로 향하면 산세가 막히고 깊숙하게 골짜기를 이루었는데, 가운데에 석천사(石泉寺)라고 부르는 작은 절이 있다. 골짜기 어귀로부터 들어가다가 동쪽으로 수십 보 안 되게 가면 점차 맑은 냇물이 보이는데 한곳에 고여서 못을 이루었고 그 좌우에 창포(菖蒲)가 덮여 있어, 이것을 창포담(菖蒲潭)이라고 부른다. 이 못의 동쪽으로 하여서 거의 네댓 굽이를 돌아가면 물의 흐름이 점점 높아지다가 옆으로 기울어져 비스듬히 아래로 흐르고, 그 다음에 유주담(流珠潭)이라는 한 개의 못이 되었다. 여기로부터 시작하여 그 뒤로 여러 개의 못과 급한 여울이 있는데 물결이 모두 다 말쑥하고 제일 마지막에 있는 한 개의 못은 길이가 50보요, 너비는 길이의 절반이다. 이 못은 가운데로부터 언저리까지 그 물빛이 모두 녹정색(綠淨色)이다. 그러므로 못 이름을 금벽담(金碧潭)이라고 부른다. 여기서부터 얼마 안 가서 바위를 돌아가면 길이 끊어졌는데 한 개의 큰 돌이 붙어 있어, 여기에 가로누운 나무로써 다리를 보수하였다. 이것을 허공교(虛空橋)라고 하였고 그것을 고쳐서 통현교(通玄橋)라고 하였다. 북쪽을 바라보고 가면 큰 돌 병풍이 있고 이 병풍을 지나면 돌다리가 있으며, 여러 굽이를 돌아가서 폭포가 있다. 이에 한 개의 큰 바윗돌이 문득 서 있는데 높이가 40~50발이나 되고, 그 위에는 무너지고 떨어져 나간 부분이 3분의 1이나 된다. 폭포가 위로부터 곧추 쏟아져 무너지고 떨어져 나간 데를 지나서는, 곧 넓게 퍼지고 천천히 굽이돌아서 못 가운데로 흘러 들어가니, 이것을 소운폭포[素雲瀑]라고 부른다. 폭포를 따라서 위로 바라보면 석천사(石泉寺)가 있으며 이 절을 왼쪽으로 하고서 동쪽으로 두 골짜기가 굽은 낭떠러지가 되었는데, 냇물이 합류하여 떨어지면서 두 발이나 되는 수렴(水簾)을 만들었고 이것을 맑은 못으로써 받는다【글이 여기에 그침】”고 하였다. 여기에 기록된 시냇물, 연못, 샘물, 폭포들은 다 삼부연의 근처에 있다.

  체수는 또 남쪽으로 마흘수(磨訖水)가 되고 왼쪽으로 화적연(禾積淵)의 물과 합친다. 이 화적연수는 경기도 영평현(永平縣) 백운산(白雲山)에서 발원하여 북쪽으로 흘러서 백운천(白雲川)이 되고 또 북쪽으로 화적연이 된 후에 체수에 들어간다. 『비고』에 이르기를 “백운천은 영평현의 동쪽 50리허에 있다. 이 강은 아래로 흘러서 화적연이 되는데, 돌이 물 가운데로 들어가서 불쑥 수백 척 높이로 솟아 마치 벼 낟가리의 모양과 같이 생겼다. 그 아래로 물이 뿜어 내려서 돌아 모이는데 그 깊이를 헤아릴 수 없다”고 하였다. 상고해 보건대 허미수의 「화적연기(禾積淵記)」에 이르기를 “체천의 물은 청화산(靑華山)【즉 쌍령의 북쪽 줄기】에서 발원하여 화강(花江)의 물과 합하고 육창(陸昌)을 지나서 칠담, 팔만 암을 이루고 영평현에 이르러 북쪽으로 화적연이 된다. 동쪽 강안은 송림이고 그 아래는 돌 마당인데 모두 흰 돌이다. 북쪽으로 석봉(石峯)이 물 가

운데 서 있는데, 이 석봉의 높이 100척 위에 있는 약수가 지극히 정하여
사람으로 하여금 기운이 나게 한다. 그 곁에는 용혈(龍穴)이 있고 돌 아
래의 구덩이는 끝이 없다. 냇물은 굽이굽이 감돌아 흐르고 남쪽 강안에
당도하여서는 푸른 산벽이 못에 잠기었다. 돌 위로는 소나무가 많은데
석장(石場)에 제사지내는 단을 만들고 수해나 한재가 나면 희생과 폐백
으로써 중사(中祀)를 지낸다"고 하였으니, 그 화적연으로써 체수의 원류
와 지류로 삼는 것은 잘못이다.

체수는 또한 남쪽으로 마가수(摩訶水)【연천의 동쪽 15리허에 있다】가
되고 백호수(白湖水)가 여기에 들어간다. 마가수는 경기도 양주(楊州)의
벽석현(碧石峴)에서 발원하여 북쪽으로 흘러서 고교수(高橋水)가 되는
데, 일명 칠리탄(七里灘)이라고 한다. 이 강은 포천현(抱川縣)의 서쪽 5
리허에 있다.

『승람』에 이르기를 "고교천은, 하나는 포천의 남쪽 축석현(祝石峴)에
서 발원하고 다른 하나는 수원산(水源山)에서 발원하는데, 이 두 물이
합류하여 고교천이 된다"고 하였다. 여기에서 말한 축석현이란 것은 벽
석현(碧石峴)이다. 백호수는 또 북쪽으로 수원산(水源山) 및 천보산(天寶
山)의 물과 합하여 한천(漢川)이 되고 포천현의 서쪽을 지난다. 포천현
은 본래 고구려의 마홀군(馬忽郡)이다. 신라 때는 견성군(堅城郡)이라 하
였고 고려 때에는 포주(抱州)라고 하였으며, 우리 나라에서는 포천이라
하였는데 경기에 속한다. 백호수는 또한 북쪽으로 만세교(萬歲橋)에 이
르러 오른쪽으로 육송수(六松水)를 합친다. 이 육송수는 운악(雲岳)에서
발원하여 북쪽으로 흘러서 육송정(六松亭)을 지나와서 합류하는 것이다.
백호수는 또한 북쪽으로 돌아 모여서 백로주(白鷺洲)가 된다.

허미수의 「백로주기」에 이르기를 "청성(靑城)의 물【포천이다】은 칠리
탄을 지나 돌아 모여서 깊은 못이 된다. 그 중류에 돌 섬이 있는데 오래

묵은 소나무 수십 주가 창연하게 돌 위에 벌려 섰고, 그 양안은 모두 다 푸른 벽과 기이한 바윗돌이며 돌이 없는 데는 모래가 있다. 이것이 이른 바 백로주이다"라고 하였다. 『비고』에 이르기를 "백로주는 영평(永平)의 남쪽 11리허에 있는데 돌아 모여서 맑은 못이 되었으며 그 못 가운데에 석봉(石峯)이 있다. 백호수는 또 북으로 운계수(雲溪水)를 합친다. 운계 수는 백운산(白雲山)에서 발원하여 서쪽으로 흘러와서 합류한다"고 하였다.

허미수가 말하기를 "백운산이 영평의 동쪽 20리허에 있는데 여기에 와룡대(臥龍臺)가 있으며 수중으로 석대(石臺)가 수십 발을 뻗었다. 물이 깊고 돌이 많으며 강변 위에 사당이 있다. 십리천의 물이 이 산중에서 나오는데 양안에 넓고 편평한 큰 돌과 험한 바위가 많다. 강안의 30리 어간이 모두 이렇다. 깊이 들어가면 수백 명의 사람도 넉넉히 앉을 만한 석장산(石場山)이 있는데 냇물이 이 돌 아래에 이르러 깊은 못이 되고, 그 아래에 석만(石灣)이 있다. 석장산을 지나서부터는 산이 더욱 깊고 물이 더욱 맑으며 못의 물이 푸르고 깨끗하여 피라미〔儵〕가 많다"고 하였다.

『비고』에 이르기를 "백운산 아래에 있는 동을 역시 백운동(白雲洞)이 라고 부른다. 산양천(山羊遷)으로부터 냇물을 따라서 산골짝 어귀에 들 어가면 비로소 넓은 평야가 있으니, 이것을 속칭 주루평(注婁坪)이라고 한다【글이 여기서 끝난다】"고 하였으니, 대개 백운산 북쪽 골짜기의 물이 화적연이 되고 서쪽 골짜기의 물이 운계(雲溪)가 된다. 백호수는 또 북 쪽으로 전탄(箭灘)이 되어 영평현의 서쪽을 지난다. 영평현은 본래 고구 려의 양골현(梁骨縣)이다. 신라 때는 동음현(洞陰縣)이라 하였고 고려는 영흥현(永興縣)이라 하였으며, 우리 나라에 와서 영평이라 하였는데 경기도에 속한다.

허미수가 말하기를 "영평의 동쪽 7리허에 풍류암(風流巖)이 있고 그 밖에 대천이 합하여 흐르는 것이 있다. 그 하나는 관도(官道) 만세교(萬歲橋)의 하류요, 다른 하나는 백운계(白雲溪), 노연(魯淵)의 물인데 이 두 물이 합하여 백호수에 들어간다. 이 내를 건너면 영평현의 구리(九里)다. 지금 이 두 물은 현의 동남에서 합하여서 현의 서쪽을 지난다"고 하였다.

백호수는 또 서북으로 금수(金水)가 되어서 창옥병(蒼玉屛)의 북쪽을 지나서 저수에 들어간다.

『문헌비고』에 이르기를 "창옥병은 영평의 서쪽 20리허에 있는데, 그 산벼랑이 벽처럼 깎여져 서 있고 둘레가 수백 척이나 되며 물빛은 푸르다. 백운계가 그 아래를 지나간다. 그 남쪽에 또 청학대(靑鶴臺)와 백학대(白鶴臺)가 있다"고 하였다.

허미수가 말하기를 "대탄(大灘)의 동쪽 20리허에 있는 창옥병에 박정승의 사당이 있고, 물 가운데에 한석봉(韓石峯)이 돌에 새긴 큰 글자가 있다【한석봉의 이름은 호(濩)다】. 또한 동쪽으로 몇 리에 있는 금수정(金水亭)이 우두연(牛頭淵) 가에 있으며, 그 연 위에 또 봉래(蓬萊)의 시를 새긴 것이 있는데 그 글자체가 역시 기이하다【양봉래(楊蓬萊)의 이름은 사언(士彥)이다】. 그 위의 20리를 백로주라고 부른다. 물은 서쪽으로 흘러서 백운계의 물과 합쳐서 천천히 돌아 영평의 서쪽을 지나서 우두연이 된다"고 하였고, 또 이르기를 "영평읍의 서쪽 5리허에 있는 백운계는 물이 유유히 흐르고 모래가 평평하게 깔렸으며 바위벽이 높게 솟았다. 시내 사이에 있는 반석(盤石) 위에는 양봉래와 한석봉이 돌에 새긴 글씨가 있고, 못가에 금수정(金水亭)이라고 하는 김씨의 별장이 있으며, 그 하류 몇 리 남짓한 곳에 창옥병이 있다"고 하였다.

체수는 또 서쪽으로 청송골〔靑松谷〕에 이르러 왼쪽으로 초수(樵水)를 합친다. 초수는 양주의 불곡산(佛谷山)에서 발원하여 북쪽으로 흘러 초촌(樵村)을 지나와서 합치는 것이다【양주의 북쪽 50리】.

체수는 또한 서남으로 대탄(大灘)이 되어 대수에 들어간다.『승람』에 이르기를 "대탄은 양주의 북쪽 70리허에 있는데 그 수원의 하나는 영평의 백운산에서 나오고 다른 하나는 철원의 체천인데, 이 두 물이 합류하여서 연천과 영평을 지나고 서남으로 임진강에 들어가는 것이 이것이다"라고 하였다. 임진년에 일본인이 우리 경성을 강점하고 9월에 가만히 대탄을 건너서 경기감사 심대(沈垈)를 삭령에서 죽였다.

허미수가 말하기를 "화적연의 물은 서쪽으로 흘러 청송(靑松)의 북쪽에 이르러 백운계를 합친다. 그 아래는 대탄이고 또 그 아래 강변은 송림이 있는 절벽인데, 이를 송우(松隅)라고 한다. 병자호란 때에 한 부인이 바위의 절벽에서 떨어져 자살한 사실이 있다. 나는 그 부인의 절개와 품행이 전하지 않는 것을 슬프게 생각하고, 그것을 고쳐서 절부우(節婦隅)라고 하였다. 이곳은 본래 협 중에 제일 가는 절경이라고 칭하던 곳인데 사람이 많이 피살된 후로부터는 들판에 해골이 나뒹굴고 나는 새도 모여들지 않는다"고 하였고, 또 말하기를 "오강(烏江) 위에 호구협(壺口峽)이며, 그 위에 송우 석벽이 성한 소나무며, 또 여기에 고성(古城)이 있어 절경이라고 칭한다. 또 그 위에 대탄은 청송골 어귀가 되고, 칠담(漆潭) 백로주의 하류와 합류하여 계탄(揭灘)이 되고 유양(維楊)이 되었는데, 경치 좋은 곳이다"라고 하였다.

대수는 또 서쪽으로 마전군(麻田郡)의 남쪽을 지난다

마전군은 본래 고구려의 마전천현(麻田淺縣)이다. 신라 때는 임단현(臨湍縣)이라 하였고 고려 때에 마전(麻田)이라 하였으며, 우리 나라에서는 그대로 마전이라 하였다. 대수는 이 군의 남쪽 7리허에 이르러 후근도(朽斤渡)가 되고, 이 군의 서쪽 5리허에 이르러 종담(鍾潭)이 된다. 전해 오기를 옛적에 종이 여기에 잠겼기 때문에 종담이라 이름 지었다고 한다. 이 종담의 변두리에 앙암(仰巖)이 있고 그 아래에는 미강서원(眉江書院)이 있어 우의정 허목(許穆)을 제사 지내고 그 북쪽에는 숭의전(崇義殿)이 있어 고려의 세 왕을 제사 지낸다.

허미수가 말하기를 "종담의 물은 육창(陸昌)에서 발원하여 천천히 60~70리를 흘러서 웅연(熊淵)을 지나 장주천(漳州川)이 된다【징파도】. 이 장주천 위는 모두 석벽들과 높은 바위로 되었고, 수중에는 돌이 많아서 돌 여울〔石瀨〕을 만들었으며, 종담에 이르러서 석담(石潭)이 되었다. 또 여기에는 괴이한 돌이 물 가운데 놓여 있어 물이 여기에 이르러서는 상하 수담(上下修潭)이 되었다. 수중에는 또한 위가 평평하여 사람도 넉넉히 앉을 만한 큰 돌이 있다. 서쪽 강안의 우뚝하게 높이 솟은 산이 세 개의 석봉으로 되어 있는데, 제일 남쪽에 있는 봉이 가장 높다"고 하였고, 또 말하기를 "오강 위의 호구협에 있는 여울과 돌이 극히 험하다. 이것은 마차산(摩嵯山) 북쪽 기슭인데 산이 깊고 물이 급하다. 영평의 물은 여기에 이르러서 합류하니 이것을 상포(上浦)라고 한다. 그 동쪽은 도가미(陶哥眉)다. 호구를 지나면 곧 율탄이고, 율탄 위는 마탄이다. 마탄 위의 암벽 사이에 있는 못에는 물이 가득 차 있는데 깊고 험하여 헤아릴 수 없다. 마탄을 지나면 곧 기탄(歧灘)이고, 기탄을 지나면 유연(楡

淵)이며, 유연의 위에는 유탄(楡灘)이 있다.

유탄에서 2~3리 가면 휴류암(鵂鶹巖)에 이르고 그 위는 징파도가 된
다【기행조(紀行條)】. 징파도 하류 20리허에 있는 앙암 위에 석봉이 있고
높은 벽이 있으며 깊은 못이 있다. 옛날에 큰 종이 이 못에 잠기었다.
시대가 멀어짐에 따라서 이 사실이 전하지 않으나, 매양 장마를 거두고
물이 맑아지면 종을 볼 수 있다. 지금은 근 100년이 되도록 보이지 않는
다고 한다. 강변에 사는 사람들이 나라에 난이 있으면 종이 운다고 말한
다. 강변은 다 기이한 바위와 푸른 벽으로 되었다. 북쪽에는 고려 왕의
사당인 숭의전이 있고, 그 동쪽에 아미사(阿彌寺)가 있다. 그런데 앙암
을 그릇되게 아미라고 한다"고 하였다.

이지봉이 말하기를 "숭의전은 마전군의 강안에 있다. 이곳은 고려 태
조가 궁예 밑에서 벼슬하면서 송경으로 왕래할 때에 휴식하던 곳인데,
그것은 태조의 옛 집이 있었기 때문에 숭의전을 만들고, 여기에서 태
조·현종(顯宗)·문종(文宗)을 제사 지낸다. 옛날에 어떤 사람이 제육을
가만히 베어 가지고 갔는데, 그날 밤 제관의 꿈에 세 왕이 전 위에 벌여
앉아 노하면서 고기를 훔쳐 간 자를 베는 것을 보았다. 다음날 아침에
죄인을 찾으매 꿈에 본 그 사람이 곧 자복하고 죄를 받았다. 또 그 전상
에 친 장막들과 기구들을 훔쳐서 지고 가는 자가 있었는데, 그는 물에
채 가기도 전에 사지가 결박을 당한 것 같이 되어서 한 걸음도 옮겨 놓
지 못하고 드디어 체포당하였다"고 하였다.

또 야사(野史)에 이르기를 우리 태조가 즉위하여, 공양왕(恭讓王)을 관
동(關東)에 옮기고 왕씨의 태묘(太廟)를 헐고 큰 배에 나무로 만든 신주
를 싣고 임진강으로 옮겨 갈 때에, 배가 스스로 물을 거슬러 올라가다가
마전군 강상에 있는 절 앞에 이르러서 멈췄다. 마전군 사람들이 이 사실

을 태조에게 보고하니 태조가 명령하여 나무로 만든 신주를 안치하게
하였다. 그리하여 절을 고쳐 사당을 만들고 숭의전이라고 불렀다. 그리
고 왕씨를 구하여 감(監)으로 임명하려고 하니 왕씨가 다 도망쳐 숨어서
성명을 변하여, 혹 마(馬)씨라 하고 혹 전(全)씨라 하며 혹 옥(玉)씨라고
하여 왕(王) 자를 자획 가운데서 숨기면서 은신하기 때문에, 왕씨를 구
하지 못하였다. 장헌대왕(莊憲大王) 때에 이르러 비로소 왕순례(王循禮)
한 사람을 얻으니 기씨전에 선우(鮮于)씨를 감으로 삼던 전례에 의해서,
토지와 노비를 주고 참봉(參奉) 벼슬을 세습하면서 그 제사를 받들게 하
였다.

　또 서남으로 적성현(積城縣)을 지나서 서쪽으로 호려탄(瓠蘆灘)이
된다

　적성현은 본래 고구려의 칠중현(七重縣)이다. 신라 때에 중성현(重城
縣)이라 하였고 고려 때에 적성이라 하였으며, 우리 나라에서는 그대로
적성이라 하였다. 대수는 적성현의 북쪽을 지나서 서쪽으로 가사평(袈
裟坪) 아래로부터 차례로 구연(仇淵)【현의 동북 9리】이 되고, 이포(梨浦)
【현의 동북 8리】가 되고, 석포(席浦)【현의 북쪽】가 되고, 신직진(神直津)
술탄(戌灘)【현의 서쪽 8리】이 된다. 『신라사』를 상고하여 보면 "태종 3년
【당나라 고종(高宗) 현경(顯慶) 원년】에 고구려가 칠중성(七重城)을 침입하
여 군주(軍主) 필부(匹夫)가 이 전투에서 죽으니, 왕이 계탄(鷄灘)을 건너
서 왕흥사(王興寺)와 잠성(岑城)을 공격하여 7일 만에 이겼다"고 하였으
니, 여기에 말한 계탄도 역시 대수의 나루터이다. 강가에 감악(紺岳)이
있다.

허미수의 「감악기」에 이르기를 "감악의 절정에 높이 3발 길이나 되는 석단(石壇)이 있고 석단 위에는 비석이 있는데, 세월이 오래 지남에 따라 비문의 글자가 없어졌다. 곁에는 설인귀(薛仁貴)의 사당이 있다. 혹자들이 말하기를 '왕신사(王神祠)는 음사(淫祠)로 만들어졌는데, 그 신이 능히 요사를 부려서 화를 입히고 복을 주는 것으로써 사람에게서 제사를 받아 먹는다'고 한다. 여기에 있는 산들은 다 석봉이며 그 북쪽은 큰 강이다. 오강(烏江)으로부터 차례로 아미강(峨眉江), 호려강(瓠蘆江), 석기강(石歧江), 임진강이 되어 조강(祖江)에 이르기까지 100리이다. 신사(神祠) 곁 산석굴에 있는 석상은 이마를 드러내놓고, 머리를 풀어헤치고, 손길을 맞잡고 있는데 마치 신령이 있는 것 같이 보인다. 그 돌에 새긴 기록을 본즉 성화(成化) 4년 등신(等身)상을 만들어 세운 것이다"라고 하였다.

대수는 또 오른쪽으로 사미수(沙彌水)를 받는다. 이것을 또 삼미천(三彌川)이라고 부른다. 이 삼미천은 토산현(兎山縣) 수룡산(秀龍山)에서 발원하여 동남으로 흘러서 장단부(長湍府) 대위파(大韋坡)를 지나고, 또 임강(臨江) 고현을 지나서 남쪽으로 대수에 들어간다. 임강현은 본래 고구려 장항현(獐項縣)인데 지금 장단에 속하고 있다.

대수는 또한 서남으로 호려탄이 되니 즉 장단부의 동쪽 30리 되는 경계이다. 『당서』 「유인궤전(劉仁軌傳)」에 이르기를 "함형(咸亨) 5년에 인궤가 계림도(鷄林道) 대총관(大總管)이 되어 동쪽으로 신라를 칠 때에, 군대를 거느리고 호려하를 차단하고 대진(大鎭)인 칠중성을 공격하여 함락시켰다"고 하였으며, 또 『황명세법록(皇明世法錄)』에 이르기를 "산동(山東) 문등현(文登縣) 성산위(成山衛)로부터 바다를 곧장 건너서 호려하에 들어서 신라로 들어간다"고 하였는데, 이것은 다 대수의 여울을 가리키는 것이다. 『자치통감(資治通鑑)』에 이근행(李謹行)이 발로하(發

盧河)에서 군대를 격파한 사실을 기록하고 있는데, 여기서 발로하는 호려하를 잘못 적은 것이다. 호삼성(胡三省)의 주(注)에 유인궤가 호려하를 차단한 사실을 인용하여 증명하고 있는데, 이것은 발로하와 호려하가 합하여 한 물이 되는 것으로 하였으니 오류가 심하다. 발로하는 본시 패수가 받는 물이니 혼동할 수 없다【패수 조에 자세히 있다】. 『청일통지(淸一統志)』에 "발로하는 경주(慶州)의 서쪽 경계에 있다"고 하였고, 옛 기록에는 고구려의 남쪽 경계인 신라 칠중성의 북쪽에 있다고 하였다. 당나라 함형 4년에 이근행이 호려하의 서쪽에서 고구려를 격파하였고【고증하여 보건대 총장(總章) 2년에 이근행이 발로하에서 고구려를 격파하였는데, 『청일통지』에 이것을 함형 4년이라고 한 것은 잘못이다】 함형 5년에 유인궤가 동쪽으로 신라를 칠 때에 군대를 거느리고 호려하를 건넜다고 하였으니, 즉 이것이 조선의 기록이라면 이것은 곧 호삼성 주의 오류를 답습하여 두 물을 합쳐서 한 물로 삼은 것이 된다.

대수는 또 서남으로 괘암(卦巖)에 이르러 아래로 고랑도(高浪渡)가 된다. 허미수가 말하기를 "호려하는 대수의 하류인 노자암(鸕鶿巖) 아래에 있고 그 아래에 옛 보루가 있는데, 강벽으로 인해서 천연 요새가 되었다. 이 여울을 호려탄이라고 부른다. 그 남쪽으로 강을 건너면 옛날 칠중성이 있던 곳이며, 동포(銅浦)는 호려탄 위에 있는데 고려 때 사람 임춘(林春)이 이 강가에 살았다고 한다. 그 아래 남쪽 강안에 있는 괘암은 높은 벽이 물에 잠기고 있으며 그 성벽은 깎아 세운 것 같이 가파르다. 여기에 돌에 새긴 글이 있는데 이것은 이문정(李文靖)이 쓴 것이라고 한다. 지금은 이 석각문에 이끼가 많이 끼어서 글을 볼 수가 없다. 그 아래를 좇아서 괘암(卦巖)이란 두 자를 크게 쓴 것이 있는데, 이것은 석벽에 글자를 새김으로써 고적에 서명함을 표시한 것이다. 고랑(庫碻)은 이 괘암 아래에 있는데, 8월에 장마가 끝나면 어부〔海子〕들이 배로써 집을 삼고 여기에 와 모여서 고기와 소금을 팔고 서로 장을 보며 이익을 보았다. 강의 북쪽에 사현사(四賢祠)가 있고 조금 아래에 관어대(觀魚臺)가 있다"고 하였다. 또 말하기를 "고랑 위에 사현묘(四賢廟)가 있으니 이 포를 자애포(紫涯浦)라 하고 그 북쪽 강안을 동포라 한다. 호려탄 위에 6개의 시내가 있고 또 옛날의 보루가 있다. 앞에 있는 여울은 지극히 험한데 사미천이 여기에 들어간다. 상류에 옛 성이 강을 격하여 서로 대하고 있는데 이것은 석벽으로 인해서 천연 요새가 되고 있다. 늙은이들이 서로 전하기를 이것이 옛날의 만호루(萬戶壘)라고 한다"고 하였다【글이 여기에서 끝남】. 지금 상고하여 보건대 괴탄을 또한 적벽탄(赤壁灘)이라 하고, 고랑도(高浪渡)를 또 고랑도(庫硠渡)라고 한다. 그리고 그 아래에 또 여의도(如意渡)와 장포(長浦)란 이름을 가진 것도 있다.

대수는 또 서쪽 좌편으로 우계(牛溪)를 합친다. 우계는 적성현(積城縣) 설마산(雪馬山)에서 발원하여 서북으로 흘러서, 파주(坡州)의 북쪽 경계【파주의 북쪽 30리허에 있다】를 지나서 대수에 들어간다. 우계의 서쪽 강안에는 궁궐의 옛터가 있는데 주춧돌과 섬돌이 아직 남아 있다.

대수는 또 두기진(頭耆津)이란 이름도 가지고 있으니【두지진(豆只津)이라고도 한다】, 이것은 적성현의 서쪽 경계와 장단부의 동쪽 경계이다【장단부의 동쪽 30리허에 있다】. 『고려사』「지리지」에 이르기를 "장단현에 장단도(長湍渡)가 있는데 그 양안의 수십 리에 푸른 돌이 벽처럼 깎아 서서, 그것을 바라보면 그림과 같다"고 하였다. 세상에 전해 오기를, 이곳은 태조가 유람하러 다니던 곳이라고 하는데 민간에 아직 그 가곡이 전하고 있으니, 이것은 즉 이 두기진을 가리키는 것이다. 또한 고려 충목왕(忠穆王) 원년에 큰 돌이 저절로 장단도를 건너갔다【『고려사』「오행지」】. 공민왕 20년에 왕이 장단에 가서 정릉(靖陵)을 배알하고, 대장군 이화(李和)에게 명령하여 악공들을 거느리고 중류에 배를 타고 기악(伎樂)

을 연주하매, 왕이 이것을 보면서 즐거워하였다. 상장군 김흥경(金興慶)
이 옆에 있다가 왕에게 "몸소 배를 타고 보는 것이 어떻겠습니까?"라고
물으니, 왕이 "내가 비록 이런 것을 즐기나 직접 하지는 않는다"고 하고
는 드디어 배에 올라 여악(女樂)을 벌이고 돌아다니며 구경하였다『고려
사』「세가」에 나온다]. 폐왕 신우 때에 일본이 침입하여 고을들에 불을
지르고 노략질하니, 우리 태조를 양광도(楊廣道) 전라도 경상도의 도순
찰사로 임명하여 장단도(長湍渡)에 군사를 거느리고 나아가게 하였다.
이때에 흰 무지개가 해를 꿰뚫으니 점을 치는 사람이 이것은 싸움에 이
길 징조라고 하였다『승람』에 나온다]. 이상에 나오는 기록들은 다 두기
진(頭耆津)을 가리켜서 말한 것이다.

대수는 또 서남으로 임진강이 된다

이 임진강은 즉 장단부의 동남쪽 37리와 파주의 북쪽 17리 사이를 흐
르는 부분이다. 대수의 서쪽에 임진고현(臨津古縣)이 있었는데 고구려
때에 진림성(津臨城)이라 하였고 지금은 장단부에 속하고 있으니, 현의
이름으로써 물을 이름한 것이다.

동월의 「조선부」에 이르기를 "임진강을 건너가면 파주(坡州) 땅이 여
기에서 끝난다" 하고, 자기 주에 "임진은 강의 이름인데 장단부에 속하
여 있다"고 하였다.

예겸의 「사조선록」에 이르기를 "임진강은 장단부의 남쪽 37리허에
있는데 이 강은 함경도 안변부에서 발원하여 흘러서 한수(漢水)에 들어
간다"고 하였다.

『청일통지』에 이르기를 "양화도(楊花渡)를 혹은 임진도(臨津渡)라고

도 부른다. 명나라 만력 연간에 왜적들이 임진강을 건너 개성을 침략하였으며, 그 후 얼마 안 되어 이여송(李如松)이 개성에 주둔하면서 별장 사대수(查大受)를 보내어 임진을 거점으로 하여 동서의 책응(策應)을 하였다 하였으니, 즉 이곳이다"라고 하였다.

청이 상고하건대 양화도(楊花渡)란 열수이다. 『청일통지』에서 열수와 대수를 혼동하여 하나로 알았으니 이는 전하는 말을 잘못 들은 것이다.

『요사』「고려전」에 이르기를 "성종 통화 28년에 배압분노(排押盆奴)를 보내어 개경(開京)을 진공하였는데 국왕 왕순(王詢)【고려 현종의 이름】이 성을 버리고 도망하였으므로, 드디어 개경을 불지르고 청강(淸江)에 이르렀다가 돌아왔다"고 하였다.

청이 상고하건대 분노가 개경을 넘어 청강에 이르렀다 하였으니 청강은 개성의 동쪽에 있어야 할 것이다. 『명시종(明詩綜)』에 실려 있는 본조 이행(李荇)의 임진강 시에 '임진강을 급히 떠나 나루를 물었더니 청강이라 하더라'고 하였으니, 이 시에 의한다면 청강은 임진강이다.

『고려사』에 이르기를 "정종(靖宗) 11년에 임진(臨津) 과교원(課橋院)에 자제사(慈濟寺) 이름을 주었다. 이 앞서는 나루에 선교(船橋)가 없어서 행인들이 다투어 건너다가 많이 물에 빠져 죽었다. 그리하여 해당 관리에게 명령하여 부교(浮橋─船橋)를 만드니, 이로부터 사람과 말이 평지를 밟고 걷는 것 같이 다리를 건넜다. 또한 의종(毅宗) 21년에 왕이 임진현에 가서 재상 김영윤(金永胤), 서공(徐恭), 이공승(李公升), 최온(崔溫), 승선(承宣─승지의 딴 이름) 이담(李聃) 등과 더불어 남강 중류에 배를 띄우고 오르내리면서 하루 종일 즐겼다. 또 장단현 응덕정(應德亭)에 가서는 배 가운데 체붕(綵棚)을 매고 여악(女樂)을 실었으며, 강의 중류에 배를 띄우고 노는데 모두 19척 되는 배에 다 채색 비단으로써 장식을 하고, 측근 신하들과 더불어 잔치를 차리고 즐겼다. 또한 공민왕 10년에 홍두적이 홍의역(興義驛)에 침입하니 왕이 남순하여 임진강을 건너서 도솔원(兜率院)에서 머물렀다. 왕이 강안에 거가(車駕)를 멈추고 산천을 돌아보며 원송수(元松壽)와 이색(李穡)에게 말하기를 '경치가 이와 같이 좋은데 그대들은 마땅히 시를 지어야 한다'고 했다"고 하였다【「세가(世家)」에 나온다】.

청이 고찰하건대 고려의 형법에 죄인을 물에 던지는 법이 있었다. 그러므로 충렬왕(忠烈王) 23년에 내수 김원려(金元呂)가 궁녀 시거(柴巨)와 사통한 죄를 가지고 두 사람을 함께 임진강에 던져 넣었다. 또 고려 우왕 2년에 궁녀 반야(般若)를 임진강에 던져 넣었다. 그 후에 간신 임견미(林堅味)를 죽이고 그의 도당인 이성림(李成林), 왕복해(王福海), 이존성(李存性), 김영진(金永珍), 임치(林㮨), 신권(辛權), 신중흥(辛仲興) 및 임치의 여섯 살 되는 아들을 함께 임진강에 던져 넣었다【「임견미전」에 나온다】. 기록에 나온 것이 이와 같으니 그 밖에도 응당 더 많을 것이다.

유서애(柳西厓)가 말하기를 "선조 임진년 4월에 왜적이 침입하매, 30일에 왕을 태운 수레가 서쪽으로 내려갈 때 비가 세차게 퍼부었으며, 임진강에 당도하였을 때도 아직 비가 그치지 않았고 밤은 캄캄하여 지척을 분간할 수가 없었다. 임진강의 남쪽 산록에 예전의 승청(丞廳)이 있었는데 왜적들이 이 집 재목을 뜯어서 떼를 엮어 강을 건널까봐 두려워서, 명령하여 이 집에 불을 놓게 하니 화광이 강에 비치므로 길을 찾아서 갈 수가 있었다. 그리하여 드디어 왕을 태운 수레가 임진강을 건넜다 【번암(樊菴) 채제공(蔡濟恭)이 말하기를 "집에 불을 놓고 강을 건넌 꾀는 본래 연원부원군(延原府院君) 이광정(李光庭)의 말고삐를 잡던 종 애남(愛男)이가 제

의한 것이다. 난이 평정된 후에 애남이도 공신으로 등록되었다"고 하였다】. 5월
3일에 왜적이 경성에 들어오니 도원수 김명원(金命元)이 경성을 빠져나
가서 다시 경기와 황해도의 군사를 소집하여 임진강을 지키고, 신할(申
硈)과 함께 적들이 서쪽 지방으로 내려가는 길을 막았다. 김명원은 임진
강의 북쪽에서 여러 군사를 통솔하고 강의 여울을 지키면서 강중에 있
는 배들을 가두어 북쪽 강안에 끌어다 놓았다. 적들은 임진강의 남안에
진을 쳤으나 배가 없어 강을 건너오지는 못하고 다만 유병(游兵)을 내보
내어 강을 사이에 두고 교전할 뿐이었다. 이와 같이 서로 십여 일 동안
대치하여 있었으나 적은 마침내 강을 건널 수가 없었다. 하루는 적들이
강 위에 친 초막에 불을 놓고 천막들을 거두며 무기를 실어 가지고 도
망하여 가는 모양을 하면서 우리 군사를 유인하였다. 신할은 본래 경망
하고 꾀가 없는 사람이다. 그는 적들이 실지로 도망하는 줄로만 알고 강
을 건너서 추격하자고 하였다. 경기감사 권징(權徵)의 주장도 이 신할의
주장과 합치되었다. 그러므로 김명원은 이들의 주장을 금할 수가 없었
다. 이 날에 지사 한응인(韓應寅)이 평안도의 정예병 3,000명을 거느리고
왔는데 그도 역시 모든 군사들을 거느리고 적을 추격하자고 하였다. 한
응인이 거느리고 온 군사들은 모두 압록강변의 씩씩한 장정들이며 전투
진의 형세를 잘 아는 사람들이었다. 이들이 한응인에게 '우리 군사들은
멀리에서 와서 아직 식사도 못하였고 기계들도 정돈하지 못하였으며,
후군도 일제히 당도하지 못하였거니와 또한 적들의 허실도 잘 알 수가
없으니, 원컨대 조금 쉬어서 내일 형세를 보아 가면서 싸움에로 나아가
는 것이 어떻겠습니까'라고 하니, 한응인이 '무엇이 두려워서 주저하는
가?' 하며 여러 명의 목을 베었다. 김명원은 한응인이 새로 조정으로부
터 임명되어 왔으며 또 자기의 절제를 받지 않게 되었기 때문에 비록

그들의 주장이 그릇되다는 것을 알고 있으면서도 감히 말을 하지 못하였다. 별장(別將) 유극량(劉克良)은 연로하고 전투에 익숙한 사람이다. 그는 경솔하게 진격하여서는 안된다고 힘써 주장하였으나 신할이 듣지 않았다. 형세가 이와 같이 되니 유극량이 분을 내고 나아가 자기에게 소속한 군대를 거느리고 먼저 강을 건넜다. 아군이 이미 험지에 들어갔을 때 과연 산 뒤에 매복하고 있던 적의 정예병들이 일시에 일어나오니 여러 군사들이 달아나고 흩어졌다. 유극량이 말에서 내리고 땅에 주저앉아서 '이곳은 내가 죽을 땅이다'라고 하면서 활을 당겨 적 여러 명을 쏴죽이고 적에게 살해당하였다. 신할도 죽었다【신할은 함경북도 병마사로부터 교체되어 왔다】. 군사들은 강을 건너지 못하고 암석 위에 올라가 스스로 물에 떨어져 죽었는데 그 죽은 자가 수없이 많았다. 미처 물에 빠져 죽지 못한 자들은 뒤따라오는 적들이 내휘두르는 장도에 찍히고 엉금엉금 기면서, 그저 모두 적의 칼날을 받을 뿐 감히 대항하는 사람들이 없었다. 김명원과 한응인은 강의 북쪽에서 이것을 바라보다가 기운을 잃고 말았다. 상산군(商山君) 박충간(朴忠侃)이 마침 군중(軍中)에 있다가 말을 타고 먼저 달아났다. 군중들이 이것을 바라보고 김명원이 달아나는 줄로만 생각하고 모두 '원수가 간다!'고 소리치니, 여울을 지키던 여러 군사들도 소리치면서 모두 흩어졌다. 김명원과 한응인도 달아나서 행재소(行在所)로 돌아왔고 권징은 가평군(加平郡)에 들어가 피난하니, 적들은 승승하여 임진강을 건너서 서쪽 지방으로 내려 달리니 다시 더 멈춰 세울 수 없었다"고 하였다.

또 이르기를 "계사년 정월에 명나라 군대가 평양을 떠나매, 나는 군전에서 앞서 행진하였다. 때는 임진강의 얼음이 녹아서 건널 수가 없었다. 그리하여 제독(提督) 이여송(李如松)이 부교를 만들라고 독촉하였다. 나는 우봉현 사람 수백 명을 동원하여 산에 올라가서 칡의 줄기를 해

오게 하였다. 덕진당(德津堂)에 이르러 강의 얼음을 보니 아직도 얼음이
풀리지 않았고 상류가 얼어붙어서 배가 올라가지 못하였다. 경기수사
이빈(李薲)과 장단부사 한덕원(韓德遠) 등은 모두 재간이 없었다. 그리하
여 내가 우봉 사람들로 하여금 칡을 꼬아서 큰 새끼를 만들게 하되, 크
기가 두 아름이나 되고 길이는 강을 가로 건널 만하게 하였다. 강의 남
북에 각각 두 개의 기둥을 세워 서로 대하게 하고 그 안으로 한 개의 횡
목을 눕혀 놓았다. 그리고 큰 새끼 15조를 끌어다가 수면 위로 펴서 두
끝을 횡목에 얽어매었다. 그러나 강면이 넓기 때문에 새끼의 절반이 물
속에 잠겨 그것을 올릴 수가 없었다. 그리하여 곧 천여 명의 사람을 동
원하여, 각각 2~3척 되는 짧은 나무를 칡 새끼에 꽂고 힘을 다하여 몇
번씩 돌려 모두 팽팽히 일어나게 하니, 새끼들의 간격이 일정하여 빗과
같이 되었다. 이리하여 많은 새끼들이 굳게 죄어들고 높이 일어나서 활
등 모양으로 엄연하게 다리를 이루었다. 그리고 자잘한 버들을 베어다
가 그 위에 펴고 또 풀을 두껍게 덮고 흙을 깔았다. 이렇게 하여서 명나
라 군사들이 다 채찍을 휘두르면서 그 위로 말을 달려 지나갔으며 포차
와 군기도 모두 이 다리로 건네었다"고 하였다.

청나라의 『개국방략(開國方略)』에 이르기를 "숭덕(崇德) 원년 12월에
태종(太宗)이 직접 조선을 칠 때에 예친왕(禮親王) 대선(代善), 예친왕(睿
親王) 다이곤(多爾袞), 예친왕(豫親王) 다탁(多鐸), 패륵(貝勒), 악탁(岳託)
과 호격(豪格) 등에게 명령하여 좌우익으로 나누게 하였다. 정유일에 태
종이 임진에 이르러 강을 건넜다. 이에 앞서 천기가 맑고 따뜻하여 임진
강 양안의 얼음이 풀려서 비록 도보로도 역시 건널 수가 없었는데, 24일
에 갑자기 비가 쏟아지고 추워지며 얼음이 굳게 얼었다. 그리하여 대군
들이 함께 천천히 진격하여 강을 건너니 따라온 관리와 군사들이 모두

가 놀라지 않는 사람이 없었다. 2년 정월 갑술일에 안평(安平)의 패륵, 두도(杜度) 등이 포차의 화기(火器)를 호송하고 와서 말하기를 '초6일에 사람을 보내어 임진강을 보게 하였는데 얼음이 다 풀렸다고 하므로 마음속에 크게 근심된다'고 하였다. 그런데 장차 강을 건너가기 전의 하룻밤에 비와 눈이 함께 오면서 이미 녹았던 얼음이 다시 얼어 평탄하게 되었다. 그리하여 군사들이 재빨리 강을 건너갔다. 태종이 '상서로운 일이 거듭 생기니 이것은 하늘의 뜻이다' 했다"고 하였다.

허미수가 말하기를 "임진강의 북쪽 강안에 적운사심 장인(積雲師心丈人)이 예전에 살던 집이 있고 그 뒤에 사심(師心)의 묘가 있다. 이 사람은 겸후한 것을 좋아하고 스스로 절개를 엄격히 지키며, 말은 반드시 조심하고 행동은 반드시 과단성 있게 하였으니 옛 사람이 말하는, 실지로 보고 실지로 실천한다는 것을 나는 이 사람에게서 보았다"고 하였다.

또 서쪽으로 장단부(長湍府)의 남쪽을 지난다

장단부는 본래 고구려의 장천성(長淺城)이다. 신라 때에 장단현이라 하였고 고려 때는 단주(湍州)라고 하였으며, 우리 나라에 와서는 다시 옛 이름 그대로 장단부라고 하였다. 대수는 부의 남쪽을 지나서 덕진(德津)이 되고 정자진(亭子津)이 되며, 동남으로 흘러서 삭령(朔寧)에 이르러 우화진(羽化津)이 되며, 왼쪽으로 마룡담(馬龍潭)을 지나 연천에 이르러 횡강(橫江)이 되고 징파도가 되며, 동쪽으로 대탄과 합쳐서 종담(鍾潭)이 되고, 가사평(袈裟坪)을 거쳐서 연진(淵津)이 되고【마땅히 구연진(九

淵津)이 된다고 해야 할 것이다】신직진이 되고 술탄이 되며, 오른쪽으로
사미천을 지나고 고랑 적벽을 지나서 여의진이 되고 장포가 되며, 왼쪽
으로 우계를 지나고 화석(花石)의 승지를 지나서 임진도가 되며, 남쪽으
로 흘러서 정자진이 되고, 왼쪽으로 광탄(廣灘)을 지나서 서쪽으로 낙하
(洛河)가 되며, 사천(沙川)【'오른쪽으로 사천을 지난다(右過沙川)'고 해야 할
것이다】을 지나 남쪽으로 흘러서 오두(鰲頭)에 이르러서 한강(漢江)과 더
불어 조강(祖江)에서 합친다. 또 노치령(老峙嶺)·박달령(朴達嶺)·설탄
령(雪呑嶺)·분수령(分水嶺) 이남, 쌍령(雙嶺)·여파(餘巴)·불정(佛頂)·
대성(大成) 이서와, 개련산(開蓮山)·화개산(華蓋山)·수룡산(秀龍山)·
화장산(華藏山)·성거산(聖居山) 이동과, 운악(雲岳)·불곡(佛谷)·홍복
(弘福)·고령(高嶺) 이북의 여러 산에서 나오는 물들이 여기에 들어간다.

『수도제강』에 "임진강은 동북으로 이천성(伊川城)의 서북쪽에 있는
큰 산에서 발원하여 남쪽으로 흘러서 서쪽에서 흘러오는 하나의 작은
물을 합치며, 또 남쪽으로 동북쪽에서부터 흘러와서 안협의 북쪽을 지
나온 하나의 큰 물을 합치고, 꺾어져 서남으로 흘러서 삭령성의 북쪽을
지난다. 또 그 서남쪽에 하나의 큰 물이 있는데 이것이 동남쪽으로 철원
의 남쪽으로부터 서북으로 흘러와서 합치며, 또 동남쪽에 하나의 큰 물
이 있는데 이것은 동남쪽으로 가평(加平)의 북산에서부터 서북으로 흘
러서 금화성의 남쪽 경계와 영평성의 북쪽 경계 및 연천성(漣川城)의 서
남쪽 경계를 지나와서 합친다. 꺾어져 서쪽으로 흘러서 마전성의 남쪽
경계와 적성(積城)의 북쪽 경계를 지나서 서쪽으로 큰 산의 남쪽 기슭에
이르며, 꺾어져서 서남으로 흐른다. 그 남쪽 30리는 즉 백악산(白岳山)이
다. 또 서북으로 꺾어져서 서남으로 파주의 북쪽 경계와 장단성의 남쪽
을 지나고, 또 서남으로 흘러서 동남쪽에서 흘러오는 한 개의 작은 물을

합친다. 또 서남쪽 백 수십 리에 큰 물 하나가 있는데, 이것은 동북쪽에서 개창부(開昌府)의 동쪽에 있는 송악산 남쪽 기슭으로부터 서쪽으로 흘러서 장단의 북쪽 경계와 개성부의 남쪽 경계를 지나서, 서쪽으로 북쪽에서부터 흘러오는 작은 물 하나를 받고 서남쪽으로 와서 합친다. 송악산은 조선의 중앙에 있는 산이다. 이 산은 백악산의 서북쪽 백여 리에 있다. 대수는 또 서남으로 임진강이 되어서 서쪽으로 바다에 들어간다. 이 강의 원류는 700여 리이다"라고 하였다.

대수는 또 꺾어지고 또 남쪽으로 꺾어져서 서쪽으로 동강(東江)의 어귀에 이른다

대수는 또 남쪽으로 구부러져 파주의 서쪽을 지난다. 파주는 본래 고구려의 파해평사현(坡害平史縣)이다. 신라 때는 파평현(坡平縣)이라고 하였고 고려 때는 개성부에 속하였으며, 우리 나라 초에 서원(瑞原)과 파평(坡平) 두 읍을 합하여 원평군(原平郡)이라 하였다가, 지금은 파주라고 한다. 대수는 파주의 서쪽 15리허에 이르러 압포(鴨浦), 저포(猪浦)라는 이름을 가진다. 물에 임하여 산이 있는데 이 산을 장산(鸞山)이라고 한다.

대수는 또 왼쪽으로 광탄수(廣灘水)를 합친다. 이 광탄수는 양주(楊州)의 해현(蟹峴)에서 발원하여 서쪽으로 흘러 파주의 남쪽을 지나서 옥석수(玉石水)와 산지포(山之浦)가 되고, 오른쪽으로 이수(梨水)를 합하여서 장보포(長甫浦)가 되어 서북으로 대수에 들어간다. 『승람』에 이르기를 "광탄(廣灘)은 양주의 고령(高嶺)에서 발원하여 파주의 서쪽을 지나서 장보포(長甫浦)가 되어 낙하(洛河)에 들어간다"고 하였다. 예겸의 「사조선록」에 "이천은 파주의 북쪽 10리허에서 출발하는데 목령(木嶺)에서 발원하여 장보포에 들어간다"고 하였다.

대수는 또 구부러져서 서쪽으로 낙하도(洛河渡)가 되고 탄포(炭浦)가 되는데, 이것은 교하군(交河郡)의 북쪽 25리허이다. 허미수가 말하기를 "조강(祖江)의 동북쪽에 탄포가 있고 그 위에 낙하가 있다. 연산군 갑자 사화 때에 허암(虛菴)이 세상을 도망하여 여기에 숨어 있던 유적이 있으며, 범포(帆浦)에 이르러서야 물맛이 비로소 좋다고 한다"고 하였다. 또 말하기를 "정희량(鄭希良) 순부(淳夫)는 스스로 호를 허암(虛菴)이라고 지었는데 무오사화가 일어나자 그는 의주에 귀양갔고, 그 후에 돌아와서 덕수(德水)【지금 풍덕(豊德)에 합함】에서 살 때에 탄식하며 말하기를 '갑자년의 화는 무오년의 그것보다도 더 심하다'고 하였다. 어느 날 그가 도망하여 자취를 끊었으므로 그의 생사를 알 수 없었다. 처음에 집에서 그의 자취를 찾아 얻은 것은 조강의 강변 모래 위에 그의 수건, 신발, 지팡이가 남아 있는 것뿐이었다. 그리하여 물에 빠져 죽은 것으로 생각하고 5월 5일에 그의 처가 그가 남긴 의복들을 묻고 도망한 날로써 제사를 지냈다. 후에 갑자년의 사화(士禍)가 있었다. 혹자들이 전하기를 가정(嘉靖) 연간에 소백산(小白山) 중에 늙은 중이 있었는데 아마도 그가 허암이 아닌가 한다"고 하였다.

대수는 또한 동강(東江)이란 이름을 가지고 있다. 『고려사』에 이르기를 "개성부의 정주(貞州)에 동강이 있다. 공민왕 14년에 왜적이 교동에 침입하매 동서강 도지휘사 최영에게 명하여 동강에 나아가 진수〔鎭〕하게 하였다"고 하였으니, 동강이란 것이 이것이다. 『승람』에 "동강은 옛 임진의 서쪽 15리에 있다"고 하였다.

대수는 또 서쪽으로 강련포(江連浦)를 이루는데, 『승람』에 "강련포는 옛 임진의 서쪽 10리허에 있는데 이곳은 즉 상선들이 정박하는 곳이고 그 서쪽 강안에 봉황암(鳳凰巖)이 있다"고 한 것이 이것이다.

송경(松京) 탁타교(橐駝橋)의 물을 받는다

이 물은 즉 사수(沙水)인데 송경의 성거산(聖居山)에서 나온다. 상고하여 보면 송경의 북쪽 50리허에 천마산이 있다. 그 동쪽에 있는 산을 성거산이라고 하고 또 그 동쪽에 있는 산을 오관산(五冠山)이라고 한다. 이 세 개의 산이 서로 연접하여서 골짜기들이 둘러 있고 사찰들이 연이어 있다. 이 모든 것은 송경에 가까이 있기 때문에 저명한 것이 많다. 대개 이 세 개 산들의 북쪽 골짜기의 물은 박연에 모였다가 저수에 들어가고【위에 저수 조에 있다】, 남쪽 골짜기의 물은 남으로 흘러 송악을 지나는데, 이것들이 모두 흘러내려서 사수의 근원이 된다.

왕기(王圻)의 『삼재도회』 조선편에 이르기를 "오관산은 경기도 장단부의 서쪽 30리허에 있다. 산정에 갓처럼 둥글게 생긴 다섯 개의 봉우리가 있기 때문에 오관산이라고 이름하였다. 산 아래에 영통사(靈通寺)가 있는데 그 골짜기가 깊숙하고 산세가 겹겹이 둘러 있으며, 유수는 천천히 감돌아 흐르고 수목이 울창하다. 그 서쪽에 있는 다락의 경치는 송도에서 제일이다"라고 하였다.

채수(蔡壽)의 「송도록(松都錄)」에 이르기를 "오관산 동구에 푸른 벼랑이 둘러 있으며 석천이 감돌아 흐르는데, 철쭉꽃이 물에 거꾸로 비치므로 이것을 화담(花潭)이라고 부른다. 여기서 수십 걸음 가면 옷 주름처럼 굵직굵직하게 주름잡힌 바위가 있는데 그 기괴함을 무어라고 형상할 수 없다. 이 바위를 추암(皺巖)이라고 하는데 최대위(崔大尉)가 눈오는 가운데에 소를 타던 곳이다"라고 하였다.

월사(月沙) 이정구(李廷龜)의 「화담기(花潭記)」에, "신숭(神崧)으로 내
려가 자하동(紫霞洞)을 찾아서 산록을 따라 옛 성을 나와 탄현(炭峴)을
넘으면 두 산이 쩍 벌어져 골짜기의 문으로 된 것이 보이는데, 바윗돌이
구불구불하고 평평하지 못하다. 여기서 1리쯤 가서는 큰 냇물이 기운차
게 흐르고 그 위는 흰 비단을 편 것처럼 번쩍이어 눈이 부시다. 여기가
곧 귀법사(歸法寺)의 옛터이다. 시냇가에 돌기둥이 물에 걸쳐 놓인 것이
아직도 남아 있으니, 이곳은 즉 최충(崔冲)이 더위를 피하던 곳이다【고
증해 보건대 『고려사』 「최충전」에 '매년 여름철에 귀법사에 와서 하과(夏課)를
할 때에 학도(徒) 가운데서, 과거에 급제하고 학식이 우수하나 벼슬하지 않은 자
를 택하여 교도로 삼고 경서와 사기를 가르쳤다'고 하였다】. 그리고 이규보
(李奎報)가 예전 서울을 추억하면서 지은 시에 '황량한 고국을 차마 어
찌 생각하랴. 잊어버리는 것만 같지 못하여 일부러 천치가 되었노라. 오
직 남은 한 조각의 끌리는 마음은 귀법사의 강변에 걸터앉아 잔을 전하
는 것이어라'라고 한 것이 있다【『고려사』에 의하면 여러 왕들이 많이 귀법
사에 가서 놀았다】. 드디어 화담(花潭)에 당도하는데 이 화담은 서선생(徐
先生)【이름은 경덕(敬德)이다】이 예전에 살던 곳이다. 홍원례(洪元禮)가
많은 선비들과 함께 이곳에 가서 서원을 세우고서 화담을 제사 지냈다.
산에 진달래꽃이 많이 피면 못에 붉게 비치므로 화담이란 이름을 가지
게 되었다. 두 산이 담처럼 둘러섰는데, 원통사(圓通寺)의 많은 골짜기
로부터 흘러 온 여러 갈래의 물들이 합하여 큰 내가 되어서 이 화담에
떨어지며, 그 물소리도 요란하다. 못 위에 돌들이 벌여 서 있어 우뚝 높
이 솟아 있는데 가장 높고 큰 것은 100명의 사람도 능히 앉을 만하다"
라고 하였다.

허미수의 「산천기(山川記)」에 "성거산이란 것은 고구려 때에 구룡산
(九龍山)이라고 한 것이고, 혹 낙랑(樂浪)의 평나산(平那山)이라고 부른

것이다. 산 아래에 원통사가 있고 서쪽 산록에 통성굴(通聖窟)이 있으며,
남쪽엔 금신사(金身寺)가 있고 금신사의 서쪽에 오관산이 있다. 오관산
아래에 영통사(靈通寺)가 있으며 영통사 골짜기의 어귀에 화담이 있다.
이 담 위에서 예전에 은거한 선비 서경덕(徐敬德) 선생의 산정이 있었으
며, 지금 여기에서 화담의 사당이 있고 그 위에 서선생의 무덤이 있다"
고 하였다【『기언(記言)』에 있다】. 귀법사와 원통동의 여러 시냇물들은 사
수의 근원이다.

사수는 남쪽으로 흘러서 탁타교(橐駝橋)를 지난다. 탁타교는 보정문
(保定門) 밖에 있는데, 옛적에는 만부교(萬夫橋)라 칭하였고 지금은 야교
(夜橋)라 칭한다. 고려 태조 25년【후진(後晉) 천복(天福) 7년】에 거란이 사
신을 보내어 탁타(橐駝) 50필을 보내 왔다. 왕은 "거란이 일찍이 발해와
연접해 있으면서 화친을 도모하다가 하루아침에 모두 소멸하여 그 무도
함이 심하니, 그와 멀리 친교를 맺고 이웃으로 삼을 수 없다"고 하고,
그들과의 외교를 끊고 사신 30명을 바다의 섬에 유배 보내고 탁타를 이
다리 아래에 매어 두니, 다 굶어 죽었다. 때문에 다리 이름을 탁타교라
고 지었다. 명종(明宗) 때에 이의민(李義旼)이 이 탁타교로부터 저교(猪
橋)에 이르기까지 언제를 쌓고 버들을 심으니, 사람들이 이를 신도(新道)
라고 칭하였다.

사수는 또한 남쪽 우편으로 송수(松水)를 받으니 『승람』에 칭한 바의
웅천(熊川)이다. 그 근원은 셋이 있는데 하나는 진봉산(進鳳山)에서 나오
고, 다른 하나는 제릉산(齊陵山)에서 나오며, 다른 하나는 진관사(眞觀
寺)의 동쪽에서 나온다. 이 냇물들은 원명사(圓明寺)의 서쪽에 이르러
합류하여 동쪽으로 청교역(靑郊驛)을 지나고 취적교(吹笛橋)를 지나【취
적교는 동문(東門) 내에 있다】 사수에 들어간다.

사수는 또한 남쪽으로 판문(板門)의 왼쪽에 이르러 판적수(板積水)를

합친다. 이 판적수는 송림고현(松林古縣)에서 나와 서남으로 흘러서 백악산 이남의 물과 합쳐 사수에 들어간다. 이 송림현(松林縣)은 본래 고구려의 약지두치현(若只頭恥縣)이다. 신라 때는 여웅현(如熊縣)이라 하였고 고려 때에 송림현(松林縣)이라 하였으며, 지금 장단부(長湍府)에 속하였다. 정장령(鄭掌令)의 지도를 상고하면 물이 장단의 서북쪽 화장산(華藏山) 아래에서 발원하여 분지천(分之川)이 되어 사수에 들어가는 것이 있는데, 이것이 판적수이다.

사수는 또한 남쪽으로 대수에 들어간다. 송나라 손목(孫穆)의 『계림유사(鷄林類事)』에 이르기를 "고려 국성은 3면이 산을 등지고 있으며 북쪽이 가장 높다. 여기에 냇물이 있어 굽이굽이 꺾어져 성내〔城中〕를 꿰뚫어 흘러서 서남으로 하류에 당하기 때문에 땅이 조금 편평하다. 성의 둘레는 20여 리나 되며 비록 모래와 자갈을 섞어서 쌓았다고 하더라도 그 형세가 역시 굳세다"고 하였으니, 굽이 꺾어져 흐르는 냇물이란 사수이다.

서긍(徐兢)의 『고려도경』에는 "개성부의 성은 북쪽으로 숭산(崧山)에 의거하여 있고, 그 물은 숭산의 뒤에서부터 발원하여 정북방에서 동북방으로 돌아 구불구불하게 흘러서 성안으로 들어오며, 광화문(廣化門) 근처로부터 약간 꺾어서 북쪽을 향하여 흐르다가, 다시 남쪽으로부터 남쪽으로 흘러 나간다. 숭산의 중턱으로부터 성안을 내려다보면, 왼쪽엔 시내가 흐르고 오른쪽엔 산이 있으며 뒤에는 산등성이 있고 앞에는 재가 있는데, 수풀이 무성하여서 그 형세는 마치 푸른 용이 냇물을 마시는 것 같다"고 하였다.

『고려사』에 이르기를 "의종이, 성의 동쪽 사천에 있는 용연사(龍淵寺)의 남쪽에 몇 길 되는 석벽이 깎아 서 있고 호암(虎巖)이라는 바위가 강에 임하여 있는데 여기에 물이 고이고 수목이 울창하다는 말을 듣고, 내

시 이당주(李唐柱) 등에게 명령하여 그 옆에 정자를 짓게 하고 연복정
(延福亭)이라고 불렀다. 기이한 화초들을 네 모퉁이에 벌여 심고 물이
얕아서 배를 띄울 수 없다고 하여서 둑을 쌓아 호수를 만들게 하고, 날
마다 배를 띄워 술 마시고 놀기를 밤이 새도록 그치지 아니 하였으며,
뭇 신하들도 다 크게 취하여 꽃을 꽂고 거꾸로 싣고 돌아가며, 혹 어떤
때에는 술에 너무도 취하여 궁에 돌아가는 것도 잊어버리고 놀기 때문
에 그를 호위하는 군사들의 원망과 분노를 샀다. 그리하여 마침내 정중
부(鄭仲夫)의 난을 일으키게 하였다【『고려사』「세가」에 나온다】. 또 공민
왕 때에 김원명(金元命)이 응양군 상호군(鷹揚軍上護軍)이 되어 군대를
거느리고 민천사(旻天寺)의 강지(薑池)를 수리할 때에, 돌창을 파고 돌로
제방을 쌓아 시내의 북쪽 거리로 곧게 물을 끌어다가 순군(巡軍)의 북쪽
다리에 달하게 하고, 김원명 자신이 말하기를 '장차 조정을 억누르리라'
고 하였다"고 하였다【「간신전」】. 여기서 말한 강지의 물도 역시 사수에
들어가는 것이다.

대수는 또 서쪽으로 교하군(交河郡) 서쪽을 지나 열구해(洌口海)로 들어간다

교하군은 본래 고구려의 천정구현(泉井口縣)이다. 신라 때에 교하군
이라 하였으며 고려와 우리 나라에서도 그대로 교하군이라고 하였다.
대수와 열수가 교하군 서쪽에 모여서 조강(祖江)이 되어 강화해(江華海)
에 들어가기 때문에 군의 이름을 그렇게 한 것이다. 두 개의 강이 서로
합치는 입구에 오도성(烏島城)이 있는데, 『비고』에는 오두성(鰲頭城)이
라 하였다. 『고려사』「지리지」에 의하면 교하군에 오도성이 있는데 한

강과 임진강이 아래로 흘러서 여기에 모인다고 하였고, 『승람』에는 교하의 서쪽 7리허에 오도성이 있다고 한 것이 이것이다.

『승람』에 이르기를 "임진강의 근원도 함경도 안변의 방장동(防墻洞)에서 나와 이천(伊川)·안협(安峽)·삭령(朔寧)을 지나서 연천현의 서쪽에 이르러 징파도가 되고, 마전군(麻田郡)의 남쪽에 와서는 큰 여울과 합치고, 적성현의 북쪽에 와서는 이진(梨津)이 된다. 그리고 장단부의 동쪽에 와서는 두기진이 되고, 임진현의 동쪽에 이르러서는 임진도(臨津渡)가 되고 동남으로 덕진이 되며, 교하현의 북쪽에 이르러서 낙하도(洛河渡)가 되고 봉황암을 지나 흐르다가 오도성에 이르러서 한수와 합류한다"고 하였다.

이중환이 말하기를 "동쪽으로부터 흘러오는 영평강(永平江)【체천수(砌川水)】과 북쪽으로부터 흘러오는 징파강이 마전에서 합류하고 적성을 지나서 칠중하(七重河)가 되며, 장단의 남쪽에 이르러서 임진이 된다. 또 서쪽으로 한강(漢江)에 모여 풍덕의 승천포(昇天浦)가 되어서 바다에 들어간다"고 하였다.

찾아보기

譯註 大東水經

다산 정약용 著

강서영 · 김승필 外 譯

여강출판사

與猶堂全書第六集第五卷

洌水丁若鏞美庸著

外玄孫　金誠鎭　編

後學　鄭寅普　同校

安在鴻

地理集

大東水經其一

洌水一　長白山發源　北青　三水　厚洲

長白山在神州東北

山海經曰大荒之中有山名曰不咸有肅慎氏之國〇晉書東夷傳云肅慎氏一名挹婁在

爾民商壁古今方譯之殊也

山有八名曰不咸曰蓋馬曰徒太白曰太白曰長白曰白山曰白頭曰歌

不咸山北〇後漢書東夷傳云東沃沮在高句麗蓋馬大山之東東濱

大海北與挹婁接〇靖案高麗兵馬鈐轄林彦九城記曰女眞本

句麗之部落聚居千盍馬山東又曰東于大海西北介于蓋馬山南嶺

容連亘數百里者即蓋馬山據此則蓋馬之爲白山考日今咸鏡平安兩道之間嶺

亦可通稱也乃後漢書注釋蓋馬大山在平壤城西而從之

奧地勝覽稱謂句麗盛時跨有遼河此山在其境內俱非其實也

魏書勿吉國有徒太山魏言太白有虎豹熊狼不害人人不得上

山溪汙行逕山者皆以物盛去〇北史勿吉云有徒太山華言太

皇俗甚敬畏之〇新唐書黑水靺鞨傳云粟末部居最南抵太白山亦

日徒太山與高麗接粟末之東曰白山〇括地志云靺鞨國古肅慎也其南有白山鳥獸

之所調府蓋海之曰太伯山

又案明一統志云重樓金線長白山出

此山盤據我咸鏡道之北而八道諸山皆由此起寔東方嶽鎭之大祖

也盛京通志長白山在奉天府永吉州東南一千三百餘里又寧古塔

將軍所轄疆城東至長白山一千三百餘里朝鮮界大清一統志長白

山在吉林烏喇城東南節通志在船廠東南二千三百餘里今考此

山實在州城東六百里與奧地勝覽白頭山在會寧府西四至七八日程文獻

備考白甲山府北至白頭山三百三十里自茂山府四至白頭山三百

里今計自此山東北距寧古塔當爲八百餘里也

興京邊門當爲九百餘里也

其高二百里東方之崑崙也

大明一統志云長白山在故會寧府南六十里橫亘千里高

二百里〇勝覽云山凡三層高二百里〇先生云

去我漢陽二千一百四十里

草木皆白〇遼志云長白山在冷山東南千餘里蓋白衣觀音

所居其山內禽獸皆白人不敢入恐穢其間以致蛇虺之害〇金史高

麗傳云黑水靺鞨居古肅慎地有山曰白山蓋長白山之所起爲

又禮志云大定十二年封長白山神爲興國靈應王即其山北地建廟

宇興昌四年復册爲開天弘聖帝〇盛

〇三才圖會云女真在長白山之下鴨淥水之源古肅慎之地也〇盛

京通志云長白山即歌爾民商堅阿鄰山顯不生

他樹草多白花南笳蜿蜒磅礴分爲兩幹其一逶山而北亙數百里〇和漢三才

西界通加江其一逶山而北亙數百里〇晴案漢

圖會云朝鮮北罐鄂南境有大山名白頭山最上其葉

花與和人侵相似而實異〇奧地勝覽云白頭山即長白山〇

北行程錄自同州四十餘日至肅州東望大山金人云此新羅山者亦長白山之謂也〇

產人發白附子奧高麗接界其云新羅山者亦長白山之謂也

淮南子稱崑崙之高萬一千一百一十四步二尺六寸桑欽著水經稱
崑崙高一千里斯皆不曉天地高下之度者也地毬正圓山水相錯小
有坳突高萬里戴山高十餘里其頂已薄冷天春夏有雪山高三十里者世且無
有安得高萬里戴長白山之高亦於平地不過沍數十里特自甲山以
北崇山峻嶺層巒綿亙數日而後始至其頂說者夸誇逢云高二
百里耳彼西方崑崙亦常如此其扶輿磅礴之勢無以臨長白山余故
曰長白者東崑崙也○先生又云崑崙山之脈東入中國而其西
條西出星宿海之南逶繞黃海之源東逝北走從沙漠之南黃河之北
白山而艮繞出長城之北爲蒙古之漠南諸郡東北至虎坤堆而西
始入烏喇之界乃轉而南爲吉林峰〔又東爲庫魯訥窩集〕
大幹之西古夫餘鮮卑句麗之〔又東南爲歌爾民朱敦峰　又東爲額黑峰〕

也大幹之東古之靺鞨七部也〔又東南爲納綠窩集〕

泰山龍脈論曰古今論九州山脈但言華山爲虎泰山爲龍地理家亦
僅云泰山特起東方張左右翼爲障總未根究泰山之龍於何處發脈
朕細考形勢究地絡遣人航海測量知泰山實發龍於長白山也長
白緜亙烏喇之南山之四圍百泉奔注爲松花鴨綠土門三大江之源
其南籠分爲二幹一幹自西而東西南指者東至鴨綠江西爲開
皆其支裔也其一幹自西而北至納綠窩集復分二支至盛京爲
天柱降業山折而西纏醫巫閭山蜿蜒而南爲
磅礴起頓盤繼嶺重巒至金州旅順口之鐵山而龍脊時現海中皇
成巒礧磈諸島皆其發露處也接而爲山東登州之福山丹崖山海中伏
龍於是乎陸起西南行八百餘里結而爲泰山此崇盤屈爲五岳首此
論雖古人所未及而形理有確然可據者今風水家有過峽有界水渤
海者泰山之大過峽爾○皇清開國方略注云長白山爲扶輿靈氣所

地也〔京師爲燕京與〕

水日江故晉書輿服志汾水日汾河唐書明皇紀汴水日汴河宋史河
渠志漳水日滏河鮑照石帆銘淮水日淮河大明一統志西安府有渭
河漆河平陽府有沁河澹河淮南府之深河汶河大同府之桑乾河嶇
夷河之等皆在北方朱子圖睢傳所稱淮河北方流水之通名者是也皇
輿考明州有盤龍江元和郡國志蜀州有灣江山海經以汸水爲洹江
韓愈詩指湘水爲湘江明統志杭州有浙江蘇州有白鶴江以至松江
桐江嘉陵江潯陽江之類皆在南方孔顗達禹貢疏所稱江以南水無
大小皆呼爲江是也故陝西之言曰長淮以北爲南北大限
條凡水皆宗大河未有以江名者自淮以南爲南唐凡楚州有老
有以河名者〔山河舊唐書地理志楚林有祥桐明統志楊州有獅子河凶凰河〕此南北之限也雖然五代史南唐有
鵑頭河惠明河膠天府黏州有鱗州之屬皆在南方是南方無
有綱頭河惠明河蘇州府運河之屬皆在南方歷考諸書絕無影響而店
水亦皆通稱日河也惟江之名不通於北方歷考諸書絕無影響而店

浿水
此即鴨綠江也經特定名曰浿水○桑江河之目古今異稱水出崑崙
日河水出岷山日江考諸書不相混稱詩日河水洋洋又日江之永
突萬貢日九河旣道又日三江旣入可驗也楚詞九歌有河伯篇其詞
日與女游兮九河林雲銘云河不在楚境內不敢越祭此乃設一預想
之詞則屈原之時河猶不混也漢晉以後通稱北方之水日河南方之
述新論著也

來岳瀆山東通志總論俗脈由遠左旅順口渡海入蓬萊縣境此皆傳
微論亦云凡成祖崑崙禹貢李光地注云岱爲嶽祖自營州跨海而
其東祖長白山○晴案臨川吳氏謂天下之山脈起於崑崙蔡牧堂發
之胍形家言自崑崙來爲我朝康熙中遣官航海測量得
時伏時現於海中陸起行八百餘里結爲泰山○岱覽云　岱山
鍾其南麓一幹分二支西支入奧京門爲開運山南至旅順口而龍行

時長安縈陸洲爲曲江則此名在於北方然曲江之稱以其曲折似荔
陵江故借而名之非其實矣此中國所稱江河之別也其在外國不分
南北混同稱之南史中天竺圖臨大江源出崑崙分爲五江水經注西
域有恒河熙連河明統志安南國富良江來蘇江女眞地松花江金水
河盛京通志吉林之混同江易名也河寧之烏蘇里江虎兒哈河之
等皆錯雜稱謂都無分別我邦之人皆用此例也
先生於水經皆拓其舊稱錫爲定名即以鴨淥江爲鴨淥水源
突故今江域中之水皆用此例也
漢書地理志玄菟郡西蓋馬縣自注云馬訾水西北至
西安平入海過郡二行二千一百里〇典云馬訾水一名鴨淥水源
出東北靺鞨白山色似鴨頭故名之去遼東五百里經國內城南又西

江東江西之名在於北方洛陽河東河陽之號在於南方一與中國所稱
東江西又如臨津江束津江達川江淸川江新淵江沙湖江之稱架壁甚
相反又如臨津江束津江達川江淸川江新淵江沙湖江之稱架壁甚

〇唐書地理志云馬訾水出白山色若鴨頭號鴨淥水今鴨淥江
也又高麗傳云馬訾水出之白山色若鴨頭故名之去遼東五百里經國內城南
與鹽難水合又西南至安市入于海而平壤在鴨淥水歷國內城
西與鹽難水合又西南至安市入于海而平壤在鴨淥水歷國內城
以巨艦濟人因恃以爲塹〇明一統志云鴨淥江一名馬訾水源
水最大波調淸澈所經津濟皆貯天船特此爲天塹水闊三百步
〇勝覽云鴨淥江一云馬訾水一云靑河
故諸書言鴨淥皆據義州之下流也〇又按三才會圖鴨淥江本起於義州
福之長白山〔朝鮮〕〇晴案鴨淥之九龍淵
江而控朝鮮蓋陸緣晉本相通鴨緣也高麗史地理志义義州
有鴨淥江一云馬訾水一云靑河
靑河又名龍灣河〔順菴安鼎福日高句麗記朱蒙母柳花日解慕
漱誘我熊心山下鴨淥邊室中私之應制詩注引古記云扶餘城北有
靑河河伯女柳花靑河今鴨淥江非也麗志勝覽皆襲謬而然矣靑河

飢云在扶餘城北則與今鴨淥南北截然突盛京志今開原古扶餘界
有靑河西流入遼河疑此水狍存古名也〇晴案淥水非靑河順菴說
是也今開原城北有占泥葉赫兩河合爲扶餘開河南流與阿鹿河至開
原城南爲淸河西入于遼其水疑或古之靑河也〇又案淥水又有混水
之名〔開原城〕又有鹽江之名　並詳于下

皇輿考云天下有三大水黃河長江鴨淥江〇顧纂云黃河與鴨淥
北幹龍盡於遼海又云天下有三處大水日長江日黃河日鴨淥〇徐
善纂云黃河與長江夾中條盡於東海黃河與鴨淥夾北條盡於遼
海此則自其水源極遠處言之耳按鴨淥近世使鮮諸臣至其地
見之同鴨淥其短淺必別有一水夾途北幹然荒漠莫之能考于
莊渠遺書云鴨淥江會東下沙此山水一大交會也〇宋子日天
河至此入海與鴨淥江夾下者蓋昆崙而南北二絡最大北絡極于幽燕大
下惟三大水最大江河與混同江不知其出處舊集
臨此江邪逸東南流入海其下爲遼海遼東遼西指此水而分也
又日女眞起處有鴨淥江〇芝峰李眸光云鴨淥江自白頭山走數
千里分派爲三江西南入于海其發源甚遠故謂之大水〇豐山洪萬
宗云大類纂所謂鴨淥似是發源於中國之西北抵東北且我鴨淥
其大不可與黃河長江比幷則恐非類纂所指鴨淥〇順菴安鼎福日
古者水無比朱子所論混同江以前段觀之似指黑龍江注于東海其
大無比矣朱子所稱鴨淥之今東北諸水皆入於黑龍江注于東海其
似指遼水未可知也但古人或以混同江鴨淥混以緩面花江以後段觀之又
妙〇晴案朱子論鴨淥孔平仲談苑云鴨淥以
水出牛魚鰾製爲魚形婦人以緩面花〔一作
晉注云高麗王王建有國鴨淥江而守之混同江之西不能有也混
博物典彙云吳及蒙界鴨淥江而
同江即鴨淥水〔王氏試文〕
居珠江出冱也〔晴案珠江出昆凡此皆以混同江稱鴨淥者也又

三國遺事云遼水一名鴨渌江今云安民江則遼水又冒鴨渌之名余所未曉類纂似以黃河鴨渌皆入遼海其所指則我綠水也然綠水不可與江河參也○又按鴨渌之名始起於隋唐故隋書于仲文傳云軍次烏骨城餽而至鴨渌水遂傳五國程名振游兵師唐書地理志云自鴨渌江口舟行至泊灼口高麗傳云程振兵鴨渌上……斯可驗也乃金富軾三國史已自兩漢之時早有鴨渌之名扶餘易思王奔于鴨綠之谷……句麗乙巴素居於鴨渌之村

可指以爲嘗見林之說也非也所謂阿利那禮河當在今慶尙道境者也

神功天皇之伐當新羅婆娑尼師今之時此彊界未詳及於鴨渌不

日本書紀云鴨渌江在三韓觀性理大全黃河長江鴨渌天下三大水之其一也○異稱日本傳云鴨渌江即所謂阿利那禮河是也○晴案日本神功皇后之伐新羅也羅王諸和於船前其詛詞曰非東且更出西且阿利那禮河之逆流而殊闕春秋之朝天地神祇共討之則

出其西南陬

此山出九大水出其東南陬者曰滿水此即豆滿河也出其正東陬者曰分界河此合于滿水者也○娘木娘庫河曰克通吉河此二河北流合而西者也此北流者曰大土拉庫河土拉庫河此二河出於松花江者也其出西南陬者曰鴨渌河即此綠水也鄂道元稱崑崙出六河既合而爲一復折而東北入於松花江凡此六河流者也其出西南陬者曰鴨渌河即此綠水也松花江者也出其西北陬者曰賽因訥因河日額黑訥因河此二河流

金志云大金國世居長白山下乃鴨渌水源南鄙之名信不經突○資治通鑑晉注云鴨渌水發長白山東北長白山鴨渌水之源蓋古肅愼氏之地○今水經云鴨渌江源出長白山其山去金故會寧府南

六十里其顚有潭周八十里北流爲混同江東流爲阿也舌河南流爲鴨渌江去三萬衞東北千餘里○鴻書云女眞國有長白山鎭有潭周八十里南流至遼東朝鮮國爲鴨渌江東入於海北入一統志云長白山高二百里其傍有潭周八十里南流爲鴨渌江北流爲混同江東流爲阿也苦河○晴案大澤之水未必三派流出即成三江且其云周八十里者未核之言也

盛京通志云長白山在奉天府永吉州東南一千三百餘里其鎭有潭其西南流入海者爲鴨渌江東南流入海者爲土門江北流遶州城東南出邊受諾尼江東泮北受黑龍江受烏蘇哩江而折入海者爲混同江經會會寧府遶五國頭城城北東入海○明一統志云長白山高

登山相視見山麓一所四周密林叢翳其中圍平草木不生出林里許同江節國朝會爲長白山之神春秋兩祭寧古塔將軍副都統主之在城西南九里溫德恒山梁繁康熙十七年奉旨遣大臣覺羅吳木訥等

香楸行列黃花紛郁山牛雲叇露鼂諸大臣跪宣勅旨畢雲篆條麻山形瞭然有徑可登山腰登望山巔作圓形積雪皚及陟其上五峯環峙如俯南一峯稍下如門中潭窈杳周可四十餘里山北之四圍百泉奔注即三大江所由發源也二十三年奉旨遣驍防協領勒出等復周相山形勢廣袤綿亘千餘里東自寧古塔西至奉天府諸山肯發脈於此○方象璵封長白山記云康熙十年於今上以長白山發祥地特命內大臣覺羅武某到兀喇抵訓陰之山背閒鶴鳴六七聲雲迷漫不復見山乃從鶴鳴處覺徑得鹿蹊術之以進則山麓突始至一處樹木環密中頹坦而草無木前臨水黎明閒鶴鳴六七聲雲迷漫不復見山乃從鶴鳴處覺徑得鹿蹊術之以進則山麓突始至一處樹木環密中頹坦而草無木前臨水林盡處有白樺木宛如裁植香木義生黃花爛漫漿粟縞編晉甫畢雲披霧捲歷歷可覩逶迤躋而上有勝地平敞如臺遠望山形長闊近

祝顧閭所見白光皆氷雪也山高約五里五峯環繞恐水而立頂有池

約三四十無草木碧水澄波文蕩繞池諸峯望之搖搖若墜觀

者駭焉南一峯稍低宛然如門池水不流山門則處處有水左流爲松

阿里兀喇河右流爲大小訥陰河諸水合爲江源未必大池之水直流爲三江也○按康熙二十三年

駐防協領勒處奉旨繪畫奧地山川巡審長白鴨綠據同文彙考是年

勒處至三道溝有我人越江殺書官役以此生事竟有罰銀三萬兩之

舉可以知也

同文彙考康熙三十年禮部移咨於我國曰今纂修一統志所載城池

山河盛京將軍來文與寧古塔將軍來冊互相外錯者甚多發辭之地

關係甚大今差散秩大臣查山等五人將文冊帶去前往寧古塔烏喇

等地方詳閟定奪而義州江至土門江地方南岸一帶俱係朝鮮國接

壤朝鮮國必有熟諳道路之人應將驛站俱行預備俟大臣往着時令

伊國人指引可也節我國回杏日自義州江從南岸至滿浦其聞道路

獷可獵難得通自滿浦至義州江發源惠山地境計十數日程岡山相

續荒絕無人馬不通官無驛站況惠山地界與大國接壤處則山勢

叢積蜂巒阻絕自古以來原無從南岸通土門江之路

兹將形勢阻報節禮部奉聖旨云前駐防協領勒處地方險阻大

臣不必由朝鮮地方前去可也○晴案後此康熙五十年烏喇總管穆

克登至渭原江北審查殺人之事欲自渭原從鴨綠南岸取路於我以

至長白山其時朝議以爲我國之路雖自江界穿雪嶺以達二水甲

山等地然不可以開此路遠嚴辭拒之

舟泝江以至白山盖

我拒終不開路我之所慮亦深矣夫

全韻詩曰天造皇發揮大東山日長白江日混同峻極襟帶福萃靈

鍾山頂有潭闓門名揚

注云長白山高二百餘里綿亘千餘里山之上有潭曰闓門周八十里

源深流廣鴨綠混同愛滹三江出焉○吳兆騫長白山賦曰

混同之本鴨綠之源阤篛神池以宅乎其間會闌廣臕波淪涎午風

波以澂瀲倏鴻蒸而潰洄溟靈源于千里淪神委于二江○張潮長白

山記題鮮日惟茲長白之望五岳而外特立稱雄三代

以獷前聳無倪北混同而南鴨綠兩江自有淵源左兀喇而右訥陰萬

竈咸遊孕育○晴案金史溫蒲剎始居長白山阿不幸河今未可詳

也

通文館志云

肅宗三十八年壬辰烏喇總管穆克登奉旨查邊至此審視西爲鴨綠東爲土門故以

由興京邊門造十小舟出頭道溝入鴨綠江水陸並進溯行十日

至厚州又四日而至惠山造舟登山行九十餘里道峻險使其副使

衛布蘇倫等及我國接伴使以下由徑路會於茂山自卒通官筆帖

式等齎十五日糧又行二百餘里窮江源至白頭山潭水邊刻石立

碑曰烏喇總管穆克登奉旨查邊至此審視西爲鴨綠東爲土門故於

分水嶺上勒石爲記康熙五十一年五月十五日筆帖式蘇爾昌通官

二哥朝鮮軍官李義復趙台相差使官許樑朴道常通官金慶門

句伊從土門水道以行三百里而茂山又造四小舟水陸俱流

下至慶源越江由厚春乃去○軍旅大成云朝鮮與海口還至慶源越江由

穆克登與侍衛布蘇倫主事世以定界至白頭山下我遣接伴使

朴權咸鏡監司李善溥等接應克登等權奧善溥

老不許偕行卒慶門上山白頭山從得鴨綠之源有泉從山

穴中出又東蹬一岡得一泉西流別出三派其一派東者爲克登坐中泉又東

流又東蹬一岡有泉東流之歧而東者來合爲克登坐中泉又東

問曰此可名分水嶺以定界石立碑○柳下洪世燮云上山月挂弓亭下沿

界至三水府之蓮洞但奧譯官金應憲金慶門同上山自此與江水合其外皆荒磽無人居北

五時川川自鏡城之長白山西至此與江水合其外皆荒磽無人居北

度柏德七十里劍川二十五里昆長隅十五里有大山當前乃西渡江
水斬木緣岸行五六里路斷復從山坡名權皮德祗柏德尤岐行八十
餘里有一小澤又東行三十餘里登韓德立支當行數十里樹漸疎山
漸露自此山皆純骨色若白東望一峰插天即小白山也逶過山址西
十餘里至山頂俯有二三十里稍東有山嶺小白之支也陟其上容望
見白頭山雄峙千里一蒼頂如盆于高岨從嶺底行數里山皆童
溜行五六里山忽中陷成整橫溟無底廣僅二尺或躍過或接手
以度四五里又有整勞木作架以渡稍西數百步以至山頂有池如頷穴
周可二三十里溟不可測四壁創立若糊丹埴坼其北數尺水溢出爲
黑龍江源也（相傳此）東有石獅色黃尾蠻欲勤中國人謂之望天吼云從
岡存下三四里始得隍時一短岡得一泉西流三四十步別
百步峽坼大窒中注之又東行蹤一短岡則東下而其流甚細又東蹤一岡則有
出二派其一派流與西泉合一則東

泉東流可百餘步中泉之歧而東者來合克登坐中泉浸水間曰此可
名分水嶺立碑定界而土門源間斷伏行地中謂水不明乃竪碑書
馬（即白頭）○萬機要覽云興地圖分界江在土門江之北則
定界碑當竪於此且碑文既日東爲土門則亦當竪於土門之源識者
歎其無一人爭辨坐失數百里疆土云
國朝寶鑑云　英宗四十三年命秩祀白頭山於北嶽初國朝五嶽之
祀以定平之泉白山爲北嶽至是左議政韓翼謩言白頭山乃是我國
之祖宗山而北道又爲國朝發祥之地今宜移設於白頭山
上從之命咸鏡道臣擇地於甲山府八十里雲寵堡北望德坪建閣
望祀○晴案清朝白山之祀自康熙十六年始在寧古塔溫德恆山而
望祭我朝則白乾隆三十二年始（四十二年宋）於
禮部則例云祭長白山神於吉林烏拉（釋見前）○皇朝通志云
康熙十六年封長白山之神照五嶽例春秋致祭遇有慶典亦一例於

烏喇地方望祭（釋見前）○晴案康熙乾隆之時凡有巡幸盛京亦皆望秩
於長白山蓋所以重其發祥之地也
勝覽云白頭山其嶺有澤周八十里南流爲鴨淥江北流爲松花江爲
混同江東北流爲蘇下江爲速平江東流爲豆滿江○備考云松花混
源出白頭山之大澤伏流南出爲惠山江○晴案松花混同是一江也
蘇下迷平今未聞也白頭之北麓之水爲娘木阿春昂邦三河
直南出百餘里左合惠山以北諸谷之水
綏項魚隱圓山等嶺凡在此大幹之西者其水總爲虛項實多嶺
鄭葦令悏齡地圖有臨連川（自作川）龍飛川（劍川）沙峯川
盛京通志云長白山南諸泉南注爲大江勝覽云大水出白頭山下爲竹
洞經惠山鎮備考云惠山江右流過臨連可飛劍吳氏之川
今白山大幹南走爲臙脂峯爲虛項爲實爲多嶺
吳氏川　尹恭齋斗緒地圖有朴達串水自介水申大信水

信川　等諸水皆出於大幹之西入于淥水其所逕近地有金峯交當句
西出羅德句奉天臺之名此皆左合淥水者也若其右合之水又有致
付水九五水東突川乾天水池港水等諸名而皆界外之地也
淥水又南逕惠山堡西南
惠山堡者惠山鎮僉節制使城守之處也本稱惠山鎮嫌與郡縣之鎮
混而無分故經稱惠山堡凡言堡者小城也惠山堡
甲山府北九十五里其城周二千三百二十尺也
其一源出北靑府西北厚治嶺直北流百餘里左合香嶺以北諸谷之水
府府北一百里有厚治嶺（白山南走之大幹也山有石穴）
名日觀音窟南源水出於嶺而北流勝寶所釋山北坡川源出石穴
是也（北川在十八里）南源又北流逕泥穀社左合香嶺之水香嶺者厚治

嶺之北麓也其山出三條水曰黃水東流遝黃水院來合之其色貳故
名勝覽所稱黃水坡也此北百三十里北九十里
而來合之勝覽所稱伐成浦也三十里此北
游覽所稱禿秃山川也八十里此北三百
即此禿水也尹恭齋地圖有于音津即此南源之始也○南源又北遝
耳嶺東流遝呼麟院來合之也○南源又北遝虛川驛東爲虛川勝覽
鷹嶺東左合熊耳川水出南府北太白山東流遝小谷山至熊耳
嶺下爲熊耳川甲山府南淸州岐奚熊耳川源出又遝鷹嶺之衆來合日熊耳川源出
香洞經甲山府南淸州岐奚與弓音水合西入虛川誤奚熊耳川源出
之水不可曰西入虛川誤奚黃土嶺西北之水入虛川左合呼麟水水出熊
本虛川府也久爲女眞所據歷經兵火無人居高麗때甲州畠戶府

今爲甲山也○南源又右合鎭東水鄭峯令地圖有水出吉州之北雪
嶺西流與頭里嶺斬嶺之水會遝嶺東堡之南來合之即此鎭東水
也其堡城周一千四百九十五尺종甲山置兵馬萬戶以守官
加爾川源出鎭東洞入盧州亦鎭東水之謂也○南源又西北流右合
路距甲山府五日程而峻嶺絕壑危棧石路又是一國之所無且三水
同仁水水出綏項嶺西流遝同仁堡之其堡城周一千三百
五十一尺此甲山置權管以守也○南源又西北流合甲
嶺西流與頭里嶺之水會遝嶺東堡之南來合之即此鎭東水
處此咸興之路距三水郡九日程北靑之路距甲山府四日程端川三
山三水二邑在於重嶺大脊之外故來往之路有咸興北靑端川三
又隔白頭山南支故又如此脫絕又以江界甲山之東則
之地則厚州屢困郡皆爲空曠之地故不得通路於江界甲山之東則
路距甲山府五日程而峻嶺絕壑危棧石路又是一
鎮五穀不成居民鮮少而形勢之孤絕又如此益二邑風土之寒苦甚於六
又隔白頭山南支故又如此脫絕又不得通路於吉州且
及而平居之時魚鹽衣被亦不能相實於他邑誠可悶也臣聞自吉州

西北堡此甲山府西百三十里有獲貊人往來之路可通於甲山府故使西北堡萬
戶吳尙悌吉州將官許滿往尋其路樹木叢密人馬不能穿出五日
後始出於甲山同仁堡復尋來路則二日半還歸於西北
堡而中間只有二百里皆不甚高峻今若伐木開道使之稍通人馬則近可
二百餘里遠不滿三百里大不如端川等路之陰惡危絕不
可著令今使甲山人開通嶺越以西之路古西北堡三十里西北堡廢城
則不過數十百人數日之役旦開自西北堡
又四十里有李陽春古基而皆是人民可居之地嶺脊西邊又有
甘坪地而稍寬開野可以耕作云其間亦宜設置一二鎮堡以爲防守
護察之地而然下北句德萬洞句端川人開通嶺越以東
雙靑句黃土歧句甲山之鎮東等堡悉爲內地皆可能也止今考白
山大幹綿遜磅礴南走實多嶺緩項嶺又爲圓山西南遜爲黃土天
秀趙家之嶺又西至于厚治香嶺太白之山連亘數百里而皆大山距

岳雄偉柴特其在此大幹之西者曰甲山府在大幹之東者曰吉州曰
端川府曰利原縣而北靑府當大幹之下故大幹之西有淥水之
南源道北流注洫諸谷之水皆于此大幹之東水皆南流自達于海
此其大較也若其南源又沿淥水之南源達于甲山源又二百五十
里者自北靑至端川吉州爲百餘里也而甲山之間源又間不
其前之水堡城周一千四百六十七尺종甲山置兵馬萬戶以守其
今仍不果也○南源又西遝盧麟驛居而東北至雲寵堡西右合其
能相通其勢不環至北遝曲折通之南相國欲鑿嶺脊存之路然
備考曰盧川源出北靑厚致嶺之觀音窟北流遝泥穀社爲黃水之
之至鷹嶺過熊耳川經甲山府西過鎭東同仁之川經盧麟至雲寵鎮

淥水又屈轉西北流至三水府北南合其又流之水
過前川入惠山江是也

三水府本甲山之三水堡也明英宗正統六年始置萬戶以
扼賊路後轉陞爲都護府以白山水長津水皆會
于香界故取爲目焉
乘間據有鴨淥江內外之地出搶掠邊民苦之至宋太淳化二年
高麗成宗遣兵逐出白頭山外居之
水郡北之江非義州之鴨淥也
屬於金人故高麗成宗遣兵逐之然其後復爲金人之終得疆理據
金史太宗本紀天會九年以徒門水以西渾疃星顯僕兒三水以北
田給曷懶路諸謀克又高麗康宗元年遣石適歡以星顯僕兒三水
往至乙離骨嶺盆募兵趙活淂水徇地曷懶甸收叛亡城二年康宗
使斜曷經正疆界至乙離骨水斜葛不能縋訟康宗名曷葛遷而造石
適歡往石適歡立幕府于三源水三源水者今之三水府也渾疃
星顯僕兒三水者即白山水香嶺水長津水之異稱也據此則三甲等

地之屬於金人可知矣又史列傳烏延胡里改曷懶星顯水人烏
延蒲奴速頻路星顯河人余按曷懶星顯者今之三
水等地也星顯河之水或屬咸興或屬三水而今兩邑之間有長津水此
似星顯河也勝覽云仁遮川源出積生洞北流入惠山江備考曰三
水前川源出三水白階山北流爲沙川經三水府東至仁遮堡入鴨江
鄭瑩令地圖有水一出小白階山北流爲沙川一出白嶺東北流由銀
洞而來合于三水府之東北入于淥水經所云又流之水即指此也

淥水又西北迆仁遮羅暖之堡北有一水
仁遮外堡在三水府北二十里城周三百六十三尺屬甲山山置權管
明孝宗弘治十五年我燕山君八年移置三水陞屬萬戶也羅暖堡在三
水府西北五十里城周三百六十尺巳燕山君六年置萬戶也其
北合之水源發界外西北自白頭山下入于淥水勝覽云大
水出白頭山下爲竹洞加乙
經惠山鎮暨仁遮外與崔天巳洞水合流

淥水又迆葛坡舊堡北

葛坡舊堡在三水府西北一百五十里城周一千五百七十尺本爲僉使
之守後移僉使於新聲降置權管也○淥水又迆兔遲北古者方言謂
水匯石路曰遷今稱別路也備考云經兔遲四松之坼是也
至厚州故地旬南合其州前之水
州之沿革未聞東至葛坡舊堡九十里西至古茂昌一百三十三里舊
無防守今始設營堡置
護府使按三水府志府北二里有三里大野中有二大澤澤邊有
臺高數百丈西流十八里東則鴨淥江山水秀麗土品甚沃此指厚州
也今自淥水發源至厚州地屬於咸鏡南道厚州以下入平安道地方
廢四郡爲江界府之管轄而荒廢既久絕無居人也○其州前之水所
謂厚州江源出葱田嶺之喜寒峰北流由五萬洞至大小厚州地左與
懷德嶺之水合流迆束沙洞鑾項德旬大板嶺及文柱旬文五統旬多

與猶堂全書　第六集　大東水經　卷五　十七

應乙板幕句加馬煮芝句古邑之洞至厚州堡前入于潗水自
發源至入江爲二百餘里水之西爲茂昌縣界東爲三水備考云厚州
江源出葱田嶺北流由板幕洞至厚州北入于鴨潗江此云但其云
出於葱田嶺者疎矣○潗水又南合羅信水水出江界府境懷德嶺北
流遁側三甲牛艦水站至羅信洞入于潗水下把
發源至入江爲七十餘里也以下潗水之濱有羅信洞入于潗水入江
厚州變項嶺上曲下曲等坪接羅信水入江

別害亦不滿二百里中間只隔烏聲一嶺彼人鳴鏑之聲朝夕相聞且
之處

咸鏡道觀察使南九萬疏曰自三水沿鴨江而下七十里有厚州古地
未知設於何年廢於何年而其地在江之南自是吾地郊野之廣闊田
土之肥沃大異於三甲之崎嶇府薄霜降最晚五穀皆熟可居之地也
置於江水之東與彼人夾江而居其設堡在急流絶峽重山巖
崎之中道路險惡人不堪通行又無可耕之田非人民可居之地也今
若更置郡邑則於厚州故地即以三甲相依接援可無孤虛之患自三
固其蕭羅可無疎虞也且自咸興至別害三百餘里自三
水至別害又四百餘里而其間人民竈居山谷有若鳥獸之難馴今若
復置厚州以爲邊防則長津江上下諸堡並皆革罷割咸興黃草嶺以
西三水之地合爲一郡設邑於別害則其在分境治民以
道實厚州李尙植爲僉節制使以守之
而萬戶李尙植爲僉節制使以守之○晴案　蕭宗甲寅閔南公之䟽以魚鱗爲宜
而李健秀始爲僉使以守之　今上壬午二十二年陞爲府置都護使
爲僉魚面萬戶　正宗丙辰復設厚州置僉使以守之

知二鎭置之長津江兩岸其餘廟坡神方江口魚面甘坡自作等堡皆
置於江水之東與彼人夾江而居其設堡在急流絶峽重山巖
崎之中道路險惡人不堪通行又無可耕之田非人民可居之地也今
當時朝廷旣廢四郡及厚州以與彼人以長津江爲界故惟別害葛坡

與猶堂全書　第六集　大東水經　卷五　十八

以守之

潗水又西北迤茂昌古縣北左合葡萄水
茂昌廢郡本閭延府之上無原堡也明正統元年我　世宗八年始置
萬戶五年以後去閭延遠邈援不及割閭延府之出哈孫梁厚州甫
山等地民戶虛空　成宗一百三十三里北至潗水二里按勝
其地屬于江界所由東至厚州一百三十三里北至潗水二里按勝
寬甫山廢堡　時介廢堡　三兄弟洞十里　大茂昌
之間有舊堡一堡邊有大澤也○葡萄水出江界懷德嶺北流由萌
三十三初三之坪迤莫徙嶺之東至葡萄洞入于潗水自發源至入江
爲六十餘里也其潗水之濱自羅信水以下有大羅信洞小羅信洞
信上曲　下曲　小羅信洞　竹巖上曲中曲下曲
下二里　懷二里　三兄弟洞十里　竹巖下曲　大茂昌
葡萄洞二十七里

右地沿江之道不能穿過斜避而行也
右得十二道溝從塞外注之
十二道溝並自白山之西南簏及歪頭鐵子山東北簏之水也按鄭掌令
地圖自厚州至茂昌界外有泉洞三洞城洞門巖洞北水洞大巖
小巖大食鹽洞小食鹽洞又名　大水洞二兄弟洞又有二條小水南
流入潗水尹恭齋地圖有三洞古禾洞那等名而又
三頭滿南流入于潗水凡此皆十二道溝之所近也然地係於外未有
周也備考云經兎遷四松之坪左過厚州江羅信之川至茂昌古縣左
過葡萄川右過塞外之十二道溝也
潗水又南得豆芝嶺
潗水又西得豆芝水水出於懷德嶺北流遁河山回陽之洞安道之坪
過葡萄水水水出於懷德嶺北流遁河山回陽之洞安道之坪
過潗水又南得茂昌嶺
變項之嶺至豆芝洞入于潗水自發源至入江爲一百餘里也○潗水

又南合竹水水出於竹田嶺北流遷泉川河山雲洞盧檜洞等地至
竹田前入于漊水自發源至入江爲一百餘里也其漊水之濱自葡萄
洞以下有葡萄上曲中曲下曲莫從洞
沙洞上一在葛田曲上按勝覽奉浦廢堡
昌之西今所存舊堡即其遺也
至閭延古縣西左合中衉胡芮之水展轉西南流
宗十六以距府懸還割小薰豆以西爲閭延郡屬平安道至宣宗宣德
十年陞爲府乃置鎭景泰七年空其地屬于江界府也其漊
而西有舊堡五一在葡萄洞上一在豆芝洞上一在束
沙曲等坪接于金東水入江之處又自茂昌
家洞廢堡皆在茂

金蒼曲東突下曲金蒼洞束突上曲閭洞束突下曲三洞束沙洞葛田束
沙曲東突下曲金蒼洞金蒼曲
源至入江爲九十餘里也其漊水之濱自竹水而下金東坪又左合
水出於歸厚德北流迤兄弟洞及鼉嶺至金東坪之東盧田安
茂昌嶺北至茂昌之地至此而界故山擅斯里奐〇漊水又迤
嶺束至金蒼坪水出於漊水自發源至入江爲八十餘里〇漊水又迤
又南合金蒼水水出於江界府歸厚德由古城細竹之洞逶邐洞
處而馬海堡留防所在豆芝洞上樸嶺之濱自竹水坪上〇漊水
曲而束郞哈洞吾郞哈曲豆芝上曲下曲有莫從洞
河山吾郞哈洞豆芝洞

蹈嶺束遷泉樣坪桑木之坪入于漊水自發源至入江爲二百餘
里也其漊水沿之地自閭延而西有上德曲下德曲中江
坪也其漊水沿之地自中衉水入江之處東盧田安道二坪之西入胡
芮嶺北流逶龍豬額之洞又迤摩屹嶺之束盧田之處〇胡芮水源出胡
芮嶺北流遷龍豬額之洞安道二坪之西入
于漊水自發源至入江爲一百二十餘里也其漊水沿之地中江以下
有中江曲胡芮洞口乾浦洞五十乾浦獐項上曲束
下曲胡芮洞上一在乾浦洞等接于胡芮水入江之處按勝覽
延洞西有下無路胡芮堡虞芮束有楡坡廢堡今胡芮洞上有舊堡是其遺
也又今胡芮水之西有長城基古之關防也按東史明宣德七年世宗
十四野人四百餘騎突入閭延界簡度使朴礎束明宣德七年世宗
明年建州衛指揮李滿住被虜人至江界簡度使朴礎渡浮橋於鳴漊
怒乃以崔潤德爲平安道都節制使將討之遣崔潤德率三軍渡江討之

水流是駛不可以橋已之使崔潤德率三軍渡江討之
朴好問以爲水流是駛不可以橋已之使崔潤德
野人五千七百騎來圍閭延郡守金允壽等領兵
捍拒賊逐帥精騎逐之及江秋又侵閭延小薰豆及趙明干地都鎭
撫張思稍率兵追之明年又侵趙明干口廳掠人畜而去時野人構
怨連年寇掠邊患騷然乃以李蕆爲平安都節制使領戈渡婆豬江
討之劙賊胡芮掠於建州而部落强大或誘忽剌溫而
來掠或與林哈剌而入寇又有吃納奴列兒哈等諸都史總謂之婆
猪江野人我之所以廢棄四郡避此寇也今長城遺基盡其時所防也
房漊廢郡本閭延府之虞芮洞也國初置萬戶明正統八年我世宗
七年空其地移屬于江界府也其漊治之地自胡芮江而下有胡芮下
漊水南迤虞芮洞縣西
邊漊水摩屹洞早粟上曲中曲下曲乾
十所義德粟田伐洞

浦三十里　慈城上曲　下曲　等坪接于慈城江入漾
之處也○按鄭華令地圖自慈昌至虞內界外之地有伐草洞板分洞
朱砂洞沈南立河於用怪洞會陽洞古道洞波蕩洞三縣削土洞及
田尙祿羅士立河加應李順興等接戰洞呼丹洞黑水林奉天臺夫乙毛洞
含洞大薰豆小薰豆那襄川廿晉洞羅漢德元時德都乙恨洞家
所弄怪洞趨明干洞小甫里等諸名而或以界內之地謬錄於界外然
地係荒廢其詳未得也
唐書渤海傳云高麗故地爲西京曰鴨淥府領神桓豊正四州又云鴨
淥鞨貢道也○又地理志云自鴨淥江口舟行百餘里乃小舫泝流東
北三十里至泊灼口　得渤海之境又泝流五百里至丸都縣城
　故高麗王都又東北泝流二百里至神州又陸行四百里至顯州天
寶中王所都○遼史地理志云淥州本高句麗故國渤海號西京鴨淥
府桓州在淥州西南二百里　正州在淥州西北二百八十里○
安鼎福云鴨淥府疑今鴨淥上流我甲山三水以下江也○神桓豊
正亞未詳○先生云神州者今虞芮慈城之北隔水之地也○晴案渤
海鴨淥府以神州爲治所而遼以神州改爲淥州故唐志遼志並謂丸
都神州二百里有神州盖可知也丸都者明是滿浦廢郡其西北隔水之地
皇城坪也　盖此鴨淥府之地上自閭延虞芮廢郡水之地沿淥
之地必古之神州也而其西北則接于興京邊外也順菴欲求之
水而下盡于玉江堡界外而其西北即太遠矣
左受慈城古縣之水
於甲山三水則太遠矣
慈水出江界茂城嶺之令郞峯西北流爲東水及大小北水出於五家笛里之
歧眞木之洞至水笛里右合五家水水出於五家嶺西北流由玄鳥嶺
　故眞木之洞與茂城里之合爲淥水又北由大檜洞館洞之西竹巖黃菩德之東
田之洞來合之也○慈水又北由大檜洞館洞之西竹巖黃菩德之東

又遶慈城古縣東迻胡柳谷之坪伐洞楓坪之地至慈城洞口入于
綠水自發源至入江爲三百餘里而水之東有外怪草洞所防所西有營
堡一處備考云慈城江源出茂城嶺西北流由眞木土城之洞過五胡
山川至慈城古縣西入于鴨江即此也與圖慈城江有虎皮橋今未聞
也○慈城廢郡本高麗延府時番江之慈作里也明成祖永樂末年我太宗宣
世宗六年以小甫里等八處民發保時番之獰項楹柵防戍宣宗
德七年婆豬江野人殺掠人口而去以其地與閭延江界府之獰相隔不及相
救明年就所已上廢郡四日虞芮曰慈城而其地上自
閭延日虞芮曰慈城郡景泰七年
三川坊入于淥水三川坊在廢郡之初境與上土外怪相接舊無
樹木梗塞謀國之憂也○淥水又左合三川水水出於麻田洞之
于江界府也三川下界于滿浦沿淥水五百六十里皆淥水又有三江之目水自三川坊以
州州正宗朝始募民入居也○淥水又有三江之目水自三川坊以
居人正宗朝始募民入居也
後西迤而折爲東流復折爲西南流放日三江也其沿水之地自慈城
江以後有慈城洞口李仁洞上西海五胡上曲下曲中曲下曲
海弄怪玉洞摩屹洞加木德照牙瓮巖三江上曲下曲
知弄怪玉洞等岸接滿浦堡東北把守之處
文獻備考輔曰肅宗九年兵曹判書南九萬請於廢四郡設置四鎭
議大臣辛巳差出四鎭邊將大司諫柳尙運言其不便曰此地橫宜數百里
樹木薈雜道路阻絕今若置鎭則伐木通道開墾田土新設殘邑既
不足之患而重峯疊嶂四塞不通雖欲設戍鎖綴籴其路無由必累百年其利不絕今雖
越之忠而反開賊路且土地間則皆有犯
也九萬斷設邑已累百年其利不絕今雖必由四郡
置四郡登至一朝斷絕乎江遶往來之路非一二則岐來登必由四郡諸臣多以尙運言爲
平樹木難可爲防藏亦豆如募入人民乎

與猶堂全書　第六集　大東水經　卷五　二十三

洌水二

洌水又西南過江界府地至滿浦堡北

江界府古稱禿魯江萬戶高麗末改今名設鎮邊鎮成鎮安鎮寧四軍差上副千戶管之　明建文三年我太宗元年以立石等地合之稱石州後罷之改爲都護府也○滿浦堡在江界西北一百四十五里坡周三千一百七十二尺置僉節制使以守之也

明史朝鮮傳云成化十五年命王出兵夾擊建州女真王遂遣右贊成魚有沼率兵至滿浦江以冰泮後趙遣後遇也○晴案此我成宗十年事也建州者今之興京省邊也

當時女真貪長童山李滿住等據於建州而太監汪直請討之故帝命我夾擊之不特此也我師之前後進勦者甚多然其出師之路或由滿浦堡或由山羊堡或由楚山府其後深河之役由昌城府或由滿浦出滿浦今計自滿浦西至興京爲四百四十餘里而中有鹽難水

本有兩國之來往也

之障將土崩瓦解而洌水以北非復朝鮮之有也不此之憂而謂四郡可廢乎防之未成蹟者無傷防而蹟之亂之本也詩云折柳樊圃夫

巀嶪道防之不踰也鴨淥之爲防也大矣今無故而竣之使朔野好

細之民濟處山林之中挈其妻子託爲巢窟日採金銀銅鑞鑄以爲

貨孩兒之撃豼鼠之皮以自肥具弓矢戈鋋猛火之器以自衛守土之

臣匿不以聞廟堂之臣知而不言亂之旣作作防於何有昔我世宗

祖命將出師經營六鎮踹一國之力獲之旣已爲者何以哉欲以豆滿

爲防也防之在人尙或圖之在我胡自毀之臣故日廢四郡宜復

○晴案國典日西北沿邊犯越採僞獵者首從皆境外之人十百隊乘者皮船

兩國之境放人不敢相越定規兆近開河界外之人弓刀以自衛漸成巢窟而

酒度入四郡之地採蔘貂或鹿河居之具弓刀以自衛漸成巢窟而

入莫敢擾先生所慮在是也

先生慶四郡議日臣竊觀鴨淥河防之勢自四郡以西沿河爲邑者謂

原楚山等七邑也自四郡以東泒河爲邑者三水甲山是也而鴨淥之

水自南而北至于閭延又折而南流今論北極出地消原甲山大抵同

帶則消原甲山爲邑之弦而四郡爲邑之背邊域之辨宜爭藩籬之

藏宜弧是固而今竣之不顧可乎率然之蛇首在甲山尾則在甲山則

首可擊其中則首尾俱至此兵家之大勢也率然之所以爲勝敗存亡

抵消原而其腰復皆已朽矣尙可以首尾相救乎兵之所以有强人數千據

勢而已山戰者據峻嶺則勝戰者據上流則勝勞者也有强人數千據

四郡之地北斷蔦坡之路西通建州之粟南面而號令我則七邑亭壁

任金壽興從錫貴言以先設二鎮爲便命設茂昌慈城二鎮尋還能

左議政鼎重主九萬議以爲不可不仍設四鎮領議政金壽恒及原

爲窮僻之地實難募民又難接待官員請先置二僉使觀勢加設爲可

便領議政金壽恒請令九萬議于諸大臣右議政金錫貴主尙運議以

與猶堂全書　第六集　大東水經　卷五　二十四

句麗史云太武神王五年伐扶餘殺其王帶素帶素之弟知國

將亡與從者百餘人至鴨淥谷見海頭王出獵逐殺之取其百姓建都

於曷思水濱立國稱王國祖王十六年曷思王孫都頭以國來降○洪萬宗云曷思王疑在鴨淥北○儒考云曷思王似在鴨淥江之近

地也○晴案鴨淥谷似是今滿浦堡之地也

句麗史云東川王二十年魏幽州刺史母丘儉來侵王以一千騎奔鴨淥原險敗王山遣王頎追王于竹嶺王至于竹嶺王奔南沃沮至于竹嶺東

都密友杻由赴敵力戰下部劉屋句復論功賜密友巨谷青木谷賜屋句鴨淥杜訥河原以爲食邑○晴案此云鴨淥原則易思國亦滿浦之近

都丸都者今之皇城坪即滿浦堡隔水之地也又曰南沃沮者今之咸興也今欲自皇城而至咸興則路必由滿浦奚古之鴨淥原當是今滿

浦也

句麗史云烽上王疑其弟咄固有異心殺之子咄固畏出

遁販鹽漲乘舟抵鴨淥將鹽下寄江東思收村人家其家老嫗請鹽不與

其嫗恨恚漬以履置之中乙弗不知負而上道嫗追素之履腰

告鴨淥宰決笞之不知其爲王孫也上王薨乙巴素者隱居於鴨淥谷左勿村王遣使

案前此故國川王時有處士乙巴素者隱居於鴨淥谷左勿村亦是溝浦堡之近地

迎之拜中畏大夫仍爲國相所謂左勿村亦是溝浦堡之近地

蓋此故國川王移都丸都之傍隱爲保郭故有守宰有屬村也

又遷丸都故城南

丸都城者高句麗之故都今溝浦堡隔水之地皇城坪是也

魏志東夷傳云高句麗都丸都之下多大山深谷無原澤

伯固死有二子長子拔奇不肖國人共立伊夷模爲王　又云伊拔奇

詣康降諸還住沸流水伊夷模更作新國今日所在是也

麗史云山上王二年安藏王三年春築丸都城十三年冬王移都丸都

又云句

○本案前此國祖王九十年末年閏月丸都地震史特書之其有城

邑久矣但其移都自山上王始也　丸都地震史特書之其有城

唐書地理志云登州東北海行過自鴨淥江口舟行百餘里乃小舫沂

流東北三十里至泊灼口又沂流五百里至得渤海之境又沂流

丸都縣城故高麗王都○先生云丸都在今溝浦堡隔水之地高山

之上又云丸都自鴨淥舟行百餘里者今義州之玉江界之溝浦堡也自玉江乘

小舫東北沂五百三十里者今江界之溝浦堡北隔水之地高山

巽方今與京東四百餘里之地也今修家江之東有歪頭磣子紅石

磣子二山所謂正始五年儉傳云正始五年儉遣之山頂也

魏志母丘儉傳云正始五年儉出玄菟討句麗東馬縣車以登

丸都居句麗所都六年復征之宮遂奔買溝使玄菟太守

王頎追之過沃沮千有餘里至肅慎氏南界刻石紀功刊丸都

之山銘不耐之城○梁書云宮敗走儉追至頑嶺懸車束馬登丸都山

屠其所都○句麗史云東川王二十年七正月母丘儉來侵王奔

鴨淥原又奔南沃沮　至于竹嶺　遂至海濱　二十一

年王以丸都城經亂不可復都築城及廟社移民而先生云東川

王之奔也臨淥江界穿岸到咸興府又折而北走至豆滿

河邊此所謂過沃沮千餘里至咸慎南界者也丸都城之在江界之北

審矣嶺峴者今之沃沮千餘里左據鴨淥水右阻婆猪背

晉書慕容皝載記云咸康七年就丸都之地左據鴨淥水而

負矣山二水交襟于木底大敗之乘勝遂入自南陜以伐高句麗

晉書慕容皝載記云咸康七年就丸都之地左掘釗父墓載其尸毀丸都

而還葬康化元年就丸都掘釗父墓載其尸毀丸都

移居此所旋葬慕容皝之所要復還平壤也○又案移居平壤之後丸都遂

案東川王二十一年既築丸都城仍以移都故都平壤東黃城○晴案

秋移居丸都城多燕王皝毀丸都城春修茸丸都城

○句麗史故國原王十三年秋移居平壤東黃城○晴案

而還慕容皝號戰于木底大敗之乘勝入自南陜遂入丸都掘釗父墓載其尸毀

爲舊京故至陽原王四年末年武卯十月丸都進嘉禾十三年元興

遼史地理志云桓州在渃州西南二百里高麗中都城晴案

干儉城至朱理扳而伏誅軾史詳記之也丸都城

慕容皝部此至爲慕容皝所敗○明一統志云丸都山在朝鮮國城東北漢時高句麗

王伊夷模部此至爲慕容皝所敗○明一統志云桓州即丸都○晴案

案東地理志云桓州在渃州西南二百里高麗王釗創立宮闕爲

深州在今虛內郡隔水之地而盖芮西南二百里爲溝浦堡外地也

王伊夷模部此至爲慕容皝所敗○明一統志云桓州即丸都○晴案

金富軾云丸都與國內城相接○洪萬宗云丸都在國內城

近地通謂之丸都城盖城闕雖異實一處也○晴案國內城者今山羊堡

西北通謂之閭內盖城闕雖異實一處也國內城者今山羊堡

海東古記云五國城有二一在江界伐登堡外越江邊有方城形址也

近地通謂之閭內盖城闕雖異實一處也國內城者今山羊堡

○勝覽云皇城坪距溝浦三十里金國所都中有皇帝墓世傳金

王頎追之過沃沮千有餘里至肅慎氏南界

皇帝墓碣石爲之高可十丈內有三室又有皇后皇子等墓○鄭恒齡

與猶堂全書　第六集　大東水經　卷五　二十七

地圖灒浦西北界外有安子嶺卽外坪巨柴項輳項五圍城衆累塚

○尹斗緖地圖灒浦西北界外有皇帝陵皇城坪古都○晴案五圍

城卽今竹嶺府西雲頭城也安得尋有於灒浦城外乎古記之說甚炎

其北京卽遼之中京今廣寧西北義州卽漢上谷郡地今之撫州也

秦遼東郡今之遼陽州也其上京卽襄懷故也今混同江以東寧古塔

之地也外此四者更無京都安得灒浦堡外又有金都予勝覽說亦譌

突余謂皇城坪明是丸都城之故址其纍纍諸塚是句麗王之所葬及

王子王如之葬也

金富軾云安市城一名丸都城○先生云苟如是也毌丘儉之來伐社也

東川王嘗遷都於楊柳河邊何以逆戰於沸流水上乎丸都非

今詳其疆或言寧遠劒山是也○安鼎福云金富軾以安市爲丸都城

非突母丘儉自玄菟出兵渡沸流水登丸都山沸流似今婆猪江則

其地在今江界理山等江北之地突芝峯臆料而爲之說也○晴案苟

如古記則載寧郡之劒山加平郡之劒山皆可曰古都乎孟浪甚

炎丸都城者今皇城坪也

海東古記云寧遠郡劒山古丸都俗謂劒爲丸都○李睟光云丸都城

都何干丸都者今皇城坪也

溙水逕伐堡登堡者今皇城坪也

伐登堡在江界西北一百六十里城周六百五十五尺城置兵馬萬戶以

守之高山里堡在江界西一百五十里城周一千一百六十尺置兵馬僉

使以守之也

備考云經閭延古縣西折而南流左過中江湖內之川經虞內古縣在

會慈城江又西南流經灒浦伐登高山之鎮禿魯江自東來會也

與猶堂全書　第六集　大東水經　卷五　二十八

溙水又逕吾老梁

方言水道謂之梁梁亦謂之突崔致遠云辰韓本燕人避之者故取溙

水之名稱所居邑里云沙溙溙備考云新羅方言讀溙音疑溙字故今

或作沙梁梁亦稱道今傳譌稱道乙先生云溙字不見字書疑溙字

之譌溙一音讀正與道晉水道曰涿而譌爲道乙書

之謂溙吾老梁在渭原郡北二十里而恭齋地圖作五論石蓋俗晉

五論與吾老梁正與渭原之水

郡本楚山府之都乙漢堡也明正統八年我世宗二十一以堡四方

遼絶卒有急警應爲難乃割江界楚山之地而置郡也○渭水出江

界府杜邑嶺西流逕渭原之社倉北倉至渭面左合鷹歧水水

出古楚山北流入渭水又東北流逕渭原郡

西北入于溙水勝覽稱南大川在渭原南而鄭氏地圖有水出江界之

至渭原郡西北句受渭原之水

箭川嶺北流至渭原南右與獨山水合左與廣大山水合北入于溙水

皆指此渭水也通文館志肅宗三十七年渭原郡人李萬枝等居在

江邊典人國人結幕探蔘者冒崇潛通至於負債每每督我等與

同當八人越江殺二人投江上國派鳥剌打牲總管穆克登來查我國

遣刑曹參議宋正明參謁克登偽造鳳凰城從江北岸正明從義州俱至

渭原同審殺人地方克登移偽溯江岸以上至廢郡界○同文彙考康熙

五十年其沿江一帶不免更有偷越之路阙等亦行查明欽此

匪類其沿江一帶穆克登移沓於我日欽奉上諭被殺之人無非

國揭其云荒重巒疊嶺不通人烟況自惠山以後山脚橫截元無從南

方自窮荒險巇出自皇旨但自西抵北道隔嶺中間歷四郡地

岸通土門江之路玆故形勢布于大人座下節又移沓禮部日欽差小

備自渭原前進過灒浦分水陸作行到遂洞而灘瀨悍急不得沂上

使自渭原前進過灒浦分水陸

江岸陡絶人不能若足又五十一年禮部移沓於我日穆克登等頃

自鳳城至長白山查我邊境因路遠水大而止俟春水泮自義州江泝

流而上若不能前進即由陸路至土門江倘中途有阻令朝鮮國照

管由直洞蔦軒之堡左合楚山之水

直洞堡城周一千尺俱屬於渭原都置權管以守之也○楚水出楚山府

蔦軒堡城周五百

之薪嶺西北流至央土之口入于淥水勝覽稱理山南川源出薪洞是

淥水又遟楚山府西北也備考稱理山南川源出府東薢嶺入渭水誤矣

府本女眞之豆木里也高麗恭愍王時人物漸實至明建文四年我

太宗始置適州後改理山徙治于央土里正宗初改今名也○

案鄭氏地圖自伐登堡至楚山府界外有加也之洞仇郎哈洞大會洞小會洞多會坪

中連洞照躍嶺東躋德古道水洞

淥水至阿耳堡西又南潼水入焉

用怪洞非屯洞非兒里等名若其南流小水凡有五條也

阿耳堡在楚山府西南五十五里城周九千七百八十四尺置僉使以

守之潼水今稱童巾江也備考云經吾老及炭嶺左過渭水由直洞茄

軒左過循山之南川至山羊會塞外之佟家江至阿耳之鎮左會童

巾江也

至山羊堡北右與鹽難水合

山羊會堡在楚山府西南二十三里城周九百十四尺置兵馬萬戶也

鹽難水今稱佟家江也按明太祖洪武五年正月束寧府

入山羊會口子守禦官張元呂等殺守禦官金天奇等二月又突

餘黨胡拔都等潛入波兒江也僉院曹家兒萬戶高鐵

顏等引軍潛入陰潼口子守禦官金光富等又擊之過江陷沒幾

盡也逈廣平堡大小坡行城之西

淥水又南逈非兒舊堡西堡城周九百尺舊制夏則阿耳

萬戶出戍于此冬則空堡今廢尹氏地圖以非兒里屬於界外誤矣○

淥水出堡西其水出碧潼郡西五十五里有權管

以守之也○淥水又遟廣平堡西小坡兒堡西城周四百八十尺

淥水又遟廣平堡周亦百尺

間有行城蓋上自甲山府下至義州沿淥水之地皆有行城或連或斷今

閩勝覽備考列之也

甲山府虛川口行城長二千八百尺　三水府鴨淥口行城

長一千五百十七尺　江界府鴨淥口行城其長不著　渭原

郡凡有二處洞口行城長一千一百七十二尺　旅軒洞行城長八

百七十四尺　楚山府亦有二處在赤灘者長二千八百七十三尺

尺間者長一百九十尺　在南門外者長四百四十一尺　碧潼郡凡有三處在郡北者

長一百九十尺　在郡西者長一萬三千三百三十二尺　在大小坡

兒間者長二萬四千二百二十五尺　昌城府凡有八處古行城長二萬

一千五百七十三尺　自古林城至失號里洞口二處者長三百尺

自昌州堡至汀灘洞口五處者長一千尺　朝州鴨淥行城

三百二尺　在九龍淵北者長四百四十一尺　義州有二處在玉江北者長

天塹久矣自句麗亡後選東列爲異境自此以後每以淥水爲界高麗

之時與遼金分疆互相爭奪或棄或頼時斷時續然於江防爲要也

多絫長城其城址或前或後至今南北天限故歷代於沿水之地

郡本女眞所居林土碧團之地也正順帝至正十七年高麗恭愍王六年

至碧潼郡北左受郡前之水

遺泥城萬戶金進等擊女眞走之改林土爲陰潼以碧團隷我

太宗三年改爲碧潼郡也○備考云碧潼川源出郡南甫里嶺北流經
林倉嶺口及鶴倉北至大德山合九階嶺之南川經碧潼郡西入鴨淥
經所擧郡前之水即指此也勝覽云邑川在碧潼南一里源出夫界峴北流入于邑川
入于鴨淥郡即九階川也○新洞川在碧潼南九十里源出夫界峴北流入于邑川

淥水又西南迤麻洞舊堡西
淥水又遶楸曲堡西
淥水又西遶楸曲堡西
一千八百六十尺有兵馬僉節制使守之也○自淥水出昌城府綏項
嶺西北流至昌洲堡西入于淥水勝覽云昌洲在其嶺南源出昌城
束於項東迤入于鴨淥指自淥水而言也

淥水又遶於汀廟洞之堡至昌城府北

於汀灘在昌城北二十里傍有堡城周三百四十七尺其下十里有廟
洞堡本高麗之城周百十尺俱有權管以守之○昌城府本高麗之
長靜縣也宋仁宗景祐二年高麗靖宗德年置昌州至明建靖宗四年我
太宗十三年以泥城合于昌城郡後降都護府也○案鄭氏地

於汀灘在昌城北二十里傍有堡城周三百
岡自楚山至碧潼界外有琵瑟句毛土洞大淸突洞小淸突洞車戎洞
草徐洞金洞自司倉洞而有五條小水南流入于淥水自
碧潼至昌城界外有岱洞胡照里洞後巨里洞
北豆里洞倭峴洞大小瓦防洞大小兒波洞而有七條小水南流入于
淥水尹氏地圖碧潼至昌城界外有余時山石乙恨洞馬郞耳洞雲豆

小吉號至昌洲之嶺左過自淥川經於汀廟洞雲頭之嶺昌城之府左
過甲巖川經鴉巖左過三歧川
又西南迤仇寧靑水玉江之堡
仇寧堡在朔州西三十五里城周二千六百十七尺有萬戶以領之靑
水堡在仇寧西南十里亦有萬戶
以領之也傍有小水西流入于淥水○淥水又遶淸城堡西城周
百十尺置僉命制使以守之也案鄭嶺坪大小坡兒左過碧潼川經關左過中奄川經大

淥水又南迤過方山堡西城周八千七百八十二尺有
萬戶以守之也
姑未城周○淥水又過姑姥兒城舊基勝覽稱
置萬戶以守之也
又西迤仇寧經靑水玉江之堡
史家指此也傍有小水西流入于淥水○淥水又遶淸城堡西城周

左受玉江之水
其水有二源一出義州之天磨山一出呂子山西流至山羊遶會又西

流五十里入于淥水水中產淡青玉故曰之東岸有古城四面皆絕壁

中有池周六百二十尺也〇案自昌城至玉江其界外之地有三秦洞

狄田巖九王黃撥洞白波洞河田洞白岳山老兎洞　奇落洞

莊洞家戎田麻田洞萬站洞金丹洞　甘昌洞孫梁洞沙五郎　土洞

山金昌洞馬子山申胡水洞　而又有四條小水南入淥

水也

淥水逕安平古城南至水口堡四

安平城即句麗泊灼城今玉江堡西隔水之地也水口堡在義州北二

十八里城周二千四百七十三尺舊置權管守禦冬則疊入本管今罷

城七百里故安平也〇案此二文於安平在鴨淥水北至近之地為

句麗之泊灼城也〇又案後漢書云桓靈之間句犯遼東西安平魏

萬戶也〇淥水又逕乾川堡西堡城周二百十尺在水口南十里置

權管以守之也

漢書地理志遼東郡屬縣有西安平北安平

西蓋馬縣自注云馬訾水西南至西安平入海

唐書地理志云營州東八十里至燕郡又渡遼水至安東都護府五百

里故漢襄平城也東南至平壤城八百里南至鴨淥江北泊灼

城七百里故安平也〇案此二文於安平在鴨淥水北至近之地為

句麗之泊灼城也〇又案漢書云

志云正始三年句麗定西安平

縣有小水南流入海句麗別種依小水作國

東後入於句麗泊灼城也

唐書地理志舟行百餘里乃小舫沂流東北三十里至

泊灼口得渤海之境〇又高麗傳云貞觀二十二年詔將古神感與龐孝泰烏山破

之萬徹度鴨淥次泊灼城古神感爲青丘道行軍大總管自海道入拒四十里而合席懶皆

醉邑居大䧟所夫孫拒戰萬徹斬之乃還句麗

史云實威王七年醇萬微等來伐渡海入鴨淥至泊灼城南四十里止

營右將軍襄行方進兵圍之泊灼城因山設險阻鴨淥水以為固攻之

不拔〇晴案唐志自鴨淥口至泊灼城爲一百三十里今自鴨淥口沂

流東北一百三十餘里正得玉江之堡則泊灼城宜在玉江堡之近地

也唐志又云在鴨淥江北　則宜在玉江堡隔水之地也句麗史云

城阻鴨淥水以為固則宜在玉江堡外淥水濱也今玉江堡東濱外二

百餘里之地有永奠寬奠等廢堡近於玉江堡之界外此古泊灼城之

地也

盛京志云營州有安平縣遼東郡末年高麗更置州今遼陽州東六

十里有屯名安平〇晴案前漢地理志後漢郡國志有西安平一縣

屬於遼東郡而已又有新安平屬於遼西〇此更無安平而西安

平或單稱安平故通典云安平水至安平城入海也〇唐志云唐

城古安平縣故可知也乃晉書地理志忽有安平西安平二縣屬遼東

國此絕無所據所可理會然則安平似是安市之謁京志又以遼陽

之安平屯當之亦非矣名稱偶同何必勒合

遼史地理志云瀋州本西安平故地在顯州東北二百二十里〇安邑

福云顯州今廣寧界則遼史誤〇晴案遼史順菴之說俱誤

滿一統志云婆娑府東抵鳳凰城東金慶速路統軍司元爲速一

初爲婆娑府路至元十七年改隸東京總管府明統志云婆娑府東

平安府善轉也蓋即婆娑府地

鴨淥江流至安平城入海唐志婆娑即金元婆娑府地

城東四百七十里安平今以東至婆娑府名而言之稍異耳〇四郡志曰

婆速府善轉今處庶傳我我義州府等處〇晴案華語婆速與

婆娑相似蓋一城也金史高麗傳天曾四年婿遼金蘇館人獲之謁還其國詳張馬留日若大平行由前路故

高麗十人捕魚大風漂其船抵海岸謁蘇館人獲之謁還其國詳張馬留日若大平行由前路故

與高麗接界也又遼史開泰二年詳張馬留日若大平行由前路故

葛蘇館女直北直渡鴨淥並大河而上至郭州

史云奧大路會高麗

可取而有也據此則曷蘇館在淥水之傍矣四郡志說是也又金史世
紀天會二年命南路軍帥闍母以甲士千人益合蘇館李菫完顏阿實
資以備高麗所稱合蘇館即曷蘇館也

淥水又至義州西北

州本高麗龍灣縣也亦名和義初高麗與契丹接境契丹欲過淥水爲
界置城於淥水之東岸稱保州宋仁宗時徽宗重和元年避遼金
門稱抱州 徽宗重和元年
寧等避金兵汎海而遷移于高麗寧德城以來遠城與抱州歸之高
麗兵入其城取拾兵以錢穀送義州刷南界入戶以實之於是復
以淥水爲界置關防金亦以州歸之至我朝又以靜州及咸遠鎭來屬
之也

清一統志云義州城在平壤西北四百二十里其西南爲龍川郡皆濱
鴨淥江明萬曆二十年朝鮮王以關白之亂走義州諸內屬即此又有

晏家關在義州西南當鴨淥水東岸舊爲津要小鐵山在鴨淥江東岸
義州境渡江處也

明會典云朝鮮貢道由鴨淥江歷遼東廣寧入山海關達京師○田居
乙記云景泰中朝鮮入貢若建州迤遼請貢道由鴨淥江下禮部議周
忱言朝鮮舊貢道自鴨淥關由遼陽經廣寧過前屯衛入山海迤回三
四大城成祖宗有微意若汎遣他日憂
不可從遂止云○明史朝鮮傳云萬曆四十七年楊鎬劉
綎等出師爲淸兵所敗十一月兵部覆朝鮮入貢之道宜從我義州
鎭江等處爲津今之貢道自我義州

淥水水西北至鳳凰城
鴨淥貢道也當時鴨淥關爲遼瀋之要衝建州之役一道從鴨淥關而
入一道從寬寞堡而入斯可驗也故欲於此地添兵防守擬與朝鮮越

堡

淥水而相通共爲犄角以保遼東也

爲龍灣三派於赤洲在其中焉
淥水至義州西北有小渚曰銅渚又至統軍亭下分爲三派西北路烽
燧始起於此亭獲達手詩云水作三又闊曹偉云三島耕犂外麟坪大
君於鴨淥江至鳳耳山分派三流者是也○其南派爲九龍淵此即鴨
淥水也水自慈江至于入海通稱鴨淥然九龍淵水獨主其名
以浮溢深碧色若鴨頭故目之淵南有土城古基周六百尺督傳元時
哈州指丹兄弟一居是城一居義州城郡州戶長金裕卿欲以計逐之
菲言我鹵於某夜欲滅爾等也至夜乘虛渡江而去然江上多設炬火示之哈丹
等於江北近岸沈鐵牛立之又以鐵頜
浮橋以渡炎裕卽令破橋偉不復濟永樂戊子築義州城時令善汎
者於鐵頜爲城門頜鋪其鐵牛淪沒淵沙無復尋矣然此又有鴨淥江
之於江近岸著南岸巖石間連亘於牛背於

爲西濱載中祀春秋降香祝致祭也
祠祀典與長淄德津及平壤江同
○其西派爲西江亦稱中江互市處也○
○其西派爲小西江裁沱否則連驪與李重煥云鴨淥江外二大水
自彼地東北來會至義州之北分三江每涼水漲溢三江合一入海中
七里其中平衍騁出六十餘頃也○於赤洲在又流之間周回十
其所云二大水指西江及靉河也○

敗事撮要云明嘉靖十九年十四月遼東人王等來義州道
山坪耕種都司因本國移咨拿治其罪十月遼東人前來又
來造山坪居住都司因移咨令治其罪二十九年親到設陷坪燒其房
設陷坪耕稼居住都司因呈文令江沿臺堡指揮到設陷坪稻田
屋及治盜耕之罪三十九年九連城人民等來設陷坪稻北
石場屹造家耕種都司因本國呈文治盜耕之罪四十一年江沿臺堡
移文于義州其大安許軍民耕種石場谷但不許侵占設陷坪等處也

本國移咨都司請於石墻谷下端小河岸立碑使之區別都司即令立碑萬曆十年遼東軍民前來設陷坪打碎禁耕碑差通事官白元凱移咨都司科斷本犯復豎舊碑十一年遼東軍民劉尚德等復來造山坪耕墾差通事吳淳移咨都司申明禁治鑽刻禁革字樣立碑於馬耳山下第一通溝十二年遼東軍民復來造山坪耕墾移咨於都司禁治其人第一通溝十二年遼東軍民告狀于都御史移造山坪禁碑於夾江西岸○晴案造山坪馬耳山皆在潊水西派之傍邊河之東者也元史世祖紀云中統二年巴思答兒乞於高麗潊江西立互市從之三年罷高麗互市○明典故紀聞云萬曆二十九年朝鮮乞能中江開市撫院因移咨朝鮮哲議開市以濟軍需不過一時權宜之計況今倭已退却將中江交易盡行停止○晴案中江開市始於萬曆二十一年至二十九年因我國機荒移咨遼東請於鴨潊中江開市交易至二十九年罷之三十年撫院已許停院而

太監高洋移咨請復辭極嚴切更於義州照舊買賣三十七年我國移咨禮部罷之也

大清一統志云平壤黃州西隔大寧江東阻大通江所謂兩江之中也本朝康熙三十七年朝鮮歲饑表請中江開市奉旨許以積貯米穀水陸共運四萬石至中江平糶○清會典則例云崇德年間定鳳凰城等處處官兵於每年定二次乾隆元年諭朝鮮齎咨我朝恪守藩封之職向來八旗臺站官兵於二八月攜帶貨物前往中江與朝鮮貿易朕思旗人皆有看守巡察之責無暇貿易此亦不諳貿易之事遠人到邊悉致稽遲乎交易母得需索送擾國人貿易即令中江管稅官實力稽察務須向平交易○晴案順治三年中江開市定以三九兩月十五日二次交易四年改以二八月聽民照例貿易勤而私商濫隨有中江後市柵門後奉勤杏會不許私商隨往後禁條漸弛而私商濫隨有中江後市柵門後奉市

使後市其後並罷之今只有中江開市○又按中江者鴨潊西派之中江也清統志以大寧大通兩江之中江誤矣遼東云太祖九年十月戊申釣魚于鴨潊江○金史云大定四年詔鴨潊江堡戍頗被侵越焚毀○晴案高麗與遼金終以潊水爲界也

潊水之東云潊東洲復合爲一蘭子洲在其南焉潊洲亦云黔同島又云替子島周回十五里潊水三派續此洲而復合中有三氏梁赴燕使臣之行必由洲北○蘭子洲周回二十五里水落洲連陸之倪謙使朝鮮錄日蘭子江俗名鮎魚江即鴨潊江之支流錦南崔溥云鴨潊及難子二江以一面分又復合流也效事撮要云義州東人相爭萬曆二十三年門不許再行耕種云本國人分占耕種有孫得春告布政將孫得春等撥罪咨本國立碑封記永爲遵守二十九年鎮江游擊府

又禁蘭子替子二島耕種以爲放牧之地本國移咨布政及鎮江衙門丹行踏勘許合照舊耕種三十年鎮江游擊祖承訓稱萬軍門分付欲於蘭子島上立碑爲界以爲放牧之處本國移咨迎事朴仁祥等赴遼東云三十二年遼東人得春等又冒耕蘭子替子二島本國遣通事朴仁祥赴按衙門爭辯蒙本院詳允治孫得春罪仍將本島還屬朝鮮查二十七年原立界限排艺大塚竪立石碑永爲遵守○晴案此時立碑於黔東其記有云左之蘭子島右之替子島永定疆界也

通典云鴨潊水在平壤城西北四百五十里遼水東南四百八十里○明一統志云鴨潊江在朝鮮城西北一千四百五十里又在遼東都司東五百六十里○和漢三才圖會云白壤至鴨潊江五十六里○晴案諸書所記鴨潊江皆據義州而言宋史高麗傳云其國悍鳴潊江以爲固江廣三百步其東所臨海水清

與猶堂全書　第六集　大東水經　卷五　　三十九

澈下視十丈東南望明州水皆夢□□□□之□也

江或呼瓊江今長白南諸泉流匯爲大江西南與佟家江會行五百

餘里繞鳳凰城東入海江東南爲朝鮮界○清一統志云鴨綠江又云自鳳凰城東至

襄江一百二十里朝鮮界○清一統志云鴨綠江在吉林烏喇南九百

七十七里源出長白山西南流與朝鮮分界至鳳凰城東南入海○□

案我國與中國相通之路只自義州達鳳凰城而鴨綠界其中然地係

柵門之外故盛京志鴨綠屬吉林也

唐書高麗傳云鴨綠□□帝伐高麗程名振攻沙卑城游兵鴨綠上

之□□□又契苾何力傳云□□鴨綠水蓋蘇文拒之龍朔初復拜遼東道

行軍大總管率諸蕃三十五軍討高麗次鴨綠何力引兵譲而濟男生以精

兵數萬拒險莫敢濟會冰合何力引兵譲而濟賊遂潰追奔斬首

三萬級餘衆降□□□□○綱目

云乾封二年李勣伐高麗拔新城遂進擊十六城皆下之勣行軍總管

元萬頃作檄高麗文曰不知守鴨綠之險泉男建報曰謹聞命矣即移

兵據之唐兵不得渡上聞之流萬頃於嶺外○晴案前

此隋唐帝之伐高麗也于仲文字文述等皆自遼東渡鴨綠而□辭前

蓋魏晉之時中國之師於遼東近界故中國之師不能闌入之久矣

平壤之後中國之師始自遼東渡鴨綠而來則義州之路開通已久矣

宋史高麗傳云大中祥符三年契丹大舉來伐高麗奧女真設奇

遂擊殺契丹始盡殺於鴨綠江東築城奧來遠城相望跨江爲橋潛兵

以固新城○遼史高麗傳云開泰三年詔國舅詳穩蕭敵烈東

京留守耶律團石等造浮梁于鴨綠江城保定義等州○高麗史

云宣宗十三年□□又顯宗六年□以李乾乾爲鴨綠江渡句當使

西城遣將攻破不克○晴案此時契丹欲過鴨綠

之東也欲過橋於鴨綠以定界故築城於江

與猶堂全書　第六集　大東水經　卷五　　四十

高麗史池龍壽傳云恭愍王時□□奇賽因帖木兒奧遼瀋官吏據東

寧府將寇遼王遣龍壽奧我太祖往擊至義州令萬戸鄧元亮

等造龍橋於鴨綠江可並三四馬我太祖先渡諸軍以次渡士卒爭

橋有溺死者凡三日畢濟○明董越朝鮮賦自註云義州鴨

綠江東岸江即華夷界限○明史本末云萬曆二十年□□□以

李如松爲東征提督黃奭慷誓曰此此汝曹出兵鴨綠江

天水一色卒朝鮮衆峯出沒雲海監軍劉黃奭慷誓曰此汝曹封侯

地也○晴案萬曆壬辰鄧子龍入朝鮮渡鴨綠有物觸舟取視

之乃沈香一段把良久日宛似人頭愛護之每入夢則香木奧首或

對或合而爲一至戌戰亡失其元取香木爲首酹行事甚怪誕也

潼昌城朔州之江外至義州江外宣城之側爲俊圖山俊圖之蓋至滿

綠水界外有後圖山即和七坤木哈連山也分水嶺南麓西南走歷碧

水衆之越邊而盡處西北距鳳凰

城百餘里然地係柵門之外故屬於邊外爲船廠將軍之所管口此北

至船廠千餘里也

高麗史云恭愍王□□□□紅頭賊初遇慶令突

夯碩守義州弓庫門金得和候鴨綠江邊夜半報賊到秋島時士卒凍

餒不能奧黎明賊渡江○晴案備考義州有勝刈島即今□島没亭

島□□□麻島□□一俱在鴨綠江中此所謂楸島亦在鴨綠水中者也

唐書辭萬敵傳云恭愍二十二年萬敬以靑丘道行軍總管伐高麗次

鴨綠水以奇兵襲大行城斬房將所夫孫○晴案大行城今雖未詳所

在然是近鴨綠者也

高麗史樂志高句麗有來遠城曲又云來遠城在靜州即水中之地狄

人來投置之於此名其城口來遠歌以紀之○盛京志云古保州高麗次

置領來遠一縣遼爲保州宣義軍領定遠懷化二軍金俱廢其地在鴨

淶江西北

高麗史兵志云成宗元年[歲在壬子太平興國七年]正匡撻承老上書曰西北以馬
歇灘爲界太祖之地也鴨江邊石城爲界大朝之所定也○又金礪
傳云高宗十三年[歲在丙戌宋理宗寶慶二年]希磾爲西北面兵馬副使往討石城數弗
得下皆恩之罪還至紫布江水已解不可渡是夜氷合乃渡○晴臯石
城亦在鴨淶之濱

其東派南流遜威化島至麟山堡南左與古津水合

經籬日記云萬曆二年[宣廟七年太]中國設堡于長句子距義州二十餘里
居民將抵鴨淶江大司諫李珥啓曰中朝設館菱延開墾則將與我國
人烟相接雞犬相聞姦細之虞紛紛之弊必慈起事端宜遣使奏聞于
天朝請止之廷議皆笑之厥後侵耕漸近遂爲平安道之憂○
嗚呼明長句堡之地今皆荒廢屬於鳳凰城邊外嘛無居人爲堡將
軍之所管領也

威化島在黔東洲之下周回四十里兩洲之間淶水間爲稱
歐浦其地沃饒民多耕墾明英宗天順五年[我世祖六年庚辰]農民爲建州衛人
所房自後官築墾世宗嘉靖十年[我中宗]遼東人民等來耕威化
島都司因吳世蕃呈文移於他處十二年遼東人草禮朴雄等五百餘
名復來威化等島耕種咨都司乞禁卽將本人治罪散其家合十
三年遼東人民復來威化島耕種咨都司三大人爲鐸標石三面十四年
遼東人民復來威化島耕種本國移咨乞禁都司三大人爲鐸親奔跡
勘撤毀其家括遠于原籍[卽神宗萬曆十五年我]
耳山民復屋屯通事遼東人爭出牌
禁約驅逐入口○與崔瑩策攻遼東[我太
羅麗王禍[我四]都統使左右軍共五萬餘號十
祖慶古年都統使左右軍都統使上言臣等乘樓過鴨江前有大川因雨水
亡卒絡繹於道左右都統使上言臣等乘樓過鴨江屯威化島

淶第一灘淶溺者數百第二灘益溪溜屯洲中徒載粮餉自此至遼東
城其間多巨川似灘利涉諸班師禍不聽○太祖逐諭諸將曰若犯
上國之境罪天子宗社生民之禍利至矣盍與卿見王親陳稱福
除君則之惡以安生靈平諸將皆曰諾於是回軍渡鴨淶江太祖乘
白馬御彤弓白羽箭立於岸遲軍中望見相謂日眞天人也時
眞黃旗子軍渡鴨淶江或屯麟龍靜三州境高麗西北面兵馬使趙冲
與戰于麟州暗林平大敗之殺虜及岸大水驟至全島墊沒人皆神之
也○麟山堡在義州南三十五里本高麗靈蹄縣也後爲麟州
我朝廣州置堡置僉使以守之城周八千二百六尺也○東派又遂
暗林串西西古謂血串山角斗入於水日串也宋寧宗嘉定十年[卽我]女

淶水復合爲大總江
以淶水遼河古津總合爲一故明一統志云大蟲江在遼東都司城
東南四百里源出龍鳳山南流入鴨淶江[又名蟲江東北]
志云今鳳凰城界內有龍鳳臺山不聞有大蟲江南流入
鴨淶者有佟家江或名稱之異也余謂華語蟲與總近大蟲江者大總
江也但出淶串之堡西南入于海
逐楊下彌串在麟山堡南三十里城周
在陽下南三十里龍川郡地也
守之今移薪島誤也○海即遼海也淶水入海之口東有彌串山
西有窟隆塔子樓子等山鳳凰城之南境也宋仁宗明道
二年高麗德宗命平章事梛韶創築北墩關城自義州之西海瀆
鴨淶江入海處東跨威遠靜州寧海興化南二十里之地也

與猶堂全書　第六集　大東水經　卷五　四十三

招集遼民夜襲鎮江城殺降將佟養正明年設鎮于椵島稱東江城

煙川府四百里沒五七年設五出陸作亂攻陷碧潼諸堡標下參將徐孤

臣作士窟於昌城屯耕自給時出兵焚掠江北殺宗崇禎二年

經略袁崇煥誅殺文龍由此觀之即關防之大者也

隋書仲文傳云遼東之役云云指樂浪道次烏骨城高麗襲輻

重仲文廻擊大破之至鴨漉水高麗將乙支文德奔降○唐書高麗傳

云帝攻安市未下延壽惠真謀日烏骨城傉薩已老朝攻而夕可

下烏骨度鴨漉水軍迫其腹心計之善者長孫無忌曰天子行師不歡亀乃止

又地理志云登州東北海行云云東傍海壖過青泥浦桃花浦杏花浦石

人汪橐○灣烏骨江八百里○安鼎福云烏骨城疑今鳳凰城南界近鴨漉有窟嶺

也○晴案烏骨城在鴨漉入海之口今鳳凰山南界西有龍頭河南流入海唐

塔子等山當是古烏骨城當在鴨漉入海之地也塔子山之西有龍頭河

十三鎮江城陷白頭二年一里接域道爾年詔獨孤卿雲由鴨漉道伐高麗此其明驗也唐崇宗天啓元年一軍門標下毛文龍浮海到龍川地

鴨防長城何年起屆曲隨山岡浩浩抹鸭水西來限封疆故國門戶自古重關自此而東則有椵島蓋是時契丹方疆故關防如是圍隨鄭夢周詩云義州城鐵山唐恩浦口乃東南陸行又登州海即入鴨漉口唐東連蒲海濱延袤千餘里以石爲城高厚各二十五尺俗稱萬里長城都防長城何年起屆曲隨山岡

店師之伐句麗也或自登州渡海即入鴨漉口唐○高麗傳貞觀二十二年北海行軍大總管自海道入度鴨漉水泊灼城又乾封元諸港口歷金州鐵山洋及烏胡三山等島達于登州水路不過此長城也自此而東則有椵島斳島車牛等島島西則過龍頭河羊串里河等

寧德四州東十州里　雲州山今
平寇寇遠之　安水川今
寧朔□州東二州里　清塞川今
　等十四城
□定戎定戎道之　孟州山今朔州
靜邊□城□□□水　等三城東傳于定平

與猶堂全書　第六集　大東水經　卷五　四十四

勝覽云鴨漉江源出白頭山南流數百里經咸境道甲山三水過平安

道閭延茂昌虞芮慈城至江界渭源地與禿魯江合至理山郡羊會奧

蒲州江合至阿耳堡與童山江合經碧潼昌城小朔州至義州北於赤

島東分三派一南流謂爲九龍淵名曰鴨漉江水色似鴨綠故名之一

西流爲西江一從中流名曰小西江一至黔同島復合爲一至青水繁又

分二派一西流奧狄江合一南流爲大江繞威化島至暗林串島西流至

彌勒堂復奧狄江合爲大總江入于西海○備考云經仇寧左過清水

川經淸城方山玉江之堡左過玉江川經水口之嶺至義州北於赤島

東分三派

漢書云馬訾水行二千一百里　○備考關防篇云鴨漉江沿自甲

山惠山江而始甲山云云水云○備考關防篇云鴨漉江沿自甲

渭原云云理山云碧潼云昌城云朔州云義州云暗案治

原二千三百里又云自惠山至白頭山源出處三百餘里○暗案治

漉水而下水路遙屈不能詳知今就陸路大畧記之也

沿漉水北行則自長白山之源竹洞南至惠山堡三百里○沿南

源而下則自厚治嶺之觀音窟北至甲山二百十里甲山北至惠山

里嶺東則自雲嶺同仁北至雲龍堡三十五里雲龍北至惠山十

二十五里又自惠山六十里三水

仁遮　西北三十里羅暖
西北二十里舊葛坡　西九十里厚州
西北茂昌同延又西南歷虞芮慈城至高山凡一百
滿浦北玉洞　西南歷滿浦伐登高山凡一百六十里至兩江口

書所稱烏骨江或指是與南圓山以西至于防塔天磨盧洞望日以北諸山之水入此○晴案備考當添白頭分水奈磨桃樹以南厚致黃草辝寧狄蹟牛岘

與猶堂全書

第六集 大東水經 卷五

四十五

南三十里渭原　西南四十
里直洞　西南二十五里葛軒　西南二十五里楚山
山羊會　西南三十里阿耳　西南二十五里廣不
坡兒　西南二十里大坡兒南二十里小吉號
十五里碧團　西南十里小吉號
甲呂洲　西南於汀
二十里雲頭　南十五里甲巖
五里玉江　南十里水口
西南六十里麟山　南三十里彌串

西南十五里青水　西南二十里清城
西南二十里方山
南四十里乾川　西南二十五里義州
南十里彌串○已上道里凡
一千八百三十餘里其水路屈曲可爲二千餘

里也其沿水防戍之官通計府尹一員都護府使七員郡守二僉節
制使十一員同僉節制使一員兵馬萬戶十三員權管十六員而廢四

郡不在計也
水道提綱西北自大句來南注之其南有小水來會經宿州城北
又西北有小水自東南來注之又西北阿布河西北自鳳凰城來會折
而南流愛州城北有小水自東來注之又南流分爲三派行二十里復
合經九連城東南　又南有永阿河自西北來
注之又南經義州西又西南有哈連河自西來注之又西南入於海

潑水即今所稱長津江經時定名曰潑水也咸興府今咸鏡道觀察使
之營也其地久爲東女眞所據宋徽宗大觀二年高麗睿宗
瓘等擊逐之號鎭東軍然後竟入於金屬耶懶路
地理志云耶懶速頻相去千里　又高麗傳云石

人注藏慝忍空大等喙部居柒太喙部
喙部服不知也大阿干比知夫知及干未知
大舍沙喙部沙喙部勿另知大舍哀內從人
部與難本大舍藥師大舍典喙部分知吉
之喙部非知沙十喙部助人
沙喙部尹已其字體在隸變楷之間與唐時碑刻異也

可加賞爵物以章勤效空廻駕顧行
交通府巡狩管境訪採民心以欲勞
恩闢示運記冥感神祇應
安百姓然然脫
也其文可辨存者略曰八月廿一日癸未眞興太王巡狩管境刊石銘記
界其碑在黃草嶺上今已亡失只有舊傳拓本凡十二行上亡缺字
羅眞興王二十九年當陳慶帝光大二年巡狩北境與高句麗定
長白山南走之大幹也兩山之水流于荒田坡是潑水之源也昔新
麗入我朝爲咸興府也府北一百七十里有黃草嶺北又有白亦山皆
適歐徇地曷懶甸至元稱合蘭府

西北流左合辟軍嶺東谷之水
辟列軍嶺亦稱奉塞嶺魏志所稱單單大嶺即此咸鏡道咸興府及長
津府平安道江界府之界也嶺東之水總注入于潑水嶺西之水總注
爲秃魯水之源也
潑水遶長津府旬屈而北至別害堡東左合五萬水
府距咸興三百里也本咸興之漢厚莊我顯宗八年設別將正宗
九年陞爲僉節制使鎭十一年置都護府遣訓鍊大將李敬懋爲府使

建其公署立其規制○別害堡在長津府北九十里僉節制使以守
之東北距三水府四百里也世或以別害爲古之冷山非也按洪晧在
冷山閒徽宗崩爲文以祭之李晬光云俗傳冷山即令山在冷山東
寒嶺之北三水之境地最高寒然恐不是余謂遵志長白山在冷山
南千餘里也則是船艦之地也與別害何下故芝峯亦不信之也
○松漢記聞寧江州去冷山百七十里○五萬水出江界府五萬嶺東
流入于漲水源出咸嶺北流由長津府栅

至別害過五萬川五萬川者即五萬水也按文獻備考補長津府有馬

廟坡堡在別害東二十里置權管以守之神方堡在願坡東
漲水又北遶廟坡神方二堡之西有兄弟水東流入于漲

北十五里置萬戶以守之鄭氏地圖神方之西有兄弟水東流入于漲
水也○江口堡在神方北三十里有權管以守之○赴戰水出咸與北
赴戰嶺四北流遶此木里屏風黃礫之坡及上下鋤里至江口堡南入
于漲水其往來之路一自江口堡西南歷神方廟坡別害長津堡東
嶺而出于咸與一自江口堡東南沿赴戰水而穿赴戰嶺又東穿香嶺
南出於北嵜自江口堡以北則沿漲水達于葛坡三水也

魚面堡在江口北四十里置兵馬萬戶以守之勝覽曰咸與黃草嶺赴
戰嶺江界五萬嶺等水合爲魚又魚西北漲水向江界魚面江口堡西
于有古今廢也尹氏地圖江口堡北十五里有李
公嶺下有鄭氏地圖魚面堡外漲水之西有甘坡堡係
於權管所守之也今亦廢之也鄭氏地圖魚面魚面堡外有鹹德新田自作堡
權管以守之也作堡在魚面東北三十五里李作堡
北漲水之東有乙山德等地又有一水出於院洞西北流遶東山嶺至

乙山德之北入于漲水也
漲水又北至葛坡堡西北入于淥水
備考云長津江經廟坡神方至江口之釜過赴戰嶺川經魚面自作至
茹坡北入鴨江今按漲水之沿自賣草嶺西北至長津府一百八十里
自長津東北逕五堡至自作堡二百三十里自自作北至葛坡堡一百
六十里凡五百七十里其防守之官都護府使一員僉節制使一員萬
戶二員權管三員也
先生云漲水一帶即我内地非乘隙之地而南自長津北至葛坡沿水
設堡至於七項背相望以漲水以西即廢四
郡之地四郡既廢亂民雜處朝廷視四郡爲異域故視漲水爲邊防
若是其設備也其意如是也故淥水之東自葛坡至滿浦六百餘
里噯無防守一兵不留又自滿浦南沿禿魯之水又是廢四郡之界也然則朝廷眞以廢
如於漲水盡以禿魯水以東又設七八堡
四郡棄之爲異域也審矣淥水著我那之天塹也塹既天成人乃棄
之不詳甚矣嘉慶十七年嘉慶賊洪景來謀反伏誅其檄書以廢四
郡伏援之說謬言虛喝西土人以廢四郡爲早晚起墾之地也明突漲
水之沿秃秃魯水之沿近二十個滿浦此諸堡列樹之於淥水之沿
以寒葛坡蒲浦之間虛頗之地則力不加疲財不加費而於淥水之暫
完灾其設堡之法一時大擧固善也不然今年取葛坡之西三十里滿
浦之東三十里各立一堡明
年又取三十里勢若北邊之保障成衆保障
既成有不能設置郡縣者乎今南方民多地狹一夫之耕錢至數萬徙
以實之莫不欣樂操圖成者何憚而不爲也

與猶堂全書第六集第六卷

洌水丁若鏞美庸 著

外玄孫 金誠鎭 編

後學 鄭寅普
安在鴻 同校

與猶堂全書 第六集 大東水經 卷六 一

地理集

大東水經 其二

洌水三

禿魯水

禿魯水出江界府東南薛列罕嶺

薛列罕嶺在平安道江界府東南三百餘里即咸鏡道成興府西界也漢魏時稱單單大嶺高麗稱雪寒嶺按後漢

書濊傳云玄菟復徙居句麗自單大嶺已東沃沮濊貊悉屬樂浪後以

境土廣邈復分嶺東七縣置樂浪東部都尉魏志濊傳云漢武帝以沃
沮城爲玄菟郡後徙軍句麗西北以土地廣遠在單單大嶺之東分治
東部都尉別主嶺東七縣余謂單單蟬華嶺單相近東語謂大曰
單大嶺者薛列嶺也嶺東七縣今咸興永興等地也高旬史云恭慜王
十九年□□以我太祖爲東北面兵馬使擊東寧以紀北元
太祖自東北面踰黃草嶺六百餘里至雪寒嶺又七百餘里踰太白
渫江□□□以雪寒嶺者薛列嶺之大幹卽香嶺太白山南走之
南至赴戰白亦黃草之嶺又西北爲薛罕嶺以東之水于濊水以西
之水總注爲禿魯水之源勝覽曰禿魯江出咸鏡道成鏡界和乙岾

北流逕平南堡北右合惠田之水

平南堡在江界府南二百四十里置兵萬戶以守之禿魯水遶其堡
北面爲杜茂水也○惠田水出江界府東惠田嶺其嶺以北之水遶其堡

與猶堂全書 第六集 大東水經 卷六 二

遶厚州入于渫水以南之水南流至平南堡北入于禿魯水也余按平

南堡者禿魯水之源也別害平南相距不

滿百里中隔大嶺自五萬嶺南爲薛罕嶺又南爲薛罕嶺自五萬嶺以

北東西諸谷皆慶四郡之地也四郡旣廢朝廷遂以禿魯水漲坡西

爲江防二水之沿設堡殊近數十而渫水大防斷其中腰辜自葛坡西

至潇浦曠無防戍開門納此東忠志之士所仰屋窃歎者也風吹

草勤國之大憂必廢四郡起鳴呼惜哉□□□

立石驛在江界府南一百六十里狄踰嶺狄谷之土誠齋樂誠之曰

三百里山高川大土地饒沃是誠不可棄者欲守之則勞民孤軍敝兵

一路直衝潇浦縈紫於此一邊自竹田岷而入□□或自盧空橋

而水之沿其所在戍堡當徒之復數四郡之復則長津禿魯兩

水之沿其所在戍堡當徒之今日之急務也○大淸一

統志朝州西北有狄踰嶺朝鮮謂之西北雄關是也○水出狄踰嶺

嶺□江界府熙川邑之界也棧道險狹人跡交其嶺以南之水入于

薩水□□北之水爲神水之源備考所稱神光川也○神水北流至

神光堡西堡立石南四十里置僉節制使以守之□神水又北合

狗水狗水出於狗岘東北流來合之也○神水又北入于禿魯水勝覽云

箭川嶺東流來合之也○神水北至立石西北入于禿魯水勝覽也

禿魯江一出熙川郡狄踰嶺下一出咸鏡道界至立石合爲禿魯江也

○神光堡以防狄踰嶺之阨平南堡以防薛踰嶺之阨亦皆所以防廢

四郡也栗谷李珥云西海坪本我地絕遠不能守恐胡人來居滋蔓故

禿魯水又北至江界府南右合鹿水

也

至立石過神光川北流經城干至吾毛院過別害川者茂城水

魯水備考云禿魯江出雪寒嶺西流至平南嶺爲杜茂川過意田南川

江界者都護府使之治也本安安都節制使營于此飢而罷之置

北自厚州沿淥水以下慶四郡之地皆屬焉又東南至辥罕與咸興

都護府使仍兼防禦使之職也

界者是也地大而沃故江原黃海等道毋稱黃海有三不如其一日地不如江

爲界故地多於江原黃海之餘甲於一國以其財力復設四部

募徙南方人戶以實之則北邊之保障成矣嗚呼孰有然者載○庶府

水出火通嶺西流廢庶海堡至公貴村出于禿魯水廢庶海或稱馬

都護使仍象防禦使之治也本廢庶海已上日楸坡日從浦日外怪凡有四堡

馬海里置權管以戍之自庶海已上日楸坡日從浦日外怪凡有四堡

而接于蒲浦此非沿禿魯水也專所以防廢四郡也勝覽云庶庶川出

察訪也○茂城水出於茂水嶺西流別河洞至城干驛西北入于禿

禿魯水又北迤城干驛西右合茂城之水

城干驛在立石北五十里上有弄毛院立石城干二驛並屬於魚川道

坤四面合攻期以盡殘會衛將江界府使張弱武性躁未及合圍吹角

進軍胡人覺之大呼曰高麗賊至矣杜者乘暗多遁去我軍盡燒其村

老少男女皆死秀文大喜奏捷乃加秀文隤正憲後秀文聞壯胡皆逃

乃愧懼疽發背而卒

文宿將有威望銳意滅賊部分諸軍遣師夜行掩其恥以金秀文爲節度使秀

我國驚散頻損圖威德龍坐罷朝廷夜行掩其恥以金秀文爲節度使秀

人說胡人有無使之乘機逐捕胡人頗覺之要於盧空橋下投石鼓譟

曰虛空橋乙丑年金德龍爲節度使遣虞候秦昕等

還終不能絕自江界入寇之路甚狹僅容一足上有絕壁下有深陽名

有時領兵驅逐不從則擊之土地肥饒宜榮穀胡人冒死來居暘而復

而接于蒲浦此非沿禿魯水也專所以防廢四郡也勝覽云庶庶川出

馬海里置權管以戍之自庶海已上日楸坡日從浦日外怪凡有四堡

水出火通嶺西流廢庶海堡至公貴村出于禿魯水廢庶海或稱馬

都護使仍象防禦使之治也本廢庶海已上日楸坡日從浦日外怪凡有四堡

募徙南方人戶以實之則北邊之保障成矣嗚呼孰有然者載○庶府

爲界故地多於江原黃海之餘甲於一國以其財力復設四部

界者是也地大而沃故江原黃海等道毋稱黃海有三不如其一日地不如江

護府使一員而廢海以上四堡不在計也

鹽難水出寒外分水嶺之南

此水凡有九名曰鹽難水日佟家江日加叱家江曰通吉雅

浦川西北流至時川館過外怪川爲兩江津北入鴨淥其可

王時賜劉屋句鴨淥杜訥河原以爲食邑都

按禿魯水自群屋以爲辥罕至於鴨淥西北至江界府三百餘里其沿則自江界西北至

界川原地也其沿則自群罕至於鴨淥西北至江界府三百餘里其沿則自江界西北至

吾老翠一百五十里凡四百五十餘里其防戌之官都

江又南經高山里城又南有圓魯河東自張傑城來注之○禿魯水

北四十里距漪涵堡五十里置兵馬萬戶以守之也水道提綱鴨淥

怪水又西北迤時川館右得外怪水出麻田嶺西流迤從禿魯江北

堡在舊堡西七十里南距江界府一百里置同僉節制使以守之舊堡

上土堡于此嘉慶己巳移上土堡于慈城江邊設從浦堡于此也○外

兵馬源出山合慈城西南過楸坡城入于禿魯江即指從浦水也

營川源出山合慈城西南過楸坡城入于禿魯江即指從浦水也

至吾老粱北入于淥水

禿魯水又西北迤時川館右怪水出時川嶺西流迤從禿魯江北

萬戶以守之也○從浦水又迤從浦舊堡在江界南堡在楸坡西置

從浦水出西北流迤楸坡堡北堡在江界府東北三十里置兵馬

屈從府西北流右合從浦水

三水郡界誤矣

朝通志云佟家江亦名通吉雅江即古鹽難水

江日婆豬江亦作澄豬江日婆提江日蒲洲江蓋以聲晉相近而變皇

盖通吉雅亦以佟

家之聲近也按漢書地理志云馬訾水

安平入海（下國內屬樂浪又見）西北入鹽難水西南至西

白山之分水嶺南流與鴨淥江合行五百餘里繞鳳凰城東南入海順

庵安鼎福云佟家江明是鹽難水也則知佟家江是古之鹽難水也盛

京道志云佟家江在長白山南源出分水嶺又云分水嶺有三泉即通

加江之源清一統志云鴨淥江在遼陽城東五百三十里源出長白山夾州有

南流含鴨淥江即古鹽難水也知通加即佟家江亦作通家之西晉近

西南流與秃魯江合流至艾州興婆猪江圖婆猪江至山羊堡之西北入于

鴨淥江係鴨淥江外之地故鄧氏地圖婆猪江成化三年朝廷用兵征

婆猪江彌諸寨蓋以華晉澄與婆猪亦云澄猪也紫巖李民寏二

建州勒王助兵進剿王遣中樞府知事康純統衆萬餘渡鴨淥澄猪二

鴨淥則知婆猪江外之地故鄧氏地圖婆猪江成化三年朝廷用兵征

西南之水注爲繹河之源即東史所稱狄江也

蘇子河之源也西南之水注爲繹河之源即東史所稱狄江也

王取其地者是也其嶺脊以北之水注爲理加金木等河入于興京即

所據謂之蓋馬國句麗史云大神王九年征蓋馬國殺其

而設一縣漢書地志玄兎郡屬縣有西蓋馬山汲此後屬夷貊

白山也山長白之西又一大山可與爭雄故謂之西蓋馬山蓋馬大山者長

西籠也其山西北走蜿蜒磅礡分嶺兩幹其一西南走爲紅石歪頭

緒冬河者佟家江也蓋合婆猪佟家而名之也○分水嶺之東水有佟家江之

衛兀剌忽衛衛多河衛建州衛者今之興京也東水有佟家江則知

云蒲洲江則知蒲洲江是婆猪江也○明一統志女眞諸衛在建州在

羊會與蒲洲江合自註云源出建州衛備考云一云婆猪江一云

之說婆猪皆作婆提文見盖以東晉提興紹近也勝覽云鴨淥江至山

以南之水總注爲鹽難水以其衆水分流故嶺取目爲嶺南有三泉自

谷中出瀉而西南流是鹽難水之源也

西南流遇紅石歪頭兩礦子之北

長白山一幹西南走爲紅石礦子山又爲歪頭礦子山入于鴨淥鹽難

兩水之間自我廢四郡以下界外之山皆兩礦子之麓也紅石山古謂

之嶺峴句麗丸都城在此山之傍外也

鹽難水又西合八條之水南遶珠魯峯下

哈爾民河（山在鉤）嶺爾民河（河在吉）三木定阿河（河在西）王成河（河）衣密蘇河（河）

壺勒河（山在興）加洴河（河在吉）加爾圓庫河（河在吉）（山城李民寏指）

此也其地西距與京至近然以水經書片城入於三又河片城在也

所領也紫巖李民寏云建州城之水經書片城入於三又河于郞山城在也

等諸水皆出於分水嶺南入於鹽難水經所暴八條之水即指

老江之上極險絕今不防守云

紅石歪頭兩山之西南麓即爲珠魯木克善峯山名難異而水克善峯即相續

其東鴨淥水其西界婆提水麓盡處兩水合爲李民寏云自昌城至建州

城四百餘里其間拜草葛嶺牛毛嶺極高峻阻長自滿浦至建州四

百四十餘里其間有萬遮嶺嶺聞自滿浦由率有別路拜勒部開

不由萬遮道里平坦云又云萬曆庚申七月十一日自建州發

行十五日渡婆提江小船可容八九人極輕捷馬則浮水面過夕宿於

萬遮嶺下所經婆提江嶺之間六七十里地放牧馬群澄山敝

朝州直興京之正南故自滿浦沿淥水而下至于朔州等地水距興京

野者不知幾萬四也王今論地勢滿浦直興京之東南遁而至昌城

余按建州興京也今之興京也今論地勢滿浦直興京之東南遁而至昌城

皆不過四百餘里然兩國之正南任取一逕萬曆戊

午之役入自昌城來出滿浦是其一也今自昌城至興京其間有俊園

山撒木禪山皆極險峻自滿浦至與京姑驗珠魯峯又渡媯家江由分
水嶺籠乃可達焉則紫巖所稱萬迭嶺即是珠魯峯之謂也

▨難水又南逕國內古城

國內城者句麗之故都也其地在今山羊堡西北隔水之處即鴨淥鹽
難二水合流之間也
北史云高句麗王都平壤城其外復有國內城及漢城國中呼爲三京
爲之句麗史云太武神王十一年（漢光武建武二年）漢遼東太守圍尉那巖城
一名尉那巖城（括地志云不耐城即國內城也城累石爲之）先生云東人以州
縣之治謂之邑內此云國內
國內觀地勢二十三年王遷都國內築尉那巖城○
水淆險地宜五穀又多麇鹿魚鼈之產王若移都民利無窮九月王如
牲辭支逐之至國內尉那巖得之見王曰臣逐至尉那巖見其山
在巖石之地險阻無比也故琉璃王自紇升骨城都于國內面號分鄰
國凡經二百有七年復徙丸都其後唐太宗之來伐也發國內諸軍四
萬以救遼東（泉男生之叛也據於國內遣子朝唐）則
國內城者儼是句麗之大都遂爲精兵之所庫眞可謂天府金湯之地
也
三國史地理志云李勣置州縣目錄鴨淥以北已降城十一其一國內
城從平壤至此十七驛但未詳其爲何所耳○時案店制三十里爲一
驛故唐書百官志云凡三十里有驛白居易詩云從陝至東京山低路
漸平風光四百里車馬十三程以此推之五百餘里也今自
平壤北距楚山之鴨淥河恰過五百餘里則今自平壤北至鴨淥北切近
之地也乃令富賦地理志以國內城爲不而城遂引樂浪屬縣不而以

土地膏沃可於三四月耕種（隔水之地何獨不然故辭支之對曰）

國內城地宜五穀山水深險其信矣夫
三國史略云國內城今義州（勝覽云義州有國內城又云今
案高麗史地理志麟州有長城基德宗朝柳韶所築起自州之鴨淥江
入海處又兵志起自西海濱古國內城界鴨淥江入海處則國內城當
況通典鴨淥水經國內城乃與佟江合流而今麟山堡在鴨淥入海之
口其說之謬可立破矣又云國內城在巖石之地今麟山堡在鴨淥之
平原沙草之地豈得爲嚴邑乎○晴案國內城非麟州也據通典鴨淥

通典云鴨淥水經國內城南又西與一水合即鹽難水也二水合流西
南至安平城入海○唐書高麗傳云鴨淥歷國內城句西與鹽難水合
又西南至安平○先生云國內城在今楚山府西（云鹽難水是佟家江則國內城明
西北距丸都城宜）北又云國內城不過二百餘里又云鹽難水在今楚山府北隔江之地
在鴨淥傍佟家未合之前其在楚山府北隔江之地不旣明乎○晴案今
楚山府山羊堡之北兩水合流而其地勢險阻背負珠魯峯面阻
鴨淥難難之水古之國內城當於此況安平者今玉江堡隔水之地
也（見上）今自玉江溯而東北則國內城非山羊堡外之地平山羊之野

水經國內城後又西南流至安平入海唐志自鴨淥口舟行東北一百
三十里始到安平城(許見縱水王跡縱下)則又自安平東北泝流可抵國內城也
今之麟山堡即是鴨淥口而已不可擬議也安順菴云以麟州爲國內
者或後來別置亦謬矣國內城一而已安有二城乎朴燕巖又以九連
城當之(沔見錄淵)亦非也國內城者山羊堡隔水之地也
勝覽云渡鴨淥婆豬二江有兀剌山城距理山三百七十里(下余文數具)○
市南俞棨云兀剌山城即古尉那巖城○安鼎福云漢音兀剌與尉那
同音[illegible]說近是據李勣奏及通典其在鴨淥之北而爲兀剌城明矣○
先生云兀剌城在鴨淥之北二百七十里則通典唐書謂鴨淥水經國
內城南可乎國內城明在鴨淥河邊臨水之地尉那兀剌音雖相近與
通典不合也○鏞案兀剌非尉那也兀剌城在鹽難水之西尉那城在
鹽難水之東不可相混也
又東南至山羊堡北入于淥水

盛京志云分水嶺南有三泉自谷中出滙爲佟家江西南流受哈爾民
等諸河鴨淥江自東來會南入於海余按鄭氏地圖婆豬江傍有虛哥
洞佟家洞漢赤川而尹氏地圖婆豬江東西之地有厚弄怪洞翁村里
延時山兎子山韓哲府([illegible])紅陀里阿閑里兀剌山古音漢里銅子洞
胡照里鼓邑洞斜陽站銅山蔡家洞等名然界外之地瑣屑難詳也
高麗史云恭愍王十九年(洪武三年)以我 太祖爲東北面元帥將擊東
寧府以絕北元渡鴨淥江東寧府同知李吾魯帖木兒聞 太祖來移
保亏羅山城欲據險以拒 太祖至也頓村吾魯帖木兒來挑戰俄而
棄甲再拜願爲臣僕([illegible])其酋高安慰帥麾下嬰城拒守太祖用
片箭射之凡七十餘發皆正中其面城中奪氣安慰夜遁諸城望風皆
降東至皇城北至東寧府西至于海南至鴨淥爲之一空([illegible])○勝
覽云自央土口子([illegible])北渡鴨淥婆豬二江大野之中有城名兀剌
山城距理山郡二百七十里四面壁立高絕惟西可上東寧府同知李

兀魯帖木兒保是城○鏞案兀剌城即亏羅城也武備志女眞諸衛有
建州左衛兀剌衛([illegible])是其故址也其地在於佟家江西近於興京
麗末爲北元之所有至明宣德時建州衛指揮李滿住據有建州毛憐
等地而佟家江東西之地皆入其中屢寇我邊殺掠人民今參考諸書
略記佟家江邊出師之路欲以明沿水諸地也
明宣宗宣德七年(我世宗十四年)野人四百餘騎寇閭延實李滿住之爲也
時滿住爲建州衛指揮據婆豬江地與林哈剌及沈吒納奴連謀來侵
明年滿住還我被虜人六十四口至江界曰忽剌溫([illegible])一
剽掠朝鮮人口故我追至守定山口奪而還之蓋給之也我 世宗怒
曰徃者婆豬之賊爲忽剌溫所逐乞住江滸故我既許之([illegible])今反
如此不征後必難圖也乃命崔潤德爲平安道都節制使討之夏四月
潤德會三軍于江界府令中軍節制使李順蒙向首賊李滿住寨左軍
節制使崔海山向車餘等處右軍節制使李恪向馬遷等處助戰節制

使李澄石向兀剌等處金孝誠向林哈剌父母寨洪師錫向八里水里
等處潤德自趨林哈剌等處寨於是潤德自所灘時番洞口過江往師
既而至魚虛江邊留兵六百設柵進攻林哈剌寨賊皆遁乃自吒納奴
東山至林哈剌寨徧索之日暮退營石門於是班師獻捷而還
宣德十年(我世宗十七年)春野人寇閭延秋又侵閭延小薰頭及趙明干地
明年(明英宗正統元年)又侵之乃以李蕆爲平安道都節制使將討之蕆上書
曰諜者或言李滿住在凰州或言在吾彌府或言在兀剌山城然其向
吾彌府之路則一自江界涉婆豬江直入吾彌串洞口一自理山涉婆
豬江由兀剌山東入吾彌府西邊 又自理山涉婆豬江由兀剌山南
西折而入大計自江界二日程有吾自峙三戶居之距吾彌府九十里
也自理山二日程有古音閑里二戶居之距吾彌府一日程也九月蕆
與閭延節度使洪師錫江界節度使李宸自江界過滿浦口子前灘向
瓮村吾自站吾彌府等處上護軍李樺自理山山羊會過鴨淥江向兀

與猶堂全書　第六集　大東水經　卷六

刺山南紅拖里大護軍鄭德成自山羊省過江向兀剌山南阿間於是
左右軍入古普閑地夾攻賊田莊皆逃左軍向紅拖里中軍自吾自
站沿江而下搜索諸軍兀剌山城及阿間地
面賊皆逃乃還涉婆猪江明日右軍俱到吾彌府賊已預知皆逃遂
班師右軍屯所土里旣而皆還遣師泰諜
明憲宗成化三年十月二日　遼東都司移咨於我有夾攻建州三衛之
勅我　世祖以魚有沼爲左軍大將康純爲西征主
將赴之九月丙戌由江界至皇城畔欲合軍南怡爲右廂大將由仇郎
介洞攻兀彌府右廂由三岐峴攻蒲州倍道出其不意也純發左廂由前鋒
魚有沼李滿住及前鋒李克昀等攻李豆里攻李豆里等
柳子光攻李滿住在納哈等二十四級退陣于防墻節
魚有沼覺多合坪滅之衛將禹貢李叔琦筆踰兀彌府又勝之十月左
右軍皆還

潼水　即童巾水

潼水出楚山府南棘城嶺西流還車嶺堡北左納牛峴水
棘城嶺熙川界也潼水出於嶺北即勝覽所稱童巾江也備考云童
巾江源出理山踰都嶺過練城洞川爲龍淵蓋踰都
棘城之水合爲一也○車嶺堡在其嶺北置金節制使以守之○按自狄嶺嶺以西有龍都
幕嶺牟德嶺棘城嶺又西爲牛帳車嶺皆嶺陁之路也然則牛峴車嶺則
嶺陁之處例有戍堡是其一也牛峴水出於牛帳西北還其後前入于
設堡以守之接于委曲堡都車德堡三處則無防守此闕與也
潼水又北至靈加德過牛帳水自北來合
源出雲童巾江至巴下倉過牛帳川西流至古連加過柏坡川入童巾江按幕川
備考云勿移山爲雲臺川西流至古連山與崇德山千石城弓弩洞朱砂寺等水
氏圖有水出廣大山逕古楚山與崇德山千石城弓弩洞朱砂寺等水

與猶堂全書　第六集　大東水經　卷六

合至國士倉此皆板幕水之源也
又北還江倉屆而西北至阿耳堡南入于淥水
勝覽云入雲臺牛壋諸水合爲童巾江入鴨淥備考云童巾江至別倉
過別害川至江倉過楡倉川西北經阿耳鎮入鴨淥
水道提綱鴨淥江又折而東南有東企河自東來注之

鴨淥水

鴨淥水亦出塞外之分水嶺西南流還鼇陽城北
分水嶺一名阿布河之南界也嶺南之水爲鹽難水
鼇河一名阿布河一云狄江亦云愛剌河我人釋三江以
渡鴨淥及中江而到此爲第三渡也○鼇陽城在鳳凰城西一郭城周一里
八里城周三里一百二十步西南二門南日鼇陽城西一郭城周一里
九十步南門上亦有鼇陽城三字鼇河自其城北五里入邊故城有
斯目武備志女眞考云成化三年築撫順清河鼇陽諸堡邊備日嚴蓋
明時已有城也城傍有邊門俗號愛哈門今自鳳凰城樹柵邊牆經
興京開原裁遼河而西歷廣寧義州錦州抵于山海關接秦長城之端
周圍一千八百餘里凡設十有八門鼇陽門亦其一也
鼇河又右合三汊瀣馬之水逕而南
三汊子河出鳳凰城北奏廣嶺
于俱南流入于鼇河也
鼇馬吉河出黃波羅嶺

河水又南還鳳凰城西出其邊門外
城木箕子也奈爲遼東郡地漢屬玄菟郡晉屬平州後入於高麗常
屬大行烏骨二城之地唐屬安東都護府的渤海時屬鴨淥府界外
於遼東都司清崇德三年移通遠堡官兵于此置城守章京以治之而
遠處開州地金屬石城縣地元屬婆娑路明屬鳳凰城堡設兵鎮守屬
地圖於盛京爲奉天將軍之所領也城東南五里有鳳凰山明一統志
云鳳凰山在遼東都司城東三百六十里上有壘石古城可容十萬衆

唐太宗征高麗駐蹕於此余按太宗蓋平而止其云駐蹕鳳
山者妄也又遼開州鎮國軍領鹽穆賀三州開遠一縣金廳之遼志稱
疊石為堡城今鳳凰山上古也即開州古城也今我人皆指此為安市城
誤甚矣遼門即兩圓相通之路東北距鳳凰城三十里
東南距我義州一百二十里東頭之棚壘於此門而自此至於山
海關地在棚門之內者為奉天將軍之所領在棚門之外者謂之邊外
也

河以南之水為通遠河故名與烏喇之分水嶺異也遠堡古名夷
堡也堡城周一里二百一十步南門左一山城相隔二里周一里九十步
按分水嶺在鳳城西北一百三十里此嶺以北之水為響水入于太子
○草河東南流左右通遠水水出於分水嶺南流迤邐遠堡入于草河
草河出桃樹峪嶺在鳳城西北一百五十里青石摩天二嶺之南支也
又西草河水注之

西門右一新城相隔二里周一里六十步南一門也○草河又南逕古
城東城周一里六十步南一門即所稱草河城也○草河又逕雪
裏站南站在鳳城西北七十里之鎮東堡亦作辭劉站我人呼松站
達盛京之路也○草河又右合六道河水出帽盔山
入于草河麟坪大君云過鎮東堡涉盆北河是八渡河第八流蓋一水
蠻回凡八次渡故名東流數百里與鳳城大川合注于馬耳山前河
之北岸古虛有石碑刻曰武安王廟所謂八渡河即草河六似逕河
之謂也○草河又東南逕鳳城北入于靉河

屈而東南入于淥水

靉河又東南逕九連城東旬城距我義州三十里城東北距九連城也按
嘉靖二十五年明設新堡子九連城之小北稱江沿臺堡四十五年復
設鎮于九連城萬曆二十四年改為鎮江游擊府
疆邊地日覺故設鎮于此欲與朝鮮共為聲援也明史朝鮮傳云萬曆
是時後金方

四十八年光海君奏散兵攻破北關又聞設兵牛毛寨萬遮
嶺欲略寬奠寬鎮江與昌城諸堡鳳凰城義州諸堡危危相望孤危
常敵若從靉陽取路一日長驅寬鎮昌城
乃使幹塞將兵伐之高麗閔九城此即高麗尹瓘所築九城康宗
咸興以北長白山以南之地及盛京志云九連城當今
九連城今類只有舊址又謂之婆娑堡前有水即楓浦也又舟渡焉
夜江二水同源而分復為一通謂之狄江吾夜者襲河之聲轉但楓浦
一統志九連城在三萬衛東北九十里連屬有九不可知也建置廢置
守今鳳凰城邊外有九城遺址尚存
界內故址無考又金史高麗傳康宗四年高麗出兵易懶甸占我
之咸興等處也金史高麗傳康宗四年高麗出兵易懶甸築九城康宗

之目木閣且婆娑堡即古之泊灼城在今玉江堡隔水之地又三十里
九連城也今貢使之行皆渡靉河三十里而至九連城又三十里非
至金石山三十里歷葱秀又三十里抵鳳凰城柵而九連城往來之衝也
燕巖朴趾源云渡鴨淥江三十里清如練名靉刺河與鴨淥相距不過
十里而河廣渺以我國臨津即向九連城舉目四望山明水清樹木連亙
土地肥沃浿淏江以西無與此彼我兩寨成閒匼匼高
句麗時亦嘗都之地明為鎮江府今盡陷遂則鎮江民人或
投毛文龍或投我國其地且將百年漠然徒見山高水清而已其
蓋其地在於九連城邊門之外故屬於烏喇僻遠無據如是也然其
以九連城為國內城者今山羊堡隔水之地也然其
九連城何干○靉河又至清水源之西會于淥水之西派盛京志云靉
河在烏喇西南源出分水嶺西繞鳳凰城南入鴨淥又云靉河在鳳
鳳城北二十里源出邊外自靉陽城西北五里入鴨淥至鳳凰城東南二

十里出邊流入鴨淥江今考鳳城邊外有宜城古之宣州也宣城之側
有俊圍山其範盡潒水罷河會爲
水道提綱鴨淥江又西北有阿布河西自臥鳳城來會自注云河布
河即愛哈河出邊門外東北三源合西南流入柳條邊經石頭城
西北义南折而東南流出邊又南入江
江漢黃景源云崇禎六年孔有德耿仲明以登州反亡入海使曹紹宗
承祖奉表降潘陽杜度濟而哈德阿濟格迎于鎮江明兵追至威化
南　王遙林慶業夾攻之慶業率邊都護府孫元化
破之　又忠愍公林慶業碑云公率邊兵擊孔有德
與其薰耿仲明反破登州執巡撫御史孫元化天子命山東總兵陳弘
範等討之有德亡入海使曹紹宗承祖奉表降清弘範追至狄江西
上乃命夾擊之公率精兵出蘭子北二十里攃兄第山有德
十餘萬被於海上公奮翮罵有德抽矢中其馬有德敗走牛家莊公遂
馳擊大破之
大清會典則例云雍正九年盛京將軍奏請於草河蟹河滙流入江之
蓁牛哨設立水路防汛奉旨欵該將軍所奏設立水路防汛之處既
與朝鮮連界著該部行文詢問該國有無未便之處竣奏到再議朝鮮
國王吝稽懇詣仍遵舊例着照該國所請不必設立防汛〇同文彙考
云雍正九年奉天將軍那蘇圖奏稱鳳凰城邊外蓁牛哨地方設立陸路防汛〇同文彙
耳山等處有草河　二水供自邊內發源至邊外蓁牛哨地方滙流入
於中江其中江之中有洲名江心沱西屬鳳凰城管際沱
東係朝鮮地方界址每年常有不肖匪類私乘小船出水路偷運米穀至
請於蓁牛哨地方設立官弁立爲水路汛地〇晴我所奏又得停止也然
城其間一百二十里地皆荒慶故奉天將軍欲於此設汛防守而自我
國移咨言其不便遂得停止也〇今九連城西八里有地名望隅者此
所云蓁牛哨即望隅也

同文彙考云乾隆七年至使洛昌君樫別單云鳳凰城柵外百餘里土
沃地肤柵內之民覬覦己久上年秋彩院御史祿謙以曾任柵門門
御史奏言東使露宿時人馬凍死猛縱宜設店于柵外以便東使
皇帝留中不下適盛京將軍韶開入朝問其便〇晴案此協理
本出嚴跡監察御史祿謙欲於中江鳳城適中之地修造分館令巡哨兵
山東道監察御史祿謙欲於中江鳳城適中之地修造分館令巡哨兵
丁住宿額圖之奏又得停止
同文彙考乾隆十一年奉天將軍達爾黨阿奏稱蓁牛哨
保雨河會流水滙中江西隸鳳凰城東乃朝鮮國址源流皆自長白
山出至厄偏民哈爾岷二道江一帶山嶺皆因出產人蓁是以沿路沿
邊供設卡倫官兵截引加遍爲有之徒私造小船裝載米穀山蓁
蓁牛哨順江汛至冬河偷進產蓁樹私劃人蓁查前將軍那蘇圖所奏止
稱草河鴨淥河沿邊水通鴨淥江其江水之源出自長白山泉之麓並未
聲明而通傍厄爾岷哈爾岷等河源亦自長白山瀑出從分水嶺南流
下四南一帶通鴨淥江歸併草河鴨河蟹牛哨流入中江直達鴨海因
其所奏不能備細縷以停止年來又不肖之徒由蓁牛哨竄入禁地刨採
私蓁貿難防查臣請奉蓁牛哨設八槳船四隻派往委員兵一百名管
東哨資查以覆奏云臣與熊岳副都統西偏門面西偏門觀於蓁牛
哨看得距中江東北卡倫地方二十餘里之中有一洲江水分流
洲邊兩岔分流南支之水歸草河一道即係鴨淥江之西北盡
河邊江之中心有石噤一道即係鴨淥江之西北盡
屬內地派兵駐劄則關擊荒旧不許越過江心可免混雜之擾卽我國泰
文云皇朝宇以來柵上屯山則潛越金滋奸弊百出仍舊例〇晴案此
嚴且遠突今若製土柵以來柵上屯山則潛越金滋奸弊百出仍舊例
時又欲於蓁牛哨設汛因我所奏又得停止〇然達爾黨阿之奏乃稱草
河蟹河俱出長白誤也

唐書高麗傳云乾封三年李勣率髃仁貴拔扶餘城泉男建以兵五萬
襲扶餘勣破之薩賀水上斬首五千級俘口三萬遂拔大行城契苾河
力會勣軍于鴨淥○清一統志云薩賀水在開州西南一作辭賀水舊
志辭賀水出北山中東南流入鴨淥江○謹案今勘自蓬賀而至鴨淥
則薩賀在鴨淥之西炎今東南入鴨淥者有靉河似古之薩賀水也

古津水
屈而西迴寧朔古鎮南左合良策之水
為薔鄴川經安州倉過蘆洞水
節制使以守之嶺阨之地也
左合蘆水水出龜城府薏洞四流逕安義堡西入于古津也○古津至安州倉東
為玉江以東之水為大衆江以南之水為古津水
古城南高麗文宗時置嶺於此以𢵧蕃賊要衝今廢屬于義州也

古津水出義州天磨山南流逕安州倉東
天磨山在義州東北一百五十里即朔州契水之界也山脊以西之水

古津西流逕植松堡南堡即兵爲萬戶之戍也其西有塞墻之阨○古
津又左合一水水出於普光山北流入于古津也○古津又西迴寧朔
古城南高麗文宗時置嶺於此以𢵧蕃賊要衝今廢屬于義州也
○古津又右得月化水水出於大城𪨗南流入于古津也○古津又
西迴臨川城南城即鐵山府望日山西北流逕植松塞墻之阨爲臨川至寧朔過月化
又南合良策水古津折而西流出植松塞墻之阨爲臨川至寧朔過月化
川爲冬乙郎江過良策川也

霧州亦云西寧州高麗之興化鎮也宋眞宗天禧二年契丹蕭遜
寧侵高麗顯宗以姜邯賛爲西北面都統使大將軍姜民瞻副之
仲兵二十萬八千禦之邯賛至興化鎮選騎兵萬二千伏山谷中以大
繩貫牛皮塞城東大川以待之賊至決塞伏發大破之今廢鎮

于義州也
○古津又西迴太祖峰之南　所串驛之北

麟山西迴逕龍川城北義州南又西南入海
君云古津源出天磨山西順間書狀官爲者壽溺死故稱書狀江麟坪大
江備考云古津又西至楊下鎭入大總江水逕堤綱海又經龍川城
西南流經龍川河小口龍川隔河北岸即義州城自注云朔川河東出

滿水出白山之東南陬
滿水一
此即豆滿江也水有六名金時稱統門水亦稱徒門水明時稱阿也苦

謹使朝鮮錄云古津在義州東南三十六里源出天磨山流入鴨淥江
勝覽云古津之源有三出○一出天磨山東南一出普光山北至
彌勒堂流入鴨淥江俱經古定寧十餘里至廣化里爲古津之源

江今稱土門江亦稱愛渡江我邦稱豆滿江譯語之變也蓋長白之山
出入條大水出其東陬曰分界河出其東南陬曰魚潤河是滿
水之源也

金史紀云女眞節度使統門渾蠢水合流之地烏古倫部人○世紀祖
宗本紀云會九年以徒門水以西渾蠢水迆痕𪨗水完顏部相継來附○又太
生女眞節度使統門渾蠢水完顏部相継來附○明一統志云徒
河通考諸謀克向之地烏○一統志云徒門江源出長白山又云
門河流經建州衛東北也苦河也○盛京通志云土門江東南折入海又
今長白之東流入海者有土門江無阿也苦之名古今稱呼之到也○清
古塔南六百里源出長白山東北流繞朝鮮北界復東南折入海
一統志云土門江在寧古塔城南六百餘里源出長白山東北犮𪨗剌
東流入海按土門江源出長白山東北犮𪨗剌朝鮮
北界又東南折會諸水入於海按金史留可統門渾蠢水合流之地烏

古倫部人今渾春河南流與土門江合統門即土門音之轉也明志有徒門河此即統門河也與阿也苦河當是一水也○勝覽云豆滿江在慶源府東二十五里女眞語謂萬爲豆滿以衆水至此合流故名之○晴案諸書所記皆據滿水之下流也開國方畧云長白山之上有潭日圍門周八十里源溪流廣鴨淥混同愛渾三江之水出焉鴨淥入遼東之南海混同江自山北流入北海愛渾江東流入東海○高宗盛京賦云粤我淸初肇長白山扶輿所鍾不顯不靈周八十里潭曰圍門鴨淥混同愛渾三江出焉兩朝平壤錄云倭兵聚于平壤檄告朝鮮日遣豐臣淸正至豆滿江邊學圃一握○慶奧記云邦北界一帶水國俗謂之豆滿江即大國所稱土門江名也

無豆滿江名色遍傳八旗界官亦不知仍行文知會我國回咨日小

同文彙考康熙五十一年烏喇總管穆克登至長白山定界自後移咨於接伴使日我親至白山審視鴨淥土門兩江俱從白山根底發源東西南邊分流原定江北鴨淥江南爲鴨淥朝鮮之境歷年已久故在兩江發源分水嶺之中立碑順流而下審視鴨淥至數十里不見水痕從石縫暗流至百里方現巨水流於茂山兩岸草稀地平人不知邊界所以往返越境結命路經交雜故此於接伴觀察同商議於茂山惠山相近無水之地如何設立堅守使人知有邊界不敢越境議爲此相議節接伴使朴權呈文云大人指示江柵當設立堆土或築石或樹柵當趁農隙始役至二遂容而木柵非且長久之計或立鑿纔三年後完畢亦且無妨元史地理志云合蘭府水達達等路設五鎮一

日胡里改有胡里改江合混同江又有合蘭府入于海○晴案合蘭府者今之咸鏡道也胡里改江者今之蘭河自虎兒哈河而至咸鏡府大水有豆滿則元史之北轍輯界有大河名保呂川其廣凡十五里和漢三才圖會云朝鮮三月堅凍塞河厚三尺有餘日如陸船設卑輪可以推行每八月至三月堅凍塞河厚三尺有餘日如陸船設卑輪可以推行○晴案保呂川疑是履人外列釘可以步行三月以後氷解復爲大河○晴案保呂川疑是

豆滿河然疑徼傳聞難可詳也○滿水東逕三山社北即茂山府西北三

東流爲魚潤之水右會西北川長白山之大幹雨至于臘脂之嶺環爲大坪東南逶爲賣多嶺及沙峯雨腋脂峯一簞東迤至大角甘土南峨之峯沙峯一簞東爲廬隱洞山魚潤之水蓋出於天坪而東流受此諸谷之水也鄭氏圖經項嶺之東有三池牛橋孤設東石浦尹氏圖又有大紅丹水小紅丹水長陂水皆魚潤水之所合也○滿水東逕三山社北即茂山府西北三

百五十里之地江沿防戍自此社而始北距發源處三百餘里也○滿水又右合實多水水出於實多會山○滿水又東逕長阪坂橋右會西北川水出吉州圓山山○滿水又東逕長阪坂橋右會西北川水出吉州圓山山北流巡縵項嶺之東至茂山府西九十里界入于滿水也備考云豆滿江源出白頭山之駒甲山天坪東流爲魚潤江右過寶多川經長阪石橋右過西北川

滿水又右受朴下水下水

朴下或作博河水出於鏡城府之長白山山勢甚峻擧數百甲五月雪始消七月復有雪石皆色白故名圖出之一支東北行爲此山與項有池著異也○朴下水北流合巨門嶺之水至茂山府之西入于滿水也勝覽云盧修鏡川源出長白山至檢天朴加邊入豆滿江方言水垠石路日遷朴下也咸鏡南九萬啓日室寧事除嵐以外長阪石橋有過西北川

會寧都昆以上乃是二百餘里之地宜置一府而西加先旬利施都昆

山谷之處　等地列置二三鎭堡以爲沿江防守之處車踰嶺外可通長白山後者只有朴下遷一路亦宜置一堡於此以備之今會寧以西沂滿

東北經茂山府西北句受其府東之水水而上凡有一府三堡而惟朴下遷未有防戍也

府故抹楊白山部地也高麗時入於金人至屬胡里改南界我國初自車踰嶺虛水羅三蓬坪等地至豆滿河邊會爲蕃胡老吐摩亐之所據

明萬曆二十八年三月十二日
午正發宿于古嶺　初置僉節制使堡于三蓬坪蓋富寧府所統茂

十三年我顯宗年　陞爲都護府也

○城川亦出於鏡城之長白山北流至麻田右與車踰嶺水合至茂山府東北入于滿水經所擧府東之水即此也

梁永萬洞梁永豐堡在茂山東北二十七里差權管戍之本在富寧府五十里

屈而東歷梁永豐堡之於此也

康熙二十三年移設于此也○豊山堡在梁永東五十五里　八社　
置兵馬萬戶以守之堡在於富寧之東北康熙十三年移設于利施都昆地即今堡也其設堡之時觀察使南九萬啓曰車踰嶺外自茂山

北行一百二十餘里歷政丞破句吾達竹句頓毛老句東良洞老土部落等地至江邊始有摩乙于施培地乙于施培者彼方言堡城也至今有城基古迹自摩乙于施培沿

長之名而施培者天作奧區決不可棄而可守也余按宣德時措置六鎭　宗朝
界外故沿邊防戍自會寧而南以礦脊爲準及萬曆以後江東下歷獻然明句利施都昆等地一百數十餘里始出於

及於摩乙于施培而土地沃饒是天作奧區故稍移內地之鎭堡樹於滿水而
會寧農山堡所謂歒獻然者昔日彼人衆落之處周野之廣潤不

嶺西北之地靈爲我有康熙時　稱謂堂
之沿今茂山府及梁永豐山頹河三堡是也故富寧之府今爲內地而

滿水東遷雲頭城北　其疆域不及於滿水之沿觀此南相公之啓蓋其移設時所論也

雲頭城在豊山堡東十五里即今會寧府西四十里地也其城周回一萬八千二百二十尺高十四尺女堵二百四十雉有八舊羅濟雅正九年我英宗戊申　移頹河堡于方言頹日甫乙故也城外有大甕世氏仍爲五國城俗稱乙下堡蓋以方言頹日甫乙故也城外有大甕世氏仍爲五國城

金人因徽欽二帝於此忍未然也今取五國城本末明辨之

契丹國志云女眞東北與五國爲鄰五國之東接大海出名鷹自海東來省謂之海東靑遠入五國戰鬬而後得不勝其勢女眞歲以爲海東靑貢於契丹　健能
其後女眞歲出於　通考女眞盛一○通考女眞歲求之女眞不能致女眞之東北與五國撻禰獵一○通考女眞之東北與五國撻

郡每歲大寒契丹必遣使入五國界即集穴而及延禰鶻位責尤難苟至遺雁坊子千輩越長白山羅取歲甚一歲女眞不勝其擾○

世紀云景祖　稍役屬諸部自山耶悔惱統門阿　　耶悔門　土骨論
不自堡實之長皆聽命又五國蒲蔞嘴節度使抜　討之而景祖襲而擒之又五國沒撚部謝野勃堇叛遼景祖伐之○　星顯水紇石烈部阿閣叛及石魯阻又乙離骨易懶土骨懶毛貼祿兵

爲遼穆宗自將伐之○穆宗三年五國歒路遼詔招穆宗討之又主隈秃答兩水之民阻絕鷹路遼命穆宗五國歒路遼詔招穆宗討之又主隈秃答金盛于此○晴案通考云女眞外又有五國國日鐵勒曰

志業梐因卒定梐析東南至于五　　眞外虜入居號多溫平紮北多七溫　在志業梐因卒定梐析東南至于五
國主隈秃答金盛　喋訥日玩　　忽日咬里沒日奧女眞外又有五國

本號亐籠斗遼東志作木郞古　　眞乘虛入居號多溫平　北多七溫
寧府本號石幕山本　　本號亐籠斗　陶温覽穩城府女

嶺西北之地靈爲我有　　徒籠古延亐籠耳之變也又富　
之沿今茂山府　　石魯或似石幕之變也

大金國志云天會八年宋二帝自韓州如五國城城在金國所都之東
北千里（燕山）○高麗史云仁宗六年（金天會二年）宋使刑部尚書楊
應誠齊州防禦使韓衍來詔曰若使由貴國之路迎請二帝則國家報
功倍於噚昔王答曰女眞強盛抑介小國稱臣常欲侵凌如何使簡假
道入境必猶疑生事○備考自宋史云五國
路即烏蘇哩江之近地也金人之囚二帝也自西而東漸入深遠則五
國城者當臨烏蘇而漸入至會寧府東北千里而後可得也乃備考謂
在白山之南謨矣且所引宋史亦未有攷也
元史云混同江經會寧府達五國頭城北東入海○明一統志云五國
城在三萬衛北千里自此而東分爲五國故曰○盛京通志云金史五
國城去上京東北千里今烏喇界內城堡多無名相傳所屬三處地方
有五國城未知確否（綏芬）○清一統志云五國頭城在寧古塔城東
北（舊傳宋徽宗葬於此區）從錄自寧古塔東行六百里自姜突里鷗
尚松花黑龍二江合流於此有大土城或云五國城○前案此諸文五

國城當在今寧古塔以東烏蘇江左右之地也
企史世紀云太宗天會八年上如東京溫泉德佶香德公（宋徽宗）重婚候
于鵲里改路又熙宗即位四月丙寅天水郡公趙信卒皇統二年歸宋
帝天水郡王（欽宗）幷妻鄭氏喪于江南又海陵正隆元年六月天水郡
公趙桓（欽宗）殂世宗大定十二年命有司以江南又海陵正隆依一品禮
葬於鞏洛之原○東都事略云靖康二年道君皇帝北狩紹興五年帝
崩于五月八日歸殯于龍德宮十月葬永祐陵（此云靖康北狩後紹興）
帝國（欽宗）崩○朝野雜記云徽宗初葬五國城後七年
金人乃以梓宮還欽宗之喪遷上陵名曰永獻乾道中朝廷遣使求陵

開塚傍得短碣上書宋皇帝之墓五字克登仍令大其封築始知金人
五國城即雲頭也但云宋帝不知是徽是欽（志云）○道君皇帝之北狩
也金人降封爲公竟稱宋帝之嘉若非也何以北人往往得古璽身
之屬歷歷可驗何也○先生自嘉慶初有（北方來著言寧府掘地）
獲一燈尨攷其款識有紹聖二年鑄五字全體無殘缺而獨欲一足是爐
也能令火耐久不息以溫食物瞬而熟置之房中大多如腸春以至寶也
府自溫其跂令工足補之自是爐不靈驗去其所足袖亦無靈於是都
人盛相傳說謂古器復出而襄所謂皇帝墓者果其無驗是金人會
城明在金人會寧府東北今寧古塔以東地也若云烏喇則是金人之
囚帝自深而還遠送不可也若云雲頭則在會寧之南矣亦不可也且
德欽無留葬之事雲頭之葬宋帝尤無據也又按備考會寧府花豐
徽欽二帝若返葬於中國無留葬五國城之文而
上見城外大坂土人指爲皇帝塚登令人掘
不足爲憑若雲頭之有帝塚亦有此類也

【第一欄】二十五

又東過煩河舊堡北

煩河舊堡在新堡東二十里二十七里明正德四年我 中宗四年設堡
于浦項洞口注乙嚴下稍甫乙下堡置僉節使萬曆時鄭忠信爲僉
使始築城後煩河水出於會寧之車踰嶺北流至煩河舊堡今廢之也○滿水
又右會煩河水水出於會寧之車踰嶺北流經茂山之西右過城川經
備考豆滿河臨江臺古城右過博下川經茂山之西右過甫乙下川
梁永豐山雲頭之堡右過甫乙下川

子及管下人惟凡祭耳伊等得免
至會府西右會幹木河

府本句麗舊疆也久爲女眞所據稱幹木河因水而名也明永
樂時太宗朝部落七姓野人攻幹木河殺哥父有

豆滿河內外之地宣德七年四月朝四月七姓野人攻幹木河殺哥父
爲僉寇所倭而猛哥帖木兒一云乘虛入居盡有

之是祖宗必欲以幹木河爲界也今蘇多老孔州鞠爲茂草予每
太宗猶不忍棄之設柵于富居站今咸下屯兵守

地也太祖始置慶源府于孔州州治太宗移置于蘇多老蘇多老

兵曹佐郎馮孝剛議之安業遂召黃喜孟思誠等議曰幹木河本我國

【第二欄】二十六

邊山之一也亦不全廢謂之古豐山堡置萬戶以守之也○幹木河又北

會寧茂山古堡山古堡其堡雖移於滿水之

胡里改在寧古塔城東金置節度使元置軍民萬戶府○清統志廢

○金史地理志呼里改路非我界內且我界始於金德之時與金都無涉明
十三年撤此堡而設于三蓬坪山之堡

在虎河之傍則非我界內北以後入於渤海置東京龍原府於此至

於金人也以其地屬於呼里改故故以後入於渤海置東京龍原府

府之時高句麗所得東高句麗疆理之時故始於金德之會寧府

萬戶統于富寧也一云幹木河北流經豐山古堡當其堡雖移於滿水之

邊山之一也

過靈通山下至會寧府西句入于滿水女眞語稱幹木河曰吾音會俗稱

城川聰覽云豐山川源出鏡谷經豐山堡至會寧幹木河與七姓野

按明黃瑾豐槐雜記云建州海西元者等衛人先居幹木河之事也
人有隣投奔朝鮮復愛信覺羅名布庫哩雍順此指猛哥之事也

有天女佛庫倫浴于池有神鵲含朱果置于衣中中忽入腹遂有身孕産一男姓愛新覺羅名布庫哩雍順居于長白山北之東有布庫哩山其下有池曰布勒瑚里

開國方畧云長白山之東有布庫哩山其下有池曰布勒瑚里

國號曰滿洲越世不善撫其衆國人叛殺宗族有幼子遁于荒野
乃得免數傳至繼順居于赫圖阿拉地去俄朶里一千五百里其後有

鑑輯覽云布庫哩雍順居于長白山東俄朶里其後有名樊察爲俄國人不婿遁于荒野有鵲集于頭遂以爲枯木乃得免

名樊察爲國人不婿遁于荒野有鵲集于頭遂以爲枯木乃得免

○唱案滿洲之始起居于幹木河其子童倉逃附于我[小注]上而博物典彙以

幹朶里部落嘗居于幹木河其子童倉逃附于我[小注]上而

凡有土石木三格總長十五萬一千五百九十尺　於此屈從府北流

童倉所居爲建州祖地則方畧所稱俄朶里

部落蓋其部落居於白山東北境而抵於斡木河也鄂多理亦與俄朶

里聲同滿洲之始蓋居斡朶里之舊地歟

皇朝文獻通考云我朝發祥長白自遠肇定三姓之風居俄漠惠之野

鄂多理城在今寧古塔西南三百餘里國號曰滿洲

滿水又來入煙臺長城北城所以處藩胡明宣德時

都節制使金宗瑞措置六鎮上疏論築行城景泰二年

皇甫仁瓛陜使鄭甲孫始因其疏而築城起自會寧府西

烟臺沿滿水之岸迤回屈曲至慶源北訓戎堡而止其在會寧府境者

長三萬一千六百尺景泰時長不過一萬餘尺其在鍾城府境者

年始設煩河堡而退築故增長之多

而接于訓戎堡其在穩城府境者長十四萬三千七百六十八尺

千九百五十八尺或累石或倒土以本柵康熙時

觀察使南九萬啓日在昔

英陵復開六鎮而其時藩胡之居在江

內者以離土徙居爲悶請仍居江內永爲我藩一

時盡逐挑其仇怨故朝廷不得已築城於江邊而凡江之內地在長

城之外者割而與之使藩胡居之蓋自高麗以前薩水內外之地

論爲畧域逮我國初胡未掃平有忽刺溫等野人其實混稱之野人之

部落澄邊設故東史總謂之野人其野人之部落散處或謂之野人之

以北未全覊縻故世宗設六鎮貌不能盡逐終有萬戶好好時來之入貢

之東史所謂六鎮藩故是也其後景泰六年有萬戶好好時來之入朝

天順四年有兀良哈金遣比之來寇有尼麿車非舍等之來朝

弘治四年有尼麿車往征之役

串野人骨飡不之入遠

凡此之類皆在滿水之外者也者藩胡則居在行城之外歟

順於我然時或作亂者故正德十三年有會寧城底野人之入寇

萬曆十一年有尼湯介乞乃酒討之

悉皆歸服於大將軍副都統領守寧古塔者也

滿水之興諸種部落盡歸

清之興諸種部落之地今亦爲我古今之巽也　○滿水又右

合八下水水出會寧之薑山下流遠龍山下入于滿水

川源出圖山經會寧府北薑山下入豆滿江三歧是也○滿水又屈而

北過考云豆滿江至會寧之右過韓木河八下川折而北流是也○

案勝覽會寧府載古羅耳　沙吾耳　阿赤郎耳　常家下　多家

之滿水逐爲界外之地鄭氏地圖會寧界外有井洞金天浦登盞巖凡

二十　佼引　無乙耳　上東良　中東良　下東良　魚厚江　厚訓

舍八　名皆係界外之地鄭氏地圖會寧界外有井洞金天浦登盞巖凡

滿水二

此皆滿水以北傍近地也

滿水又北過高嶺堡二堡至鍾城府西

高嶺堡亦稱古嶺古堡明正統六年我　世宗　始設之萬曆二十

四年築城後廢之淸康熙十八年我　肅宗　復設之置僉節制使

屬于會寧也○防垣堡在高嶺北四十里置兵馬萬戶之屬于鍾

城也○鍾城府本北沃沮地也我國初爲女眞所居稱愁

州宣德九年鍾城府本北沃沮地也我國初爲女眞所居稱愁

木河西北當賊衝特置會寧府指置六鎮設鍾城郡于伯顔愁尋以愁

郡於慈州今所治是也蕚陵爲都護府以相掎角正統六年移鍾城

在今府南六十里又府北二十五里有童巾山形如覆故府取目焉

潼關堡在鍾城府未詳分界河從塞外來注之

又北過潼關堡在鍾城府北四十里置僉節制使以守之明萬曆十一年

十六
粟甫里等寇潼關即此堡也○分界河出長白山東麓東流合諸
谷之水至潼關堡外入于滿水源流可二百里也按白山東麓之水上
者爲阿几河下者爲分界河曾以此水界兩國故有斯目爲我人或以
此別稱土門江非也昔咸鏡道兵馬使金汝水善撫其衆野人懷之立

碑于分界河邊至今猶存也

同文彙考乾隆四年我國移咨于禮部曰去乙卯年鍾城人金成白與
穩城人金時宗由永達堡下灘越境西至七十里分界江邊於乙氷浦

皇朝文獻通考云額木赫索囉在吉林烏拉城東南三百四十五里乾
隆三年設佐領及防禦驍騎校等員於此管理各旗戶○又云額木
林索囉囉　佐領一人防禦一人曉騎校一人滿洲領催六名驍
騎一百十四名　○晴案白山之傍皆有卡倫官兵設此額木佐領

以管之滿水淥水之外白山地面皆所巡哨故會寧關市時烏喇古
塔往來貿賣皆闢由焉

盛京志云吉林烏喇城東南至土門江七百二十里朝鮮界寧古塔南
至土門江六百里城東○晴案滿水以北總爲寧古塔之所轄
故大將駐劄於吉林城而領守烏喇等處而寧古塔置副都統
以守之又滿水下流之界內又有渾春城皆佐領以管之自滿水發源
至噶哈河管子寧古塔爲地正北沿噶哈河而至寧古塔爲六百餘里
佐領今自我穩城領地正北泝噶哈河而至渾春
西北出白山之北麓沿混同江而至烏拉城爲七百餘里也○又按勝

今未可詳也

臕覽云自潼關堡渡豆滿江經甫靑浦渡舍春川有古城號南京其西
北又有山城　市　○晴案所謂南京城必古渤
海之東京也唐書渤海云東京龍原府亦曰栅城府領慶鹽穆賀四
州而貞元時文王欽茂自上京東南徙都於東京賈耽郡國志云新
羅泉井郡至栅城府凡三十九驛　○泉井郡者今之德源府也
今自德源遵海而北一千二百里正得鍾城潼關滿水內外之地則渤
海東京當在於此其云南京者只憑舊傳而換也

滿水又北爲犬灘爲犀江滙巡永達堡西徙即
滿水又北爲大灘爲犀江滙巡永達堡西徙北
城境易水部野人來圍永達堡兵馬使鄭見龍領兵二千攻破之也○鍾
屈而東流至穩城府北府改路也　　　　達我國女眞乘虛

海水自柔遠堡北
滿水自柔遠堡北

入居號多溫平宣德九年金宗瑞措置北邊正統六年　置穩
城郡於多溫平尋陞爲都護府即我東北邊界之頂也

葛哈水自寧古塔來會

葛哈河盛京志作噶哩河源出於馬兒虎力窩集者山也其山
在寧古塔城南一百五十里長白山一幹東北走爲勒福陳岡又東北
爲馬兒虎力山方言謂巨山多樹林者日窩集也此山北麓之水爲馬
兒河阿布河入于虎兒河西爲準河入于鏡泊南
而西北爲哈斯罕河南流右合虎存河出於南
覓江外之地鄭氏地圖葛哈河西麓松景河流爲噶哈河之源也○
古城南三百里无名山東流入于葛哈河又南合孫河河出於東
而土赠人稀山東无名山○太山漢林
南五百里无名山西北流入于葛哈河也出寧
南右與布兒河合即布兒河出於南六百里无名山東北
流受攔河入于葛哈河
流受攔河入于葛哈河攔河亦出无名山東北流入于布

[右頁]

兒河也〇葛哈水又南至穩城府北入于滿水自發源至此可四百五
十餘里也按武備志女眞諸衛有哈溫河衛舊會與作哈里河此即
葛哈里河也

後漢書東夷傳云北沃沮一名置溝婁去南沃沮八百餘里其俗皆與
南同界南接挹婁挹婁人喜乘
船寇鈔北沃沮畏之每夏輒藏於嚴穴至冬船道不通乃下邑居挹婁
自鳴哈俚河順流下四五百里至我穩城府北入于豆滿河則穩城
者今穩哈俚河也又云挹婁東濱大海南與北沃沮接〇先生云北
里在大海之濱北道六鎮之地也東沃沮明是咸興之地乎挹婁之北八百
慶源慶興與諸邑皆在沿河之地當受寇鈔者更無其地也在沃沮之北八百
百里大海之濱而受挹婁人乘江船寇鈔者至于竹嶺〇先生云買溝
魏志毋丘儉傳云正始五年儉出玄菟討句麗六年宮遂奔買溝

俊遣王頎追之過沃沮千有餘里至肅慎氏南界〇句麗史云王
以一千騎奔鳴洙原王頎追之王奔南沃沮至于竹嶺〇先生云買溝
者今之豆滿河南地也句麗東川王為母丘儉所逐自丸都城南渡鳴
洙河東踰府罕嶺又為母丘儉所逐至于竹嶺此買溝
至豆滿河邊也即所謂肅慎南界也追志又爲母丘儉所逐至六
鎮之地也漢成帝元年句麗東明王伐北沃沮滅之其子弟走
東川王奔於此至晉武帝太康六年慕容廆夫徐滅之其子弟走
保沃沮者北沃沮也及唐立宗之後地入於渤海則豆滿河
哈二河南北諸地也皆其所疆理者也

東湖蕤說云我成宗二十二年春正月尼麻車野人寇造
山壘搶掠人畜慶興府使羅嗣宗追之中箭死將討之城底野人吾道
里等皆言女眞兀狄哈有五姓而尼麻車最盛居近平江邊距我境五
日程其間有鬱地林澁路阨過此平原灾可以長驅倂征於是以永安

[左頁]

界之地亦未詳載則鬱地河順今不可的指然今寧古塔方首謂大山
茂林日窩集則鬱地與窩集聲同也又寧古塔南三百二十里有哈順
河入于葛哈河則順與哈順聲同也
臆說又云我孝宗九年大國徵兵助攻車漢者羅禪也
於是以惠山僉使申瀏率北虞候領兵赴之三月初一日渡豆滿河
十三日渡魚濟江十六日歷毛段江十九日達寧古塔中間樹林蔽天
人跡未到粟鹿成群魚不避人長十餘尺以佃以漁饗士皆飽
〇晴案渡豆滿而北行六百餘里可達寧古塔其間有葛哈河而已經
說所謂豆魚濟毛段二水必是島治河及其所合之水若布兒治澄等也
今葛治河左右之地多荒僻鬱樹林蔽天者
慶四郡故事曰太祖受命東北一道畏威懷德野人貪慕至移闌豆
滿皆來服事佩劍入衛東征西伐靡不從焉如女眞幹朵豆溫夾溫猛
哥帖木兒等兀良哈則七門括兒牙兒兀據眞等兀狄哈則速平江

道觀察使許琮爲都元帥元帥大司憲李季全爲副發兵二萬刻日進討是
時城底野人大護軍阿良哈顧爲嚮導琮率李季全田霖黃衡等諸將
由穩城造浮橋於葛溫河十月辛酉渡師有兀狄哈游兵搶斬三人餘
四人逸乙丑前軍踰鬱地逸者有兀狄哈以百騎來挑戰我
軍射中之阿良哈逸大軍繼之五百騎躍後奪軍力戰殺傷相當
無所得焚薙廬舍了卯糧盡班師癸巳夜入賊巢賊逃匿
而至哈河左右之地皆古尼麻車兀狄哈之所據也〇按兀狄哈今
甲戌還渡豆滿河〇又按兀狄哈則速平江之南訓之外彌茫大野
者也〇晴案速平江即今之娘木河也則自娘木河以南土門以北
兀狄哈之南惟有鬱地險阻又有河順坪潤遠無限則恐是下接訓春坪
多溫德二洞七北右地山十四有河順坪在滿水之北而未可周知盛京志寧古塔南
洞月德訓下田洞等地皆在滿水之北而未可周知盛京志寧古塔南
未詳所在考勝覽穩城府江外之地有龜巖峯二十四北蘖陀山十四西

南突阿剌哈伯顏閼兒看等是也上即位量授千戶萬戶使李豆蘭招
安之嘗禮義之敎與國人相婚服役納賦無異編戶且恥役於貧長皆
顯爲民自孔州迆北至于甲山設邑置鎭治民束卒延袤千里皆入版
籍以豆滿江爲界江外殊俗至於貝州閭風慕儀或親來朝或遺子弟
爭獻土物良馬○
高麗史地理志云九城之地久爲女眞所據容宗二年帥
尹瓘副元帥吳延寵率兵十七萬蠻逐女眞築城於英州雄州
泰平戎三城於是女眞失其窟穴連歲來侵四年撤九城東北
城一云孔州一云匡州一云在先春嶺東南白頭山東北一云在蘇下
江邊未可考也○勝覽云尹瓘自咸州至公嶮鎭嶺東哥站至蘇下
嶺又云自高嶺鎭豆滿江跨古羅耳歷吾童站至蘇下站立碑先春
公嶮鎭古基南郡貝州北接堅州○晴案林彥九城記明云其地方三
百里西北介于盇馬山則九城皆在咸興以北三百里之內白頭山之
南也
備考云豆滿江至會寧經高嶺之鎭防垣之堡鐘城之府潼關之鎭爲
瓯江灘左過土門江東流經穩城府北左過葛哈里河
滿水又東至美錢堡在穩城府東二十六里置僉節使以守之明成化二十年我
美錢堡在穩城自美錢堡其間有龜巖灘
江又東流爲龜巖柳田於汀之灘經美錢堡是也勝覽又有禿邑灘
此即盛京志所稱土門江繞朝鮮北界復東南折備考所云豆滿江左
又折而東南左受英愛之水
過三漢川又折而南流者也○英愛河我邦稱三漢川源出於笠籠山

山在寧古塔東南五百八十里高一里周圍四里武林模稜一窩集之
南幹南走此山也○英愛河南流迆古城下按古城凡有三處一日
英愛城周圍一里東南各一里二日无名古城周圍五里東西各一里
門東北各一門內有小城周圍一里南三門東西南各一門皆授古塔東
南五百八十里之地也三日飛腰城周圍三里東西南各二門東北各一
門寧古塔東南五百八十五之地也○英愛河又南至美錢堡東入
于滿水
又南迆黃柘坡訓戎堡
黃柘坡在穩城東二十七里差權管以成之明嘉靖二年所置也
○滿水又南出行城於合黃柘水水出穩城府慶關嶺北流入于滿水也
○滿水又南出行城下其城始於寧府之禿山烟臺盡北
城外有大石立於城邊戍削四稜入霄漢山上常有雲氣命日立
嚴水至此亦爲灘也○滿水又南迆訓戎堡東堡有僉節使以守之水
遷其堡而分派環古耳洲而復合也按濟會典則例云乾隆十三年
至慶源府東旬受其府前之水
墾田照康熙五十四年定例行令寧古塔將軍催察禁止也
太祖始當府于孔州以其地有烏剌民人造家
府古五國之地也見久爲女眞所據稱會叱家明洪武時我
績於是遷兩陵于咸州徙其民於鏡城郡遂空其地太宗永樂七年
復置慶源府於鏡城之富居站盡不忘其舊也宣德八年我世宗因
韓朶之亡設鎭於韓州河逐措置六鎭移府於會叱家之地仍稱
慶源府即今所治也水自發源至入海通稱豆滿然在慶源者爲主
故祀典稱北瀆於今所神于此載中祀勝覽豆滿江出白頭山歷東良旬北
斜地　阿木河　慈州城　童巾　多溫　遠障　等處

至會叱家南流會叱家者慶源也○府前之水凡有三條一日會叱家
水源出於厴山東流來合一日林盛水源出於雲峯山東流來合一日
農圃水源出於羅端山東流來合皆慶源府南之地也

滿水又東南至安原堡東
滿水又東南逕鎭北古城東有堡於此今廢之也○滿水又南至蘇多老古
堡古堡距慶源府三十里差權管以守之也○滿水又南至蘇多老古
營古營古女眞地也我太宗九年移慶源府治於此設木柵以居明
年因女眞入寇遂虛其地而營仍慶之也

厚春水從塞外西注之
厚春水金史稱作輝春蠧水提綱作渾春河盛京通志作渾春河勝覽作訓
春江備考作春江皆一也源出於通塹山山在寧古塔東南渾春城
東北七百里高一里周圍四里也○厚春水西南流右合漢達河河出
家古塔東南六百二十里烏兒渾山西流入於厚春河也○厚春水又

西南逕渾春城東即駐防協領之所居也舊無防守康熙五十三年始
設諸官留滿洲兵以守之盛京通志渾春有協領一副協領一佐領
二協禦一饒騎校一筆帖式一清一通志渾春地方在寧古塔城東南
渾春河左右其南與朝鮮接界皆庫雅拉人等所居其管轄東
至海二百八十八里西至土門河二十里北至佛思恒山一百二十里南
至海一百一十里西北至略哈里河一百一十里而阿爾楚呼山皆在城東之境也
皇朝文獻通考云渾春在寧古塔城東南六百餘里其南與朝鮮接界
自渾春河左右皆庫爾喀雅拉人等所居康熙五十三年設協
領及佐領防禦饒騎校等員管理各戶屬隸於寧古塔副都統仍統於
奉天將軍又云渾春協領一人佐領三人防禦三人驍騎校三人
筆帖式二人助教官一人八旗滿洲領催三十八名驍騎四百十二名

厚春河又逕縣城城東城今廢古謂之笑闊城龍飛御天歌笑闊
城東城訓春江七里西距豆滿江五里者即此我翼祖逢老嫗之處
也見上○勝覽日自鎖北堡渡會叱家川大野中有土城名曰縣城內

滿水勝覽逕春江源出女眞之地申東林城入于豆滿江將桑里野
人所居也按金史雷可傳云日統門渾蠧水合流之地烏兒倫部人
○渾蠧水即厚春河也淸一統志云土門江以渾春之
庫爾喀齊等處與朝鮮止門江恐居人往來生事令帶安都立他
木弩房屋窩舖即折毀與寧古塔那去官兵之屯莊俱介離江稍遠
居住淸會典例云崇德年間定寧古塔人往會寧地方市易每二年一次
庫爾喀人往慶源地方市易每年一次○晴案北關互市有二處

白山東南麓東南流入海本朝康熙五十四年○晴案
上勝覽云渾春江訓春江源出女眞之地申東林城

我仁祖朝寧古塔烏喇兩處人持戶部票文來貿農牛農器食鹽是
爲會寧開市其穀豉丘賴達戶人來貿農牛犂釜是爲慶源開市也
勝覽云訓春江東北七十里有於闌豆漫
於羅孫站其北三十里有虛乙孫站其北六十里有留善站其東北七
十里有土城古基名曰巨陽城內有兩石柱古懸鐘處高三尺
圍徑四尺有奇昔有慶源人庚誠至其城碎其鍾用九馬馱來幾十
尹瓘所築西距先春嶺六十里許○晴案今自厚春河合流處東北踰
壺蘭河二百餘里有飛腰城英峩城及无名古城之南界而无巨陽羅孫等名盡古今
有鄂爾代山通塹山皆是寧古塔之南
方言之殊也

滿水又南逕東林古城東亦稱龍堂城慶源東南四十里地也城極險

阻內有大井其溪莫測明建文三年我　太宗　遣都巡察使姜思
德築之世傳　穆祖嘗居于此後移於斡東　故爲之築城今廢之
也○潚水又右合安原水水出於慶源府羅端山東南流入于潚水也
○潚水又南逕乾原堡東堡有權管以戍之也

右受五龍之水

五龍水出會寧府之葛坡嶺北流逕鹿野倉右魚隱水出於嚴明
山北流入五龍水也○五龍水又北俯滏溪亦曰俯溪鹿野之水亦
入于此鍾城府南四十五里地也○五龍水又右與柳水合水出於慶
興府之松眞山西北流逕柳城洞及防山倉入于五龍水也○五龍水
又北至陪下倉南在與中秋溪合溪出於會寧之全以向嶺東流逕細谷
潤洞至關北行營之南營古北沃沮地也逮我國初沒于女眞稱伯顏
愁所宣德時措置六鎮移石幕寧北鎮于此號鍾城郡尋以斡木河當
賊衝而距嶺阻隘聲援絕別置領於斡木河　移鍾城治于慈州

時咸鏡北道兵馬節度使自鏡城出鎮于此所謂風和六朔居鏡城風
高六朔居行營是也○中秋溪又右合花豐水至龍巖以東云○五
花豐水出於花豐德山東流來合其山上有皇帝塚云○五龍水又東
至乾原堡南入于潚水勝覽云吾弄草川在慶源南四十五里源出鏡
城府柳城洞省峴谷里等處東流入于豆滿江吾弄者五龍之聲轉
也

潚水又南逕阿山堡

潚水又南逕阿山堡東堡有兵馬萬戶以守之處于慶源也○潚水又
南右合農耕水水出於慶興府農洞北流與松眞山水合入于潚水也

潚水又東南逕阿吾地堡

潚水又東南逕阿吾地堡東堡置兵馬萬戶以守之屬于慶興也

折而東歷撫夷堡左受塞外八池之水

撫夷堡在慶興府北三十里有兵馬萬戶以守之也○塞外八池寧古

塔南界之地也有八池相通西流入于潚水按盛京志寧古塔東南六
百三十里有夏渠山高五里周圍三十里渾綽河出於此南流入土門
江　蓋八池之水與渾綽河同流入于八池者也鄭氏
地圖慶興界外有豬嶺下云平野又有絨納古坪皆出於八池○開國
清一統志云德化元年命尼塔率衆出朝鮮咸鏡道往征
我太祖崇德四年命瓦爾喀明安圖率兵百人往瓦爾喀
將出會寧德列營拒之以兵襲我尼塔皆敗之降其次明分朝鮮鱔
方署云太祖皇帝戊申年東海瓦爾喀部來朝○四年明分朝鮮鱔
我瓦爾喀戶尸太祖遺明軍部朝鮮境而居瓦爾喀部乘皆吾瓦爾喀
也太宗崇德四年命朝師攻熊島仍遺將率百人往瓦爾喀
收其餘黨○哷和爾御製集云阻朝鮮國有八道北逆與瓦爾喀地方土
門江爲界西道接我鳳凰城○晴案潚水之北爲庫爾喀瓦爾喀二部
之地庫爾喀卽慶源江對渾春城之所轄也瓦爾喀卽慶興江對界
近海之地也

又東南至慶興府東旬受赤池之水

慶興府古渤海東京界也高麗時爲女眞所據宋大觀元年宗遣尹瓘吳
延寵擊逐女眞築九城　時設砦于此爲公嶮鎮內防禦所三年
還撤之入于女眞明洪武三十一年我　太祖　拓地至豆滿江因
古址築城于孔州尋以國家肇基之地改爲慶源府于蘇多老　明年
慶安慶也永樂七年我　世宗　移慶源府於其地有德
因女眞入寇還兩陵千咸州遂至其地宣德九年我　世宗
宗瑞措置六鎮明年修孔州舊城所改爲慶興縣○都護府
也○赤池在慶興府南十數里北與滿水相連池上有古城甚危
險世傳我　度祖射龍于此池蓋漢高澤蛇高麗龍女之類也　正宗
御製赤池碑若曰我　先祖度王嘗居于慶與之留後山下　卽斷卽夢
一神翁告曰我南池之龍也有客龍據我池將奪我酒宕願公善射諸
以一矢斃我敵事苟成我且知德伸慶公之後王許諾旣覺帶橐鞬登

府之南麓忽大雨暴作群動震悸而望見雲烟迷茫中黑龍自東北起
引白龍交戰蜿蜒千尺互相攫攬甲閃閃與電光爭燭　王欲射之
莫辨主客竟不發而瞶是夜神翁復覥于夢曰公旣諾我而終惜一矢
何也　王曰非惜一矢我不知誰爲客明日白爲客而黑爲主乃
誤也　王又翠弱於是又登于南麓兩龍交戰如昨日　王乃指黑爲發
一矢正中其腰於是翠弱又射南麓亦白射於龍淵蓋如
我則登其戠惟我家世慈問積仁澤舎光而弗耀率慶後之
卒能享天受命爲百神之所瞻矚徧往赤池之專特先人以
爲瑞而已龍覺能慶人哉乃銘也又五山車天格云慶與府南
十二里許赤池中有圓峯高三十五步圓九十步四面汩沕人未易通
穆祖德陵陵在峯上其葬也中國峯相之○滿水於此有慈滿江之目備考云
難遷唐于咸奧而赤池爲舊兆也○滿水

豆滿江至慶與府東經赤池爲慈滿江又云慈滿江在慶與南十里豆
滿下流即也按勝覽慈滿江源出白頭山北流爲蘇下江一作速
平江歷公嶮嶺至巨陽東流一百二十里至阿敦入于海又云
也春山在慶源府東七十里慈滿江邊而尹氏地圖有水出白
頭山之東北貌虎山南流爲蘇下江歷潭州平而東流又遼公嶮先
春嶺圍山城開陽城南只人吾巖城南而未城厚飛石城皆在慈滿江入千海而老串句
伐引也句安土句也雄城于而難然今考自山出九大水曰二
說慈滿江出於白山而東流自達于海也離然石城若據此二
魚澗也分界也克通娘水也兩土拉庫也兩訥晉河也鴨淥也也
則外此九者更無大水愁渚之出于白山抑何據炎且豆滿之北水之
自達于海者有諸淪遂分二河而諸淪之山南流入海
其流甚小不可以擬之河其流稍大然出於楼陵蓋集南
流入海亦不可以擬之也何況豆滿之外更無東流之水愁滿之東流

滿水又東南逕造山堡
北流之水而不知合於混同又聞慶源之外有南流之大水而不知出
於楼陵遂勒相膠合誤定源委然且界外荒遠無人明辨故人得以從
之也
滿水又東逕肇山堡
滿水又東遷幹東地元以穆祖爲南京而達怒花赤未我
始也　穆祖每至女眞諸千戶宴累累千戶所至
東　穆祖亦如之遂數相宴會　翼祖承襲亦如之後　翼祖威漸
盛諸千戶所手下之人皆歸心焉諸千戶所忌而謀害之乃謬告曰吾
等獵北地而來請停會二十日　翼祖許之過期不來乃親往且笑
關城　阿　道逢一老嫗戴水桶而來　翼祖渴欲飮老嫗告之曰此
虜之人實欲因兵謀害貴官也　翼祖遽遽而反使家人來舟順
河而下期會赤島自與孫夫人至慶與後覬望見孫東之野賊騎已彌
滿突遂入赤島避禍而事有非常如滹沱之水合爲徒還居于德源府
也
至鹿屯島入于海
鹿屯島在造山南二十里赤稊沙次麻島方言呼鹿曰沙兒參謂麻曰
參故目之也舊有農堡置兵今廢勝覽云豆滿江至慶與府沙次麻
島分流五里許入海備考云豆滿江東流經造山至鹿屯島入于海
余按鹿屯島有戰勝臺萬曆十五年二月忠武公李舜臣爲造
山萬戶破賊於此忠武公行錄云萬曆丙戌公造山堡萬戶丁亥
彙鹿屯島屯田官以本島孤遠且防守軍少爲虜屢報於兵馬營請添
兵節度使李鎰不從秋果擧兵圍公木栅有衣紅氈者數人在前麾
進公彎弓連中其紅氈者背仆于地賊退走公與李雲龍等追擊之奪

45

遭被虜人六十餘名公亦中矢傷左股恐驚秉潛自發矢而已鎰欲殺

公減口以免已罪收公欲刑之事閏令白衣從軍又慶與府志大鹿屯

島一名沙次麻在府南五十六里豆滿江入海處丁亥令逭山萬戶屯

舜臣兼掌屯田秋府使李景蘇率烟軍收穫有潛命印尼應介沙達阿

等嘯聚群胡於棚島先使騎兵圍棚柵縱兵大掠守護將吳享等戰死李

景蘇李舜臣胡殊死拒戰得免印尼應介閭壕而入別將李夢瑞一箭射

放砲鳴皷擊之殺傷甚多賊大懼更不敢近後人於其峯曰戰勝臺也

水逆提綱土門江源出長白山頂之東籠曰十門色禽東流若干島見

倒城皆散舜臣尾擊破之也其後忠武公之五世孫觀祥立碑于島之

戰潑臺上而弘文館挍學趙明鼎識其碑陰曰萬曆丁亥藩胡鹿圖

屯堡木棚公登鎮北三里許高峯而糵多路日暮遇其歸

數十里折東北流又數十里有一水自西北一水合二源自西南來會

俱長白支峰也東南流百餘里有一水合二源自西南來會

而東北流百數十里南岸受小水二大水一

几个土門自四北合一水東南流來會

至大山籠折北流受東來二水其東岸朝鮮茂山城也折而西

北受西來一水其東岸朝鮮良雍城也折東北流又折東南

受南來水三其東岸即朝鮮方山堡及會寧高嶺王坦鍾城濫關雍

南岸受水二又東北百十

北白與安嶺西南籠西南流合話水折東南合西來之卜兒哈兔河而

大七城皆濊江有小水西北流入爲其北岸至大山南籠有嘧哈哈兒河

東南來會亦巨川其南對岸即朝鮮穩城也

河來注之其西岸即朝鮮美錢嶺城也折東南流數十里又有東英額

西南又東南有輝春河自東北合二水西南流來會

水二又北流合二源自西南來會

土門江又東南百里受朝鮮西岸之水二

西南即朝鮮循鎮城南會慶源府城也又東南經輝春村

東岸茂山城北水日

又折東北二十餘里

西水洛川源出東源又折經城北而西入土門江又北一水無名

經茂山城又東南流入大海

其南岸當水曲即朝鮮慶與城

土門江又東南百里折東流百餘里合北來小水三

盛京志云寧古塔正南至土門江入海處約一千餘里○晴案今自滿

水入海之口西北距慶與府六十里正北距寧古塔千餘里而卵島麻

田島棧島皆在其口兩圍之鄭氏地圖富寧岳陽串惡海在於海口尹

氏地圖自此而東北又有熊島僉邑富白無黑無靑今自其入海

之口西行即歷西水維堡而達于富蘇鍾城東行圓渚淪河口遂分

河口迤而東南抵嗒咯塔山之南及慈縣河之口皆寧古塔東南界也

備考云白岳○晴案備考當添馬兒之

松島白岳以北諸山之水此原派自界碑發源至魚潤合

處爲四百里○晴案備考當添馬兒也會寧九之

之以南一條

備考關防篇云豆滿江沿自茂山三山社而始茂山十三水通墾烏兒

鍾城六十一十穩城十七慶源一百三十慶與一九十總八百四十四里又云

自三山社白頭山源出處三百餘里也〇晴案今揣其大略記其道里也

瀟水之源自天坪而發　東南三百餘里三山社

山　東二十五里梁永　東六十里豐山　東十里穎河　東二十里茂

舊婔河　東二十里會寧　北二十三里高嶺　北四十里防垣　北

三十里鍾城　北三十五里潼關　北二十五里永達　北四十里柔

遠　東二十里穩城　東北二十五里美錢　東南二十里黃柘坡

東南三十里訓戎　南三十里慶源　南三十里安原　南二十里乾

原　東南二十里阿山　南三十里阿吾地　東二十里撫夷　南三

十五里慶與　東南三十五里造山　東南二十里鹿屯島〇已上道

里凡一千二百餘里其沿水防戍之官都護府使六員兵馬僉節制使

六員兵馬萬戶六員樓管四員也

水道提綱自土門江南岸爲朝鮮東北境自注云國東北最遠者日慶

源府西北之穩城及美踐鎭城東十三度近十四度極出地四十二度

羈也彘東者日慶源府東南之慶興城及李鳳坡當土門江海口東十

四度五分極出地四十二度五分也又南爲海岸之西水洛城

洌水丁若鏞美庸著

外玄孫　金誠鎭編

從學　鄭寅普
　　　安在鴻　同校

地理集

大東水經其三

薩水即清川淀水即大寧水

薩水卽漢光武時蕃漢之界也我邦薩水之目總有三焉其一清州

之淸川新羅將軍實竹所戰薩水之原是也其一安州之淸川今經所

據是也盖方言薩者淸之意故清川皆稱薩水歟

句麗史云太武神王二十七年漢光武遣兵渡海伐樂浪取

其地爲郡縣薩水以南屬漢〇東國通鑑云薩水以北屬漢〇安順菴

云句麗在北樂浪在南故以薩水爲界也東國通鑑則未之審考以意

改易〇晴案薩水者安州之淸川也前漢四郡之地北自興京之界

南則于洌水後以支菟臨屯諸地合於樂浪而眞番之地入於句麗平

帝之時句麗南徙千國內城今楚山府隔水之地也則漢以北之疆土漸以

日蹙及光武時樂浪之從至二十光武還取樂浪復漢舊疆盡薩

水波及樂浪而漢地藏入句麗故至建武十三年句麗

意故清川皆稱薩水歟

水爲疆以南屬漢以北屬句麗越海遺吏以守之當時穢薩水之間

改易梗之所以越海也自此以後百有餘年漢奧句麗界於薩水南北

句麗梗之不見侵犯經所云蕃漢之界即此也若通鑑之改南爲北直是臆

相限不見侵犯經所云蕃漢之界即此也

料順菴駁之是炎

句麗史云國祖王四年秋伐東沃沮取土地爲城邑拓境東

薩水之源

至貊海南至薩水○晴案東沃沮者今咸鏡南道之地也本屬於樂浪東部都尉延武六年省都尉棄其地爲土肯之所有故句麗得以滅之然其邊界盡於薩水之北而已故薩水以南終爲樂浪之地屬於漢及曹魏之時句麗始徒平壤則蕃漢二府皆及於薩水之南三國遺事云遼水或云今大同江亦稱薩水○晴案願菴云三登縣執此以澄遺事之説非也○晴案顧菴云三登縣亦稱薩水恰過百有餘年也譯案詳見薩水中○又按遼水又有薩賀水之名詳在靉河中

其源出江界所府南薛罕嶺甲峴山谷中長白山南走之大幹自黃草嶺之西北爲辟罕嶺又南爲狼林山而至錢袋之山此大幹自黃草嶺之西一支爲白山爲甲峴爲道湯嶺及狄踰嶺江府之南域也而狼林以南之水注爲浿水之源北源詳見狼水中○又按遼東又有薩賀水之源以

西流逕柔遠堡南來逕狄踰嶺之水自北來注之
薩水西流至柔遠堡南亦稱柔院堡之成也置同僉節制使管于江界府也○薩水又右合竹田水左合池莫水竹田水出於江界府南竹旧嶺南來之也○薩水又右合池莫水竹田水出於江界府之故名今有遺川也○薩水出寧遠郡池莫水北八十里古有名鳳丹竹居之○薩水又西逕鳳城川也

薩水于此西南流于會牲川之水薩水又西逕長洞北左合廣城水熙川郡地也長洞水出於廣城嶺西于江界府也○薩水又右合竹田水左合池莫水竹田水出於江界府之故名今有遺川也

水入于此西南流于會牲川之水薩水又西逕長洞北左合廣城水熙川郡地也長洞水出於廣城嶺西嶺南流注于薩水盖狄踰嶺北谷之水爲神薩水于禿魯水南谷之水入于薩水也

流至眞倉與妙香山東谷之水會西北流入于薩水也流入于薩水也○薩水西南流至眞倉與妙香山東谷之水會西北流入于薩水也孤賀其狀如篁立於水漉長三丈餘稱立石也廣城水出於廣城嶺西

儒考云淸川源出江界之甲峴西流至柔遠鎭右過竹田出川左過池莫川西流又西南流爲束江左過狄踰川江府北○爲龍登洞經立石左過廣虎川又逕熙川郡東右受江之水逕東江左過狄踰川之次逕妙香川北

又南逕熙川郡東右受江之水逕熙州防禦使後爲熙川郡本高麗湳綠鎭也高宗四年改遼州威州防禦使鄕置郡守也○狗城水出於江界府之白山逕照川之白山南流爲此山水勢甚猛漱百里大明一統志朝鮮狗城在延州

川南爲狗田神水而注于秃魯水合之也○妙香山在寧邊府之源之綠都窖嶺之水合于薩水盖都窖北谷之水爲薩水也○狗城至義川右逕都窖嶺西南爲虎幕慶城之山又經杜川同茂之嶺而川郡南界也自狼林山西南流爲都窖

東南爲牧臼平稿云妙香山在延州之大莫之與比而長日之所分也地多香木冬靑薩水南平壤府之北又逕杜川北谷之水爲香水南平壤府之北與遼陽爲界山

之大莫之與比而長日之所分也地多香木冬靑賞也故諺道香祖杜鵑爲在古都太白山也○東史云東方力初無君長唐堯二十五年有神人降于太白山檀木下國人立以爲君國號割

史之傳疑也且我邦太古今多有合人所國優漱所出也但不可知也有妙香山之水其南者入于矢梨水流逕妙香西谷之水

薩水又西南逕魚川驛南左受妙香西谷之水于薩水其南者入于矢梨水流逕妙香西谷之水可知也有妙香山之水其南者入于矢梨水流逕妙香西谷之水

薩水又西南至猿領坡右合串水水出於慈州府韓城嶺東南流與
牛峴車嶺之水會迤西南倉及檢峴入于薩水熙川郡西四十里地也其
韓城牛峴車嶺三山之水也○薩水
又西南迤月林山下至魚驛東即寧邊府東北六十里也驛有察訪一
人以居之○薩水又右合開平水水出於寧邊府東北洞南流至
魚川館入薩水傍有驛日開平屬于魚川道宋寧宗嘉定九年
契丹金山寇高麗屯於延州南江開于南江者亦以千數○南江者指薩水也
就礪拔劒笑於驛中軍擊之又破之賊奔入香山官
不驛賊設伏於驛北急擊中軍奇存端直衝賊圍出入奮擊賊兵大潰追至開
軍追之斬獲二千餘人溺死軍出於香山之西北谷流入于薩水勝覽稱
○薩水又南香水入為水出於妙香山之西北谷流入于薩水也
香山川經所云淸川至熙川郡南右過西川兩洞員至猿項右過宋串浦至月林
備考云淸川至熙川郡南右過西川兩洞員至猿項右過宋串浦至月林

山為月林江南為魚川右過開平川又過妙香之南川鄕江也
又西南至寧邊府藥山之前
薩水又西南迤東萊院南為猿項津在寧邊東十五里
亦价川郡北四十里地也○薩水入於此有花遷之名勝覽云花遷江在
寧邊東二十里其源有二一出狄踰嶺東至十里為花遷江其一出寧
遠郡西流至四十里合流于熙川郡為鳳丹城至寧邊府東為花遷其
說粗踈踩不可從也○薩水又西南迤寧邊府南府本撫州地也古爲雲
南郡鴨一為撫州我
州古城我太宗十三年改為撫山縣世宗十一年改為寧邊大
都護府徙治于藥山城今日所在也其城險固四面陡絕故郡縣瓷
山城古置平安道兵馬節度使營于此仁祖二年兵使李适以城反其
後逐罷之以其險固之地不可留也○薩水又西南迤价川之瀦日嶺西流由直洞與白雲山水及
郡北界左合釜水水出於价川之瀦日嶺西流由直洞與白雲山水及

右會孔浦水

孔浦水出於雲山郡柳洞嶺南流為委曲水左出城
及雲峴南流入于孔浦其傍溫井故名之也○孔浦又西南迤馬郡臺三峴至延州古
岐下左合平安水水出於雲山東南流迤白碧山東林山
孔浦寬所稱平阻川是也○孔浦又西南迤馬郡臺三峴至延州古

有薩水之目故諸書所稱詩據安州而說下爲
三國史地理志云薩水未詳○高麗史地理志安北府有淸川江古稱
薩水即高句麗乙支文德敗隋兵處百萬之地○倪謙朝鮮紀事云淸川
江一名薩水源出香山與博川江合流入于海○晴案水至安州始
合即安州東三十里地也○
深不可測卽鴨綠峴在价川東二十里源出卽結峴
山水合爲登淵入于薩水勝覽登淵在价川東二十里源出卽結峴而復
○薩水又西南繞城無骨洲而復

月峯山水合運价川郡南與射山水合西北流迤乾止山下與深靜
化領城邊北四十里地也其州本高麗密雲郡安一州光宗二十一
改為延州鴨一州恭愍王十五年陞延山府我世宗時合于寧邊府
浦水也○孔浦又西南迤雲山郡按高麗史恭愍王九年紅頭賊來寇王以安
祉祖郡萬戶李芳實以雲山郡上萬戶雜干咸從偽元卻沈刺黃志善
賊退保領山縣芳實以精騎一出至延州安祐金得培白珍亦
率精騎繼至賊窘渡江永賖死者殆數千賊登岸作隊為抗狀軍疑
冠欲畏敵死戰欲兵不追是夜賊遁所稱延州江即指此孔浦水也勝
覽云雲山東川一出碧潼郡境至寧邊府沙灘亦指孔
藥水水出此蹲峴領東南流入于孔浦又西折而東右合
浦又東南流左合沙水水出於寧邊府境仇頭嶺西流入于孔浦○孔
沙灘軍邊北四十里也○孔浦又東迤柞峴及玉女山至寧邊府西為日

九龍水匯而為淵其名曰塔淵下為決勝津乃名孔浦勝覽云夫伊塔

淵在寧遠南十五里即仇晋浦支流仇晋浦者孔浦也○孔浦又東至

無骨州之北入于薩水勝覽云仇晋浦源出理山郡牛嶺經寧邊府西

東流無骨島入清川是也

又西南逕安州城北為薩水

州本高句麗息城郡也新羅時為重盤郡高麗初為彭原郡後為安

府又稱寧州我朝改為安州又置平安道兵馬節度營于此也○水北

至安州城北為清川乃古之薩水也

隋書煬帝紀云大業八年下詔伐高麗[左十二軍右十]

會高麗將乙支文德來詣其營先與于仲文俱奉密旨令誘執文德

二軍總一百一十三萬三千八百其餽運者倍之近古出師之盛未之

有也七月壬寅宇文述等敗績于薩水右屯衛將軍辛世雄死之九軍

並陷○又宇文述傳云及征高麗述與九軍至鴨渌水糧盡議欲班師

既而緩縱文德逃遁述與諸將度水追之文德見述軍中多飢色故欲

述衆每鬪便北述一日之中七戰皆捷既恃驟勝又內逼羣議於是遂

進東濟薩水去平壤城三十里因山為營文德復遣使偽降請述日若

旋師者當奉高元之朝行在所述見士卒疲弊不可復戰又平壤

險固卒難致力途因其詐而還衆半濟賊擊後軍於是大潰因渡遼東

九軍敗績一日一夜還至遼東城惟二萬七千人○晴案九軍三十萬

五千人及還至遼水行四百五十里○晴案此文薩

水明一統志朝鮮篇云西南入海舊名薩水○董越

大明一統志云清川江在安州句西南入海舊名薩水也

朝鮮賦自注云安州城下瞰薩水上有百祥樓即隋師伐高麗時敗績

處又名清川江城內有安興館○勝覽云清川江古名薩水○晴案今清川

高麗乙支文德大破隋師三十萬於此○備考云清川江古名薩水○晴案今清川北岸有神祠祀

典載於小祀春秋降香祀致祭所以贍薩水之神也

博泉李沃七佛寺碑云世傳隋人既次薩水見七僧徒涉意其淺而隨

之麗人濟其後隋入太半沒溺不得渡大敗遣去句麗之捷冥祐是

賴天順四年我世祖大王徇西土詢古跡于父老命於江上置梵宇

塑七佛而發之又命知兵曹事韓繼禧紀績于領今安州事朝中臨

灘中有七佛洲之也也○案今安州城北有百祥樓下臨薩水有瀾日韻渡

也故遼寺以祀之列置七右以來七僧君子日爰居之祀聖人以為不

知七僧之說荒誕不經朝延姑取之耳

高麗史安祐傳云恭愍王八年紅賊入鐵州祐時為安州軍民萬戶將

七十餘騎登山息馬猝值賊帥毛貴揚兵大出將士皆懼祐誅笑自若

從容躍馬引兵直前阻清江而陣誠歐登樓稍賀勇兵馬別官丁

費審齡大呼先登橋斬賊將一人賊稍卻祐與大護軍李芳寶將軍李

薛李仁祐等查擊大破之○晴案萬曆壬辰日本大學寇我已陷平壤

遼東副德兵祖承訓來援使宣沙盈使張佑成造大定水浮橋老江盈

使閩繼仲遺薩水浮橋以渡天兵旣而承訓敗之平壤不利引江還至安

州急渡雨水駐軍於挖江亭蓋忍跣之追歐前阻二水也嘉慶壬申

嘉山土賊洪景來反襲博川郡踰大淩會賊為君則占六壬謂淸水堅

筮度使李齡戒嚴郡縣大淩會賊為君則占六壬謂淸水堅

古逕止之○晴案止為淸軍官所敗也

高麗史金就礪傳云高宗三年金山兵入寇就礪為金吾衛上將軍領

五軍次于安州就礪薩灘戰不利賊氣得馳突就礪與文備

仁謙逆擊之仁謙中流矢死○又趙沖傳云金山兵閩入北郡○中軍元

帥鄭邦輔等耀兵隁川賊遁去五帥追賊乎安州行至神祖薩灘過

兩而止營酒宴樂不設備賊兵大至五軍大潰賊追至于宣義門焚黃橋

而退○晴案太祖灘亦薩水之灘也

備考云淸川經杏亭東萊之院南爲獐項之津花裡之江左過釜淵至
無骨島右過孔浦爲薩水經安州城北至七拂島播爲二水合而西南
流

薩水又西南迤古城堡南右與淀水合

薩水又右合二水一日新水出於安州馬頭山北流來之也○薩水又西南迤古城堡南而大
定水注之堡古高麗安戎鎭也今遣同僉節制使以守之

至廣通院下又與大定江界合流百餘里入于老江前洋備考云淸川西

勝覽云淸川源出妙香山南經安州城下西流三十里與博川江合入海
麟州大君云淸川源出妙香山南經安州城下西流三十里與博川江合入海
南流右過新川文川至古城之嶺爲古城江至海望之隅爲老江大寧
江自北來會入于海

永遠至老江堡北句入于海

輿猶堂全書　第六集　大東水經　卷七　　八

老江堡在安州西六十五里有水軍僉節制使以守之是海防也昔海
路朝天之時或自薩水而發船按槻院舊錄光海君辛酉以後朝貢海
路自宣川宣沙浦發船至登州下陸海路總三千七百六十里然或發船
之處亦非一定丁卯以後或從甑山之石多山或從咸從之
水入海之口故故海沙埠灘漢嶺船歷長杆灘蘭山沙埠灘老江堡至郎山之
安州淸川之碑下發船此薩水口發船之實也
爲八十里自此凡十有五日下陸於登州此以南天磨靑龍吉祥
備考云甲峴狄狗峴以西香山調日姑射馬頭到雲山北諸山之
以東水道里則自峴始　　西五十里柔遠　　西南一百里熙川　　西南
水入此
其沿水道里　　西六十里安州　　西南三十里古
八十里魚川　　西南六十里寧邊　　西南
城
四南三十五里老江　　已上凡四百一十五里

水道提綱云靑泉江二源一東北出寧遠城東北大山與德川東北源
流入滇水者只隔一山西南曲曲流經西川城南至安州東北而
北源來會○北源出南源之北九十里大山西流合北來一小水又
西曲曲而西南流經西川循嶽山西南諸山北龍耳山之西又
寧城城北垼折而西南流源長五百里中只隔山二
又西兩入海源流長五百里中只隔山二
淀水

淀水　淀水出於義州東北天磨山之東
此大定水也亦云大寧水至博川郡乃得其名焉
龜城朔州三邑之界明一統志朝鮮篇帶雲山在朔州西南
是山之水西會玉江永南者爲大定水其發源處有
堅曰天磨　置同僉節制使以守之管子朔州亦所以防嶺阨也
十餘里

東流逕古朔州合其薔谷之水
大定水東流爲白呂水勝覽云白呂子川在朔州南五十里天磨山南
流入兄弟川是也○大定水東流爲白呂水勝覽云白呂子川在朔州南即其古城也高麗置州
于此我　世祖十二年徒治于小朔州兄弟水右合二條水大朔州經
大定水又左合六條水右合二條水大朔州經大朔州北與五峰水合考云大寧江源出義
昨幕嶺之水會南與靑龍劒水之水合爲劒水其西有城長二千五
有五峰嶺達昌城之路也水凡出於此嶺山及劒隱山出於南流入于大定水
自龜城達昌城之北有靑龍山及劒隱山出於此兩山之北南流入
墻緣山而築以載嶺阨放置兵馬萬戶倅昨幕嶺之東有城長二千五
百三十一步者曰大防塔其西有城長一千五百三十一步者曰小防
是六條水也龜城之路也倅幕嶺之東有城長二千五
于大定水是二條水也勝覽云兄弟川在朔州南六十八里其源有二一
于大定水是二條水也勝覽云兄弟川在朔州南六十八里其源有二一

輿猶堂全書　第六集　大東水經　卷七　　九

淀水又南逕泰川縣東

縣本高麗光化縣也<small>今爲泰州我朝爲泰川縣也</small>○大寧水
又左合松林水水出於泰川之牛峴嶺西流入于大寧水也○大寧水
又南爲花赤水逕烏知遷下遷者古方言水崖石路也勝覽云烏知川
在泰川東十里其源有三一出昌城府靑山<small>又按一出朔州府</small>
出古龜州之水號曰滄浪<small>龜者卽此</small>一出朔州府

西受龜城之水號曰滄浪
龜水出龜城府西八營山南流爲皇華水過其府東本高麗萬年郡
也後爲泰州我朝爲龜城隆都護府也府之西北有淸凉靑龍藏窟
菇等山而此山之水皆南入于龜水也○龜水又東屈而南右合丘林
水水出於天翻山東流來合之勝覽云仇林川源出檢山是也○龜水
又屈而東遷泰川縣南左合玉浦甫同之勝覽云仇林川俱出於安泰山南流來入
于龜水也○龜水又東北流至夾水臺下入于大寧水也○大寧水又

南爲滄浪之水遷斗尾坡有鎭江之目勝覽云鎭江在寧邊府西四十
八里源出朔州至嘉平遷書流三十里經寧邊府者是也○大寧水又右
合塔峴水左合撫州水其塔峴之水出於泰川之林泉出東流來合之
撫州之水屬于嘉澄在於此水之源故有斯目也備考云大寧江自西來會爲渭
于泰州之水屬于撫州遷在於松林川南流由烏知遷至夾水臺與龜城江自西來會爲渭
川之北左過松林川南流由烏知遷至夾水臺下過撫州川
浪之水經斗尾遷句麗東明王之所渡莊無據也○平水出於三
郡本高麗博陵郡西一<small>亦受其郡前之水</small>後爲博川郡而淀水逕其郡之
西亦嘉山郡來境也明一統志朝鮮篇云大定江在博州府淀水逕使
朝鮮錄云大定江在嘉山郡東十五里古稱大定江一名博川江皆指
此也今人以此水爲句麗東明王之所渡莊無據也○平水出於三
漢峴九龍水出於臥龍山俱西流入于淀水經所爲郡前之水卽指是
也

後漢書夫餘傳云初北夷索離國王出行其侍兒姙身王出還欲殺之
如雞子來降我因以有身後遂生男王令置於豕牢豕以口氣嘘之不
死徙於馬蘭馬亦如之王以爲神乃聽母收養名曰東明長而善射王
忌其猛復欲殺之東明奔走南至掩滅水以弓擊水魚鱉皆聚浮水上
東明乘之得渡因至夫餘而王之○魏書高句麗傳
云先祖朱蒙母河伯女爲夫餘王所閉已而有孕一卵
大如五升棄之犬豕不食棄之路牛馬避之野棄之衆鳥以毛茹之
追之甚急朱蒙告水曰我是日子河伯外孫今日逃走追兵且至如何
奄烏引烏遠而字二人棄夫餘東南走中道遇一大水欲渡無梁夫餘人
得濟於是魚鼈並浮爲之成橋朱蒙得渡魚鼈乃解朱蒙遂至紇升骨
城居焉<small>北史亦然</small>○句麗史云始祖東明聖王諱朱蒙節夫餘人謀殺

之乃行至淹瀦水魚鼈成橋乃至卒本都焉○晴案日子卵孚家驅繁
橋之說卽俚安誕不可稱述而諸史所記參錯不同後漢書及魏略梁
書並謂東明自北夷而南走乘鼈成橋而至夫餘魏略謂朱蒙自夫餘而
南走乘鼈橋而至卒本北史隋書則別而二之以朱蒙之鼈橋屬於句
麗始祖東明之鼈橋屬於百濟始祖至金富軾之作三國史德以屬於
句麗東明朱蒙合爲一人蓋其說都是夸誕紾第當就驗耳夫餘者今
之開原縣也本者今之興京界也濃後漢書則鼈橋之水當在開原或盛京之
北今威遠門外遼河上流易屯河上流必其所渡水南一步地則所謂
魏書則鼈橋之水當在開原之南興京之北今開原之淸河或盛京之
渾河必其所渡也蓋朱蒙之始起其跡不得驗渉水南一步地則所謂
賦云淹瀦水一名蓋斯水在今鴨淥東北句○星胡瀷說云朱蒙所

唐李賢注後漢書云今高麗中有蓋斯水疑此水是掩瀦水也○金富

渡淹瀦水恐亦鴨淥之源也○安順菴云瀦晉斯金富軾云在鴨綠東
北以鴨淥上流源出處信也○暗案淹瀦二字諸本不同後漢書作掩
瀦水魏略作施掩水隋書單稱蓋水隋書句麗史作淹
瀦水轉譯之殊也但唐時句麗據有遼東章懷所稱蓋斯水必指淸河
者渾河也金富軾所云在鴨淥東北者亦甚不核然則非我國之地也
前人或已知之矣○又按高麗史世家宣宗五年遣使于遼請罷榷場
表曰自天皇鶴柱之城西收彼岸限日子鼈橋之水割我疆此直以
鴨淥水爲淹瀦誤甚矣董越朝鮮賦云自新安而度大定自注云大定
江在博川郡卽古朱蒙南奔到此魚鼈成橋處又名博川江○勝覽云
大寧江在嘉山東二十里古稱蓋泗江又名博川江俗傳朱蒙自北扶
餘南奔到此魚鼈成橋因之利涉故名○備考云大寧江一名大定古
稱薩泗江○晴案勝覽之云蓋泗近也然句麗之始起
也其疆界不出於淥水以北而今平安一道終爲中國之所管轄至其

太武神王之時漸得漢地遂據浪諸縣半得疆理故其末年與漢
爲界始以薩水以南屬漢以北屬句麗上距朱蒙建國之時已八十一
年矣然則朱蒙未嘗夢到博川安有所謂魚鼈成橋之事乎况卒本
者今之興京也自博川而到興京也是北走也非南走也烏可乎哉
此皆絕無考據而愚空爲說斷不可信也
淀水又西南逕嘉山郡東未遼入于薩水
郡本高麗信都郡也後爲嘉州我朝爲嘉山郡而淀水遼其
東北亦博川郡界也嘉慶辛未冬之末土賊洪景來萬君則李禧著郷
散行等聚黨於多福洞夜襲嘉山郡守鄭蓍死之分兵行掠博川縣守
令或降或走壬仲正月賊使尹郁烈等倉卒起兵擊賊至博川津
頭賊走保定州城義州人金見臣許沆臣致緯等起義助官軍　鄒廷
遣巡撫副使朴基豐更遣柳孝孫孫堅守不下或出兵襲之官
軍多死城固難拔諸將合議乃鑿穴至火將臺實火藥於穴中從以火

之城乃崩諸軍乘而入五月賊薨悉平○勝覽云博川江源出昌城府
浮雲山過泰川縣合于安州之老江備考云大寧江經沙土嶺爲博川
江右過佳之川左過長坪川九龍川至老江之海罌隅東與淸川會
水道提綱云大定江東北出耑泉江北源之西隔山之西南流合北
來一水折而西又西經博川城南白碧山南合北來雲山之水
又西南合北來龜城東北山水又西南流受北來一水南循大山北麓
經嘉山城南壤安州城西北境西南入海此水源流長四百餘里○海
口東南與靑泉江相去二十里自源及流與靑泉江過不隔山
浿水一說寧遠德川价川肅川
古經曰浿水出樂浪鏤方縣東南過臨浿縣東入於海
此桑欽水經文也浿水今大同河也樂浪郡名今平壤府也鏤方縣漢
時屬於樂浪郡名今德川价川等地也臨浿縣即浿水縣亦屬於樂浪郡
今順山江西等地也大同水始出西南流中屈而南終之以西南故此

經記之以南流也

酈道元注云浿水東北入海一曰出浿水縣
志曰浿水縣在樂浪東北鏤方縣東　見四郡　十三州

昔燕人衛滿自浿水而至朝鮮朝鮮箕子國也漢武帝元封二年遣
楊僕荀彘討右渠破渠於浿水遂滅之若浿水東流迤故樂浪郡
今高句麗之國治余訪蕃使言城在浿水之陽其水西流逕故樂浪朝
鮮縣而西北流放地理志曰浿水西至增地入海又言東暆縣爲
云浿水者平壤之大同江也浿水出其縣西蓋經證也〇先生
經曰泗水出谷居庸關東若是者不可勝數浿水之云古不事考膠證誌也
日汸水東逕武都氏縣汝水出塞溝鄉西溫餘
方輿紀要縣東濰浿水北過平昌縣東又北過淳于縣東若
水出上谷居庸關東若是者不可勝數浿水之次一旬即此文例也經

是者不可勝數浿水之次一旬即此文例也經曰湘水北至巴丘山入
於江夏水東至雲杜縣入於沔若是者不可勝數浿水之末一旬即此
文例也經曰沮水南至枝江縣北旬入於江經曰澠水出江夏平春縣
西又入於大同江若是者尤其文例之酷肖者也桑欽何嘗以
浿水爲東流截今平壤之大同江明出德川縣東　方輿　南過
西又入於大同江若是者尤其文例之酷肖者也桑欽何嘗以
雖其下流徵近西南平壤以前本是南流直云南流未嘗不可云
一反其師說乃體〇執此跡而求此水將亦終年而不得矣〇賭案
桑本不渡大同江　文見　執此跡而求此水將亦終年而不得矣
兩漢及曹魏地志並無臨浿縣之日此即浿水縣也許叔重之云出浿
水縣者已是傳聞之誤而酈善長乃詿出其縣而逕鏤方則顯與經背
不可從也闕眲之說亦是傳聞也

古今浿水之說總有五家其一以鴨淥河爲浿水史記朝鮮傳所載是
也其一以大同河爲浿水史記及班氏地志所言是也其一以瀦
灘水爲浿水隋書史地志及勝覽所言是也其一以淸川水爲浿水史
地志及一統志所言是也其一以軒芋灘爲浿水韓久菴地志所言史
也諸君之中桑氏水經最得其正故此經特云平壤之水者從桑氏之
經也

史記朝鮮傳云全燕時嘗略屬眞番朝鮮爲置吏築障塞〇先生
云史記明言浿水當此浿水登復有碻鮮
秦滅燕屬遼東外徼漢興爲其遠難守復修遼東故塞至浿水爲界
役屬眞番朝鮮爲界〇先生云浿水當此浿水登復有碻鮮
燕王盧綰反入匈奴滿亡命　車走出塞渡浿水居秦故空地稍
平王險也遼東故塞而浿水爲界若以大同江當此浿水亦有碻鮮
指爲浿水而以大同自不得皇都平壤浿水之場鴨淥不
燕王盧綰反入匈奴滿亡命　即渡浿水居秦故空地稍
旣明乎今人或執此文又以巨瀆河爲浿水尤大謬也浿與復修

遼東故塞則旣略遼矣旣渡遠寧復得以浿水爲界乎遼河浿水之間
更無大水浿水非鴨淥也

史記又云元封二年涉何誘諭右渠終不奉詔何去至界上臨浿水使
御刺殺裨王　即渡浿水馳入塞其秋樓船將軍楊僕從齊浮渤海左將軍荀
彘出遼東討右渠先至右渠發兵撃樓船楊僕失其衆遁山中
頗出遼東入中遙遁左將軍出浿水又安得浿水之西而楊僕敗於平
壤浿水之東臨浿水又云衛山往諭右渠左將軍渡浿水而會之途
左將軍又云衛山往諭右渠左將軍渡浿水而會之
史記又云左將軍破浿水上軍乃前圍其城下　〇先生云浿水在平
平浿水者鴨淥也又云左將軍出遼東入鴨淥之西而鴨淥往會
之西直臨浿水涉何安得左界雨臨浿水西界軍
之西道臨浿水涉何安得左界雨臨浿水西界軍
中十餘日復登左將軍撃浿水西界軍
終遠故塞則旣略遼矣旣渡遠寧復得以浿水爲界乎遼河浿水之間

不渡浿水非也者云浿水是大同以解矣
史記又云衛山往諭右渠左將軍渡浿水上軍
居城南　朝鮮　〇先生云右渠出師軍於鴨淥河西北此所謂浿水上軍

與猶堂全書

也○魏略西漢紀

魏略云朝鮮王否死其子準立及漢以盧綰爲燕王朝鮮與燕界於浿
水及轄反衛滿來渡浿水詣準降○臣瑾案漢書注云王險城在樂浪郡
浿水之東也○晴案魚豢辭墢之說亦以鴨淥河爲浿水者也

滕覽云漢與修遠東古塞至浿水爲界衛滿滅亡命東渡浿水都則
以鴨淥江爲浿水也○又鴨淥即馬訾也馬訾奧浿水同時分兒
於樂浪玄菟二郡○安順菴云地滕覽及吳
澐案史纂要疑衛滿之渡浿之耶大同稗浿之後人亦多從之誤奏浿
日逢東外徼日蟠築塞日古秦空地似今海西之地也今之漢陽
有平壤之名據三國史新羅金憲昌之子立都于平壤百濟近肖古王
取高句麗南平壤都之皆指今漢陽也意著戰國之末箕氏失之東遷

于今之漢陽而遼稱舊號耳然則衛滿所都之平壤亦今漢陽也浿水
之爲大同江信然矣又云列口即今江華之地而史記楊僕先至王險
及定朝鮮帝以僕先縱失亡多嗾爲庶人上云先至王險下
云列口則其不遠可知○先王云楊僕先至王險而罪之以先至王列
口則順爲先以漢陽爲王險而則司馬遷不錯認浿水其有據然今黃
海衰之地本以臨屯後爲爲樂浪南部之義則今之平壤當
也晴案浿北部無線以浿陽爲南部也畢竟是司馬遷錯認不可立新義
爲樂浪專擄平壤之稱以漢陽爲衛滿所都然而平壤之名起於
曹魏之時在漢但稱王險而已可以比證之也況武帝之置四郡以
右戴所都爲樂浪故其治日朝鮮縣也而今黃海之地後屬可
僕浪南部今若以漢陽爲樂浪則其南部當在於忠淸全羅之道烏可
乎戴列口者今之江華也江華椒島不過一帆風之間不如浿水沿
僕自青州發船風勢少差誤至列口不是異事也班固之志始知其蟄

與猶堂全書

馬訾浿水分而二之此正文也○又按陳琳檄奧將文云若使水而可
恃則朝鮮之强不刋南越之連不杖右渠怜浿水以爲固也則是
鴨淥河也皇壅奧亦以鴨淥爲浿水者史記也
右辨淥水非浿水蓋從史記也
漢書地理志樂浪郡屬有浿水縣有浿水自注云水西至增地入海本日樂鮮
亭浿
西安平水入海○先生云飯山縣也
又西蓋馬縣自注云馬訾水西南
淥日馬訾水增地者今之○史記之謬此飯日浿水鴨
純甲史記之文奧浿水增地也者改正至撰地理志始刋二水蓋其學衛奧柔欽淵
源本同故其詳核滕前人也○時案王恭之改浿水縣爲樂鮮亭者以
近於樂浪朝鮮縣也則其縣接界今平壤接界
北史高句麗浿東之役護兒時浿右翎衛大將軍樓船指滄海入自
來護兒傳云遼東之役護兒時浿右翎衛大將軍樓船指滄海入自

浿水去平壤城六十里與高麗相遇○唐書蘇定方傳云定方破高麗
柰於浿江奪馬邑山爲營逢圍平壤○明一統志云大通江在平壤城
東奮名浿水○晴案自桑氏地志以後史傳所記甚多今不復提證也大
同河爲浿水更柰以浿水出遼東奧外西南至樂浪縣西入海也
張守節正義云浿水則張說正指大同江也
新羅史云文武王十年○唐高宗○晴案唐時者以大同江爲浿水也
自竊牟城至浿江南爲州句麗水臨城城人年岑大兄收合殘民
來於浿江舉○宜德王二年○代宗發使安撫浿
江南州縣三年巡幸浿州移民戶於浿江鎭
永徽元年○弓蔔取浿西道八年浿江道十餘州置降於弓蔔傳云聖
安徽濊山北諸郡人一萬築浿江長城三百里○孝恭王二年○命牛岑
元聖王元年○太守白
册元年○憲德王○分定浿西十三鎭平壤城主黔用降○東
國總目云新羅

興猶堂全書　第六集　大東水經　卷七　十八

聖德壬丙子[帝勅賜浿江以南]○峨案新羅史所

韻浿水皆大同江也若句麗百濟史所記浿水是上流之能成江也詳

在瀧水中

頤寰與高麗太祖書云掛弓平壤樓欲馬浿江頭○金富軾云浿水大

同江也何以知之唐書云平壤城浹樂浪郡也隨山屈繚過浿江口椒島○永[得歆]

又志云登州東北海行過大謝島龜歆島淤島傍海壖過浿江口椒島

羅西北○乂隋煬帝東征詔曰滄海道軍舟艫千里橫絶浿江迢迢

平壤城○以此言之今大同江爲浿水明矣○峨案浿水者

大同江之正名

右辨浿水非浿水

高麗史地理志平州有豬淺一云浿江○峨案勝覽及安順菴說並以

稀灘水爲浿水謬矣詳見浿水中

右辨大同河爲浿水之正

遼史地理志東京遼陽縣本漢浿水縣浿水亦曰泥河一曰蓒芋濼

水多蓒芋草○大明一統志云清河源出蓋州衛分嶺西南流經城南

又西流合泥河入于海泥河一名浿水又曰蓒芋濼水多蓒芋之草[明一統志]

盛京通志云淤泥河在海城縣西南六十五里接遼史之乃以到朝

在漢浿水縣北浿水亦曰泥河一曰蓒芋濼明一統志從之乃以到朝

鮮大通江爲治水今淤泥河源出聖水山流至迷眞山西散漫則其

即遼之蓒芋濼云○備考云浿略朝鮮界史

築郡而漢以其遠難守築遼東故泉至浿水爲界○則燕之置更至

於浿水之薛下則漢之遼東郡及於鴨江則浿江之爲浿水乃炎

東之南者而泥河之爲浿水又云浿水入海處則鴨江

實非漢縣之浿水也又云浿水增地在今海城縣之迷

眞山西○安順菴云漢志遼東郡西安平縣有馬訾水入海一名浿

以北皆屬遼東樂浪諸縣何以攙入其間耶大抵遼史地志多不可信

興猶堂全書　第六集　大東水經　卷七　十九

○先生云我邦之振威縣有淸淮又漣川縣謂之臨漳登即爲淮水淳

水平名稱偶同不足辨也○峨案樂浪郡縣不得在於遼東遼史之說

非也泥河小流之不足爲界備考之說非也蓋秦說燕文侯曰燕東有朝

鮮遼東朝鮮在浿水以南也治皇本紀曰東至海暨朝鮮略云云箕

服屬于秦則燕秦疆域臨浿水而南炎何苦覓浿水於渌水之北乎

右辨薩水非浿水

韓久菴百謙云浿水漢皆以浿水爲朝鮮北界其非大同江明甚矣又

郡縣廢之已久邑號地名皆懸聞錯傳多失眞今當以漢書爲正○又

云浿川江至永柔縣山之間入海領浿水淸川者庭水也非浿水也平

驗○峨案秦漢界者鴨水也淸川者庭水也非浿水也平壤之近浿

水是信筆非懸錄也久菴說誤甚矣

右辨庭水非浿水

李芝峯云我國浿水有三[鴨綠浿川大同]戰國策朝射東苕夕發浿丘蓋指

我國浿水而言○峨案楚國策敵鵰者之言有浿丘一箇其下即云夜

加田墨則泰山之北舉矣此指齊地非指我國也左傳齊侯游于姑棼

遂田于貝丘杜預注云貝丘齊地也樂安博昌縣南有地名貝丘[昌縣近上其字或]

水經注浿博昌縣故國策有浿丘之文史記楚世家亦作浿丘括地志云

加水作浿故國築有浿丘之文此明是齊地非所擬以我國也

丘在靑州臨淄縣西北此則齊地浿丘字雖異而晉既可似是一水

○安順菴云漢志遼東番汗縣有沛水沛浿字雖異或以大渥河爲浿水

耶○峨案沛水非浿水藥泉以意言之也但今人或以浿沛混稱而終不言沛則豈皆誤

南藥泉云沛水非浿水藥泉有靑石嶺詩曰今之巨流古之浿玆山恰以大渥河爲浿水

亦非也朴楚亭齊安靑石嶺詩曰今之巨流古之浿玆山恰以箕封內

故蒸城上指明即

蓋水經釋浿水出鏤方縣而盛京通志引遼史云紫蒙

縣本漢鎭方縣在今開原界內故遼有此疑也然漢志鎭方縣本屬樂
浪樂浪諸縣皆在浿水之南豈可遠引北夫餘之地以爲屬縣乎違制
郡縣之名本於新地冝以舊名句麗渤海之跡因此多亂而撰遼史者
不辨本末多致紕繆有此肶晦也

唐書高麗傳云巳平百濟餘勠有此肶晦也出沮江還東平壤道討高麗〇
韻府浿江之形誤也魏略別錄浿水今本多作浿江
又唐書地理志貝江口椒島亦浿字之省也

右辨浿水雜說

其源出寧遠郡衆北狼林山合其左右諸谷之水
狼林山亦云樂林山在寧遠東北一百七十里辟窂嶺之南仲也跨據
水皆東南入于浿水此右諸水也備考云大同江源出寧遠內樂林
之白山南流至樂倉右過隱川左過小龍川西南流爲黑淵
城川至古倉右過廣城川折而南流經長遊勝覽云黑淵之源一出狼
林山一出池莫山合而南流旱禱雨

大幹爲三劍山 馬險嶺橫天嶺而此幹以西之水皆西北入于浿

南沇過其郡西又西南至今城山
郡本浿鎭方縣界也高麗爲寧遠郡
世祖辟別之爲寧遠郡〇金城山在德川郡東二十里三面絕壁頫臨
浿水上有金城周三千一百二十尺我 太祖時所築今廢
屬而北流左合浿水
漢水亦云浿灘出孟山縣北安都山西流逕德林至其縣北縣本高麗

鐵瓮縣後爲孟州我朝爲孟山縣也〇浿水又西南至北倉左合二條
水一出於巨雙嶺日東川一出於朴達山繞孟山縣之南曰南川在孟山
入於浿水也〇浿水又北流逕獨將續入于浿水勝覽云大川在德川
北二十里朴達豆無安都里山之水合而爲一西流至德川郡東爲癭
灘

浿水又屈而西逕德川郡南
此放名　川〇浿水又西北爲三灘以受邊之水
〇浿水又西逕德川郡北椴山東南入于浿水也
又西流逕德川郡南郡本浿鎭方縣地也高麗爲還原郡
德川我朝縣德川郡〇浿水又西至大德山南右過奕樂次水出价川
郡踢嶺山南流與妙香山南之水合又與頓山水合南入于浿水也
備考云大同江至寧遠郡西爲仇淵又西南流至金城山北沇左爲癭
灘右過長林川西流爲凝江縣德川郡南至大德山右過矢梁川
又南匯爲龍輿

浿南匯爲龍輿
川郡城即今郡東彌勒嶺之北石穴爲月浦水又北流
逕龍巖巖有胀龍潭〇浿水出順川郡東彌勒嶺之北石穴爲月浦
水至三里入于浿水天將水亦謂之釜淵在古順川北四百餘尺映龍七里
流至三里入于浿水也黃江漢景源云順江之東其洲曰
有漱周亦四百餘尺流入于浿水也龍嶼在古順川北四百餘尺映龍七里曰
臥龍之洲洲南亦削奇石十步爲霞景源之上爲水又四二里爲霞景源泗之右爲峰
若五在洲外赤削奇石以爲壁下五峰之影見於水自
湖以北浴洞洞入于灘江自洲以西沂游之出於橫城洲四面皆臨澄
江而一面可泊舟者謂之某津東沂者受平津也〇臥龍洲者即龍

與猶堂全書　第六集　大東水經　卷七

嶼也

折而西流迤無盡臺

浿水又西迤貍岾至無盡臺按勝覽安平津豆音津鸞堞津貍岾站俱

在順川郡東一百十里又有廣泉南流入安平津皆此浿水之渡也○

浿水又西迤价川縣南縣本高麗安水鎮後爲連州又爲價州改爲

价州我朝爲价川也

浿水又南迤順川郡東右受九曲之水

浿水又南爲靜戎江迤順川郡東右爲順川我朝爲

順川也黃江漢源云浿水出順川郡本高麗靜戎郡後爲順州我朝爲

上有斜灘下有歧灘其南流爲城巖津源之爲郡處順江歧灘

之陽其東曰龍柄之山由浿水逆順江而上者順江而

下者風帆相接嘗出于兩山之間昌順江昌靜戎江也○浿水又左

得貴出水按浿水至順川東爲斜灘城巖津而其東三十里石壁之

下有穴周圍數十尺飛泉湓出流入于城巖津是貴出水也○浿水又

南左與錦溪水合錦溪水出於順川江柘山之石穴南流爲新倉爲長善通

西流與崇化山水合入于浿水也○浿水又右合九曲水水出安州悟

道山東南流經金谷院爲金水入于浿水勝覽云金川在順川西南十

里源出安州糧山入城巖津是也

錮考云大同江南流過古城川三月江左過龍島折而西流

貍岾湓經無盡臺南流爲靜戎江迤順川郡東爲斜灘城巖之津也

錦溪爲歧灘右合金川

浿水又南迤慈山府東

府本高麗支城郡後爲太安州復改爲慈州我朝爲慈山府浿水迤府

東爲爲家淵

浿水又東流至殷山縣西爲淵

慇而東流句爲慈州我朝爲殷山也其縣北之水出於阻

縣本高麗與德郡爲後爲殷州我朝爲殷山也其縣北之水出於阻

〈二十二〉

龍山西南流與天聖山水合迤其縣之西北入于浿水

浿水又南未遠至又波迤降仙水從東來注之

又波迤曲在江東縣東北三十里亦云又派灘勝覽稱雜派灘也○降仙

水俗稱沸流江自成川府來注也

備考云大同江南流爲禹家淵右過淸水川東流爲又波河東與沸流

江會

浿水又南迤閼波亭迤古江東縣前

浿水又南迤藍芝坂右合蛇水水出慈山府熊草山東流入于浿水備

考所稱蛇川也唐書高宗紀云龍朔二年沃沮道行軍總管龐孝泰及

高麗戰於蛇水之又高麗傳云龍朔元年蘇定方破虜兵于浿江遂

圍平壤明年施孝泰以嶺南兵趨蛇水與之戰文攻之軍沒定方解而

歸皆此蛇水也迤史本紀開泰七年詔東平郡王蕭排押等統復伐

高麗〈宗九〉十二月蕭排押等至開京縱兵俘掠而還濟茶陀二河高

麗追兵至諸將皆欲使敵渡兩河擊之獨耶律八哥以爲不可曰敗者

波兩河必殊死戰乃危道也不若擊之於二河之間排押從之戰于二

河之間敗炎射遊里遙葷軍失利排押委甲走天雲右皮室一軍沒弱者衆

天雲軍詳穩海里遙葷詳穩阿果達容省使酌古詳穩渤海詳穩高清明

等省沒于陣濟一統志云蛇水在平壤西境契丹伐高麗戰敗於蛇陀二

水敗還舊志三國史新羅文武王八年〈唐總章〉在平壤城北也

第一授位一吉湌漢山州少監金相泉迤川與賊鬪大勝以無軍令入危道

殞死求律戡戰就橋下涉死亦指此蛇水也○浿水又南迤閼波亭

至江東縣西縣西本朝所置我朝因之也江東古縣在今縣西二十里水渡有大塚周四

百十尺世傳爲檀君之葬○江東古縣在今縣西二十二里城依進士

〈二十三〉

築而俯臨沮洳史高麗傳云太祖十一年契丹入金山元帥
六哥等領衆九萬餘竄入其國十二年九月攻拔江東城墟之十三年
帝遣哈只吉剌等領兵征之高麗史高宗三年契丹遺種
金山金始二王子自稱大遼收國王來寇王遣上將軍就礪討之破
勢窮入保江東城依水爲險蒙古與礼剌與東眞萬奴所遣完
顔子淵兵來討會天大雪餉道不繼哈眞哈眞之使人請粮於高麗王使
趙冲金就礪領十將軍及神騎大角內廂精卒往會之上坡三百步
而至哈眞自城南門至東南鑿池西門以北委之子淵來門以丞
之就礪皆令鏖陣賊魁懾捨王子自縊死其所署僞平章以下官人衆
卒五萬餘人開門出降賊窟悉平今其城臨水而俗稱平西江水中
有石橋廣七八尺高十三尺七十餘步橋上水深五六尺人不可波
俗謂之龍橋此也哈眞等之所爲也按勝覽云西江源出高原縣豆無
山與三登縣能成江合其說甚疎矣

屈而西流未遠左與瀧水會

泥水又南左合水晶川亦云水精川出於成川府九龍山西流入于泥
水也〇泥水又屈而西爲馬灘是平壤府東北四十里也高麗史顯宗
九年契丹蕭遜寧來侵兵號十萬直趨京城侍卽趙元帥於馬灘斬首
萬餘級按仁宗十三年僧妙淸等據西京反遣金富軾討之以金
良秀將後軍于大同江賊遣卒練兵以拒之富軾慮卒寡弱夜密遣
步騎一千以金之賊不知黎明渡馬灘紫浦直衝管夜鏖僧遠
宣應募從軍擐甲奮斧先出擊賊殺十數人官軍乘勝大破之賊皆斃
瀧水從三登縣來注之是能成江也〇泥水又西流而
兵來侵涉大同江下馬灘指古和州皆指此泥水也按高宗八年蒙古引
趲赴江南蕭遜寧來侵兵號高宗八年馬灘邊大石自移按四十年蒙古引
備考云大同江南流經區地爲錢浦右過蛇川神識川經閣波亭至古
江東之城爲西江右過水晶川西折而爲馬灘東與能成江會爲王城

灘
水道提綱泥水今日大同江即大通江也有南北二大源南源有二一
東出文川城西北百六十里大山西麓山源一西北流
而合西北合東北流北百餘里有一水北自德陽
之東有大山西南流百數十里來會又西流是爲泥水至成川城
南山者合而西稍南曲二百里至殷山西境而自北來一水合西境
又北一源出定平城西北泉白山西流西境谷山城南
合北一小水西南流經德川城南境又西南至价川城經寧遠城東境
源出寧遠城東北百餘里大山南流經寧遠德川城西境
三一東北出陽德縣北之遇仙山西流
南山者合而西稍南曲
東南境大山西南源北界谷山城南
一水又曲西北流共二百里來會又西流百數
十里經三登城東北境南經祥原城北北源有

又南至价川城東北境二源旣合又南數十里而前源自東來會〇
西折而南經股由城西南境又南流經燕山
西經江東城西北境又南數十里至祥原城之東又折而南源來〇
里經中和城東境折而南經平壤城之東又折而南經江西
壤城南西稍南北數十里折西南流過江西境岡二
坡之東南至三和城之東南而黃州北之黑河自東西流合南來安岳
龍媒在平壤府東北二十里泥水至此有王城江之目以近於平壤之
城也高麗妙淸之難金富軾於順化縣王城江各築小城數日而
畢峙兵積穀閉門休士涉夏至秋與賊相持者此也中有淺灘旱則徒
涉明萬曆二十年日本大舉來寇我宣祖出幸平壤府未

泥水又西南逕龍媒塘

水西北巨川也〇大同江旣合南水又西南入海此水源流八百里圍

幾敗兵到浿水之南　宣祖復出幸義州以左議政尹斗壽都元帥金
命元巡察使李元翼留守平壤旣而散兵知此有淺灘徒涉而入遂名
平壤　西厓柳成龍云賊至大同江結陣雲山時久不雨
江水日縮曾遣李臣禱雨于楢君箕子東明王廟猶不雨旣乃分兵作
十餘屯結草爲幕旣累日不得設警備頗忘念命元等自城上望見以
爲可乘夜掩襲抄擇精兵使高彥伯等領之從浮碧樓下綾羅島潛以
水淺可涉是日暮衆由灘以渡我軍守灘旣渡疑惑中
有備退徊不前是夜尹斗壽命元等沈軍器火砲于風月樓池水中
由普通門而出走留安明日賊至城外登牧丹峯良久觀望知城空無

人乃入

浿水二　平壤　中和　江西

浿水西南迤二嶺下即平壤東北十里地也一日酒巖世傳酒嘗流
出於巖間遺痕尙存故名一日德巖亦云衣巖在於大同門外屹然能
捍水府人德之故名〇浿水又西右合掌浦水合水出慈山府熊草山
南流入于浿水也〇浿水又西南迤錦繡即平壤東城
外也灘有綾羅順周回十二里背負錦繡山山頂有乙密臺亦稱四
虛亭石壁臨水日靑琉壁盡有浮碧樓高麗嘗王禑有乙密臺亦稱四
盧亭石壁臨水日靑琉壁盡有浮碧樓高麗嘗王禑十四年如大同
江張胡樂于浮碧樓我　世祖十八年駕幸于西京登臨此樓親遊於
章命羣臣和進又每歲平安道觀察火戲也一日樓而西
有永明寺中有九梯宮世所稱句麗東明王之舊宮也宮內有麒麟
窟窟內有朝天石又有靑雲白雲二橋自然天成世所稱明王時梯
也高麗史地志云乙密臺下層崖之旁有永明寺即東明王九梯宮內

北又十餘里有酒巖訓管有酒巖訓管之在也其右爲抱
而東儒不考史籍不驗實與馬窟乎何況麒馬窟天之
壞安有所謂舊宮與窟平其說荒怪不可傳述
馬處又有朝天石世傳王於此乘馬朝天前有綾羅島島迎日銀灘東
復有羕臨然號牧丹峯錦繡山之巓有乙密臺其中居民咸德之故名
光亭記日練光亭前爲德巖巖倚江下有麒麟窟窟東明王養在山
其左三四里許爲錦繡山上有浮碧樓亦悉江下有麒麟窟東明王養
距東明之時已二百八十餘年矣已傳九世矣明則未嘗夢到於平
句麗姞胡東明王始建國於卒本今之興京地也其後嗣王又徙國內
城又徙丸都城皆浿水以北之地也至東川王二十一年始往平壤上
馬跡至今在石上而金克已詩日朱蒙駕馭眞東明也然其
句麗姞胡東明王始建國於卒本今之興京地也其後嗣王又徙國內
有麒麟窟窟南白銀灘有巖出沒浿水名日朝天勝覽云東明王養麒
麟馬于窟中後入立石上石志之世傳王乘麒麟馬從地中出朝天其

瀲樓在城東門上又南去五里許有井舊之制存焉則亭之右也
董越朝鮮賦云錦繡峯遠接龍山之兀兀浮碧樓下瞰浿水之滔滔
麒麟倘除乎石窟之云錦繡峯遠接龍山之兀兀浮碧樓下瞰浿水
石在浮碧樓乎世傳東明王乘麒馬入此窟從地中出朝天石上昇今
馬跡倘存
東人因以晉之不誤深考耳〇浿水又西南至龍山之兀兀浮碧樓下
及高句麗之古都也東方初無君長唐堯二十五載有神人降于太白
山檀木下　是前朝鮮也周武王元年封箕子于朝鮮國號爲朝鮮即今之平壤
八條之約是後朝鮮人立以爲君號日檀君以禮義田蠶織作施
而自稱王及漢惠帝元年燕人衞滿亡命東走踰華而滅之都于王險
城即今之平壤是衞滿朝鮮也滿孫右渠不奉漢詔武帝元封二年
遣楊僕荀彘討滅之置四郡以王險城爲樂浪郡其治日朝鮮縣至曹

與猶堂全書　第六集　大東水經　卷七　　二十八

魏正始八年句麗東川王〔位二十一年〕始築平壤城自丸都而移居之盖平壤之稱軍於是也至故國原王時還移於丸都而二年又還平壤之東黃城及長壽王十五年又移於平壤城常元魏太武帝光始四年也至唐高宗總章元年〔乾封三年戊辰〕為高麗墮滅為安東都護府於此以統之隷人於新羅至高麗復稱鎬京元宗十年城附於蒙古蒙以古置東寧府於此置安遼觀察使登于此而城臨浿水以我洞壑平壤府又置設云平壤城即王險城亦曰長安城

李賓注後漢書云平壤城即箕子之故城外有箕子墓漢為樂浪郡治〔案史記集解引應劭曰樂浪郡治朝鮮縣〕

平壤城在鴨淥江東一名王險城即箕子之故城城外有箕子墓

通典高句麗設云其王所居平壤城即王險城亦曰長安城

史記樂浪郡武帝元封三年開真番朝鮮以為四郡樂浪郡屬幽州臨屯樂浪志皆在東南臨浿水也北

城內惟積合儲器備寇賊乃曰入以固守王別為宅於其側不常居之

平壤府又置設平安道觀察使都曰而城臨浿水以我洞壑

古區東寧府於此置安遼觀察使登于此而城

才圖會朝鮮篇云平壤城內畫井形制有存者如直路之類

其佳麗也有井世撫箕子所畫井田中可居以井世稱箕子井田在平壤府外城為第一可見

貨財委輸云平壤城內畫井田形制尚存宛然童

嚥大同汪北接錦繡山蓋其城雁其旁故人物繁盛

箕子初封時已有之至高句麗又病其不據險復就城北增築一城就平壤城東

築臨水之雜城曾幾何時又近移北山之聲蟀曰平壤爰自有國已高

越賦自注云高麗舊城內畫井田宛然

是也高麗史地理志云平壤府有古城基二二箕子井田在平壤府外城之用井田制一高麗成宗時所築勝覽云箕子井田在平壤府南外城之內其說之流傳倘炎故斬久卷百謹欲究其制考殷周尺寸之差迄獻之不同其所畫皆

打算計其區畫遂作井田說以明殷周制之不同其說曰其所畫田之路其廣一畝界田之路其廣為田字形分為四區區皆七十畝界區之路其廣一畝界田之路其廣

與猶堂全書　第六集　大東水經　卷七　　二十九

三畝大路之內橫而見之有四田八區堅而見之亦有四田八區凡十六田總六十四區

六田總六十四區〔入內十二區折一區大小異或六十四區或〕

之三傍又有九畝之路由城門邃之江上其尖斜畝則不能成田處或一二田或二三區隨其地勢而為之鄉人至今傳之為餘田亦皆七十獻而省正井田遺跡宛然延袤數里含毯正陽兩門之間益分明乃作關以記之至乾隆時洪此海最觀察使以溝洫之間陳廢可惜遂漫漶其經界近有一人按舊跡而修復之乾隆使來來乎勘領

蓋皇旨也遠以久菴說及柳磻溪祭進諸說進之先生曰井田乎一區七十畝則其設

夏股制分田多少之數本據龍子之說徵諸說道不能胲合久菴乃立其義然百畝不足今也況井井田本是九畝今乃四

股周尺寸有差以立其義義然百畝不足爭也況井田本是九畝今乃四開方〔四畝方七十五步四乘〕乃云七十畝一大限天乎有如是井田乎一區七十畝則其

田八區八八六十四一大限天乎有如是井田乎一區七十畝則其形不能正方今云七十畝皆正方方有是理乎昔在唐時李勣領

平壤劉仁顯領南原皆為屯田屯田之法亦有溝洫道涂以防敵人之衝突此吳玠所謂地網也箕子井田之說吾斯之未信也井田之傍有詠韓亭枕浿水而結構其水曰唐浦〔浿水分為一派繞寺而復合也〕

通典云平壤城東北有魯陽山魯城在其上西南二十有魯山魯城在錦繡山之北浿水〔暗案魯陽山今之龍山在錦繡山南臨浿水土人常稱以蔡飢相傳殆有其始即箕子所植云〕

為國蒙縣有箕子塚然箕子志決罔侯道在明夷反葬於中國杜

董越賦以箕子為其繼世傳緒木主題曰朝鮮後代始祖蓋膺檀君為其建

邦啓土宜以箕子為其繼世傳緒木主題曰朝鮮後代始祖檀君為其建

廟在箕子祠東箕子墓在城西北隅之兔山環繞其前為箕子祠有奉二人

云守其祠即箕子裔又大同江岸有柴樹林可十里許幹似松葉似檜

世守其祠即箕子裔又大同江岸有柴樹林可十里許似松葉似檜

浿水〔暗案魯陽山今之龍山在錦繡山之北〕

土人常稱以蔡飢相傳殆有其始即箕子志決罔侯道在明夷反葬於中國杜

頂之見非也今有七星門外有兎山或稱王行山嘉靖丙午四月大雨道

兎山樹木盡被摧折而環箕子嘉松杉無一所損人皆異之萬曆癸巳

倭人碎折新碑石報護書箕子墓三字

舊碑千新碑石報護書箕子墓三字

月沙李廷龜入崇仁殿碑云馬韓未有隄

爲奇氏日涼入崇仁殿碑云馬韓未有隄孫三人日親其後爲韓氏日平

子爲朝鮮支子仲食采於矧因氏私系朝鮮箕子之後多辯翁鮮于之爲

采於矧食不旣意明較著矣于洪武間有箕子封於朝鮮箕子之食

箕子機不旣意明較著矣于洪武間有箕子封於朝鮮又箕子宮在正陽門外井田之側

懍生曹三省等上疏始立其祠明初未有箕子之祀光海君四年因

于寔爲殿監子孫世授爲○晴案圖初未有箕子之祀○晴案圖明君賜號曰崇仁是月沙碑之所記也

孫定自泰川來居殿側諸立箕子祀今壬子春命揭殿號曰崇仁官

水味淸洌特異吳祥爲觀察使時素患渴喜飮之汲者憚其遠易以他

莫宗乙巳觀察使李廷濟狀聞于朝繚以周垣宮之南有井曰箕子井

高麗史志云東明王墓在平壤府東南中和墂龍山谷號眞珠墓又

水祥帆辨爲詬之果服也

仁里坊有祠字世傳東明聖帝祠○晴案禮志高麗始祖都新卒本葬

年忠烈王四年俱遣使于西京祭東明王祠然句麗始祖都新卒本葬

於卒本在淥水之北則與平壤毫無所涉曰祠曰墓何爲紛紛也今時

東明之廟曰崇靈殿有參奉二員以掌之

名之曰大同江

明一統志日大通江在平壤城東當名浿水即此高麗史地志云平壤府有大同江即浿江又名王城江

兵於浿江即此高麗史地志云平壤府有大同江即浿江又名王城江

江之下流爲九津溺水崔遊西京賦云津水所匯名爲大同

高麗史樂志有大同江曲周武王封股太師箕子于朝鮮施八條之敎

以興禮俗朝野無事人民權悅以大同江比黃河永明嶺比嵩山頌禱

其君此此入尙盟以後所作也

崔豹古今注云笠澤引者朝鮮津卒霍里子高晨

起刺船有一白首狂夫披髮提壺亂流而渡其妻隨呼止之不及遂墮

河水死是授箕篌而鼓之作公無渡河之歌聲甚悽愴曲終亦投河

而死子高還以其語語麗玉麗玉傷之乃引箜篌而寫其聲聞者莫不

墮淚掩泣焉麗玉以其聲傳鄰女麗容名曰箜篌引

者大同河也然唐李白詩有公無渡河之歌首叙大禹之治河此以黃

河當之也與崔說異矣

史云靖宗七年幸西京留守使參知政事皇甫迎江

北史高句麗每年初聚戲浿水上王乘腰轝列羽儀觀之事畢王

以衣入水分爲左右二部以水石相濺擲呼馳逐再三而止○高璉

頭王御龍舟賜宴補臣命將軍承懼等射右拾遺金尙賓諫乃止又文

宗七伴御大同江樓船東望江岸命將軍羽鄉會等八人射即將惟現矣

過江王嘉奬之

唐書高宗紀云顯慶五年左驍衛大將軍契苾何力爲浿江道行軍大

總管自伐高麗○晴案唐人之伐句麗也每易水陸並進其水路卽自海路來者也云浿江道行軍總管

爲浿江道行軍總管元年劉仁軌兼浿江道行軍總管

此之謂也

高麗史妙淸傳云仁宗十年幸西京僧妙淸等密作大餅

空其中穿一孔盛熟油沈于大同江油漸出浮水面望之若五色因言

日神龍吐涎作五色雲也請百官妻賀王說王日神龍吐涎千

戴空逢請上應天心下順人望以壓金國王請大臣文公仁及李俊陽

等審觀之時有業油糟者言熟油浮水則有異色使善酒者索得大餅

興猶堂全書

第六集 大東水經 卷七 三十二

乃知其詐元散上書請劉妙清等不報○又金富軾傳云仁宗十三年妙清趙匡等叛以富軾爲元帥討之命中軍屯川德部左軍屯興寺右軍屯重興寺又以大同江爲三道將軍公直以所領兵入石浦道將軍良孟入唐浦道

柳西厓云萬曆壬辰四月日本大寇五月陷京城車駕出平壤課報賊已至鳳山余謂左相尹斗壽曰賊之斥候應已至大同江外矣此詠歸樓下江水歧可涉賊若臨津則城危矣乃遣李鎰守之鎰至萬項驚呼江南岸賊兵來者已數百江中小島居民驚呼奔散而賊已在水中發砲令武士射之鎰退鎰乃守渡口六月車駕出平壤左相尹斗壽命元帥金命元巡察使李元翼與余在練光亭水道監司宋晉慶命李潤德守浮碧樓與以上江灘慈山郡守尹裕後守長慶門城中士卒合三四千分配城堞

而部伍不明散衣服於乙密臺松樹間名曰疑兵隔江望城不甚多東大院岸上排作一字陣列竪紅白旗又出十餘騎向羊角島入江中水沒馬腹眢撥槊列立示將渡江之狀其餘往來江岸者或一二或三四荷大劍日光下射閃閃如電或云劍以木爲之沃以白鑞以眩人眼又有六七賊持鳥銃到江邊向城放之聲甚壯丸過江入城遠者入大同館散落瓦上幾千餘步或中樓柱深入數寸有紅衣賊見練光亭上諸公會坐挾鳥銃邪睨漸進至沙洛上放丸中二人然遠故不重傷余令軍官姜士益以片箭射之矢及沙上賊逸巡而退賊從不城灘而渡遂入城中 癸已正月提督李如松來援進或平壤賊乘冰渡江遁去 ○ 晴案癸已正月提督之戰官軍壞土攻城極力守禦侍郎葉夢熊計用水攻相城東北岸率下處築堤堰斬以徇再築灌城東西二永渡城八九丈都司胡伋監所築堤堰衝壞斬以徇再築灌城東西二舖崩百餘丈賊姑大懼仍乘勢以復之也

興猶堂全書

第六集 大東水經 卷七 三十三

清一統志云大通江在平壤城東亦曰大同江明萬曆二十一年李如松援朝鮮鑿至平壤倭悉力拒守如度地形東南並臨江西枕山趾立惟迤北丹榮高最要害如松乃遣將攻牡丹峯督兵四面登城逐克之既而如松駐朝別將楊元軍平壤扼大同江以通餉饋是也

備考云大同江西南流至龍塘右過長水川經衣巖酒巖右過合寧浦經綾羅島朝天石過銀灘至平壤之南爲大同江

浿水又西未遑右受發蘆之水

浿水又西南爲梯淵在平壤府南三里高麗宣宗四年幸此淵御樓船罷酒泝流至大同江觀射酷宗七年又幸此淵命善泅禁軍尋舊梯基禁軍泰云去水十尺有鯉梁東門樓是也○浿水又爲九淵俗名平壤西南十里一名麻田其岸有嚴日猿頭每奉秋降香以祭也○浿水又合犂浦水水出中和府南山西北流逕裁松院爲永濟浦入于浿水勝覽云犂浦源出平壤東唐洞召池入于九津溺水○浿水又西南至豆老嶼周二十里傍有豆丹嶼周六里○浿水西南十星地也其下又有秃鉢嶼周十九里皆在浿水中者也○浿水又西合碧根嶼周二十二里○浿水又東南流爲門巖水與巖赤水會水入于發蘆水倪謙使朝鮮錄云巖法弘山又母山西流爲門巖水岸赤水出於順安縣屈安縣水出慈山郡达母山西南流入于平壤水也○發蘆水又東南至王山又合龍溪水水出平壤府西南伭西江由普又東王山屈東亦稍平壤江源出順安府西縣經普通也○發蘆水又南屈西屈東左合紫山西北縣我朝徙治于安定姑爲順安也○發蘆水又西南流逶迤至平壤府西流入于發蘆水也通門外亦稍平壤勝覽日平壤江源出順安府西縣經普通門外與九津溺水合句麗史實藏王十九年平壤河水赤如血三日乃

止者此也又唐書高麗傳云總章二年高麗大長鉗牟岑學反詔高侃東

州道李謹行燕山道竝爲行軍總管討之侃破叛兵于泉山俘新羅援

兵二千謹行破之于發盧河與戰僞誘萬計護守伐盧城房

攻之劉偃攝甲勒兵守賊引去帝嘉之封燕郡夫人明一統云發盧河

在平壤城西府謹行破新羅兵於此余按伐盧城與發盧城近伐盧城

當在發盧水之濱疑今之順安縣也活一統志云平壤城在州縣

境內者非衆○浿水又有揚命浦之稱亦云揚名在平壤城西五里高

麗史金富軾傳云仁宗十三年妙淸趙匡等反富軾討之西人沿江築

城自宣耀門至多景樓凡一千七百三十四間置六門以拒之富軾命

諸將起土山先於揚命浦山七賢栅列集材木令諸軍就前軍而據之發

卒二萬三千二百僧徒五百人伐石集材木令諸軍就前軍屯所起

土山跨揚命浦抵賊城西南隅晝夜忰役斃數月前役賊於城頭設弓弩砲石

盡力禦之官軍隨宜捍德鼓譟攻城有僧人趙彦獻計制砲機置土山

上其制高大飛石重數百斤撞城樓雉碎繼投火毬焚之城不敢近土

山高八丈長七十餘丈廣十八丈去賊城數丈又五行志云康宗二年

西京揚命浦水中石大如瓮自出陸移一百二十尺許高宗六年有石

出西京長命浦水中登陸向北轉行一百六十七尺又一石向北行八十

三步一石又向東南行八十三步元宗二年西京羊皿浦石出水陸行其

樓淵起一石而復宛然或跌始則並行百步許終則一石向北行八十

城之所也其西有臥鳳臺祀典江○浿水爲西瀆祭其神刊其下曰石

上樓下可通舟揖多慶樓亦云萬景臺今樓頹存造此是趙匡等築

云長命浦羊皿浦皆揚命浦之聲也浦上對岸築石架樓其

浦西岸有大石故名是將軍公道所入之道也○浿水又有合狄橋水

水出江西縣舞鶴山北流至班石里奧抄道洞水合屬而東南流逕沙

岐至龍岳下爲廣濟水至萬景臺下入于浿水

西南至江西縣東句受其縣前之水

浿水又逕中和府西北境府本句麗加火押新羅爲唐岳縣爲高麗爲中

和府我朝因之也○浿水又西南逕保山南至江西縣東表山本高麗仁

宗所置我朝因之也

浿水又右合鶴水浦水出咸從府檢嚴山西表山指此勿

古浦淸山浦至江西縣南爲府檢雲山及牙善山東流逕此鶴

水也○浿水又西南至鶴水入江西縣南爲雲氏津在合貌浦水出中和府遊郞山北流

不可測井水溢出小川西流入大同江下流此亦合于裂津者也

高井山西北流入于浿水按勝馬井在中和西二十里周五十尺深

官津又爲裂津中和府西四十里也○浿水又東南出黃州

之島右過發蘆川經鳳凰萬景之臺右過狄鵗浦之保山右過鶴川銀

仙川舡紙浦板城版 東南流爲官津裂津左過黑橋川

浿水又南至黃州西界爲急水門注于絕瀆海

急水門在不安黃海兩道之界是黃州西三十里龍岡縣東南九十里

也備考云急水門即大同江與絕瀆海會處水口稍隘水勢悍急故名

舟行甚難比之瞿塘灩澦舟師一艘延入如架列於斗間於平安○

絕瀆水云爲衆渤海而爲大海按北則曰三和府曰龍岡縣東則曰

云大同旣渡山漸稅覓望海於鳳山安岳之間者名絕瀆廣三十里北流典大

夫餘明一統志云四大海在黃州西長命城訪其方事云南至小海北至舊

黃州曰鳳山郡南則曰載寧郡曰安岳郡曰魏津高句麗傾

世祖朝時遣散騎郎侍郞李熟于平壤城大通江越朝鮮至

同江合爲急水門東流至三和縣爲大通江東流入于海

云大同江旣渡山漸稅覓望波海於海上識洪量之恢恢其所稱海岱指

絕瀆海也○浿水入于此狹絕瀆海而爲海者北則曰三和府日龍岡郡東則日

隋書煬帝紀討高麗詔曰追奔逐北徑臨浿水滄海舡檣衡賊腹心又

周法佝傳云遼東之役以舟師指朝鮮遊○綱目云隋大業八年親擊
高麗將軍來護兒帥江淮水軍舳艫數百里浮海先進入自浿水去平
壤六十里與高麗相遇進擊大破之護兒欲乘勝趣其城副總管周法
佝止之諸侯諸軍俱進護兒不聽直造護兒縱兵伏郭內出兵與戰
而爲敗護兒逐之入城縱兵俘掠無復部伍伏發大敗而還高麗追至
船所周法佝整陣待之高麗乃退○唐書高麗傳云乾封十八年將伐
南江以爨賊船又遺上將軍李勣千大將軍金台壽等自西海領舟師
西京西南島會弓手水手四千六百餘人以戰艦百四十艘自西海領
高麗史金富軾傳云仁宗十三年討妙清王遣內侍祗候鄭襲明等往
海直衝平壤凡此皆自絕高麗之伐高麗其舟師每自滃青渡
侍封以舟師濟海趨平壤○晴案隋唐之役由急水門入浿水者也
五百汎海趨平壤二十一年牛進達李海岸自萊州渡海乾封二年郭
高麗以冉仁德張文斡龐孝泰程名振爲總管江吳兵凡四萬吳艘

五十艘助討祿千至鐵島欲徑趨西京會日暮潮退翼明日水道狹淺
宜乘潮而發祿千不聽行至半登水淺舟膠西人以小船十餘般载薪
灌油火之隨潮而放先於路傍叢薄間伏弩數百約以火發同時齊舉
及火船相迫延燒戰艦衆賷祿千狼狽不知所圖士卒溺沒殆盡
台壽死祿千蹈積屍登岸僅以身免○晴案鐵島在黃州西三十里郭
瀼海中周回四十里
勝覽云大同江一名浿江其源有二一出寧遠郡加葊洞南流至孟山
縣北又折而西流至德川郡界與三灘合而南流至价川郡界爲順川
江至順川郡界嚴山郡界爲禹家淵自此而西流至成川府界爲江東
界爲維派派一出陽德縣北文普山西南界爲禹淵沸流江又
折而南流至江東縣界爲大同江自此而西爲九津溺水下與平壤江合
至城東爲白銀灘又爲大同江自此而西爲梨津至龍岡縣東出急水門入海
流至中和縣西爲梨津至龍岡縣東出急水門入海

與猶堂全書第六集第八卷

洌水丁若鏞美庸　著

地理集

大東水經

浿水三　其四

外玄孫　金誠鎭　編

後學　鄭寅普
　　　安在鴻　同校

其會于絕瀫海者東南則黃州之漢錦水鳳山之月唐水載寧之箭防水

文化之九月水通謂之緣和隄

漢錦水亦云游革水出遂安郡天子山南流至栗界折而西至細坪右合善積水水出府之新墟北流注之也○漢錦水又西爲鯉魚淵

右合善積水水出中和府境南流來合之也○漢錦水又西遏黃州南州

本句麗冬忽新羅爲取城郡高麗爲黃州我朝亦爲黃州而又

置兵馬節度使營于此州堞枕水而築城之南角山勢巍巍月波樓在

其頃爲○漢錦水又西爲蔁沙水入于絕瀫海

月唐水出瑞興府能波山山在府東三十五里中有釜淵深不可測李

詹詩日逸在靈湫淡幾許懸瀑渦盤石臣者是也月唐水源於此淵

朕覽日益淵出瑞與古普波山與龍泉合古普波即熊波也○月唐水

南流至高項山下四折而北至屏巖左合龍泉倪讓使朝鮮錄日船桑

在瑞與府南二十二里山巓有水湔出成川又云屏風巖在龍泉西十

里○月唐水又西北逕瑞興府本句麗五谷郡新羅爲五關郡高

麗初爲洞州後爲瑞與縣我朝降爲府也○月唐水又西遏德巖右得

與水水出羅帳山南流來合是鳳山郡東水也○月唐水又西至

仇山有劒水之名傍有驛路是鳳山郡東四十里也○月唐水又西逕

鳳山郡南郡本句麗鳥鶻城亦云鳩巖郡新羅爲栖巖郡高麗爲鳳州

又爲鳳陽郡我朝爲鳳山郡其西南二十里也高麗史威有一傳云鳳

州有鵂鶹巖巖世謂靈湫有一集郡人墳以秘物忽與雲暴雨雷電大

作人皆驚仆俄唷開霽悉出穀物置遠岸仁宗閉之命近臣祭之然今

未聞也○月唐水又西右合波水水出平山府界西北流逕刱橋來

注之也○月唐水又西遏唐古縣在鳳山府界西四十二里其城周四

里今廢沿革未詳也○月唐水又西爲栗津縣古縣在黃州安岳縣西南三里大川橋水稱里浦

在鳳山西南三十里日自鳳山由載寧至安岳則官路一百三十里而徑路則栗津延津二水隔其間○月府水

西流十里爲梧里浦遙于三支江有淸食又日自鳳山分二派西流爲大橋浦又

又遏三支古縣北縣在載寧郡北四十里本屬豐州者也其水日三支

江謂月唐水箭防水九月水三條皆來會此也○月唐水又至絕

瀫海其下日艾津其上日鐵和匯明一統云月不唐江在黃州安岳

縣西流入大海李重煥云之東五十里剱水出海西走百餘里

入于海

箭防水出海州之首陽山山名蓋模擬於中華也山有造化洞水源於

此也○箭防水東流爲黑微水至立石坡大坪四十里用

鐵峴與狐水合又折而北環長壽山城爲蛤灘與平山之琵琶水合爲

歧灘與信川之淸水合又北爲唐灘入于絕瀫海即栗津三支江相合

爲一者也

水遏提綱黑河出群原東南境大山合三源西流共三里經絲草原南

境又西經黃州北境中和南境又西遏安岳西流水東北出三和城東有南來一水

自安岳來會安岳水二源一水北出黃州南山西南流逕

黃州南鳳山北又西南合南交一水又西逕載寧城北遏安岳至安岳東北

一西南出海岸長淵城東北之傳石山水東北流經海州城北

與信川南一水又東北遏載寧城南山水東流百里經安岳東松

花城有信山城北

著合又東北流百餘里經安岳城東南又東北與東北一

源合水盖而北北流九十里合東來之黑河西北流入大同江

九月水出文化縣九月山赤之阿斯達山檀君所終之處也○九月水

東南流遶溫井院東至葛山爲鏡地水又遶文化縣本句麗闕口

縣高麗初爲儒州後爲文化縣我朝因之也○九月水又北與雲溪山

水合播爲馬鳴水右與迎津會又北流入于絕纓海

迎津水出海州達摩山北流遶燒橋至信川郡南句麗升山郡高

麗爲信州我朝州山北遶燒橋與婦貞水合爲勝覽云樓

橋川在信川南四里松禾縣燒橋川與婦貞川在信川南十里源出

天奉山與樓橋川合流也○迎津又北遶三橋坪至小牛山下與九月

水合入于絕纓海

李重煥云南北四十里東西牛之西至海門始近百里挾大湖而爲邑者鳳

山與安岳相對黃州與長運相對而大湖東西之岸築長堤長堤之

內皆水田杭稻一望無際米之產於此者顆粒長大體性粘潤用以爲

御供○備考云黃柄串在鳳山西三十五里西繞大海圍鶴臺三十

壅睡野四望無際稻田坡高沃濱海之產名於西土

鐵和古縣在黃州西三十里高麗所置也黃州鳳山載寧安岳之水都

會爲小海其北曰絕纓海中有鐵島高麗史云恭王

八年江浙平章火尼赤漂風來泊黃州曰鐵和江賜米一百石苧布二十

匹以行省員外申仁遣女妻之火尼赤漂入

安岳郡元員唐浦經瑞與熊坡山之釜淵南流至高項山西折而北至

備殿左過龍川栗里經瑞浦西流遶德殺右過興水西北至仇山右

屏殿云月唐江源出瑞與鐵和江經德殺至高項山西折而北至

過劒水鳳山之前川銀波川

爲劒城浦至西倉播爲栖里浦遶爲三支之江艾

爲唐津右過迎津爲鐵和江北與大同江會于急水門○兩案栖里浦

津之浦右過迎津爲鐵和江北與大同江會于急水門○兩案栖里浦

三支江以下皆小海也備考總屬於月唐川下流疏灾

其西北則龍岡之縣前水三和之南川水皆赴絕纓海

龍岡縣即高麗駕龍城也其縣前之水出黃龍山南流入絕纓海而

南與安岳郡隔水相對中有赤島周三里赤島周二十五里也○絕纓

海又南受自東水出安岳府本高麗載寧郡出山北流注之也○絕纓海又南

右受其前川之水出於龍岡縣烏石山遶牛山而

受淸水水出安岳府高麗置其水出於龍岡縣烏石山遶牛山西至三和府南

船私通上圖設圖於大津置權管給水軍之禁之今盧○中宗十八年以商

長連縣北有大津之名其當日出山北流注之也

東南流注之勝管安市城在於烏石山上險固無比非也安市城在今遠

東之蓋平縣界與龍岡無涉也

至廣梁口遶爲大海

廣梁在三和府西四五十二里有水軍僉節制使堡所以防海寇也○浿

水自急水門左混爲小海出廣梁口遶爲大海而大海之口北有

三和府咸從府南有長連縣及殷栗縣豐川府又有椒島熊島席島椒

島之等列於海中扼其喉唐書地理志云自登州東北海行過浿江

口椒島得新羅西北畺備考云自席島右夾龍島右夾環鈴爲入

大同江者是也

自東川爲大同江由急水門左過於草川南與月唐江會爲絕纓海左過

三和南川至廣梁西入于海○又云劒

島之等列於海中扼其喉唐書地理志云自登州東北海行過浿江

備考云大同江由急水門左過滯川右過三和南川至廣梁西入于海

山馬臨鐵甕　　　　　花餘載靈　　　　　以西樂林廣城桂川謂

日姑射以南諸山之水入此

北九月以東　　　　諸山之水入此

降仙水出陽德縣語江山南流環兔城堡

降仙水　俗稱沸流水　　　浯江山亦云吳江山山在陽德縣北一百五

上欄

十里狼林山南大幹走爲鐵峴此山又爲鏤道此山咸鏡永興與所界也降仙
水出於山之西南而迤見城堡兩堡有兵馬同僉節制使以守之亦所
以防嶺阨也

西折南折未遠左受草川之水
降仙水又屈而西右與親普水出孟山縣南孔岳山南流來合
也○降仙水又屈而西南遶降仙臺左合琵瑟水水出陽德縣琵瑟山西
北流來合也○降仙水折而西遶温泉院折而西遶陽德縣南縣本高麗陽巖縣德
東北三方嶺南流遶温泉院折而麻乾山下草川水注之水出於陽德縣
兩嶺我翺合置一縣也草川水又西遶樹德古鎭西北流入

北折西折遶成川府北
降仙水又北屈爲犬灘是陽德縣西一百二十里也○降仙水又西流
于降仙也

抱巫山而西
府北府本高麗剛德鎭後爲成州我朝爲成川也

成川府北有山巋巍其峯十二故土人擬於巫山因以名之亦釋乾骨
山而降仙水廻抱其下高麗太祖朝築之周三千五百五十尺高五尺有軍
山面降仙水廻抱其下高麗降仙樓西有山城
勝覽云沸流江俗稱游車衣津在成川客館西三十步其源有二一出
陽德縣吳江山一出孟山縣大母院洞至成川府北三十里合流
歷德臨沸流江西岸有奇峯削立如屏乾骨山城在降仙樓西可容千
樓俯臨沸流江下山底周四石穴水入穴中通流沸騰西出故名又曰降仙
兵沸流水廻抱其下高麗太祖朝築之周三千五百五十尺高五尺有軍
倉李重煥曰成川府在於江上萬層壬辰光海君奉廟主避難府中
及即位使府朴燁大修降仙樓爲三百餘間結構宏壯前有乾骨山
十二條余接勝覽以成川府爲松讓故都謂降仙日沸流江亦曰卒本
川謂巫山曰乾骨山其說絕無所據不可從也

下欄

魏書高句麗傳云朱蒙自扶餘東南走遇一大水魚鼈成橋得渡遂至
普述水遇見三人與至乾升骨城遂居焉號曰高句麗○句麗史
云朱蒙行至卒本觀其土壤肥美山河險固遂國焉○何麗菜
萊流下知有人在上流尋至沸流國盧以其地爲多勿都封松讓爲王○先生云卒本故今
松讓以國來降以其地爲沸流二水之處今按開原縣南十餘里有清
在今開原縣之東南涉二水之處○先生云卒本即尖項
河即占泥河之下流也朱蒙始逃遁騎魚鼈成橋今
之清河是也其所謂普述水者既渡清河東南走近二百里至尖項
山北有一河中橫即今渾河之上流也其所謂沸流水
者是也高麗史地志云成州本沸流王松讓之故都高麗顯宗九年改
省與京之五河合流遶京而西南又北流遶蘇子河西入渾河
今名別號松讓○騰覽云沸流江在成川府西北即卒本
也○先生云鄭史之紕謬指不勝屈此尤甚者也大抵

句麗之跡起於扶餘
○又南爲卒本　又南爲國內
平壤忽又北邊邑于句麗殆三百年始乃南遷得都壤有是理乎○
隋案卒本亦名紇升骨沸流水亦名卒本川松讓之國依於此水與卒
本相接也卒本之地即在今奧京之界則沸流之水亦當與奧京相接
今之成川府何興於是哉
魏志高句麗傳云紇升骨固死王有二子長子投奇諧康降
流水○小子伊夷謨更作新國今日所在是也○先生云沸
都○又南爲國內　水濱之地　丸

公孫康時據遼東則伯固二子之中必其附於康者居近遼之地其惡
於康者居遠遼之地也卒本西接遼陽故拔奇藉公孫之勢以居卒本
本案卒本亦名紇升骨沸流水亦名卒本川松讓之國依於此水與卒
今之成川府何興於是哉
如鄭說則伊夷模居於丸都拔奇近遼東拔奇與遼隔絕豈得理
也哉若使拔奇果在成川伊夷模孰而殺之如弒中捷彗又安得外交

遼會內攻其國裁其沸流之非成川誠確然矣

魏志母丘儉傳云正始五年儉出玄菟討句麗句麗

上大戰梁口宮連破走儉遂束馬縣車以登丸都

丘儉自西玄菟束出石城山下不過二百里便至今與京束走四百

餘里可至我江界之北魏志所謂戰於沸流追去丸都者此之謂也若

如鄭說母丘儉旣渡涉漢水穿而至江界之北句麗又追至江界之北句麗王

在楚山之南五百餘里北扶餘在楚山西北六百餘里而路

也哉成川在平壤之束百餘里鳳山之中母丘儉自西鄒來而句麗王

束至成川則此退軍也非進軍魏志謂進軍於沸流水又何解也沸

流之非成川誠確然矣

由成川必無是事沸流之非成川誠確然矣○

句麗史云太武神王四年出師將伐扶餘扶餘在沸流水上得寶鼎

先生云流鄒王時已遷都國內圍內圍著我是楚山隔水之地也由

自楚山出師將伐北扶餘者此次於與京可乎次於成川可乎成川

在楚山之南五百餘里北扶餘在楚山西北六百餘里而路

其後大臣仇道逸求焚求等三人爲沸流部長○讞案沸流水著卒本川

之近畿如晉室之丹陽尹也今之成川府安得如是

○十國相陰友爲沸流沛者 王孫乙沸羅爲

遼史地理志正州在渼州沸流郡也　備考云漢昭帝元鳳二年置二郡而句

有沸流水渤海時爲沸流郡也　王孫乙沸羅爲

沸流那守臣　沸流者句麗

於沸流河邊　沸流者句麗

麗關國在元帝建昭二年其間爲四十四年是時漢道全盛而樂浪太

守在於今平壤自平壤至成川不過百數十里松讓句麗何以割據乎

且今成道爲沃沮渼屬於樂浪而又何以介於其間乎所謂紇升

骨沸流水不當在於鴨江以南而遼志所載似得矣○韓久菴百謙云

沸流本起於西安平則東史以卒本扶餘爲成川者非是西安平乃

句麗東外微馬訾水入海處沸流水亦本在其地恐今狄江是也○晴案渼

遼東界今處內郡隔水之地也　虞芮西北始四百里爲與京之界

則沸流水當據於渼水之近畿卽在渼水之北與成川不相涉也久菴

又以渼水油入于狄江當之恐不然也

至又波油入于渼水

備考云沸流江源出陽德縣吳江山南流環見城鎭西折而至新倉右

過觀晉川南折而至降仙臺右過瑤乭川之陰左過草川爲

犬灘西流經石倉右過廣川西南流至成川府北環巫山北折而西入

又波案濟一統志沸流江在江東郡南自漢江分流西合於大同江

瀧水

瀧水出陽德縣束豆流山西南遷舊縣西

○瀧水亦云能成江豆流山在陽德縣束五十里狼林山南走之大幹也

鎭西即陽德縣舊縣也　○瀧水又右合于羅水出陽德縣北亐羅鉢山

束南流來注之勝覽所稱南川也○瀧水又西南至松山右得馬背水

水出陽德縣北琵瑟山南流來合也

南入谷山府界有受四嶺諸谷之水

谷山府本百濟十谷城新羅爲鎭瑞縣高麗爲谷州我朝爲谷山也○

四嶺在交城壘之北凡有四故名上頭日奇嵐山亦曰河南山中有

馳馬遺我　太祖馳馬之所也或云山形周圍如螺方言謂鑾

日馳馬故名未知信然也四嶺之水亦有四條束流合于瀧水正宗御

與猶堂全書 第六集 大東水經 卷八 九

裂馳馬道碑路曰谷山府北一百有五十里曰河南山正中而有閼曼

衍如砥而直者即馳馬道也其上有紫橙一樹巖鞋如羽葉可陸十數

敵而凡草不敢生道之前後有祭星壇東行十有餘里有翠祖坡以石而築周約三十

交互上踰嶺南而南又十有餘里有翠祖坡以石而築周約三十

餘武城之東三里有滿溢而瀉於山中者曰水剌泉甘

而鑿嘗如漢高常之進恨於沛水也故名爲其源甚弘長與溪澗諸水

入于文城之進恨中有亭亭然特立於衆山之表者曰龍游地名云世傳我

祖執御之所而龍游地名云

也 然碑文既成以事在然疑仍不立碑

瀧水又西至北倉受大谷水

北倉在谷山府北八十里大谷水出於成川府三道看嶺西南流由承

阿洞東南至仙内村北句東流迤大谷南入于瀧水也

先生游谷山北坊山水記云北倉放糧訖行十里到蘭瀬橋乘小舟泝

下一湫一潭或映或泛峯辮遞隱遞現種種奇妙方其駛也峯之羅列

如屛者瞬息之間回幻作尖頭銳角峯然仰衝又過一迤尖頭銳角又

如雲消霧釋還作屛障一如蠶樓烟樹起滅變幻洵奇也行十里東

見叢峯嶂峯澄碧間之日載爵山其下曰爵山村西見江岸平鋪有人

家數十日石屛村也行十里有大灘名曰鐵杷灘湍盪瀑布舟直倒迴

白浪遍入舟中衣帶盤縈淵盪復作穩流江岸柳陰曰松峴村也

對村有平皐如臂如掌其上皆茂林脩樾亦可好也行五里到東倉即

村也

又南爲紫霞潭芝田柳浪西爲烏淵

此皆谷山府南北三十餘里地也先生游北坊山水記曰東倉放糧訖

晚汎前溪東望兩峯翠滓間之日遠雲山石角蟋巍峯前藏壁姜可數

里高千仭壁上有古城址四門皆天作石門也山下發水與江合其北

有烏吟洞即成牛溪渾避難處今稱長楊村又笙簧村西對岸有奇峯

與猶堂全書 第六集 大東水經 卷八 十

嶄立名曰降仙巖 又其西有石壁赤色名曰鶴鶒嵒嵒之北洞

門平開其內爲五柳洞牛溪亦嘗棲止云村之東南有大山亦顏森曖

名五倫山行過雲巖下作山勢環抱下作澄潭嫩綠照

水如縠如緞如云紫霞潭深中有小嶼五六皆石山高者丈許廣可坐

百人或容數十人蒼壁赤壁雄壓江心對岸明沙晶白可喜舟一艘剛

石夾岸對立宛作洞門高嘗百丈東曰遏雲嶺西曰候月巖

臺壁立如削立宛百武可坐數百人有蒼松數十株皆偃蹇森秀

或側挂或横放船而下西望一峯螭平嶺

村村北有兩岸對立作門村前麥田可耕百丈亦有水田平鋪閒嶺

芝田村 在水東者曰柳浪村 二村四間之內方各十餘

里嶄然開朗風氣調和土性柔沃宜山臨流可漁可櫂北有霞潭之勝

南有烏淵之眞士大夫可居憇至烏淵其棻辮戀之爲十二

大而高者六小而抵者六高者千仭抵者百丈其形與臙花家所謂怪

石之絕奇同源色純黑如漆其深不測羅青春白日到此陰森凉冽不

可久也行十里至摩訶衍 之其上即文城堡也

至文城堡南在受龍淵之水

堡在摩訶衍灘邊巖嶺下築小城設門開閉有同鐍節制使以守

之南距谷山府二十里也○龍淵水儒考稱底灘出於谷山府牛嶺

西南流至梧桐嶺而北至谷山府在也野史云 太祖康獻大王微時從威

神德王后康氏故里之所在也渴甚思飲溪邊有一女子浣游 太祖

行過龍淵

駐馬求飲女子取一瓢水揷楊葉投之以進 太祖獻 大王微時從威

女子曰吾謂滿而急欲去傷人願將軍吹而徐欲之 太祖大奇之下

屬間其姓氏即入其家苦于康府院君乞婆爲妻是爲 神德王后尤菴

時 神德王后韓氏在永與本第 太祖遂擱康氏仕于松京宋尤菴

以韓氏爲卿妻康氏爲京妻此之謂也嘉慶已未夏先生以谷山都護

承召還朝奏龍淵散里形狀

正宗大王特撰碑文於龍淵之上龍峯之下建閣立碑令新都護趙德潤敦匠事其碑文曰海西之谷山府東五里神留之山峯曰龍淵負峯而面淵有地可居古礎一區然人立蓋象山府院君舊基神德聖后誕于此云稽之奧誌國初二年聖后正位中壼賜邑號曰和寧府象山谷之一號姓康而居於谷者尚稱望族

先生游北坊山水記云已未春余攜二子於摩訶灘放船至月峴嶺下打魚順流七十里至西倉之下沿水村落其山水氣色明媚可悅西倉之西通平壤北迤成川貨物湊會民人繁廡亦山中一都會也

百濟史云福祚王十三年就漢山下立柵邅畫定疆域北至浿河南限熊川西窮大海東極走壤三十八年王巡撫東至走壤北至浿河○近肖古王二十六年高句麗舉兵來王聞之伏兵於浿河上俟其急擊之句麗兵敗北○阿莘王四年左將真武等伐高句麗麗王親帥兵七千陣於浿水之上拒戰我師大敗○先生云古史諸文如此而此時水谷城十谷城等三縣皆被百濟攻魏以來浿水以南洌水以北每爲中國之地本屬百濟大誤也漢魏之所轄或屬黃海之地或屬公孫或屬慕容或屬元魏首尾六百餘年或斷或續蓋無久閒之日句麗百濟安得以據有其地裁百濟史所謂北至浿河者當時道路

原自今谷山伊川南由朔寧麻田涉七重河以達積城楊州其道里觀今徑捷温祚當時偶由此路巡撫句麗之南侵也亦由此故近肖古之時伏兵於能成江上謂之浿河也○晴百濟史所稱浿河必指浿水而言也洌水是浿之一源則同謂之浿未嘗不可今水道提網以大同之南源爲浿水上則及其意與此同也

瀧水又西至三登縣南巡赤壁爲鸚鵡洲

瀧水又西迤江鎮山下即三登縣北界也又西南至三登縣南縣本成州所屬狗牙等三部曲地也高麗仁宗九年置縣因之縣南二里有鸚鵡洲洲邊右壁削立者曰赤壁背可坐岸上有黃鶴樓是摹擬於中華者也○瀧水又西出成川府九龍山南流注之也○瀧水又左合防垣水水出遂安嶺北流遶文山保防垣之阨由防垣爲大浦注于瀧水其後有兵馬萬戶以守之管于黃州堡城曰防垣周六百餘尺左右有行城高山對起自作門戶我仁

祖二年李适反兵到此不致犯而退○瀧水又西迤建達山下即三登縣西二十五里也

屆從縣西北至祥原郡東左受文浦之水

郡木句麗息達縣新羅爲土山縣高麗爲祥原郡我朝凤之郡東北三十七里有於打灘是瀧水也○文浦水出祥原郡並雲山西北流迤紅絲至黑陰與天谷水合至郡東爲龍頭浦北流遶麽巖何箐亭入于瀧水也

又西至馬灘會于浿水

備考云能成江源出豆流山南流至陽德縣南左過牛嶺川至縣西右過秀羅川西南流至松山右過馬背川經伊令買乙之界爲鳴灘右過大谷川爲烏淵而止灘至文城鎮左過堂底灘右過阿次川經江鎮山西南流經架山至三登縣南經南壁爲鸚鵡洲右過文垣川曰爲建達江西北流爲於打灘左過文浦西與大同江會于馬灘

滻水 亦名體成江

滻水出逡安郡彦眞山之南

豆流山西一支爲開蓮山又西爲德業爲瓠擎至逡安郡北四十五里爲彦眞山溉水以南滻水以西諸邑之山皆祖於此而滻水出彦眞之南芴谷之中産黃金嘉慶初土人設金店鑿什水原守有鄰以店主差爲監官收鑛稅月致金百兩而主歲得金數千斤醫窟廬居者萬餘戶聚新山脈下逢黃泉出高價買良田洞之者得金山下凹結日懋觀察使鄭止不得錦繡裝羅鑿脛戴積成市駿馬美女彈琴吹簫輭色之人日益衆會藏亡匪好爲害不小自嘉慶申以後芴谷之金少衰而博川多福洞之金斷盛土賊洪景來之雛作爲凡什採之地朝廷宜差官監撫勿令土人潛商輸金于燕京生金貴於熟金不知其故乾謀國者所宜虛也金差官自作店主歲譯詢其故盞和紳盛時取生金隆皇帝既崩生金之利小衰北使至象譯詢其故盞和紳盛時取生金以實花盆數百皆插珊瑚樹以眎之故金價刀踊和紳詆敗不甚貴也

郡木百濟邊塞縣高麗爲逡州我洌爲逡安郡滻水至郡東二十里爲黑石灘郡東南二十五里爲春灘勝覽稻甫謂滻水以方音謂春曰甫音也○蔥嶺古堡在逡安郡東四十里今惟倉廠在焉倉之西數百步爲石穴出泉一日三湖五期特逡先生過谷山都護路過觀親其午湖爲黃凉之水滿穴而出其大如楹及其衰也滻水入于絡水清冽可異也○蔥嶺之水西流入于絡水鰲觀軒道人遊龍潭源出巖穴嶇而爲淵東流入于絡水樗軒詩序日去逡安郡南一里許有嚴如口噴出清泉淙淙而阢狀若咽喉莫敢不能盜崖石高起可坐五六人毫髮皆鑑穴轉而流爲龍潭源冬不能冰旱不能渴兩不能盜崖石高起可坐五六人窺其源紋土又有水出於造山東流入于絡水勝寬云大橋灘出逡安北陶洞入甫晉灘即此也經所舉左右諸谷之水指此諸水也

滻水又南逕新溪縣西句受其縣前之水

縣本百濟分城高麗私爲新恩縣後爲覃州我朝爲新溪也滻水逕縣西八里爲沙八灘左合烏巢水水出伊川府界開蓮山西流逕西村西南入于滻水而北蘇宮在烏巢水邊高麗恭愍王時所建也至今猶有砌石焉在入十里○縣前之水亦稱楡南川又云南灘出於華蓋山及流入于滻水也○滻水又南爲栗灘左與迎新水合水出於華蓋山○蔥秀薪坡峴西流來注也

又南爲歧灘南郊郊驛東會蔥秀之水

歧灘在平山府西北二十五里高麗史開城縣有歧平渡即此廢王禑十四年如平壤五月我太祖自威化島回軍至安州鴨渡大同江夜至中和郡間諸軍已近從間道疾馳至歧灘詰朝還京勝覽云歧灘之源有二出逡安郡彦眞山一出平山府冷井院等處川州流入于滻水也○滻水又南爲蔥秀之水薪坡峴西流來注也

水出平山府滅惡山東流至安城撥西關大路凡三十里有撥橋幕是其一也自此屆而南流逕蔥秀山下至寶山館與楮斤水合入滻水也蔥秀山在平山府北三十里董越朝鮮賦云環翠羣飛蔥秀雲連自注云蔥秀山壁立滻水滻登拔秀麗舊名聰秀予嘗易今名嘗作記其記略曰自寶山館西行可十里有山焉帕壁懸崖下瞰流水蟠松怪石屑見屋出乎繳谺之間石窟苔翳如鯢齶點以雨苔翳以葛藤危而欲墜著幾乎斜峋其中若分賓主焉流水自北來汩汩出石蠛激射濺沫如跳珠振鷺聳峙折東不知其止相傳郡漁翁以改名促謙使朝鮮錄云崇水院在蔥秀山之東有川出山之慶穴流懸三條於冬涷爲冰柱或長老農或短老農歎有驗以此俗亦謂之神水院鱗平大君刻跡環繞于下華人浪留翰墨淡刻壇朱日玉乳靈檜即翰于上川流淸絕見鴻劃所題日玉淵泉日聽泉仙楊即翰林編修朱之蕃所書林侍讀劉鴻訓所題日玉淵泉日聽泉仙楊即翰林編修朱之蕃所書

與猶堂全書　第六集　大東水經　卷八

十五

日懸珠即太監維寧借筆日玉孔日珍珠泉即副總兵程龍所題最

高處太監再登刻其像今已刓矣

湺水又南巡太白山東左受始灘之水

湺水又迤桃花坡將石至平山府東十五里爲太白山城

下其城在府東五里東臨湺水三面峻直壓西闢大路詰必守之地

也城中有三太師祠堂祀高麗開國功臣申崇謙卜智謙裴玄慶三人

而以厦黔弱配之有鐵塑列立其小如八九歲童子苦謹無本像又有

土塑女子像數枚蓋巫覡之所爲也　朝廷猶歲降香祝爲○始灘冤

出於金川郡首龍山北流迤龍巖與帝釋山之武陵洞水合西流迤寃

山縣界爲飛羅水又西爲源中浦至金川郡北界入于湺水

又南至平山府東南爲豬灘

府本句麗大谷郡新羅爲永豐郡高麗爲平州我朝爲平山而豬灘在

府東南十五里亦金川郡西北界也董越朝鮮賦自注云近寶山一溪

名曰橋灘闊二十餘丈取松架橋倪謙使朝鮮錄云豬灘在平山府東

二十五里源出遂安郡流入于江陰爲助邑浦勝覽曰豬灘源出彥眞

山過新溪縣至平山府北爲歧灘府東爲箭灘豬灘於此其流始大下

流于江陰爲助邑灘豬灘之傍有與義驛管于合郊迤高麗史姜邯贊

傳云顯宗十年契丹兵過龜州郡贊時爲元帥遣戰於東郊丹兵奔北

我軍追擊之涉石川至于盤嶺僵尸蔽野俘獲王子

親迎于迎波驛結綵備樂將士以金花入枝親插邯贊頭左執手

右執鞴慰嘆不已仁祖二年平安道兵馬使李适反都元帥張晚向

三十里者是也我　仁祖二年平安道兵馬使李适反在平山府相讓進兵

鳳山路約與先鋒合擊於豬灘副元帥李守一等在平山府相讓進兵

約與夾擊黄海道防禦使李重老死之前部大將鄭忠信進至馬灘隔水而陣塞戰

于水餘者降賊忠老守賊灘旣而賊兵來追之官軍盡溺

移時賊以一騎載逄重老等八將之首旣而賊兵乘勝渡豬灘也

與猶堂全書　第六集　大東水經　卷八

十六

高麗史地志西海道平州有豬淺一云浿江○金寬毅編年通錄云唐

肅宗以天寶十二載涉海到浿江西浦○勝覽云史記朝鮮傳浿

修迤東古塞至浿水爲界衛滿亡命東走出塞渡浿水則以媷綠江爲

浿水炎又唐晉中壤城漢樂浪郡也隨山屈繚爲郭南莊浿水則指今

之大同江也唐帝泊浿江西浦到平山府豬灘爲浿江則百濟始祖以浿江

爲界及唐帝泊浿江○唷黃豬灘爲浿江西浦以此以此觀之本

國境內自有三浿水○唷黃浿水也麗志之說本係牘見何況

肅宗來之之說極是荒誕則通錄所論不足據也溫祚定界之水乃是

瀧水則勝覽所據不足信也

勝覽又云與義驛在牛峯西三十里古名臨浿于年金經川合又豬灘條云

百濟始祖十三年定疆域北至浿河若平壤浿江則在高句麗都城傍

豊得爲百濟之境所謂浿河即此水或曰新羅宣德王三年巡幸漢

山州移民戶於浿江鎭憲王十八年命牛峯太守白永築浿江長城

者亦此也也○倪謙使朝鮮錄云豬灘一名浿江百濟始定疆場北至

浿河即此水又與義館古名臨浿○先生云溫水浿水原不相入何以

同名乎特以溫祚王畫定疆域北至浿河而百濟之跡仍不及於中和黃

州故欲竊其遠里以浿水當之也然百濟之跡仍不及於金川松岳又

將柰何溫祚王所謂浿河者谷山之能成江也水西迤至鮮原郡北與

大同江合流而浿水之上流亦溫祚王一至此水撫定逤安谷山新溪

之民其往來之路本由朔寧伊川溫祚王何嘗北至於浿水哉

○晴案臨浿縣者浿水縣也明在於大同河之沿與平壤接此與興義

驛何千且新羅聖德王之時浿江以南始入於版籍自此以後新羅疆域

限於大同之河故憲德築浿江城也若云牛峯之郡無與大同之水之

地又何爲築城其時郡縣疎關牛峯守之往城浿水又何疑哉

溢不過二百餘里其時郡縣疎關牛峯西距浿水之

安順菴云溫祚王北至浿河麗史豬淺一云浿江故勝覽亦言之此豬

灘釋浿之一證也也唐肅宗到浿江西沿即鏡浦也在今開城府西即豬
灘下流則肅宗東來之說離荒誕不足信豈可幷與地名而非之耶此
豬灘釋浿之二證也句麗平原王十三年敗於浿河之原五句而返此
時麗都平壤則其非大同江明矣且百濟句麗之戰多在浿水上蓋在
兩國之界故也聖王元年句麗兵至浿水此豬灘浿之三證也水經
浿水過臨浿縣勝覽與義驛古名臨浿則水經所稱也亦爲豬灘稱浿
之證〇晴案豬灘爲平原之所敗明是谷山之瀧水也亦爲於豬
灘也釋案臨浿縣漢之浿水縣也明與今平壤相接則與
義之驛何與於是勝覽所言絕無援據引此以證之乎總之浿水
川也〇朴淵水出於開城府天鹽山及金川郡聖居山西流爲鈷鉧潭
郡本句麗牛岑郡一云新羅爲牛岑縣高麗因之我朝與江陰合置金

又逐金川郡西左受朴淵之水故爲馬灘

西北流爲語早水又西北逐金川郡前西入于瀦水也馬灘在金川西
北三十里高麗史地理志云牛峯郡有朴淵上下淵深皆不測遇旱禱
雨輒應上淵心有盤石可登覽文宗嘗登而上忽風雨大作石震動文
宗驚怖時李靈幹扈從作書數龍之罪投于淵龍即出而春乃杖之淵
水爲之盡赤〇五行志云忠烈王十八年大雨天磨山朴淵漲漂沒人
家十九年十二月朴淵水忽盡涸
三才圖會曰大興在天磨聖居兩山之間樹木蓊鬱泉石潔夏則
綠陰蓋地木蓮花開清秋則赤楓黃葉倒映水底眞佳境也朴
淵在天磨聖居兩山之間狀者石釜窺之正黑有盤石洶出中心日烏
嚴水赴絕壁怒瀑下垂可十餘丈宛如白虹映空飛雪瀑江塞奔電激
聲震天地傳云昔有朴進士者吹笛淵上龍女感之引以爲夫故名朴
淵〇董越朝鮮賦云聖居松岳天磨朴淵整神物於靈窟挂瀑布於長
川自注云朴淵山湫也山頂有龍湫瀑布相傳王氏都開城時遇旱王

自往禱不應有道術者梳龍出水面啓王杖之去其數鈷今鈷仍收其
國庫中
勝覽云朴淵窺之正黑世傳昔有朴進士者吹笛淵上龍女引之爲夫
故朴淵朴之母來哭擘死下潭遂名姑母潭高麗李奎報詩曰龍娘
感嫁先生百載同歡道性情李橫歌曰聖磨壁立千仞强上有不淵
如鏡光中安盤石生紙孤松松今不見苔痕著天磨北崖蔆著水奔流到
稱姑潭姑以聲音之稱近也但伩士杖龍赤稱白淵鈷鉧潭或稱姑母潭又
坦坦朴淵西日界旵夫得〇晴案朴淵赤稱朴淵上有姑漂潭日姑漂又
漯石峯洶出水中又稱朴淵下有姑漂潭上有神祠兩岸有石佛東曰
只有朴淵瀑親窟窟龜潭等諸勝又云聖居山狀若石釜有白淵
此朴淵西安盤花生草水大興洞在天磨聖居開距府北五十九
里本東津梁〇備考云大興洞但俗而傳疑也
東人華人無不稱述荃順俗而傳疑也
勝覽又云自朴淵而上水盆清石盆奇上流有大興洞觀音窟後有
萬瀑臺下溪水橫爲有魚可數百尾溪白普賢洞有嚴如屋其上盤石可坐
百人名曰太
宗臺臺下溪水積爲有魚可數百尾溪白普賢洞有嚴如屋其上盤石可坐
頂壑罕大興寺至觀音窟窟南有嚴如屋其上盤石可坐百人名曰太
馬赴敵石之突窊偃蹇爭奇怪者不可數淵遇行必激激而水勢盆
壯大興洲爲急瀨平進深黑窈者弗白其心澤波原隰罕
是而殊狀異態皆奇絕比即大興洞到溪淵兩山中坼天門呀
然而大石如削瓮有龍居之深不可測而水潟絕壁爲長瀑〇晴案大興
洞普賢洞諸潭諸溪之水其名皆罕于朴淵者也
蔚晴吳穆記晉云朴淵在聖居天磨二山之間爲大澤有上下淵水早

嚴巍如屋建寺於其中窪前水深或洶洶鱗鱗游泳有石出水心曰龜潭
又上數里有石光潔長可數步流泉汩汩細布其七骨綬無際下射沙
處逐窈窅深淵潝澄澈底四面者石或如案偃臥上皆萬歲矮
松又上數里有出自東壁日普賢洞又上數里曰
大興寺〇李月沙還儀云深川洞到知足菴菴在天磨山清涼峯絕

用牲幣淵之水流過帶輝山下爲五祖川淵上古題明寺題明
者麗僧上有千樹栗又海松千樹皆趨明所樹云八月貢其實○金農
巌昌協松京記云自天磨山普賢菴景臺轉而西下行五里到大
與寺菴甚寺前磐石可坐數百人溪水自普賢洞匯衆流而下平布石
上流若綠文循溪行二里得淸凉潭又前一二里爲潭匯懸瀑道下四
五丈石受瀑處窪然成坎類馬槽水之積者深不可測其眸石益白色
凝滑如脂膏令人立不定武不可近也又下數里得太宗臺溪流環之
如珠臺傍有立石頂藏老松前行百餘步爲觀音寺自寺徑走朴淵兩
山夾水而下至此忽迸斷爲大石壁磅奇壯不假層累高凡三十仮
然若窅龜之伏爲高麗文宗登其上輙龍不可信下
潭廣袤幾六七畝其黑窈綋類有物伏爲上潭之水匯于下潭者

爲瀑其始猶著壁耳既而懸空直下如滾雪如垂虹奇逸不可狀飛沫
噴薄人在數十步外靣髮皆濕如立雨中又西游記云朴淵瀑之所墜
即爲鈷鉧潭其深從上視不見其止從下視不見其源測云之高凡三十
但懸而流若從天上其聲類電霆其沫類大冬之蒬潭上者半畝下者
十之厥色青綠云有龍居之○李穡齊頤命火將柳赫然築之周五千九百
天磨聖居兩山間今　上庚辰　命火將柳赫然築之周五千九百
九十七歲北門在朴淵上南門在土峴上
倪謙使朝鮮錄云吾助川在牛峯縣西三十里源出聖居山流入豬灘
岸上有石迤邐如屛高十丈餘甚奇偉可愛○備考云語吾助川源出松
都天摩山西流爲姑姆潭朴淵瀑經島巌石書西北流環金川郡西入
助邑浦○賭案語早水或云吾助川或作五祖川以聲晉
之相近也

潴水又南逕江陰古縣東爲助邑浦爲錢浦

潴水又南右與賜梅水合水出平山府減恩山之陽東南流至細谷西
合禿水自白川郡黃衣山南流注之也賜梅水又東流逕吹笛山下入
于潴水本穉賜每甪昔參贊慎希復居於川邊明宗手書金字梅川
閑閣四字以暢多故改稱賜梅也○潴水又逕江陰古縣東南爲助邑
浦縣本句麗之屈押縣今屬于金川邑也助邑浦○潴水又南左得靑石水
轉處水西日江西坊有江西寺産龍鬚席即丁氏書居也丁衍以高麗遺民當麗初隱
居不仕有厚德常備水火以待産者有大石土人俯呼曰丁衍巌也又
有江西寺産龍鬐鬣相抱其石洞西北流來合之洞中有伏兵之疎齊朴隄
壘嶂廻縈斷塞相望記云大磨山之靑石洞在平地真若也
命云靑石洞在自國城西北三十里天磨山西支與聖居山北支對峙
水出於天磨山西日江西坊即傳記所稱蒲花席也
居處水西日江西坊○潴水又南左得靑石水
有江西寺産龍鬚席所稱蒲花席也
束峽峻壁削立自西關走京城之大路綠厓傍壁僅通人馬盤旋伾側
餘二十里南北口俱隘而北口尤窄兩厓間不滿三百步昔稱至

險議關防者皆謂宜設一關於北口圖東居民龍峴一名稱峴在洞西
路平關邊江而下直通臨津此路不遮雖守靑石亦無益也疑又
李德饋桑土志云世稱大滿皇帝到銅仙嶺靑石洞欲斬龍骨大著丹
此皆野人之說也嘗見西堂燕山載錄戴開城留守時上疏築寺
淸兵之來也不由靑石而由府邊山蕘之谷今可養樹木以爲日後之
備云又開銅仙之南山盡處海壖有平地廣五里許故靑兵取此此路而
行據此諸文可知要害也且東人所稱龍骨大卽英俄爾岱也丙子之
役皇帝親征而和順親王馬福塔等皆夾助又考開國方略所記詳細
無欲斬英岱之語則桑土志之說是也然此兩處宜重重設險以示前車
之戒可也○潴水又東南流爲錢浦在白川郡東二里開城府西
界也按周官六翼云唐宜宗商船渡海初到開州西浦年時方潮退泥
濘彌漬從官取船下陸因名錢浦而絹年通線以此
爲唐懿宗事故勝覽載唐懿宗潛邸時欲遊山川涉海到松岳郡實

宋時於此發船故名禮成江

洌水又南至白川郡東爲禮成江即松京漕轉之所會也

白川郡本句麗扶蘇岬新羅爲碨澤縣高麗爲白州我朝爲白川也松
京本句麗扶蘇岬新羅爲松岳郡高麗合阴城郡爲開城府也○禮成江在松京西三十
國四百七十五年至我朝國除爲開城府也○禮成江在松京西三十
里白川東二十五里亦名後西江高麗時諸道漕轉總會于此又其間

界也

○洌水又西南爲金谷浦爲求籠浦白川金川之

然余按唐宗帝來說是荒唐布錢涉泥事屬安誕都是泉懦之孟浪也

類繁唐宣宗以武后忌之遷跡爲僧游方外云考其世宣宗似

能對閩漬在傍即日非肅宗乃宣宗也學士以爲然年李之峯云事文

忠宣王在元有翰林學士謂曰閭王之先出於唐肅宗何所據耶王不

青以女爲枕留期月而别逢生男日作帝建即高麗太祖之祖也世傳

一統志云禮成港在開城府南通海○高麗史樂志云禮成江歌有
兩篇昔有唐商賀頭綱善幕賣至禮成江見一美婦人欲以
茶睹之與其夫利之以妻注頭綱一舉賭之殺
舟而去其夫悔恨作是歌世傳婦人去時粧束甚固頭綱欲亂之不得
至海中旋回不行卜之日節婦所感不還其婦舟必到舟人懼勸頭
綱還之婦人亦作歌後篇是也又變幸傳云恭讓王時也○禮成江水
赤沸三日王有變色申元弱其不爲祥也
麗史地理志云開城府有東江西江○恭愍王世家云八年倭寇禮成
江以倭賊充斥命命東西江指揮使崔瑩
出鎭東江夏倭復寇喬桐命安遇慶李龜壽領兵禦
之十五年倭屠喬桐京城大震安遇慶等領三十三兵馬使出屯東西
江○晴案東江者帶水之下流也西江者禮成江也

洌水又右會白川郡前之水

此即星水也出白川郡金山之金沙洞爲虎溪東流至其郡東爲甘勿
羅水與黃衣高麗龍網諸山之水合爲大橋浦又與樓橋水合爲蛇水
東入于獺水勝寬川大橋浦在白川南五里一出白川黃衣山一出高
麗山一出延安鹽網山至白川西甘勿羅合流歷匝正渡入海匝正
渡者禮成江下流也○獺水又南還永安城西城是高麗始祖作帝建
舊居傍有陵曰昌陵世祖王隆之墓也按高麗史世系康忠發永安村
女爲妻至康忠孫作帝建將西入唐至海中婆龍史還爲後帝
岸白州正朝劉相能等牽四州三縣人爲築永安城營宮室爲後帝
建世祖龍女之說夸誕甚矣○
午後寇喬洞逢昌陵取世祖真以去陵是麗代之
南在得鸞溪水出於開城府娚蚣山及龍首山西至大川橋而合流
迎安坊入于獺水也○獺水又左合東水亦云新里東水出松京西
於松岳北月老洞至余摩里與大井水合西入于獺水大井在松京西

二十里其深二尺許世傳井水赤濁則有兵鵰恭愍王十年井水黃沸
其下流入于東方浦世稱高麗作帝建婆龍女初到松岳之筐以銀盂
掘地水隨湧出因以爲井每春秋致祭是名大井然說甚奇誕也明洪
午時有張道士奉皇帝命賚勅文而來至松京間楓川人以大井對逢
武時有張道士奉皇帝命賚勅文而來至松京間楓川人以大井對逢
於是致祭而去

又南爲碧瀾渡入于海
渡在松京西南三十六里岸上有息波亭舊稱碧瀾亭高麗時宋使者
渡海至此登岸爲○獺水入海之口即京畿黃海二道之交也西有延
安府南接喬洞江畫二府東有豐德府奧洌水入海口相近高麗時船
棠頭舟人賽神之所也碧瀾江自北南入于海日禮成江漢水洛河交
流而西注于海曰祖江堂頭正據其衝
宋史高麗傳云自阴州定海縣過便風三日入洋又五日抵墨山入其

境[今羅州之]自墨山過島嶼徘徊蟻石間舟行甚駛七日至禮成江江

居雨山間求以石峽湄激而下所謂急水門最爲險惡又三日抵岸有

館日碧瀾亭使人由此登陸崎嶇山谷四十餘里乃其國都○宋徐兢

高麗圖經云宣和四年五月十三日自明州定海縣發船六月初九日

次紫燕島[今仁川府]十日到急水門其門不類海島圓圓屈曲

前後交錯兩間即水道也水勢爲山峽所東窘湍迫岸轉石穿崖喧隘

如雷難千勾之弩追賀之馬不足喻其湍急也由後趨抵始窘十一日至

龍骨十二日隨潮至禮成港都轄提轄官奉詔書予綵舟麗人

按俀甲馬旅城儀物共萬計於岸次觀者如堵墻採及岸都轄

提轄奉詔書入于綵輿下節前導使副後從上中節以次隨之入于碧

瀾亭奉安詔書○明一統志云急水門在開城南海中宛如巫峽○備

考云以宋史觀之益自明州放舟直向我南海到羅州之黑山島西北

循海而至入禮成江也愿來門亦禮成江下流之稱與安岳龍岡水會

處不同○晴案竑之來也自今黑山島面北至紫燕島次之至急水門

又二日抵碧瀾則其行必自今江華府之東兩臨孫突穴而北復繞

江華之北而入于禮成江也其所舉急水門似指孫突穴而言也

高麗史叛傳云明宗二十六年崔忠獻字至然以碧瀾江普濟院爲

顯刺欲跨江作橋攔妓往安西都護府[令吏民助其費]更民因禍爲

拙歐白金七十斤與之民不堪其弊[又云辛禑二年沈僧小英]

于碧瀾波[陽村權近碧瀾亭記云松都]西北衆山盤繞之水會爲長

江流入于海其渡處日碧瀾近國故涉著[衆近山故渡近海故]湖悍

而涉著亦甚疾前國家嘗置官以掌之

勝寬云江陰縣助邑浦至開城府西爲梨浦爲錢浦爲碧瀾渡又東爲

禮成江南入于海[○李重煥云豬灘之水駛近海故]湖

直南下三百餘里入于海

備考云禮成江源出遂安之彥眞山南流至谷山之東[作谷祠山]爲黑

石灘右過龍潭爲春灘右過造山之川爲沙八之灘左過烏巢川西南

流至新溪西左過南川又南流爲栗灘爲歧灘右過葱秀

川經桃花之谷將軍之巖爲箭灘左過源左過罶川爲

馬灘右過賜梅川爲金谷浦左過青石川經江陰古縣東南流爲錢浦爲

右過星川爲金谷浦西南流至彌羅山之東爲禮成江右過東方浦

爲碧瀾渡入于海又開蓮彥眞天子以南秀龍聖居以西葱秀

西南受東南來一小水又西經松岳山開昌府[北境又西]北又

山南藪而西經東金川城南境又西金川城南境有金川河東

水經提綱豐德城稍西北流城之東北山西

滅惡雲達以東諸山之水入此

南經城南合東一小水口水源自東北谷山之東北山西

城之西自北合二源南流經新溪城北折西北流至遂山又

西南又四經松岳山開昌府北境又西北徧北又

北又大山西流經東金川城之北又西金川城經平

[北折也]

帶水

出安邊府老人嶺

帶水今稱臨津溪之帶方縣在於此水之沿故名之也老人嶺在咸鏡

道安邊府西北一百[里]陽德縣豆流山之大幹東南走爲盤龍山

道馬息嶺又南爲此嶺也勝覽老釋老伊峴備考稱

蘆嶺息嶺者老人嶺也嶺脊自白山南下之大籠也勝覽釋老伊峴備考稱

道老里峴者老人嶺也嶺脊自[白山府地臨]老里峴而入咸鏡

而西南流是帶水之源也

懲毖錄云日本將淸正平行長同渡臨津至黃海道安成站諜分搶兩

界各聽所向未決二賊拈園行長得平安道淸正得鐵轍逩於是淸正
擒安成居民二人嚮導其人辭以生長此地不諳北路淸正卽斬之一
人懼請先導從谷山地臨老里出於鐵嶺日行數百里勢如風雨
先生濟正北捨介之路由新溪縣新谷院經谷山府東六十里臨高
漣嶺從門嚴谷出由永豐倉老人嶺以出于永興老里嶺著者有一
嶺也自高達嶺以東盤崖東峽行亦艱鸢林亂藤有時書晦使有一
枝伏兵賊雖有大砲長劍何得以過此哉嗚呼惜哉

漢書地理志樂浪郡屬縣有帶方又含資縣自注云帶水四至帶方入
海○晴案漢之帶方縣至公孫康時別自爲郡其地屬於樂浪南部明
是今豐德交河等地詳檢帶方本末可以知也然則帶水是臨津也含
自縣亦在臨津之沿者也

百濟史云浿流溫祚奉母南游旺　渡浿帶二水至彌鄒忽　以
居之溫祚都慰禮城○溫祚王三十七年旺　漢水東北都落稼荒亡

入句麗者一千餘戶浿帶之間至無居人○先生云溫祚姑都之地卽
今惠化門外漢陽古城也浿水者今平壤之大同河也以此言之
其云帶水者必在浿水之南漢水之北若非豬灘必是臨津豬灘之水
發源不遠且高麗以前青石谷未開自平壤而之楊州者自祥原
遂安新溪兎山安峽朝寧麻田積城以達楊州若然豬灘之水不過
微其上流與溪澗等耳不足與浿帶並稱臨津在積城者
當時謂之七重河○浿帶之渡浿帶大同及七重河
也又云漢水之東北都落登非蟻原伊川安峽新溪遂安等地乎帶水
之爲七重河無疑也

備考云帶方卽帶水入海處也帶方之地盡在西海之沿而南與百濟
郡比東與牛頭城北東不甚相遠帶水乃在漢山豬灘之間似今
臨津也○安順卷云溫祚渡浿帶二水居彌鄒忽　東人以豬灘爲浿
水則帶水疑今臨津也漢志云帶水西至帶方入海則帶方疑今松京

豐德之地彌都忽卽今仁川故或疑漢水爲帶水然則洌水無可指
也○晴案浿水自洌水非豬灘也漢水是洌水爲帶水今臨津
也

久菴韓百謙云世傳平安道龍岡縣爲古帶方大同江至龍岡入海門
恐大同江爲帶水○晴案久菴雨以淸川爲浿水今又以大同河入海門
水然龍岡之爲帶方絕無所據不可從也大同河是浿水也臨津水是
帶水也更有何紛紜哉

西南流逸永豐古縣東右會灰峴之水
永豐古縣在安邊府西九十里本江大鄉高麗時置縣後屬府也
○豆流山西一支逶爲灰峴而南下合于帶水經所學
灰峴之水卽此也

屈而南由防墻嶺西
防墻嶺在江原道伊川府北一百十里北距永豐南通伊川西臨大川

東照泰山一夫當關可遏萬兵昔時築墻以防賊遺跡尚存勝覽所稱
周晉洞防墻也○帶水又南迤高達山東山在黃海道谷山府東六十
里中有石窟先生游高達窟記云自高達嶺徂存面行過石磴有所謂
義相臺臺而轉皆絕壁萬仞緣壁而徑其廣尺行數百步石壁嵌空
其垂如虹有釋開田高達余按新羅史憲王十七年憲昌子梵文
與高達山賊反攻北漢山州亦指此山也

帶水又西南至板橋之南爲德津之水
安邊府之朴淵嶺南流至戲靈山下　東興橋津水出江
原道平康縣北雪嶺西南流來合之也熊耳水又西爲肯龍潭　北臨
金守溫德津詩日伊川之水漱萬壑雨水來合山峯粹人言其下龍所
宅沈沈水府深莫測桴人纜葦欲窺瞰但見大石如瓦屋○金三淵昌

與猶堂全書

第六集　大東水經　卷八　二十七

翁云北越涉岷出萬峯間歷數曲荒隴兒一大川自伊川熊耳呑而來
上有船步陡然作瀑於其下承以大龍湫其偉莫比竦身即之迺廝等
塊氣潺所激射體爲之粟徐乃細絮其灑身高可十餘倨潭廣劣十歟
西岸離列以益屏水道俏此竿轉始鵞長趨闊步一何浩溔方其赴隘
雄入也若楚荊之沈船向鉅鹿大鬥哄及夫盡憤亂擠又如勃物之
架統萬萬作齊力聲筋奮猛觀之擦拏莊生所謂呂梁懸水體之
魚龍之所不能游惟此可以當之自此歷貲塘北望永豐過東得一溪
謂之爲山〇先生云熊耳呑者璧璋廻窈谿之地也自古爲賊畝蜂蜜
僧合即世祖時行宮也僧云世祖始尋此泉因巡鼻欲發嗔而旋定傍有
由折廉渦而北至溫井滿谷硫黃氣邨郁鬱鳥始憫鼻因飈得一故
極流美流貨至千里

又西南遵伊川府西受其府前之水
府句麗伊川府新羅爲伊川我朝因之屬江原道也府前之水出

於分枝嶺西流至其府南爲玉谷水入于帶水其水口有古城山其波
日古城津伊州出勝覽日南川出伊川玉谷山經客館南又西流入古
城津

帶水又南遵安峽縣西未遠左會靜山之水
縣本句麗之阿珍押縣新羅爲安峽今因之屬于江原道也僧永至縣
西十二里爲深淵泗門邊嚴上有祭堂遺址世傳高麗時鬱鬱兵入寇至
此望見騎兵萬餘羅列不敢進以此撝堂祠云今天旱禱祠名洄曰
祭堂淵〇靜山水出於平康縣分水嶺西流由城洞面遵朱土郎邊爲
赤嚴水三十餘里又爲靜山灘五十八里

兩景山之陰二百五十里入于帶水金三淵云自平康縣而西是恭數十里
大抵是荒坡斷隴歷歷忽者地裂身墮于萬丈坑底南是皮木遷
北是朱土遷鱗脅岔對峙線緣作羊腸之水皆自北出而南走幾二百里合于分水嶺
者也又云莎岾貲塘兩谷之水皆自北出而南走幾二百里合于伊川

與猶堂全書

第六集　大東水經　卷八　二十八

帶水又東南遵沴寧郡南至羽化亭左會馬龍之水
山川爲豬仇灘至兎山爲北浦

郡本句麗之府邑豆縣新羅爲朔邑高麗爲朔寧我朝因之屬于京畿
道帶水沿地自此至入海皆屬于京畿道也羽化亭在郡東南二十里
嘗見許穆游羽化亭云羽化亭者安朔邑治之東江土亭也臨湖
上流數郡之界安朔獨偏稱江山之勝此也絕岸巉壁上江上人指晉臺
且百年稱絕景於太守奉候山渙魯臺上亭〇臨寥鄜前有茂林閒閣
江岸皆白礫其上半藏江流潺洞上下湛莊東有大川南流過前壁台
於亭下有高波有投橋也〇馬龍水出於平康縣本句麗爲廣平縣高麗爲平康因之也
縣東南縣水又西南與新羅爲新城斧壞縣新羅爲斧壞縣高麗爲平康我朝因之也
〇馬龍水又西南遵楓川原之南即江原道鐵原府北
二十七里地也即新羅眞聖王五年以廣平
年爲高麗太祖所滅凡建國十八年而亡高麗史地志云弓裔宮殿古
年爲都於鐵圓修葺宮室窮極侈麗國號封景明王十一年以弓裔宮殿古
基在東州北二十七里楓川之原也今其外城周一萬四千四百

東與分水之流合這是爲靑龍餘脈所止云〇帶水又南爲豬轉之灘
灘在安峽西七里勝覽稱豬仇灘其石壁産靑石下流爲浦里津也

又南遵兎山縣東北爲北浦
縣本句麗之烏斯含達縣新羅爲兎山今因之屬于黃海道也帶水至
縣北二十里爲北浦至縣東二里爲東川又右得長浦水水出其縣之
豆毛山東流來合之也

南流至永豐古縣右過灰
儒考云臨津江源出文川之藍嶺安文川
岊川西南流經伊川防墻時至于板橋之南爲德津經蛇島東與楡津
與德津經伊川防墻時至于板橋之南爲德津經蛇島東與楡津
會西流經伊川之西左會玉谷又西南流至安峽爲祭堂淵左過靜

又南遵兎見山縣東北爲北浦
灘在安峽西七里勝覽稱豬仇灘其石壁産靑石下流爲浦里津也

二十一尺內城周一千九百五尺而半頹宮殿遺址宛然也○馬龍

水又西迤俯嶺古縣西爲孫臏灘其縣本句麗之僧梁縣新羅爲幢

梁縣高麗屬于朔寧也云在○馬龍水又西南至朔寧郡北爲北

川又西入于帶水

帶水又西南迤漣川縣北爲澄波渡

縣本句麗之工木達縣新羅爲功成縣高麗初爲漳州後爲連

川我朝因之帶水遷縣北而南又遷縣西爲澄波渡水色澄清故名高

麗慶王禑十一年黄禑三日是爲異也

高麗史地理志云漳州有澄波渡又李義政傳云明宗四年超位寵起

兵以蔡政如兵馬事將兵赴戰方欲退州有化道逆賊數千來屯北

川敦之義政欧領兵出拒置及出其屯斬一騎將賊兵退○晴案北川即

漣川之北川是帶水也

李芝峯云萬曆壬辰之變士女避亂至澄波渡爭舟指可掬也有一婦

人從女奴而至不得登舟人挽其手欲上之婦人大哭曰吾手辱於

汝手吾何生爲即投水死其女奴哭曰吾主已沒吾何忍獨生亦赴水

死

皆曆石高嶺列嵓茂林蒴篁古渡江中多石埠舟江石而過之去岌失

勢則舟橫石上不可渡西望長景石壁東南石渚峽口慶壁上有偕

余日倒影菴佛臨江俗裝縮由數珠誦佛者奧指斧而糠者抱袋

俯汲名洲游者皆倒影於重淵俯之如鑑其下袈諸灘又其下將

軍灘將軍灘下熊淵石崖觀石文異蓍江干出石墨又熊淵石文

記云熊淵在長景下十五里漣西之地有石文石青字黑怪怪奇不

可名狀權永叔日石青字黑苔蘚不可知或氣化成之又云石文類龍

蛇草木形權永叔日石文與石俱生不沒前有一色宰制斷之又云石文

字而去石剝深二寸石文二寸此鬼神之文也最古不可知又

澄波渡記云澄波渡在漣川縣西四十五里寶伊勿西境貊地西

岸上下江壁最奇東岸皆白沙上流榴灘曰鬼灘又其上松灘○晴案

白漣川之北而其臨水之地多奇賞曰横山曰横江曰長景曰石渚峽皆

倒影菴曰望諸灘將軍灘松灘曰熊淵文石曰鬼灘澄波灘鴉巖皆

沿水而有釋者也

而砌川之水從當東來注

砌水出江原道淮陽府之㶌嶺南流遷官村至金化縣北爲末乞水

合流又西南迤赤賓院爲高郇之渡亭子之淵左合金化之

句麗夫如郡新羅爲富平高麗爲金化我朝因之屬于江原道也○砌

水又南迤鐵原府東南府本句麗鐵圓郡新羅爲鐵城郡高麗初爲東

州後爲鐵原我朝因之屬于江原道也水至其府東南三十里始稱砌

川兩岸有石壁如階砌砌名其石壁上有孤石亭俯瞰砌水亭傍有古

城高麗僧無畏孤石記云自鐵原郡南行萬餘步有一神仙之區相

傳曰孤石亭孤其亭也巨巖斗起僅三百尺周十餘丈緣嚴而上有一

穴蒲伏而入如居宇屋臺可坐十餘人傍有珉石立爲乃新羅眞平王

來游荒蘚衣以鋪茵苔石如染樂

一舍許觸坤而南流

其上神妙清爽奇形異狀雖工善畫者難得水深苦滑不可梯而

積淵之北十餘里孤石亭水中有層石蒼然特起水涌奔走

登其上流又七潭八嵓嚴其上黄氏別業李重煥云鐵原即弓裔

之故都也弓裔國號曰泰封泰封者帶方之變晋也處二水之間其一

與猶堂全書　第六集　大東水經　卷八　三十一

自分水嶺而西流過鐵原之北
過鐵原之南皆會於漣川之西此鐵原之襟帶也〇其一自五神山而西流
得涼水水出平康縣豬洞而來合之也〇砌水又西南
左合三釜淵之水許霤斐云三釜落在東州治南三十里龍華山下
從谷口石磴數里石棧峻屼當絕墜石如削上有三石扞如鑾溪水積
爲水深路絕不可俯而瞰水三溢號三瀑白波十丈石下潭白水瀑沼皆
白礫牲牲有磐石可坐顴北方言謂瀑爲落號號三釜白云三釜
釜淵在龍華山中瀑流石壁三屑成釜龜昔居士金昌翕樓息於此
自號曰三瀑其石泉谷記曰巑龍華山而西山勢摧阻窈窕爲谷而中
藏小寺曰石泉自谷口而入東而行幾十步漸見溪水清潔積而成潭
左右有菖蒲被之名曰菖蒲潭潭東而行幾四五轉水道漸高多側洞
斜注而後爲一潭名曰流珠自此以後屢得潭淵率皎潔曰最後得
一潭長可五十步廣半之由中達外皆綠淨色名曰金碧無何巖特路
絕而有一敧石以拨之補以橫木名曰虛空橋改之曰通玄北望有大
石屛屛盡石磴轉而瀑布出橋乃一大巖石却立四五十丈其上陡
折者可三之一羃瀑從上直淵而與有右泉寺左而東兩谷坼有溪流
中名之以柴雲瀑從溪上而會以澄潭
合注而爲二丈水漲承以澄潭牧此府記溪潭泉瀑皆三釜潭之近地
也〇砌水又南爲磨訖淵訖之水左會于砌川又北爲禾積淵入于砌川在永平
雲山北流爲白雲川又北爲禾積淵有石斗入水中撑起數百尺禾積
縣東五十里禾積淵有石斗入水中撑起數百尺許牛筆斐如禾積
狀其下水噴薄爲匯深不可測挾許禾積淵記云砌川之水發源於
於青華山之水合流陸昌爲七潭八萬巖至永平縣北
爲禾積淵東岸長松其下石塲皆白石塲爲石峯立水中百尺上
有甘凉至静令人益氣傍有龍穴石下篜竇無底川流灣洞當南岸蒼
壁浸淵石上多松石塲爲祀壇水旱用牲幣藏中祀此以　其以禾積淵

與猶堂全書　第六集　大東水經　卷八　三十二

爲砌水之原派者邈矣〇砌水又南爲摩河水
水出京畿楊州之碧蹄北流爲高橋水一名七里灘在抱川縣西五
里勝覽云高橋川一出水源山合流爲溪爲此川脫石
峴者爭石峴也與水北及天寶山水合爲溪此白湖水又北爲岐水一出水源山水合
京畿也白湖水又北至萬歲橋右得六松水水出於雲岳北流遠六松
縣西縣本本句麗忽新羅坐城郡高麗爲抱川我朝仍遠抱川屬于
岐者爭石峴也白湖水又東二十里川水發源於山中兩岸多磐石礫
西流水合水深四里白湖水又北匯爲澳淵中流有石塲山可坐數百人川水至石下爲深淵其下
一里匯爲澄潭中有石峯也所謂白沙此爲澄淵中流有石塲山可坐數百人
皆蒼翠奇嚴然無石白湖也白鷺洲在永平水又北右合白雲山
過七盤淵嚴數十丈水深多石川上社堂十里川水發源於山中兩岸
亭來合也白湖水又北匯爲澳淵許霤斐云白鷺洲記云青城之北
嚴三十里皆然深入有石塲山可坐數百人川水至石下爲深潭其下
爲石灣過石塲山徑深水盆消潭水綠淨多儵魚備考云白雲山下有洞
亦曰白雲自山羊遷緣溪而入峽口始曠然有平野俗稱婁坪此水
蓋白雲山北谷之水盆禾積淵西谷之水爲雲溪也白湖水又北爲朝
灘遠永平縣西縣本本句麗骨梁洞陰縣高麗爲抱川我朝
數百石色蒼翠白雲溪經其下其南又有青鶴臺白鶴臺越壁斐云
大灘東二十里蒼玉屛有朴孜洞水中觀玉峯石刻大字亦云又
縣九里今二水合於縣之東南也白湖水又西北爲金水遠
東數里餘金水亭在牛頭淵上淵上又刻蓬莱詩其字體亦奇玩細與
其上二十里日白鷺洲在永平水西流與白雲溪水合漫廻過永平西爲牛
頭淵又云白雲溪在永平治西五里水漫沙平巖壁巉然間盤石上

有蓬萊石峯石刻書潭上有金氏舊業曰金水亭下流數里有蒼石屏

也○砌水又西至靑松谷左得樵水出楊州佛谷山北流逕樵村來

合也石楊○砌水又西南爲大灘入于帶水勝覽云大灘在楊州北西

七十里其源一出永平白雲山一是蠐原砌川合流經漣川永平句西

南入于臨津歷江陵也萬曆壬辰日本入寇蠐原砌川西流至靑松襲京

微監司沈岱於朔寧奔潰許積之水九月潛渡大灘北合白雲

溪其下大灘又其下川上松林絕壁松隅丙子之亂有一婦人臨巖

壁自壁殺後之余悲其節行無傳改之曰節婦隅此地素稱峽中絕景自

多人居殺死之日灘稱古城稱絕景又其上大灘爲靑松谷口節漆潭白黯洲下

石壁深後原野多暴骸飛鳥不翔集又云烏江上峽其上松隅

流合爲揭灘爲維楊山水佳處

帶水又西逕麻田郡南

郡本句麗之麻田淺縣新羅爲臨湍縣高麗爲麻田我朝因之帶水至

郡南七里爲朽斤渡郡西五里爲鍾潭世傳古鯶沈於此故名潭沒有

仰廠下有盦江書院祀右議政許穆水北有崇義殿祀高麗三王許

盦叟云鐘潭水發源於陸昌安流六七十里過能淵爲漳州川逕漢川

爲上皆石壁峭壁水中多有石石瀬至健潭爲石潭有怪石常流水至此

最高又云過烏江上壺山峽山深水急永平之其最南者

水至此合流謂之上浦其東陶哥津過壺口則栗灘栗瀬上馬瀬瀬上

廠壁間有潭水積爲深險不可測過馬瀬則岐瀬過泣瀬則楡瀬上

仰巖楡瀬上有高峯有重潤古有巨鍾沈於此世遠其事不傳每有收

涼水清則細可見今不見近百年云江上人音國有難則鍾鳴江諸皆

奇巖蓄壁北有麗王祠崇義殿也其東阿彌寺仰巖誤爲阿彌云李芝

峯云崇義殿在麻田江岸高麗太祖仕弓裔時自松京往來憩息之所

盖因太祖古宅而殿之祭太祖顯宗文宗于此昔有人偷割祭肉而去

其夜祭官夢三王列坐殿上怒曳偷肉者斬之翌朝按其人即服抵

罪又有竊負殷上帷帳器用而去者并及門四肢如縛不能移一步遂

就捕又野史云我太祖即位移恭讓王於關東毀王氏太廟以大船

較木主移之臨津船自逆水上至麻田郡江上佛寺而止郡人以聞

太祖命以木主安之改寺爲祠號曰崇義祠求王氏爲監而王氏皆

逃匿變姓名或爲馬氏或爲全氏或玉氏藏王于字畫中而隱之

故不得至莊憲大王始得王循禮一人依箕氏殿賐于氏爲監例

錫以土田奴婢使世襲蒼奉以奉其祀也

又西南逕橫城縣西爲弧蘆灘

縣本句麗之七重縣新羅爲重城高麗爲積城我朝因之也帶水逕

縣北而西自裂袈坪下爲仇灘句麗侵七重城軍主匹夫死

成灘八唐西按新羅史太宗七年句麗侵七重城軍主匹夫死

○王行渡雞灘爻王與夅峯城七日乃克所稱雞灘亦是帶水之渡也

臨水有糾岳許盦叟紅岳記云其絕頂有石壇三丈壇上有碑舊追沒

字傍有薛仁貴祠堂或曰王神祠爲淫祠其神能作妖以禍福食於人

山皆石峯其北大江自烏江爲峨溟弧蘆潭石歧臨津江一百卌神

祠傍山石間石窟觀石老子露頂被髮拱手若有神致其石記成化四

年建寺身云○帶水又受沙彌水亦稱三彌川水出兎山縣秀麗山

東南流歷長湍府大章城又逕臨江古縣水自山東文逕縣

之獼項縣今屬于長湍也○帶水又逕南入于帶水臨江縣本句麗

里境也唐將劉仁軌傳云咸亨五年仁軌爲雞林道大總管東伐新羅

率氏絕海入弧蘆河胡破兵事誤作弧蘆河胡此引新羅破兵伐李

謹行發瀘作弧蘆河三省注引劉仁軌證之是以發瀘

弧蘆合爲一水譯之甚奕發瀘自是浿水所受之河不可混也

乃淸一統志云發盧河在慶州西界舊志在高麗南界新羅七重城之

北唐咸亨四年李謹行破高麗於瓠蘆河之西咸亨五年劉仁軌東伐新羅牽兵絶瓠蘆河即此朝鮮則是仍胡註之謬而合爲一水也○帶水又西南至卦巖下爲高浪渡許眷

史云瓠蘆河在下流鵲蹴巖其下有古壘因江璧爲固其璧曰瓠蘆灘

北涉江古七重城銅浦在瓠蘆灘上高麗林春江云苦深不可見從其下南岸

大書卦巖二字仍刻石以表題名古跡庫碕在卦巖下八月收涼海子

以舟爲家家來集於此販魚鹽互市爲利江北有囷賢祠水下有觀魚臺

又云庫碕上有四賢廟其浦曰紫涯其北岸曰銅浦師瓠蘆灘上有六

溪又有古壘前灘極險沙彌川入於此上流有古城隔江相對因石壁

爲固又老相傳古萬戶壘云今按卦灘亦謂之赤壁高浪渡亦謂

之庫碕渡而其下又有如意渡長蒲之名○帶水又西左得牛溪出

積城縣雪馬山西北流逕坡州北界入于帶水溪之西岸有宮

闕遺址礎砌尙存也○帶水又有頭耆津之名○積城縣西境長

湍府之東界也○高麗史地理志云長湍縣有長湍渡兩岸靑石

壁立數十里望之如盡世傳太祖游幸之地民間尙傳其歌曲即指此

頭耆津也又高麗忠穆王元年大石自涉長湍渡

年幸長湍謁靖陵命大將軍李和率工人乘船中流奏伎樂王觀之樂

爲上將軍金興慶待側請上親自御舟王曰吾雖樂此不爲是也遂乘

舟張女樂游覩慶王禑時日本來寇焚椋州郡命我太祖爲

楊廣金羅慶尙道巡察使師出于長湍渡白虹貫日占者以爲戰勝

之兆皆指頭耆津而言也

帶水又西南爲臨津此即長湍府東南三十七里坡州北十七里也水西有臨津古縣句麗

時爲津臨城今屬于長湍府則水以縣名也

董越朝鮮賦云臨津濟渡坡州爰止自注云臨津江名屬長湍府○倪

謙使朝鮮錄云臨津江在長湍府南三十七里源出咸鏡道安邊府流

入漢水○淸一統志云楊花渡或曰即臨津渡也明萬曆中倭渡臨津

掠京城旣而李如松駐園城遣將査大受據臨津倭西走策臨津即此

也○晴案楊花渡洌水也淸一統志乃以洌水帶水混而爲一傳聞之誤

即滿江據此則淸江是臨津也

高麗史云靖宗十一年賜臨津課橋院號曰慈濟寺先是津無船橋行

人爭渡多致陷溺至是命有司作浮梁自此人馬如履平地又毅宗二十一

年至臨津縣奧宰樞金永胤徐公李公升従温承宣李稿等汎舟南江

遼史高麗傳云聖宗統和二十八年遺排押金奴攻開京剽

城逼走遼焚開京至淸江而還○晴案盆奴越開京而至淸江則淸江

當在開城之東矣明詩綜载本朝李符臨津詩曰臨津催早發問渡

中流溯沿竟日爲樂又幸長湍縣應德亭中絕綵棚載女樂汎江中

流凡十九艘皆飾以綵帛與左右宴樂又恭愍王十年紅頭賊至與義

驛南巡渡臨津次兜率院王駐駕江岸顧瞻山河謂元松壽李稿曰

如此風景卿等正宜聯句○晴案高麗刑法有投水之律故忠烈

王二十三年以內豎金元呂私通宮人柴巨並投臨津又禑王二年

投宮人般若于臨津其後誅姦臣林堅味及檄六歲子並投于臨津

性金永珍林橙辛權辛仲與及權六歲子並投于臨津史傳所

出如此其餘應更多也

柳廷庄云萬曆壬辰四月倭入寇三十日車駕西巡兩下如注至臨

津猶不止夜竟不能辨色臨津南麓舊有丞廳恐賊取材作筏筏以濟

命焚之火光照江得尋路而遂渡臨津五月初三日賊入京城都元帥金命元出走

更徵京畿黃海兵守臨津奧申硈同守以過賊西下之路命元在臨津

北分付諸軍列江灘歛江中船變悉在北岸賊結陣于臨津南岸無
船可渡但出游兵隔江交戰相持十餘日賊終一日賊焚江上
廬帳撤雜頓載軍器爲退遁狀以誘我軍申碞素輕銳無謀以爲賊實
遁渡江追踰京畿監司權徵與碞合命元不能禁是日知棗韓應寅
帥平安道精兵三千而至亦將悉衆追賊所將皆江邊健兒備諳
奮長刀斫之皆命元應寅在江北望不皆我山

戰陣形勢吾歷寅日軍遠來向未食器械不整後軍未來齊到且賊
之愾僞未可知願少休明日觀勢進戰應寅逐逼斬數人命元以
應寅新自嶺南起諸軍一時俱起愾之出率不聽克良下馬先登日此
良乎老習兵果不宜輕進中碞亦死軍從後
飢渴地賊果射賊數人爲賊所害申碞亦死軍士奔
吾死地也矯弓射賊不可復止矣○又云癸巳正月天兵發平壤余在軍
至江岸不得渡從嚴石上自投入水死者無數其未及投水者賊從後

守灘軍應聲皆散命元應寅走還
乘勝渡臨津西不可止矣
前先行時臨津冰冸不可渡李提督遣浮橋余令牛峰縣令数
可登山採葛至德津堂見江冰斯舟不得上京殺水使
李頵長湍府使韓德遠等皆無計余令牛峰人絢葛爲巨索大數圍長
可橫江兩頭結木桂相對其內偃置一橫木引巨索十五餘鋪過
江而兩頭葛索極力回轉數周互相撑起排比如櫛於是索牛沈水不能起乃令千餘人各指短杠
二三尺穿葛索
起窩降僭儼然成橋刘細柳鋪其上厚覆以草而加之土唐軍皆從渡
馬而過砲車軍器皆從此渡
清開國方略云崇德元年十二月太宗親征朝鮮命禮親王代善容親王
王多爾袞豪親王多鐸貝勒岳託豪格等分左右翼丁酉太宗至臨津

君朴忠侃逼在軍中騎馬先走衆望之以爲命元皆呼日元帥去矣諮

渡江先是天氣晴暖臨津兩岸冰冸難徒步亦不可二十四日天
雨驟至寒冰堅甚大軍俱安騎而渡從官軍士無不驚異二月正月甲
戊安卞貝勒杜度等護逶徹車火器至渡江之前一夜雨雪變作冰冸復凝遂得
已盡解心甚愛之及將至渡江之前一夜雨雪
坦然使太宗可濟祺祥至皆天意也
許蕭叟云臨津北岸積雲居其後復古名爲府帶
府本句麗之長淺城新羅爲長湍縣高麗爲湍州我朝爲府
水道爲橫江爲德津爲波渡東會南流至朔寧爲羽化津左過馬龍潭至
漣川爲橫江
神直津爲戌灘右過沙彌川輕高浪赤壁爲如意津爲長浦左過牛溪
經花石之勝爲臨津之渡南流爲亭子之津左過寅難西過洛河迤沙
厚自守臨嚴言必謹行必果古人所謂實見實踐吾見於斯人也
又西逆長湍府南

川　南流至籠頭與漢江會于祖江○又云老峙朴達雪吞分水
以南嶺徐巴佛頂大成以西開蓮華蓋秀龍象聖居以東雲岳佛
谷弘福高嶺以北諸山之水入此
水道提網臨津江東北流西北大山南流合西來一小水又南
合南北來經安峽之北一大水折西南流經朝寧城東南有一大
西北流經金化城之南境永平城之西南境西來會折
而西流經麻田城南境積城北境西至大山南境及漣川城其南三十
里即自岳山也又西北折而西南經坡州北境淮城南至西南流合
東南來一小水又東南百數十里有一大水東北自開昌府東之松岳
山南籠西流經長湍北境而西受北來一小水而西南來會
松岳即朝鮮中岳也在白岳西北百餘里又西南爲臨津江西入海此
江源流七百餘里

帶水又折而南折而西至東江口

帶水又南屈逕撥州西州木句麗撥波害乎史縣新羅爲坡平縣高麗屬
開城府我東初合瑞原坡平二邑爲原平郡今爲新羅新羅西十
五里有鴨浦豬浦之名臨水有山日礬山也○帶水又左合廣濰水水
出於楊州蟹嶺西流逕坡州南爲玉石水山之浦在得梨水爲長甫浦
西北入于帶水勝覽云廣濰灘源出楊州高嶺逕坡州西爲長甫浦入于
洛河倪謙使朝鮮錄云棃川出坡州北十里源出坡州西爲長甫浦○帶
水又屈而西爲洛河逕炭浦交河郡北二十五里出水潚入長甫浦○帶

義州後得遑廬於德水曰○常嘆息日甲子之禍其於戊午一日亡
去以絕蹤死五月五日其妻埋其遺衣用亡日以祀之後有甲子之禍或
溺水死不知所終初家踵得之祖江沙墻上遺其巾履杖而已以爲
帆浦水始淡又云鄭希良大自號盧萲弘治午史鶲作希良配
東北爲炭浦其上爲洛河富燕山甲子之禍盧萲逃世匿跡於此云至

傳嘉靖間小白山中有老釋疑其爲盧萲也○帶水又有東江
使崔瑩出嶺東江都者也勝覽云東江在古臨津西十五里豐德郡東
三十里○帶水又西爲江連浦勝覽云江連浦在古臨津西十里即衝

船泊處其西岸有鳳凰巖是也

受松京灤橋之水

此乃沙水也出於松京之聖居山按松京北五十里有天摩山其東日
聖居山又其東日五冠山三山相連而洞府廻合寺利陸贇以其近於
松京故著名者多蓋此三山北谷之水會于朴淵入于潚水之源王圻
谷之水南流逕松岳德注爲沙水之源王圻三才圖會朝鮮篇云五
山在京畿長湍府西三十里山頂有五峯圓如冠故名山下有靈通
寺洞府深邃山勢周遭流水縈廻樹木翁鬱其西樓勝槩爲松都第一
蔡壽松都錄云五冠山洞口翠屏環擁石泉瀉洞而蹲蹲倒影於水者

日花潭行數十步有巖鳳鼎巘如裒積奇詭不可狀者日蠍巘崔大尉
雪中騎牛處也李月沙廷龜花潭記下神松訪紫霞洞循山麓出古
城踰炭峴見雨山坞爲洞門石盤陀一里許大川奔流如布白練
明麗刮眼是乃歸法寺舊基溪上石柱跨水猶在即桑冲避暑之地
謂故國荒忍可思不如忘却故愁癡餘一段圖情處歸法江邊跡
逶迤者也即地通寺衆峯分流之山口歸法寺及圓通洞諸溪之水是沙水

奧多士卽圓通寺衆峯分流合大川而壁之潭有聲漆然泚上有
山墻立水自圓通寺衆峯分流合大川許倉叟山口記云聖居南金身西
九龍山或日樂浪之平那山下圓通寺西麓通聖宿南金身西
爲五冠山其下靈通谷口花潭潭上古有隱者徐敬德先生
居今有祠其上有徐先生塚歸法寺及圓通洞諸溪之水是沙水

之源也○沙水南流逕棄鸵橋鸵橋在保定門外古稱萬夫橋今稱夜橋
高麗太祖二十五年歷七年契丹遺使歸橐駝五十匹王以契丹皆與
渤海連和一朝珍滅無道之甚不足結爲鄰邀棄其交聘流其使三
十人于海島繫橐駝于此橋下皆餓死故名之明宗時李奎咬自此
橋至豬橋梁堤種柳人稱新道也○沙水又南爲松水勝覽所稱態
川也其源有三一出進鳳山一出齊陵山一出眞觀寺東至圓明寺西
合流東過苩驛又逕吹笛橋在東門內入于沙水也○沙水又南
至苩門左合苩積水出於松林古縣西南流奧白岳以南之水合入
于沙水山縣本句麗如羆縣新羅爲如羆縣今
屬于長湍府按鄭麟趾地圖有水出長湍府西北華藏山下西流爲分之
川入于沙水此是苩積水也○沙水又南入于帶水勝覽所稱態
云高麗國城三面負山北最高峻有溪曲折貫城中西南當下流故地
稍平衍城周二十餘里羅雖沙礫築之勢亦堅壯曲折之溪是沙水也

徐兢高麗圖經云開城府城北據崧山其水發源自崧山之後北直子

位轉至艮方委蛇入城由廣化門稍折向北後從丙地流出巳上自崧

山之半下瞰城中左溪右山後岡前嶺林木叢茂形勢若欹澗蒼虬高

麗史云毅宗開城東沙川龍淵寺南有石壁敷仞創立臨川日虎巖流

水淳漪樹木蓊鬱命內侍李唐柱等構亭其側名曰延福奇花異草列

植四隅以水淺不可舟橥堤爲湖日汎舟酣宴徹夜不止群臣皆大醉

插花倒載而歸或沈醉忘還衛士怨卒致鄭仲夫之亂 又恭愍

朝金元命爲鷹揚軍上護軍率徒兵修旻天寺置池鑿渠堰石徑市北

街引流達于巡軍北橋自言將以壓朝廷 薑池之水亦入于沙水

者也

帶水又西巡交河西入于洌口之海

郡本句麗泉井口縣新羅爲交河高麗及我朝因之帶水洌水至郡西

相會爲祖江入于江華之海故郡取名焉二水相會之口有烏島城備

興猶堂全書

第六集 大東水經 卷八

四十一

考稱崧頭城高麗史地理志云交河郡有烏島城漢江臨津下流會于

此勝覽云烏島城在交河西七里者是也

勝覽云臨津之源出咸鏡道安邊防墻洞經伊川安峽朔寧至漣川縣

西爲澄波渡至麻田郡南與大灘合至積城縣北爲梨津至長湍府東

爲頭耆津至臨津縣渡東南爲德津 川澄波 北爲洛河渡

過鳳凰巖至烏島城與漢水會○李重煥云永平江自東來 北

江自北來合于麻田過積城爲七重河至長湍之南爲臨津又西會于

漢江爲豐德之昇天浦入于海也

與猶堂全書第六集第八卷 終

원문(原文)